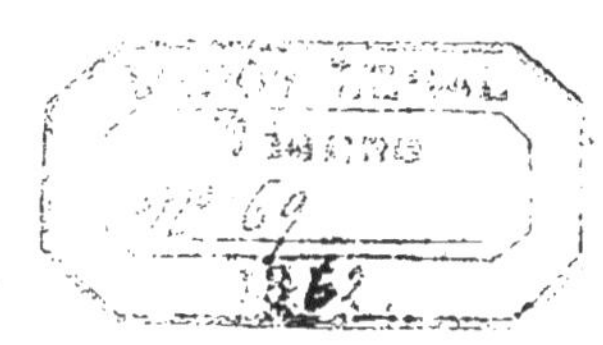

DE

LA RÉTENTION

ET DE L'IMPUTATION

DES DONS FAITS A DES SUCCESSIBLES.

N. B. — Le lecteur est averti que le n° 71 commence au haut de la page 96, à l'alinéa : *L'esprit et le but*, etc., et le n° 73, vers le milieu de la page 98, à l'alinéa : *C'est le droit commun*, etc.

THÉORIE

DE LA

RÉTENTION

ET DE L'IMPUTATION

DES DONS FAITS A DES SUCCESSIBLES

AVEC RÉSOLUTION AFFIRMATIVE

DE LA QUESTION DU CUMUL DE LA RÉSERVE ET DE LA PORTION DISPONIBLE

SUIVANT L'ANCIEN DROIT, LE CODE NAPOLÉON
ET LA JURISPRUDENCE

PAR C.-F. RAGON,

PROFESSEUR A LA FACULTÉ DE DROIT DE POITIERS.

... nonam post denique messem,
Quam cœpta est, nonamque edita post hiemem.
CATULL.

TOME PREMIER.

PARIS
AUGUSTE DURAND, LIBRAIRE,
7, RUE DES GRÈS, 7.
1862

PRÉFACE.

S'il est une question célèbre et controversée dans le droit des successions et des donations, c'est bien celle du cumul de la portion disponible et de la réserve par un héritier donataire ou légataire. Aussi l'ai-je inscrite en tête de ces deux volumes avec la solution que je défends, afin que le lecteur sache tout de suite de quoi il s'agit. Ce n'est pas cependant qu'elle les remplisse à elle seule. Elle n'y vient que comme une dépendance de la théorie générale qu'annonce notre titre, celle de la rétention et de l'imputation des dons faits à des successibles.

Dans quelle mesure un don en avancement d'hoirie ou par préciput peut-il être retenu par l'héritier qui en a été avantagé, soit que cet héritier vienne ou ne vienne pas à la succession du disposant ? De quelle manière et sur quoi imputer la libéralité qu'il retient ?

Voilà deux ordres de questions qui sont de notre part l'objet d'un examen distinct et approfondi, tant pour les successions où la loi fait une réserve, que pour celles où elle n'en admet point. La question de cumul y est enveloppée.

Nous avons aussi exposé avec un soin particulier les principes de l'accroissement et de la dévolution dans leur rapport et leur application à la succession réservée. C'est une théorie auxiliaire sans laquelle un traité de la rétention des dons resterait incomplet.

Un aperçu historique assez étendu présente le résumé des principes qui gouvernaient les matières correspondantes de l'ancien droit, et particulièrement la légitime, soit dans le droit écrit, soit dans le droit coutumier. Nous avons ensuite recherché et suivi la destinée de cette institution dans le droit intermédiaire et dans la discussion du Code civil, et nous sommes arrivé à cette conclusion que c'est la légitime du droit coutumier qui revit dans le Code sous le nom de réserve.

L'extrême difficulté du sujet et l'ardeur des controverses qu'il a suscitées autorisaient peut-être ces longues études préliminaires; l'importance du résultat qu'elles fournissent les absout. Il n'en fallait pas moins pour résoudre d'une manière compétente cette grosse question du cumul de la réserve et de la quotité disponible qui divise et passionne la doctrine et la jurisprudence depuis plus de quarante ans.

« N'est-il pas étrange, s'écrie M. Valette,
» qu'il n'y ait rien de certain dans la pratique

» sur des questions si graves et si usuelles, desquelles dépendent la fortune et le repos de tant de familles? Quoi! cinquante ans après la promulgation d'un Code civil, tant de fois porté aux nues comme un chef-d'œuvre de sagesse, on n'a pu encore y démêler quels sont, au juste, les droits d'un enfant dans la donation qu'il a reçue de son père! Là-dessus, à chaque mésintelligence de famille, la question de droit est remise sur le tapis, toujours la même et toujours nouvelle, avec son cortége obligé de consultations, de plaidoiries, de jugements et d'arrêts. »

C'est à propos des mêmes questions que Marcadé disait à un professeur de la Faculté de droit de Toulouse, pour le détourner de combattre la doctrine des auteurs et d'adhérer à celle des arrêts: « Est-ce que le triste et trois fois triste arrêt de 1843 n'a pas reçu la réprobation unanime de tout ce qui pense en droit? Est-ce que M. Demante, M. Valette, M. Duranton, M. Duvergier, M. Lagrange, tous enfin, ne l'ont pas, je ne dirai pas réprouvé, mais stygmatisé?... Est-ce que dans cet état de choses vous voudriez, vous, Monsieur, vous ranger du côté d'une pratique hérétique et contre la doctrine orthodoxe de tout ce qui est jurisconsulte? Est-ce que vous voudriez briser l'unanimité qui ne fait pas la moindre force de cette doctrine et qui a déjà fait revenir à nous bien

» des conseillers à la Cour de cassation ? Per-
» mettez-moi, Monsieur, au nom du professo-
» rat, de toute la doctrine, au nom de la science
» et des principes, dans l'intérêt de la vérité,
» permettez-moi de vous prier de ne pas céder
» trop promptement à une idée aussi grave... »

Le désaccord ne saurait être plus profond entre la jurisprudence de la Cour de cassation et la doctrine des auteurs. Qui a raison ? La Cour de cassation, suivant moi, en dépit de *tout ce qui est jurisconsulte*. Je suis convaincu que le Code contient un système pratique, sage et équitable, sur les graves questions dont il s'agit, et ce système me paraît être en grande partie celui que Marcadé repoussait avec tant de vivacité. L'exposer dans tous ses détails et dans toutes ses vicissitudes est l'objet de cet ouvrage que j'ose offrir, tout imparfait qu'il est, aux amis de la science du droit, et à ses ennemis, si elle en a.

15 mai 1862.

INTRODUCTION.

POSITION DE LA QUESTION ET PLAN DE L'OUVRAGE.

1. Problème législatif de la fixation d'une réserve et d'une quotité disponible.
2. Sa solution par le Code Napoléon.
3. Problème juridique du cumul de la quotité disponible avec une part de réserve.
4. Controverse dans la jurisprudence et dans la doctrine.
5. Dernière solution donnée par la Cour de cassation.
6. Critiques nombreuses et rares éloges de cette solution.
7. Doit-elle triompher?
8. Opinion de l'auteur.
9. Questions connexes à examiner ou à écarter.
10. Pourquoi l'auteur a choisi ce sujet.
11. Caractère et tendances des publications les plus récentes relatives à notre question principale.
12. Plan de l'ouvrage.

1. Le droit naturel veut qu'un propriétaire ait la liberté de disposer de ses biens en faveur de qui il lui plaît, soit par donation entre-vifs, soit par testament. Mais ce droit veut aussi avec non moins d'énergie que les successions aillent des père et mère aux enfants. Ces deux principes, qui sont la substance de nos lois sur la transmission gratuite de la propriété, semblent s'exclure mutuellement. Il est de la sagesse du législateur, de chercher et de marquer un point d'intersection où ils puissent se combiner en perdant respectivement ce qu'ils ont de trop absolu. La détermination de ce point de rencontre des deux principes rivaux exige une exacte appréciation des habitudes morales et domestiques,

de l'état politique et de la situation économique de la nation pour laquelle la loi est faite. La législation peu compliquée des peuples naissants ne connaît point les combinaisons savantes que demande la conciliation équitable des deux principes contradictoires. Pour ne parler que des deux législations qui ont fourni les éléments de notre droit actuel, on voit au début de chacune d'elles la domination exclusive d'un principe unique, simple et absolu : à Rome, la domination du droit de disposition des biens; chez les Germains, la domination du droit de famille. Le progrès de la jurisprudence fut à Rome de retrancher de plus en plus au droit de testament pour donner à la famille, et chez les Germains au contraire, d'accorder au droit de testament tout ce qu'on crut pouvoir enlever justement à la parenté.

2. Recueillant l'héritage du droit romain et du droit coutumier, le législateur de l'an XI a choisi parmi les institutions accumulées par les siècles, celle qui lui a paru la plus simple et la plus conforme à l'état nouveau de la société française. C'est par l'établissement d'une portion de biens disponible et d'une portion indisponible qu'il a tenté de concilier le droit de disposition des pères avec le droit de succession des enfants, sans considérer d'ailleurs la nature ni l'origine des biens et sans distinguer le sexe ni la primogéniture chez les héritiers. La portion des biens non disponible est appelée *réserve* par le Code Napoléon.

Il permet à celui qui a des héritiers à réserve, à un père, par exemple, de donner sa quotité disponible à l'un ou à quelques-uns de ses héritiers aussi bien qu'à des étrangers. Cela vaut la peine d'être remarqué, parce que l'on concevrait très-bien que, pour prévenir les haines et les jalousies fraternelles, le législateur eût exigé entre les frères et sœurs une égalité absolue que le père de famille n'aurait pas pu rompre en donnant sa quotité disponible à un enfant et réduisant les autres à leur réserve. C'est là un détail qui relève de la prudence du législateur plutôt que d'aucun principe de droit naturel. Si donc le législateur l'eût voulu, il n'y aurait eu de quotité disponible qu'à l'égard des étrangers, c'est-à-dire de ceux qui ne sont point du nombre des héritiers réservataires. Mais l'esprit de notre Code est différent. L'égalité entre enfants est dans le vœu de la loi, sans être d'obligation absolue. Un père de famille peut employer sa quotité disponible à récompenser l'enfant qui a le mieux mérité de lui, ou à réparer une inégalité de fortune préexistante, ou même (car le législateur n'a point été arrêté par cette possibilité) à faire un héritier de son nom plus riche que les autres et capable de porter ce nom avec éclat. Les deux premières applications de la quotité disponible sont mieux dans les vues du législateur; mais il ne repousse pas néanmoins la dernière.

3. Lorsqu'il est exprimé dans l'acte contenant une libéralité en faveur d'un héritier à réserve, tel qu'un enfant, qu'elle est faite par préciput ou hors part, il est sans difficulté que le gratifié peut, au moins en acceptant la succession, cumuler sa part de réserve, qu'il recueillera comme héritier, avec la quotité disponible, qu'il obtiendra comme donataire ou légataire.

Ce sont les libéralités sans clause de préciput ou en avancement d'hoirie qui font naître l'embarras. Si l'enfant avantagé vient à la succession, il est certain que le rapport d'une donation de cette espèce est dû aux cohéritiers pour maintenir l'égalité entre tous; l'enfant gratifié sans dispense de rapport et venant à la succession ne peut avoir que sa part héréditaire, et rien de plus. Mais s'il renonce à la succession, cet enfant donataire en avancement d'hoirie pourra-t-il retenir sur le don sa part de réserve avec la quotité disponible? C'est la plus grave question de la matière et l'une des plus difficiles et des plus importantes de tout le Code Napoléon : *Hic opus, hic labor est.* Le problème est de trouver une solution, conforme au texte légal, qui maintienne le droit acquis à l'enfant donataire et assure leur effet aux autres volontés du père de famille dans tout ce qui ne blessera pas ce droit acquis non plus que la réserve des autres enfants.

Et d'abord, que décider quant à la quotité disponible? l'enfant renonçant la peut-il retenir? Oui, si elle n'a pas déjà été donnée à d'autres qui lui soient préférables par la date ou par le titre de la libéralité qui les concerne. La dispense de rapport n'est nécessaire qu'à l'enfant donataire *venant à la succession* pour qu'il ait droit de retenir la quotité disponible en vertu de sa donation. Des textes précis ne laissent presque aucun doute sur ce droit de l'enfant donataire qui a renoncé à la succession.

Mais gagne-t-il aussi par sa renonciation la dispense de rapporter sa part de réserve qui est comprise dans son avancement d'hoirie ou donation sans clause de préciput? Ou bien, ne peut-il avoir la quotité disponible qu'en perdant sa part dans la réserve?

Un divorce profond a éclaté entre la jurisprudence et la doctrine sur cette partie de la difficulté.

4. Dans les arrêts de la Cour de cassation, le droit de l'enfant renonçant de cumuler sa part de réserve avec la quotité disponible triomphe aujourd'hui; dans l'enseignement et dans les livres, on accorde à l'enfant la quotité disponible toute seule, ou bien sa réserve et un peu de quotité disponible, ou même on ne lui accorde ni réserve ni quotité disponible. Je pense que la Cour de cassation a raison contre les auteurs.

Il est curieux de suivre à cet égard les progrès de l'interprétation et de l'application du Code Napoléon.

Le temps écoulé depuis la promulgation du Code jusqu'à 1818 est un âge d'enfance pour la théorie des dons de pré-succession. Les auteurs se bornent à reproduire avec naïveté, mais d'une manière un peu confuse, les doctrines de l'ancienne jurisprudence; ils accordent plutôt trop que pas assez aux enfants renonçants, la plupart permettant même à un enfant non-donataire de réclamer sa réserve sans se porter héritier.

Avec l'arrêt fameux du 18 février 1818 [1] ou arrêt *Laroque de Mons* commence un autre âge pour notre question. Les textes nouveaux sont interrogés, étudiés, combinés; mais l'interprétation du Code paye son tribut à l'inexpérience et à l'erreur. C'est l'âge de jeunesse. On crut que le Code civil devait se suffire à lui-même; on proclama qu'il était temps de l'affranchir de la tutelle des anciennes lois; d'une leçon législative nouvelle devait naître un système nouveau. Et ce système, on le fonda sur un principe que l'ancien droit coutumier avait connu, il est vrai, mais auquel les textes récents parurent donner une portée qu'il n'avait pas autrefois : *Non habet legitimam, nisi qui heres est*. Cela dut signifier, non-seulement que le réservataire qui n'a rien reçu par avance (vieux sens de l'adage) doit se porter héritier pour réclamer sa réserve, mais encore (sens nouveau) que le réservataire qui a reçu sa réserve ne peut pas la retenir à titre de donataire ou de légataire. D'où il fut conclu et décidé par la Cour de cassation, dans l'arrêt de 1818, que l'enfant donataire, qui renonce à la succession, n'a droit qu'à la quotité disponible et qu'il perd sa part dans les biens réservés.

[1] Rendu sur le rapport de M. Poriquet, de qui M. Dupin a dit « que » nul magistrat n'était plus appliqué aux affaires, et ne les examinait avec » plus de soin; qu'il portait sur les questions un coup d'œil sûr, sou» tenait son opinion et la fortifiait par des développements auxquels ses » vastes connaissances donnaient une autorité qu'il savait faire passer » dans la rédaction des arrêts (*Discours de rentrée de* 1837) ».

Voilà le système.

Il a l'incurable défaut d'avoir été construit d'après une vue étroite et incomplète de la difficulté. On ne vit alors, en effet, qu'un seul but à atteindre, celui de maintenir une sorte d'égalité entre l'enfant avantagé qui renonçait et ses frères et sœurs; et l'on y arriva en lui ôtant sa réserve pour ne lui laisser que la quotité disponible. Mais l'aspect le plus important de la question échappa aux novateurs. Ils ne virent point que par cette transformation de tout avancement d'hoirie, modéré ou excessif (il n'importe), en un pur don de la quotité disponible, ils ruinaient complétement le droit de disposition du père en annihilant les dons qu'il avait pu faire postérieurement, soit à d'autres enfants avec clause de préciput, soit à des étrangers. Ceux qui refusaient à l'enfant donataire, renonçant, le droit de retenir son avancement d'hoirie sur sa part de réserve, étaient forcément conduits à méconnaître l'obligation corrélative de l'imputer sur cette même part. Or, sans cette imputation, les dispositions ultérieures du père de famille sont rendues caduques par tout avancement d'hoirie, pour peu qu'il soit égal à la quotité disponible. Au contraire, avec cette imputation, elles ne sont caduques que lorsque l'avancement d'hoirie est tellement considérable qu'il comprend la quotité disponible avec la part de réserve du donataire. En un mot, par l'application exclusive de l'avancement d'hoirie à la portion de biens disponible, on retrancha de la théorie napoléonienne de la réserve le principe ancien qui prescrivait d'imputer sur la légitime les libéralités faites à des légitimaires, principe qui était l'âme et la vie de tout le droit en matière de légitime. Cette théorie ainsi mutilée ne pouvait pas vivre. Elle fonctionna au hasard, amoncelant les ruines et les injustices sur son chemin. Le tableau que nous présenterons de la jurisprudence fera voir combien de libéralités aussi légales que la loi elle-même, ont été immolées à cette chimère d'un système absolument nouveau, créé par le Code!

La théorie nouvelle obtint infiniment plus de succès chez les docteurs que dans les arrêts. La plupart des auteurs qui avaient soutenu les anciens principes avec plus d'ingénuité que de conviction, avant 1818, s'empressèrent d'accepter les nouveautés auxquelles l'arrêt Laroque de Mons avait prêté la séduction des plus habiles sophismes. La presque unanimité des écrivains fut conquise à l'erreur. Dans le prétoire, au contraire, il y eut toujours des protestations contre elle. La Cour de cassation, de laquelle on ne pourrait pas citer une autre décision dans le sens de l'arrêt Laroque de Mons, se mit elle-même à la tête d'une réaction qui, par degrés, devait amener pour la doctrine de la réserve et de la quotité disponible l'âge de la virilité, ou si l'on veut, celui de la raison, de la justice et du droit. J'en place l'avénement définitif à l'arrêt *Leproust* du 17 mai 1843.

5. Ce fut dans le cas d'acceptation de la succession par l'enfant donataire en avancement d'hoirie, que la nécessité d'imputer la libéralité sur sa réserve se fit d'abord reconnaître et accepter. L'arrêt *Saint-Arroman*, rendu le 8 juillet 1826 par la Cour de cassation, dans une audience solennelle que présida M. de Peyronnet, garde des sceaux, vint consacrer, aux applaudissements de tous, l'imputation des avancements d'hoirie sur la réserve du donataire acceptant. L'imputation, c'est trop dire; la chose fut bien admise, mais le nom ne fut pas prononcé; la véritable formule de cette doctrine a été laissée dans un vague, d'où nous essayerons de la faire sortir. Cependant un grand pas était fait. De l'imputation admise dans le cas d'acceptation du donataire, quoique sous le déguisement d'un faux nom, on devait aller logiquement, et cette fois sans illusion possible, à la même imputation pour le cas de renonciation. C'est dans les deux cas une

question de vie ou de mort pour le droit de disposition du père de famille. Or, pour que l'enfant renonçant impute sa donation sur sa réserve, il faut qu'il la retienne. On est donc invinciblement ramené au vrai nœud de la difficulté, qui est de savoir si un enfant peut prendre sa réserve à titre de donataire aussi bien qu'à titre d'héritier.

L'affaire Laroque de Mons n'avait présenté à la Cour de cassation, en 1818, qu'un seul aspect de ces questions compliquées. On ne vit alors que l'intérêt de l'enfant donataire à imputer son avancement d'hoirie d'abord sur sa réserve et ensuite sur la portion disponible, de manière à les retenir cumulativement. La prétention de l'enfant donataire était d'exercer un certain cumul ! Ce seul mot la plaçait sous un jour peu favorable et elle fut rejetée.

Mais, en 1829, une affaire *Mourgues*, soumise à la Cour de cassation, mit en relief l'intérêt qu'ont aussi les donataires postérieurs d'exiger cette imputation de l'avancement d'hoirie sur la réserve de l'enfant, afin d'imputer leurs propres libéralités sur la quotité disponible, de telle sorte que le cumul ait encore lieu, mais non au profit d'un seul. En 1818, la Cour de cassation, qui n'avait considéré que la moitié des faits possibles, avait porté contre l'enfant une décision jalouse, qui voulait que sa renonciation à la succession le privât de sa réserve, tout donataire qu'il en était. En 1829, mise en présence d'un fait nouveau qui élargissait son point de vue, elle jugea [1] que l'avancement d'hoirie devait s'imputer d'abord sur la réserve du renonçant, et subsidiairement s'il y avait lieu (mais il n'y avait pas lieu) sur la portion disponible, c'est-à-dire en d'autres termes, que le renonçant retenait sa réserve à titre de donataire. Même arrêt dans l'affaire *de Castille*, à la date du 24 mars 1834.

[1] Arrêt *Mourgues*, du 11 août 1829.

Pour tout esprit non prévenu, le seul principe qui servait de base à l'arrêt Laroque de Mons était renversé. Cependant il restait encore à faire l'imputation de l'avancement d'hoirie sur la réserve du donataire dans son intérêt propre, en sorte qu'il pût lui-même, le cas échéant, cumuler la quotité disponible avec une part de réserve. Très-conséquente avec son principe, la Cour de cassation n'hésita pas à admettre le cumul au profit du donataire, lorsqu'en 1843 la fortune des procès parut ramener devant elle la question dans les termes où l'avait jugée l'arrêt Laroque de Mons. Les détails étaient plus compliqués et l'intérêt pécuniaire bien moins considérable A petite cause, arrêt modeste. La Cour, usant d'une brièveté qui contraste avec les développements étudiés de l'arrêt de 1818, trancha la difficulté en quelques lignes seulement. Il faut croire qu'elle la regardait comme suffisamment éclaircie par les deux arrêts de 1829 et de 1834.

Quoi qu'il en soit, après l'arrêt *Leproust*, du 17 mai 1843, il ne fut plus possible de conserver la moindre illusion sur l'abandon complet et réfléchi des principes posés dans l'arrêt Laroque de Mons. L'opposition entre les deux arrêts était celle du blanc au noir. Un grand nombre de décisions semblables sont venues depuis confirmer cet heureux changement de jurisprudence. La Cour de cassation possède désormais les vrais principes de la matière, et elle a, quoi qu'on en dise, la conscience de les posséder. C'est ce qui donne à sa doctrine le cachet de la maturité.

Une concordance admirable me paraît régner entre l'arrêt St-Arroman, l'arrêt Mourgues, l'arrêt de Castille et l'arrêt Leproust. Par eux est retrouvée la règle de l'imputation des avancements d'hoirie sur la réserve des enfants donataires, règle sans laquelle est impossible une théorie générale de la réserve. Leur accord est dans l'application constante qu'ils font de cette règle, soit que l'enfant donataire accepte la succession ou qu'il y renonce, soit que l'imputation sur la réserve ne doive profiter qu'à lui ou qu'elle doive profiter à des donataires postérieurs. La généralité de la règle est le gage de son exactitude. Que d'autres s'efforcent de diviser ces arrêts par la considération des différences de fait que présentaient les espèces à juger ; moi, je les réunis par la considération du principe unique qui fut appliqué.

6. L'arrêt Laroque de Mons avait été reçu par la doctrine avec un enthousiasme véritable ; l'arrêt Leproust ne devait être accueilli que par des critiques.

Voici comment le premier de ces arrêts est loué, applaudi, et exalté :

Par M. Sirey, dans son *Recueil général d'arrêts*, année 1818, 1, 98 : « Depuis bien des années, la Cour de cassation n'a pas » rendu un arrêt aussi important, aussi remarquable par les » principes, aussi fécond dans ses conséquences, aussi im- » posant par l'étendue et la force des combinaisons, que » l'arrêt dont nous allons rendre compte. »

Par M. Duranton, t. VII, n° 256 : « Un des arrêts les plus » importants qu'ait encore rendus la Cour suprême, arrêt de » principes, arrêt interprétatif de plusieurs dispositions du » Code sur ces matières abstruses. »

Par M. Pont, *Revue de Législation* 1843, p. 439 : « En » un mot, la Cour suprême rendait un arrêt de principes. »

Par M. Valette, *Droit* du 17 décembre 1845 : « La sagesse » et la profondeur de cet arrêt jetaient le savant arrêtiste » Sirey dans des transports d'admiration. »

Et voici comment l'arrêt Leproust est critiqué, censuré et presque flétri : [1]

[1] Quant à moi, j'approuve le principe de cet arrêt, mais non l'application qu'il en a faite.

Par M. Pont, au lieu cité, p. 462 : « Nous considérons » (le changement opéré par l'arrêt de 1843) comme affligeant, » lorsque nous le voyons s'introduire furtivement, en quel- » que sorte, sans discussion et sans la conscience de la ré- » volution qu'il est appelé à produire. »

Par M. Lagrange, *Revue de Droit français et étranger*, 1844, p. 110 : « Ce sont des textes précis, nombreux, que » cet arrêt immole à un système puisé dans nous ne savons » quelles traditions de droit romain mal appliquées, et aux- » quelles il est difficile de donner selon le Code civil une » base légale, si l'on en juge par la faiblesse des motifs de » cette regrettable décision. »

Par M. Valette, même *Revue de Droit français et étranger*, 1844, p. 630 : « Tout devient dans la loi obscur et contradic- » toire, et il est dès lors impossible à l'interprète le plus ha- » bile d'exposer sur la matière de la réserve un système in- » telligible. »

Par M. Marcadé, t. III, *passim* : « Le triste arrêt du 17 mai » 1843... Le malheureux arrêt... Cet arrêt inexplicable... Cet » étrange arrêt, etc., etc. »

Puis, à la page 560, en parlant des deux arrêts de 1829 et de 1834, précurseurs de l'arrêt Leproust : « Nous n'avons » ni assez d'âge, ni assez de talent, pour qu'il nous soit » permis d'exprimer tout ce que nous pensons de ces deux » décisions de la Cour suprême.

Et dans la *Revue critique de jurisp.*, t. I, p. 260 : « La » Cour de cassation, depuis trente années, a constamment » reculé pour ce qui touche à ces difficiles questions de ré- » serve ; elle a cédé pied à pied tout le terrain que le savant » et laborieux rapporteur de l'arrêt Laroque de Mons, » M. Poriquet, leur avait fait gagner ; elle s'est laissée » tomber sans lutte, sans discussion, dans les idées fausses, » incohérentes et contradictoires que cet excellent arrêt avait

» pris soin de réfuter à l'avance... Tous les jurisconsultes » furent unanimes pour réprouver énergiquement ce triste » retour à une hérésie dès longtemps condamnée. Mais la » Cour, chambre civile, n'en a pas moins persisté dans cette » déplorable jurisprudence. »

Par M. Duvergier, *Gazette des Trib.*, du 19 octob. 1844 : « Il faut que la Cour de cassation sache que son arrêt a été » cassé par l'opinion publique. »

Par M. Ginoulhiac, *Revue de Droit fr. et étr.*, 1846, p. 465 : « Nous espérons que la Cour de cassation re- » viendra franchement aux principes de l'arrêt de 1818 » (sauf ce qui concerne le renonçant qui ne doit pas faire » nombre), et qu'elle ne sera pas arrêtée dans ce retour » par le respect qu'elle croirait devoir à ses propres er- » reurs. »

Par M. Rodière, *Revue de législat.* 1850, p. 360 : « Ce » système (celui de l'arrêt de 1843) contrarie de la manière » la plus positive et la plus évidente la lettre de la loi, l'esprit » de la loi et l'intention du disposant. »

Par M. Moulin, *Droit* du 30 mars 1853 : « Dire quel éton- » nement général excita cet arrêt, quel cri universel de ré- » probation l'accueillit serait presque impossible... La Cour » suprême resta sourde à ces réclamations et, entrée dans » une mauvaise voie, elle s'y enfonça plus avant par deux » nouveaux arrêts de 1846 et de 1848. »

On ferait un volume de critiques, si on voulait les recueillir toutes.

Il est cependant jusqu'à trois jurisconsultes qui ont défendu la jurisprudence de la Cour de cassation postérieurement à 1843.

M. Gabriel Demante a osé dire le premier, *Revue critique de jurisprudence*, t. II, p. 82 : « Cette jurisprudence (que » consacre l'arrêt de 1843) est à la fois la plus conforme et

» aux traditions historiques et aux principes du Code civil [1]. »

M. Troplong l'approuve en ces termes : « Je crois que ce » changement est du nombre de ceux qui marquent un no- » table progrès dans la jurisprudence [2]. »

M. Besnard (il est mort avant l'âge) disait dans un discours académique, prononcé à Caen, en 1853 : « L'autre inter- » prétation, on ne saurait le nier, a pour elle les règles du » raisonnement appliqué aux textes : et certainement l'opi- » nion de la Cour suprême est la moins fidèle à la lettre du » Code. Mais elle est plus équitable dans chaque espèce, mais » elle se tient plus près de la morale ; elle garantit de plus » nombreux intérêts ; voilà pourquoi cette opinion doit être » bonne, voilà pourquoi cette opinion doit triompher dans » la science, en dépit de la science elle-même. »

On voit que les suffrages accordés à la nouvelle jurisprudence ne sont pas nombreux, et qu'ils ne sont pas tous accordés au nom de la science. A mes yeux, elle est aussi bonne en droit qu'en équité. C'est pourquoi j'ai entrepris de la défendre contre ses détracteurs.

7. J'apporte ma pierre à une œuvre bien commencée. Déjà se manifestent au milieu des critiques quelques signes avant-coureurs présageant le prochain triomphe de la jurisprudence de la Cour de cassation, même au sein de la doctrine. M. Valette, un de ses censeurs, ne dit-il pas, en entrant un peu dans la manière de voir de M. Besnard [3] : « Nous devons l'avouer franchement, la doctrine de cette

[1] M. Gab. Demante a depuis inséré une nouvelle dissertation dans le *Répertoire périodique de l'enregistrement*, de M. Garnier (art. 1276), et a presque converti à la bonne doctrine son collègue et le nôtre, M. Bressolles, dont on peut voir les *Réflexions* sur la question dans la *Rev. crit. de Législation*, déc. 1860, p. 519.

[2] *Revue critique*, t. IV, p. 206 ; *des Donat.*, t. II, n° 788.

[3] *Droit* du 6 septembre 1854.

» Cour, sur le point qui nous occupe, est ingénieuse, bien » agencée dans ses diverses parties, et, en somme, pourrait » se défendre par des raisons très-puissantes dans un conseil » législatif. Elle présente d'incontestables avantages dans » certains cas. »

Le savant professeur n'est même pas éloigné de reconnaître que l'ingénieuse doctrine se défend assez bien devant le texte du Code : car pour sauver le sens absolu dans lequel ceux de son parti prennent l'adage : *Nul n'a droit à la réserve, s'il n'est héritier*, il insinue, dans le même écrit, que la quotité indisponible du Code n'a pas pour type dans l'ancien droit la *légitime*, mais la *réserve* proprement dite, c'est-à-dire la succession dévolue aux parents de *côté et ligne*, qui n'appartenait qu'aux *héritiers acceptants*.

Les défenseurs du principe qui sert de base à l'arrêt Laroque de Mons sont donc réduits à dire que le Code a ressuscité, au lieu de la légitime, le vieux système des réserves coutumières. C'est ce que M. Coin de Lisle a très-bien senti, lui qui a écrit naguère un livre entier, où il épuise toutes les ressources de l'érudition, rien que pour prouver que la chose est ainsi [1]. Il n'y avait plus que ce moyen d'étayer la nouvelle construction juridique, si habilement édifiée en 1818 par la Cour de cassation et si facilement acceptée par la doctrine. On commence à comprendre que tout n'est pas dit, lorsqu'on a répété après vingt autres que le Code a préféré en cette matière le système des pays du Nord à celui des pays du Midi. Il reste encore à savoir si c'est la légitime ou la réserve coutumière qu'il a empruntée à ces pays du Nord. « J'ai souvent » remarqué, disait Bretonnier [2], que la prévention des au- » teurs du droit coutumier pour les successions *ab intestat*,

[1] *Limite du droit de rétention par l'enfant donataire renonçant;* Paris 1852.

[2] *Sur Henrys*, liv. V, quest. 52, t. III, p. 237.

» leur brouille les idées sur les *matières testamentaires.* » Cela me semble dit de tous nos auteurs modernes qui ont l'esprit brouillé par la maxime : *Non habet legitimam, nisi qui heres est.*

8. Par l'examen attentif du droit écrit et du droit coutumier, par l'étude critique et raisonnée des textes du Code et des monuments de la jurisprudence, je suis arrivé à cette conviction, que la rétention de sa réserve par un enfant donataire renonçant n'est pas moins conforme à la science qu'à l'équité. C'est ce que le présent ouvrage devra démontrer.

On se demande vulgairement si l'enfant, donataire en avancement d'hoirie et renonçant, peut retenir sa réserve avec la quotité disponible, en un mot, s'il peut les cumuler. Mais il y a dans cette manière de proposer la difficulté, quelque intention de rendre odieuse la prétention de l'enfant. La seule question à résoudre est de savoir si un enfant, donataire ou légataire, qui renonce à la succession, peut ou non conserver sa part de réserve. Peu importe que la quotité disponible soit en outre retenue par lui ou par un autre, ou qu'elle ne soit retenue par personne. Si l'on admet le droit pour l'enfant donataire de retenir sa réserve, il faut admettre l'imputation de sa donation sur cette réserve qu'il retient. Et réciproquement, si l'on admet l'imputation, il faut admettre la rétention. Les deux droits sont inséparables.

9. Cette grave question sera le centre de nos recherches et de nos explications; mais elle n'en sera pas l'unique objet. Marcadé dit quelque part que l'énorme question des conséquences légales de la renonciation d'un héritier réservataire contient tout un monde de questions. Nous explorerons ce monde-là et tout le voisinage. Le jeu des dons par préciput et en avancement d'hoirie dans les successions sans réserve,

mais partagées entre deux lignes de parenté, veut être étudié avec plus de soin qu'il ne l'a été jusqu'à présent. Il faut déterminer, dans les successions à réserve, l'effet définitif des dons par préciput non moins que celui des dons en avancement d'hoirie, et cela, dans la double hypothèse de l'acceptation et de la répudiation de la succession par le réservataire avantagé. Sur la question des enfants qui font nombre pour le calcul de la réserve, il est permis de signaler à la Cour de cassation un dernier progrès que devra accomplir sa jurisprudence pour constituer une doctrine complète, concordante et inattaquable. Nous croyons qu'elle est dans l'erreur sur ce point. Les arrêts ne sont pas des livres. On ne doit pas leur demander l'exactitude et la rigueur de la science. C'est ce qui fait l'utilité des ouvrages de droit à côté des recueils où s'accumulent les décisions de la justice.

L'importance de ces questions pour les familles est un lieu commun, ainsi que l'extrême difficulté qu'elles offrent au jurisconsulte. M. Dalloz reconnaît qu'il n'est pas de plus mémorable controverse que celle qui, depuis 30 ans, divise sur ce point les auteurs et les tribunaux. Les avancements d'hoirie, disent MM. Sébire et Carteret, ont donné lieu aux difficultés, sans contredit, les plus graves qui aient été agitées depuis la promulgation du Code civil; et ils disent vrai. Ce qui rend les questions de réserve très-importantes dans la pratique, c'est le grand nombre d'avancements d'hoirie, constitutions de dot, préciputs et donations de toute sorte, qui se font journellement. Ce qui rend les mêmes questions très-difficiles dans la théorie, c'est que le sort définitif de toutes ces libéralités ne peut être réglé qu'à la mort du disposant, époque où le montant de la fortune et le nombre des héritiers ne sont plus très-souvent ce qu'ils étaient au jour où les choses ont été données. De ces circonstances extrêmement variables dépend cependant l'exécution, dernière et irrévocable des libéralités. Ajoutez que la législation a pu changer dans l'intervalle écoulé depuis la donation jusqu'au décès du donateur; c'est une nouvelle source de difficultés, mais nous la négligerons. Comme aussi nous écarterons de cet ouvrage les singularités du droit de réserve, et les modifications qu'elles amènent dans l'application des règles générales. On n'y trouvera donc rien ou presque rien sur les divers cas réglés par les articles 747, 757, 904, 1079, 1094 et 1098 du Code Napoléon.

10. L'étude de ces matières m'a particulièrement attiré, parce qu'elles m'ont paru succeptibles de solutions aussi rigoureuses que celles qui ont fait donner au droit romain le nom de raison écrite. Le droit français est ici l'égal du droit romain par l'art et la doctrine, et il l'emporte sur lui par l'équité.

Le sujet que je traite a de plus l'avantage de se prêter à la réalisation, au moins partielle, d'une pensée de M. le procureur général de Royer, qui disait naguère devant la Cour de cassation : « Ce serait une grande et belle étude que celle qui » s'attacherait à rechercher l'influence de doctrine et d'en- » seignement qu'a déjà exercée votre jurisprudence, le progrès » qu'elle a fait faire à la législation et à la science du droit[1] ».

Or, l'influence salutaire de la jurisprudence de la Cour de cassation est ici très-manifeste. Cette Cour a eu l'insigne honneur de retrouver les parties principales du sage système adopté par le Code Napoléon, alors que la doctrine n'y voyait que des combinaisons aussi injustes qu'absurdes. La jurisprudence a vengé la législation.

11. Pendant que je me livrais à ce travail, souvent laissé et repris, la littérature du droit a produit bien des dissertations et même des livres assez gros sur cette partie de la science

[1] *Discours de rentrée*, du 3 novembre 1854.

des lois, qui était le sujet préféré de mes méditations et dont j'avais fait ma province juridique. La jurisprudence, de son côté, s'est accrue d'arrêts nombreux. Dissertations et arrêts, traités et commentaires, j'ai tout recueilli avec une avide curiosité. L'apparition d'un livre ou d'une décision sur le cumul ou le non-cumul de la réserve et de la quotité disponible a été pour moi la cause d'un plaisir toujours nouveau pendant les longues années de mon long travail. Les écrits composés en faveur de la thèse contraire à la mienne m'ont plu tout autant que ceux où je retrouvais une partie des idées et du système que je crois être ceux du Code Napoléon ; et je puis bien dire que les premiers n'ont pas moins contribué que les seconds à me fortifier dans mon opinion. Le spectacle de l'erreur pour qui est bien affermi dans la vérité n'est pas malsain.

Quoique j'aie déjà cité la plupart des écrits qui sont favorables au cumul et de ceux qui le repoussent, il ne sera pas hors de propos de caractériser leurs méthodes et leurs tendances avec plus de précision.

M. Gabriel Demante à qui revient l'honneur d'avoir le premier, depuis l'arrêt Leproust, défendu la thèse du cumul devant le public, a essayé de l'appuyer sur le droit ancien et sur les textes du Code Napoléon ; mais il a forcé le sens de l'art. 845 pour lui faire trop signifier et n'a produit qu'une argumentation exposée à une facile réfutation.

M. Troplong s'est déclaré partisan de la doctrine du cumul dans son *Commentaire des Donations et Testaments*. Cette autorité est imposante, et elle aurait converti bien des esprits, si le grand jurisconsulte n'avait trop laissé croire que l'excellente doctrine qu'il soutient n'aurait pour elle que l'appui de Dumoulin, et que la lettre et l'esprit du Code Napoléon lui seraient contraires. Son œuvre n'est sur ce point qu'une apologie et une paraphrase des arrêts de la Cour de cassation ; il ne va pas au delà.

Un grave défaut, commun à M. Demante et à M. Troplong, c'est qu'ils suivent cette Cour dans la vicieuse solution qu'elle a donnée à la question des enfants faisant nombre pour le calcul de la quotité disponible. Il y a donc entre l'opinion de ces auteurs et la nôtre assez de divergences pour que nous n'ayons pas été détourné par leurs ouvrages de l'idée de publier les résultats de nos propres études. Nous avions cependant hésité et laissé dormir assez longtemps le manuscrit du présent livre; mais nos hésitations disparaissent en présence des nombreux écrits qui se publient tous les jours contre la jurisprudence de la Cour de cassation. Le non-cumul est la thèse favorite des écoles et du barreau. C'est aussi celle de beaucoup d'héritiers, qui perdent en frais inutiles le plus clair de leurs héritages, pour avoir cru que la Cour de cassation changerait sa jurisprudence en leur faveur. Ils sont excités à plaider, pour leur malheur, par ce déluge de notes, de dissertations et de traités qui paraissent incessamment à l'appui de la doctrine du non-cumul de la quotité disponible avec une part de réserve.

Pour ne rappeler que ce qu'il y a de plus important, c'est, d'un côté, une multitude d'articles de journaux et de revues, où M. Valette s'efforce de prouver par les dispositions du Code Napoléon que le donataire renonçant ne peut pas retenir sa réserve avec la quotité disponible, mais qu'en revanche il ne doit pas être compté pour le calcul de la réserve totale; c'est, d'un autre côté, la dissertation très étendue de M. Coin-Delisle sur la *Limite du droit de Rétention*, où il s'arme surtout de l'ancien droit pour n'accorder pareillement à l'enfant donataire renonçant que la retenue de la quotité disponible, tout en le comptant pour le calcul de la réserve.

Et chacun d'eux a eu son disciple. M. Prosper Vernet, aujourd'hui docteur agrégé à la Faculté de droit de Paris, a adopté et développé avec un soin filial les arguments et les solutions de M. Valette dans un *Traité de la quotité disponible*, paru en 1855, comme M. Beautemps-Beaupré, actuellement procureur impérial à Troyes, a adopté et développé les arguments et les solutions de M. Coin-Delisle dans un *Traité de la portion disponible*, paru aussi en 1855. M. Gustave Humbert, docteur agrégé à la Faculté de droit de Toulouse et condisciple de M. Vernet, professe les mêmes opinions que lui sur notre question, ainsi qu'on peut le voir dans son compte-rendu des ouvrages qui viennent d'être signalés [1]. Le traité de M. Vernet est, je crois, la thèse qu'il a présentée à la Faculté de droit de Paris pour obtenir le diplôme de docteur. On pourrait y joindre dix autres thèses de Doctorat et cent thèses de Licence soutenues devant les diverses Facultés de droit de l'Empire, où la même doctrine est exposée. C'est donc bien celle qui prévaut dans l'enseignement du droit, puisqu'elle est si bien réfléchie dans tous les essais académiques que cet enseignement inspire. Puissions-nous, en détruisant cette erreur, contribuer à faire cesser le conflit qui existe sur ce point entre les doctrines de l'École et la jurisprudence de la Cour suprême!

12. Pour éclairer notre route, nous présenterons, dans une première partie, les origines historiques des nouveaux textes et l'analyse de la discussion à laquelle ils ont donné lieu dans les conseils législatifs.

Le droit actuel sera exposé dans une seconde partie avec les monuments de la jurisprudence.

La relation et la critique des arrêts de la Cour de cassation et des autres tribunaux tiendront une grande place dans notre travail. Le texte en sera puisé surtout dans la *Collection nouvelle* de Sirey, et il n'y aura pas de notre faute, si nous omettons une seule décision.

[1] Inséré dans la *Revue historique de droit*, 1857, p. 492.

PREMIÈRE PARTIE.

---

13. A quoi sera borné l'aperçu historique.

13. L'origine des nouveaux textes doit être cherchée dans le droit qui gouvernait autrefois certaines matières voisines de la nôtre, telles que les rapports à succession, la légitime, le douaire propre des enfants, les réserves coutumières. C'est en étudiant séparément chacune de ces institutions que nous ferons connaître les règles suivies en ce temps-là pour la rétention et l'imputation des libéralités faites à des successibles. Cette étude ne sera qu'un fragment de l'histoire des successions, où les questions d'utilité pratique tiendront plus de place que les recherches d'érudition.

CHAPITRE PREMIER.

GARANTIES ACCORDÉES A LA FAMILLE PAR LE DROIT ROMAIN EN MATIÈRE DE SUCCESSION.

14. Égalité désirable entre enfants d'un même père.—Nécessité d'une certaine réserve en leur faveur.
15. Quelles furent les solutions du droit romain.

14. Deux objets principaux sont proposés à la sagesse du législateur qui crée un système d'hérédité. Il s'agit de maintenir l'égalité entre les enfants d'un même père ou d'une même mère, si la volonté de ces derniers n'y est pas mani-

festement contraire ; et lorsqu'elle y est contraire, de garantir à chaque enfant un certain minimum dans les biens paternels ou maternels, tant contre ses frères et sœurs que contre des donataires étrangers. Le premier objet est rempli par l'institution des rapports à la succession, le second par la fixation d'une légitime ou portion réservée.

15. Les lois romaines atteignirent ce double but au moyen d'adoucissements progressifs, qui furent apportés à l'esprit rigoureux et absolu du vieux droit politique.

Je m'occupe d'abord de ce qui regarde l'égalité entre frères et sœurs.

SECTION PREMIÈRE.

DES RAPPORTS A SUCCESSION EN DROIT ROMAIN.

16. Égalité absolue des *sui heredes*.
17. Origine du rapport à succession et équité de ce droit.
18. Entre qui le rapport avait lieu.
19. Modifications rendues nécessaires par le progrès du droit. — Du cas où il s'agit d'une dot.
20. Du rapport dans les successions des ascendants autres que le *paterfamilias*.
21. Le petit-fils devait-il rapporter à la succession de son aïeul la dot constituée à sa mère ou la libéralité faite à son père ?
22. Le rapport des donations simples était-il dû ?
23. Extension du droit de rapport à la succession testamentaire.
24. A quelles libéralités il était limité.
25. Le rapport avait-il lieu entre héritiers d'ordres différents ?
26. Transition au droit d'imputation.

16. Les XII Tables n'appelaient à la succession du père de famille, mort *ab intestat*, que les enfants qu'il avait sous sa puissance lors de son décès et qu'on désignait par le nom de *sui heredes*, héritiers siens. Les enfants émancipés en

étaient exclus [1]. Le droit de succession de l'héritier sien ne pouvait pas être subordonné au rapport de biens quelconques, puisque tout droit de propriété lui était refusé : *Ipse enim qui in potestate nostra est, nihil suum habere potest* [2]. Le pécule dont le père laissait l'administration au fils en sa puissance faisait de plein droit partie de la succession du père ; un rapport proprement dit était inutile. Les héritiers siens étaient ainsi placés sous le niveau d'une égalité absolue dans la succession paternelle *ab intestat*. Le père de famille avait-il fait un testament et distribué inégalement ses biens entre ses enfants, sa volonté s'exécutait comme une inflexible loi. *Uti legassit, ita jus esto*, c'est-à-dire testament fait loi.

17. Le droit de rapport prit naissance lorsque le préteur eut appelé les enfants émancipés à la succession du père concurremment avec les enfants restés en sa puissance, au moyen de ce que l'on nommait possession de biens *contra tabulas* ou *unde liberi*, suivant que le père avait ou non laissé un testament [3]. Par cette espèce de rappel à succession, le préteur avait corrigé une grande iniquité du droit civil envers les enfants émancipés. Mais à son tour il en aurait commis une au préjudice des enfants restés en puissance, s'il n'avait imposé aux émancipés venant à partage l'obligation de mettre en commun les acquisitions par eux faites depuis leur émancipation. Pendant ce temps-là, en effet, les enfants restés en puissance avaient confondu jour par jour dans le patrimoine du père tout ce qu'ils avaient gagné. Il était dès lors équitable que, si les émancipés étaient admis à la succession, grâce à la rescision de l'émancipation, ils y con-

[1] Gaius, III, §§ 1, 19.
[2] Gaius, II, § 87.
[3] Gaius, II, § 135 ; III, § 26.

fondissent d'un seul coup leurs propres acquisitions. En les faisant maîtres d'eux-mêmes, le père de famille leur avait donné la liberté d'acquérir pour eux; c'était comme s'il leur eût donné réellement les biens. Chaque émancipé dut rapporter à ses frères et sœurs restés en puissance, mais non aux autres émancipés. Ceux-ci ayant été à même d'acquérir les uns comme les autres, ne se devaient aucun compte de leurs acquisitions respectives.

Une idée d'équité et d'égalité est donc le principe de la théorie romaine du rapport ou *collatio in medium*. Ulpien en fait la remarque : *Hic titulus manifestam habet æquitatem* [1]. Et l'empereur Philippe pouvait dire avec raison en résumant ces progrès de la législation : *Inter filios et filias bona intestatorum parentum pro virilibus portionibus æquo jure dividi oportere, explorati juris est* [2].

18. On voit que ce rapport n'avait lieu qu'entre cohéritiers succédant *ab intestat*. Car la possession de biens *unde liberi* suppose l'absence d'un testament; et la possession de biens *contra tabulas* suppose la rescision de celui qui avait été fait. C'est dans tous les cas la succession *ab intestat* [3].

Telle est la théorie du rapport qu'ont expliquée les jurisconsultes romains. Les développements que ce droit a reçus par les constitutions impériales n'ont pas revêtu la forme scientifique. Les questions restent livrées aux disputes des interprètes.

19. Il vint un temps où les fils de famille eurent droit, malgré leur soumission à la puissance du père, de posséder

[1] L. 1, pr. D. *de Collat.* 37, 6.
[2] L. 11, C. *Famil. ercisc.* 3, 36.
[3] Argument de la L. 17, C. *de Collat.* 6, 20.

en propre toutes les acquisitions dont celui-ci ne leur avait pas fourni les éléments. En cet état du droit, il eût été inique d'astreindre encore les enfants émancipés à rapporter ou communiquer leurs propres acquisitions. La théorie du rapport se modifia et se transforma pour rester équitable. *Nec emancipati*, disait l'empereur Dioclétien, *post mortem communis patris quœsita conferre coguntur : sed hœc retinentes, ejus bona pro hereditaria dividunt portione* [1]. Peu à peu l'obligation de rapporter fut restreinte aux donations reçues du père, ou plus généralement, de tout ascendant à la succession duquel venait le donataire. Ce droit résulte d'une foule de constitutions impériales dont l'interprétation offre parfois de grandes difficultés.

En matière de dot particulièrement, Antonin-le-Pieux et Marc-Aurèle soumettaient la fille, héritière sienne, au rapport de sa dot, tant *adventice* que *profectice*, envers ses frères et sœurs restés en puissance. On avait décidé après quelques controverses qu'elle ne devait aux émancipés que le rapport de la dot *profectice* [2]. Quant à la fille émancipée, admise au partage par le secours de la possession de biens, l'édit du préteur suffisait pour l'obliger au rapport de sa dot, tant *adventice* que *profectice*, envers les *sui heredes* [3].

Il ne s'agit dans les lois, d'où ceci est tiré, que de la succession du père.

20. Mais l'empereur Léon, en l'année 467, prescrivit à la femme en puissance paternelle ou hors de puissance, dotée par un ascendant ou une ascendante (*pater vel mater, avus vel avia, proavus vel proavia, paternus vel maternus*),

[1] Diocl. et Maxim. L. 15, C. *de Collat.*

[2] Ulp. L. 1, pr., Tryphon. l. 9, D. *de Dotis collat.* 37, 7; Gord. l. 4, Diocl. et Maxim. l. 12, C. *de Collat.* 6, 20.

[3] Ead. l. 1, pr. D. *de Dot. coll.*

de rapporter sa dot en venant à la succession *ab intestat* de celui ou de celle qui l'avait constituée. Même rapport fut réciproquement imposé au fils pour la donation nuptiale faite pour lui par un ascendant de l'un ou de l'autre sexe [1].

21. Un petit-fils, venant à la succession d'un aïeul au lieu et place de sa mère qui a reçu une dot du défunt, ou de son père qui en a reçu une donation nuptiale, doit-il le rapport de cette libéralité, et réciproquement pourrait-il exiger de ses cohéritiers le rapport des libéralités semblables qui ont pu leur être faites ? Justinien résout affirmativement cette double question dans la loi 19, au Code, *de Collat.* (année 528).

22. Par une autre constitution de l'année 529, Justinien soumit au rapport les donations simples faites à des enfants, lorsque d'autres enfants rapportaient leurs dots ou donations nuptiales [2]. Autrement, le rapport des donations simples n'avait lieu qu'autant que le donateur l'avait expressément ordonné. *Simplex donatio non aliter confertur, nisi hujus modi legem donator tempore donationis suæ indulgentiæ imposuerit.* Un texte semble cependant soumettre de plein droit à l'obligation du rapport toutes les acquisitions venues à un fils émancipé par son père [3]. Pour les donations faites à des enfants en puissance on cite des lois très-peu concordantes [4]. Cujas lui-même en est embarrassé : *At hic vehementer quærunt interpretes*, dit ce grand jurisconsulte [5], *an et donationem*

[1] L. 17, C. *de Collation.*
[2] L. 20, § 1, C. *de Collation.*
[3] L. 17, *in fin.* C. eod. tit.
[4] L. 18, C. *Famil. ercisc.* 3, 36 ; L. 13, C. *de Collation.*
[5] Cuj. *Observ.* III, 30.

simplicem liberi conferant, *nec possunt expedire se a* l. penult. C. de Collat., *et sane ut verum fatear*, *abstrusior paulo res est*. Vinnius n'est pas plus résolu sur la question [1].

Quoi qu'il en soit, le descendant donataire pouvait toujours s'affranchir de la nécessité du rapport en renonçant à la succession du donateur. Il n'était plus cohéritier [2].

23. Et c'était seulement dans la succession *ab intestat* que les enfants cohéritiers se devaient mutuellement le rapport de ce qu'ils avaient reçu par des dons entre-vifs. Ce rapport n'était pas imposé à l'enfant qui recueillait sa part des biens paternels en vertu d'un testament, à moins que le testateur ne l'eût spécialement ordonné [3].

Mais Justinien apporta un grand changement à ce droit par la Novelle 18, chapitre 6, de l'année 536, en décidant que le rapport des dots, donations nuptiales ou *autres*, aurait lieu entre les enfants, qui seraient héritiers testamentaires de leur père, à moins que le testateur n'en eût expressément dispensé les donataires. La présomption fut que la donation était une simple avance sur la succession, même testamentaire, au lieu qu'auparavant elle était censée faite hors part. *Nos sancimus*, dit Justinien, *sive quispiam intestatus moriatur*, *sive testatus*, *omnino esse collationes*, *et exinde æqualitatem*, *nisi expressim designaverit ipse se velle non fieri collationem*. D'où a été tirée l'authentique de la l. I, C. *de Collation.* : *Ex testamento et ab intestato*, *cessat dotis et aliorum datorum collatio*, *ita demum si parens hoc designavit expressim*. Dumoulin s'en autorisait pour déclarer rapportable toute donation simple : *Alias indistincte conferendum esset*, *sive donatio*

[1] Vinnius, *de Collationibus*, cap. XV.

[2] L. 25, C. *de Collation.*

[3] L. I, l. 7, C. *de Collation.*

simplex vel non, sive emancipato vel non, in Authent. *Ex testamento*, C. de Çollation.[1].

24. L'obligation du rapport n'atteignait pourtant que les donations entre-vifs, qui eussent été rapportables en cas de succession *ab intestat*. Les donations à cause de mort, les legs et les fidéicommis n'étaient pas sujets à rapport, parce que ces sortes d'acquisitions n'ont pas leur effet du vivant de celui de qui elles émanent. C'est l'observation que fait Perezius : *Hinc etiam in legatis, fideicommissis, mortis causa donationibus collatio cessat, tum propter defuncti voluntatem, tum propter tempus adquisitionis quæ contingit post mortem ejus, de cujus bonis agitur, licet initium habuerit in ejus vita; cum ea tantum recipiant collationem, quæ vivo eo quasi ab ejus patrimonio abscesserunt*[2]. Et Cujas approuve ainsi cette interprétation : *Instituti hodie omnia conferunt ex Nov.* de Triente et Sem., *non tamen prælegata, ut opinor*[3].

25. Les interprètes du droit romain enseignent qu'après la Novelle 18 le rapport doit avoir lieu même entre des enfants qui ne sont pas appelés au même ordre de succession[4]. C'est une affirmation qu'ils déduisent du texte de la Novelle, mais sans donner ni preuve ni éclaircissement. Pour moi, j'en doute beaucoup en présence de la règle de droit qui séparait absolument la succession testamentaire de la succession *ab intestat*, et je crois qu'après comme avant la Novelle, il fallait s'en tenir dans les cas exceptionnels où le mélange des deux successions avait lieu, au principe ancien que le rapport

[1] Dumoulin, *Consil.* 59, § 4.

[2] Perez. *Ad Codicem*, lib. VI, tit. 20, n° 6; adde Vinn. *de Collat.*, cap. XIV, n^is 5 et 6.

[3] Cuj. *Observ.*, III, 30.

[4] Perez. *loc. cit.* n° 8; Vinn. *loc. cit.* cap. VI, n° 6.

cesse entre ceux qui sont héritiers à des titres différents, *cum diverso jure fratres sunt heredes* [1].

26. Entre enfants qui ne sont pas cohéritiers du même ordre, *ejusdem juris*, il ne s'agit pas pour les moins favorisés, de réclamer l'égalité, mais d'alléguer l'inofficiosité des dispositions faites à leur préjudice et de revendiquer la part légitime qui ne peut leur être enlevée. La lutte a lieu comme avec des étrangers. Le droit de rapport est hors de cause. Ce qui le remplace, c'est l'imputation des libéralités sur les légitimes. Nous verrons que cette imputation suivait en grande partie les règles du rapport. Mais il convient d'exposer auparavant l'origine du droit de légitime chez les Romains.

Cette précieuse institution avait spécialement pour objet de garantir aux enfants une part de l'héritage paternel. Elle doit être, quelque nom qu'on lui donne, l'un des principaux éléments de toute loi sur les successions.

SECTION II.

DE LA LÉGITIME DANS LE DROIT ROMAIN.

27. Fondement naturel de la légitime.
28. La rigueur du droit primitif des Romains la repoussait.
29. Premier adoucissement apporté à ce droit par la nécessité d'instituer ou d'exhéréder.
30. Deuxième adoucissement par la plainte d'inofficiosité.
31. Ce que c'était que la quarte falcidie.
32. Invention de la légitime des enfants.
33. Quand et comment elle fut introduite dans le droit romain.
34. Qu'elle n'est pas d'origine prétorienne.
35. Était due aux ascendants et quelquefois aux frères.

[1] L. 6, l. 7, D. *de Dotis collat.*

27. Il s'agit d'examiner comment la législation romaine assurait les droits de la parenté contre les dispositions testamentaires ou entre-vifs, qui tendaient à la dépouiller.

La réserve légale d'une portion de la succession des pères et mères à leurs enfants nous apparaît aujourd'hui comme fondée sur le droit de nature, c'est-à-dire sur la raison même, qui veut que celui qui a donné l'existence y ajoute, selon ses moyens, ce qui est nécessaire pour la conserver. Le droit positif n'a d'autre mission à cet égard que de régler l'étendue de cette portion réservée.

Montesquieu nie cependant que le droit des enfants de succéder à leurs pères soit une conséquence de la loi naturelle : « La loi naturelle, dit-il [1], ordonne aux pères de » nourrir leurs enfants, mais elle n'oblige pas de les faire » héritiers. » J'oppose avec confiance aux subtilités du philosophe le simple bon sens d'un modeste jurisconsulte, de

[1] *Esprit des lois*, liv. XXVI, chap. VI.

Roussilhe, qui nous dit : « La légitime est de droit naturel » quant à sa substance, et de droit civil quant à sa quotité [1]. » Les mêmes sentiments sont exprimés par Saint Ambroise; il blâme avec énergie les pères dénaturés qui traitent inégalement leurs enfants et refusent à quelques-uns même la part d'hérédité nécessaire à leur existence [2]. Salvien disait également [3] : *Sunt quibus non solum aliquid pie relinquitur, sed etiam irreligiose non relinquitur.*

28. Ces idées, toutes naturelles qu'elles soient, ne furent pas celles qui inspirèrent les premiers fondateurs du droit romain. Les vues politiques les dominèrent.

Les Romains étaient jaloux à l'excès du droit absolu de testament qu'ils avaient fait inscrire dans les XII Tables comme une de leurs libertés publiques. Je ne sais si Dumoulin nous donne la véritable raison de leurs mœurs testamentaires, lorsqu'il dit [4] : *Puto quod* l. Quoties, ff. de hered. instit., *non debet servari, etiam in patria juris scripti; quia dicta jura facta sunt superstitione romana, ut esset eorum memoria post mortem et laus, cum non sperarent aliam vitam; quia semper omnes faciebant testamenta...*

Quoi qu'il en soit, la volonté des testateurs ne reconnaissait point d'entraves : manifestée dans la forme légale, elle était la loi de l'hérédité, c'est-à-dire du patrimoine qu'ils laissaient en mourant. Il était difficile, en présence d'une puissance paternelle qui allait jusqu'au droit de vie et de mort sur les enfants, que la pensée vînt de poser des limites au droit public de disposition testamentaire, dans l'intérêt de ces mêmes enfants. Le droit de ne leur rien laisser n'était

[1] *De la Légitime*, t. I, p. 2.

[2] Ferrière cite les paroles, sur *Paris*, t. IV, p. 343.

[3] *Ad Eccles. cathol.*, lib. III.

[4] Sur *Paris*, art. 120.

que la conséquence adoucie du droit de les tuer. On peut priver d'aliments celui à qui on peut ôter la vie. Législation barbare, mais logique !

29. Ce fut pourtant de la rigidité même de la puissance paternelle que les jurisconsultes firent sortir une première réforme favorable aux enfants. De ce que, par l'effet du droit de puissance, l'enfant était un avec le père, ils conclurent qu'il était l'héritier du père du vivant même de celui-ci, c'est-à-dire copropriétaire avec lui du bien de la famille, et ils décidèrent que si le père ne voulait pas laisser à son fils le titre d'héritier, il devait le lui retirer par une exhérédation formelle, sous peine de nullité du testament. La réforme n'était pas considérable. Une formalité nouvelle était seulement ajoutée à toutes celles que la loi exigeait pour la validité des testaments; en la remplissant, le père conservait le pouvoir de donner sa succession à qui il voulait. Les exhérédations se justifiaient en principe par ce droit atroce de vie et de mort qui avait primitivement appartenu aux pères sur leurs enfants : *Licet eos exheredare*, dit le jurisconsulte Paul [1], *quod et occidere licebat.*

30. Lorsque l'adoucissement des mœurs eut fait reconnaître, à côté des droits que donne la paternité, les devoirs qu'elle impose, une nouvelle amélioration vint compléter la première en lui donnant une sanction. Les fils de famille exhérédés furent admis à établir l'injustice de l'exhérédation, et à faire casser comme contraire aux devoirs de la tendresse paternelle le testament qui la contenait. En vertu de quoi la succession *ab intestat* leur était attribuée. Le prétexte de cette annulation était qu'un père ne peut pas, sans quelque folie,

[1] L. 11, D. *de Liberis et postumis*, 28, 2.

se montrer aussi cruel envers son propre sang. Le testament était appelé *inofficiosum* (*contra officium pietatis factum*), et le nom de diposition *inofficieuse* est resté dans la langue du droit, pour qualifier toute disposition qui enlève à la très-proche parenté ce qui lui est dû selon les lois civiles et naturelles.

La nécessité d'une exhérédation formelle, à défaut d'institution, tenait au lien de puissance paternelle, et n'avait été imposée qu'au père ayant cette puissance. Mais la plainte d'inofficiosité, fondée sur le devoir naturel de la parenté, fut ouverte contre le testament de la mère comme contre celui du père. Ce fut une conquête de l'équité et de l'humanité sur le droit strict.

Elle était déjà faite au temps de Cicéron qui parle en quelque endroit [1] de testament *inofficieux* dans le sens technique du mot. Ce fut peut-être une hardiesse heureuse du tribunal des Centumvirs que l'on voit investi de la connaissance de toutes les querelles d'inofficiosité. La grande liberté dont jouissait ce tribunal dans l'application du droit, peut expliquer l'indécision qui règne dans quelques parties de la doctrine romaine des testaments inofficieux. On raconte que des étrangers réussirent à faire rescinder comme inofficieux les testaments de leurs amis. Au temps de Pline-le-Jeune, les querelles d'inofficiosité désespérées étaient confiées aux jeunes gens qui débutaient dans la carrière du barreau [2]. Mais Ulpien conseille aux parents éloignés de s'abstenir de demandes indiscrètes qui ne peuvent aboutir qu'à les surcharger de frais inutiles [3]. M. de Savigny fait rentrer cette plainte dans le domaine du droit qu'il appelle anomal. Il s'agit, en effet, de faire triompher l'équité du droit strict; ce à quoi l'on par-

[1] *In Verrem*, Action. 2, lib. I, nº 42.

[2] Plin., *Epist.* II, 14.

[3] L. 1, D. *de Inoff. test.*

vient en accordant à celui qui se prétend exhérédé injustement une sorte d'action en réparation d'honneur. Je remarque que Gaius n'avait pas donné place à ce droit anomal dans ses *Institutes*.

31. Sont en dehors de mon sujet les lois Furia et Voconia, qui eurent pour but, ainsi que la loi Falcidia, de restreindre l'excessive liberté des dispositions testamentaires, non en faveur des héritiers du sang, mais en faveur de l'héritier quelconque, institué par la volonté du testateur. Je note seulement que la dernière de ces lois, de l'an 714 de Rome, attribuait à l'héritier institué contre les légataires une réserve du quart des biens qui a pu servir de règle et de mesure pour les droits qui furent ensuite accordés aux enfants.

32. La plainte d'inofficiosité n'allait pas à moins que la rescision de tout le testament : *Intestatum patremfamilias facit*, dit la l. 6, § 1, D. *de Inoff. test.* C'était dépasser le but. Après avoir méconnu le droit des enfants, la jurisprudence serait tombée dans l'excès contraire, si elle n'eût posé en principe que la querelle d'inofficiosité, injurieuse qu'elle était pour la mémoire du testateur (on le taxait d'une sorte de folie), devait être regardée comme un secours subsidiaire, que l'enfant ne pouvait invoquer qu'à défaut de tout autre moyen de recueillir tout ou partie de la succession. Cette règle recevait des applications nombreuses. Il fut reconnu notamment que la faculté pour un fils institué, de retenir la *quarte falcidie* ou pégasienne, suffisait pour lui fermer le droit de se plaindre [1]. Et généralement, à l'époque classique du droit romain, tout enfant qui avait reçu de son père le quart de la portion à laquelle il pouvait prétendre *ab*

[1] Paul., *Sent.*, v, 5, § 5.

intestat n'avait point la querelle d'inofficiosité. Par cette fixation d'un minimum à laisser aux enfants, sous peine d'inofficiosité ou rescision du testament, furent conciliés l'intérêt des enfants et le droit de disposition sans lequel la propriété serait incomplète. On appela cette portion qui était due et réservée aux enfants du nom de *légitime*.

33. Que cette institution ait été puisée dans le droit naturel, c'est ce qui n'est pas douteux : *Cum ratio naturalis, quasi lex quædam tacita, liberis parentium hereditatem addiceret, velut ad debitam successionem eos vocando* [1].

Mais à quelle époque faut-il placer l'introduction de la légitime dans le droit romain? Y eut-il une loi positive sur ce point? Les interprètes hésitent. Cujas attribue l'origine de la plainte d'inofficiosité et celle de la légitime à une loi Glicia, citée dans l'inscription de la l. 4, D. *de Inoff. test.* [2]. Mais il n'y a pas d'autre preuve de l'existence de la loi Glicia, et la conjecture de Cujas a été universellement rejetée. Ce qui paraît certain, c'est que la plainte d'inofficiosité est plus ancienne que la légitime. Il est probable que pendant longtemps les centumvirs restèrent juges souverains de l'importance des biens que le père devait laisser à ses enfants pour leur ôter le droit de plainte. C'était une légitime purement arbitraire. Puis, l'usage en fit déterminer la quotité au quart des biens, à l'imitation de la quarte falcidie, dont le nom est quelquefois donné à la légitime [3]. Pas encore admise sous le règne d'Auguste, cette fixation était de droit commun au temps de Pline-le-Jeune. Sénèque, le rhéteur, rapporte que Montanus

[1] Paul., l. 7, pr. D. *de Bonis damnat.* 48, 20.

[2] Cujas ; *Obs.* II, 1 ; *Exposit. Novell.* 18.

[3] L. 8, § 9, D. *de Inoff. test.*, l. 5, § 3 ; C. *ad Leg. Jul. Maj.*, l. 31, C. *de Inoff. test.*

Votienus, habile orateur du temps d'Auguste, aurait dit devant les centumvirs en faveur d'une fille, instituée héritière seulement pour une once (un douzième) par son père qu'on l'accusait d'avoir empoisonné : *Unciam nec filiæ deberi, nec veneficæ. In paternis tabulis filiæ locus, aut suus debetur, aut nullus. Relinquis nocenti nimium, innocenti parum. Non potest filia tam anguste paternis tabulis adhærere, quas aut totas possidere debet, aut perdere*[1]. Ce langage ne suppose pas que la légitime fût encore bien déterminée. Pline dit au contraire : *Si mater te ex parte quarta scripsisset heredem, num queri posses*[2] ? Nicéphore mentionne une constitution portée par Marc-Aurèle sur la légitime[3] ; mais on ne doit pas en conclure que la légitime avec sa quotité fixée au quart soit une création de cet empereur ; il réglementait une institution déjà établie.

S'il en est ainsi, le nom de *légitime*, donné à la quarte réservée, ne vient pas de ce qu'une loi positive aurait spécialement assuré cette portion aux enfants, mais de ce qu'elle est une fraction de leur part héréditaire *ab intestat ;* les textes disent en effet : *Quarta debitæ portionis, quarta legitimæ partis, quarta ab intestato successionis.* Ce n'est, à vrai dire, qu'une partie de la part légitime qui aurait pu être recueillie *ab intestat ;* mais elle en est la partie la mieux assurée ou la plus légitime.

34. M. Kœnigswarter donne à entendre[4] que la plainte d'inofficiosité et la légitime seraient d'origine prétorienne. Je crois qu'il se trompe. Il serait bien embarrassé de produire,

[1] *Controvers.* IV, 28.

[2] *Epist.* V, 1.

[3] *Histor. Ecclesiast.*, lib. III, cap. 31.

[4] *Hist. de l'organisation de la famille*, p. 112 et 113. Même erreur chez M. Saintespès-Lescot, *Donat. et Test.*, t. II, n° 303.

je ne dis pas un édit, mais seulement la mention d'un édit du préteur sur ces matières. Il a trop légèrement ressuscité une opinion de Plauterius depuis longtemps réfutée par Cujas, Govea et Chiffletius. L'inofficiosité admise donne ouverture à la succession civile et non à une simple possession de biens ; cela seul prouve que l'institution n'est pas prétorienne [1]. C'est la jurisprudence centumvirale qui fit passer en règle la réserve de la quarte légitime, après avoir créé la plainte d'inofficiosité ; et cela, afin de modérer les conséquences excessives de cette dernière institution. Introduite par la coutume judiciaire, la légitime fut développée ensuite par les constitutions impériales. Elle ne dut rien à l'influence progressive du droit prétorien, et peu de chose à l'élaboration des jurisconsultes. De là l'état d'imperfection relative dans lequel le droit concernant la légitime a été transmis par Rome aux provinces du midi de la France, qui devaient ensuite l'infuser dans les coutumes du nord pour en faire notre droit commun et universel.

35. Je n'ai parlé jusqu'ici, pour abréger, que des enfants comme ayant droit à la plainte d'inofficiosité et à la légitime. Mais, selon la législation romaine, les ascendants (*parentes*) pouvaient aussi y prétendre dans la succession de leurs enfants : *Nam etsi parentibus non debetur filiorum hereditas, propter votum parentium et naturalem erga filios caritatem, turbato tamen ordine mortalitatis, non minus parentibus, quam liberis, pie relinqui debet* [2]. Les frères et sœurs eux-mêmes avaient droit à la plainte d'inofficiosité dans le cas d'institution d'une personne honteuse (*turpis persona*) par un frère ou une sœur [3].

[1] *Voir* Doneau, *de Jure civ.* XIX, 4, note 15 de Hilliger.

[2] Papin., l. 15, pr. D. *de Inoff. test.*

[3] § 1, Inst., *de Inoff. test.*

36. Un notable progrès s'accomplit dans la doctrine de la légitime grâce à deux constitutions impériales, dont l'une est de Julien et Constance, et l'autre, de Justinien.

Par la première, de l'année 361, il fut dit que la plainte d'inofficiosité cesserait, lorsque le testateur aurait laissé une valeur quelconque à ses enfants avec ordre de leur compléter la quarte légitime à dire d'expert (*boni viri arbitratu*). C'était juste, car, comment le testateur pouvait-il savoir, au moment de la confection de son testament, la somme exacte à laquelle monterait le quart de ses biens à son décès [1] ?

Par la seconde constitution, de l'année 528, Justinien améliora encore cette disposition, en ajoutant que l'ordre de compléter le quart serait sous-entendu toutes les fois que le père de famille aurait laissé quoi que ce soit aux légitimaires (*quantacumque pars hereditatis vel res*). La plainte d'inofficiosité ne fut plus ouverte qu'à celui auquel il n'avait été laissé absolument rien; les autres durent agir par action en supplément de légitime. Il existe entre la plainte d'inofficiosité et l'action en supplément de nombreuses différences, signalées par tous les interprètes [2].

37. La légitime est comme une dette naturelle de certains parents envers d'autres : *In tam enim necessariis sibi conjunctisque personis, sub liberalitatis appellatione debitum naturale persolvitur* [3]. Si c'est une dette, il importe de savoir comment elle se paye, ou en d'autres termes, quelles libéralités s'imputent sur la légitime. Cette question a été complétement

[1] L. 4, C. Theod., *de Inoff. test.* 2, 19. Conf., l. 1. C. Th., *de Inoff. donat.* 2, 20; l. 9, C. *de Inoff. donat.* 3, 29.

[2] *Voy.* l. 30, pr. et § 1, C. *de Inoff. test.*; § 3, Inst. *de Inoff. test.*

[3] L. 1, C. *de Imponenda lucrat. descript.* 10, 3. Adde Novell. 1, *præfat.*, § 2.

omise par le Code Napoléon, et son omission n'a pas peu contribué à obscurcir les problèmes de la matière.

D'après le § 6, aux Institutes, *de Inoff. test.*, il y avait lieu d'imputer sur la légitime ce qui était recueilli à titre d'hérédité, de legs, de fidéicommis ou de donation à cause de mort. Ainsi, le défunt avait-il institué le légitimaire héritier pour une part quelconque, lui avait-il fait un legs, un fidéicommis ou une donation à cause de mort, la légitime était censée payée à due concurrence par cette institution, ce legs, ce fidéicommis ou cette donation.

38. Que décider des donations entre-vifs? Devait-on les imputer sur la légitime du donataire? La liquidation des successions s'est longtemps opérée dans le droit romain sans aucune considération des dons entre-vifs que le défunt avait pu faire, soit à ses héritiers présomptifs, soit à des étrangers. L'obligation exceptionnellement imposée aux enfants de rapporter certaines donations entre-vifs en venant à la succession *ab intestat*, fit naître l'idée qu'on pouvait comprendre les biens donnés entre-vifs dans l'hérédité laissée au décès, soit qu'il y eut ou non un testament.

Ulpien enseignait à ce propos que la donation entre-vifs, faite sous la condition d'imputation, devait être comptée dans la légitime du donataire [1]. Le jurisconsulte ajoute, pour le cas où le donataire viendrait à la succession *ab intestat* avec ses frères et sœurs, qu'il devrait alors faire le rapport des biens donnés en vertu de cette clause d'imputation : *aut certe conferri oportere, id quod donatum est.* On pouvait dire avec

[1] L. 25, pr. D. *de Inoff. test.* Les mots : *aut si minus habeat, quod deest viri boni arbitratu replcatur*, paraissent être une interpolation commandée par cette constitution de Justinien, qui n'accordait qu'une action en supplément à celui qui avait reçu moins que son quart.

Marcellus que par une pareille donation le donateur ne fait qu'une avance sur sa succession future : *Vivus videtur heredi futuro providere* [1]. Mais le père ne pouvait imposer à un enfant donataire que le rapport ou l'imputation ; le droit romain repoussait la renonciation anticipée à la succession [2].

Zénon, imitant les règles posées par Léon sur le rapport des dots, ordonna en 479 d'imputer sur la légitime la dot constituée à une fille et la donation nuptiale faite à un fils. L'ascendant qui confère une libéralité de cette espèce est présumé vouloir acquitter la dette de sa succession [3]. On peut voir pour le droit antérieur à Zénon deux textes que nous a conservés le Code Grégorien [4]. Ce sont des constitutions d'Alexandre-Sévère, déclarant que l'imputation de la dot n'a pas lieu, *quoniam vivente patre bonis ejus fuit separata*. Mais une constitution de Dioclétien et Maximien, de l'année 286, admet déjà implicitement l'imputation de la dot [5]. Zénon ne fit que développer le droit qui tendait à prévaloir.

Par sa constitution déjà citée, de l'an 528 [6], Justinien attacha la même nécessité d'imputation à la donation qui avait pour objet l'achat d'une *militia*, c'est-à-dire d'une charge dans l'armée.

Toute autre donation entre-vifs n'empêchait nullement le donataire d'exercer la plainte d'inofficiosité ou de réclamer son entière légitime.

39. Dans une loi, destinée à lever quelques doutes et qui intéresse encore plus la doctrine des rapports à succession

[1] L. 56, § 5, D. *ad Legem Falcid.* 35, 2.
[2] L. 3, C. *de Collation.*; l. 35, § 1, C. *de Inoff. test.*
[3] L. 29, C. *de Inoff. test.*
[4] L. 1, l. 2, *de Inoff. test.* 2, 5.
[5] L. 6, C. *de Inoff. donation.*
[6] L. 30, § 2, C. *de Inoff. test.*

que celle de l'imputation sur la légitime, le même Justinien déclare que tout ce qui est imputable sur la légitime est également rapportable à la succession *ab intestat*, mais sans que la réciproque ait nécessairement lieu [1]. Cette conclusion de l'imputation au rapport n'est admissible que pour les dons entre-vifs, car il est certain que les libéralités à cause de mort restaient exemptes du rapport après la loi dont il s'agit, bien qu'elles fussent essentiellement imputables sur la légitime. Justinien ne tire qu'une seule conséquence directe de sa règle, c'est que la donation pour achat d'un office dans l'armée (*militia*) serait rapportable, parce qu'elle est imputable. On peut en induire aussi qu'une condition d'imputation, apposée à la donation, devrait à l'occasion entraîner la nécessité du rapport [2], au lieu que la seule condition de rapporter n'emporterait pas l'imputabilité : *Ea enim computabuntur*, dit Justinien, *pro quibus specialiter legibus*, *ut hoc fieret*, *expressum est*. Enfin, la donation simple, qui, d'après la constitution même de Justinien, est rapportable envers ceux qui font rapport d'une dot ou d'une donation nuptiale, ne serait pas pour cela seul imputable sur la légitime; mais le rapport qui aura lieu vaudra autant que l'imputation dont ce n'est point le cas pratiquement parlant.

Ainsi, le rapport était prescrit pour un plus grand nombre de libéralités entre-vifs que l'imputation. L'un ou l'autre avait lieu selon les cas. Les enfants venant à la succession *ab intestat* (ou à la succession testamentaire, depuis la Novelle 18, chapitre VI) exigeaient le rapport les uns des autres; ils étaient cohéritiers. A un légitimaire qui agissait en supplément de légitime contre l'héritier institué, quel qu'il fût, c'est l'imputation sur la légitime qui était imposée. Elle l'était

[1] L. 20, C. *de Collation.* qui est une constitution de 529.
[2] L. 25, pr. D. *de Inoff. test.* déjà citée.

pareillement à celui qui réclamait sa légitime sur une donation entre-vifs excessive, en la querellant d'inofficiosité, ainsi que nous le dirons bientôt.

40. Justinien ne fit que compliquer inutilement la théorie de la légitime par la Novelle 115[1], en astreignant les ascendants à instituer héritiers leurs enfants, à moins qu'ils ne fussent coupables d'ingratitude et que la cause d'exhérédation ne fût exprimée; disposition rendue applicable aux enfants à l'égard de leurs ascendants par la même constitution[2]. La sanction était la nullité ou plutôt la rescision de l'institution d'héritier faite au préjudice des légitimaires[3]. Mais Justinien, retirant presque aussitôt aux héritiers privilégiés l'honneur qu'il avait prétendu leur faire, décidait qu'une institution restreinte à un objet particulier *in certa re* (ce qui est à peine une institution) satisferait pleinement à la nouvelle loi, sauf l'action en supplément de la part des institués, s'il y avait lieu[4].

L'institution *in certa re*, sur les effets de laquelle les textes sont très-peu concordants[5], semble réduire l'héritier à la condition d'un simple légataire, en le privant de l'exercice des actions héréditaires. Aussi Henrys dit-il[6] que c'est là *verbis duntaxat non rebus leges imponere*, d'où plusieurs avaient douté que l'institution fût nécessaire. Et, de fait, l'Authentique *Novissima*[7] ne tenait aucun compte de la nécessité d'institution si mal formulée par Justinien; car elle répète comme l'ancien droit que la légitime peut être laissée à un titre quel-

[1] Novelle 115, chap. III. pr. (année 541).
[2] Nov. 115, ch. IV, pr.
[3] Nov. 115, ch. IV, § 8.
[4] Nov. 115, ch. V, pr.
[5] L. 35, D. *de Hered. instit.* L. 13, C. *de Hered. Instit.*
[6] Liv. V, ch. V, quest. 40, nº 3.
[7] Sur la l. 6, C. *de Inoff. test.* 3, 28.

conque, *quoquo relicti titulo*. Mais Irnerius, auteur de l'Authentique, paraît avoir rejeté la Novelle 115 plutôt par oubli que par réflexion, ayant bâti son texte avec la seule Novelle 18, sans remarquer le changement opéré par l'autre Novelle qui est plus récente.

Quoi qu'il en soit, l'opinion commune des interprètes est que la Novelle 115, en prescrivant l'institution du légitimaire comme héritier, n'excluait pas l'imputation des legs ou donations par lui reçues sur sa légitime par addition à ce qu'il retirait de son institution [1]. Je vois pourtant Ferrière enseigner, en vertu de cette Novelle, que les libéralités autres que l'institution ne s'imputent plus sur la légitime [2]. Mais la conclusion qu'il prétend tirer de son texte n'est nullement nécessaire, et il faut la rejeter.

41. Bien avant d'exiger cette stérile institution d'héritier en faveur des légitimaires, Justinien était venu à leur secours d'une manière plus efficace en élevant le taux de la légitime qui leur était due. C'est par la Novelle 18, de l'année 536, que fut réalisée cette précieuse amélioration. Elle porta la légitime au tiers des biens, si le père laissait quatre enfants ou un moindre nombre, et à la moitié s'il en laissait cinq ou un plus grand nombre [3].

L'idée d'augmenter la légitime était bonne assurément, mais l'exécution fut médiocre. Car, d'après le tarif adopté, chaque enfant, s'ils sont quatre, n'aura qu'un douzième, tandis qu'il aura, s'ils sont cinq, un dixième. L'inverse serait plus raisonnable. Le défaut de proportion vient de ce que l'écart entre un tiers et la moitié est plus grand qu'entre

[1] Cujas, *Expos. Novell.* 18 ; Westenberg, *de Portione legitima*, Dissert. IV, cap. I ; Gudelinus, *de Jure Novissimo*, lib. II, cap. VII, p. 54.

[2] Sur le § 6, I. *de Inoff. test.*

[3] Nov. 18, ch. I, intitulée *de Triente et Semisse*.

quatre et cinq. Il aurait fallu faire plus forte la légitime de quatre enfants, ou plus faible celle de cinq. Tous les interprètes ont noté cette bizarrerie de l'arithmétique de Justinien.

On a généralement admis que l'augmentation était applicable à la légitime des ascendants. Mais les avis se sont partagés sur ce qui regarde les frères et sœurs. Il est permis d'argumenter, dans le sens de l'applicabilité, de la Novelle 1re, préface, § 2, de l'année 535, combinée avec la Novelle 18, chapitre I, vers la fin. Mais je laisse cette question qui n'offre pas un grand intérêt pour l'objet de mes recherches. Avant de l'examiner, il faudrait résoudre la question préjudicielle de savoir si les frères et sœurs ont une légitime dont l'octroi puisse les priver de la plainte d'inofficiosité au cas d'institution de personnes honteuses.

Ce qu'il faut surtout remarquer, c'est que cette Novelle 18, chap. Ier), ébauchant une théorie que le droit français a complétement réalisée, semble déjà diviser le patrimoine de celui qui laisse des parents légitimaires en deux parties, l'une réservée à ces parents, l'autre disponible, soit en faveur de quelqu'un des légitimaires, soit en faveur d'étrangers : *Si quidem unum duosve, aut tres, aut quatuor filios pater materve habeat, non quadrantem illis solum relinquat, sed tertiam totius substantiæ partem, hoc est, quatuor uncias, quæ mensura usque ad prædictum numerum determinata sit. Si vero ultra quatuor filios habeat, dimidiam totius subtantiæ partem eis relinquat, hoc est, semissem, ut omnino quod debetur, sive triens forte, sive semis sit, ex æquo dividatur in singulos* (version d'Haloander).

42. Sur quels biens la légitime se prenait-elle, et comment était-elle liquidée?

Dans le principe, la légitime ne se prenait que sur les biens laissés au décès, c'est-à-dire, sur la succession. Il était alors sans difficulté que les dettes devaient être déduites de ces biens, suivant la règle de droit : *Bona intelliguntur cujusque, quæ deducto ære alieno supersunt* [1]. Sa liquidation se faisait comme celle de la *quarte falcidie*, à l'imitation de laquelle elle avait été établie [2].

Si une donation entre-vifs avait été faite à un légitimaire à charge d'imputation sur sa légitime, elle devait sans doute être comptée dans la masse sur laquelle les légitimes étaient calculées, mais sans que les créanciers héréditaires eussent action sur les biens donnés, qui étaient retenus par le légitimaire non héritier.

43. Fallait-il tenir compte des autres donations entre-vifs? Non, selon les principes rigoureux [3]. On n'imputait pas à un enfant donataire entre-vifs ce qu'il avait reçu, et réciproquement il était sans action à l'égard de ce qui avait été donné à d'autres. Mais par une innovation remarquable dont l'initiative est due à Alexandre-Sévère, les donations entre-vifs excessives furent soumises à l'action des légitimaires. Ce progrès du droit (car c'en était un) a créé pour la liquidation de la légitime d'inextricables difficultés, qu'aucun texte du droit romain n'a résolues et qui tourmentent encore, au point de vue théorique, les jurisconsultes de notre temps.

Voici l'innovation :

Le droit romain primitif respectait absolument l'irrévocabilité des dons entre-vifs; il ne livrait à la critique des héri-

[1] L. 39, § 1, D. *de Reg. jur.*

[2] L. 6, C. *de Inoff. test.*; l. 8, § 9, D. *eod.*

[3] L. 11, D. *de Inoff. test.* Ajoutez la l. 68, D. *de Legatis* 2°, qui dit : *Quæ vivus per donationem contulit, extra causam bonorum defuncti computari.*

tiers privilégiés, soit pour la plainte d'inofficiosité, soit pour la légitime, que le testament du père de famille, et n'offrait comme matière à l'exercice de leurs droits que les biens laissés au décès.

La première loi qui ait porté atteinte aux donations entre-vifs en faveur de la légitime est un rescrit d'Alexandre-Sévère, rapporté par le jurisconsulte Paul dans la loi 87, § 3, D. *de Legatis*, 2°. Il s'agit de donations faites par une aïeule à son petit-fils dans le but, à ce qu'il paraît, d'éluder la plainte d'inofficiosité qu'un autre enfant aurait pu avoir contre l'acte, s'il eût été un testament; l'empereur décide que ces donations frauduleuses doivent être rescindées pour moitié : *Ratio deposcit, id, quod donatum est, pro dimidia parte revocari.*

Dumoulin estime que, d'après cette loi, la donation devait être révoquée par voie d'inofficiosité jusqu'à concurrence de la moitié en faveur de l'enfant qui avait été moins favorisé par l'aïeule [1]. La plupart des autres auteurs veulent qu'il n'obtienne que sa légitime et suppléent à la loi pour lui faire signifier que la révocation n'a lieu que pour la moitié du quart, *pro dimidia parte quartæ legibus debitæ.* Où est la vérité?

Venue vers la fin de la jurisprudence classique, cette innovation était condamnée à n'être développée que par des rescrits impériaux. Elle avait peu de chance de devenir une théorie claire et intelligible.

Les rescrits ne manquèrent pas.

En l'année 246, l'empereur Philippe permit à des enfants auxquels leur quart légitime n'avait pas été laissé par leur mère d'attaquer des donations, faites à d'autres enfants ou à des étrangers, par une sorte de querelle d'inofficiosité. Il est vrai que la défunte avait fait les plaignants héritiers pour deux

[1] *De inofficiosis donat.* passim.

onces (deux douzièmes) : mais elle avait épuisé ces deux onces en legs et en fidéicommis. Or, à cette époque, il ne suffisait pas de laisser une valeur quelconque à un enfant, pour qu'il n'eût qu'une action en supplément de légitime, il fallait lui laisser sa légitime entière pour écarter la plainte d'inofficiosité. D'où je suis assez porté à interpréter ce rescrit comme Dumoulin entendait la loi 87 précitée, c'est-à-dire en ce sens que les enfants frustrés par les donations purent entrer en partage égal de tous les biens avec les enfants avantagés [1].

On trouve des décisions à peu près semblables dans les autres lois du titre que le Code de Justinien a consacré aux donations inofficieuses : ce sont des rescrits des empereurs Valérien et Gallien, Dioclétien et Maximien, Constance et Julien. La découverte des *Vaticana fragmenta* nous a révélé le texte original de quelques-unes de ces constitutions ou d'autres constitutions analogues [2].

Il ne s'agit là que de donations. Mais l'empereur Constance appliqua le même droit aux dots excessives par une constitution de l'année 358 [3].

44. Voilà, certes, un ensemble de dispositions bien suffisant pour établir le droit des enfants, de quereller comme inofficieuses les donations entre-vifs qui les dépouillent. Mais ce ne sont que des décisions d'espèces.

De système général, il n'y en a point. Ainsi, les biens compris dans les donations querellées d'inofficiosité doivent-ils être réunis aux biens laissés au décès pour le calcul des légitimes? L'énormité de la donation [4] et l'intention de frauder

[1] L. 1, C. *de Inoff. donation.*

[2] *Voy.* §§ 270, 271, 280, 281 et 282.

[3] L. 1, C. *de Inoff. dot.*

[4] Les textes ne parlent que de donations *immensæ*, *immoderatæ*, *profundæ*, *enormes*, *immodicæ*.

la légitime sont-elles des conditions du droit de critique? L'inofficiosité des donations n'en amène-t-elle que la réduction pour fournir les légitimes, ou entraîne-t-elle leur révocation pour le tout? Les légitimaires ne peuvent-ils critiquer les donations qu'en se portant héritiers du donateur? et si celui-ci a plus de dettes que de biens à son décès, les légitimaires sont-ils tenus de payer les dettes même sur les biens repris contre les donataires?

Les rescrits décidaient dans chaque cas particulier celle de ces questions qui était accidentellement soulevée. Pour traduire ces rescrits en une doctrine concordante, il eût fallu l'art et la science d'un Papinien; mais à l'époque où ils parurent, il n'y avait plus de jurisconsultes; les controverses religieuses étaient l'unique pensée et la préoccupation exclusive de quiconque se piquait de talent et de savoir. La législation marchait toujours, mais elle avait laissé le droit en route, je veux dire la science du droit.

Sur les difficiles questions qui naissent des rescrits impériaux, en matière de donations inofficieuses, l'interprète est réduit aux conjectures.

La loi 9, au Code, *de Inoff. donat.*, qui est un rescrit de Constance et Julien, essaye cependant de formuler une règle : *Non convenit dubitari*, dit cette loi, *quod inmodicarum donationum omnibus* (omnis?) *querela ad similitudinem inofficiosi testamenti legibus fuerit introducta, ut sit in hoc actionis utriusque vel una causa, vel similis existimanda, vel idem temporibus et moribus* [1]. Ce qui ressort de ce texte, c'est une vague assimilation des donations entre-vifs et des libéralités testamentaires sous le rapport de la plainte d'inofficiosité.

La Novelle 92, rendue en 539 par Justinien pour réprimer l'excès des donations, fournit quelques éléments de décision.

[1] Cette loi est aussi dans le Code Théodosien : l. 1, *de Inoff. donat.*

L'empereur y signale la nécessité sociale de venir au secours des enfants oubliés par leur père, tout en maintenant dans des limites équitables les dispositions qu'il a faites au profit d'enfants préférés : *Oportere quidem præponi filios, quos pater voluerit, non tamen in tantum minui aliis, ut importabilis sit imminutio.*

Il confirme sa Novelle 18 sur l'augmentation de la légitime, parce qu'elle peut empêcher les trop fortes inégalités entre enfants : *Quod enim nimis inæquale est, non valde placet nobis.*

Il veut, dans le cas de donations immodérées faites à quelques enfants, que le père assure aux autres leur part légitime, eu égard à l'état de sa fortune au temps de la donation; ce qui paraît signifier que les biens donnés entreront en ligne de compte avec les biens laissés au décès, s'il y en a, pour arriver à la détermination des légitimes : *Volumus*, dit Justinien, *ut si quis donationem immensam in aliquem aut aliquos filiorum fecerit, necessarium habeat in distributione hereditatis, tantam unicuique filiorum servare ex lege partem, quanta fuit priusquam donationem pater in filium aut filios, quos ea honoravit, faceret.* Cujas y met le commentaire suivant : *Liberi heredes instituti, si ex reliquis bonis falcidiam servare non possint, eam revocant ex donationibus inter vivos, habita ratione non tantum bonorum, quæ parens habuit tempore mortis, sed etiam eorum quæ habuit donationis tempore : ut, si habuerit CCC in bonis, et donaverit CCL, quia hodie falcidia est triens, filius heres institutus explendæ falcidiæ causa revocat a donatario, si extraneus sit, L; si frater, et sint instituti ex æquis partibus, a fratre coherede eodemque donatario revocat XXV*[1]. Lumineuse explication qui fait Cujas l'égal des grands jurisconsultes de Rome!

[1] *Expositio Nov.* 92.

Justinien ajoute cette décision extrêmement remarquable, que les enfants donataires ne sont pas tenus de se porter héritiers du donateur pour conserver les libéralités dans tout ce qui ne porte pas préjudice à la légitime de leurs frères et sœurs : *Non valentibus filiis qui donationibus honorati sunt, dicere contentos se quidem esse immensis his donationibus, videri autem abstinere hereditate paterna : sed neque cogendis quidem, si contenti sunt donationibus, suscipere hereditatem ; necessitatem autem habentibus omnibus modis complere fratribus quod hæc defert secundum quam scripsimus mensuram, ut non minus habeant illi quam quod ex legibus eis debetur, propter factam in donationibus immensitatem.*

C'est décider que l'enfant donataire peut renoncer à la succession pour soustraire les biens qu'il détient à l'action des créanciers héréditaires; c'est décider qu'en renonçant il peut retenir cumulativement sa propre légitime et tout ce qui aurait pu être donné à un étranger, conformément à la juste interprétation donnée par l'Authentique : *Licet autem ei qui largitatem meruit, abstinere ab hereditate, dummodo suppleat ex donatione (si opus sit) ceterorum portionem* [1]; c'est décider que les donations excessives sont seulement réductibles et non rescindables pour le tout [2]; c'est décider enfin, au moins d'une manière implicite, que la légitime est individuellement attribuée à chaque enfant et non en masse à tous les enfants.

45. Mais la Novelle ne dit pas si, en supposant qu'il n'y

[1] Authentique *Unde et si parens* sur l. 6, C. *de Inoff. test.*

[2] On a vu Cujas procéder par voie de réduction dans l'exemple par lui proposé pour éclaircir le texte de la Novelle. Dumoulin déclare également qu'il n'y a lieu qu'à réduction en vertu de la l. 8, C. *de Inoff. donat.*, en essayant de la concilier avec la l. 87, § 3, D. *de Legatis* 2°, qui voulait, suivant lui, la révocation totale. (Voir son *Comm. des Donations inofficieuses.*)

ait pas de testament, ou que le testament qui existe institue les légitimaires, ou qu'ils l'aient fait rescinder parce qu'il ne les instituait pas, ceux qui ne sont pas donataires auront besoin de se porter héritiers pour réclamer leur légitime contre les donataires. Or, il semble qu'ils ne peuvent discuter les biens donnés qu'après avoir vérifié que leur légitime ne se trouve point dans la succession, et que c'est seulement en se portant héritiers qu'ils ont droit d'exiger le calcul de leur légitime, tant sur les biens laissés au décès que sur les biens donnés. Mais, héritiers, ils vont être tenus des dettes de la succession, et, si la succession est mauvaise, la réduction ne profitera qu'aux créanciers héréditaires pour lesquels elle n'a pas été établie. Quel moyen légal y a-t-il d'empêcher un tel résultat? Là se trouve l'une des plus grandes difficultés de la matière.

Le Code Napoléon l'a résolue par l'art. 921 de manière à ne laisser à ses interprètes que le soin d'expliquer le principe sur lequel repose sa solution. Mais que de peines elle a coûté à nos anciens jurisconsultes!

Ceux des pays de droit écrit inventèrent pour la résoudre une théorie subtile, qu'ils attribuèrent au droit romain, quoique ce droit ne l'eût même pas soupçonnée, théorie consistant à considérer la légitime comme une quote des biens du défunt plutôt que comme une quote de son hérédité. D'où la conséquence, que le légitimaire pouvait réclamer cette quote sur les biens donnés entre-vifs, sans se porter héritier, ce qui l'exonérait parfaitement envers les créanciers de la succession. On disait qu'il réclamait sa légitime en sa seule qualité d'enfant et non à titre d'héritier, et on allait jusqu'à admettre que la renonciation à l'hérédité n'emportait pas renonciation à la légitime, lors même qu'on n'avait pas le titre de donataire ou de légataire pour la recueillir.

46. Les auteurs contemporains ont beaucoup abusé de

cette définition bizarre de la légitime pour établir, entre le droit romain et le droit coutumier, une séparation plus profonde qu'elle ne l'est réellement.

Selon quelques-uns, il était inévitable que la légitime romaine fut *legitima pars bonorum* et non *legitima pars hereditatis.* « C'était là, dit Marcadé, une règle incontestable et » même nécessaire [1]. » Et ailleurs il ajoute : « Vis-à-vis d'un » père qui pouvait retirer à l'enfant, non-seulement les biens, » mais le titre même d'héritier, il était logique et nécessaire » d'organiser la légitime en dehors de ce titre, et de l'attri» buer à la seule qualité d'enfant [2]. »

Bien avant Marcadé, Toullier avait dit : « La légitime ac» cordée aux enfants (par le droit romain) fut donc consi» dérée comme une grâce plutôt que comme un droit ; ce fut » un secours accordé aux enfants, une dette établie en leur » faveur sur la succession [3]. » M. Coin-Delisle a aussi accueilli avec trop de confiance les préjugés de l'ancienne pratique française sur la nature de la légitime dans le droit romain ; il admet sans restriction qu'elle était simplement une quote des biens du père, une créance d'aliments [4].

L'idée systématique d'une légitime, formant une partie des biens et non de l'hérédité, qu'on recueille en qualité d'enfant plutôt que d'héritier, est étrangère au droit romain. Considérée d'une manière abstraite, la légitime s'y mesure sur la part que le légitimaire aurait eue *ab intestat*, elle apparaît donc comme une partie de l'hérédité. En fait, cette fraction de sa part héréditaire est payée au légitimaire au moyen d'une institution d'héritier, d'un legs, d'une donation à cause de

[1] Sur l'art. 914, n° 4, 3e édit.

[2] *Revue critique*, I, p. 266.

[3] T. V, n° 107. Comparez M. Troplong, *Donations*, II, n° 747.

[4] *Limite du droit de l'enfant*, n° 8, p. 8.

mort, ou même d'une donation entre-vifs, et quelquefois par la réunion de plusieurs de ces titres divers. Ce qui est perçu comme héritier est bien une part de l'hérédité; ce qui est perçu comme légataire, fidéicommissaire ou donataire, semble être une quote des biens, mais une quote qui équivaut toujours au quart de la portion héréditaire, seule mesure de la légitime. Bien loin qu'il y eût une nécessité logique pour le droit romain d'organiser la légitime en dehors du titre d'héritier, il permit pendant longtemps au père de famille de la placer dans ce titre ou hors de ce titre, et un jour vint où il lui ordonna expressément de la placer, au moins pour partie, dans le titre d'héritier [1]. Il n'y avait donc pas d'incompatibilité logique entre l'hérédité et la légitime. On ne pouvait pas exiger, dit Marcadé, que l'enfant fût fait héritier!... La Novelle de Justinien l'a pourtant exigé.

Cette théorie qui fait de la légitime une quote des biens et non de l'hérédité fut édifiée par nos anciens auteurs sur quelques textes où les hasards de la rédaction ont amené l'expression *bonorum pars* au lieu de *pars hereditatis*. Vainement leur objecte-t-on qu'une pareille manière de raisonner est pleine de périls en présence de la loi où Africanus nous dit : *Bonorum appellatio, sicut hereditatis, universitatem quamdam ac jus successionis et non singulas res demonstrat* [2]. Cela n'arrête point des esprits prévenus. Ils disent que les biens sont autre chose que l'hérédité, et la preuve, c'est que l'hérédité est grevée des dettes, au lieu que les biens sont ce qui reste après la déduction des dettes : *Bona intelliguntur cujusque, quæ deducto œre alieno supersunt* [3]. Or, la légitime est le quart (le tiers, la moitié) des biens après qu'on

[1] Nov. 115, ch. III, déjà citée.

[2] L. 208, D. *de Verb. sig.*

[3] L. 39, § 1, D. *de Verbor. sig.*

en a retranché les dettes ; ce n'est donc pas le quart de l'hérédité : *Quarta autem accipitur, scilicet deducto œre alieno* [1]. Voilà l'argument.

Il repose sur une équivoque. Les textes disent que la légitime est le quart des biens, dettes déduites, pour en déterminer la valeur nette, mais non pour signifier que le légitimaire n'est jamais héritier ni jamais tenu des dettes en cette qualité. La quarte facidie qui se prend bien à titre d'héritier se calcule de la même manière, ainsi que le porte précisément le texte qu'on allègue. C'est ce que fait observer Vinnius, en qualifiant sévèrement les arguties de ces interprètes : *Inepta ratio*, dit-il, *nam et in ponenda ratione legis falcidiœ ante deducitur œs alienum, cum tamen in confesso sit, quartam falcidiœ esse partem hereditatis, atque in eam nihil aliud imputari, quam quod heres jure hereditario capit* [2]. Eusèbe Delaurière repousse de la même façon cet argument qui avait pourtant séduit le président Favre et Voët [3].

47. Il n'est pas plus vrai que la légitime ne fût qu'une créance pour l'enfant et une dette pour la succession. Des textes disent bien que la légitime est la part *due* à certains parents, qu'elle est un secours qui leur est *dû*, *debita portio*, *debitum bonorum subsidium* [4]. Mais cette phraséologie veut seulement exprimer l'idée d'un devoir imposé par les liens du sang et non celle d'une véritable créance. Dans la langue rigoureuse du droit, c'est *obligatio* ou *œs alienum* qui aurait été employé pour qualifier la légitime, si elle était une dette proprement dite. Il n'a jamais été entendu que le légitimaire fût

[1] L. 8, § 9, D. *de Inoff. test.*
[2] *Quœstion. select.* I, 22.
[3] *Comm. de la Cout. de Paris*, art. 298.
[4] L. 2, l. 5, C. *de Inoff. donat.*

un créancier venant se faire payer par concurrence et contribution avec les créanciers de la succession. Tout au contraire, il n'a de droits sur les biens laissés au décès qu'après les créanciers. C'est en effet le quart (le tiers, la moitié) des biens, déduction faite des dettes, qui formait la légitime de celui ou de ceux qui y avaient droit, soit que le légitimaire, étant institué héritier et grevé de legs, dût abandonner l'excédant des biens sur la légitime, soit qu'un étranger étant institué, le légitimaire eût à lui réclamer le complément de sa légitime. Institué héritier, le légitimaire aurait été exposé à n'avoir rien ou presque rien, s'il avait abandonné les trois quarts de l'actif sans déduction du passif, puisqu'il serait resté seul en butte aux actions des créanciers. Demandeur d'un complément de légitime, il aurait pu obtenir beaucoup trop en recevant le quart de l'actif brut, puisqu'il aurait laissé l'institué étranger chargé de toutes les dettes envers les créanciers. De là cette loi [1] qui prescrit de liquider la légitime comme la quarte falcidie, déduction faite de toutes les charges héréditaires.

48. Ce n'est pas que le droit romain n'ait quelquefois distingué entre une quote des biens et une quote de l'hérédité, et qu'il n'ait connu une certaine quarte constituant une dette pour la succession qu'elle grevait. Deux textes font une distinction qu'on peut voir entre quote de succession et quote de biens, dans les cas où il s'agit d'interpréter la volonté d'un testateur [2]. Et d'autre part une loi nous dit que la quarte Antonine due à l'adrogé impubère ne se prend point à titre de succession, soit civile, soit prétorienne; elle est, suivant une autre loi, une sorte de dette, *quasi æs alienum;* un

[1] L. 8, § 9, D. *de Inoff. test.*, déjà citée.

[2] L. 8, § 5, et l. 9, D. *de Legatis* 2°.

troisième texte ajoute que sa réclamation se faisait par voie d'action personnelle : *Quia personalis actio est* [1].

Mais la distinction admise par les deux premiers textes est purement arbitraire. Et quant aux trois autres, il nous semble que la quarte légitime ne peut être comparée à la quarte Antonine que pour la partie qui se recueille à titre particulier, tel que le titre de legs ou de donation. Le légitimaire pouvait ou devait, suivant les époques, recevoir au moins une partie de sa légitime à titre d'héritier, et l'on ne peut nier que ce qu'il recueillait ainsi ne formât une quote de l'hérédité. Vinnius dit très-bien à ce sujet : *Fieri enim non potest, quin ea pars, quam tanquam heres jure hereditario habeo et titulo institutionis sit pars hereditatis* [2].

Voilà l'esprit de droit romain sur cette question. Il n'eut point de principe exclusif sur les qualités dans lesquelles se demande ou se retient la portion légitime ou réservée, et il n'a pas dit catégoriquement si elle est une quote des biens ou une quote de l'hérédité. Elle peut être l'une et l'autre ; elle peut se recueillir à titre d'héritier, de légataire, de fidéicommissaire, de donataire. L'action en supplément, lorsqu'elle avait lieu, participait en quelque sorte de la nature du titre qu'elle venait compléter. Un ancien interprète en fait la remarque : *Respondeo supplementum illud adjectionem esse, et accessorium totius ideoque principalis naturam sequi* [3]. En sorte qu'on peut conclure avec Vinnius que la question ne comporte pas de solution simple et absolue d'après le droit romain : *Non ad hanc quæstionem, simpliciter aut affirmando aut negando, responderi potest* [4].

[1] L. 12, § 1, D. *Fam. ercisc.;* l. 8, § 15, D. *de Inoff. test.;* l. 2, § 21, D. *de Collation.*

[2] *Quæstion. select.* I, 22.

[3] *De Portion. leg.*, cap. XII, in Thes. Ottonis, V, p. 740.

[4] *Loco cit.*

49. La légitime était-elle conjonctive et solidaire, ou disjonctive et purement individuelle? En d'autres termes, était-elle ou non susceptible d'accroissement?

Elle n'était pas solidaire, mais distributive, et par suite n'était pas susceptible d'accroissement au cas de renonciation ou d'exhérédation de quelques-uns des légitimaires. C'est ce qui résulte de l'interprétation ajoutée par le Bréviaire d'Alaric aux Sentences de Paul [1], ainsi que du § 6, Inst. *de Inoff. test.* [2], et surtout de la l. 8, § 8, D. *de Inoff. test.* [3].

Dire que l'exhérédé fait part, c'est dire qu'il n'y a pas accroissement de sa part à celle des autres légitimaires. Le seul fait de son existence retranche une part virile de la légitime, tout comme s'il concourait réellement. Pourvu que le père de famille ait laissé à chacun des légitimaires sa part individuelle, calculée sur le nombre total des appelés, tous ceux-ci doivent être contents et nul ne peut se plaindre, sous le prétexte que la renonciation ou l'exhérédation de quelque autre enfant serait venue accroître sa portion.

Cela était parfaitement raisonnable dans un système où sa légitime entière devait être laissée à chaque enfant sous peine

[1] *Sent.*, IV, 5, § 6. Voici l'interprétation : *Et sic liberis Falcidia, id est, uniuscujusque portionis quarta portio debetur.*

[2] *Quod autem de quarta diximus, ita intelligendum est ut, sive unus fuerit sive plures quibus agere de inofficioso testamento permittitur, una quarta eis dari possit, ut ea pro rata eis distribuatur, id est pro virili portione quarta.*

[3] *Quoniam autem quarta debitæ portionis sufficit ad excludendam querelam, videndum erit an exheredatus partem faciat, qui non queritur : ut puta, sumus duo filii exheredati? Et utique faciet, ut Papinianus respondit, et si dicam inofficiosum, non totam hereditatem debeo, sed dimidiam petere. Proinde si sint ex duobus filiis nepotes; ex uno plures, tres puta, ex uno unus : unicum, sescuncia; unum ex illis, semuncia querela excludit.*

d'inofficiosité et d'annulation du testament. Autrement, le testateur n'aurait jamais été sûr de laisser assez à chacun des légitimaires. On l'aurait puni pour n'avoir pas deviné ce qui se passerait après sa mort.

En droit, l'absence d'accroissement dans la légitime s'explique par la considération qu'elle ne formait pas nécessairement un titre héréditaire [1]. L'héritier était celui que le testateur avait institué; c'est à lui qu'appartenait l'universalité du patrimoine dont les légitimes n'étaient que des délibations particulières. Supposons qu'il y ait quatre petits-fils ayant droit à la légitime du quart dans la succession de leur aïeul; que trois d'entre eux soient nés d'un fils prédécédé et le quatrième d'un autre fils également prédécédé. La légitime du quart se divise entre eux par portions viriles, un douzième et demi suffit pour fermer le droit de plainte au dernier, et un demi-douzième pour le fermer à chacun des trois autres. C'est ce que décide la dernière proposition de la l. 8, § 8, que nous venons de citer.

Mais si le testateur n'a rien laissé à un légitimaire ou lui a laissé moins que sa légitime individuelle, alors la plainte d'inofficiosité lui est ouverte. Cette plainte est une espèce de pétition d'hérédité qui ouvre la succession *ab intestat : Nam intestatum patremfamilias facit* [2].

Or, la vocation des héritiers à une succession est toujours solidaire, et l'accroissement est une conséquence de cette solidarité. Si donc la part d'un enfant reste vacante par re-

[1] Desiderius Heraldus (Didier Hérault) dit en ce sens : *Neque enim legitima corpus est certum, quod in plures partes distribuatur, quemadmodum hereditas; sed cujusque legitima proprium caput efficit, nec dividi potest in plures partes, quatenus legitima.* (De rer. jud. auctor. lib. II, c. XIV, nº 3, in Th. Ott., II, p. 1224.)

[2] L. 6, § 1, *in fin.* D. *de Inoff. test.*

nonciation, exhérédation, laps de temps ou même jugement, l'accroissement a lieu [1].

Telle est la distinction qui paraît le mieux concilier tous ces textes un peu discordants. Vinnius et Warkœnig l'ont formulée en termes précis [2]. C'est, comme le dit celui-là, la légitime laissée, *legitima relicta*, qui n'est pas susceptible d'accroissement. Mais la légitime refusée se réclamait par la plainte d'inofficiosité, c'est-à-dire par une pétition d'hérédité qui s'augmentait de toutes les parts vacantes. La légitime en mouvement et en action était donc en définitive susceptible d'accroissement.

Quelque chose d'analogue avait lieu dans l'espèce de légitime que les préteurs avaient établie en faveur des patrons dans la succession de leurs affranchis. L'un des patrons (on en suppose deux) avait-il reçu sa part virile, la possession des biens contre les tables du testament ne lui était pas ouverte, de sorte que sa part ne pouvait pas s'accroître de celle de l'autre patron. Mais, si sa part virile ne lui avait pas été laissée entière, alors ouverture de la succession prétorienne appelée possession de biens, et possibilité d'accroissement [3]. Ainsi la

[1] L. 23, § 2, D. *eod.*: *Si duo sint filii exheredati, et ambo de inofficioso egerunt, et unus postea constituit non agere, pars ejus alteri adcrescit. Idemque erit, et si tempore exclusus sit.* L. 17, pr. D. *eod.*: *Qui repudiantis animo non venit ad accusationem inofficiosi testamenti, partem non facit his qui eamdem querelam movere volunt.* Ajoutez l. 16, pr. et Comp. l. 14, sur la dévolution.

[2] Vinnius, *Quæst., select.* 1, 21: *Omnino enim distinguendum est inter querelam in qua locus est juri adcrescendi, et legitimam relictam, in qua non item.* —Warkœnig, *Comm. juris romani*, t. III, n° 1026. Ajoutez *Instit. jur. rom.* n° 598, du même auteur.

[3] L. 21, § 1, D. *de Jure patronatus* 37, 14: *Ex duobus patronis unus ex debita parte heres institutus sine conditione et dilatione, contra tabulas bonorum possessionem petere non poterit: licet, si minor ei portio esset relicta, et contra tabulas bonorum possessionem petisset, alia etiam portio ei adcrescere potuisset.* Ajoutez L. 21, D. *de Bonis libert.* 38, 2; L. 3, § 4; L. 4, § 1, D. *Si quid in fraudem patroni*, 38, 5.

distribution de cette légitime par parts viriles n'était pas un obstacle absolu à l'accroissement.

50. La Novelle 18 qui porta la légitime au tiers des biens pour quatre enfants ou un nombre moindre et à la moitié pour cinq enfants ou un plus grand nombre, fit entrer ces questions dans une phase nouvelle. La difficulté se concentra sur la fixation du corps entier de la légitime, c'est-à-dire sur le point de savoir quand elle devait être du tiers ou de la moitié. Or, si l'on commençait par compter les renonçants et les exhérédés pour que la légitime fût de la moitié des biens plutôt que du tiers, et qu'ensuite on retranchât de la part des autres légitimaires ce qui était destiné aux défaillants, n'était-ce pas obéir à des idées contradictoires? C'eût été à la fois donner et ôter aux légitimaires. Cependant le droit classique, rigoureusement combiné avec la Novelle, voulait peut-être qu'il en fût ainsi.

Qu'est-ce que Paul et Ulpien auraient pensé de la question telle qu'elle était posée par la Novelle 18? Nous ne le savons pas ; mais nous savons ce qu'en ont pensé Cujas, Dumoulin et Dargentré, et nous l'exposerons dans la section qui va être consacrée au droit écrit. La doctrine qui prévalut s'inspira de l'esprit des réformes de Justinien, plutôt que des textes du pur droit romain; elle appartient au droit français.

SECTION III.

DES RAPPORTS ET DE LA LÉGITIME SELON LE DROIT ÉCRIT.

51. Un seul mot sur les rapports à succession.
52. Plusieurs changements à signaler en matière d'inofficiosité et de légitime.
53. Dans quels cas il y avait lieu à la plainte d'inofficiosité, et dans quels cas à l'action en supplément de légitime.
54. Fallait-il instituer les légitimaires?

55. Quotité de la légitime.— A qui due.
56. Ce qui s'imputait sur la légitime, et comment elle était liquidée.
57. Théorie résultant des décisions de la jurisprudence sur cette question.
58. Mais comment les biens retranchés des donations réductibles échappaient-ils à l'action des créanciers héréditaires ?
59. Quels enfants faisaient nombre pour la computation de la légitime. — Admission du droit d'accroissement en faveur des légitimaires par Cujas, par Dumoulin et par presque tous nos jurisconsultes.
60. Dissentiment de Domat, de Furgole et de Charondas, non pas sur l'accroissement, mais sur ceux qui font nombre.
61. Que le renonçant *aliquo dato* faisait nombre.
62. Pourquoi.
63. Que décider dans le cas d'une renonciation anticipée? — Renvoi. — Transition.

51. Les provinces du midi de la France suivaient les règles du droit romain sur le rapport à succession, telles à peu près qu'elles sont établies dans la compilation justinienne.

Tous les enfants venant à la succession d'un ascendant, sans distinguer entre les enfants soumis à la puissance paternelle et les enfants émancipés, devaient le rapport des dots et donations entre-vifs qui leur avaient été faites, à moins qu'il n'y eût clause de préciput. Les incertitudes que le droit romain laissait planer sur la donation simple étaient résolues dans le sens du rapport, c'est-à-dire, en faveur du principe d'égalité. La présomption était que les dots et les donations entre-vifs avaient été reçues en avancement d'hoirie, selon une expression de Serres [1].

« Parmi nous, dit aussi du Périer [2], toutes donations » faites aux enfants sont sujettes à rapport et entrent en par- » tage. »

Le prélegs et les autres libéralités à cause de mort étaient généralement dispensés du rapport.

[1] Sur les Institutes, *de Heredit. quæ ab intestato defer.*

[2] *Questions notables*, liv. I, quest. 2.

Le droit écrit, comme le droit romain, n'assujettit jamais à l'obligation du rapport les ascendants ni les collatéraux.

52. Les principes du droit romain sur l'inofficiosité et la légitime étaient également reçus dans les pays du droit écrit. Toutefois, comme une législation vivante et appliquée se modifie toujours par l'activité propre du peuple qu'elle gouverne, le droit romain avait subi sur ces matières des changements assez notables. Certaines règles incommodes avaient été réformées ; des théories seulement ébauchées par les dernières lois romaines avaient été achevées. Ce sont ces changements qu'il importe surtout de signaler.

53. La plainte d'inofficiosité était ouverte aux enfants et aux ascendants, lorsque l'exhérédation des premiers ou la prétérition des seconds étaient injustes. S'ils n'avaient pas été oubliés, ils n'avaient que l'action en supplément de légitime, au cas d'insuffisance de ce qui leur avait été donné.

54. Les jurisconsultes ne purent jamais parvenir à s'entendre sur l'admission ou le rejet de la Novelle 115, par laquelle Justinien avait prescrit d'instituer les légitimaires, au moins pour une partie de leur légitime, sous peine de rescision du testament quant à l'institution d'héritier. Plusieurs, et des meilleurs, ne voyaient là que l'exigence d'un vain et stérile honneur à rendre aux légitimaires, et ils pensaient qu'un droit plus attaché aux choses qu'aux mots, comme le droit français, pouvait bien négliger les dispositions inutilement irritantes de la Novelle. L'authentique *Novissima* sur la l. 6, C. *de Inoff. test.* l'avait repoussée, ainsi que nous l'avons vu, et le glossateur Jason disait cette Authentique aussi vraie que l'Évangile. Les canonistes, sur le chapitre

[1] *De Testamentis*, Decret. Greg., lib. III, tit. XXVI, cap. 16.

Raynutius, étaient du même sentiment. D'autres auteurs voulaient l'institution, ne fût-ce que pour une petite somme, pour cinq sols par exemple. Sallé cite un arrêt du parlement de Paris, du 24 juin 1644, qui rappela à l'observation de la Novelle 115, presque tombée en désuétude [1]. Et l'ordonnance des *Testaments* de 1735, art. 50 à 55, confirma cette Novelle pour tous les pays de droit écrit n'ayant pas de statuts expressément contraires. Ainsi les efforts tentés par ces provinces pour s'affranchir d'une déraisonnable subtilité ne furent pas couronnés de succès. C'est un triste spectacle que celui des incertitudes, des embarras et des procès auxquels la loi puérile de Justinien condamna notre ancienne pratique judiciaire. De pareilles lois sont un vrai fléau pour les peuples soumis à leur empire.

55. Le taux de la légitime était celui que déterminait la Novelle 18 : un tiers, si les légitimaires n'étaient pas plus de quatre, la moitié dans le cas contraire. Les ascendants avaient droit comme les enfants à cette légitime. Mais les frères et sœurs n'avaient-ils que la plainte d'inofficiosité au cas prévu d'institution de personnes honteuses, ou bien avaient-ils aussi une légitime? Le droit qui les concerne est plein d'anomalies qui offraient un vaste champ à la controverse. Domat n'admettait de leur part que la plainte d'inofficiosité, il considérait que l'infamie des institués devait les priver de toute la succession : « Quoique les frères, dit-il, puissent se plain-
» dre de l'inofficiosité du testament de leurs frères dans le
» cas d'institution d'un infâme, ils n'ont pas pour cela droit
» de légitime. C'est en ce cas l'hérédité entière que la loi leur
» donne, et en tout autre ils peuvent être privés de toute
» part à l'hérédité par un testament [2]. »

[1] *Esprit des deux ordonnances de Louis XV*, p. 390.

[2] *Lois civiles*, liv. III, tit. III, sect. I, n° 8.

56. Pour ce qui est de l'imputation sur la légitime et de sa liquidation, le droit écrit compléta ou corrigea avec logique les règles peu concordantes qui s'étaient établies aux différents âges de la législation romaine. Ainsi était-il passé en usage que toutes les donations entre-vifs faites à des enfants devaient être imputées sur leur légitime, tandis que par le droit romain, les dots et les donations nuptiales avec les donations pour acheter une *militia* étaient seules imputables. Les donations des pères et des mères aux enfants étaient devenues si fréquentes, qu'elles pouvaient être regardées comme étant d'obligation naturelle. C'est pourquoi on présuma qu'un père ou une mère qui donne à son enfant a l'intention de satisfaire à l'obligation que la nature lui impose plutôt que celle de lui faire un avantage au préjudice de ses autres enfants. « Nous regardons, dit Boutaric [1], toutes les donations » que font les père et mère à leurs enfants, soit entre-vifs, » soit à cause de mort, comme faites en avancement d'hoirie, » et toutes indistinctement sont sujettes à l'imputation, de » même qu'au rapport. »

Cujas s'est vainement efforcé de résister à cette innovation [2], ainsi que Loiseau, qui est contraint de reconnaître la grande faveur dont elle jouissait auprès de nos jurisconsultes français [3].

Une clause de préciput fut donc nécessaire pour empêcher l'imputation ou le rapport de la donation entre-vifs.

Mais le légitimaire qui avait reçu une donation entre-vifs sans clause de préciput n'était tenu, en renonçant à la succession, que de fournir la légitime de ses frères et sœurs; il

[1] Sur le § 6, Inst. *de Inoff. test.* Ajoutez Serres, sur le même texte; du Périer, *Quest. not.* II, 25; Dolive, liv. V, ch. 30, et une foule d'autres auteurs.

[2] Dans sa 24e Consultation.

[3] *Des Offices*, liv. IV, ch. VI, nos 31, 38, 39.

retenait sa propre légitime et tout ce dont le défunt avait pu disposer. La Novelle 92, qui établit ce droit si disertement, était suivie par la jurisprudence et fut confirmée par l'article 34 de l'Ordonnance de 1731 sur les Donations.

Il était d'ailleurs reçu sans conteste que la légitime se liquidait et se prenait non-seulement sur les biens laissés par les pères et mères à leur décès, mais encore sur les biens qu'ils avaient pu donner à quelques-uns de leurs enfants.

Point de distinction entre les donations modiques et les donations énormes. Les lacunes et les obscurités des rescrits impériaux, qui ne parlaient que de donations *immenses*, étaient comblées ou éclaircies dans le sens le plus favorable au droit de légitime. Un arrêt du Parlement de Paris, rendu le 27 mai 1558, à la prononciation solennelle de la Pentecôte, et célèbre sous le nom d'arrêt des Brinons, avait levé tous les doutes[1]. L'inofficiosité de la donation n'allait toutefois qu'à la faire réduire pour fournir la légitime aux autres enfants et non à la faire rescinder en totalité. Bien entendu les donations n'étaient atteintes qu'en cas d'insuffisance des biens laissés au décès.

Après d'assez vives controverses, la jurisprudence des parlements avait décidé qu'en cas de concours de plusieurs donations faites à des dates différentes, les légitimes seraient payées non par contribution entre les donations, mais en remontant des dernières donations aux premières. On cite surtout un arrêt Veydeau du Parlement de Paris, 19 mars 1688, qui l'avait ainsi jugé sur les conclusions de l'avocat-général Talon. La maxime *prior tempore, potior jure*, prévalut contre l'avis que Dumoulin avait exprimé en faveur de la réduction proportionnelle de tous les donataires, sans

[1] Voy. Chopin sur la Cout. de Paris, liv. II, tit. III, nº 12; Charondas, *Pandectes*, liv. III, ch. XII.

égard aux dates des donations, dans son Conseil 35, n° 24.

Tout ce droit, œuvre des jurisconsultes et des magistrats français, reçut sa forme dernière dans les articles 34 et 35 de l'ord. des Donations de 1731.

La controverse fut plus longue en ce qui touche les donations faites à des étrangers. Du Périer soutint avec force que ces donations ne devaient point entrer en ligne de compte pour déterminer et payer les légitimes. C'était bien la doctrine ancienne du droit romain; mais la l. 1, C. *de Inoff. donat.* y avait fait une brèche même pour les donations conférées à des étrangers, *sive in quosdam liberos sive in extraneos.* Aussi le sentiment commun des Docteurs, en France et hors de France, était-il que les enfants pouvaient compter les donations faites à des étrangers pour fixer la valeur de leur légitime et au besoin la réclamer sur ces donations. C'est ce que décida l'article 34 de l'ord. de 1731 déjà cité; il comprend dans son contexte les donations faites à des étrangers comme les donations faites à des enfants.

57. De toutes ces décisions ressortait une belle théorie que le droit romain avait ignorée: c'est que, pour déterminer la légitime, on doit faire une masse de tous les biens que celui qui la doit a laissés en mourant et de tous ceux qu'il a donnés entre-vifs, soit à des légitimaires, soit à des étrangers. La légitime est liquidée et peut être exigée sur tous ces biens réunis.

58. Il y avait cependant là un danger. Il était à craindre que les créanciers héréditaires ne prétendissent être payés sur la masse entière. Devait-on leur en accorder le droit? Non, assurément. La masse ainsi composée contient un élément, les biens donnés entre-vifs, qui doit être en dehors de leur action. Ce devait être le grand travail des jurisconsultes et

des législateurs d'empêcher les créanciers de profiter d'une réunion et d'une réduction qui ne sont pas faites pour eux, mais pour les légitimaires.

L'ancien droit romain n'ayant pas admis le retour des biens donnés entre-vifs à la succession pour la fixation et le payement des légitimes, n'avait pas pu s'occuper de la grosse difficulté que ce retour faisait naître vis-à-vis des créanciers héréditaires ; il n'offrait aucun moyen direct de la résoudre.

C'est surtout pour la solution de cette difficulté que les interprètes imaginèrent d'appeler la légitime une quote des biens et non de l'hérédité. Si en effet, la légitime est une partie de l'hérédité et se prend à titre d'héritier, le légitimaire se trouvera forcément obligé à payer les dettes de la succession sur tous ses biens et par conséquent sur les biens retranchés des donations entre-vifs. Il fallait donc dépouiller le légitimaire de cette qualité d'héritier, honorable, mais onéreuse, et lui trouver un autre titre en vertu duquel il attaquerait les donations entre-vifs, abrité lui-même contre les créanciers de la succession. C'est pourquoi on admit généralement que la légitime tout entière n'est pas autre chose qu'une quote des biens pour la perception de laquelle le titre d'héritier n'est point nécessaire. Il est vrai que les biens ne s'estimaient eux-mêmes que déduction faite des dettes ; mais on répondait que les dettes héréditaires ne peuvent se déduire que des biens laissés au décès et formant la succession, et que les biens donnés entre-vifs et repris par les légitimaires en leur qualité d'enfants sont parfaitement affranchis de ces dettes.

Le lien que j'établis entre cette qualité de quote des biens imposée à la légitime et la nécessité de soustraire les biens que les légitimaires retranchent sur les dons entre-vifs à l'action des créanciers de la succession, est très-sensible chez les jurisconsultes.

Jason dit à peu près[1] : *Legitima non de successione deducitur, sed de bonis. Alioquin et onerum particeps esset, quod jure vetatur. Ergo successionis depuratæ ab omni ære alieno pars est, id est bonorum. Eoque fit ut, non successionis, non hereditatis quota, sed bonorum dicatur.*

Le docteur Merlinus commence par affirmer que la légitime est *quota bonorum*. Mais bientôt il distingue pour dire qu'elle n'est regardée comme une quote-part des biens que quand il y a des dettes à payer, et que quand il n'y en a point, c'est une quote-part de la succession[2].

Le président Favre, ainsi que Voët, est du même avis[3].

Ce désir d'affranchir les biens donnés de l'action des créanciers héréditaires dicte au jurisconsulte Serres, qui fut professeur à Montpellier, les paroles suivantes : « Cette légitime, » comme l'on dit communément, est *quota pars bonorum*, » *non hereditatis*, ce qui signifie que les légitimaires ne sont » pas tenus des dettes passives de l'hérédité[4]. »

Il y avait cependant des protestations contre la qualification qu'on prétendait imposer à la légitime. Ainsi, Danty faisait remarquer que si cette opinion avait pour elle le suffrage de nombreux auteurs, d'autres docteurs, après avoir approfondi la question, demeuraient d'accord qu'il y a si peu de différence à faire entre ce que l'on appelle *quota hereditatis* et *quota*

[1] Sur l'*Authent.* NOVISSIMA, num. 3, C, *de Inoff. test.*

[2] *De legitima*, lib. I, tit. I, quæst. 2, n° 4 : *Ubi æs alienum cessat, revera tunc dicitur quota hereditatis; ubi vero viget æs alienum, non potest non esse nisi quota bonorum.* N° 6 : *Quando hereditas esset immunis ab ære alieno, tunc esse quotam hereditatis probat Bartolus.*

[3] Ant. Favre, *De Erroribus pragm.* decad. 9, art. 9 ; Voët, sur Dig. *de Inoff, test.* nos 44, 45.

[4] Sur le § 6, I. *de Inoff. test.* Ajoutez Roussilhe, Despeisses, Furgole, Catelan, etc.

bonorum, que c'est presque la même chose [1]. Charondas conseillait de ne se point arrêter à la distinction qu'on fait si la légitime doit être réputée *quota hereditatis* ou *quota bonorum* [2]. Un autre docteur, Chiffletius, protestait formellement contre la phraséologie vulgaire : *Id probant omnes*, dit-il, *magno, ni fallor, errore*, *maxime post Nov.* 115, *C.* 3, *qua nove constituitur, legitimam solo titulo institutionis relinquendam esse. Ergo in legitima filius heres erit*, *sed sui cujusdam generis heres...* [3]. Ces derniers mots préparent la vraie solution du problème qui consiste à préserver les légitimes prises sur les biens donnés entre-vifs de l'atteinte des créanciers, tout en permettant aux légitimaires de se dire héritiers. Fachinœus disait aussi en ce sens que la légitime est une portion d'hérédité, mais une portion privilégiée : *Quia est pars hereditatis privilegiata* [4].

On voit que, même dans la doctrine des pays de droit écrit, la qualité de n'être qu'une quote des biens, recueillie au seul titre d'enfant par le légitimaire, était loin d'être reconnue universellement à la légitime. Cette théorie n'était bonne que contre les créanciers héréditaires qui auraient prétendu se faire payer sur les biens retranchés à des donataires entre-vifs. Le légitimaire leur répondait : Je ne suis pas héritier. Le but d'utilité pratique assigné par nous à la singulière définition dont il s'agit, ressortira avec plus d'évidence, lorsque nous examinerons le même conflit des créanciers de la succession avec les légitimaires sur les biens donnés entre-vifs, au point de vue du droit coutumier, lequel tenait essentielle-

[1] Dissertation en faveur de la contribution de tous les enfants donataires à la légitime.

[2] *Pandectes du Droit français*, liv. III, ch. XII.

[3] *De Portione legitima*, cap. XII.

[4] *Controvers. jur.*, lib. XII, cap. 4. Ajoutez ce que l'auteur dit au liv. IV, ch. 65.

ment que la légitime forme un titre successif. Grand fut l'embarras des interprètes de ce droit, jusqu'à ce que Ricard eut indiqué aux légitimaires l'acceptation de la succession sous bénéfice d'inventaire comme bouclier contre l'injuste prétention des créanciers. Le même expédient, très-légitime en soi, aurait pu être appliqué dans le droit écrit, puisque Justinien lui avait donné l'institution du bénéfice d'inventaire. Mais on n'y songea point, et l'on fut réduit à la subtilité assez pauvre qui fait de la légitime une quote des biens toute différente de l'hérédité.

De cette manière de voir résultait une conséquence importante, c'est qu'un légitimaire pouvait, en certains cas, dans les pays de droit écrit, sans se porter héritier et sans être lui-même donataire, réclamer la légitime en sa seule qualité d'enfant ou d'ascendant sur les biens donnés par le défunt. La loi institutive de la légitime la faisait acquérir sans le secours d'aucun des modes ordinaires d'acquisition à titre gratuit. Voilà ce qui est propre au droit écrit et qui me paraît contraire au droit romain pur. Car l'économie de ce droit était que, si l'enfant n'avait rien reçu par voie d'institution, de legs ou de donation, il avait la plainte d'inofficiosité pour forcer l'ouverture de la succession *ab intestat* en se portant héritier de cette qualité; et s'il avait reçu quelque chose à l'un de ces titres, c'était en l'une ou l'autre qualité d'institué, de légataire ou de donataire, qu'il recueillait la légitime ou la faisait compléter. Le résultat le plus clair de la théorie du droit écrit fut de substituer la demande de légitime à la plainte d'inofficiosité qu'on ne rencontre plus dans les auteurs qu'à l'état de souvenir.

Mais ce serait une erreur de rattacher exclusivement au droit romain ou au droit écrit la faculté pour un enfant donataire ou légataire de conserver sa légitime sur son legs ou sa donation sans se porter héritier. Ce droit-là est aussi vieux et aussi universel que le droit de légitime lui-même. Le droit romain classique l'a admis, quoiqu'il ne fît pas de la légitime uniquement une quote des biens ; le droit coutumier l'a admis pareillement, quoiqu'il imposât au légitimaire la nécessité d'être héritier pour pouvoir demander sa légitime. Là se trouve la vérité historique, avec la réfutation des fausses inductions qu'on a trop souvent tirées des différences du droit écrit et du droit coutumier sur la légitime.

59. Ne jouons pas davantage sur les mots de quote de biens et de quote de succession. *Sed nugas istas*, comme dit Duaren [1], *jam omittamus*. Arrivons à une question bien autrement importante. C'est la question des enfants faisant nombre pour le calcul de la légitime. Le droit écrit a fait preuve d'originalité et de profondeur sur cette difficulté qui porte en soi toute la théorie de la légitime.

L'ancien droit romain, nous l'avons vu, tenait que tous les enfants, même les exhérédés et les renonçants, font part dans la légitime, de manière à diminuer la fraction revenant à chacun; la légitime laissée à un autre titre que celui d'héritier ou de légataire conjoint, n'était pas susceptible d'accroissement. Ce fut, outre l'honneur du titre, pour assurer le bénéfice de l'accroissement aux légitimaires, que Justinien, d'après nos vieux auteurs, prescrivit de les instituer héritiers [2]. Mais je crois qu'ils prêtent là à Justinien.

Un intérêt plus grand doit s'attacher à la Novelle 18, qui a été le point de départ d'un nouvelle manière de calculer la légitime. Lorsqu'il s'agît d'appliquer cette Novelle qui rendait la légitime variable selon le nombre des légitimaires, une idée logique domina tout ce que l'on pouvait alléguer

[1] *De Jure accrescendi*, lib. I, c. XIV.

[2] Nov. 115, ch. V, souvent citée.

d'après l'ancien droit. On sentit qu'une légitime, qui se proportionne au nombre de ceux qui y ont droit, ne peut se calculer que sur le nombre de ceux qui y prennent part. La volonté de la loi nouvelle n'était-elle pas que la légitime restât tout entière aux mains des enfants pour lesquels elle serait calculée, sans qu'aucune fraction pût aller à d'autres? C'est entre les seuls enfants que doit se faire le partage de la légitime, du tiers ou de la moitié : *Singulis ex æquo quadriuncium vel sexuncium dividendo*, dit une version de la Novelle. C'est le tiers tout entier, la moitié tout entière, et non le tiers ou la moitié, moins la part d'un exhérédé ou d'un renonçant, qu'il faut partager entre les légitimaires. Mais pour qu'il en fût ainsi, il était nécessaire de modifier les anciens principes.

Quelques-uns penseront peut-être qu'on aurait pu continuer à compter tous les enfants pour la fixation de la légitime, mais avec ce correctif, que les parts des défaillants seraient restées à leurs colégitimaires, par droit d'accroissement. Ils auraient tort, une pareille innovation n'aurait rien valu. Car il est inouï que la part d'un défaillant, que l'on compte, ait jamais accru à ceux qui sont appelés au même droit.

Il était plus élégant et plus juridique de n'admettre comme faisant nombre que ceux qui réclameraient efficacement leur part. Aucune portion ne doit être préparée pour les défaillants. De cette manière, la légitime des autres ne s'augmente ni ne diminue par le fait de l'existence d'enfants qui en sont absolument exclus. Les défaillants ne faisant ni nombre ni part, leur portion n'est pas retranchée et ne décroît pas de la légitime que les autres enfants sont personnellement aptes à réclamer, ce qui constitue le seul accroissement que connaisse la science. Par là, la légitime devient, il est vai, susceptible d'accroissement, tandis qu'elle n'en était pas susceptible à l'origine. Mais le progrès du droit n'est-il pas de la rapprocher de plus en plus de la succession et de finir par l'identifier avec elle? N'avons-nous pas vu les hésitations des docteurs sur la qualification qui lui convient? Si elle n'est pas encore une quote de la succession, elle est bien près de le devenir. La plainte d'inofficiosité emportait accroissement dans le droit romain. Eh bien! la réclamation de légitime qui tend à la remplacer partout et pour tout, doit jouir du même avantage.

Voilà ce que voulait l'analogie juridique.

Cependant le droit des Pandectes n'a pas cédé sans combat. Paul de Castre [1] et Bartole [2] comptaient l'exhérédé et le renonçant de manière à diminuer d'autant la part des autres légitimaires. Point d'accroissement du moment que les défaillants font nombre; c'est logique. Toutefois Bartole ne repousse pas l'accroissement, si le titre auquel la légitime est recueillie le comporte, si, par exemple, les légitimaires qui y prennent part sont institués héritiers universels [3]; il ne le refuse qu'aux légitimaires institués *in re certa* pour obéir à la lettre de la Novelle 115.

Duaren [4], Doneau [5] et Vinnius [6], avec un grand nombre d'auteurs moins considérables, sont de la même opinion.

Mais la contradiction n'a pas manqué. Déjà les vieux docteurs Dynus, Salicetus, Guill. de Cunéo et Balde, tenaient que l'exhérédé ne doit pas faire part, ce qui implique admission de l'accroissement en faveur des légitimaires prenant part dans le sens et dans la mesure où il est permis à des jurisconsultes de l'admettre. Ce sentiment avait rallié beaucoup de suffrages. Il était particulièrement suivi par Cujas,

[1] Sur la loi 34, § 11, D. *de Legatis*, 1°; Comp. *Cons.* 286 et 287, vol. 1

[2] et [3] Sur la l. 14, D. *de Inoff. test.*

[4] *De Jure accrescт.*, lib. I, c. XIV.

[5] *Comm. juris civ.*, lib. XIX, cap. IV, n° 30.

[6] *Quæst. select.* I, 21.

dont les décisions valent peut-être mieux que les raisons sur lesquelles il s'efforce de les appuyer. Il interprétait la l. 8, § 8, D. *de Inoff. test.*, champ de bataille de toutes ces discussions, en ce sens qu'elle aurait admis l'accroissement de la légitime au cas d'une renonciation formelle ou d'une exclusion définitive, et ne l'aurait rejeté qu'au cas d'une abstention temporaire d'agir. Je ne crois pas que le texte d'Ulpien doive se réduire à un résultat aussi insignifiant. Mais sa décision, bonne pour la légitime invariable du quart, devait-elle être transportée à la légitime variable de la Novelle 18? Telle était la question. Papinien et Ulpien avaient dicté les règles de la légitime ancienne ; Cujas était digne de dicter celles de la légitime nouvelle. C'est ce qu'il a fait.

Notre jurisconsulte enseigne que, sous la Novelle 18, s'il existe cinq enfants dont l'un soit justement exhérédé, il ne fait point part ni nombre, en sorte que la légitime est du tiers et non de la moitié : *Quid tamen si quinque sint filii, quatuor instituti in trientem, unus exheredatus qui non obtineat in querela? Et hic etiam exheredatus partem non facit, id est, ejus persona non computatur quia habetur pro mortuo. Itaque satisfactum videtur quatuor filiis, dato triente, qui tamen non sufficeret, si quinque liberi computarentur* [1].

D'après cela, l'existence d'un enfant exclu ne sert pas *ad augendam legitimam*, c'est-à-dire à faire qu'elle soit de la moitié au lieu du tiers. L'augmentation, si on l'admettait, serait illusoire, puisqu'il faudrait, après avoir compté les exclus, retrancher leurs parts de la légitime totale, au grand préjudice des légitimaires habiles à revendiquer leur propre droit.

Mais que décider s'il y a quatre enfants dont l'un soit justement exhérédé? Les trois autres auront-ils tout le tiers ou le

[1] *Exposit. Novell.* 18.

tiers moins la part de l'exhérédé ? Celui-ci ne fait ni part ni nombre, ce qui veut dire en bon principe de droit que sa part accroît ou ne décroît pas à ses frères, de sorte qu'ils ont le tiers tout entier : *Si sint quatuor filii et unus ex eis exheredatus, in summo errore versatur Paulus Castr. et alii quidam, qui generaliter statuunt exheredatum partem facere ceteris qui ad bona defuncti veniunt; et exheredatio, inquiunt, filii non prodest fratribus ..... Item portio, inquiunt, exheredati accrescit heredi scripto, non fratribus. Imo fratribus*[1]. En ce sens on pourra dire que l'enfant exclu n'est pas compté *ad minuendam legitimam.* Les trois légitimaires auront le tiers entier, plutôt par non-décroissement que par accroissement, par leur droit propre et non par emprunt du droit de leur frère qui est exclu.

On appelle accroissement le droit qui, en cas de vocation solidaire de plusieurs personnes à une même chose, la fait avoir en totalité à celles qui sont aptes à la recueillir, lorsqu'il en est d'autres qui ne peuvent ou ne veulent y prendre part. Nous avons un exemple de cette phraséologie dans une loi relative à notre sujet[2]. Mais une constitution de Justinien, pénétrant plus intimement dans la nature de ce droit, explique qu'il n'opère vraiment que par voie de non-décroissement, quoique le mot n'y soit pas. C'est la l. *un.*, § 2, C. *de Caduc. toll.: Sin vero nemo alius veniat, vel venire potuerit, tunc non vacuatur pars quæ deficit, nec alii accrescit, ut ejus qui primus accepit legatum augere videatur ; sed apud ipsum qui habet, solida remaneat, nullius concursu deminuta.*

Il n'est pas toujours nécessaire de faire cette subtile distinction entre l'*accroître* et le *non-décroître ;* mais il faut la faire ici, sous peine de ne pas comprendre pourquoi les

[1] *Exposit. Novell.* 18, passim.
[2] L. 23, § 8, D. *de Inoff. test.*

quatre enfants n'ont pas la part du cinquième enfant exclu, tandis que les trois enfants paraissent avoir la part du quatrième enfant exclu également. L'élimination du cinquième enfant ne permet pas aux quatre qui restent de réclamer la moitié, parce que par eux-mêmes ils n'ont droit qu'à un tiers ; il faudrait un accroissement capable de leur transporter une part à laquelle ils n'étaient pas appelés personnellement pour leur donner droit à la moitié. Or, un accroissement de cette sorte n'est jamais admis. Mais l'exclusion du quatrième enfant n'empêche pas les trois qui restent de prendre le tiers, parce que chaque enfant est personnellement apte à recueillir et réclamer cette quotité du tiers. Cujas entend que la Novelle 18 attribue solidairement la légitime du tiers à quatre enfants ou moins, comme elle attribue solidairement aussi la légitime de moitié à cinq enfants ou plus. Que l'un des appelés manque, sa part accroît à ceux qui étaient solidaires avec lui, et cet accroissement est légitime, parce qu'il s'analyse en un non-décroissement. C'est ce qu'on exprime encore en disant qu'il ne se fait de parts que par le concours, *concursu tantum partes fiunt*. S'il eût concouru avec ses frères, le quatrième enfant aurait fait part; ne concourant point, il ne fait ni nombre ni part. L'accroissement empêche sa part de se détacher de l'unité qui est à distribuer.

Nous invoquerons Dargentré à l'appui de cette théorie de l'accroissement, lorsque nous examinerons la même question pour le droit coutumier.

Dumoulin l'a résolue de la même manière que Cujas, en se référant au droit de Justinien. Il pense comme le grand romaniste que l'accroissement avait déjà lieu dans l'ancienne légitime du quart, et il veut qu'il ait lieu dans celle que la Novelle 18 lui a substituée : *De conditione et utilitate ipsius legitimæ est*, dit-il en son Conseil 29, n° 7, *ut in ea locus sit juri accrescendi, quæ commoditas et utilitas etiam subs-*

tantiam ipsam ipsius legitimæ concernit ut patet ad sensum : ergo jus illud accrescendi in legitima quod non minus competit liberis communiter quam ipsa legitima, non potest impediri, nec deterius fieri, quamquam acto machinamento vel dispositione ipsius parentis.

Dans le Conseil 35, n° 13, le hardi jurisconsulte examine la question de ceux qui font nombre au cas décisif de cinq enfants, dont l'un aurait renoncé sans avoir rien reçu, et il décide avec Cujas que ce renonçant ne doit pas faire nombre, en sorte que la légitime sera du tiers et non de la moitié : *Secus si quis totum repudiat, nec alii cedit, et sic prorsus deficit, quia tum accrescit et quandoque in consequentiam facit decrescere quantitatem legitimæ, ut quando quinque liberorum unus qui nihil accepit vel restituit (retinuit ?) et prorsus abstinet, facit de semisse reduci ad trientem, quidquid controvertant in* AUTH. *novissima*, C. DE INOFF. TEST.

Ainsi, Dumoulin, comme Cujas, admet l'accroissement qui conserve aux enfants venant à la légitime, l'intégralité de celle à laquelle ils ont personnellement droit, sans compter le renonçant, et il rejette l'accroissement qui tendrait à leur donner la part du renonçant, de manière à augmenter leur légitime propre de cette part entière. La part délaissée accroît ou profite à la masse de la succession. Une bonne preuve que Dumoulin ne compte pas le renonçant, c'est ce qu'il dit au n° 12 du même conseil 35 : *Nemo partem facit in legitima nisi concursu.*

Ricard suivait ces principes, tant pour le droit écrit que pour le droit coutumier. Nous lui emprunterons plus d'une citation dans l'exposition de cette dernière législation.

Mais je dois citer en ce lieu ce que dit l'auteur anonyme de l'*Institution du droit romain et du droit français, avec Remarques de Delaunay* [1] :

[1] Liv. III, ch. X, p. 430.

« En la distribution de la légitime, la première règle à garder est que tous ceux qui ne prennent point de part à la légitime, soit qu'ils soient exclus à cause de leur incapacité, ou en conséquence de la renonciation pure et simple qu'ils ont faite, ne doivent nullement être comptés pour faire l'estimation de la légitime, et leurs parts accroissent *ou plutôt ne décroissent pas aux autres.* »

Claude-Joseph Ferrière dit aussi avec beaucoup de sens [1] :

« Les enfants qui ne prennent point de part à la légitime... en conséquence de la renonciation pure et simple qu'ils ont faite, ne doivent nullement être comptés pour augmenter la légitime de ceux qui succèdent, non plus que ceux qui auraient été exhérédés légitimement; comme si quelqu'un laisse cinq enfants, et qu'il en ait exhérédé un pour quelque juste cause, les autres ne peuvent demander que le tiers pour leur légitime. »

Un savant commentateur des Pandectes, Voët, a nettement distingué les deux influences en sens contraire que pourrait avoir la computation d'un enfant exhérédé ou renonçant sur la quotité de la légitime [2]. Il tient à bon droit qu'il ne faut le compter, ni pour ni contre les autres enfants : *Probabilius videtur talem juste exheredatum vel renunciatione exclusum, uti in superiori quæstione non numerabatur ad augendam legitimæ quantitatem* (pour que la légitime fût de moitié au lieu du tiers), *ita nec hic computandum ceteris ad legitimam minuendam* (pour que la légitime du tiers diminue d'un, de deux ou de trois douzièmes).

C'est une bonne et solide distinction que la plupart des auteurs ont adoptée. L'enfant qui ne prend point de part ne compte ni pour augmenter ni pour diminuer la part des autres.

Ces citations, qu'il serait aisé de multiplier, mettent au-dessus de toute contestation le principe du droit français que les légitimaires, prenant part dans la légitime, sont seuls à

[1] Sur le § 6, I. *de Inoff. test.*

[2] Comm. ad Pandect., *de Inoff. test.* n. 49 et 50.

considérer pour sa supputation. Était-ce conforme ou non au droit romain des Pandectes? Peu importe. C'était nécessaire pour faire fonctionner avec logique et équité la légitime de la Novelle 18.

Il y a beaucoup d'inexactitude dans cette assertion de M. Coin-Delisle [1] : « Il a toujours été de règle que les renon- » çants faisaient nombre pour la fixation de la légitime. » Et dans cette autre assertion de M. G. Demante [2] : « Le calcul de la quotité disponible sur le nombre des enfants *laissés par le défunt* est fondé sur les rapports essentiels de la famille et sur toutes les traditions historiques du droit. »

60. L'unanimité de nos jurisconsultes dans le sens contraire à cette double affirmation, n'est rompue que par les voix discordantes de Domat et de Furgole, qui cherche à mettre Charondas de son parti.

Le premier formule sentencieusement son opinion en deux articles, sans phrases ni raisons; il en résulte qu'il compte tous les enfants venant ou ne venant pas à la succession, et qu'il admet l'accroissement des parts vacantes, s'il y en a, à la légitime des autres enfants. Voici l'un de ces articles qui est assez clair [3] : « S'il y a cinq enfants ou un plus » grand nombre, ils ont tous ensemble pour leur légitime la » moitié des biens, de sorte que cette moitié se partage entre » tous selon leur nombre, chacun ayant pour sa légitime sa » part de cette moitié, *et qu'elle soit entière à un seul, s'il n'y* » *en a qu'un.* » Cela ne va nullement à dire que la légitime ne serait pas susceptible d'accroissement. C'est tout le contraire. Domat admet que celui qui ne prend point sa part fait nom-

[1] *Limite*, etc., p. 217.
[2] *Revue critique*, II, p. 104.
[3] *Les Lois civiles*, liv. III, tit. III, sect. II, n° 4.

bre pour augmenter la légitime, et que sa part accroît aux autres légitimaires, en quoi il méconnaît les règles élémentaires du droit.

Cujas et Dumoulin, nos communs précepteurs, nous disent, contrairement à Domat, que, s'il y a cinq enfants dont l'un renonce gratuitement ou soit exhérédé justement, la légitime n'est que du tiers, aux termes de la Novelle 18, que Domat allègue pourtant en faveur de sa décision. Lorsque, sur un détail de jurisprudence, Domat n'est pas d'accord avec Cujas, Dumoulin ou Ricard, je refuse ma confiance à Domat, jurisconsulte chez les philosophes et philosophe chez les jurisconsultes. C'était un peu la manière de voir de Bretonnier, qui ne trouvait pas que le *Traité des lois civiles*, tout excellent qu'il est, fût comparable, pour la science du droit, au *Recueil de jurisprudence* d'Henrys [1].

Quant au jurisconsulte Furgole, il n'est point ennemi des paradoxes, et la thèse qu'il soutient sur cette question n'est qu'un insoutenable paradoxe. A son avis, l'enfant exhérédé fait nombre, et sa part accroît aux légitimaires capables de recueillir. La plupart des autres auteurs enseignaient que la légitime n'admet pas l'accroissement, parce qu'elle est une quote des biens et non de l'hérédité. Mais cette vague qualification se prête aisément aux contradictions sophistiques, et Furgole s'en empare pour prétendre que l'accroissement a lieu dans la légitime précisément parce qu'elle serait une quote des biens. Il dit que cette quote est retranchée du patrimoine par la Novelle 18, chap. I, *ipso jure*, et qu'elle est attribuée *in globo* aux enfants; qu'il faut l'assimiler pour le retranchement que la loi en fait elle-même aux réserves coutumières des quatre-quints des propres, quoique d'ailleurs la fixation de la légitime n'ait aucun rapport ni aucune liaison avec la

[1] Bretonnier sur *Henrys*, III, 131.

faculté de succéder *ab intestat*. Cette assimilation de la quote légitimaire à la succession réservée des propres n'a d'autre but que de faire compter tous les enfants et de faire accroître les parts des exhérédés à celles des autres enfants. Furgole ne veut pas qu'on la compare à la légitime des pays coutumiers qui est aussi une succession *ab intestat*, mais une succession dépendant de l'existence et du nombre de ceux qui y prennent part[1].

Merlin, au Rép. de Guyot, v° *Légitime*, sect. 8e, § 1, condamne avec raison cette doctrine de Furgole : « Il est » étonnant, dit-il, qu'un auteur aussi profond et aussi » judicieux que l'est Furgole ait pu avancer de pareilles » erreurs. » Plus indulgent que Merlin, M. Troplong accepte l'opinion du *savant* Furgole comme étant généralement suivie en pays de droit écrit[2]. M. Ginoulhiac l'a cru également[3]. Mais il n'en est rien. Furgole était à peu près seul de son opinion, et il n'a pas fait preuve de savoir en cette occasion. Il critique Ricard à propos d'un passage qui ne pèche guère que par l'expression, et il invoque Accurse sans le comprendre.

Ricard avait remarqué, à titre de critique, que par suite de la mauvaise proportion admise par la Novelle 18, les enfants qui sont au nombre de cinq, mais dont l'un est exhérédé, auraient encore intérêt à faire calculer la légitime sur le nombre de cinq et non de quatre, lors même que l'héritier institué devrait retenir la part vacante, puisque ce calcul donnerait à chacun un dixième au lieu d'un douzième. Et Furgole en conclut que Ricard veut que le calcul se fasse

[1] *Traité des Testam.*, ch. III, sect. II, no 144 et suiv.

[2] *Des Donations*, II, no 785.

[3] *Revue de Droit français et étranger*, t. III, p. 384.

effectivement sur le nombre total des enfants et que chacun ait un dixième du tout [1].

La proposition de Ricard est, je l'avoue, ambiguë ; on ne voit pas bien au premier abord s'il ne fait qu'une simple remarque ou s'il donne une solution ; mais le principe général qu'il pose sur ceux qui font nombre défend de prendre cette observation critique pour une solution. Autrement, sa doctrine serait par trop incohérente.

Le passage d'Accurse, invoqué par Furgole, est la glose que cet auteur a cousue à la Nov. 18, cap. I, Verb. *Octuncium : .... Quid si sint ultra quatuor, puta decem; et quatuor tantum vel pauciores ex his exheredat vel præteriit ; numquid trientem vel semissem eis dabit suæ partis? Respondeo semissem cum propter numerum et sua legitima sit diminuta....* Furgole n'a pas vu que la question agitée dans ce texte était de savoir, non pas si les exhérédés injustement font nombre, mais si les institués font nombre. Il y a quatre enfants (ou un moindre nombre) qui sont exhérédés et auxquels ont été laissées des libéralités modiques inférieures à leurs légitimes. Leurs frères, au nombre de six, institués héritiers, peuvent-ils offrir à chacun de ces quatre exhérédés le tiers de leur part héréditaire, un trentième, ou bien faut-il qu'ils donnent à chacun d'eux la moitié de cette part, un vingtième? Telle est la question que le glossateur résout en répondant qu'ils doivent donner la moitié. Rien de plus juste. Ne donner à chacun des exhérédés qu'un trentième serait calculer la légitime sur quatre enfants et la partager entre dix. Il faut compter les institués qui retiennent évidemment leurs légitimes en leur qualité d'héritiers institués. La l. 33, pr. C. *de Inoff. test.* justifierait au besoin cette décision. Le suffrage d'Accurse manque donc à Furgole. Et cette glose, si mal à propos invoquée par lui, prouve jus-

[1] Voir Ricard, *Donations*, 3e partie, no 1062.

tement que la légitime a plus de liaison avec la succession qu'il ne le prétend, puisque l'on compte pour la fixation de la légitime ceux qui la recueillent à titre d'héritiers.

Quant à ce qui est des réserves coutumières, si Furgole y avait réfléchi, il aurait compris que l'accroissement y a lieu, parce que les héritiers sont solidairement appelés à une quote invariable. Il y a à la fois accroissement et non décroissement. Je me persuade que, s'il existait dans l'infinie variété des coutumes une réserve coutumière variant pour sa quotité selon le nombre des enfants, la part de l'héritier qui serait nécessaire pour augmenter cette quotité n'accroîtrait pas à ses cohéritiers.

Furgole tient aussi que les enfants renonçants font nombre pour la supputation de la légitime. C'est conséquent avec son opinion sur les exhérédés. Au reste, il ne donne cette décision qu'en passant et sans expliquer s'il la borne comme il le faudrait au cas où les renonçants ont reçu et gardent leur légitime [1].

Charondas, allégué par Furgole, dit ceci :

« Le fils institué fait nombre et part à la légitime ; comme, s'ils étaient cinq enfants et l'un d'iceux étant institué héritier universel, ayant de son chef la moitié, il ne laissera de faire nombre et avoir part à l'autre moitié et ainsi le tiennent les interprètes grecs et latins, mêmement Harmenopul. *lib.* 5, *Epitom.*, *tit.* 9; comme aussi a été jugé pour le regard du douaire, par arrêt du 7 sept. 1581, entre les Postels, dont j'ai traité aux Résolutions [2] ».

Ce n'est encore que le cas traité par Accurse. Cujas donnait déjà l'exemple de Charondas avec la même solution dans son Exposition de la Novelle 18.

[1] Ch. IX, n° 74.

[2] *Pandectes du Droit français*, liv. III, ch. XII.

Mais Charondas ajoute :

« Quant au fils déshérité, on fait distinction si seulement il se tait et ne propose la querelle d'inofficiosité, s'il a répudié l'hérédité ou s'étant plaint de l'exhérédation, il n'aurait obtenu, suivant ce qui est traité *in* l. *Pap.* § *quoniam ;* l. *filio;* l. *qui repudiantis ;* l. *si ponas*, § ult. D. *de Inoff. test.* Mais qui considérera bien que la querelle d'inofficiosité aurait été révoquée par les constitutions de Justinian dont j'ai parlé ci-dessus, il ne s'arrêtera auxdites lois des Pandectes qui regardent à la querelle de l'inofficieux testament, ains il dira y avoir plus d'apparence que l'enfant exhérédé fasse nombre *et part* encore qu'il n'y participe, *d'autant qu'il y peut participer*, et la part par lui répudiée accroît aux autres enfants, *d. l. si ponas*, § *ult.* Toutefois aucuns estiment que l'enfant justement exhérédé sans avoir rien amendé de son père, étant rendu incapable de succéder, ne fera part non plus qu'il ne sera admis à la part. Cujas ad d. Novell. 18, et *Doct. in Auth. Novissima*, C. de Inoff. test. *Boer. decis.* 104, *et alii plerique*, dont on récite un arrêt du Parlement de Paris, du 16 décembre 1570, et de Tholose, du 20 juillet 1580, et en ai écrit Résol. 27, liv. VIII, laquelle opinion ne me semble être fondée sur les constitutions de Justinian. »

Charondas est donc d'avis que les enfants exhérédés font nombre, et que pour empêcher le préjudice qui en pourrait résulter contre les autres légitimaires la part de l'exhérédé (la part répudiée, dit Charondas) leur accroît. Ce qui le sépare de Cujas, de Dumoulin, de Ricard et de tous les meilleurs jurisconsultes, c'est qu'il admet l'accroissement de la part du cinquième enfant qui défaille aux parts des quatre enfants venant à la légitime. Il nous dit que cet enfant fait nombre et même qu'il fait part (le mot y est), et cependant cette part accroît aux autres enfants. C'est une hérésie juridique, et c'est par elle qu'il est une autorité en faveur de Furgole. Mais Charondas ne dissimule point que la doctrine et la jurisprudence étaient contraires à son sentiment. L'arrêt de Toulouse qu'il cite et qu'il repousse est justement celui que Furgole reproche à Ricard de n'avoir pas compris ; Charondas s'y était donc trompé le premier. On peut voir ce difficile arrêt dans La Rocheflavin, liv. VI, tit. 59, art. 4.

Si Ricard entendait mal les arrêts de Toulouse, Furgole a mal entendu, lui, la coutume de Paris, dans ce même chapitre, au n° 153, où il insinue que s'il y avait cinq enfants dont l'un fut exhérédé, il suffirait à chacun des autres d'avoir un dixième de la totalité. Mais, ne lui en déplaise, chacun des quatre enfants prenant part dans la légitime aurait sous la coutume de Paris un huitième, parce que l'exhérédé ne ferait ni nombre ni part. Cela est incontestable, comme Furgole aurait pu le voir en lisant Charondas, mais n'est d'aucune conséquence pour le droit écrit, j'en conviens. Reste seulement que Furgole n'est pas aussi exact qu'il est abondant et érudit.

Un ridicule auteur, Guill. de la Champagne, estime que l'enfant exhérédé fait nombre et de plus que la légitime n'est pas susceptible d'accroissement. Il en résulterait que la part vacante resterait à celui qui doit payer les légitimes. La raison pour laquelle la légitime n'est pas susceptible d'accroissement n'est pas, suivant lui, qu'elle serait disjonctive et non conjonctive (Duaren donne cette raison), c'est qu'étant l'ouvrage de la nature et de la loi, c'est-à-dire de Dieu ou de la nature naturante, source des perfections, elle ne peut être que très-parfaite. Parfaite qu'elle est, elle ne peut recevoir d'accroissement. Voilà, certes, une perfection de la légitime dont les légitimaires se passeraient bien [1]. Jurisconsulte malgré Minerve, ce Champagne nous montre que tous les anciens ne sont pas des maîtres. Si on l'eût écouté, la doctrine de la légitime aurait rétrogradé jusqu'à Bartole et à Duaren. Son opinion, après tout, est plus logique que celle de Charondas, de Domat et de Furgole.

Je n'ai pas séparé dans cet exposé le cas de l'exhérédation de celui de la renonciation, bien qu'ils soient distingués

[1] *De la Légitime*, chap. III et XVII.

chez plus d'un auteur. Mais tout en les distinguant quelquefois, nos jurisconsultes leur appliquent une règle uniforme. C'est pourquoi je les ai réunis.

61. Une exception confirme la règle. La règle, c'est qu'on ne compte pas le renonçant ou l'exhérédé qui ne prend point part à la légitime ; l'exception, c'est que l'on compte celui qui, malgré son exclusion, retient sa part légitimaire. Tous les auteurs que nous avons cités en font la remarque, à commencer par Dumoulin qui s'exprime en ces termes [1] : *Solve, nepotes non repudiant repræsentationem gratis, sed quia habent quod conferre tenerentur. Et sic quamvis non agendo, tamen retinendo et excipiendo concurrunt in legitima et partem faciunt. Et sic quamvis nemo partem faciat in legitima nisi concursu, tamen satis est excipiendo vel retinendo quadamtenus concurrere.* — Il dit encore [2] : *Habens tres filios omnia sua dat duobus : tum solus qui nihil habet est heres et petit trientem tanquam solus heres. Respondi quod non habet querelam inofficiosi nisi pro parte virili legitimæ debitæ ab intestato, si omnes venissent ab intestato,* ut dixi ad l. *Si mater* C. *de Inoff. donat.*

Inutile de citer davantage sur ce point.

Le lecteur peut ouvrir le premier venu des ouvrages anciens qui se rapportent à la question générale, et il verra que l'on ne compte pas pour la légitime l'enfant exclu sans rien recevoir, l'enfant qui renonce gratuitement, mais que l'on compte l'enfant exclu ou exhérédé qui a reçu une donation, l'enfant renonçant qui conserve ce qui lui a été donné. En d'autres termes et pour employer la formule reçue, on compte celui qui est exhérédé ou renonçant *aliquo accepto* et non celui qui est exhérédé ou renonçant *nullo accepto*. Telle est la théorie

[1] *Cons.* 35, n° 12.
[2] *Comm. sur la Cout. de Paris*, art. 124, § 6.

de nos jurisconsultes. N'est-ce qu'une distinction purement doctrinale, comme le dit M. Gabriel Demante[1] ? La l. 84 D. *de Leg.* 1°, prouve d'abord que lorsqu'un ayant-droit a reçu sa portion en nature ou par équivalent, son cointéressé n'est pas admis à réclamer cette même portion, sous prétexte d'accroissement ou de non décroissement. C'est donc que cet ayant-droit fait nombre et part. Ensuite on trouve cette distinction dans des coutumes que le droit écrit peut revendiquer comme siennes en matière de légitime, puisqu'elles le suivent pour la quotité de la portion légitimaire. La Cout. d'Auvergne porte d'un côté (au ch. XII, art. 14), que le religieux profès *ne fait aucune part et portion en nombre d'enfants pour la computation de la légitime, mais est réputé personne morte.* Mais elle dit d'un autre côté (même ch. XII, art. 32), que *combien que la fille mariée et dotée ne prenne aucune part et* portion *aux successions, si fait-elle nombre et part avec les autres enfants pour la quote et computation de la légitime.* On peut y joindre la Cout. de la Marche, art. 229 et art. 245 ; la Cout. du Bourbonnais, art. 319, pour le principe général, et art. 310 pour l'exception. Cet art. 310 est presque textuellement l'art. 32 d'Auvergne.

Il existe une note de Dumoulin sur l'art. 14 précité de la Cout. d'Auvergne, qui est bien dans l'esprit de la distinction générale, et qui mérite d'être recueillie : *Scilicet*, dit-il, *si nihil vel modicum accepit... alias computabitur ad finem tamen augendæ legitimæ.*

L'opinion commune était pourtant que la dot reçue par un enfant entré en religion ne suffisait pas pour le faire compter dans la légitime[2], opinion fondée sur des raisons toutes spéciales, sans application possible aujourd'hui.

[1] *Revue critique*, II, p. 740.

[2] Voyez Lebrun, *Success.*, liv. II, ch. III, sect. VI, n° 15; Ricard, *Donat.*, part. III, ch. VIII, sect. VII, n° 1067, 1068.

Des arrêts nombreux consacraient la distinction ; on cite surtout un arrêt en robes rouges du Parlement de Paris, qui est du 14 août 1589 et le 58e de Montholon.

62. La nécessité de compter pour la supputation de la légitime les enfants exhérédés ou renonçants qui avaient reçu une donation, avait pour cause le droit qui leur appartenait sans conteste de retenir leur légitime sur cette donation. Du moment qu'on reconnaît à ce renonçant le droit de conserver sa légitime, il faut le compter parmi les légitimaires. M. Gab. Demante prend les choses au rebours, lorsque, pour le droit coutumier antérieur à l'art. 34 de l'Ordonnance, il fait venir le droit de rétention de la légitime de la distinction qui était faite entre les renonciations pures et simples et les renonciations *aliquo accepto* [1]. Il prend le moyen de réaliser le droit de rétention pour la cause de ce droit. Mais telle n'est point la base légale du droit de l'enfant donataire de retenir sa légitime sur le don qui lui a été fait. Cette base n'est autre que l'obligation où est l'enfant donataire d'imputer ce qu'il a reçu sur sa légitime. Il est dit que celui qui a sa part légitime : *sive jure hereditario, sive jure legati vel fideicommissi vel mortis causa donationis, vel inter vivos* [2], ne peut pas se plaindre; cela signifie que la légitime se recueille au titre inférieur de légataire ou de donataire comme au titre meilleur d'héritier. Il est vrai que la Novelle 115 a prescrit d'instituer le légitimaire héritier, mais elle n'a pas supprimé la nécessité de l'imputation des dons et des legs sur la légitime, ni par conséquent le droit de se tenir à ces dons et legs pour toute légitime. L'honneur que Justinien a ordonné de faire au légitimaire ne doit pas tourner au préjudice de celui qui a un

[1] *Loco cit.*

[2] § 6, Inst. *de Inoff. test.*

titre plus modeste et qui s'y tient. Ce droit de rétention a paru si juste à Justinien, qu'il l'a consacré à l'égard de toute donation même entre-vifs, quoique d'après sa législation toutes les donations entre-vifs ne fussent pas imputables sur la légitime. La Novelle 92, que l'on n'a pas considérée comme abrogée par la Novelle 115, quoique antérieure, en a une disposition expresse qui a fourni la matière de l'Auth. *Unde et si parens*, l. 6, C. *de Inoff. test.*, que nous citons une seconde fois : *Licet autem ei qui largitatem meruit abstinere ab hereditate, dummodo suppleat ex donatione (si opus sit) ceterorum portionem.*

L'enfant donataire retient ainsi sa légitime, soit que la donation ne comprenne que cette légitime, soit qu'elle comprenne en outre la moitié ou les deux tiers dont le père de famille a pu disposer, aux termes de la Novelle 18, aussi bien en faveur de lui, enfant, qu'en faveur d'un étranger. Il n'y a aucune différence à faire entre l'enfant institué héritier pour le tout, *ex asse*, payant les légitimes de ses frères et sœurs, et l'enfant donataire entre-vifs, payant également les légitimes de ses frères et sœurs, lorsque les biens qui lui ont été donnés forment tout l'actif utile laissé par leur père. L'un et l'autre retient sa légitime personnelle et compte pour la fixation de la légitime totale.

63. Je m'expliquerai ailleurs sur les effets très-peu concordants des renonciations anticipées qu'un usage, désormais aboli, imposait aux filles. Ce n'est pas dans ce droit anomal qu'il faut chercher les véritables principes.

S'il y a encore quelque dissonance dans cette théorie de la légitime qui fut ébauchée par le droit écrit, contrairement à celle du droit romain pur, toute difficulté, tout embarras et tout effort disparurent, lorsque cette même théorie vint s'adapter à notre droit coutumier, qui identifia complétement la légitime avec la succession. Par lui fut consommée et justifiée l'innovation du droit écrit.

CHAPITRE II.

GARANTIES QUE LE DROIT COUTUMIER ACCORDAIT A LA FAMILLE EN MATIÈRE DE SUCCESSION.

64. Le droit de légitime apporté par l'ancienne Rome dans le Midi de la France, pénétra peu à peu dans les pays du Nord. La piété des coutumes françaises accueillait facilement un droit si équitable. Ce n'est pas qu'elles manquassent absolument d'institutions propres à garantir, soit aux enfants, soit à d'autres héritiers, une certaine partie des biens de leurs parents décédés. Les coutumes accordaient à la famille une large protection, que la légitime ne fit qu'accroître et compléter. Les garanties coutumières ont disparu, et la légitime est seule restée dans la nouvelle législation. Il est cependant nécessaire, pour comprendre son rôle spécial dans l'économie du droit coutumier, d'avoir au moins une idée générale de ces autres institutions éteintes avec lesquelles elle eut à se combiner. Nous bornerons notre étude aux réserves coutumières et au douaire propre des enfants. La légitime elle-même sera traitée en dernier lieu.

SECTION PREMIÈRE.

DES RÉSERVES COUTUMIÈRES OU QUATRE-QUINTS RÉSERVÉS.

65. On appelait de ce nom les portions des propres dont les coutumes interdisaient la disposition au propriétaire, afin d'en assurer la succession à la famille. Les propres sont les biens immeubles advenus par succession ou comme par succession.

Les réserves coutumières sont une institution du droit français en ce sens du moins qu'elles ne nous viennent pas du droit romain. L'origine première est incertaine. Il semble toutefois qu'on trouve le fond de ce droit dans les mœurs et les usages des nations germaniques. L'activité et la vie propres de ces races sur notre sol lui ont donné la forme, assez variée d'ailleurs, sous laquelle il s'est constitué et a duré. La propriété chez les anciens Germains était plutôt collective qu'individuelle ; le propriétaire actuel n'avait pour ainsi dire que le dépôt d'un bien qui était considéré comme commun à tous les membres de la famille. C'était par voie de succession légitime que ce bien, conservé pour la famille, devait lui être transmis au décès du possesseur. Les testaments qui auraient pu faire passer la propriété en des mains étrangères leur étaient inconnus. Il existe sur ce point un texte de Tacite qui est classique pour le droit de la Germanie [1] : *Heredes successoresque sui cuique liberi : et nullum testamentum. Si liberi non sunt,*

[1] *Germ.*, cap. XX.

proximus gradus in possessione, fratres, patrui, avunculi.

Klimrath remarque avec complaisance l'omission des ascendants.

Le même principe d'affectation du patrimoine à la famille et la même antipathie pour les testaments se retrouvent chez nos premiers ancêtres, les Gaulois.

66. De ce principe dérivent comme d'une source féconde la distinction des biens en propres et acquêts, le retrait lignager, la rigoureuse irrévocabilité des donations entre-vifs, la constante défaveur des testaments et au contraire l'admission des institutions contractuelles, les exclusions coutumières des filles ou leurs renonciations anticipées aux successions, la succession aux propres par côté et ligne avec les réserves coutumières : autant d'institutions particulières au droit français, conspirant toutes à ce but unique d'assurer la transmission des patrimoines à l'héritier désigné par la Coutume, en gênant de mille façons le droit de disposition du propriétaire, soit qu'il voulut l'exercer à titre gratuit ou à titre onéreux, pour le temps de sa vie ou pour après sa mort. L'étroite association de la famille dans l'ordre des richesses avait paru à nos pères une bonne garantie de son union dans l'ordre politique et moral.

Franci et Galli, dit Dumoulin [1], *semper habuerunt consuetudines quasdam generales et communes, prorsus discrepantes a jure communi Romanorum cui nunquam subditi fuerunt.... ut cum heredia deferuntur stirpe vel linea a qua processerunt... quod propinquus stirpis heredium venditum retrahat.*

Leprêtre a développé la remarque de Dumoulin dans des termes que nous transcrivons en entier [2] :

[1] *Ad Consuet. Paris.*, Prœm. num. 107.

[2] *Centurie* Ire, ch. XXIII.

« Nos ancêtres ont apporté tout ce qu'ils ont pu pour conserver le bien à leurs familles et leur donner des moyens de se maintenir en grandeur et dignité. La plupart de nos coutumes ont exclu les filles de tout droit successif, d'autant qu'elles passent en une autre famille... Quelques-unes ont tout donné à l'aîné en propriété, ne réservant aux puînés, bien que mâles, qu'un gain viager, à la charge de réversion, comme celle de Ponthieu. — Nous avons reçu par tout le royaume de France, non-seulement en pays coutumier, mais même en pays de droit écrit, les renonciations des filles faites par leur contrat de mariage aux successions futures de leurs pères et mères, encore que mineures et qu'elles n'eussent leur légitime... Nous avons plus fait: nous avons admis les institutions d'héritier faites par contrat de mariage de ses enfants, ou parents à leur défaut, et jugé qu'elles empêchaient à ceux qui les avaient faites et consenties la libre disposition de leur bien par leur dernière volonté... La même considération de conserver le bien aux familles nous a fait admettre la loi *Paterna paternis, materna maternis*, n'admettant aucune confusion pour le regard des patrimoines... Le retrait lignager a aussi été introduit pour ce sujet, afin que les biens même vendus fussent revendiqués par un de la famille. Et d'autant que le droit romain a favorisé les testaments ou dernières volontés, d'autant notre coutume générale de France les a défavorisés et bornés par tous les moyens qui lui ont été possibles, ne permettant à ceux qui voulaient tester que la libre disposition de certaine partie de leur bien et le plus souvent de la moindre : comme notre coutume (Paris) qui règle la dernière volonté au quint des propres afin que le surplus demeure aux héritiers légitimes. »

67. Aussi longtemps que les testaments furent inconnus dans la France coutumière, les réserves dont nous cherchons l'origine furent inutiles. Le principe conservateur des biens se traduisait uniquement par des restrictions apportées à la faculté de disposer entre-vifs. Mais lorsque l'Église, soit par un sentiment plus vif de l'étendue du droit de propriété et du respect dû aux volontés des mourants, soit par le désir de s'ouvrir à elle-même une abondante source de richesses, eut introduit l'usage des testaments chez les Français du Nord, il devint nécessaire de limiter le droit de disposition testamentaire à l'égard des biens qui étaient par excellence le patri-

moine de la famille. Ce fut l'objet des réserves coutumières, qui paraissent être aussi anciennes que les testaments.

Non contentes de proscrire absolument l'institution d'un héritier par testament, les coutumes ne permirent de disposer par legs que d'une faible portion des héritages propres (le cinquième généralement) au préjudice des héritiers qu'elles désignaient pour les recueillir. Lorsque le défunt avait usé de son droit de disposition, les quatre-quints réservés dans les propres constituaient toute son hérédité quant à cette sorte de biens.

68. Or, deux règles étaient dominantes dans la succession aux propres. La première, c'est que les propres ne remontent point. Cela signifie qu'à défaut d'enfants et autres descendants, les collatéraux excluent les ascendants dans leurs lignes respectives. Cette règle ne prit cependant place dans les coutumes lors de leur rédaction qu'avec divers adoucissements. Le plus notable fut de permettre à un ascendant, à défaut de parent dans une ligne, de recueillir les propres de ce côté, par préférence au fisc [1].

69. L'autre règle était que les propres retournent au plus proche parent du côté et ligne dont ils sont venus, *paterna paternis*, *materna maternis*, c'est-à-dire que l'héritage recueilli par le défunt dans la succession de son père ou d'un parent paternel va, s'il ne laisse point de descendant, à son plus proche parent du côté et dans la ligne de son père. Même chose a lieu pour l'héritage maternel. Dans certaines coutumes, dites *Souchères*, il ne suffisait pas pour succéder aux propres d'être lignager du côté d'où les immeubles étaient venus par succession, mais il fallait être descendu en ligne directe de celui qui le premier avait acquis l'immeuble et l'avait mis en ligne. C'était conséquent avec la règle, *propres*

[1] Art. 330 de la Cout. de Paris.

ne remontent; car, attribuer l'héritage d'un défunt à celui qui n'est son parent collatéral que par un auteur commun placé dans l'échelle de parenté au-dessus de celui qui a mis cet héritage dans la famille, c'est en réalité le faire remonter jusqu'à ce degré antérieur auquel le collatéral remonte lui-même pour justifier son lignage.

70. Tel était, dans ses traits principaux, le système de succession dont la réserve des quatre-quints, abusivement appelée quelquefois *légitime coutumière*, assurait l'efficacité. La réserve de la succession avait lieu au profit de l'héritier en ordre de succéder, descendant ou collatéral, ou proche ou éloigné, peu importait.

Elle s'exerçait sur les propres qu'on appelait aussi biens *patrimoniaux* ou *de naissant*, biens *avitins*, *papoaux*, *héritages*, et qui étaient les immeubles descendus à leur possesseur par succession en ligne directe ou à lui échus en ligne collatérale.

Le type de ces biens, dans les lois germaniques et les formules des siècles antérieurs, paraît être le lot primitivement attribué, lors de la conquête, à chaque famille, lot qui porte les différents noms de *terra salica* (loi salique), *terra aviatica* (loi des Ripuaires), *terra sortis titulo acquisita* (loi des Burgondes), *hereditas paterna* (loi des Allemands), *terra* et *alodis paterna* (formules de Marculfe), *proprietas*, *proprium* (capitulaires). Là se trouve la source des lois qui commandaient de rechercher l'origine et la nature des biens pour en régler la succession.

Mais, à prendre le droit coutumier dans son entier épanouissement, il est certain que les propres n'étaient pas autre chose que les biens venus de la famille et destinés à retourner à la famille[1].

[1] Voy. *le Conseil* de Defontaines, ch. XXXIII, n° 12, *inf.*

L'esprit et le but de ces lois ne sont point douteux. Les réserves coutumières furent une satisfaction donnée par les coutumes aux vieilles habitudes domestiques des races gauloise et franque qui dominaient dans les pays situés sur la rive droite de la Loire. Tous nos anciens auteurs le proclament à l'envi, et tous lès détails du système le prouvent avec surabondance.

Ainsi, les ascendants ont conservé la famille dans le passé, mais ils ne peuvent plus rien pour elle dans l'avenir : les propres ne remontent point vers eux, ils descendent vers ceux qui sont l'espoir de la maison.

Presque en tout pays, la coutume se montre aussi généreuse pour un cousin que pour un fils; pour l'un comme pour l'autre la réserve est des quatre-quints des propres. C'est que les réserves sont l'expression d'un devoir social entre les membres de la même famille, et non celle d'un devoir naturel des pères envers leurs enfants.

Une réserve des quatre cinquièmes paraît au premier abord extrêmement avantageuse pour les héritiers. Mais il faut considérer qu'elle ne se prenait que sur les propres, et que, s'il n'y avait point de propres, la réserve se réduisait à zéro, le droit de disposer des meubles et acquêts n'étant aucunement limité. On allait jusqu'à se demander, lorsque le testateur avait légué des héritages faisant plus que le quint de ses propres, si l'héritier du lignage ne devait pas exécuter le legs sur les autres biens disponibles pour pouvoir retenir la réserve. Et cette question, très-controversée d'ailleurs, était affirmativement résolue par Dumoulin et Pothier[1]. C'est une preuve évidente que cette réserve n'a pas d'autre objet que la conservation de certains biens : le lignager n'a, pour ainsi dire, les propres qu'en les payant avec les meubles et les acquêts.

[1] Voy. Poth., *Tr. des Donations test.*, ch. IV, art. 2, § 5.

Ajoutez que la réserve respectait les dispositions entre-vifs et à titre gratuit portant sur des héritages propres; l'intérêt du propriétaire, que la donation devait dépouiller irrévocablement, avait paru un frein suffisant à l'excès des libéralités entre-vifs.

Une institution contractuelle en faveur de mariage n'était pas davantage atteinte par le droit de réserve coutumière, quoiqu'elle emportât la disposition de tous les propres ; cette espèce d'institution, faite avec le concours de la famille en faveur d'un de ses membres, entrait dans les idées germaniques si favorables aux conventions sur succession future, et elle n'offrait pas, au point de vue de la conservation des biens dans la famille, le même danger qu'un testament, œuvre de la pensée solitaire du propriétaire.

72. Destinées à resserrer les liens de la famille à tous ses degrés et dans toutes ses directions par l'association des intérêts, les réserves coutumières n'avaient pas pour but d'assurer la subsistance des enfants. C'est un résultat qu'elles atteignaient quelquefois, mais sans l'avoir cherché. Cet effet possible leur avait cependant fait donner, dans quelques rares coutumes et par plusieurs auteurs, le nom de *légitime coutumière*, par opposition à la *légitime de droit* (de droit romain) avec laquelle on les comparait. Lebrun et Pothier emploient volontiers cette expression, ce qui ne les empêche pas d'ailleurs de signaler les différences profondes qui séparent les deux institutions. Mais il faut voir avec quelle vivacité l'exact et savant Delaurière gourmande Lebrun pour s'être servi de ce nom de légitime coutumière, qui à lui seul lui paraît *une grande erreur par les raisons qui suivent :*

« La première, parce que si les quatre-quints des propres étaient une légitime on ne pourrait en disposer par donation entre-vifs au préjudice de ses héritiers.

Or, on peut en priver ses héritiers par des donations entre-vifs.

Et par conséquent les quatre-quints des propres ne sont pas une légitime.

2° Toute légitime régulièrement n'est due *qu'aux enfants.*

Les quatre-quints doivent être réservés aux collatéraux, comme aux enfants.

Et par conséquent les quatre-quints ne sont pas une légitime.

3° L'enfant, rempli de sa légitime, n'en peut pas demander une autre.

L'enfant qui est rempli de sa légitime par des donations entre-vifs ou autrement, peut encore demander les quatre-quints des propres.

Et par conséquent les quatre-quints des propres ne sont pas une légitime.

Enfin, si les quatre-quints des propres avaient été une légitime, les réformateurs (de la coutume de Paris) nous l'auraient marqué dans l'article298.

Or, les réformateurs n'en ont rien dit dans cet article.

Et par conséquent les quatre-quints des propres ne sont pas une légitime[1] ».

En résumé, les réserves coutumières différaient de la légitime par le but auquel elles tendaient, par les personnes auxquelles elles profitaient, par les biens sur lesquels elles étaient établies, par le genre de disposition auquel elles s'attaquaient, enfin, comme nous le dirons bientôt, par la manière dont elles se recueillaient.

C'est le droit commun coutumier des réserves que nous avons décrit. Mais comme les coutumes, malgré leur penchant réel vers l'unité, admettaient beaucoup de diversité dans les détails, elles donnaient des formes variées aux réserves coutumières, de manière parfois à les rapprocher davantage de la légitime.

Certaines coutumes (par exemple Montfort, Ponthieu, Boulenois) limitent le droit de disposer au quint des propres aussi bien par donation entre-vifs que par testament. Les propres ne sont quintés qu'une fois. La coutume de Calais

[1] Delaurière, sur Paris, art. 293.

permet de donner la moitié entre-vifs et le quint par acte de dernière volonté. Celles de Reims et de Vermandois défendent de disposer de plus de moitié du naissant par testament et même par donation entre-vifs, mais seulement s'il y a des enfants. La coutume de Châlons suit le même système, sauf que le disponible n'y est que du tiers. Les coutumes de Clermont en Argonne et de Laon contiennent des dispositions approchantes. Ce sont coutumes voisines qui sympathisent entre elles, ou plutôt qui *symbolisent*, suivant l'expression des vieux auteurs coutumiers. Quelques coutumes, dites de subrogation, limitent le droit de disposer des meubles et acquêts, lorsqu'il n'y a point de propres (par exemple, Touraine, Loudunais, Anjou, Maine, Poitou, La Rochelle, Saintonge, Angoumois). S'il est des coutumes qui admettent un disponible supérieur au cinquième des propres, celle de Bar, conçue dans un esprit tout opposé, le réduit à un sixième seulement.

Ces combinaisons si diverses de réserves coutumières constituaient des droits particuliers. Le droit commun se trouvait, au sentiment de nos anciens auteurs, dans la coutume de Paris, que suivaient celles d'Etampes, Dourdan, Mantes, Senlis, Clermont en Beauvoisis, Valois, Amiens, Melun, Orléans, Nivernais, Grand-Perche. Par ces coutumes il était permis de disposer entre-vifs de tous biens tant meubles et acquêts que propres, et par testament, des meubles et acquêts, et du quint des héritages ou propres [1].

Lebrun appelle ce droit le droit commun du royaume [2]. Beaumanoir en atteste l'usage en Beauvoisis pour le temps où il écrivait, le XIIIe siècle : « Çascuns gentixhons ou hons » de poeste, qui n'est pas sers, pot, par notre coustume,

[1] Voy. art. 272 et 292 de Paris.

[2] *Success.*, liv. II, ch. VI, nº 3.

» lessiez en son testament ses meubles, ses conquès et le » quint de son héritage, là u il li plest, exeptés ses enfans » as quix il ne pot plus laissier à l'un qu'à l'autre. Mais li » sers ne pot lessier en son testament plus grand somme que » cinq sous [1]. » Pierre Defontaines à consigné le même » droit dans son *Conseil* [2] : « Li père puet, par notre usage, » lessier le quint de son éritage, s'il tient l'éritage franche» ment, ou à cens, ou à terrage. »

Un écrivain moderne, M. Duverdy, retraçant le progrès historique des restrictions mises par notre ancien droit à la faculté de disposer, fait ressortir avec bonheur la moralité de cette institution :

« On ne considère, dit-il, le père de famille que comme usufruitier de l'*eritage*, tandis qu'on le reconnaît propriétaire des *muebles* et *conquez*. Dans cette manière d'envisager les choses, empruntée par le droit coutumier aux lois barbares, il y a une idée morale qui ne manque pas d'élévation. Le principe sur lequel le droit de propriété repose, c'est l'appropriation par le travail : la loi a pensé que celui-là qui par son labeur persévérant, avait conquis la propriété d'une chose, devait pouvoir en disposer toujours, suivant sa volonté. Elle a pensé que celui qui n'avait pas conquis lui-même même les biens qu'il possédait, mais qui les avait reçus de ses parents, ne devait pas avoir le droit d'en faire ce qu'il voudrait [3]. »

74. Aux différences signalées entre les réserves coutumières et la légitime venait s'en joindre une autre, fort importante. C'est que l'héritier réservataire des propres ne pouvait avoir part aux quatre-quints réservés qu'en sa seule qualité d'héritier, au lieu qu'il était universellement permis aux légitimaires de réclamer leur part de légitime comme héritiers ou de la retenir comme donataires ou légataires. L'héritier lignager renonçant était privé de tout droit dans les

[1] Ch. XII, n° 3.

[2] Ch. XXXIII, n° 12.

[3] *Revue histor. du Droit français*, Novembre 1855, p. 521.

réserves, fut-il légataire universel. Il pouvait, en vertu de son legs, réclamer le quint disponible, mais perdait tout droit aux quatre-quints non disponibles.

Nous ne parlons pas du cas où le lignager serait donataire, parce que, selon le droit le plus général, les donations entre-vifs n'étaient d'aucune conséquence pour les réserves coutumières; il n'y aurait à s'en occuper que dans les rares coutumes où la prohibition de disposer des propres s'appliquait aux donations comme aux legs [1].

Ainsi, les réserves coutumières formaient la succession *ab intestat* et ne s'acquéraient qu'à titre successif. C'était un droit incontestable qui triomphait aisément dans la pratique des hésitations peu réfléchies de quelques jurisconsultes. Ricard, qui a exposé avec soin ce principe du droit français, conclut en disant qu'il faut s'en tenir à l'usage nullement contesté, *que celui qui n'est pas actuellement héritier ne doit point prendre part dans les quatre-quints des propres, soit par droit de rétention, ou autrement* [2].

« Il semble, dit Delaurière [3], que quand un testateur donne et lègue à un de ses enfants ou de ses héritiers présomptifs, plus que le quint des propres, le legs ne devrait point être nul en ce qu'il excède le quint, mais en ce qu'il excède le quint et la portion de l'héritier présomptif légataire...

Cependant l'usage est contraire, et la raison est que celui des héritiers présomptifs, qui prend la qualité de légataire, étant réputé étranger par rapport aux autres héritiers présomptifs comme lui, qui ont accepté la succession, il ne peut plus, en qualité d'étranger, avoir part aux quatre-quints. »

Pothier fortifie cette décision de son autorité souveraine en disant [4] :

[1] Voy. Lebrun, *Success.*, liv. II, ch. IV, n° 62.

[2] *Tr. des Donat.*, 3e part., nos 1460-63.

[3] Sur Paris, art. 303.

[4] *Donat. entre-vifs*, sect. III, art. 6, § 1.

« Les héritiers présomptifs de la ligne, s'ils n'ont accepté la succession, ne peuvent retenir aucune part, même par voie de rétention, de ce qui appartient en entier à ceux de la ligne qui se sont portés héritiers. »

Qui dit *héritiers* en droit coutumier, où l'institution testamentaire d'héritiers n'a point lieu, entend les héritiers légitimes, les héritiers *ab intestat*. L'auteur des *Remarques du droit français* [1], Jérôme Mercier, restreint même le titre d'héritier aux enfants et lignagers collatéraux, disant que les père et mère, aïeuls et autres ascendants, ne sont point, en pays coutumier, héritiers de leurs enfants, mais simplement *successeurs* des meubles et acquêts; ils sont dans le cas du fisc qui n'est non plus qu'un successeur.

Il allait de soi que la part du réservataire qui renonçait à la succession accroissait à ceux qui y venaient. La raison n'en était pas seulement que les quatre-quints réservés formaient la succession *ab intestat*, mais que cette succession était fixée à une quotité invariable, aussi forte pour un enfant ou un cousin que pour dix. Ajoutez que la renonciation était toujours et nécessairement absolue, puisque la faculté de retenir leur part des quatre-quints par une voie autre que celle de la succession était refusée aux lignages.

Les réserves coutumières étant la succession même, comportaient l'exercice du droit d'aînesse avec toute la diversité que les coutumes imposaient généralement à ce privilége.

75. L'institution des réserves coutumières plaît beaucoup par ses côtés étroits et rigoureux à certains jurisconsultes modernes, opposés, sous l'empire du Code Napoléon, au cumul de la quotité disponible avec une part de réserve par l'héritier donataire qui renonce à la succession. S'il était une fois reconnu que ce Code a restauré sous le nom de *réserve* (c'est

[1] Paris, 1678, in-4°, p. 230.

celui dont il se sert), les réserves coutumières d'autrefois et non l'institution de la légitime, la question serait tranchée contre l'héritier renonçant. M. Valette a affirmé que cela est. M. Coin-Delisle a essayé de le démontrer dans son livre qui a pour titre : *Limite du droit de rétention par l'enfant donataire renonçant.* Pour y parvenir, il note avec soin les bigarrures et les anomalies du droit des réserves coutumières, l'indisponibilité dans quelques coutumes d'une partie des acquêts et des meubles, soit à défaut de propres, soit concurremment avec eux, l'extension de la prohibition par d'autres coutumes même aux donations entre-vifs, la meilleure condition faite ailleurs aux enfants qu'aux collatéraux.

A quoi tendent toutes ces remarques? A répandre des doutes sur ces vérités d'histoire et de droit, que les réserves coutumières avaient pour but unique, la conservation de certains biens et non de tous les biens dans la famille ; que les biens à conserver étaient essentiellement les propres, c'est-à-dire, les biens advenus par succession, et que les personnes à qui l'on voulait les conserver étaient les parents du lignage, descendants ou collatéraux.

Mais les discordances signalées ne peuvent obscurcir le but primordial, le but constant des réserves coutumières. Il est contre les règles d'une saine interprétation d'accorder une autorité doctrinale aussi grande à quelques textes isolés, offrant tous les caractères d'exceptions véritables. Avec de pareils raisonnements, il n'est aucun point de la théorie des réserves coutumières qu'on ne puisse ébranler. Ainsi, rien de plus certain que la règle qui veut que les propres réservés s'acquièrent par succession, et non autrement. Et toutefois l'article 218 de la coutume de Poitou et l'article 51 de celle d'Angoumois permettent à l'enfant donataire par contrat de mariage de sa légitime part et portion dans l'héritage patrimonial, de la retenir sans venir à la succession du père qui a donné. Mais ces textes, comme ceux qu'invoque M. Coin-Delisle, sentent déjà la légitime ; ils n'empêchent pas les deux institutions d'être profondément distinctes.

Si les réserves coutumières avaient eu pour fonction d'assurer la subsistance des enfants, le droit coutumier n'aurait pas eu à emprunter au droit romain le système de la légitime. Guy Coquille repousse la confusion entre les deux institutions dans des termes qu'il faut reproduire.

« Aucuns, dit-il [1], ont estimé que les quatre cinquièmes dus aux héritiers, dont le père de famille ne peut disposer par testament, soient la légitime. Mais je crois qu'ils s'abusent ; car la vraie légitime n'est due qu'aux descendants et aux ascendants..., et les quatre cinquièmes sont dûs aux héritiers collatéraux aussi bien qu'aux descendants. *Item*, si nous disons que les quatre cinquièmes fussent la légitime, il n'y aurait point de légitime pour les enfants de celui qui n'a que des meubles et conquêts. Et toutefois la vérité est que la légitime est due aux enfants à prendre sur toutes sortes de biens, et en chacune sorte de biens de la substance paternelle... Par la loi des Français les héritages venus de nos majeurs sont affectés à ceux du lignage, et ne sont en libre disposition du propriétaire, dont vient le retrait lignager, dont vient la règle en succession *paterna paternis*, dont vient aussi cette bride aux testateurs des quatre cinquièmes. »

Ces vérités, Guy Coquille les a reproduites en termes presque identiques sur l'art. 7, ch. 27, de la coutume de Nivernais, et Delaurière les a fortement exprimées à son tour dans un texte qui a été rapporté plus haut [2]. Nous y renvoyons le lecteur.

Qu'il soit donc permis aux modernes comme à ces anciens de penser que les réserves étaient intimement liées au système de la succession des propres, et permis d'en conclure que les réserves ont péri avec les successions lignagères.

Mais M. Coin-Delisle objecte que les réserves n'étaient liées

[1] *Questions sur les Coutumes*, n° 163.
[2] P. 97.

au système des propres que comme le moyen de réaliser un certain but, quel qu'il soit. « Or, un moyen, dit en propres » termes cet auteur, tout efficace qu'il soit pour atteindre un » but, n'est pas le but lui-même et ne dépend pas du sys- » tème. Il est toujours emprunté d'ailleurs ; il a son existence » indépendante. »

Toute cette scolastique ne tend qu'à faire détacher du droit éteint des réserves coutumières le principe de leur acquisition par la seule voie de la succession pour l'adapter au droit encore vivant de la légitime que le Code a seule voulu maintenir (ce sera démontré). Mais si l'on prend partout pour reconstruire l'institution conservée, on court risque de faire un monstre juridique semblable au monstre poétique dont se moque Horace dans l'épître aux Pisons. Est-ce qu'il est possible que ce moyen qu'on sépare du but pour lequel il a été inventé, aille également bien au but différent qu'il faut atteindre? Comment le but et le moyen ne dépendraient-ils pas l'un de l'autre? Je vois clairement, quant à moi, que le moyen d'acquérir les réserves coutumières dépendait du régime des propres, qu'il était une partie de ce régime bien loin d'être emprunté d'ailleurs, et qu'il n'y avait aucune raison de le conserver après avoir aboli les propres ; et je me persuade que ceux à qui ces vérités échappent n'ont point pénétré le véritable esprit de cette antique succession.

76. On répète à satiété que les réserves ne pouvaient être recueillies qu'à titre héréditaire. Cela est vrai. Mais quelle était la raison d'une telle rigueur? Pourquoi le titre d'hérédité était-il nécessaire, et le titre de donation ou de legs ne suffisait-il point? C'est que les propres qui étaient les biens acquis par succession auraient perdu leur qualité de propres, s'ils avaient été transmis autrement que par succession.

Il est, en effet, de principe général que les propres se forment par succession et particulièrement par succession en ligne directe descendante. Dans les coutumes, les noms de *propres* et d'*héritages* sont synonymes de *biens obvenus par succession* [1]. La coutume de Normandie contient une disposition qu'on peut, selon Merlin [2], regarder comme l'esprit du droit commun sur ce point. « Les biens, dit son article 247, » sont faits propres à celui qui le premier les possède à droit » successif. » Citons encore un commentateur de coutume pris entre cent : ce sera Ferrière, qui professe sur l'art. 183 de la coutume de Paris qu'*il n'y a point de véritables propres en France que par succession.*

Difficilement fut-il admis que les donations ou legs faits par pères, mères ou autres ascendants, seraient des titres équipollents au titre de succession, ayant l'efficace d'imprimer la qualité de *propres* aux immeubles donnés ou légués. La jurisprudence considéra cependant que ces donations sont des successions anticipées, qui adviennent *jure sanguinis*, et très-anciennement déjà elle attribuait à l'immeuble donné à un enfant la qualité de propre jusqu'à concurrence de ce qu'il eût pu avoir dans la succession. Depuis l'article 278 de la coutume de Paris réformée, qui qualifia d'avancement d'hoirie toutes les donations de père et mère à enfant, ce fut la donation entière qui dut être tenue pour *propre* dans la main du donataire [3]. Cette opinion était si favorable qu'on la suivait même sous la coutume d'Amiens, qui avait un article 60 portant *que tous legs et donations testamentaires à ce titre appréhendés sont censés et réputés acquêts au légataire.* L'interprétation le restreignait à la ligne collatérale.

[1] Voy. Grand-Perche, art. 103 ; La Rochelle, art. 102; Poitou, art. 203.

[2] Rép. de Guyot, V° *Propres*, 2e section.

[3] Voy. Delaurière sur ledit art. 278 ; Pothier, *Introd. aux Cout.*, n. 65, 67.

Etaient aussi considérés comme propres paternels les immeubles recueillis par les enfants à titre de douairiers, quoique ce titre fût exclusif de celui d'héritier, ainsi que nous le dirons bientôt[1].

Bien plus, on regarda comme propres les immeubles qu'un père abandonnait de son vivant à ses enfants à la charge de payer ses dettes. Et notre Code contient un souvenir de cette disposition coutumière dans son article 1406, la distinction des propres et des conquêts ayant encore aujourd'hui de l'intérêt relativement à la communauté entre époux.

Lebrun niait que la succession d'un ascendant à son descendant pût faire un propre[2]. Il alléguait que, lorsqu'il s'agirait au décès du père de régler la succession quant à l'immeuble qui lui serait venu de son fils, on ne pourrait pas distinguer deux lignes parmi les parents du défunt, tous ces parents se trouvant unis au fils d'un seul et même côté, en sorte que le prétendu propre ne serait pas un propre de ligne.

Renusson fait remarquer dans le même sens et à propos d'une question semblable, qu'on a voulu, par l'institution des propres, maintenir les familles : « Or, dit-il, cette con-
» sidération cesse quand les familles s'anéantissent par le
» manquement de postérité, quand les successions rétrogra-
» dent par la mort des descendants et quand les biens mon-
» tent[3]. »

Ces raisons assez plausibles ne prévalurent pas. Pothier enseigne que cette succession, toute contraire qu'elle soit à l'ordre de la nature, peut créer des propres. Ils sont tels à l'égard de tous les parents ; ils n'ont pas de ligne[4].

Le cas de la succession anomale d'un père, donateur, à

[1] Pothier, *Tr. du Douaire*, n° 297.

[2] *Tr. des Successions*, liv. II, ch. I, nos 4-6.

[3] *Tr. des Propres*, ch. I, sect. VII, n° 3.

[4] *Introd. aux Cout.*, n° 64.

l'immeuble par lui donné à son fils mort sans postérité, était le sujet d'une controverse entre Lebrun et Renusson, d'une part, et Pothier, de l'autre part.

Mais, de l'avis de presque tous les auteurs, l'immeuble donné par un descendant à son ascendant lui était un acquêt [1]. « La succession des ascendants, dit Pothier [2], n'arrivant que » contre l'ordre et le vœu de la nature, *turbato mortalitatis* » *ordine*, on ne peut pas regarder les donations faites aux » ascendants par leurs descendants comme l'avancement » d'une succession, qu'il est contre l'ordre et le vœu de la » nature d'attendre. » En fait, ces donations étaient et sont encore fort rares; les coutumes n'avaient pas prévu le cas, et les arrêts n'avaient pas eu à le juger.

La question si la succession collatérale faisait des propres souffrait quelque difficulté. Des auteurs anciens, tels que Guy-Pape et Rebuffe [3], tenaient qu'un immeuble ne doit pas être réputé propre, s'il n'a fait souche, c'est-à-dire s'il n'est venu du père au fils, de l'aïeul au petit-fils, en un mot, s'il ne procède de la succession d'un ascendant, par la raison que la règle *paterna paternis*, *materna maternis*, qui est le fondement de la théorie des propres ne peut convenir qu'à ce qui est émané des pères ou mères, aïeuls ou aïeules. Mais on se relâcha de cette rigueur vers le temps de la réformation des coutumes, ainsi que l'atteste l'art. 303 de la nouvelle coutume d'Orléans comparé à l'art. 263 de l'ancienne, et il passa en règle générale que la succession en collatérale est capable de faire propre l'acquêt du *de cujus* dans la ligne où celui-ci était parent de son héritier.

En cas de succession à un frère germain, l'immeuble est

[1] Lebrun, *loco cit.*, n° 7.

[2] *Tr. des Propres*, sect. I, art. 3, § 2, *in f.* Ajoutez *Introd. aux Cout.* n° 70.

[3] Guy-Pape, *Cons.* 4e; Rebuffe, sur l. 119, D. *de Verb. sig.*

un propre naissant pour les deux lignages. On l'appelle propre sans ligne par opposition aux propres de côté et ligne.

Toutefois, dans les coutumes souchères, où il fallait pour succéder aux propres, descendre de celui qui avait le premier mis le bien dans la famille, la succession en collatérale n'avait pas la puissance de faire un propre. Le contraire eût impliqué contradiction [1].

Quant aux donations faites aux héritiers présomptifs en ligne collatérale, quelques coutumes voulaient qu'elles imprimassent la qualité de propres aux immeubles qui en étaient l'objet. Mais le plus grand nombre des coutumes avaient des décisions contraires, et c'était l'esprit de tout le droit coutumier. Aussi la jurisprudence était-elle constante, selon Pothier [2], que la donation faite à l'héritier présomptif en collatérale ne faisait que des acquêts, attendu qu'il n'y a point d'obligation naturelle de laisser sa succession à ses collatéraux : « Ce sont, dit-il, de pures donations qui ne font par » conséquent que des acquêts, suivant la maxime : *Il n'est » si bel acquêt que de don.* » Cette jurisprudence attestée par Pothier est en parfait accord avec le principe coutumier qui permettait aux héritiers collatéraux de venir à la succession de leur parent, sans y rapporter ce qu'il leur avait donné entre-vifs. Aussi voit-on que les coutumes d'Anjou et du Maine qui imposent l'obligation du rapport même aux héritiers collatéraux, sont de celles qui réputent propres les immeubles donnés par un collatéral à son collatéral. C'est qu'elles les réputent donnés en avancement d'hoirie.

La règle primordiale du droit des propres était donc que le titre de succession a seul la vertu de transformer un acquêt en propre. Or, si les propres ne se faisaient que par succes-

[1] Voy. Merlin, v° *Propres*, sect. II, Rép. de Guyot.

[2] *Propres*, sect. I, art. 3, § 2.

sion, il était conséquent à ce principe qu'ils ne se conservassent que par ce même titre de succession. Il en fut ainsi dans l'origine, et lors même qu'on eût admis que le don fait par un père à son fils créerait un propre, on ne se départit pas de la condition requise pour la conservation des propres. La question ne pouvait d'ailleurs s'élever que pour les legs, puisque les donations restaient en dehors du calcul des quatre-quints réservés et du quint disponible.

Pour les collatéraux, à l'égard desquels s'est mieux maintenue la règle que la succession seule fait des propres, et non la donation, la corrélation entre le principe de création des propres et le moyen de conservation est plus sensible. Comment concevoir et admettre la prétention d'un collatéral à recueillir un bien domestique, affecté à la famille, par un mode d'acquisition destructif de cette qualité de propre qui est la seule source de son droit? L'acquisition d'un propre par un collatéral, en vertu d'une donation ou d'un legs eût été l'*expropriation* de ce bien et l'exhérédation de la famille dans l'avenir. On peut voir dans le Répertoire de Guyot [1] plusieurs arrêts qui ont jugé que le don d'un propre par un collatéral à un collatéral, le réduit à la qualité d'acquêt aux mains du donataire. Soustraites à l'hérédité, les réserves coutumières n'auraient plus été le moyen de conserver, mais de perdre les biens patrimoniaux. Ce fut donc pour maintenir aux propres leur qualité légale et coutumière que le moyen de recueillir la large part réservée à la famille dans ces biens dut être uniquement le titre d'héritier. L'économie du droit coutumier est que les propres se conservent, s'entretiennent et s'accroissent comme ils se font.

C'est par des vues semblables que l'on décidait en général que les héritages repris par retrait lignager restaient propres

[1] V° *Propres*, sect. I, quest. 3e.

dans les biens du lignager qui avait exercé le retrait. « Comme le retrait lignager a été introduit pour conserver » les héritages dans la famille, il ne doit pas, dit Pothier [1], » avoir un effet contraire aux vues de la loi qui l'a intro- » duit. » Mais l'héritier de ce propre dans la succession du retrayant devait rembourser à l'héritier des acquêts le prix du retrait.

77. Des écrivains de nos jours ont qualifié ce système de grossier. Il est seulement hors d'usage. Quiconque en aura pénétré le secret admirera au contraire avec quel art et quelle prévoyance les fondateurs de notre droit coutumier surent établir une exacte correspondance entre la fin de cette institution et les moyens de l'obtenir.

Que par travail, mérite ou fortune, un père ait acquis un immeuble, cet immeuble est un acquêt dans la main du premier possesseur. Son fils en *hérite*, il le possède par droit de succession : d'*acquêt* qu'il était naguère, l'immeuble devient propre *naissant* parmi les autres biens de ce nouveau possesseur [2]. C'est le premier âge du propre créé par le père et mis par lui dans la maison. Cette création est pour lui un titre à la longue reconnaissance des générations qui en recueilleront successivement le bienfait. Car désormais l'immeuble, qui a fait souche par sa transmission du père au fils, va suivre toutes les vicissitudes de la famille dans le développement de son arbre généalogique en branches et rameaux. Une nouvelle transmission héréditaire s'opère : le *naissant* devient propre *avitin* dans la main du troisième possesseur qui est le petit-fils de l'auteur de l'acquisition. Ce titre de

[1] *Propres*, sect. I, art. 5, § 2.

[2] Loysel, *Inst. coutum.*, liv. II, tit. I, art. 15, n° 223; Beaumanoir, ch. XIV, n° 31.

propre *avitin* ou *ancien* ne fait plus que se fortifier par les transmissions ultérieures qui associent de plus en plus l'héritage à la vie de la famille. Le propre reçoit un titre, un degré, un baptême nouveau à chaque succession : *Vires acquirit eundo.* Imaginez un titre de transmission autre que l'hérédité, et la chaîne est brisée, le propre se dénature, il rentre dans le commerce et échappe à la famille dont il était la substance matérielle.

Les successions collatérales faisaient et conservaient les propres d'une manière analogue.

La raison pour laquelle il fallait de toute nécessité se porter héritier pour prétendre aux réserves coutumières était tellement familière aux anciens jurisconsultes, qu'ils se bornent à énoncer le principe sans se mettre en peine de l'expliquer. Cependant un passage de Lebrun prête appui à mon explication que je crois puisée dans les entrailles de la matière. « Le » titre qui n'est pas capable de FAIRE des propres, dit cet » auteur [1], ne les CONSERVE pas; par exemple, une donation » faite en collatérale *etiam successuro*, ne conserve point la » qualité de propre, parce que régulièrement une donation » ne fait pas un propre, mais un acquêt. »

L'ignorance ou l'oubli de ces principes coutumiers n'ont pas peu contribué à égarer les auteurs qu'on voit remplis d'engoûment pour le droit étroit des réserves coutumières et de dédain pour le droit plus large de la légitime. Nos recherches ne tranchent pas encore la question de savoir si le Code Napoléon, par cela seul qu'il a adopté le nom de réserve, a entendu restaurer le vieil appareil de la succession des propres, ou si, malgré ce mot, il n'a voulu que reproduire les principes de la légitime; mais elles en préparent la solution.

[1] *Loco cit.*, n° 6.

Si les réserves coutumières n'étaient que le moyen de réaliser la conservation des patrimoines dans les familles, il faut reconnaître que ce moyen était merveilleusement en rapport avec le but à atteindre. On s'abuse lorsqu'on pense que tout autre moyen aurait pu le remplacer dans sa fonction spéciale, ou qu'il pourra lui-même s'ajuster comme une pièce de rechange à une institution tendant vers un autre but. L'indifférence sur les moyens de remplir une fin donnée n'est pas meilleure dans la législation que dans la morale. Il disait bien mieux que M. Coin-Delisle celui qui a écrit qu'*il y a une nécessité générale et métaphysique qui veut que le moyen soit de même nature que la cause*[1]. L'histoire du droit comme son interprétation doivent tirer profit de cette juste remarque.

78. Des réserves coutumières, qui avaient pour objet la conservation d'une certaine espèce de biens dans les familles, nous passons aux institutions qui avaient pour but spécial, dans le droit coutumier, d'assurer aux enfants une portion des biens de leurs parents à titre de subsistance. Ces institutions sont le douaire et la légitime ; l'une est une création des coutumes, l'autre fut empruntée par elles au droit romain.

SECTION II.

DU DOUAIRE PROPRE AUX ENFANTS.

79. Définition du douaire, et origine qu'on lui assigne.
80. Comment se gagnait le douaire.
81. Ce qui le remplaçait en pays de droit écrit.
82. Quotité du douaire, et conventions dont il était susceptible.
83. Comment le douaire propre des enfants venait se greffer sur celui de leur mère.
84. Ce douaire ne se cumulait pas avec la succession.

[1] De Bonald, *Législation primitive*, t. II, p. 339.

79. Dans son sens le plus ordinaire, le douaire était la jouissance de certains biens du mari attribuée par la coutume ou par la convention à la femme qui lui survivait.

Le douaire propre des enfants consistait dans la propriété des biens dont la mère avait la jouissance.

A une époque où l'on recherchait moins curieusement l'origine des institutions qu'on ne le fait aujourd'hui, Delaurière disait que *peu de gens savent ce que c'est qu'un douaire* [1], voulant signifier que le vulgaire des jurisconsultes pratiquait ce droit sans en connaître la source. Et ce savant investigateur des antiquités du droit coutumier voit l'origine du douaire dans l'usage où étaient les Germains d'offrir des dots à leurs femmes au lieu de leur en demander, usage attesté par Tacite dans un texte devenu classique pour le droit comme celui que nous avons déjà cité à propos des successions. C'est au chapitre 18 de sa Germanie : *Severa illic matrimonia,* dit Tacite, *nec ullam morum partem magis laudaveris. Nam prope soli barbarorum singulis uxoribus contenti sunt, exceptis admodum paucis qui non libidine sed ob nobilitatem plurimis nuptiis ambiuntur. Dotem non uxor marito sed uxori maritus offert. Intersunt parentes et propinqui, ac munera probant : munera non ad delicias muliebres quæsita, nec quibus nova nupta comatur, sed boves et frænatum equum et scutum cum framea gladioque.*

La nature de ces dons offerts à la femme avec l'approbation de ses parents peut faire penser que la dot était primitivement un prix d'achat payé aux parents eux-mêmes.

[1] Sur *Paris*, art. 247.

Cette dot était-elle distincte de la donation que le mari, selon les lois barbares, devait offrir à l'épouse le lendemain du mariage et que l'on appelle *morgengabe* ou don du matin? Nos anciens auteurs les confondent volontiers, Renusson par exemple [1]. La critique moderne les distingue. D'après elle, la dot germanique et le don du matin se sont fondus et transformés dans le droit coutumier pour constituer le douaire des femmes.

80. M. Laferrière [2] remarque très-bien que le douaire traduisait le sens exact du *morgengabe* par cette règle de l'ancien droit coutumier : *Au coucher gagne la femme son douaire.* C'est aussi ce que veut Beaumanoir : « Douaires est aquis a » le feme si tost comme loiax mariage et compaignie carnele » est fet entre li et son mari, et autrement non [3]. » Cependant, nombre de jurisconsultes prétendaient qu'une règle encore plus ancienne était que la femme gagnât son douaire lors de la bénédiction nuptiale à la porte de l'église, où il lui était ordinairement constitué. C'était controversé.

La première formule trouva un appui imprévu chez les canonistes, parce qu'elle s'accordait avec leur distinction du *matrimonium ratum* et du *matrimonium consummatum*, qu'ils fondaient sur les décrétales des papes [4]. Ils disaient que le douaire était *pretium defloratæ virginitatis*, *vel præmium delibatæ pudicitiæ*, et maintenaient fermement qu'il ne pouvait être dû que lorsque la consommation du mariage avait rendu l'union indissoluble. Les civilistes objectaient avec assez d'apparence contre ces motifs que le douaire étant dû à la femme

[1] *Tr. du Douaire*, ch. I, n° 6.

[2] *Hist. du droit*, t. III, p. 160.

[3] Ch. 13, *in f.*

[4] Voy. ch. 14 (*Decret. Greg.*) *de Convers. conjug.* III, 32; ch. XVI, *de Sponsalibus*, IV, 1.

qui contracte un second mariage tout comme à la fille qui en contracte un premier, il n'est pas absolument vrai qu'il soit le prix de la virginité [1]. Aussi la plupart des coutumes admirent-elles la bénédiction nuptiale comme le moment où le douaire est acquis à la femme [2]. Il n'y a que les coutumes de Normandie, Clermont en Beauvoisis, Valois, Chartres, Dreux et Châteauneuf, qui aient gardé la règle qui veut que le douaire se gagne au coucher. Selon la coutume de Bretagne, suivie par celle de Ponthieu, c'est dès que la femme met le pied au lit pour coucher avec son seigneur et mari, *coutume plus charnelle que spirituelle*, dit Coquille, *et qui ne fait assez état du sacrement* [3] : « La coutume de Paris et au- » tres qui veulent que le douaire soit acquis à la femme par » la bénédiction nuptiale sont plus modestes, dit Renus- » son [4], que ces coutumes qui veulent que la femme gagne » son douaire au coucher; et cela semble mieux convenir à » la dignité du sacrement et à la pudeur et honnêteté du » mariage. » Le douaire selon cette nouvelle règle ne fut plus que la récompense du soin et de l'attachement que la femme vouait à son mari.

81. Le douaire est de droit français; il ne fut pas connu des Romains. Toutefois nos pays de droit écrit admettaient un avantage analogue de la part du mari en faveur de la femme sous le nom *d'augment de dot*. Ils avaient tiré ce droit des donations *ante nuptias* usitées dans le droit romain des bas-siècles. De plus, les novelles de Justinien accordaient à la

[1] J'ai cependant lu quelque part qu'il n'y avait qu'un don du soir pour la veuve qui se remariait : *abengabe* et non *morgengabe*.

[2] Voy. notamment *Péronne*, *Boulenois*, *Grand-Perche*, *Berry*, *Angoumois*, *Paris*. Les coutumes muettes étaient entendues dans ce sens.

[3] *Instit. au droit français*, ch. *de Douaire*.

[4] *Douaire*, ch. II, n° 3.

veuve indotée et dans le besoin, soit le quart des biens de son mari prédécédé, soit une part virile ; et ce droit appelé la quarte du conjoint pauvre fut étendu par la jurisprudence au mari survivant qui se trouvait dans la nécessité. On le pratiquait ainsi en pays de droit écrit [1].

L'institution du douaire avait un but plein d'équité. Dans la France coutumière et féodale, les filles ne recevaient que peu ou point de dot de leurs parents, et sorties de la maison paternelle, elles n'avaient plus rien à y prétendre. Cela étant, il avait paru juste de leur assurer par le douaire une existence honorable en rapport avec leur condition, au cas qu'elles survécussent à leurs maris. Les mœurs changèrent ; les filles coutumières furent dotées ou purent succéder, mais le douaire subsista.

82. Anciennement la quotité du douaire était déterminé par la convention des parties intéressées. Philippe-Auguste le régla par une ordonnance de 1214 [2] à la jouissance de la moitié des immeubles possédés par le mari au jour de son mariage ou à lui advenus par succession en ligne directe durant le mariage. Henri II d'Angleterre le fixa au tiers pour les terres françaises de sa domination. De là est venue la différence de la quotité du douaire dans les provinces en deçà et au-delà de la Loire.

Ainsi, dans la plus grande partie de la France coutumière, le douaire de la femme survivante consistait dans l'usufruit de la moitié des immeubles que le mari possédait au jour du mariage et de ceux qui lui arrivaient depuis par succession directe. On l'appelait douaire coutumier, c'est-à-dire

[1] Auth. *Præterea*, au Code, *Unde vir et uxor;* Merlin, v° *Quarte du conjoint pauvre.*

[2] Beaumanoir, ch. XIII, n° 12.

accordé de plein droit par la coutume, par opposition au douaire préfix ou conventionnel qui dépendait de la convention des parties sans pouvoir excéder la quotité du coutumier.

La femme pouvait renoncer à toute espèce de douaire en se mariant ; on n'y voyait qu'un intérêt privé ; mais Delaurière blâme cette pratique qui était selon lui une nouveauté.

L'obligation du douaire se contractait au temps du mariage, et le mari était dès lors tenu de conserver les biens qui y étaient soumis. Mais ce n'était qu'une obligation conditionnelle dépendant de la condition dn prédécès du mari, d'où la règle vulgaire que *jamais mari ne paya douaire.*

D'après la coutume de Paris et le plus grand nombre des autres coutumes, la femme était saisie de plein droit de son douaire, soit conventionnel, soit coutumier, dès qu'il était ouvert par la mort du mari.

83. Le douaire de la femme s'éteignait par sa mort naturelle ou civile, et en général, par tous les modes d'extinction de l'usufruit. Cette extinction arrivée, les héritiers du mari ou ses autres successeurs rentraient dans la jouissance des héritages qui avaient été soumis au douaire. Les enfants issus du mariage qui avait motivé le douaire étaient le plus souvent ces héritiers. Mais plusieurs coutumes leur créaient sur les biens du douaire un titre plus solide et plus avantageux que celui d'héritiers de leur père en leur attribuant la propriété de plein droit du douaire, c'est-à-dire en le leur faisant propre. Les coutumes de Paris, Mantes, Senlis, Valois, Calais, Melun, Nivernais et quelques autres en avaient des dispositions expresses. Dumoulin, sur l'article 163 de Sens, voulait que ce fût le droit commun dans les coutumes muettes. Ce qui est certain, c'est que le douaire pouvait être stipulé propre, lorsque la coutume ne l'avait légalement fait que viager.

84. Pour pouvoir prétendre au douaire propre, les enfants devaient renoncer à la succession de leur père selon le principe: *nul ne peut être héritier et douairier ensemble.* Leur intérêt à prendre les biens comme douairiers plutôt que comme héritiers de leur père était patent : en vertu du douaire dont l'effet remontait au jour du mariage, ils n'étaient aucunement tenus des dettes postérieures au mariage, ni même des dettes mobilières antérieures, et ils pouvaient revendiquer les biens compris dans le douaire nonobstant toutes aliénations faites par leur père, ce qui allait tout autrement s'ils étaient héritiers. C'est à l'égard des grandes fortunes déjà faites au temps du mariage que le douaire présentait sa principale utilité. Par lui, une bonne part des biens était préservée de la ruine qui pouvait venir, avec un effet analogue à celui de l'institution romaine du régime dotal, sauf que le régime dotal conservait les biens de la femme et le douaire ceux du mari. Bourjon dit assez bien : « Le douaire est la dernière table de » naufrage des enfants ; c'est un salutaire effet de la pré- » voyance de la loi qui leur a assuré cette subsistance contre » tous les créanciers et à leur exclusion. Mais pour en jouir, » c'est dans l'exercice de ce droit qu'ils doivent se resserrer, » sans rien prétendre en qualité d'héritiers ; en effet, la qua- » lité d'héritier qui ferait réfléchir contre eux les engagements » de leur père leur rendrait cette table inutile [1]. »

Une jurisprudence contestée par plusieurs décidait toutefois que l'enfant qui avait commencé par accepter la succession, mais sous bénéfice d'inventaire, pouvait ensuite la répudier pour s'en tenir à son douaire. Ce retour de l'enfant douairier sur sa première détermination était admis à l'égard des créanciers, parce qu'ils étaient sans droit pour s'y opposer, et à l'égard des autres enfants, parce qu'ils étaient sans inté-

[1] Tit. *du Douaire*, ch. IX, sect. I, n° 1.

rêt, l'enfant héritier faisant et prenant part dans le douaire, ainsi que nous le dirons plus loin [1].

Je ne sais pourquoi M. Kœnigswarter dit que les enfants pouvaient se tenir au douaire en renonçant à la succession *maternelle* [2]. L'acceptation ou la répudiation de la succession de la douairière n'importe en rien pour la perception du douaire ; c'est à la succession du père qu'il faut renoncer. Cet écrivain dit aussi que le père a *l'usufruit* du douaire propre aux enfants. Cela n'est pas exact. Tant que le père est vivant, il reste propriétaire, les enfants n'ayant la propriété qu'en espérance seulement, comme dit Argou [3]. Il y a conséquemment une autre inexactitude à dire, comme le fait M. Kœnigswarter, qu'en cas de prédécès de la femme, le douaire *retourne* au mari. Il n'était pas encore *parti*, tant que le mari était vivant, et dès lors ne peut lui retourner, car *jamais mari ne paya douaire.*

Les enfants étaient saisis du douaire à eux propre au décès de leur père, soit que leur mère fût déjà morte ou qu'elle survécût. Si elle survivait, elle avait l'usufruit, eux la nue propriété ; si elle était prédécédée, ils avaient la pleine propriété.

Henrys, ou plutôt Bretonnier, enseigne comme maxime générale que le douaire propre aux enfants se partage également entre eux, sans droit d'aînesse : *quia doarium defertur non jure successionis, sed jure contractus, instar legitimæ inter liberos æqualiter dividi solitæ vel exemplo alimentorum* [4]. Dumoulin en alléguait un arrêt en la maison de Montmorency, du 1er février 1492. C'est la 28e règle de Loysel sur les douaires.

[1] Voy. Bourjon, *ibid.* ch. IX, sect. I, no 3, et sect. III, no 12. Pothier distingue entre les créanciers et les cohéritiers (*Douaire*, nos 350, 351).

[2] *De l'organis. de la famille*, p. 213.

[3] *Inst. au droit français*, t. II, p. 145. Voy. cependant art. 399 de *Normandie.*

[4] Bretonnier sur Henrys, IV, p. 727.

85. Ce droit singulier n'était pas facile à caractériser pour la doctrine. Ce n'était pas un droit de succession, quoiqu'il pût en tenir lieu. Était-ce une donation? était-ce une dette directement établie par la loi? Le douaire des enfants est, selon Pothier [1], une espèce de légitime que la loi ou la convention assigne, dans les biens de l'homme qui se marie, aux enfants à naître du mariage. Ce droit est néanmoins différent de la légitime sous plusieurs rapports : il n'est dû que par le père; il frappe la moitié de ses biens dès le temps du mariage, de manière à faire préférer l'enfant douairier aux créanciers du père; il ne se perçoit jamais à titre d'héritier, enfin les enfants peuvent en être privés par une clause du contrat de mariage : toutes choses qui vont autrement dans la légitime. « Douaire propre aux enfants, dit aussi Loysel [2], est une légitime coutumière prise sur les biens du père, par le moyen et bénéfice de leur mère. »

Delaurière qualifie le douaire de donation : *don*, *dot* et *douaire* ne font qu'une même chose, dit-il, en critiquant vivement une espèce de *Dissertation* dont l'auteur s'efforçait de prouver que le douaire n'est pas une donation [3]. L'auteur censuré prétendait défendre un arrêt de 1629 qui avait refusé aux enfants d'un second lit, de faire porter leur légitime sur le douaire des enfants issus du premier mariage. Mais Pothier approuve cette décision jugée par Delaurière inique et illégale [4]. C'est que Pothier ne voit pas dans le douaire une donation purement spontanée, mais la confirmation légale de l'obligation contractée par l'homme qui se marie, de pourvoir à la subsistance de la femme qu'il épouse et des enfants qui naîtront du mariage. En résumé, le douaire

[1] *Douaire*, n° 293 analysé.
[2] *Inst. cout.*, des Douaires, art. 23, n° 158.
[3] Sur *Paris*, art. 298.
[4] *Douaire*, n° 6.

coutumier ou conventionnel, est une une donation tacite ou expresse, qui a ses règles et ses effets propres : *quædam donatio.*

86. Quoi qu'il en soit, l'on voit par la nécessité où sont les enfants, qui veulent prendre douaire, de renoncer à la succession de leur père, que le droit coutumier, lorsqu'il s'agissait seulement d'assurer la subsistance des enfants et non de conserver les biens de famille, était si loin d'exiger l'acceptation de la succession paternelle, qu'il la défendait au contraire absolument. Ce droit multiple, si intelligent et si industrieux dans la satisfaction de tous les intérêts domestiques, savait bien approprier les voies et moyens d'une institution au but qu'il lui assignait dans l'économie générale des lois relatives à la famille. Il ne se montre pas amoureux de formalités vaines et inutiles, il s'en dégage, il les repousse, lorsqu'elles sont dangereuses.

Il y avait deux raisons de l'incompatibilité existante entre la qualité d'héritier et celle de douairier. La première se tirait du principe d'égalité entre enfants qui viennent à la succession de leur père : comme tout autre avantage qu'il aurait reçu, l'enfant qui acceptait la succession était tenu d'y rapporter le douaire [1]. L'autre raison, qui se faisait sentir surtout lorsqu'il n'y avait qu'un enfant, c'était que le douaire était une sorte de dette de la succession du père et que, par l'acceptation de l'enfant unique, il se faisait en sa personne une confusion des qualités de créancier et de débiteur qui éteignait la dette [2].

Le principe de l'égalité entre enfants leur interdisait aussi de cumuler don et douaire. D'où l'obligation pour celui qui s'en tenait à son douaire, d'y imputer tout ce qui lui avait été

[1] Pothier, *Douaire*, n° 350; Delaurière, sur *Paris*, art. 251.
[2] Poth., *ibid.*

donné par son père, à l'exemple des imputations qu'il aurait dû faire sur sa légitime, s'il l'eut réclamée au lieu de son douaire.

87. Quel que fût le nombre des enfants, la quotité du douaire était invariable. Toutefois la question des enfants à compter présentait un haut intérêt pour connaître la part de chacun. Tous les enfants devaient-ils faire nombre, ceux qui prenaient le douaire, ceux qui venaient à la succession, ceux qui se tenaient à une donation et ceux qui ne prenaient absolument rien? C'est demander s'il fallait faire accroître les parts délaissées par les enfants qui ne prenaient rien à ceux qui réclamaient le douaire ou au contraire les faire rentrer dans l'hérédité. Il y a profit pour l'application savante du Code Napoléon dans l'examen de cette question.

D'abord, n'étaient pas comptés les enfants prédécédés sans laisser d'enfants pour les représenter, ni les enfants exhérédés.

Qu'il fallût compter les enfants réclamant positivement leur douaire, c'est un point à énoncer et non à discuter.

L'enfant qui prenait la qualité d'héritier faisait-il part dans le douaire? Oui, sa part dans le douaire se confondait dans son droit d'héritier, en sorte qu'il en était payé de plein droit et ne devait plus aux autres enfants non héritiers que le douaire diminué de la part qu'il y avait. Plusieurs coutumes le disaient disertement[1]. Il faut rapporter à cette question une note de Dumoulin sur l'ancienne coutume de Paris, article 138 : *Quid si unus sit heres, alter non? Respondi non*

[1] *Valois*, art. 111 et 114 ; *Senlis*, art. 186. Ajoutez Loysel, *Inst. coutum.* des Douaires, 32e règle ; Renusson, *Douaire*, ch. VI, n° 2 ; Pothier, *Douaire*, n° 393.

accrescere non succedenti. Ce qu'il explique plus complétement sur l'article 186 de la coutume de Senlis. La raison pour laquelle il n'y a pas accroissement n'est pas précisément que le douaire n'en serait pas succeptible, mais que la part n'est pas vacante. Il ne faut pas en conclure que l'enfant venant à la succession soit à la fois héritier et douairier, deux choses incompatibles; il était vraiment héritier, mais payé de son douaire par équivalent, ce qui suffisait pour qu'il y fît part sans lui donner le privilége des douairiers à l'égard des créanciers de la succession paternelle.

M. Coin-Delisle a recueilli cette doctrine[1], mais en l'appuyant sur la fausse raison que le douaire n'aurait été dû à *chaque enfant que divisément, pour sa part en portion*, à la manière d'une véritable créance qu'il aurait eue contre la succession; il en fait un droit *divis et fractionnel.* Je sais qu'il peut s'autoriser de l'opinion de Lemaître sur la coutume de Paris dans une question voisine de celle-ci; mais je sais aussi que presque tous nos anciens auteurs réputent le douaire dû collectivement et en masse à tous les enfants. Ainsi, pour Bourjon, c'est parce que le douaire est assuré *collectivement* aux enfants que l'enfant héritier y a sa part par équivalent[2]. Au surplus, nous verrons bientôt Pothier réfuter Lemaître. Douaire distributif, douaire collectif, ce sont des mots et rien de plus.

Tous les auteurs étaient d'accord de compter l'enfant qui renonçait à la succession et au douaire, pour se tenir à des donations que son père lui avait faites. S'il eût voulu prendre le douaire, il aurait été tenu d'y imputer ces donations; c'est donc que par elles il était payé de son douaire. Dès lors, la part qui lui était destinée n'était pas vacante et ne pouvait ac-

[1] *Limite*, etc., n° 45.

[2] Bourjon, tit. *du Douaire*, ch. IX, sect. II, n° 6. — Lebrun insinue que le douaire est dû en masse (*Successions*, liv. III, ch. VIII, sect. II, n° 77).

croître à personne. C'est une remarquable application du principe que celui qui renonce à un droit pour conserver une valeur qui lui en tient lieu, *aliquo retento*, doit faire nombre parmi ceux à qui ce droit compétait. La légitime et le douaire sont à cet égard soumis à des règles identiques. Nous voyons une fois de plus que le droit coutumier français ne s'armait pas de rigueurs inutiles contre les enfants et qu'il admettait tous les titres d'acquisition en leur faveur, lorsqu'il n'avait pas d'autre objet que d'assurer leur subsistance [1].

Il y avait plus de difficulté, lorsque celui qui renonçait tant à la succession qu'au douaire n'avait reçu aucune donation et ne retenait rien. Si on le compte, l'élégance du droit ne permet pas de faire accroître la part qu'il délaisse à ses codouairiers qui ont opté pour le douaire, et alors le profit est pour l'héritier qui se trouve avoir à payer d'autant moins de portions. C'était un résultat inique qu'il fallait éviter. Si on ne le compte pas, l'accroissement devient possible en faveur des douairiers, et l'héritier doit payer le douaire entier, moins sa part virile, aussi bien à un seul enfant qu'à deux, qu'à trois ou à quatre enfants. Duplessis décidait que la part vacante du renonçant accroissait en ce cas aux enfants douairiers, donnant pour raison que le douaire formait une espèce de substitution et de fidéicommis légal, dont la loi chargeait le père au profit des enfants qui naîtraient du mariage ; il les disait appelés à ce fidéicommis *collective*, *conjunctim*, *nullis adscriptis partibus*, de telle sorte qu'ils étaient *CONJUNCTI RE ET VERBIS inter quos est jus adcrescendi* [2]. C'est la doctrine suivie par Ferrière sur l'article 251 de la coutume de Paris.

Lemaître la combattait [3] par la raison que le douaire serait

[1] Pothier, *Douaire*, n° 394.
[2] *Tr. du Douaire*, ch. IV, sect. IV.
[3] Sur la Cout. de Paris, p. 316.

une créance des enfants contre la succession de leur père, d'où il suivrait que la renonciation de l'un d'eux au douaire serait une véritable remise de sa part de créance, ne pouvant profiter qu'à celui qui est débiteur, c'est-à-dire à l'héritier. Renusson est dans le même sens[1]. Bourjon est aussi de cet avis[2], mais provisoirement et en se déclarant prêt à adopter l'équité de l'opinion contraire, lorsqu'elle sera entièrement autorisée. Cela fait pitié. Un pareil auteur n'autorise guère les solutions qu'il embrasse.

Pothier n'a pas attendu les autorités pour réfuter Lemaître et pour donner son suffrage à l'équitable décision de Duplessis, en la raisonnant avec plus de rigueur scientifique[3]. Le grand jurisconsulte commence par critiquer Lemaître pour l'abus qu'il fait du nom de créance qui est quelquefois donné au douaire. Le douaire emporte saisine légale en faveur de ceux qui y ont droit : par là il est mis hors de comparaison avec une créance proprement dite. Cela expliqué, Pothier conclut en ces termes : « Lorsqu'un des enfants renonce gra-
» tuitement au douaire, on ne doit pas dire qu'il fait remise
» de sa part à la succession du père qui en est débitrice,
» mais plutôt qu'en renonçant à la part qu'il aurait pu pré-
» tendre dans le douaire, il n'y a jamais eu aucune part et
» que le total doit demeurer aux autres enfants *jure non de-*
» *crescendi magis quam jure accrescendi.* »

Voilà la vraie raison de décider. L'accroissement est légitime, dès qu'il peut s'analyser en un non-décroissement, c'est-à-dire dès que par leur droit propre et sans compter le renonçant, ceux qui acceptent sont aptes à recueillir la totalité du droit. C'est exactement l'explication que donne Ricard d'après Cujas et Dumoulin relativement à la légitime.

[1] *Douaire*, ch. VI, n° 4.
[2] Tit. *du Douaire*, ch. IX, sect. IV, n° 17.
[3] *Douaire*, n° 395.

Ainsi, l'on ne compte que ceux qui prennent leur part en réalité ou par compensation, c'est-à-dire en partageant le douaire, en venant à l'hérédité ou en retenant une donation. Ceux qui renoncent à tout droit gratuitement sont comme s'ils n'avaient jamais existé, on ne leur fait point de part. Les parts ne sont faites intellectuellement et matériellement que pour ceux qui viennent les recueillir.

Cette uniformité de doctrine pour la légitime et pour le douaire est digne des méditations des interprètes de nos Codes. C'est l'école où il faut apprendre les règles de l'accroissement dans les successions.

SECTION III.

DE LA LÉGITIME EN PAYS COUTUMIER.

88. Utilité de la légitime même à côté des réserves coutumières et du douaire propre.
89. Introduction de la légitime dans les pays coutumiers.
90. Quotité de la légitime suivant le droit coutumier.
91. La légitime reçut quelquefois le nom de réserve.
92. Était-elle due aux ascendants, aux collatéraux?
93. Libéralités permises en faveur des enfants. — De la clause d'avancement d'hoirie.
94. Distinction de Dumoulin si la condition d'avancement d'hoirie est exprimée ou seulement sous-entendue.
95. Arbitraire et inconséquence de cette distinction, qui fut rejetée même par les contemporains de Dumoulin.
96. Les réformateurs de la coutume de Paris la repoussèrent.
97. Il fut permis de déroger indirectement à l'égalité entre enfants. — Extension du pouvoir des pères de famille qui en résultait.
98. Réduction des variétés coutumières à trois combinaisons principales en ce qui touche l'égalité successorale et le droit de disposition.
99. Quelle était la question agitée entre les coutumes.
100. Chaque solution avait ses apologistes.
101. Mauvaise querelle faite à Pothier par M. Coin-Delisle.
102. Un enfant pouvait-il être avantagé par le moyen d'un legs comme par celui d'une donation?

103. Point de légitime en faveur des collatéraux.
104. Du titre auquel se recueillait la légitime.
105. Rares contradicteurs de la maxime : *Non habet legitimam, nisi qui heres est.*
106. De l'exception qui permettait à l'enfant donataire ou légataire de retenir ou de réclamer sa légitime sans se porter héritier.
107. Complication des rapports entre les légitimaires et les créanciers héréditaires produite par le principe qui voulait que les premiers fussent héritiers.
108. Des biens à considérer pour le calcul de la légitime.
109. Des enfants faisant nombre pour le même calcul.
110. Distinction entre les renonçants *aliquo accepto* et les renonçants *nullo accepto*.
111. De celui qui renonçait sans retenir toute sa légitime
112. Erreur des jurisconsultes modernes sur ce que devenait la part du légitimaire renonçant dans l'ancien droit.
113. De l'imputation sur la légitime.
114. Combinaison pratique de la légitime, du douaire et des réserves coutumières.
115. Mérite comparatif de ces diverses institutions.

88. Les réserves coutumières, quoiqu'elles eussent pour objet l'intérêt général de la famille plutôt que l'intérêt particulier des enfants, pouvaient conserver à ceux-ci de précieuses ressources. Ils en trouvaient aussi dans le douaire, dont le but était précisément la garantie des intérêts matériels de cette famille moins étendue qui ne comprend que les enfants et les autres descendants. Mais l'insuffisance de l'une et de l'autre institution était flagrante dans des cas très-nombreux.

De droit commun, la réserve coutumière ne limitait que les donations par testament : des donations entre-vifs pouvaient donc ravir les propres à la famille. La réserve n'affectait que les propres : il se pouvait qu'il n'y eût point de propres, mais des meubles et acquêts considérables que la coutume laissait soumis à un droit de disposition absolue. Le douaire était une solide sûreté contre toute espèce d'aliénation : mais malgré les efforts de Dumoulin pour le faire recevoir comme droit coutumier universel en faveur des enfants, on tenait qu'il ne pouvait leur être propre qu'en vertu d'un texte ou d'un pacte formel, et c'était la minorité des coutumes qui l'avait consacré. Le douaire n'offrait d'ailleurs d'utilité que dans les familles riches. Qu'un homme n'eût rien en se mariant, héritât de peu de chose durant son mariage, et cependant devînt riche par ailleurs, le douaire se réduisait à néant. Cette institution était en outre une institution boiteuse, puisque (sauf en Normandie) elle ne frappait que les biens du père et n'atteignait pas ceux de la mère. Cela était bon autrefois que les femmes presque toujours exclues des successions ne pouvaient avoir de grands biens, mais ne valait plus rien lorsque les mœurs et les coutumes, tempérant le droit à leur égard, leur eurent ouvert le chemin à devenir riches. Il manquait au droit coutumier une institution qui, faisant abstraction de la nature, de l'origine et de l'assiette des biens, en assurât une portion aux enfants des possesseurs, nonobstant les donations et legs qu'ils auraient pu faire. Cette institution qui était la légitime du droit romain fut reçue de bonne heure par le droit coutumier. Mais la légitime a pris, en s'alliant aux principes de ce droit, une physionomie toute nouvelle dont il convient de dessiner les traits caractéristiques.

89. Que la légitime pratiquée dans les pays coutumiers soit d'origine romaine, c'est un point reconnu par les partisans les plus décidés du germanisme de nos institutions juridiques. On n'en trouve aucune trace dans les traditions antérieures aux lois barbares, ni dans ces lois, tandis qu'il est aisé de faire remonter le douaire jusqu'aux temps racontés par Tacite, et que les réserves coutumières semblent naître naturellement des principes intimes du droit germanique, comme une vigoureuse protestation contre la faculté de tester que ce droit avait si longtemps ignorée. Mais si la légitime ne vient

pas du droit coutumier, l'antipathie de ce droit pour les testaments devait lui faire accueillir avec empressement une institution qui était une restriction de plus à la liberté de donner.

Le testament de Widrad, abbé de Flavigny, fait en 721 devant la curie de Semur, selon les formes du droit romain, contient une réserve de la légitime sous le nom de falcidie. La même réserve se remarque dans le testament d'Abbo Patricius, de l'an 731 [1]. L'Église prescrivait de tester selon le droit romain, et la légitime, règle de fond, s'introduisait avec les règles de forme.

Lorsque la renaissance des études du droit romain eut, au XIIe siècle, propagé par toute l'Europe les principes de cette législation savante, les jurisconsultes coutumiers s'emparèrent de ceux qui concernaient la légitime pour combler les lacunes de la coutume. Beaumanoir en signale la nécessité pour le cas où la réserve des quatre-quints des propres est inutile aux enfants faute de propres : « Nous avons dit, » rappelle ce vieux jurisconsulte, en cest capitre mesmes, » que çascuns pot laissier en son testamens le quint de son » héritage et les muebles et les conquès. Neporquant, se li » remanans de son héritage n'est pas si grans qu'il soufisse à » le soustenance de ses enfans, et li mueble et li catel sont » grant, et il n'en laisse nul à ses enfans, ainçois les laisse » toz à estranges persones : noz ne nous acordons pas que » tex testamens soit tenus, ançois doit estre retret du testamens, tant que li hoir puissent resnablement vivre et avoir » leur soustenance selonc lor estat [2]. »

Beaumanoir proclame encore dans un autre lieu [3] le prin-

[1] Savigny, *Hist. du Droit rom. au Moy.-Age*, t. II, p. 71.

[2] Ch. XII, n° 17.

[3] Ch. XIV, n° 15. *Soutenance* est synonyme de *légitime*. Voy. Charondas sur *Bouteiller*, p. 462.

cipe de la légitime, ou *soutenance* des enfants, en laissant au juge le soin d'en régler la quotité. J'analyse ce dernier texte à la page 140 ci-après. Defontaines admet aussi la légitime sous le même nom de *sostenance* [1].

Le Grand coutumier de France fixe ce secours extraordinaire à la moitié des meubles et conquêts [2].

Dans aucun de ces ouvrages ne sont invoqués les principes du droit coutumier comme fondement de la légitime; elle apparaît comme une étrangère au milieu du système déjà bien compliqué des garanties données aux héritiers par les coutumes contre les libéralités excessives.

La légitime ne prit cependant place que dans un très-petit nombre de coutumes, lors de leur première rédaction, à la fin du xve siècle. Mais il ne faut pas voir dans ce fait la preuve de l'inexistence du droit de légitime à cette époque dans la France coutumière; c'est simplement la reconnaissance que ce droit n'était pas de ceux que les commissaires avaient mission de constater, parce que son origine était autre que la coutume. Elle figure déjà dans les coutumes de Bourgogne, Chartres, Dreux et Orléans.

Malgré ce silence des coutumes sur la légitime, elle était expliquée par leurs commentateurs comme une institution de droit naturel, soumise au droit positif seulement pour la fixation de sa quotité, et les arrêts en faisaient une fréquente application. C'est ainsi que Dumoulin, commentant l'ancienne coutume de Paris qui était muette sur la légitime, l'introduit parmi les dispositions qu'il explique, en expose les règles d'après le droit romain et suit pour sa quotité la Novelle 18 ou ce qui revient au même l'Authentique *Novissima* [3].

[1] Dans son *Conseil*, ch. XXXIV, n° 10.

[2] Édit. de 1537, fol. 150.

[3] *Ad Consuet. Parisiens.*, art. 13, Glos. 3 et 4; art. 124, n° 6.

Les scrupules qui avaient fait omettre la légitime dans la première rédaction des coutumes, n'existaient plus lors de leur réformation. Les principes du droit coutumier et du droit écrit s'étaient de plus en plus mélangés, et les hauts magistrats qui présidaient à la réformation avaient été initiés aux doctrines du droit romain par tout un siècle des plus florissantes études. Sous leurs auspices, la légitime reçut droit de bourgeoisie dans presque toutes les coutumes réformées. Elle est appelée dans quelques-unes légitime *de droit*, c'est-à-dire *de droit romain ;* la coutume de Reims la proclame *introduite par la raison écrite*, nom sous lequel le président de Thou, réformateur de cette coutume, se plaisait à désigner le droit romain. C'était avoir pleine conscience de l'origine de l'institution, et en témoigner.

90. La coutume de Paris, réformée en 1580, nomme formellement la légitime dont elle voulait, à l'imitation du Grand coutumier, régler la quotité autrement que ne l'avait fait la Novelle 18 : « La légitime, porte l'art. 298, est la moitié de » telle part et portion que chacun enfant eût eue en la suc- » cession desdits père et mère, aïeul ou aïeule, ou autres » ascendants, si lesdits père et mère ou autres ascendants » n'eussent disposé entre-vifs ou dernière volonté, sur le tout » déduit les dettes et frais funéraires. » Cette substitution d'une quotité invariable, quel que soit le nombre des enfants, à la quotité variable de la Novelle suivie jusqu'alors, était parfaitement réfléchie ; on entendait faire meilleure part aux enfants et tarir la source des difficultés de toute sorte, que les combinaisons de la Novelle avaient suscitées. Trois coutumes, réformées peu de temps après [1], s'empressèrent d'adopter pour la légitime l'invariable quotité de moitié, à

[1] *Orléans, Calais* et *Chauny*.

l'exemple de la coutume de Paris. D'autres coutumes fixaient la quotité de la légitime comme en droit romain, soit par des dispositions textuelles, soit par des renvois explicites à ce droit. Plusieurs étaient absolument muettes sur la quotité de la légitime ; quelques-unes sur la légitime elle-même.

Ce fut une grande question, dans ces coutumes muettes, s'il fallait pour la quotité de la légitime les suppléer par le droit écrit ou par la coutume de Paris réformée.

L'établissement de la légitime et le règlement de sa quotité n'étant pas matière de coutume, mais de droit, il paraissait logique de s'en référer au droit romain, après comme avant l'article 298 de la coutume de Paris, sur la question de sa quotité. C'était le sentiment de Ricard [1], qui disait avec raison que « ceux qui avaient rédigé les coutumes n'avaient pu se » proposer pour exemple la disposition de la coutume de » Paris, puisqu'elle n'était pas encore introduite, et qu'il n'y » avait point lors d'autre règle pour servir de proportion à » la légitime que ce qui avait été établi par le droit romain. » Ainsi en avait pensé Guy Coquille avant Ricard. Commentant la coutume de Nivernais, muette sur la quotité de la légitime, il ne faisait aucun doute que cette quotité ne dût être en Nivernais celle du droit romain. Si l'article 298 de la coutume de Paris n'eût été que la manifestation d'un droit coutumier antérieur, l'affinité des coutumes entre elles aurait pu faire préférer sa disposition à celle du droit romain; mais cet article n'était évidemment qu'une création arbitraire des réformateurs de 1580. C'est là ce qui décidait Coquille, et toutefois comme l'innovation lui semblait heureuse, il ajoutait : « Bien semble que si notre coutume était à revoir et à réfor- » mer, que nous ferions bien de recevoir la même proportion

[1] *Donat.*, part. 3, nº 1016. Voy. aussi son *Comm. sur la Cout. de Senlis*, art. 161.

» de la nouvelle coutume de Paris à l'égard de la légitime[1]. » Ricard formait le même vœu pour tout le pays coutumier[2]. Nombre d'arrêts anciens jugèrent que dans les coutumes muettes la quotité de la légitime devait se régler d'après le droit romain.

Mais on répéta tant et tant que la fixation de la Novelle était choquante, en ce qu'elle donnait plus à chaque enfant, lorsqu'ils étaient cinq que lorsqu'ils n'étaient que quatre, on fit si bien valoir l'équité, la sagesse, la simplicité de la fixation adoptée par la coutume de Paris (tout cela était vrai), que la réforme désirée par Coquille et par Ricard se fit par la jurisprudence toute seule. Dans son dernier état, elle décide uniformément que la coutume de Paris est le droit commun sur ce point. Les raisons savantes qui arrêtaient Coquille et Ricard échappaient tellement au praticien Bourjon (il faisait sa science avec des arrêts) qu'il s'étonne que le profond et judicieux Ricard ait pensé le contraire, puisque la disposition de notre coutume est plus judicieuse, plus simple, plus naturelle que celle du droit civil[3]. Ignorance présomptueuse!

Le dernier monument de cette jurisprudence incontestée sera peut-être un arrêt de la cour de Bourges, du 4 mai 1825, qui décide que la coutume de Nivernais se complétait par celle de Paris pour la quotité de la légitime, décision contraire à l'opinion exprimée par Guy Coquille comme jurisconsulte, mais conforme au vœu de réformation dont il l'avait accompagnée. On trouvera cet arrêt au n° 337 ci-après.

91. Lorsque la légitime romaine fut naturalisée dans les pays coutumiers, il devint de mode d'appeler légitime cou-

[1] Sur *Nivernais*, ch. XXVII, art. 7.

[2] *Loco supra cit.*

[3] Seconde partie *des Successions*, ch. X, sect. II, n° 9.

tumière la réserve des quatre-quints des propres, par opposition à la légitime proprement dite ou légitime de droit ; et par réciprocité, des auteurs appliquèrent à celle-ci le nom de réserve. Bourjon, écho des jurisconsultes dont il résume les travaux, emploie volontiers un mot pour l'autre, appelant les réserves légitime coutumière et la légitime de droit réserve légale. Il dit, par exemple : « De cette juste *réserve de la lé-*
» *gitime* en faveur des enfants, il s'ensuit que celui qui a
» enfants ne peut disposer en faveur d'étrangers que de la
» moitié de ses biens ; c'est l'effet de cette *réserve légale* et de
» l'indisponibilité de la moitié des biens, lorsqu'il y a enfant
» ou enfants auxquels la loi assure cette portion, comme
» elle assure aux héritiers les quatre-quints des propres[1]. »
Pocquet de Livonnière, Danty, Furgole et Pothier nous fourniraient des exemples de ces habitudes de langage, autorisées par le texte des coutumes qui affectent constamment l'expression de *légitime réservée aux enfants*.

Cette promiscuité du vocabulaire juridique n'empêchait pas les bons auteurs de distinguer nettement le but et la fonction distincts de chaque institution. Mais elle avertit l'interprète du droit, s'il vient un jour un législateur qui ne conserve que l'une des deux institutions, de ne pas juger trop vite que l'institution conservée soit celle dont le nom propre aura été préféré.

92. L'imitation du droit romain n'alla pas jusqu'à faire accorder en pays coutumier une légitime aux ascendants sur les biens de leurs enfants. Quelques coutumes pourtant leur en donnèrent une ; les ascendants la demandèrent dans les autres, mais leur cause qui parut d'abord exciter quelque faveur, fut définitivement condamnée par toutes les juridic-

[1] *Loco cit.*, nº 10.

tions. C'était conforme à l'esprit du droit germanique si défavorable aux successions qui font remonter les patrimoines. Lebrun observe judicieusement que l'octroi d'une légitime aux ascendants, outre les réserves coutumières des collatéraux, aurait mis les enfants en interdit quant au droit de disposition [1].

Les coutumes ne donnaient pas davantage de légitime aux collatéraux ; elles admettaient seulement en faveur des frères et sœurs la rescision des libéralités injurieuses conformément à la loi 27, au Code, *de Inoff. testam.* Pothier, sur l'art. 277 de la coutume d'Orléans qui consacre ce droit en termes exprès, dit qu'à plus forte raison les ascendants devraient jouir du même avantage. Quoi qu'il en soit de ce détail particulier, les coutumes avaient fait beaucoup plus que le droit romain pour tous les parents collatéraux, puisqu'elles leur assuraient par les réserves coutumières la succession des quatre-cinquièmes des héritages propres.

93. Avant de dire le titre auquel se recueillait la légitime selon le droit coutumier, il importe de voir quelles libéralités il permettait de la part des pères en faveur de leurs enfants et jusqu'à quel point l'égalité entre héritiers pouvait être brisée.

L'égalité entre les enfants d'un même père était dans les mœurs germaniques, d'où sortirent les coutumes. Si elles admirent les droits de primogéniture et de masculinité, c'est à la politique féodale de rendre compte de cette grande iniquité [2].

[1] *Successions*, liv. II, ch. III, sect. II, n° 37. — M. Troplong ne goûte pas cette raison (*Donations*, II, n° 749).

[2] Je transcris tout un passage des *Remarques du droit français* de Mercier (p. 264), à cause de sa précision : « Il faut remarquer qu'auparavant que les fiefs fussent patrimoniaux en France, ils étaient indivisibles et baillés à l'aîné seulement pour lui aider à supporter les frais de la guerre,

Sauf ces priviléges qui, en principe, ne regardaient que les nobles, le droit coutumier appelle les enfants à succéder également à leurs père et mère, sans que ceux-ci puissent en avantager un plus que les autres. Nous renvoyons spécialement aux art. 302 et 303 de la coutume de Paris qui sera le centre de toutes nos recherches.

La saisine investissait tous les enfants, avec une parfaite égalité, de la propriété et de la possession des biens de leur père décédé. Mais anciennement, pour que le droit s'accordât avec le fait, cette saisine n'appartenait qu'aux enfants restés dans la *celle*, c'est-à-dire dans la maison et sous l'autorité du père; la succession n'était pas due aux enfants émancipés par mariage ou par *mise hors de pain et pot*, attendu qu'en recevant un don pour leur mariage ou leur établissement ils étaient censés avoir renoncé à l'hérédité. Telle était la signification du vieux principe, qu'on ne peut être aumônier (donataire) et héritier en même temps. Les enfants dotés eussent-ils offert le rapport de la donation, ils ne pouvaient venir à la succession, à moins que le père ne les eût *réservés* dans leur

veluti prædia militaria, qui par conséquent ne tombaient point en partage; mais par la suite du temps, les fiefs ayant été faits héréditaires en faveur des pères et des enfants, et patrimoniaux tant aux mâles qu'aux femelles, les puînés y ont pris quelques provisions et apanages. De sorte qu'à présent que tous fiefs sont patrimoniaux, ils se peuvent vendre et engager et en sont les héritiers saisis avec cette différence que l'aîné prend toujours quelque avantage selon la diversité des coutumes, que l'on appelle droit d'aînesse, avec le nom et les armes pleines de sa famille, et que dans la succession de personnes nobles, les biens nobles ne se partagent pas également, mais inégalement à cause du préciput et droit d'aînesse de l'aîné. Ce droit d'aînesse se trouve en toute sorte de successions tant directes que collatérales, s'il n'y a coutume au contraire, et il se garde aussi selon quelques coutumes entre filles, quand il n'y pas de mâles. Mais presque dans toutes les coutumes du royaume, pour la quotité, quantité et prérogatives, il se règle diversement, selon la différente disposition d'icelles. »

contrat de mariage. Mais la réserve résultait du nom d'avancement d'hoirie donné à la libéralité [1].

La clause d'avancement d'hoirie mise à la donation produisait encore cet effet que, si la chose donnée était un fief, il n'en était point dû de relief, mais seulement la bouche et les mains au seigneur féodal. La bouche signifie ici le baiser, qui avec les mains, signe de l'union, constituait l'*hommage;* il fallait y joindre la foi consistant dans le serment de fidélité. Delaurière, sur l'art. 26 de la coutume de Paris, qui contient cette disposition, pense que les mots *en avancement d'hoirie,* qui s'y lisent, auraient dû être rayés par la raison que l'article 278 répute en avancement d'hoirie tous les dons par père ou mère à leurs enfants. Je remarque, si c'est une inutilité, qu'elle était déjà dans l'ancienne coutume, dont l'article 17 paraissait n'exempter du relief que les dons en *avancement d'hoirie*, quoique l'art. 159 les réputât tous faits à ce titre. Il faut peut-être entendre ces mots de l'art. 17 ancien et de l'art. 26 nouveau, comme purement énonciatifs d'une qualité dorénavant toujours présumée. Plus anciennement on exigeait une clause formelle, comme il paraît par la coutume de Melun, dont l'art. 63 porte que le mari doit le rachat des fiefs donnés à sa femme *autrement qu'en avancement d'hoirie.*

Voilà deux effets importants attachés, soit à l'expression, soit à la présomption que le don est en avancement d'hoirie, tous deux également avantageux pour l'enfant donataire : droit pour lui de venir à la succession du donateur en rapportant le don ; dispense de payer le rachat des fiefs.

Lorsque tous les enfants étaient mariés ou établis, le rapport cessait, les dons respectifs se compensaient, et les en-

[1] Voir Desmares (conseiller au Parlement de Paris au XIVe siècle), *Décisions*, n° 236 ; Grand'Coutumier, liv. II, ch. XXX ; Loysel, *Inst. Coutum.*, tit. *des Personnes*, règle 38, et tit. *du Mariage*, règle 7 ; Delaurière, sur *Paris*, art. 278.

fants se partageaient également la succession paternelle [1].

La sévérité de l'ancien droit, qui ne permettait aux enfants pourvus de venir à la succession du donateur qu'autant qu'il les avait *réservés*, fut maintenue à l'égard des filles, avec des distinctions qui variaient beaucoup d'une coutume à l'autre. Dans certaines coutumes, l'exclusion de la fille dotée allait de plein droit, dans d'autres il fallait une renonciation. Ici la fille exclue n'avait pas droit au supplément de sa légitime, si minime que fût le don, ne fût-ce qu'un *chapel de roses;* là elle y avait droit en cas de dot insuffisante [2]. La clause expresse d'avancement d'hoirie qui emportait réserve du droit de succéder avait ainsi un très-grand intérêt dans les donations faites à des filles; elle leur restituait une succession dont la coutume les eût privées.

Ces détails, puisés aux vieilles sources coutumières, nous montrent que ce fut par faveur pour les enfants donataires, que les pères s'habituèrent à insérer la clause d'avancement d'hoirie dans les dons qu'ils leur faisaient pour les établir, clause qui finit par être généralement présumée, au moins à l'égard des enfants mâles.

Mais cette jurisprudence, inventée pour permettre à l'enfant le retour à la succession paternelle, lui faisait-elle une obligation rigoureuse de venir à cette succession, et d'y rapporter le don qui lui avait été fait; ou bien, pouvait-il, renonçant au bénéfice introduit en sa faveur, s'abstenir de la succession paternelle et retenir le don, sauf la légitime des autres enfants? Grande question de l'ancien droit français et du droit français actuel. Lorsque la controverse semble finie, vient un texte légal nouveau qui la réveille. Bouteiller (il était conseiller au Parlement de Paris dans le xve siècle) tenait

[1] Desmares, *ibid.*; Bouteiller, *Somme rurale*, tit. 75 (Paris, 1620, in-4°, p. 440); Cout. d'Amiens, art. 93.

[2] Loysel, *Inst. cout.* (*des Successions*, règle 25).

que l'enfant donataire, voulût-il renoncer à la succession, devait rapporter l'avancement d'hoirie aux autres enfants, pour que l'égalité fût maintenue entre eux tous [1]. Il entendait, je crois, que le rapport aurait lieu sous la déduction d'une part virile et héréditaire par l'enfant donataire. Mais ailleurs, il s'inspire surtout du droit romain et va jusqu'à admettre un don par préciput d'un père à l'un de ses enfants [2].

Beaumanoir expose comme étant de coutume en Beauvoisis, au XIIIe siècle, que l'enfant donataire peut retenir son don en restant étranger à la succession et payant seulement la légitime des autres. On ne tournera pas contre lui le titre d'avancement d'hoirie qui n'a été imaginé que pour lui. Il est vrai qu'il aura de cette façon plus que ses frères, puisqu'il retiendra sa propre légitime et tout ce qui était à la disposition du donateur; mais la coutume *souffre* cette inégalité, en considération de la plus grande liberté qu'elle confère au père de famille. Tout avancement d'hoirie qu'elle est, la donation faite à cet enfant n'en constitue pas moins un titre incommutable de propriété, en vertu du principe coutumier : *donner et retenir ne vaut*, et il doit pouvoir s'y tenir en vertu de cet autre principe : *n'est héritier qui ne veut*. Telle est la jurisprudence coutumière de ce vieil auteur [3]. Mais il dénie au père la faculté d'avantager un enfant par forme de legs [4].

94. Le maître de la science, Dumoulin, reste hésitant entre les idées d'égalité absolue et celles qui réservent au père de famille un certain pouvoir de récompenser ou de punir. Il traite ces questions au point de vue de l'ancienne coutume de Paris, dans les commentaires qui en préparèrent la réfor-

[1] et [2] *Somme rurale*, tit. 78, *in f.*, p. 461 ; tit. 75, p. 439.

[3] et [4] *Cout. de Beauvoisis*, ch. XIV, nos 12 et 15, et ch. LXX, n° 5, comparés avec ch. XII, n° 3.

mation. Son opinion sur ce point particulier était-elle contraire au sens et à l'esprit de la coutume qu'il expliquait? Je n'oserais le dire ; je vois seulement qu'elle a été combattue comme une doctrine outrée par la plupart des auteurs, rejetée par des arrêts antérieurs à la réformation de la coutume, et définitivement proscrite par un texte formel lors de cette réformation. Malgré cet isolement, Dumoulin est un jurisconsulte trop considérable pour que son avis puisse être négligé sur un point du droit coutumier. Je l'exposerai avec d'autant plus de soin, que des jurisconsultes de nos jours essayent de ressusciter les parties les plus rigoureuses de la théorie de Dumoulin, avec une aggravation de sévérité contre les enfants donataires renonçants.

Que fait Dumoulin ? Il cherche le principe de solution pour chaque espèce dans les termes particuliers de l'acte de donation, sans trop se préoccuper si l'interprétation est ou non favorable à l'égalité entre les enfants. Selon lui, il faut distinguer si l'avancement d'hoirie est seulement présumé ou s'il est formellement exprimé.

Dans le cas où la donation renferme la clause expresse d'avancement d'hoirie, les biens cessent à peine d'appartenir au donateur; du moins sont-ils toujours une partie intégrante de sa succession. C'est surtout d'une telle donation que doit s'entendre l'article 17 de l'ancienne coutume (26 nouveau) dans le commmentaire duquel Dumoulin dit ceci : « Avant d'aller plus loin, il faut voir ce que c'est que cette » donation en *avancement d'hoirie*. Cette matière appartient » proprement à l'article 159, où l'on en dira davantage; ici, » *avancement d'hoirie* se doit entendre quand le père (ou » tout autre ascendant respectivement à un descendant qui » est son héritier immédiat) donne quelque chose à son fils, » comme futur héritier, en contemplation de la vocation de » celui-ci à la succession dont la donation ne fait qu'accé-

» lérer l'émolument[1]. » Nul doute qu'un pareil don, portant sur un fief, ne fût affranchi du rachat. Le véritable titre auquel le bien donné était recueilli était le titre d'héritier, car le donataire ne pouvait pas retenir le don sans venir à la succession du donateur ; c'était une condition rigoureuse dont Dumoulin détermine les effets dans les termes suivants : « S'il y a clause expresse d'avancement d'hoirie, » et que le fils donataire ne veuille pas ensuite être héritier, » la donation est résolue par défaillance de la condition sous » laquelle elle était faite, et la chose donnée retourne à la » masse de la succession en faveur des héritiers les plus » éloignés, fussent-ils des collatéraux, et même en faveur » des créanciers. Il n'est donc pas permis au fils, en ce cas, » de se tenir à la donation à lui faite, en s'abstenant de la » succession, il faut qu'il fasse adition ou qu'il restitue la » chose donnée, sans rien gagner que les fruits qu'il a per- » çus pendant la vie du donateur. Et dans ce cas il n'est dû » aucun droit au seigneur, ni lorsque la donation a lieu, ni » lorsque se fait, ou le rapport par le donataire qui vient à » la succession, ou la restitution par ce même donataire qui » s'en abstient[2]. »

Ainsi, Dumoulin sacrifie le principe d'irrévocabilité de la

[1] *Antequam ulterius procedam, prius videndum est quid sit hujus modi donatio in anticipationem successionis. Hæc est proprie materia* § 159, infra tit. XIV, *ubi plenius, quoniam ad præsens est quando pater (et idem de quolibet ascendente respectu descendentis immediate successuri) dat aliquid filio tanquam futuro heredi, hac contemplatione quod speratur heres et in accelerationem commodi futuræ successionis* (ad § 26, olim 17, n° 1 ; Paris, 1681, tom. I, p. 368).

[2] *Causa expressa, si postea donatarius non velit esse heres, resolvitur donatio, tanquam causa finali non secuta, et res revertetur ad corpus successionis ad commodum quorumcumque etiam remotiorum, et collateralium heredum, vel etiam ad commodum creditorum... Non licet igitur hoc casu*

donation, au point de faire profiter le rapport de la chose donnée même aux créanciers héréditaires; la donation n'est vraiment plus une donation, mais le dépôt entre les mains du fils d'une partie de la succession. Il va même encore plus loin dans l'oubli de la célèbre maxime, *donner et retenir ne vaut*, lorsqu'il nous dit tout net que « la donation expressément » faite en avancement d'hoirie peut toujours être révoquée, » et que le père donateur a la faculté de disposer autrement » et comme il voudra par testament, sauf la légitime du » donataire. Si nous n'admettons cette faculté de révoquer et » de diminuer le don par testament, il s'ensuivra que la con- » dition exprimée n'était pas absolue et que le donataire » n'était pas tenu d'être héritier, s'il ne le voulait[1]. »

Qu'il soit permis d'opposer à la doctrine de Dumoulin ce que dit Coquille en son *Institution*, chap. *des Donations*: « Aucunes coutumes interprètent donner et retenir, quand le » donateur se réserve la faculté de pouvoir disposer de la » chose donnée, soit par convention expresse ou par moyen » oblique, comme s'il donne à charge d'accomplir le testa- » ment du donateur sans limitation. » Dumoulin violait donc la règle *donner et retenir*.

Quoi qu'il en soit, il me paraît résulter de ces mots du texte de Dumoulin, *salva legitima*, que l'enfant donataire qui re-

filio se tenere ad donationem sibi factam, abstinendo a successione, sed necesse habet vel adire vel rem donatam restituere, et solum lucratur fructus perceptos durante vita patris donatoris. Et hoc casu nulla jura utilia debentur patrono, nec cum res donatur, nec cum donatarius conferendo succedit, nec cum abstinendo rem restituit (ad dict. § 26, n° 4).

[1] *Ergo sequitur quod donatio expressim facta in anticipationem... semper potest revocari, prout potest in testamento... aliter disponere... salva legitima. Quod si admittamus ut non possit revocari, nec in testamento diminui, sequitur quod etiam causa expressa non erat finalis, nec tenebatur esse heres, nisi velit* (ad § 159, n° 5, p. 910).

nonçait aurait eu le droit de retenir sa légitime individuelle. Trois lignes plus loin, il n'oblige l'enfant donataire qui ne veut pas venir à la succession qu'à rendre ce qui excède sa part : *Omnino debet succedere, vel quod excedit partem reddere.*

Il ne faut pas, en effet, que les enfants non donataires, sous le prétexte de l'égalité qu'ils revendiquent pour eux-mêmes, la violent dans la personne de leur frère donataire. Les auteurs modernes, qui exhument cette doctrine de Dumoulin, n'ont pas tous autant de modération que lui.

Si, au contraire, la donation faite au fils est pure et simple, sans clause de succession anticipée, on ne doit pas moins la réputer en avancement d'hoirie, aux termes de l'article 159 ancien, et l'affranchir, au moins provisoirement, du droit de relief conformément à l'article 17. Au moment même de la donation, point de différence entre l'avancement d'hoirie présumé et l'avancement d'hoirie exprimé. « Notez, dit Dumou-
» lin, que l'on traite l'acquisition par donation en avance-
» ment de succession, comme si elle avait lieu par la suc-
» cession même. Et remarquez, pour le dire en passant,
» que, soit que l'avancement d'hoirie soit exprimé ou non
» dans la donation, il n'y a point de différence quant à l'ar-
» ticle du relief, au moins dans le principe; mais ultérieure-
» ment il peut y avoir de la différence sous ce rapport et sous
» d'autres [1]. »

Une première différence très-importante, c'est que le donataire sans clause expresse d'avancement d'hoirie a le droit

[1] *Nota quod idem judicatur de eo quod est acquisitum per donationem in anticipationem successionis, ac si esset acquisitum ex causa ejusdem successionis : et adverte quod sive causa anticipationis (transitive dico) exprimatur in donatione sive non, non est differentia quantum ad hunc §, saltem à principio, sed ex post facto, et etiam quod ad alia magna est differentia* (ad dict., § 26, nº 4).

d'opter entre l'acceptation de la succession avec rapport de la libéralité et la renonciation à la succession avec rétention de cette même libéralité, droit que Dumoulin refusait tout à l'heure au donataire avec clause expresse d'anticipation. « Si » la condition d'avancement n'est pas exprimée, poursuit » Dumoulin, mais seulement présumée conformément à l'ar- » ticle 159, et s'il ne s'agit pas d'ailleurs d'une simple con- » cession de pécule, hypothèse que nous écartons, mais » d'une vraie donation perpétuelle et irrévocable, avec la » mention générale des mérites du donataire, si l'on veut, » selon le style accoutumé, alors il est loisible au fils de » s'abstenir de la succession du donateur et de se contenter » de la donation sans être tenu à aucune des charges de la » succession, ou bien il peut, en vertu de l'article 125 ci-après, » venir à la succession, en rapportant la donation s'il a des » cohéritiers, comme il y est dit[1]. » Et il faut l'observer, ce que l'enfant donataire pourra retenir en renonçant à la succession, ce ne sera pas seulement sa légitime, mais cette légitime et, de plus, ce qui aurait pu être donné à un étranger, c'est-à-dire la quotité disponible, comme nous disons aujourd'hui. Dumoulin a admis ce cumul dans une espèce où deux enfants, donataires de tous les biens de leur père, s'abstenaient de sa succession, tandis qu'un troisième enfant l'acceptait tout seul et demandait le tiers entier des biens,

[1] *Si causa anticipationis non sit expressa, sed solum tacite insit et præsumatur per d.* § 159, *tunc si non est facta simplex concessio velut in peculium, de quo non loquimur, sed vera donatio perpetua et irrevocabilis, forte mentione facta bene meritorum, sed in genere, pro stylo consueto, et non in specie, et tunc liberum est filio, si velit, abstinere ab hereditate donatoris, et dono suo se contentare, nec tenebitur ad aliqua onera hereditaria, ut infra* § 125; *potest etiam, si velit, succedere, sed conferendo si habeat coheredes, ut ibi dicitur* (ad d. § 26, n. 4).

légitime fixée par la Novelle 18 qu'on suivait avant la réformation de la coutume. Le jurisconsulte décide que l'enfant héritier n'aura que sa part virile de ce tiers, la rétention exercée par les deux frères qui s'abstiennent comprenant tout le disponible et leurs propres portions légitimaires. Cette décision et les raisons qui l'appuient doivent être pesées avec soin ; elle est un avant-coureur des art. 298 et 307 de la coutume réformée, elle contient le germe de la doctrine qui sera appliquée à tous les dons en avancement d'hoirie sans distinction et qui sera la doctrine de Ricard, de Lebrun, de Pothier, j'ajoute, et du Code Napoléon. Voici en quels termes Dumoulin expose cette affaire qui est comme le miroir de notre droit sur ces questions d'avancement d'hoirie : « Un » père ayant trois fils donne tous ses biens à deux d'entre » eux. L'enfant qui n'a rien reçu se porte héritier et réclame » le tiers comme seul héritier. J'ai répondu qu'il n'a la plainte » d'inofficiosité que pour sa part virile de la légitime qui lui » serait due *ab intestat*, s'ils venaient tous de cette manière, » comme je l'ai expliqué sur la l. *Si mater* C. *de Inoffic.* » *donat.* Autrement, un père ayant trois fils ne pourrait pas » donner à l'un, même ne venant pas à la succession, plus » qu'à un autre; autrement, dans le cas d'un père de dix » enfants qui a pourvu ses fils et doté ses filles, un seul en» fant qui se porterait héritier pourrait réduire toutes les dona» tions de moitié, comme si le père n'avait pu disposer en » faveur de ses enfants que d'une moitié ainsi qu'envers des » étrangers, et comme si ce fils devait avoir agissant seul » contre ses frères, la légitime de la moitié, alors que contre » des étrangers il n'aurait que celle du tiers. Sa légitime, » quoiqu'il soit seul héritier, n'est donc que le dixième de la » moitié, parce que les autres enfants, quoiqu'ils renoncent » à l'hérédité et à la plainte d'inofficiosité, ne renoncent pas » à leur légitime en tant qu'ils la trouvent dans les biens

» qu'ils retiennent à un autre titre et qu'ils doivent imputer » sur leur dite légitime [1]. »

Cet exemple si instructif prouve bien que Dumoulin ne s'inspirait pas de l'esprit des coutumes, qui voulaient toujours et partout l'égalité entre les enfants. Il faut qu'il ait échappé à M. Coin-Delisle pour qu'il écrive que « Dumoulin » avait sur ce point des idées aussi absolues que celles qu'on » attribue aux coutumes d'égalité parfaite, sans cesse restric- » tives du droit de rétention [2]. » Le savant avocat n'a pas vu que si Dumoulin, dans les passages que nous avons rapportés nous-même, refuse à l'enfant donataire le droit de retenir la donation en s'abstenant de la succession, il le fait uniquement par une interprétation plus ou moins logique de la clause expresse d'avancement d'hoirie. M. Coin-Delisle arrive par cette méprise à enrôler parmi les zélateurs de l'égalité absolue Dumoulin, qui est au contraire partisan décidé du pouvoir du père de famille, et qui, lorsque les termes des actes l'y autorisent, applique nettement le droit qui s'écrira dans l'art. 307 de la coutume, lors de la réformation.

Mais voyons la conclusion de Dumoulin sur le fait du rachat

[1] *Habens tres filios omnia sua dat duobus : Tum solus qui nihil habet est heres et petit trientem tanquam solus heres. Respondi quod non habet querelam inofficiosi nisi pro parte virili legitimæ debitæ ab intestato, si omnes venissent ab intestato, ut dixi ad* l. si mater C. de Inoff. donat. *Alias sequeretur quod pater habens tres filios non posset plus dare uni quam alii, etiam ad successionem non venienti; sequeretur etiam quod habens decem filios quos providit et filias elocavit, si unus solus est heres, posset avocare medium omnium donationum, quasi non potuisset pater in gratiam filiæ [filiorum] disposuisse, nisi de semisse, sicut nec in extraneis, et quasi iste solus semissem haberet contra fratres, licet non erat contra extraneos habiturus nisi trientem. Sua ergo legitima, licet sit heres, est solum decima pars semissis, quia alii licet hereditati et querelæ renuntient, non renuntiant legitimæ, quatenus de bonis habent et retinent proprio titulo, quæ in legitimam imputari debent* (ad § 124, n° 6).

[2] *Limite*, etc., n. 27.

des fiefs donnés sans clause expresse d'avancement d'hoirie. Quoique la question ait beaucoup vieilli, sa solution a de l'intérêt pour la théorie générale des avancements de succession. Or, notre jurisconsulte explique que, si l'enfant donataire vient à la succession, la présomption que le don était un avancement d'hoirie se convertissant en réalité, l'exemption du relief est définitivement acquise; mais que, s'il renonce et retient le don, le droit est dû par inaccomplissement de la condition tacite qui pouvait seule motiver la dispense du droit : « Dans le cas, dit-il, où le donataire suc-
» cède et rapporte, il est clair qu'il n'est dû aucun droit au
» seigneur, ni du chef de la donation, ni du chef de la suc-
» cession, ni du chef du rapport. Mais s'il renonce, alors
» je dis que le relief est dû au seigneur [1]. »

Obliger le donataire à payer le droit de relief, lorsqu'il s'abstenait, était conséquent avec le système d'interprétation de Dumoulin. Cependant les termes absolus de l'article 159, conférés avec l'art. 17, semblaient rendre l'immunité du droit indépendante du sort ultérieur de la donation. Et la coutume de Paris n'avait pas de texte qui déclarât le droit exigible, si le donataire aimait mieux garder son don que de succéder. Aussi Dumoulin, très-peu ami de la fiscalité féodale, revient-il à propos de l'art. 159 sur l'opinion émise à l'art. 17; et il décide finalement que même en cas d'abstention le rachat n'est pas dû. L'autre opinion est plus logique, et la coutume de Blois le décidait ainsi ; mais puisque la coutume de Paris est muette, il faut dire que le droit n'est pas dû, parce qu'il est odieux. *Numquid incipiunt jura deberi? Videtur quod sic, ut Blœsis; sed puto quod non, quia odiosum*

[1] *Et casu quo succedit et confert, clarum est quod nulla jura debentur patrono, nec ex capite donationis, nec ex capite successionis, nec ex capite collationis; si vero abstineat, tum dico quod relevium debetur patrono*, etc. (ad dict. § 26, n. 4).

est hoc jus[1]. La haine de la fiscalité peut expliquer jusqu'à un certain point ce changement d'opinion. C'est pourtant un échec pour le système général.

95. Si nous essayons d'apprécier le fond de toute cette doctrine, nous verrons qu'elle péchait particulièrement par les résultats auxquels elle conduisait pour les donations avec clause expresse d'avancement d'hoirie. L'insertion de cette clause dans l'acte énervait la libéralité, au point de lui ôter le caractère essentiel des donations entre-vifs, l'irrévocabilité. Et cela était d'autant plus inique qu'aucun texte légal n'avertissait les donateurs et les donataires de l'importance à ajouter à des expressions, qui étaient formellement sous-entendues par la coutume dans les donations de père et mère à enfants. N'était-ce pas s'exposer à tromper souvent la volonté du père de famille, que de faire dépendre l'effet de la libéralité d'un accident de rédaction? Et quelle large porte ouverte à l'arbitraire! Quelle mine féconde de procès!

Un autre vice de cette rigoureuse doctrine, c'est qu'elle allait à contre-sens des idées toutes favorables aux enfants donataires, qui avaient fait imaginer la clause d'avancement d'hoirie. Nous avons vu, en effet, que l'usage s'en établit pour permettre aux enfants de venir à la succession paternelle, et non pour les y forcer.

Ces raisons portèrent les contemporains de Dumoulin à rejeter sa périlleuse distinction entre les dons expressément faits en avancement d'hoirie ou seulement présumés tels. Cela nous est attesté par Leprêtre dans sa première centurie, ch. 36; par Mornac, sur la l. 26, C. *de Inoff. donat.*, et par Delaurière, sur l'art. 278 de la nouvelle coutume, où il dit que le sentiment de Dumoulin a paru outré. La jurisprudence n'en fut pas ébranlée un seul instant. Dans une affaire où il

[1] *Ad.*, § 159, n. 9.

s'agissait d'un don avec clause expresse d'anticipation, que le donataire (un fils aîné) voulait retenir en s'abstenant de la succession du donateur, Dumoulin eut le regret de voir infirmer par le Parlement de Paris, en juillet 1543, un jugement qui avait refusé le droit de rétention à ce donataire, conformément à son opinion particulière. Il répond par une critique passionnée à l'arrêt qu'il suppose n'être lui-même qu'une œuvre de passion [1].

Autre arrêt du 29 août 1571 qui juge également que le fils qui a reçu un avancement d'hoirie exprès, peut se tenir à cet avantage en renonçant à la succession du donateur [2].

Dumoulin s'est chargé lui-même de donner un exemple de la fragilité de son principe de distinction. Dans un contrat de mariage contenant donation au profit d'un fils aîné, il trouve la qualification de don *perpétuel et irrévocable* jointe à l'expression d'*avancement d'hoirie*. Jugées d'après sa théorie, ces qualifications sont contradictoires, il faut rayer l'une ou l'autre. Eh bien ! abandonnant ce qu'il avait soutenu dans l'affaire de 1543, il reconnaît qu'en vertu de ce don, parce qu'il est *irrévocable*, et quoiqu'il y ait clause expresse d'*avancement d'hoirie*, le fils donataire pourra, ou accepter la succession et rapporter, ou la répudier et retenir [3]. Voilà des interprétations bien hasardeuses. Est-ce que du temps de Dumoulin les donations n'étaient irrévocables qu'autant que l'irrévocabilité était exprimée ? Est-ce que l'art. 160 de l'ancienne coutume commentée par lui ne disait pas : *donner et retenir ne vaut?*

96. Les travaux de Dumoulin sur la matière des avancements d'hoirie n'offraient pas un terrain solide où pussent se

[1] *Ad* § 159, n° 5.

[2] Ferrière, sur *Paris*, art. 307, n° 2.

[3] *Ad* § 159, n. 6.

placer les réformateurs de la coutume. Ils suivirent la commune opinion, et sans distinguer entre avancement exprimé et avancement présumé, ils érigèrent en règle le droit pour tout enfant donataire de retenir le don à lui fait, en s'abstenant de la succession du donateur, sauf le fournissement de la légitime de ses frères et sœurs. La décision donnée spécialement par Dumoulin, au cas d'avancement d'hoirie présumé, est proclamée loi générale pour toute espèce de donations par père et mère à enfants, dans le vaste territoire de la coutume de Paris. Après que l'art. 298 a défini la légitime, la moitié de la part virile de chaque enfant *ab intestat*, l'article 307 fixe dans les termes suivants l'étendue du droit de rétention de l'enfant donataire qui s'abstient de la succession : « Néanmoins, où celui auquel on aurait donné, se » voudrait tenir à son don, faire le peut, en s'abstenant de » l'hérédité, la légitime réservée aux autres. »

C'est littéralement la traduction, sous forme de loi, de la décision émise par Dumoulin dans le cas du père de trois enfants, qui a donné tout son bien à deux d'entre eux.

L'art. 307 était-il un droit nouveau? M. Coin-Delisle l'a pensé [1]. Mais nous avons vu qu'il s'est trompé à l'égard de Dumoulin en prenant son interprétation *paradoxale* [2] de l'avancement d'hoirie exprès pour l'expression de son opinion générale sur toute la question. Nous avons cité des arrêts qui, bien avant la réformation, permettaient au donataire par avancement d'hoirie exprès de retenir son don en s'abstenant, et nous pourrions en citer d'autres qui le permettaient au donataire sans clause expresse d'avancement d'hoirie. De tout cela il est permis de conclure que l'art. 307 n'était pas une nouveauté, mais la déclaration d'un droit coutumier antérieur.

[1] *Limite*, etc., nº 30. L'auteur raisonne d'après cette idée, au nº 22.

[2] Le mot est d'un ancien.

Delaurière, en le commentant, dit simplement qu'il fut fait pour proscrire la distinction de Dumoulin entre l'avancement d'hoirie exprimé et l'avancement d'hoirie présumé. Ferrière assigne la même origine à cet article, en remarquant qu'il fut ajouté pour consacrer la jurisprudence, que l'arrêt du 29 août 1571, cité plus haut, avait définitivement fait prévaloir [1]. L'art. 150 de la coutume de Montfort repoussait formellement toute distinction entre les donations.

97. Nous avons là le spectacle curieux, mais point nouveau, d'un droit radicalement changé dans son principe et ses résultats, quoique sa lettre soit toujours respectée. L'art. 303 de la coutume, conforme aux très-anciennes mœurs [2], défend à père et mère d'avantager un enfant plus que les autres. Et l'art. 304 en déduit l'obligation, pour les enfants donataires venant à partage, de rapporter leurs dons. Cela est clair et très-bien conçu. Au moyen du rapport à la masse, le don anticipé n'emportera aucun avantage. Mais est-ce bien ce que veut la coutume? Oui en apparence, non en réalité. Car, que l'enfant donataire renonce à la succession, et il peut, aux termes de l'art. 307, retenir sa part légitime dans la moitié réservée et toute la moitié disponible; l'avantage est énorme. Que veut-on donc, et quelle est l'explication légale de cette diversité de résultat, selon qu'il y a acceptation ou répudiation de la succession? On faisait observer que la coutume proscrivait l'inégalité seulement entre enfants venant tous à la succession, entre enfants cohéritiers, mais non entre celui qui est et veut rester donataire et ceux qui sont héritiers. Voilà pour la lettre de la coutume. Mais quel était le motif vrai, le motif politique et social? C'est que l'égalité absolue

[1] Sur led. art. 307, n° 2.

[2] Delaurière le dit tiré d'un acte de notoriété du Parlouer aux bourgeois, de l'an 1293.

avait paru enlever beaucoup trop au pouvoir des pères, et qu'on était heureux d'arriver par une voie détournée à les armer d'une plus grande liberté dans la distribution de leurs biens entre les enfants. Le nom d'avancement d'hoirie donné à toutes les libéralités de père ou mère à leurs enfants était le voile transparent d'un avantage très-réel. Ce droit est bien vieux chez nous ; c'est celui qu'exposait Beaumanoir dans les textes que nous lui avons empruntés; c'est aussi celui qui est écrit dans le plus grand nombre de nos anciennes coutumes.

98. Lorsque l'on compare les différentes coutumes sous ce point de vue, on ramène toutes leurs variétés à trois classes principales.

La première classe comprend un petit groupe de coutumes où semblait s'être réfugiée l'antique sévérité des mœurs gauloises et germaniques. Non contentes de soumettre au rapport les enfants donataires venant à la succession, elles y contraignaient même les renonçants. C'étaient les coutumes de Bretagne, Lodunois, Anjou, Maine, Touraine, Dunois, Grand-Perche, Normandie, Châlons. Elles régnaient principalement dans ces pays que couvrent encore tant de monuments druidiques ; coutumes et monuments y attestent la forte empreinte de la race celtique. On les nomme coutumes d'égalité parfaite.

Mais, dans ces coutumes elles-mêmes, les choses n'étaient pas poussées jusqu'aux conséquences extrêmes que Dumoulin assignait sous l'ancienne coutume de Paris aux dons d'avancement d'hoirie exprès. Ainsi, Pocquet de Livonnière dit positivement que le rapport ordonné par les coutumes d'Anjou et du Maine ne se fait point au profit des créanciers [1]. C'est aussi ce qu'enseigne Boucheul pour ces deux coutumes et pour celles de Touraine et de Lodunois; il cite de nombreuses

[1] *Règles du droit français*, Rapports, art. 9.

autorités [1]. Hévin [2] et Poullain-Duparc [3] sont cependant d'un autre avis pour la coutume de Bretagne, et tel semble aussi être le droit consacré par les coutumes de Châlons et du Grand-Perche.

Une question plus intéressante était celle de savoir si l'enfant donataire renonçant devait être admis à retenir sur son don une part égale à celle de ses frères qui se portaient héritiers. Loin de violer l'égalité, une rétention ainsi limitée la consacrait en faveur de l'enfant renonçant qui faisait le rapport; elle était parfaitement selon l'esprit et le vœu de la coutume. Aussi la trouvé-je admise par tous les commentateurs qu'il m'a été possible de consulter [4]. Dumoulin lui-même accordait la même faveur à l'enfant nanti d'une donation par avancement d'hoirie exprès, malgré la résolution dont il la disait frappée par l'abstention du donataire.

Les autres coutumes s'éloignent plus ou moins de cet archétype du droit français.

Une seconde classe, extrêmement nombreuse, se compose de la coutume de Paris et de toutes les coutumes semblables [5] qui obligent au rapport des dons qu'ils ont reçus les enfants qui viennent à la succession, mais non ceux qui y renoncent. Elles avaient fini par être le droit commun coutumier, ainsi que l'atteste un arrêt du 15 avril 1606, cité par Auzanet, sur

[1] Sur *Poitou*, art. 215, n° 16.

[2] Sur *Bretagne*, art. 596, n° 9.

[3] *Principes du Droit français*, t. IV, n° 329.

[4] Voir Pocquet de Livonnière sur *Dupineau*, art. 334 d'Anjou ; Basnage sur *Normandie*, art. 434 ; Ricard, *Donations*, part. 1re, n° 702, à propos de l'art. 334 d'Anjou.

[5] Avec Paris : *Orléans*, *Montargis*, *Etampes*, *Dourdan*, *Montfort*, *Mantes*, *Senlis*, *Clermont-en-Beauvoisis*, *Calais*, *Laon*, *Vitry*, *Troyes*, *Chaumont*, *Sens*, *Bar*, *Bassigny*, *Meaux*, *Melun*, *Chartres*, *Dreux*, *Châteauneuf*, *Auxerre*, *Berghes St-Winock*, *Blois*, *Valois*, *Amiens*, *Ribemont*, *Chauny*.

l'article 303, et par Ferrière, aussi sur l'article 303, à quoi il faut ajouter ce que dit le même Ferrière sur l'article 307 [1].

On donne à ces coutumes le nom de coutumes d'*égalité simple*, ou d'*option*, ou d'*égalité en partage*.

Forment une troisième classe les coutumes peu nombreuses qui avaient jugé que, s'il est bon que les père et mère aient un certain pouvoir dans la distribution de leur fortune, il est bon également qu'ils puissent l'exercer avec franchise. En conséquence elles permettaient comme le droit romain de faire aux enfants des libéralités à titre de préciput avec cet effet qu'ils pussent les garder même en venant à la succession, et à plus forte raison en y renonçant. Si le don contenait la clause de préciput ou de dispense de rapport (c'est tout un), l'enfant donataire pouvait, tout en venant à la succession, le cumuler avec sa part dans la légitime qu'il recueillait à titre d'héritier. Si cette clause manquait, le don était réputé en avancement d'hoirie et avait exactement le même effet que dans les coutumes de simple égalité : en cas d'acceptation de la succession, rapport; en cas d'abstention, rétention sauf la légitime des autres enfants. Nous citons pour leur netteté les dispositions de la coutume de Nivernais, qui peut être regardée comme le type de cette classe de coutumes. Par l'article 10 du chap. XXVI, elle établit ainsi l'obligation générale du rapport : « Les enfants auxquels ont été donnés quelques biens » par leurs père et mère, *voulant venir à leurs successions*, » sont tenus de rapporter.... » Mais comment cette obligation du rapport peut-elle cesser? De deux manières, aux termes de l'article 11 qui s'analyse en deux dispositions bien distinctes : « Et s'entend ce que dit est sinon que ledit enfant » donataire se voulut tenir à son don sans venir à la succes- » sion. » Cela regarde les avancements d'hoirie ; ce n'est en-

[1] Ferrière, sur art. 303, n° 1, et sur art. 307, n° 5.

core que l'équivalent de l'article 307 de la coutume de Paris. Mais voici quelque chose de plus : « Ou sinon que lesdits » père et mère eussent donné par préciput ou inhibé le rap» port et collation de la chose donnée. » Cela signifie que la clause de préciput permet au donataire de retenir le don jusqu'à concurrence du disponible, même en venant à la succession, et de prendre en outre sa légitime dans le surplus des biens.

Ce système était suivi avec quelques différences par les coutumes du Bourbonnais et du Berry, voisines de celle de Nivernais, par celle de Reims et par quelques coutumes des Flandres. On les appelait coutumes de préciput. M. Vielle range bien à tort la coutume de Paris dans cette classe[1].

99. On voit que la question agitée entre les coutumes ne fut jamais de savoir si un enfant donataire en avancement d'hoirie, qui renonçait à la succession, rapporterait toute la libéralité, mais s'il retiendrait sa part héréditaire toute seule ou cette part cumulée avec la portion disponible. Là était la différence des coutumes de simple égalité et de préciput avec les coutumes d'égalité parfaite. Le droit de retenir la part héréditaire ne fut refusé par aucune. Je ne sais ni un temps ni un lieu où le droit de rétention limité à cette part n'aurait pas existé ; il est de l'essence de l'avancement d'hoirie reçu et pratiqué chez les Français. Que l'on débatte le droit de retenir un peu plus, un peu moins, ou rien du tout, au delà de la part héréditaire, c'est le terrain où s'exercent les variétés des coutumes. Mais sur ce qui est le fond même de l'avancement d'hoirie, la part héréditaire, elles ne varient point. Toutes en permettent la rétention. Pour ce qu'il contient de plus que cette part, l'avancement d'hoirie tend à l'iné-

[1] *Trilogie juridique*, p. 15.

galité, il tourne au préciput; c'est ce *plus* que les coutumes permettent ou défendent de retenir, soit en renonçant seulement, soit en acceptant comme en renonçant, selon qu'elles sont plus ou moins attachées à l'égalité entre les enfants. On voit déjà et par avance quel est le sens de l'article 845 du Code Napoléon qui permet à l'héritier renonçant de retenir le don qu'il a reçu jusqu'à concurrence de la portion disponible. Il s'explique sur cette portion parce que sa rétention souffrait des doutes; il ne dit rien de la part héréditaire dont la rétention n'a jamais été douteuse.

100. Quelque parti qu'elles eussent respectivement pris, les coutumes trouvèrent des apologistes dans leurs commentateurs. Il est touchant de voir comment chacun donne la préférence à sa coutume avec une piété vraiment filiale. Poullain-Duparc exalte le mérite de la coutume de Bretagne qui tenait pour l'égalité absolue. Pocquet de Livonnière qui vivait sous la coutume d'Anjou, autre coutume d'égalité parfaite, dirige ses critiques contre la coutume de Paris, parce qu'elle permettait indirectement l'inégalité. A son tour le président de Harlay, forcé d'appliquer les principes absolus de cette même coutume d'Anjou, manifeste son sentiment personnel par ce mot : *dura lex*, *sed scripta*[1].

Le savant commentateur de la coutume de Nivernais, Guy Coquille, vante naturellement les coutumes de préciput, sans pourtant méconnaître le mérite relatif du système contraire, lorsqu'il dit :

« La raison de ces coutumes qui défendent les avantages est fondée sur ce que, par l'égalité la concorde est conservée, et par l'inégalité les discordes et envies sont excitées. Mais s'il est loisible en cette matière de rai-

[1] A l'occasion d'un arrêt du 26 juin 1607. Voy. Tronçon, sur *Paris*, art. 307.

sonner, il me semble que l'inconvénient est plus grand de mettre les pères et mères en cette misérable servitude et subjection envers leurs enfants, qu'ils ne puissent disposer en pleine liberté de leurs biens entre leurs enfants, comme ils peuvent à l'égard des étrangers... Et est l'inconvénient plus grand, en ce que les enfants se sentant assurés qu'on ne peut leur diminuer la portion héréditaire, n'auront soin de gagner et entretenir les bonnes grâces de leurs pères et mères par services obséquieux, pour espérer d'eux honnête récompense, laquelle espérance est approuvée par la loi romaine... Doncques est louable notre coutune qui conserve aux pères et mères leur liberté naturelle de pouvoir disposer de leurs biens entre leurs enfants, sauve la légitime [1]. »

Un semblable patriotisme incline Pothier vers les coutumes d'égalité simple qui étaient parvenues par voie oblique à autoriser les mêmes avantages que les coutumes de préciput. Le grand jurisconsulte orléanais apprécie d'ailleurs avec sagacité l'esprit primordial du droit français et les modifications que le progrès des mœurs lui fit subir :

« La disposition de nos coutumes sur ce point, dit Pothier, n'est donc pas fondée dans la nature même des choses, elle n'est pas fondée non plus sur aucune raison d'équité naturelle ; car ce n'est point une chose contraire à l'équité naturelle, que lorsqu'un de nos héritiers présomptifs nous a été plus attaché que les autres, nous a rendu plus de services, nous puissions lui témoigner l'affection particulière que nous avons pour lui par quelque présent qu'il puisse prendre, malgré sa part dans notre succession.

Cette disposition a pour seul fondement l'inclination de notre droit français à conserver l'égalité entre les héritiers comme un moyen de conserver la paix et la concorde dans les familles, et d'en exclure les jalousies auxquelles donneraient lieu les avantages que l'on ferait à l'un des héritiers par-dessus les autres. Il était d'autant plus important de maintenir cette

[1] Sur *Nivernais*, ch. XXVII, art. 7. Ajoutez *Institution au Droit français* (Donations). Quant à la loi romaine invoquée, ce peut être le texte suivant : *Meritis filios ad paterna obsequia provocandos* (L. 35, § 1, C. de Inoff. test.), ou celui-ci : *Ne deminuatur spes quam unusquisque liberorum parat sibi* (L. 17, § 3, D. de Adoption.).

égalité à l'égard d'hommes guerriers et féroces, tels qu'étaient nos ancêtres plus susceptibles que d'autres de jalousie et toujours prêts à en venir aux mains et aux meurtres pour les moindres sujets.

Les coutumes d'égalité qui ne permettent pas à l'un des héritiers présomptifs de conserver l'avantage qui lui est fait même en renonçant à la succession du défunt qui le lui a fait, sont celles qui paraissent avoir le mieux conservé l'esprit de notre ancien droit sur ce point.

Nos coutumes en permettant à l'héritier présomptif de conserver les avantages qui lui sont faits en renonçant à la succession paraissent avoir abandonné en cela l'esprit de notre droit ancien, et en avoir seulement retenu la lettre par cette subtilité, que la loi défendant les avantages aux héritiers, celui qui renonçait à la succession n'étant point héritier au moyen de la renonciation, ne se trouvait plus compris dans la prohibition de la loi.

Nous ne donnons pas pour cela la préférence aux coutumes d'égalité sur les nôtres ; si les nôtres se sont écartées de l'esprit de notre ancien droit dont l'observance n'était plus nécessaire depuis que nos mœurs se sont adoucies, elles se sont rapprochées de la liberté du droit naturel, qui nous permet de disposer de nos biens à notre volonté et de témoigner une affection particulière à ceux de nos parents qui ont mieux mérité de nous. Nos coutumes, en se rapprochant en cela du droit naturel, n'ont pas néanmoins voulu, par respect pour les anciens usages paraître abandonner l'ancien droit français ; c'est pourquoi elles en ont conservé la lettre en défendant les avantages entre héritiers qui viendraient ensemble à la succession de celui qui les a faits[1]. »

101. Et M. Coin-Delisle de s'écrier là-dessus : « Pothier » a tort. Ce n'est pas se rapprocher de la liberté naturelle, mais » permettre au donataire de s'assurer par sa seule volonté » un avantage, contrairement à la volonté du donateur[2]. » Non, Pothier n'a pas tort. Il voit les choses comme elles sont ; il juge, par exemple, qu'un père de famille qui a 12,000 livres et six enfants, et qui donne 7,000 livres à l'un d'eux, a réellement voulu faire un avantage à cet enfant. Par son abstention de la succession l'enfant donataire ne fait pas autre

[1] *Successions*, ch. 4, art. 3, § 2.
[2] *Limite*, etc., n° 23.

chose qu'accepter l'avantage qui lui est offert. Si le donateur voulait l'intéresser à accepter la succession malgré la nécessité d'y rapporter la donation, il ne devait lui donner que 2,000 livres, c'est-à-dire sa part héréditaire ou même quelque chose de moins. Selon M. Coin-Delisle, les raisons de Pothier sont vraies pour les coutumes de *préciput*, parce qu'alors c'est la volonté du père qui prédomine en dispensant du rapport, et il avoue ailleurs [1] que ces coutumes sont plus conformes à l'équité naturelle et au gouvernement de la famille que les coutumes d'égalité parfaite. Mais il leur eût refusé la moitié de cet éloge, s'il eût remarqué qu'outre l'avantage par voie de préciput ces coutumes permettaient aussi l'avantage par voie de donation simple, combinée avec une renonciation à la succession du donateur, tout comme les coutumes d'Orléans et de Paris; chose qui est une monstruosité aux yeux de M. Coin-Delisle, mais qui n'étonnait nullement Pothier. J'en conclus, moi, que si les raisons du grand jurisconsulte sont vraies pour les coutumes de préciput, elles le sont aussi pour les coutumes d'égalité simple qui leur ressemblent tant. Pothier a donc raison.

102. Les legs pouvaient-ils, dans les coutumes d'égalité simple, servir comme les donations à conférer un avantage à quelqu'un des enfants, moyennant qu'il s'abstînt de la succession? Il est d'abord certain que si un enfant légataire vient à la succession, il ne peut réclamer son legs; telle est la disposition de l'art. 300 (ancien 121) de la coutume de Paris: *aucun ne peut être héritier et légataire d'un défunt ensemble* [2].

[1] *Ibid.* n° 21.

[2] Disposition entrée par mégarde dans la coutume de *Nivernais* qui était coutume de préciput. Voir chap. XXXIII, art. 11, et Coquille sur cet article.

La question est de savoir si, en renonçant à la succession, il pourra retenir le disponible avec sa part dans la légitime, supposé que le legs soit assez considérable pour fournir matière à cette double rétention. Dumoulin me paraît se préoccuper exclusivement de la succession des propres et des réserves coutumières, lorsqu'il dit en commentant cette disposition : Elle ne veut pas que l'on fasse par testament la » condition de l'un meilleure que celle de l'autre. Dès lors » si un legs est fait à l'un des héritiers, et que celui-ci se » porte héritier, le legs s'évanouit ; mais s'il préfère s'abs- » tenir de l'hérédité, le legs est valable à concurrence de ce » dont la coutume permet la disposition en faveur d'un étran- » ger [1]. » Ailleurs, il reconnaît à un légataire renonçant le droit de retenir sa part dans la légitime. « Encore, dit-il, » qu'ils ne soient pas héritiers de leur mère, ils ne laissent » pas de faire part dans la légitime, parce qu'ils ne s'abstien- » nent pas gratuitement, mais en retenant ce qu'ils ont reçu » par *testament* ou entre-vifs et qu'ils eussent été tenus de » rapporter, s'ils étaient venus à la succession ; et ainsi ils » font part dans la légitime à laquelle sans cela ils eussent » concouru jusqu'à concurrence de l'intérêt qu'ils ont, de » manière à repousser ou à restreindre la demande des au- » tres à fin de légitime ou en supplément [2]. »

C'est l'opinion exprimée par Dumoulin dans ce texte qui a

[1] *Et vult quod per testamentum non potest fieri conditio unius melior altero. Ita quod si legetur uni heredum, si ille se gerat pro herede, legatum extinguitur ; sed si malit abstinere hereditate, legatum remanebit validum, in quantum consuetudo permittit extraneo legari* (ad § 121, n° 7).

[2] *Licet non sint heredes matris, tamen partem faciunt in legitima quia non abstinent gratis, sed propterea quod in testamento vel inter vivos acceperunt, retinent quod alias conferre tenerentur si pro herede gererent, et sic in legitima in qua alias concurrerent partem faciunt quatenus eorum interest ad repellendum vel restringendum agentem ad legitimam vel supplementum* (Cons. 35, n° 10).

prévalu [1]; elle reste fidèle à la lettre de l'art. 303 (ancien 124) qui ne défend d'avantager *par testament* comme par donation que les enfants venant à la succession.

Quoiqu'il ne soit pas un avancement d'hoirie proprement dit, le legs fait à un héritier présomptif est du moins pour lui la représentation et le remplacement de son droit de succession. L'enfant légataire peut donc retenir la légitime sur ce legs, même en s'abstenant de la succession. Et comme la coutume ne veut l'égalité qu'entre cohéritiers, il a de plus le droit de retenir ce qui ne sera pas nécessaire pour la légitime des enfants héritiers. Le legs pouvait ainsi devenir le véhicule d'un avantage réel en faveur d'un enfant sous les coutumes moins amies de l'égalité. Il faut seulement remarquer que lorsque le défunt ne laissait que des propres, les frères de l'enfant légataire avaient le plus grand intérêt à réclamer la réserve coutumière des quatre-quints plutôt que leur légitime, de sorte que le renonçant ne pût retenir comme un étranger que le cinquième disponible ou tout au plus sa légitime personnelle; alors s'appliquait la décision de Dumoulin sur l'article 121 de l'ancienne coutume [2].

103. Aux héritiers collatéraux il n'était point dû de légitime. Cependant l'esprit des coutumes tendait à l'égalité entre eux, mais avec moins de rigueur qu'entre les enfants. Ainsi, la généralité des coutumes défendait aux collatéraux, comme aux enfants, le cumul des qualités de légataire et d'héritier. Pour conserver son legs, un collatéral devait donc renoncer

[1] Voir Charondas, *Pandectes*, liv. III, ch. XII (p. 83 ci-dessus); Ricard, *Donations*, part. 3, n° 979 (p. 171 ci-après); Ferrière, sur *Paris*, art. 300, n. 6, 28, 29, et art. 307, n. 8; Duplessis, *Successions*, liv. I, ch. III, sect. I, dont l'opinion est très-nette et très-explicite; Marais, *Discours sur la Détraction de la Légitime*, p. 30; Bourjon, *Successions*, 2e part. ch. X, sect. II, n° 11 (n° 276 ci-après).

[2] Delaurière, sur *Paris*, art. 303.

à la succession. Il était au contraire presque universellement permis, en ligne collatérale, d'être donataire et héritier, ce qui signifiait que la donation entre-vifs même sans clause de préciput n'était pas rapportable par le donataire venant à la succession du donateur. Tel était le droit dans la coutume de Paris, article 301, et dans presque toutes les coutumes qui avaient admis comme elle le non-rapport par un enfant donataire renonçant. Celles de Valois et de Blois exigeaient la renonciation, même d'un collatéral, pour qu'il retînt son don. Les coutumes d'égalité parfaite entre enfants, telles que celles de Bretagne, d'Anjou et du Maine, étaient aussi coutumes d'égalité parfaite entre collatéraux ; elles ne permettaient pas de faire la condition d'un héritier meilleure que celle d'un autre, et en conséquence tout ce qui était donné par avancement d'hoirie ou autrement était sujet au rapport de la part du donataire, soit qu'il vînt ou non à la succession. Entendez toutefois qu'en renonçant il ne rapportait le don que pour l'excédant de sa propre part héréditaire ; l'égalité ne demandait pas plus.

104. Les détails dans lesquels nous sommes entré sur l'effet des libéralités de père et mère à enfants, résolvent pour les enfants donataires ou légataires la question de savoir s'ils devaient ; dans le droit des coutumes, se porter héritiers pour prendre leur légitime. Il est évident que le titre d'héritier ne leur est pas nécessaire, puisque la coutume, la jurisprudence et la doctrine leur permettent toujours, en s'abstenant de la succession, de retenir leur légitime, et quelquefois bien davantage. Le droit coutumier ne s'est posé la question du titre auquel se recueille la légitime que pour les légitimaires qui ne l'ont pas reçue par avance et qui la réclament sur les biens laissés au décès ou donnés à d'autres personnes.

Les principes du droit écrit sur ce point ne furent jamais bien arrêtés. Il semble que la seule qualité d'enfant était suffisante d'après ce droit pour réclamer la légitime. C'est un point qui ne sera jamais bien clair. Mais les principes particuliers du droit coutumier sur la saisine des héritiers du sang lui permirent de rejeter les idées vagues qui régnaient dans le midi de la France, et de formuler une solution catégorique et originale.

En même temps qu'il prohibait l'institution d'un héritier par la volonté de l'homme, le droit du nord donnait la saisine à l'héritier du sang, soit que les dispositions faites par le défunt pussent enlever tout émolument à cet héritier saisi, soit qu'elles dussent lui laisser quelque chose à titre de réserve coutumière ou de légitime. De plein droit, l'héritier du sang a la propriété et la possession de la succession en vertu de la règle coutumière, *le mort saisit le vif son hoir le plus proche habile à lui succéder;* la succession vient elle-même les visiter. Mais il a le droit de la répudier en vertu de cette autre règle, *il n'est héritier qui ne veut.*

De la saisine se déduit la nécessité de se porter héritier pour avoir la légitime; c'est la voie par laquelle les coutumes veulent que la légitime arrive à ceux en faveur desquels elle est établie. Cessant la saisine par une répudiation, cesserait aussi le droit à la légitime. En renonçant à l'hérédité, l'héritier saisi se dépouille du même coup de la légitime qui a l'hérédité pour cause et qui n'est pas autre chose que l'hérédité elle-même ou la portion d'hérédité que la loi lui réservait. Il n'y a pas à équivoquer dans le droit coutumier sur quote de biens et quote d'hérédité. La légitime ne peut pas être réclamée comme une quote des biens en la seule qualité d'enfant; il faut nécessairement la recueillir comme une partie de l'hérédité et en qualité d'héritier. Car, à qui l'enfant renonçant à la succession s'adresserait-il pour avoir sa légitime? Serait-ce au légataire nommé dans le testament? mais ce légataire n'est pas, ne peut pas être héritier. Et comme il faut bien qu'il y ait un héritier, la saisine répudiée s'en va à un autre degré ou à un autre ordre d'héritiers auxquels seuls le légataire a désormais affaire. Supposerez-vous que le renonçant a des cohéritiers qui acceptent? ces héritiers se trouvent investis de la saisine de la succession entière par sa renonciation et il ne lui doivent pas plus de légitime que ne lui en devraient des héritiers d'un degré subséquent ou d'un autre ordre saisis par son refus d'accepter. Cette objection d'ailleurs ne serait bonne qu'en fait et n'aurait en droit aucune valeur, car les cohéritiers du renonçant auraient le droit de prendre la même position que lui. Mais s'ils renoncent tous, ne sont-ils pas toujours replacés comme un seul homme en face des héritiers qui se trouvent saisis par leur répudiation?

De là, deux principes à peu près incontestés : le premier, que la légitime emporte saisine en faveur du légitimaire; le second, qu'il faut se porter héritier pour la recueillir. Ecoutons l'oracle du droit coutumier, Dumoulin : « En France, le » fils n'est pas tenu de venir par action de supplément, mais » il est saisi de sa légitime et a intérêt pour directement de- » mander partage et séquestre en cas de retard [1]. Par la » coutume générale de France il n'est pas seulement pro- » priétaire, mais possesseur des biens à concurrence de sa » légitime, comme je l'ai touché dans mon traité des *Testa-* » *ments inofficieux*, au n° 9 [2]. Dans les lieux où la coutume

[1] *In Gallia filius non tenetur venire per actionem supplementi, sed est saisitus de sua legitima et habet interesse*, pour recta demander partage et séquestre, *in casu moræ* (Note sur *Berry*, tit. 18, art. 8).

[2] *Imo etiam attenta generali consuetudine Galliarum non solum dominus est, sed etiam bonorum possessor prorata suæ legitimæ, ut tetigi in* Tract. *de Inoffic.*, n° 9 (Consil. 36, n° 12).

» donne la saisine à l'héritier, l'interdit *uti possidetis* lui » compète; autrement il n'aurait pas de plein droit toute sa » légitime, comme le veut la loi [1]. Chez nous n'a de légitime » que celui qui est héritier [2]. »

Cette manière de voir est celle de Coquille [3], de Ricard [4], de Ferrière [5], de Delaurière [6], de Pothier [7], de Lebrun, qui traite la question avec étendue [8], de Bourjon [9], de Roussilhe [10] et de la plupart des auteurs. Ils autorisent leur sentiment des énonciations des coutumes qui affectent la légitime aux enfants héritiers (*Montargis*, tit. XI, art. 1; *Chartres*, art. 88). Suivant Delaurière le légitimaire peut comme saisi intenter *contre les donataires* la complainte en cas de saisine et de nouvelleté. Cela va loin et serait difficilement admis sous le Code Napoléon, dont l'art. 930 ne donne contre les donataires et leurs acquéreurs que l'action en revendication.

105. Le principe que la légitime se prend en qualité d'héritier a rencontré peu de contradicteurs sous l'empire de nos coutumes. Guillaume de la Champagne s'est cependant efforcé de prouver que la légitime n'est qu'une dette et ne saisit point dans le droit coutumier, et que les qualités de légitimaire et d'héritier sont aussi incompatibles que celles de créancier

[1] *Quin etiam in locis ubi consuetudine heres est possessor* [*in heredem*] *competit interdictum* UTI POSSIDETIS, *alias non habet ipso jure plenam legitimam*, *ut jura volunt* (de Inoff. test. n° 9).

[2] *Apud nos... non habet legitimam nisi qui heres est.*

[3] Sur *Nivernais*, ch. XXVII, art. 7; *Questions*, n° 163.

[4] *Donations*, part. 3, n°s 978, 986.

[5] Sur *Paris*, art. 298, Glose 3, n°s 3 et 4.

[6] Sur *Paris*, art. 298.

[7] Sur *Orléans*, Introd. au tit. des Donat. n° 71.

[8] *Successions*, liv. II, ch. III, sect. I, n° 9.

[9] *Dr. commun de la France*, Success. 2e part. ch. X, sect. VII, n° 52.

[10] *Droit de Légitime*, T. I, n° 26.

et de débiteur [1]. Ses raisons ne sont pas dignes de réfutation.

Berroyer, préoccupé de la recherche d'un moyen légal de soustraire aux créanciers de la succession la légitime qui se prend sur les biens donnés, a aussi soutenu que, même en droit coutumier, la légitime est une portion des biens du défunt qui se recueille en la seule qualité d'enfant [2]. Il tire sa principale raison du droit accordé à un enfant donataire de retenir sa légitime, tout en renonçant à la succession, et par conséquent sans le titre d'héritier. Si ce titre est inutile à l'enfant donataire, il doit, suivant lui, l'être également au légitimaire non donataire; et si celui-ci a besoin d'être héritier pour prendre sa légitime, l'on ne voit pas de raison qui puisse exempter le fils donataire de l'être. Il faut qu'ils soient héritiers l'un et l'autre ou ne le soient ni l'un ni l'autre. C'est un dilemme. Mais il est faux, parce que l'enfant donataire a un titre spécial d'acquisition qui manque à l'enfant non donataire.

Un auteur plus considérable, M. Merlin, a repris cette thèse paradoxale la veille du jour où les coutumes allaient disparaître; il emprunte ses arguments à Guillaume de la Champagne, ce qui veut dire que ce ne sont que des sophismes [3]. Deux coutumes sont particulièrement invoquées comme ayant adopté cette opinion. La première, la coutume de Normandie, en son art. 399, ne donne le tiers coutumier qu'aux enfants *qui ont renoncé à la succession*, remarque M. Merlin. Or, le tiers coutumier leur tient lieu de leur légitime. Donc, la qualité d'héritier est incompatible avec celle de légitimaire. Cet argument tombe devant la simple observation que le tiers coutumier qui tenait lieu de légitime en Normandie n'était pas

[1] *Légitime*, ch. XXII-XXVIII.

[2] Arrêts de Bardet avec notes de Berroyer, T. I, liv. III, ch. XXXVII.

[3] Rép. de Guyot, v° *Légitime*, sect, II, § 1.

autre chose que le douaire de la mère rendu propre aux enfants par la coutume. Je rappelle que par exception au droit commun des douaires, le tiers coutumier était accordé même sur les biens du père; son affinité avec la légitime avait motivé cette extension. L'autre texte allégué par M. Merlin est l'art. 2, ch. VII, de la coutume du duché de Bourgogne, qui porte « qu'on ne peut exhéréder ses vrais héritiers, qu'on ne » leur délaisse la légitime. » Mais la coutume de Bourgogne est plutôt un Code de droit écrit que de droit coutumier; contrairement à presque toutes les coutumes, elle exigeait l'institution d'héritier pour la validité du testament en ligne directe. Or, c'est précisément l'absence d'héritier testamentaire qui avait induit les coutumes à placer la légitime dans l'hérédité déférée par elles-mêmes. L'exception, s'il y en avait une, ne ferait que confirmer la règle générale. Mais l'exception est douteuse, au moins pour la saisine, car j'ai lu quelque part, sans pouvoir rien vérifier, que Chasseneux, commentateur de cette coutume, en attribue le bénéfice au légitimaire.

Malgré ces attaques peu réfléchies, la théorie qui veut que la légitime se réclame à titre d'héritier reste l'une des plus belles et des plus certaines du droit coutumier. Elle rencontrait toutefois dans son application des limites et des difficultés sur lesquelles nous devons insister.

106. Une limite importante au principe qu'il fallait être héritier pour participer à la légitime résultait du droit de rétention reconnu par toutes les coutumes à l'enfant donataire ou légataire qui renonçait à la succession du donateur. Nous avons noté par avance cette limitation du principe général. Le droit de rétention du donataire renonçant avait essentiellement pour objet, comme on l'a vu, sa légitime. Les coutumes d'égalité parfaite elles-mêmes ne lui refusaient pas la faculté

de conserver une part égale à celle de ses colégitimaires héritiers ; les coutumes d'égalité simple, et à plus forte raison celles de préciput, lui permettaient d'y joindre tout ce qui aurait pu être donné à un étranger. En d'autres termes, dans une coutume d'égalité parfaite qui n'admet de disponible qu'en faveur des étrangers, l'enfant donataire renonçant retient toute sa part héréditaire, ou seulement sa légitime, selon que le père a ou non disposé de ce qui est à sa disposition. Dans les autres coutumes, il retient sa légitime et le disponible, pourvu que celui-ci n'ait pas déjà été attribué à une autre personne, soit enfant, soit étranger ; mais sa légitime, il la retient dans tous les cas possibles. C'est que le don d'une part de légitime à un légitimaire n'est jamais inofficieux ni contraire à la loi d'égalité. Déjà saisi de sa part à un titre légal d'acquisition, pourquoi l'enfant donataire aurait-il eu besoin de prendre le titre d'héritier? Ce titre n'aurait eu que le fâcheux effet de l'impliquer dans une liquidation de dettes et de charges qui ne devaient point peser sur les biens mis dans sa main par la donation. Il faut se garder de confondre la légitime avec la réserve coutumière. Le titre d'héritier était nécessaire pour toutes deux, mais non de la même manière, ni par les mêmes raisons. La nécessité d'être héritier pour prendre part dans les réserves coutumières était absolue et sans exception, parce qu'il était de l'essence des propres, c'est-à-dire des biens venus par succession, de ne se conserver que par succession. Quiconque renonçait y perdait toute espèce de droit. Mais la nécessité d'être héritier pour avoir part dans la légitime ne tenait pas à la nature intime de ce droit ; elle dérivait uniquement de l'économie générale des règles coutumières relatives aux successions. Aussi l'acceptation de la succession n'était-elle imposée qu'aux légitimaires qui n'avaient pas reçu leur part à un autre titre légal d'acquisition. Lorsque nos jurisconsultes coutumiers disent, *non habet legitimam nisi qui heres est*, ils nient que la seule qualité d'enfant soit suffisante pour réclamer la légitime, mais non que la légitime ne puisse être retenue par un enfant, en vertu d'une donation ou même d'un legs. Les réserves coutumières sont attachées à la qualité d'héritier et s'acquièrent exclusivement par le moyen de l'hérédité ; la légitime est attachée à la qualité d'enfant et s'acquiert par voie d'hérédité, de donation ou de legs. Voilà la vraie formule du droit coutumier sur ces matières.

Est-il besoin de justifier par des autorités le droit pour un enfant de retenir la légitime comme donataire, encore bien que sans la donation il n'eût pu la demander que comme héritier ? Nous n'avons pas trouvé les auteurs unanimes, lorsqu'il s'agissait d'établir la nécessité du titre d'héritier pour l'enfant qui n'en a pas d'autre et qui prétend à sa part de légitime. Mais le droit romain, le droit coutumier, les ordonnances, les arrêts et les jurisconsultes sont unanimes sur le droit de rétention qui compète à l'enfant donataire. De la Novelle 92, où Justinien l'avait consacré, ce droit passa dans l'ordonnance de 1731 sur les donations, art. 34. M. de Lamoignon en avait fait un article de ses arrêtés, l'art. 30 du tit. 44e sur les rapports. On peut revoir plus haut [1] les principales dispositions coutumières sur ce point.

Malgré son excessive rigueur à l'égard de l'enfant qui était donataire avec expression d'avancement d'hoirie, et qui renonçait à la succession du donateur, Dumoulin lui permet la rétention de sa part héréditaire ; en cas d'avancement d'hoirie seulement présumé, c'est la rétention de sa légitime et du disponible qu'il lui accorde, ou comme on dit aujourd'hui, le cumul.

Ancien ou nouveau, il n'est pas un seul auteur qui n'ait

[1] Page 151 ci-dessus, n° 96.

soin, en décidant que la légitime se prend à titre d'héritier, de constater l'exception dont la règle était susceptible en faveur de l'enfant donataire. Ils disent tous qu'il la peut retenir par voie d'exception sur les biens à lui donnés, malgré sa renonciation ou son abstention, ne lui refusant que la voie d'action pour la réclamer sur d'autres biens. C'était un droit trivial et rebattu. Il est spécialement confirmé par un passage de Ricard, qui a le mérite de nous représenter exactement la forme sous laquelle cette théorie fut conçue dans le sein du Conseil d'État, lors de la rédaction du Code civil :

« Cette résolution (qu'il faut se porter héritier), doit être limitée, dit Ricard, lorsque les enfants demandent leur légitime contre leur frère donataire entre-vifs ou *testamentaire* de leur père commun ; car comme il est en possession en vertu d'un juste titre de la part qu'il a droit de prétendre en la légitime, il la peut retenir par exception, sans qu'il soit tenu de changer de qualité pour cet effet, de sorte qu'il retiendra sa part en la légitime en qualité d'enfant ; après que la légitime aura été levée pour tous les enfants en général, le surplus lui demeurera comme étranger, en vertu de sa donation, et nous usons de ce droit sans contredit [1] ».

Je cite encore Pothier, parce qu'il est le premier des jurisconsultes français :

« La légitime étant une portion que les père et mère doivent dans leur succession à leurs enfants, et conséquemment la demande de la légitime étant une espèce de *petitio hereditatis*, plusieurs auteurs en ont tiré cette conséquence, que pour la demander par voie d'action, il faut être héritier, au moins sous bénéfice d'inventaire. Mais tous conviennent qu'on peut la retenir par voie d'exception, quoiqu'on ait renoncé à la succession [2] ».

Bourjon, parce qu'il explique les conséquences de ce droit

[1] *Tr. des Donations*, part. 3e, nos 979 ; *Junge* n° 1114. Voir aussi Lebrun, *Successions*, liv. II, ch. III, sect. I, n° 28.

[2] Introd. au tit. des Donations de la C. d'Orléans, n° 76 ; ajoutez *Donat. entre-vifs*, sect. III, art. 5, § 1.

au moyen d'un exemple pour les coutumes de simple égalité, telles que la coutume de Paris :

« Si un père dispose en faveur de ses enfants, il peut disposer au delà de la moitié de ses biens (quotité disponible suivant la coutume de Paris), parce que cet enfant a lui-même sa portion virile qui s'accroît à la moitié dont il est gratifié ; mais il ne peut disposer que de moitié en faveur des étrangers. Et de là il s'ensuit que si un homme a trois enfants et qu'il en institue un *légataire universel*, ce légataire a les quatre sixièmes des biens[1]. »

Domat, parce que sa définition de la légitime, qu'elle est *une portion de l'hérédité*, donne du prix à son opinion pour les pays coutumiers où la légitime se définissait de la même manière :

« Si les enfants à qui les parents auraient fait des donations ou constitutions de dot inofficieuses aux autres enfants, prétendaient s'en tenir à leurs dons et renoncer à l'hérédité, ils pourraient bien s'abstenir de la qualité d'héritiers, et par là s'affranchir des charges de la succession ; mais leurs donations seraient sujettes au retranchement pour la légime des autres enfants[2] ».

Cette doctrine, universellement reçue et facilement comprise par les plus humbles praticiens, comme par les plus grands jurisconsultes d'autrefois, n'est plus à la portée des docteurs modernes, même des meilleurs. « Il nous est im- » possible de comprendre, dit M. Bugnet annotant Pothier » aux passages que nous avons cités, pourquoi l'enfant qui » a renoncé, qui par là est étranger à la succession, peut » retenir une portion quelconque de la réserve : il nous » semble qu'il doit être traité comme un étranger qui n'au- » rait droit qu'à la quotité disponible. » M. Duverger dit pareillement au nom de la faculté de droit de Paris dans son

[1] *Droit comm. de la France*, Successions, 2e part., ch. X, sect. II, n° 11.

[2] *Lois civiles*, liv. III, tit. III, sect. III, n° 4. Comparez sect. I, n° I.

rapport sur le concours de doctorat de 1853[1] : « Il était » admis, *du moins par plusieurs auteurs*, que le légitimaire, » qui renonçait *aliquo accepto*, pouvait garder tout ce qu'il » avait reçu, pourvu qu'il acquittât la légitime des autres lé- » gitimaires. » S'il y a eu des auteurs dissidents, il fallait les nommer. Pothier n'en connaissait pas, et j'en ai vainement cherché.

Ce qui a brouillé les idées des interprètes du Code Napoléon, c'est leur formule tant de fois répétée que la réserve qu'il institue n'est pas autre chose que la succession *ab intestat* diminuée. Si elle est une succession, nul ne peut y prendre part sans être héritier. Ils ne sortent pas de là. Je les prie cependant de vouloir bien considérer que la légitime des coutumes était aussi la succession *ab intestat* diminuée, et que malgré cela leurs interprètes admettaient sans difficulté le légitimaire qui avait reçu un avancement d'hoirie à retenir sa part de cette succession diminuée sans se porter héritier. Pourquoi? Tout simplement parce que le successible habile à recueillir la succession privilégiée résultant de la légitime se trouvait dispensé par sa renonciation de rapporter la part héréditaire qu'il avait reçue par anticipation, de même que le successible habile à recueillir une succession ordinaire est dispensé, s'il y renonce, de rapporter les avancements d'hoirie qu'il a pu recevoir. Celui qui renonce à une succession pour conserver ce qu'il eut dû y rapporter sans sa renonciation n'est pas aussi étranger à cette succession qu'on le croit communément aujourd'hui. Je sais que nos auteurs objectent à cela que l'héritier qui renonce est censé n'avoir jamais été héritier (Code Nap. art. 785). Mais pensent-ils que ce principe soit nouveau et que Pothier l'ait ignoré? Qu'ils lisent donc l'article 310 de la coutume de

[1] Lu à la séance du 8 août 1854, p. 25.

Paris. Je dois me borner ici à ces seules réflexions, sauf à les développer largement dans l'interprétation des dispositions du Code Napoléon. C'est une semence pour la discussion du droit actuellement en vigueur.

Le principe coutumier qu'il fallait être héritier pour demander la légitime par voie d'action avait cette signification que le légitimaire qui renonçait à la succession sans avoir reçu aucune libéralité était déchu de toute part dans la légitime, et que celui qui renonçait pour s'en tenir à un don inférieur à sa part légitime, ne pouvait pas en demander le supplément. Cela ne souffrait aucune difficulté à l'égard des enfants qui renonçaient après l'ouverture de la succession [1]. La question de l'obtention d'un supplément de légitime, nonobstant renonciation à la succession, ne s'est jamais élevée que pour les filles qui faisaient une renonciation anticipée, soit expresse, soit tacite, en recevant une dot lors de leur mariage. Elle était résolue diversement par les coutumes et provoquait de la part des auteurs la manifestation de sentiments opposés selon leur penchant vers l'égalité que la nature conseillait ou vers l'inégalité que voulait la politique.

Merlin, après de la Champagne, tire argument des coutumes qui accordaient l'action en supplément à la fille renonçante [2], pour soutenir que la légitime était indépendante du titre d'héritier et ne saisissait point dans le droit coutumier. Ce qui est vrai de la partie, disent-ils, doit être également vrai de la totalité. C'est un pur sophisme consistant à présenter comme droit commun un droit exorbitant et particulier.

Ce droit est aujourd'hui tout à fait mort; ne nous y arrêtons pas davantage.

[1] Ricard, *Donations*, 3e part., n° 978.

[2] *Berry*, *Nivernais*.

107. Le danger du système qui attache la légitime au titre d'héritier était de livrer aux créanciers de la succession les valeurs retranchées sur des donations entre-vifs pour former la légitime [1]. D'un côté, en effet, les enfants ont droit, en cas d'insuffisance des biens existants au décès, de prendre leur légitime par voie de retranchement ou de réduction sur les biens donnés entre-vifs, soit à d'autres enfants, soit à des étrangers; la prétention de quelques auteurs coutumiers d'affranchir les donations faites à des étrangers avait été rejetée [2]. D'un autre côté, on était d'accord, en remontant à l'origine de la plainte d'inofficiosité contre les donations entre-vifs, que le droit de les faire réduire n'a été introduit qu'en faveur des légitimaires, et que les créanciers de la succession ne doivent point profiter d'une réduction qui s'opère sur des biens définitivement sortis à leur égard du patrimoine du défunt. Mais, si les enfants ne peuvent demander la réduction des donations qu'en se portant héritiers, ne vont-ils pas ressembler au personnage de la fable qui se donne beaucoup de peine pour qu'un autre en ait tout le profit? Héritiers, ils seront tenus aux dettes de la succession tant sur les biens du défunt que sur leurs biens propres et à plus forte raison sur ceux qu'ils reprendront aux donataires. Là serait l'iniquité. Comment l'empêcher?

Le droit romain pur ne connut pas cet embarras, non pas qu'il eût expressément placé la légitime hors de l'hérédité, mais parce qu'il avait organisé la réduction des donations inofficieuses séparément de celle des libéralités testamentaires. Cette scission permettait aux légitimaires de faire révoquer les donations inofficieuses pour eux-mêmes et non pour les créanciers du défunt.

[1] Voy. cette même question pour le droit écrit, à la p. 66 et suiv.

[2] Ferrière, sur *Paris*, art. 298, Glose 4, n° 10 et suiv.

Le droit écrit formait une masse des biens laissés au décès et des biens donnés entre-vifs ; mais les commentateurs de ce droit se tiraient d'affaire en disant que la légitime était une quote des biens et non de l'hérédité, se recueillant en qualité d'enfant et non d'héritier. Cela fermait la porte aux prétentions des créanciers héréditaires sur les biens retranchés des donations entre-vifs.

Dans le droit coutumier qui identifia la légitime avec l'hérédité, l'embarras fut porté à son comble. Bon nombre d'auteurs ne virent pas d'autre moyen d'échapper à la difficulté que de sacrifier dans ce cas le principe qu'on ne peut réclamer la légitime sans se porter héritier.

C'est presque autant par relation au droit coutumier qu'au droit écrit que Dumoulin nous dit en son conseil 35, §§ 15, 18 et 19, que « s'il n'y a rien dans l'hérédité, c'est-à-dire si » le père ou la mère a épuisé tous ses biens par des donations entre-vifs et n'a pas laissé ce qui serait nécessaire » pour la légitime, le fils ou tout autre enfant appelé à la » succession *ab intestat* n'est pas tenu de se porter héritier. » Il peut demander sa légitime ou le supplément par l'action » personnelle de donation inofficieuse. Il en est autrement » lorsqu'il reste assez pour la légitime, déduction faite des » dettes et des frais funéraires [1]. »

S'il en est ainsi, l'acceptation de la succession ne serait imposée aux légitimaires que pour réclamer leur légitime sur les biens laissés au décès.

[1] § 18. *Quia verum est... quando nihil superest in hereditate, puta quando omnia donationibus inter vivos exhaurierat, et nihil reliqui fecerat, saltem quod ad legitimam sufficeret : quia tunc filius (et idem de quovis ex liberis qui alias vocaretur ab intestato) non tenetur gerere pro herede.... Unde potest condictione de inofficiosis donationibus petere legitimam vel ejus supplementum.* § 19 : *Secus quando aliquid superest sufficiens ad legitimam videlicet debitis et funeralibus deductis.*

Guy Coquille essayait de sauver les apparences en exigeant que l'enfant se portât héritier en sa légitime seulement. Il entendait que cette nouvelle espèce d'héritiers ne serait pas soumise aux dettes héréditaires. « Et afin (c'est Coquille qui » parle) que se disant héritier simple, il ne soit pas encombré » des charges héréditaires outre la portée de l'hérédité, en » sorte que les autres biens y soient mêlés, il pourra se dire » héritier en sa légitime même [1] » L'invention de cet étrange héritier n'a pas été trouvée heureuse.

L'expédient proposé par Dumoulin est adopté par Lemaître [2], par Roussilhe [3], par Berroyer [4], et par Argou dont voici les paroles [5] :

« Il faut dans la règle que les enfants se portent héritiers de leurs pères ou de leurs mères pour pouvoir prétendre la légitime dans leur succession. Il y a néanmoins un cas où les arrêts les ont dispensés de prendre cette qualité par une grande raison d'équité, c'est lorsqu'un père ou une mère après avoir fait des donations considérables au profit d'un de leurs enfants ou d'un étranger viennent à contracter des dettes qui montent à beaucoup plus que les biens qu'ils laissent dans leur succession; il est certain que les enfants qui n'ont rien reçu peuvent faire révoquer la donation jusques à concurrence de leur légitime. Il est certain aussi que s'ils prenaient cette légitime en qualité d'héritiers, les créanciers viendraient la leur enlever, ce qui ne serait pas juste, puisque les créanciers ne pourraient rien demander aux donataires, et que ce n'est qu'en faveur des enfants que la donation est retranchée. C'est pourquoi on permet en ce cas aux enfants de renoncer à la succession, et néanmoins de prendre leur légitime sur les biens donnés. »

Quant à Merlin qui niait que la légitime se prît jamais à titre d'héritier, il est fort à son aise en face de la difficulté. Il argumentait avec Guillaume de la Champagne de cet écart du

[1] Sur *Nivernais*, tit. XXVII, art. 7.
[2] Sur *Paris*, tit. XIV, p. 448.
[3] *Du droit de légitime*, t. I, n° 27.
[4] Notes sur *arrêts de Bardet*, liv. III, ch. XXXVII.
[5] *Institution au droit français*, liv. II, ch. XIII, *in f.*

principe général pour anéantir le principe lui-même [1]. Mais nous allons voir qu'il n'y avait aucune nécessité de s'écarter du principe, et dès lors l'argumentation de Merlin manquera même de prétexte.

Personne n'a mieux signalé que Ricard l'inconvénient auquel il s'agissait de porter remède, et ce remède, il l'a indiqué avec le génie d'un jurisconsulte. Tout en louant l'équité du but que se proposaient Coquille et Dumoulin, il juge leurs inventions contraires aux maximes générales. C'est pourquoi et par forme d'amendement, il conseille au légitimaire qui veut préserver de l'action des créanciers héréditaires les retranchements à faire sur des donations entre-vifs, d'accepter la succession sous bénéfice d'inventaire. Le propre d'une telle acceptation est, en effet, de ne pas permettre aux créanciers de se venger sur autre chose que sur ce qui est laissé au décès et qui compose la succession vis-à-vis d'eux. Les biens donnés entre-vifs par celui de la succession duquel il s'agit n'étaient point sujets à ses dettes ; l'acceptation bénéficiaire leur conserve cette immunité, même alors qu'ils passent dans les mains de l'héritier par l'effet de la réduction exclusivement établie en sa faveur. Ils sont dans le même cas que ses biens personnels lesquels sont incontestablement hors de l'atteinte des créanciers par la vertu du bénéfice d'inventaire. Ricard ajoute qu'après avoir ainsi conquis sa légitime sur les donataires, l'héritier pourra renoncer à son bénéfice d'inventaire, selon l'usage de ce temps-là. Cette espèce de renonciation qui n'était pas admise par tous, n'enlevait pas à celui qui la faisait son indélébile qualité d'héritier : *Semel heres, semper heres.* Elle n'était rien de plus que l'abandon autorisé par l'article 802, § 1er, du Code Napoléon. Du reste, Ricard ne la tient pas pour nécessaire ; il dit que

[1] Rép. de Guyot, v° *Légitime*, sect. II, § 1.

l'héritier peut aussi retenir sa qualité sans engager dans les dettes du défunt ce qu'il retranche des donations entre-vifs. Voilà le nœud délié et non tranché. Il faut voir dans Ricard lui-même [1] cette doctrine, si pleine de science et d'art, de raison et d'équité. Il l'a très-bien dit : *Cela remet les choses dans la règle.*

Une célèbre décision, l'arrêt St-Vast du 3 décembre 1642, prêtait appui à cette doctrine ; elle restitua Marie de St-Vast contre une renonciation faite pour se tenir au douaire propre et lui permit de se porter héritière bénéficiaire à l'effet de prendre sa légitime sans crainte des créanciers de la succession [2].

Delaurière [3], Ferrière [4], Duplessis [5], Pothier [6], et Bourjon [7] adhèrent franchement à la doctrine de Ricard. Lebrun et son annotateur le président Espiard Desaux [8] sont au fond du même avis; mais leurs conclusions ne sont pas nettes. Lebrun limite au cas où il n'y a pas de biens existants au décès le droit de l'héritier de se décharger de la succession bénéficiaire après avoir opéré la réduction. Le président Espiard lui refuserait même en ce cas le droit de renoncer au bénéfice d'inventaire, par la raison assez juste que, si l'on ne connaît

[1] *Donations*, 3e part. nos 980-85. Comparez part. 3, nos 1669 et 1670, où Ricard admet ce même droit pour les réserves coutumières dans les cas rares où elles atteignaient les donations entre-vifs; c'était contesté.

[2] *Journal des audiences*, liv. IV, ch. V.

[3] Sur *Paris*, art. 298.

[4] Sur *Paris*, art. 272, Gl. 2, no 28, et art. 298, Gl. 2, § 2, nos 22-24.

[5] *Successions*, liv. I, ch. III, sect. I (t. I, p. 205).

[6] *Donations entre-vifs*, sect. III, art. 6, § 3, *in f.*, où c'est dit à propos des réserves coutumières. Comparez *Introd. au tit. des Donat.* de la C. d'Orléans, sect, V, § 4, no 78, *in f.* pour la légitime.

[7] *Droit comm. de la France* (*Successions*, 2e part., ch. X, sect. VII, § 2, nos 57 et 58).

[8] *Successions*, liv. II, ch. III, sect. I, nos 10 et 11, 28 et 29.

pas de biens existants au décès, il peut s'en découvrir plus tard. Or, la légitime ne devant être payée sur les biens donnés qu'à défaut de biens *extants,* il faut non-seulement que les biens existants soient discutés et liquidés par l'héritier avant d'agir contre les donataires, mais encore qu'il reste toujours en mesure de réclamer les biens qu'on pourrait découvrir et qui devront la légitime à la décharge des biens donnés. C'est une bonne remarque dont il est bon de profiter.

Un autre annotateur de Lebrun nous apprend que *le dénouement de la question* aurait été, selon la dernière opinion formée au palais, d'accorder au légitimaire une action directe contre les donataires, lorsqu'il n'y avait pas de biens existants ou qu'ils étaient absorbés par les dettes [1].

L'incertitude régnait donc encore sur ce difficile problème de la théorie de la légitime, lorsque vint l'heure de fondre en un seul Code le droit écrit et le droit coutumier. Il a eu le privilége d'émouvoir les discussions du Conseil d'État. Le droit exclusif des enfants a été justement reconnu par le Code, mais sans que le moyen de le sauvegarder ait été indiqué. D'où la continuation de controverses dont le dénouement semble encore s'éloigner, car M. Troplong [2], battant en brèche l'opinion commune qui donnait raison à la doctrine de Ricard, veut aujourd'hui nous ramener à l'incorrecte solution de Dumoulin, aux risques de rejeter la jurisprudence hors des règles.

108. La question des biens à considérer pour l'assiette et le calcul de la légitime n'avait pas offert autant d'aliment à la controverse. Après quelques débats, plus prolongés dans le droit écrit que dans le droit coutumier, il avait été admis

[1] *Loco cit.*, à la suite du n° 29.

[2] *Donat. et testam.*, t. II, n°s 910-928.

que la légitime se calculait et se prenait sur une masse formée des biens donnés entre-vifs et de ceux laissés au décès.

« C'est une chose uniforme dans l'un et l'autre droit, dit Lebrun, que tous les biens qu'il a donnés entre-vifs, soit aux enfants qu'il a pourvus, soit aux étrangers, doivent être comptés pour trouver la quotité de la légitime, selon M. Cujas sur la Novelle 92 et en ses Observ., liv. V, ch. XIV [1]. »

Pour parler exactement, il faut dire que c'est la valeur matérielle de la légitime plutôt que sa quotité abstraite que l'on détermine par cette opération. Sa quotité est fixée par le texte de la loi avec ou sans relation au nombre des enfants.

Si de Lebrun nous allons à Pothier, nous croirons déjà lire un article du Code Napoléon :

« La portion du légitimaire, dit Pothier, étant la moitié de la part qu'il aurait eue dans les biens du défunt, si le défunt n'avait pas disposé par donations, soit entre-vifs, soit testamentaires, il s'ensuit que pour régler cette part, il faut composer une masse des biens que le défunt a laissés à son décès, même de ceux qu'il aurait légués, à laquelle il faut ajouter, par fiction, tous ceux dont il a disposé de son vivant par des donations entre-vifs, soit à ses autres enfants, soit à des étrangers. Ces biens, dont le défunt a disposé par donations entre-vifs, doivent être ainsi que ceux que le défunt a laissés lors de son décès estimés le prix qu'ils valent lors de l'ouverture de la succession et couchés pour ce prix dans ladite masse.

Cependant les biens mobiliers qui ont été donnés entre-vifs s'estiment eu égard à ce qu'ils valaient lors de la donation.

Il en est de même des offices. Comme le donataire n'en peut être dépossédé et qu'il prend l'office à ses risques, l'office doit être estimé eu égard au temps de la donation.

Cette masse ainsi composée, on doit en déduire les frais funéraires, les dettes et autres charges de la succession, non-seulement ce qui est dû à des tiers, mais ce qui est dû aux héritiers et au légitimaire lui-même [2]. »

Quelle différence peut-on remarquer entre ce texte et l'ar-

[1] *Successions*, liv. II, ch. III, sect. V, n° 1.

[2] *Donations entre-vifs*, sect. III, art. 5, § 3.

ticle 922 du Code? Aucune, si ce n'est que le législateur a passé sous silence la distinction du jurisconsulte relative à l'estimation des immeubles et des meubles donnés entre-vifs. Est-ce pour la rejeter? Grave question pour les interprètes. Il faut sur ce point comparer les art. 860 et 868 de la matière des rapports avec l'art. 922. M. Troplong [1] applique ce dernier article à la lettre en essayant de le justifier. Mon avis, à moi, serait qu'on suivît la décision de Pothier, même sous l'empire du Code Napoléon. Mais ce n'est pas le lieu d'expliquer ce détail qui importe fort peu pour le fond du droit [2].

109. De quels enfants devait-on faire état pour déterminer, soit la quotité de la légitime entière, soit la part virile de chaque légitimaire? Cette question, qui contient celle de l'application du droit d'accroissement à la légitime, fut simplifiée dans la coutume de Paris, lors de sa réformation, par la substitution d'une légitime invariable de moitié à la légitime incommode du tiers ou de moitié qu'établissait la Novelle 18.

Dans les coutumes peu nombreuses qui suivaient le taux de la Novelle, les difficultés étaient exactement celles que j'ai exposées à propos du droit écrit. Il faut leur appliquer les mêmes solutions. Elles se résument à ne compter pour la fixation de la quotité légitimaire que les seuls enfants qui y prennent part comme héritiers, légataires, donataires. On ne compte pas les enfants exhérédés justement, ni ceux qui renoncent à la succession *nullo accepto*, et l'on fait accroître ce qu'ils auraient pu avoir dans la légitime du tiers ou de la moitié aux enfants qui viennent à un titre quelconque. C'est-

[1] *Donations et testaments*, T. II, n° 974, sur l'art. 922.

[2] Voy. n°s 149 et 229 ci-après.

à dire que les enfants exclus d'une manière ou d'une autre ne font pas nombre, suivant la formule reçue, soit pour augmenter soit pour diminuer la légitime. Il n'y en a pas moins un accroissement possible. Mais l'admission du droit d'accroissement dans cette limite est juste et régulière, puisqu'il s'analyse pour les légitimaires capables par eux seuls d'une légitime du tiers ou de la moitié en un véritable non-décroissement. Telle était la doctrine de Cujas, qui la présentait comme une déduction du pur droit romain, de Dumoulin qui l'appuyait principalement sur la raison, et d'une foule de jurisconsultes qu'entraînait l'autorité de ces deux grands docteurs. La jurisprudence s'y conformait.

Cependant Charondas, Domat et Furgole ont méconnu ce droit. Ils calculent la légitime d'après le nombre de tous les enfants (première faute), et ils donnent l'accroissement des parts délaissées aux autres légitimaires (deuxième faute plus grave que la première). Charondas exprime son opinion avec une certaine réserve; Domat énonce la sienne sans même supposer l'existence d'une question; Furgole y met, lui, tant d'assurance, qu'il a fait prendre son paradoxe aux auteurs modernes pour un article du droit écrit. Il y a aussi Guillaume de la Champagne qui calculait la légitime sur le nombre total des enfants, mais avec un effet tout différent pour eux, car il refusait aux légitimaires prenant part le bénéfice de l'accroissement et en donnait tout le profit à l'héritier ou au successeur universel de qui les enfants recevaient leur légitime. La vérité était du côté de Cujas et de Dumoulin, comme je l'ai expliqué plus haut [1] avec assez de détails pour n'y plus revenir.

La coutume de Paris et toutes celles qui adoptèrent la légitime invariable de moitié eurent pour but d'aplanir les dif-

[1] Pag. 71 et suiv., nos 59, 60 et 61.

ficultés inhérentes à la légitime justinienne autant que d'améliorer le sort des légitimaires. Charondas atteste cette intention dans des termes qu'il faut rapporter :

« Parce qu'en l'interprétation et usage de la constitution de Justinian se sont présentées plusieurs difficultés, comme de savoir si les enfants qui ne prennent point part en la succession font néanmoins part et nombre entre ceux auxquels la légitime est due; à qui appartient la part de ceux qui ont été avantagés par le père, ou aux héritiers simples et entiers ou aux légitimaires; et si ceux qui sont incapables de succéder doivent être comptés au nombre prescrit par Justinian, et si la part qui leur eût pu échoir tournera au profit des héritiers ou légataires, ou des légitimaires, et autres semblables qui ont troublé et les écoles et les cours souveraines et inférieures : Les sages réformateurs de cette coutume ont introduit une nouvelle forme de légitime, par laquelle toutes ces difficultés et questions sont ôtées et décidées. Elle veut que chaque enfant ait pour sa légitime la moitié de la part et portion qu'il eût eue en la succession de son père, mère, aïeul ou aïeule, s'il n'eût disposé par donation entre-vifs ou testamentaire. En quoi elle a usé de prudence, parce qu'elle a regardé et voulu pourvoir aux enfants qui pouvaient succéder à leurs père, mère et autres ascendants au temps de leur décès, et à chacun particulièrement et disjonctivement, et non conjonctivement par un membre commun..... Sont exclus de la considération de notre coutume les religieux profès et religieuses, les bannis à perpétuité du vivant de leur père; les filles mariées et dotées par le père, mère ou autres ascendants, à la succession desquels elles ont renoncé, et les bâtards; et sans faire compte d'eux, la succession sera partagée entre les héritiers qui sont vivants, et la légitime estimée pour les enfants qui viennent à icelle... De disputer ici *an locus sit in legitima juri accrescendi*.. serait rentrer ès-subtilités du droit romain qui ne sont considérables en cette coutume, laquelle parlant de chacun des enfants démontre bien qu'elle les tient non *pro conjunctis sed pro disjunctis*, et partant que *jus accrescendi cessat*... Si donc y a cinq enfants lesquels succédant également à leur père s'il n'eut disposé de ses biens, auraient chacun un cinquième en sa succession : mais je suppose que l'un d'iceux soit trop avantagé, tellement que les quatre autres demandent leur légitime, elle sera d'un dixième de tous les biens du défunt, et si aucuns d'eux ne demandent leur légitime, leurs parts demeureront en la succession : et si simplement ils la quittent, c'est-à-dire sans avoir reçu aucun avantage de leur père, ils transmettront lesdites parts à tous les héritiers, parce que dès la mort de leur père ils sont saisis de leurs légitimes et les transfèrent à leurs légitimes héritiers, en manière que tant celui qui a été avantagé que les légitimaires en doivent amender [1]. »

J'ai cité ce texte malgré sa longueur et son obscurité à cause de l'importance que quelques-uns y attachent.

Comment Charondas entend-il tout ce droit et que veut-il?

Il est bien vrai que la coutume de Paris réformée supprime les difficultés sur la quotité de la légitime intégrale; cette légitime sera toujours la moitié de la succession, quel que soit le nombre des enfants, c'est un point réglé. Mais la coutume laisse indécise la question de savoir si un enfant qui renonce à la succession sans rien retenir fera part dans la légitime de moitié au préjudice de ses colégitimaires. Et même si cette question devait se décider par les principes que Charondas met en avant, le texte de la coutume semblerait au premier aspect commander une décision défavorable aux légitimaires, puisqu'il n'accorde à chacun qu'une part disjonctive dans la légitime. Mais à ce compte la réforme de la coutume serait loin d'être avantageuse aux légitimaires; elle leur enlèverait autant de parts qu'il y aurait de renonçants *nullo accepto* pour en enrichir le donataire universel, ce qui était autrement dans la légitime de tiers ou moitié. Aussi Charondas tout en déclarant le droit d'accroissement inapplicable à la nouvelle forme de légitime, fait-il profiter les légitimaires qui viennent à la légitime de l'abandon fait par les autres. Sa décision est dans ces derniers mots : *en manière que tant celui qui a été avantagé que les légitimaires en doivent amender*. Il entend que l'enfant avantagé, légitimaire lui-même, et les autres légitimaires qui lui demandent leur légitime verront leurs parts viriles dans la moitié réservée s'augmenter par les renonciations gratuites qui auront lieu. Quelles sont ses rai-

[1] Sur *Paris*, art. 298. Comparez *Pandectes du droit français*, liv. III, ch. XII, citées aux p. 83 et 84 ci-dessus.

sons de décider? Il ne les déduit pas d'une manière bien nette. Le vœu formel de la coutume de ne compter pour la légitime que les enfants qui viennent la recueillir paraît être ce qui le détermine. C'est parce qu'il comptait les enfants renonçants dans le calcul de la légitime de tiers et de moitié qu'il invoquait le droit d'accroissement pour attribuer leurs parts aux autres légitimaires. Du moment que les enfants prenant part sont seuls comptés, il n'y a plus de question pour Charondas.

Cette décision, si je l'ai bien comprise, est excellente en soi. Mais est-il vrai que le principe de l'accroissement soit autant à dédaigner? Cujas et Dumoulin, qui ne comptaient pas les enfants renonçants pour la fixation de la légitime de tiers et de moitié, expliquaient par le droit d'accroissement l'attribution de l'une ou de l'autre quotité tout entière aux seuls enfants qui réclamaient leur droit. Est-ce parce que la légitime de la Novelle 18 leur aurait été assignée conjonctivement? Non. Car je vois dans Dumoulin [1] que cette légitime ne compétait à chaque légitimaire que pour sa part virile dans le tiers ou dans la moitié. Qu'importe que la légitime soit un peu plus ou un peu moins disjonctive quant aux mots? La question de l'accroissement dans la légitime dépend du point de savoir si elle est ou non attribuée solidairement à chaque enfant. Une disjonction verbale peut couvrir la conjonction réelle qui est seule efficace pour produire le droit d'accroissement. Or, cette conjonction réelle, cette solidarité de vocation existe ici entre les légitimaires, car d'après l'art. 298 de la coutume de Paris, un seul enfant est personnellement appelé à la légitime de moitié aussi bien que deux, ou trois, ou quatre, ou dix enfants. Ce n'est que par le concours de plusieurs, concours effectif, que la légitime de moitié se divise

[1] Sur *Paris*, art. 124, n° 6, texte cité par nous à la p. 147 ci-dessus, et *Cons.* 29, n°s 4 et 16, texte cité à la p. 193 ci-après.

en parts viriles. Comment admettre que la légitime qui forme dans le droit coutumier la succession *ab intestat* soit divisée en un nombre indéfini de petites successions individuelles qui seraient réciproquement incommunicables ? La part héréditaire doit accroître à la part héréditaire jusqu'à concurrence du maximum dont chaque légitimaire est personnellement capable. Or, il est capable de la moitié tout entière.

« Les successions, dit très-bien Delaurière, se défèrent solidairement, et par cette raison, si l'un de plusieurs cohéritiers répudie sa part, *elle accroît de plein droit à ses cohéritiers*. Ce principe est non-seulement du droit romain, mais aussi de notre droit français[1] ».

Voici comment il s'applique à la légitime. Par l'effet de l'accroissement, il n'y a point de parts pour ceux qui renoncent et qui ne sont pas comptés ; ce qui leur serait revenu reste confondu dans le tout, de manière à augmenter d'autant les parts des autres ayant-droit qui se le partagent en vertu de leur droit propre, et non en vertu d'un droit emprunté ou transmis. Comprenons-le bien, c'est précisément parce que les renonçants ne sont pas comptés que leurs parts accroissent à celles des autres légitimaires ; s'ils étaient une fois comptés, s'ils faisaient part, il n'y aurait plus d'accroissement possible. L'accroissement n'a qu'un effet conservatoire ; il est sans force translative. Impuissant à transférer une part qui serait détachée du tout, il l'empêche de s'en détacher. En d'autres termes, l'accroissement n'a que l'effet du non-décroissement. C'est pour cela qu'il doit avoir lieu dans cette espèce de succession qui forme la légitime.

Dargentré, qui admettait les solutions de Cujas et de Dumoulin, les rattachait au non-décroissement. Aucun jurisconsulte n'a traité ces questions avec autant de profondeur, et sa doctrine est encore aujourd'hui le meilleur commentaire des art. 785 et 786 du Code Napoléon. « Il est certain, dit

[1] Sur *Paris*, art. 320.

» Dargentré, que celui qui répudie ne fait point part au pré» judice de ceux qui acceptent. Sa part reste par non» décroissement. Ce n'est pas, en effet, le droit d'accroisse» ment qui opère, mais la part non acceptée manque, elle » est caduque, ou plutôt nulle et inexistante, celui qui répu» die étant retranché du nombre des parties prenantes, de » telle sorte qu'il ne soit pas compté.... C'est pourquoi s'ils » étaient quatre, mais que l'un d'entre eux répudie, il ne fait » pas nombre, et le partage se fait entre les autres seuls sans » considération de ce renonçant qui est retranché du milieu » d'eux [1] ».

Dans un autre passage, Dargentré oppose à la renonciation anticipée d'une fille, renonciation qui avait lieu en faveur du fils aîné selon l'esprit de la coutume de Bretagne, la renonciation qui intervenait après l'ouverture de la succession et qui était régie par le droit commun. Et il établit avec force que celle-ci ne peut pas transporter la part du renonçant à ses cohéritiers ; si elle accroît à quelqu'un ou à quelque chose, c'est à l'hérédité tout entière et à tous ceux qui y ont droit. Écoutons ce grand jurisconsulte [2] :

« L'intention de la coutume en excluant une fille est de

[1] *Certum est repudiantem partem non facere adeuntibus... Sed remanet (portio ejus) non decrescendo : nec enim a jure accrescendi istud evenit, sed deficit portio, non acceptata, veluti caduca, aut potius non effecta portio et nulla, sublato de rerum natura et numero capientium qui repudiat, sic ut numerum non faciat... Quare si ante erant quatuor, uno repudiante, is de numero detrahitur, sic ut eo de medio sublato inter reliquos solos divisio fiat, sine ulla computatione repudiantis* (sur *Bretagne*, art. 551, Gl. 2, n° 3).

[2] *Intentio consuetudinis per exclusionem portionem filiæ acquirit primogenito, non ut a simplici renuntiatione, sed transmissive de persona ad personam. Nam renuntiationes simplices et abnutivæ de quibus in jure non expresso favore aut cessione in personam aliam simpliciter privant renuntiantem, sed nemini acquirunt per translationem juris de persona in personam, sed ut portionem defectam relinquunt in hereditate, quæ tanta*

» faire acquérir sa portion à l'aîné, la renonciation de la fille » n'étant pas considérée comme une simple renonciation, » mais emportant transmission d'une personne à l'autre. Les » renonciations simplement négatives dont s'occupe le droit, » renonciations qui ne sont pas faites en faveur d'une cer- » taine personne par forme de cession dépouillent seulement » le renonçant sans rien faire acquérir à personne par trans- » lation du droit de l'un à l'autre; elles laissent sa portion » comme défaillie dans l'hérédité, qui se trouve d'autant plus » grande et se dilate par non-décroissement. Mais en ce cas, » ceux qui en profitent sont dits ne rien tenir du renonçant, » ils reçoivent immédiatement du défunt qui a laissé l'héré- » dité, c'est-à dire de leur père commun et non de l'enfant » qui a renoncé, ce que nous avons plus amplement expliqué » sur l'article 563 [551]. Dans les termes du droit romain, » une portion ainsi répudiée se prend comme si la personne » du renonçant n'eût jamais existé. Comme au contraire et » par des raisons particulières la considération du fils aîné » est la principale cause de la renonciation anticipée de la

major reperitur et inflatur non decrescendo. Sed hoc casu qui capiunt nihil dicuntur capere a renuntiante, sed immediate capiunt a defuncto cujus hereditas fuit, hoc est, a patre communi habent non a filia renuntiante, quod nos fusius disseruimus, art. 563. *In terminis juris romani, sic enim talis portio capitur, quomodo si in rerum natura persona renuntians nunquam fuisset... Ex quo fit, ut cum in præcipua consideratione sit persona filii, renuntiatio filiæ non simpliciter abdicativa juris putanda sit, sed etiam translativa et transmissiva in primogenitum... Jure quidem romano non dubitant tales portiones deficere, imo portiones non fieri, sed hereditatem augere participandam per alios consortes, nec cuiquam uni acquiri tali facto, sed sic a tempore renuntiationis considerandum est id cui renuntiatum est, ac si persona renuntians numquam in rerum natura fuisset, ut qui erant quatuor renuntiatione unius tres fiunt, veluti non nato quarto, ex cujus persona nihil accrescit ceteris modo translativo, sed non decrescit* (sur *Bretagne*, art. 224, Glose 7).

» fille, cette renonciation ne peut pas être considérée comme » étant simplement abdicative du droit, mais comme translative et transmissive en faveur de l'aîné. Par le droit romain, » il n'y a pas de doute que les portions délaissées ne soient » vacantes ou plutôt qu'elles n'existent pas, mais augmentent » l'hérédité pour ceux qui y participent, sans qu'il y ait acquisition exclusive pour qui que ce soit; il faut, du moment » de la renonciation, traiter ce à quoi elle s'applique comme » si le renonçant n'avait jamais existé, de sorte par exemple » que ceux qui étaient quatre deviennent trois par la renonciation de l'un d'eux, comme si ce quatrième n'était jamais » né et que le retranchement de sa personne n'est pas la » cause d'un accroissement translatif pour les autres, mais » d'un non-décroissement. »

Si Charondas craignait tant de rentrer dans les subtilités du droit d'accroissement pour l'application de l'article 298 de la coutume de Paris, c'est qu'il ne comprenait rien à la théorie de ce droit, lui qui sous l'empire de la Novelle 18 comptait les renonçants et faisait accroître leurs parts aux légitimaires acceptants. Il n'a vu clair ni au droit de Justinien ni à la coutume de Paris, et ne peut qu'égarer ceux qui le prendront pour guide. C'est ce qui est arrivé à M. Labbé dans la dissertation qu'il a récemment publiée sur ces questions [1]; sa conclusion ne vaut pas le principe qui lui sert de point de départ.

Beaucoup mieux inspiré que Charondas, Ricard s'attache, comme Dargentré, au principe de non-décroissement pour expliquer le droit des légitimaires de profiter seuls des renonciations de quelques-uns d'entre eux :

« Comme la légitime, dit Ricard [2], est due par le droit de nature, on demande si pour faire part il suffit d'être enfant et si les incapables et

[1] *Revue pratique*, t. v, p. 308, nº 59.
[2] *Donations*, part. 3, nºs 1056, 1061.

ceux qui renoncent étant comptés pour faire part, et ne pouvant pas néanmoins la prendre, elle accroît aux autres enfants, ou si ceux contre qui elle est demandée en doivent profiter?... Je réponds, en général, que tous ceux qui ne prennent point de part en la légitime, soit qu'ils en soient exclus à cause de leur incapacité, ou en conséquence de la renonciation pure et simple qu'ils y ont faite, ne doivent nullement être comptés pour faire l'estimation de la légitime, et *leurs parts accroissent* ou plutôt *ne décroissent pas aux autres...*

Et de fait ceux qui soutiennent l'opinion contraire, et que les enfants qui ne prennent point de part, ne laissent pas de servir de nombre, s'abusent grossièrement en leurs prétentions, lorsqu'ils soutiennent cet avis pour faire l'avantage des enfants. La démonstration de cette vérité résulte de ce que les enfants ne prennent pas la portion qui est destinée pour leur légitime en masse pour la distribuer après entre ceux qui doivent actuellement y prendre part; mais chaque enfant en particulier doit être content lorsqu'il a la portion qui lui est déférée par la loi, et celui sur qui la légitime se doit prendre en est tenu à forfait envers chaque particulier. De sorte que si aux termes de la coutume de Paris, il y avait cinq enfants qui fissent nombre, chaque particulier d'entre eux doit être satisfait, pourvu qu'il ait un dixième des biens du défunt, l'art. 298 y est exprès. De même par la disposition du droit écrit, s'il y a quatre enfants, la querelle de chacun en particulier cesse, pourvu qu'il ait un douzième des biens du défunt. »

Ricard rejette bien loin et avec raison la théorie qui compterait les renonçants avec accroissement de leurs parts aux autres légitimaires. L'accroissement ne pourrait avoir la puissance de transférer aux légitimaires acceptants les portions qui seraient séparées de la légitime pour les renonçants et délaissées par eux. Ce que veut Ricard, c'est que l'on ne compte pas les renonçants, et que leurs parts restent confondues avec celle des acceptants, qui se trouveront d'autant plus fortes par l'effet d'un accroissement opérant par voie de non-décroissement.

Cette excellente doctrine est adoptée par Lebrun [1], Rous-

[1] *Successions*, liv. 2, ch. 3., sect. 6, nos 12 et 13; liv. 3, ch. 8, sect. 2, nos 76 et 77.

seaud de Lacombe [1] et Pothier [2], qui la réduisent à cette proposition unique : l'enfant qui renonce sans avoir rien reçu ne fait ni nombre ni part dans la légitime. C'est le dernier mot de la science. Il ne rencontrait point de contradicteurs, si ce n'est l'excentrique Guillaume de la Champagne [3].

Un arrêt du 1er février 1620 rapporté par Bouguier, lett. R, chapitre 3, confirme ce droit dans une espèce où sur cinq enfants il y en avait par extraordinaire trois qui renonçaient sans demander aucune part dans la légitime. L'un des deux autres enfants, Nicolas Leroux, qui était légataire universel, prétendait ne donner pour légitime à sa sœur Gabrielle, seule réclamante, qu'un dixième des biens, sous prétexte que les parts des trois renonçants lui étaient accrues (la légitime totale était de moitié d'après la coutume d'Amiens, dans le détroit de laquelle les biens étaient situés). La sentence du sénéchal de Ponthieu qui avait admis cette prétention fut infirmée par l'arrêt qui adjugea à Gabrielle Leroux un quart pour sa légitime. Renusson critique cette décision, mais seulement en ce qu'il se serait agi de renonciation translative [4]. Au point de vue du droit commun, je ne connais rien de plus juridique.

110. Quand on dit que le renonçant ne fait pas nombre dans la légitime, il est bien entendu qu'il s'agit du renonçant qui n'a pas reçu et ne retient pas sa part à quelque autre titre. C'est à peine une exception à la règle, car celui qui a sa légitime à titre de donataire est de ceux qui viennent prendre; il doit être compté. Tous les textes que nous avons cités,

[1] *Rép. de jurisp.*, v° *Légitime*, sect. VI, n° 1.

[2] *Donat. ent.-vifs*, sect. III, art. 5, § 3, *in f.*; et sur *Orléans*, Introd. au tit. *des Donat.* n° 79.

[3] *De la Légitime*, ch. III et XVII.

[4] *Traité des Propres*, p. 73.

tous les raisonnements que nous avons recueillis en faveur du droit de l'enfant donataire ou légataire de retenir sa légitime en s'abstenant de la succession du donateur, établissent en même temps la nécessité, une nécessité invincible, de le compter dans le calcul de la légitime entière et de chacune de ses parties. La portion ainsi retenue n'est point vacante et ne peut dès lors fournir la matière d'un accroissement au profit des autres légitimaires. C'est ce que Dumoulin enseigne disertement dans des textes que nous avons souvent invoqués.

Il y a plus. Si, à côté de l'enfant donataire qui renonce pour garder sa donation, il s'en trouve un autre qui renonce sans rien retenir, la portion du premier s'augmente proportionnellement *jure accrescendi* ou plutôt *non decrescendi*. Cette seconde proposition, méconnue par la jurisprudence moderne, est ainsi établie par Dumoulin : « La portion de légi-
» time délaissée accroît aux autres portions de la même lé-
» gitime, même à la portion de l'enfant qui n'est pas héri-
» tier ou qui ne l'est qu'en tant qu'il concourt dans la légitime
» pour sa part virile. C'est une règle évidente de droit et de
» raison. Conséquemment, si un enfant s'abstient volontaire-
» ment, ce qu'il délaisse n'accroît pas à l'héritier universel,
» mais à tous ceux qui viennent à la légitime, et cela en pro-
» portion de la part virile que chacun prend dans la légitime
» qui est elle-même déférée par parts viriles [1]. »

Voici la formule complète par laquelle s'exprime ordinairement la doctrine de nos auteurs anciens : Doit être compté

[1] § 4. *Accrescit ergo portio legitimæ ceteris ejusdem legitimæ portionibus, etiam non habenti hereditatem, nisi quatenus concurrit in legitima et pro virili sua. Hæc est ergo regula jure aperto et ratione viva fundata.* — § 16. *Et consequenter, si quæ... voluntarie abstinet, quod de legitima ejus superest non heredi universali accrescit, sed omnibus venientibus ad legitimam accrescit; idque viriliter prout legitima viriliter defertur, ita etiam viriliter accrescit* (Cons. 29, §§ 4 et 16).

le renonçant *aliquo accepto*; ne doit pas être compté le renonçant *nullo accepto*. On ne voit que cela dans tous les livres.

Cependant le plus grand nombre des interprètes du Code Napoléon admettent difficilement cette distinction.

Tel auteur [1], qui ne veut pas que l'enfant donataire renonçant ait le droit de retenir sa réserve sous le Code, s'imagine que ce droit tenait précisément à ce que l'on comptait autrefois le renonçant *aliquo accepto*, et non le renonçant *nullo accepto*, et pour supprimer tout prétexte au droit de rétention qu'il repousse, il prétend que tous les renonçants font nombre et que leur part accroît aux seuls acceptants. Sa raison de rejeter la distinction est que la différence entre la renonciation pure et simple et la renonciation *aliquo accepto* n'était pas restreinte à la légitime, mais était applicable à toute la matière des successions. La règle de compter le renonçant *aliquo accepto* est exclue, dit cet auteur, des successions en général, il faut l'exclure pareillement de la légitime ou réserve. Oui, j'en conviens, cette règle était générale dans l'ancien droit. Mais on peut prouver et nous prouverons qu'elle a gardé toute sa vérité et toute sa généralité d'application dans le droit nouveau. Que M. Beautemps-Beaupré veuille bien remarquer, en attendant, que le droit de rétention ne venait pas de la distinction faite entre les différentes renonciations, mais que la distinction elle-même dérivait du droit de rétention légalement établi : il ne faut pas intervertir les principes et leurs conséquences.

D'autres auteurs [2], qui ne refusent point à l'enfant donataire renonçant la rétention de sa part de réserve, repoussent néanmoins la distinction entre la renonciation gratuite et la renonciation intéressée, parce qu'ils tiennent à compter tous

[1] M. Beautemps-Beaupré, *Portion disponible*, T. I, nos 140 et suiv.

[2] M. Gab. Demante, *Rev. cr. de jurisp.*, T. II, p. 740. M. Troplong, *Donat.*, T. II, no 784.

les renonçants afin de faire passer la réserve de celui qui renoncera gratuitement aux autres réservataires, en accordant un effet translatif à la renonciation. Ils donnent pour raison que cette distinction était une distinction purement doctrinale et un peu arbitraire. Si nous établissons contre ces jurisconsultes que l'enfant, qui renonce gratuitement, ne doit pas être compté sous le Code pour le calcul de la réserve, et avec eux, que l'enfant donataire qui renonce a droit de retenir sa réserve, nous aurons par là même prouvé que celui-ci doit être compté et qu'une distinction entre les deux sortes de renonciations est indispensable. Ce n'est pas le lieu de faire cette double démonstration.

Notons seulement que l'italien Merlinus, dont M. Troplong invoque l'opinion pour l'opposer à celle de nos auteurs-français, n'était pas aussi contraire qu'il le prétend à la distinction en question. Si, dans le passage cité par M. Troplong, Merlinus compte celui qui renonce après la mort de son père, de manière à augmenter la légitime totale, et à faire profiter les autres légitimaires de la part de ce renonçant, c'est qu'il considère sa renonciation comme tacitement faite en leur faveur [1]; elle leur transmet sa portion. C'est une appréciation qu'on pourrait critiquer. Du reste, Merlinus, choisit singulièrement ses hypothèses. Car dans un autre passage, pour le fils qui renonce du vivant du père, cet auteur admet qu'il ne compte pas, à moins qu'il ne retienne une libéralité pour sa légitime[2]; c'est là seulement que le docteur Merlinus est d'accord avec les vrais principes.

Nous revenons au droit ancien pour dire qu'on y trouve des décisions qui pourraient faire douter que la renonciation gratuite d'un légitimaire profitât exclusivement à ses colégi-

[1] *De Legitima*, lib. I, tit. IV, quest. III, n. 42, 43.

[2] *Ibid*, n. 33, 37, 38. Nous rapportons ces textes au n° 292 ci-après.

timaires. Plus d'un auteur écrit que certaines renonçantes devaient toujours être comptées et que leurs parts demeuraient, soit au légataire universel, soit au seul fils aîné, soit à tous les enfants mâles. L'accord n'existait point entre les docteurs. Mais quelles que soient leurs décisions, elles ne peuvent tirer à conséquence pour les renonciations faites après l'ouverture de la succession, parce que ces décisions se réfèrent toutes aux renonciations anticipées qu'une coutume inique imposait aux filles lors de leur mariage. Elles n'étaient pas une pure abdication du droit de légitime, elles le transféraient à celui ou à ceux qui avaient pour eux la faveur de la coutume. Grand partisan de l'équité, Dumoulin prétendait que la renonciation anticipée devrait profiter à tous les enfants, à moins qu'elle ne fut expressément faite en faveur d'un seul ou qu'une disposition formelle de la coutume n'en réservât le bénéfice à un seul. C'est ce qu'il enseigne dans le Conseil 29, dont nous avons déjà cité un fragment comme expression de son opinion sur l'effet d'une renonciation postérieure à l'ouverture de la succession et partant soumise au droit commun. Voici comment il restreint la déviation du principe général pour une renonciatiou anticipée [1] : « Ou la renon» ciation de la fille a été spontanément faite par elle en faveur

[1] Voy. à la p. 193 ci-dessus les §§ 4 et 16 du Conseil 29. Voici le § 15 : *Aut ergo renuntiatio talis filiæ est per eam sponte facta in favorem masculi, et tunc ille jus habet in portione legitimæ sororis, non a dispositione parentis, sed a dispositione et cessione sororis, non jure accrescendi, sed jure cesso. Idem si dicta filia non renunciavit expresse in favorem masculi, sed consuetudo, vel statutum loci hoc supplet, ut censeatur facta in favorem masculi. Alias... portio renunciata remanet in terminis et dispositione juris communis ; et tunc quanquam pater de portione hereditaria citra legitimam disponere possit, tamen de portione legitimæ, vel ejus devolutione aut accrescendi jure nullo modo potest disponere, nec facere quominus accrescat reliquis portionibus ejusdem legitimæ.* Ajoutez Chassanée, *Cons.* 53.

» de l'enfant mâle, et alors celui-ci a droit dans la portion » légitime de sa sœur, non en vertu de la disposition uni» verselle faite par le père en faveur de ce même enfant, » mais en vertu de la disposition et cession de sa sœur ; non » par droit d'accroissement, mais par droit de cession. Il en » est de même si cette fille n'a pas renoncé expressément en » faveur de l'enfant mâle, mais que la coutume ou le statut » local supplée cette attribution exclusive en sa faveur. Autre» ment la portion renoncée reste dans les termes et sous » l'empire du droit commun, et alors quoique le père puisse » disposer de ce qui excède la légitime, il n'a pas pouvoir » de disposer de cette portion de légitime ni d'en régler la » dévolution ou l'accroissement, en faisant qu'elle n'ac» croisse pas aux autres portions de la même légitime.»

Ricard souscrit à cette doctrine[1]. Mais généralement dans le droit coutumier et dans le droit écrit, auteurs et arrêts donnaient le bénéfice de la renonciation anticipée, soit à l'héritier principal, au fils aîné, soit aux seuls enfants mâles. Et cela est plus conforme à l'esprit qui présidait à ces renonciations. Mais ce droit exceptionnel n'a plus qu'un intérêt historique, et il faut bien se garder de transformer ses règles particulières en droit commun[2]. Je ne vois, au milieu de la confusion des décisions incohérentes relatives à ces renonciations, que la jurisprudence du parlement de Grenoble et du sénat de Chambéry qui soit digne d'être prise en quelque considération ; elle décidait que les parts vacantes par suite de renon-

[1] *Donat.* part. 3, nº 1070.

[2] On peut consulter Voët, *ad Pandect.*, *de Inoff. test.* nº 50 ; Charondas, *Pandectes françaises*, liv. 3, ch. 12 ; Ferrière sur *Guy-Pape*, quest. 295 ; Maynard, liv. 4, ch. 24 ; Boerius, *Decis. Burdegal*, nº 104 ; Dargentré sur *Bretagne*, art. 224, Glose 7, cité en partie à la p. 189 ci-dessus ; Renusson, *des Propres*, ch. 2, sect. 6, nº 44, Rousseaud de Lacombe, vº *Legitime*, sect. III, art. 1, nº 2.

ciations anticipées accroissaient à l'hérédité et non à l'héritier, c'est-à-dire que le profit s'en partageait entre l'héritier et les légitimaires au prorata de leurs droits respectifs [1]. C'est une doctrine très-bonne à méditer, surtout dans le système de la légitime variable, comme elle l'était à Grenoble et en Savoie ; elle peut fournir des éléments de solution pour le cas difficile où l'auteur de la renonciation n'a retenu qu'une partie de sa légitime.

111. Que décider dans un cas pareil, en se plaçant au point de vue d'une renonciation spontanément faite après l'ouverture de la succession ? Comptera-t-on ou ne comptera-t-on pas l'enfant donataire qui retient moins que sa légitime? Ricard et Duplessis, qui ont traité la question pour la légitime invariable de moitié, la résolvent d'une façon que j'ose dire peu judicieuse. Il s'agit, en définitive, de savoir à qui doit profiter le supplément de légitime délaissé par le renonçant, et Ricard décide que ce supplément « demeure à l'hé» ritier institué ou aux légataires qui fournissent la légitime » aux autres [2]. » Cette solution est en contradiction flagrante avec le principe de Ricard, de ne pas compter celui qui renonce *nullo accepto* et de donner le profit de sa renonciation aux autres légitimaires. Evidemment il fallait traiter la portion de légitime délaissée par le renonçant comme est traitée sa légitime entière, quand c'est sa légitime entière qu'il délaisse. Ce qui est vrai du tout est également vrai de la partie.

[1] Le présid. Favre, *de Error. pragmat.*, décade 12, err. 8 et 9; Expilly, *Arrêts*, chap. CCXXXIV ; Guy-Basset, *Plaidoyers*, liv. V, tit. IX, ch. XII; Guy-Pape, *quest.* 295 et 599. M. Labbé entend différemment tout ce droit qui est exposé d'une manière très-obscure dans les textes que nous citons, (*Rev. prat.*, T. v, nº 47).

[2] *Donations*, part. 3, nº 1069. Comparez Duplessis, *Successions*, liv. I ch. III, sect. I (art. 298 de la C. de Paris).

J'aperçois la cause de l'erreur de Ricard. Il est parti du principe que l'enfant qui renonce *aliquo accepto* fait nombre, et de l'idée que la légitime serait disjonctive et non susceptible d'accroissement ; il en a conclu qu'il fallait séparer de la masse toute la légitime du renonçant, et que la fraction qu'il ne prenait pas ne pouvant se recoudre aux autres légitimes devait demeurer à l'héritier institué, c'est-à-dire pour le droit coutumier, au légataire universel. C'est son principe trop exclusif de non-décroissement qui a dérobé aux yeux de Ricard l'équitable règlement de ce cas délicat. La doctrine ne doit pas isoler le non-décroissement de l'accroissement ; le premier n'est que la justification du second.

D'après cela, il y avait lieu de ne séparer de la masse que la fraction de la légitime retenue par le renonçant et de ne faire décroître la légitime des autres que de cette fraction. Autrement : le renonçant devait faire nombre pour ce qu'il prenait, mais être omis à concurrence de ce qu'il laissait ; la fraction délaissée par lui accroissait ainsi à ses colégitimaires comme leur serait accrue sa part entière s'il eut renoncé absolument sans rien retenir. La véritable règle est qu'il n'y a que le renonçant *tota legitima accepta* qui fasse pleinement nombre dans la supputation de la légitime. Sur un principe de l'ancien droit je ne voudrais pas contredire Ricard ; mais je ne crains pas de le contredire sur la conséquence d'un principe posé par lui-même, lorsque la logique le commande.

La règle à suivre ne serait pas différente dans le cas d'une légitime variable. Seulement, si le nombre des enfants était tel que le concours de celui qui renonce en ne retenant qu'une partie de sa légitime fût nécessaire pour élever la légitime entière au taux supérieur, la fraction délaissée par lui accroîtrait à la masse entière de l'hérédité pour être partagée entre toutes les parties prenantes au prorata de leurs droits respectifs. C'est, je crois, ce que l'on décidait à Grenoble et à

Chambéry pour les renonciations anticipées. Mais qu'il en fût ainsi ou autrement, c'est un détail que je ne veux pas approfondir, me réservant d'exposer dans l'interprétation du Code Napoléon l'exacte solution de cette difficulté sur laquelle l'ancien droit est muet, obscur et insuffisant, pour ne rien dire de plus.

112. En résumé, notre ancien droit n'a jamais fait profiter l'héritier ou le légataire universel de la part de légitime laissée vacante par un renonçant. Les meilleurs jurisconsultes disent avec raison que le légitimaire qui renonce *nullo accepto* ne fait pas nombre pour la supputation de la légitime. Si l'on est dans un cas de légitime invariable, les légitimaires ont tout le profit de la renonciation par voie d'accroissement ou de non-décroissement. Si la légitime peut varier selon le nombre des légitimaires, le profit est partagé entre les légitimaires qui prennent part et celui qui les paye; car il résulte de la renonciation une augmentation des légitimes individuelles (sauf la bizarrerie de la Novelle 18 quand le nombre des enfants tombe de cinq à quatre) et aussi une augmentation de la quotité dont le défunt a pu disposer. D'autres jurisconsultes enseignent que les renonçants font toujours nombre, mais ils veulent en même temps que les parts vacantes accroissent à la légitime, ce qui a le double défaut d'être contraire aux principes et parfois d'être trop favorable aux légitimaires. Aucun auteur (excepté Guillaume de la Champagne) n'attribue à l'héritier ou au donataire universel la légitime de l'enfant qui renonce sans la retenir.

La Cour de cassation, égarée par M. Poriquet, qui fut le promoteur de l'arrêt Laroque de Mons [1], a cependant dit dans cette trop fameuse décision que d'après l'ancien droit coutu-

[1] Du 18 février 1818.

mier « la légitime de l'enfant qui renonçait, profitait au do- » nataire universel et n'était pas dévolue par droit d'accrois- » sement aux cohéritiers du renonçant. » C'est une grave erreur répétée à l'envi par tous les auteurs modernes, à l'exception de M. Gab. Demante qui l'a relevée avec raison [1].

D'où vient cette incroyable erreur ? L'a-t-on puisée dans la mauvaise décision que donnait Ricard pour le supplément de légitime de celui qui renonce sans retenir toute sa part, ou dans le droit particulier et suranné des renonciations anticipées ? Peut-être. Mais peut-être aussi l'erreur vient-elle de moins loin ; peut-être procède-t-elle simplement d'un abus du langage figuré. L'arrêt de 1818 expose qu'autrefois la légitime était considérée comme *une dette*, *une pension alimentaire*, due par les père et mère à leurs enfants, *une créance personnelle*, affectée sur les biens en faveur de chacun des enfants. Une fois admises ces fausses idées de *créance*, de *dette* et de *pension*, la logique a fait le reste. Si la légitime est une créance, elle se divise entre tous les créanciers, et le légataire universel qui en est tenu envers chacun des enfants profite, à la manière d'un débiteur, de l'abandon de sa part virile par l'un d'eux. Que de mal fait à la science du droit par ces métaphores mensongères ! Ceux qu'elles ont abusés voient entre la légitime de l'ancien droit (écrit ou coutumier) et la réserve du Code Napoléon une prodigieuse différence, qui en réalité se réduit à presque rien.

Pour rendre à chacun ce qui lui appartient, il faut dire que M. Poriquet n'est pas l'inventeur de la malencontreuse proposition que nous avons textuellement extraite de l'arrêt de 1818. M. Grenier avait ouvert dès 1807 [2] la voie d'erreur où la foule des auteurs s'est précipitée après lui.

M. Rolland de Villargues reproduisit l'erreur en 1813 dans

[1] *Rev. critiq. de jurisp.*, T. II, p. 91, 94, 732.

[2] *Donat.* T. III, p. 177, n° 564.

une Dissertation [1] où il présentait ce droit imaginaire, non comme devant être rejeté, mais comme devant être suivi sous le Code Napoléon. M. Labbé, agrégé à la faculté de droit de Paris, s'est laissé séduire par la même idée, à quelques différences près [2].

M. Pont [3] et M. Coin-Delisle [4] récitent sur ce point l'arrêt *Laroque de Mons*, qui a fait de l'erreur de M. Grenier une monnaie courante entre les écrivains.

M. Saintespès-Lescot [5] accorde aussi son suffrage à ce mensonge traditionnel avec cette circonstance aggravante qu'il prétend l'appuyer sur l'autorité de Ricard et de Lebrun. Mais ces auteurs disent positivement le contraire dans les endroits cités par M. Lescot; il a pris pour leur opinion le résultat qu'ils signalent comme devant être évité. Nous avons expliqué ces textes [6].

M. Troplong [7], qui n'a écrit qu'après le redressement de l'erreur par M. Gab. Demante, s'y est pourtant laissé tomber, et, à l'exemple de M. Lescot, il cite bien à tort Ricard et Lebrun pour garants que cette prétendue doctrine aurait été celle des pays coutumiers. Mais par une contradiction singulière, après avoir payé ce tribut à l'erreur en disant et répétant : *la part de l'enfant renonçant tournait au profit du légataire universel*, le savant magistrat, dans un autre endroit [8], où il est en commerce avec Dumoulin, reconnaît comme règle incontestable du droit coutumier que *la part des renonçants accroît aux acceptants*. Voilà deux propositions inconci-

[1] Insérée dans Sirey, XIII, 2, 201.
[2] *Revue prat.* T. V, p. 193 et suiv.
[3] *Revue de législ.*, 1843, p. 443.
[4] *Limite*, nos 43, 54, et ailleurs.
[5] *Donations*, T. II, no 312.
[6] Voy. plus haut, p. 190.
[7] *Donations*, T. II, no 785.
[8] Au no 791. Comp. no 742, *in f.*

liables; il n'y en a qu'une de vraie, et c'est la dernière.

Qu'est-ce qu'en pense M. Beautemps-Beaupré [1]? A la manière dont il entend le texte de Lebrun qui a trompé MM. Lescot et Troplong, je suis forcé de le mettre parmi ceux que l'observation de M. G. Demante n'a pas pu désabuser. Moins excusable que les autres, c'est après examen qu'il rejette la vérité.

113. Après avoir vu la manière de calculer la légitime relativement aux choses sur lesquelles elle se prend et aux personnes qui la recueillent, nous devons rechercher comment elle se payait dans le droit coutumier. C'est la question de ce qui s'impute sur la légitime; question dont les anciens jurisconsultes n'ont fait qu'ébaucher la solution, et que le Code Napoléon a passée sous silence, au grand préjudice des justiciables.

D'un côté, la légitime ne pouvait se recueillir en pays de coutume qu'à titre d'héritier. De l'autre, le droit commun français, extrêmement ami de l'égalité entre les enfants toutes les fois qu'il pouvait s'affranchir de la domination des nécessités politiques, prescrivait avec rigueur aux enfants venant à la succession de rapporter toutes les libéralités qu'ils avaient reçues par anticipation. De la combinaison de ces deux idées il résultait qu'entre enfants le rapport et l'imputation se confondaient; le premier absorbait la seconde et lui ôtait tout intérêt. A quoi bon parler de légitime et d'imputation sur la légitime, lorsque par l'effet du rapport les biens laissés au décès et les biens donnés à quelques-uns des enfants vont se partager également entre tous? Aussi passa-t-il en règle que tout ce qui était sujet à rapport de la part d'un enfant était aussi sujet à imputation sur sa légitime, ou si l'on veut, sur sa portion héréditaire. Rapport et imputation ne diffèrent point dans le droit français, disent nos jurisconsultes, tandis

[1] *De la Portion disponible*, T. I, n° 159. Comp. n° 147.

que, d'après la constitution de Justinien [1], tout ce qui était imputable sur la légitime était bien rapportable, mais tout ce qui était rapportable n'était pas nécessairement imputable. On peut donc chez nous conclure de l'imputation au rapport et du rapport à l'imputation. [2] Mais le rapport et l'imputation se confondent-ils toujours et à l'égard de tous ? Nullement. La question d'imputation se dégageait de celle du rapport dans quelques cas particuliers, tels que ceux-ci :

Des enfants, ayant reçu quelques libéralités anticipées, se portent héritiers pour prendre leur légitime contre un légataire universel, qui est un étranger ou un enfant se tenant à son legs. Sans doute ces enfants, comme cohéritiers, se doivent le rapport des libéralités qu'ils ont reçues, puisque l'on ne peut pas être héritier et donataire ou légataire tout ensemble. Mais le rapport n'est dû qu'entre cohéritiers, et l'incompatibilité de la qualité de donataire avec celle d'héritier n'existe pas à l'égard d'autres que les héritiers. Dès lors, grand intérêt de savoir si le légataire universel, non admis à parler du rapport ni de l'incompatibilité des titres lucratifs, ne pourrait pas réclamer de la part des enfants donataires et héritiers l'imputation de leurs dons sur leur légitime.

La situation sera la même, avec moins de complication, si l'on suppose un seul enfant donataire de peu ou de beaucoup, qui se porte héritier et dispute sa légitime à un légataire universel. Ce légataire peut-il lui répondre qu'il est payé de sa légitime par les donations dont il a été gratifié?

Au lieu d'enfants donataires et venant à la succession, on peut supposer des enfants également donataires, mais ne venant pas à la succession.

Un enfant a reçu de grandes libéralités et il renonce à la succession pour se tenir à ces libéralités. Peut-il les imputer

[1] L. 20, C. *de Collation*.

[2] C'était admis même dans les pays de droit écrit. Voir p. 64 ci-dessus.

sur sa part de légitime afin de la retenir avec tout ce qui aurait pu être donné à un étranger? C'est se demander sous une autre forme si l'enfant donataire qui renonce à la succession a droit de retenir sa légitime.

Ou bien, cet enfant renonçant n'a pas reçu plus que sa légitime; mais il a reçu à une date qui rend sa donation préférable à une autre donation faite à un étranger. Ce sera cet étranger qui aura intérêt à demander que la libéralité faite au légitimaire renonçant soit imputée sur sa légitime. En aura-t-il le droit?

Si, au contraire, la libéralité conférée à l'étranger est préférable par sa date à la donation faite à l'enfant renonçant, celui-ci est très-intéressé à faire l'imputation de sa donation sur sa légitime afin de pouvoir retenir au moins cette légitime. Les principes coutumiers le permettent-ils?

Voilà assez de questions. Il est temps d'interroger nos anciens jurisconsultes sur le principe général de l'imputation et sur ses applications.

C'est Dumoulin qui a fourni le germe de la doctrine coutumière établissant l'identité du rapport à succession et de l'imputation sur la légitime. « D'après le droit (romain), » dit-il, rapporter à son cohéritier et imputer sur la légitime » sont choses différentes. Mais chez nous la distinction est » superflue, parce que l'on ne peut pas avoir de légitime sans » être héritier, et l'on ne peut pas être héritier avec une » condition meilleure que celle de ses cohéritiers en quelque » manière que ce soit dans la ligne directe [1]. »

C'est là et à ce propos que Dumoulin a dit le mot tant répété, *apud nos non habet legitimam nisi qui heres est*, C'est une

[1] *De jure differunt conferri coheredi cui communicatur, et imputare in legitimam ; sed apud nos hoc supervacuum est, quia non habet legitimam, nisi qui heres est, et non potest quis esse heres habens meliorem conditionem quocumque modo in linea directa* (Sur *Paris*, art. 125, n° 1).

raison qu'il allègue pour nier toute différence entre le rapport à successsion et l'imputation sur la légitime : en effet, s'il faut nécessairement se porter héritier, il y aura toujours lieu au rapport. Mais Dumoulin a lui-même établi en maint endroit que la qualité d'héritier n'est nécessaire *apud nos* que pour demander la légitime par voie d'action, et que le titre de donataire suffit pour la retenir par voie d'exception. Le principe n'a donc rien d'absolu. Dans ce lieu même, c'est-à-dire à la suite des paroles que nous avons transcrites et traduites, Dumoulin ajoute une proposition incomplète qui dit que l'imputation sur la légitime peut cependant être considérée abstraction faite du droit de rapport, et qui paraît admettre la possibilité d'avoir parfois sa légitime sans se porter héritier. Je ne comprends pas assez ce texte pour en risquer la traduction, je le donne tout cru : *sed jus de computando in legitimam potest considerari respectu filii nimium legatis gravati, et sic tam respectu absentis* [abstinentis] *quam coheredis.*

Ricard développe ainsi le raisonnement principal de Dumoulin :

« Dans notre usage le droit de rapport est établi avec beaucoup plus de fermeté (que par le droit romain) ; la volonté du père n'y peut donner aucune atteinte, et nous ne le rendons pas susceptible de toutes ces distinctions que le droit romain y avait admises. D'où il s'ensuit que la légitime ne se pouvant prétendre qu'à titre d'héritier, il faut nécessairement que celui qui la demande rapporte tout ce qu'il ferait, s'il venait à la succession entière de son père, et je ne crois pas qu'on puisse établir aucune différence pour ce regard, puisque l'une et l'autre se perçoivent en la même qualité. Si bien que je tiens indistinctement et n'établis pas d'autre règle, que tout ce qui doit être rapporté par un enfant venant à la succession de son père, est aussi sujet à imputation sur la légitime qu'il demande [1]. »

Ricard agite ensuite la question de savoir si les enfants sont tenus à l'égard des étrangers d'imputer sur leur légitime les

[1] *Donations*, part. 3, ch. VIII, sect. II, n° 1149.

donations qui leur ont été faites L'identité établie par lui, après Dumoulin, entre le rapport et l'imputation l'incline d'abord à penser que cette imputation dans un raisonnement exact (exact en apparence) ne devrait avoir lieu qu'entre cohéritiers et colégitimaires. Mais bientôt il ressaisit le fil historique de l'institution, et s'appuyant sur les principes romains de l'imputation, il décide que les étrangers eux-mêmes ont droit d'exiger que l'imputation ait lieu de manière à ménager l'exécution des autres libéralités du défunt dans les limites de son disponible.

Cette décision du jurisconsulte restitue à l'imputation sur la légitime sa fonction propre qui est autre que celle du rapport. Celui-ci a pour but d'assurer l'égalité entre les enfants venant à la succession paternelle ; celle-là a pour but de protéger le droit du père de famille de disposer librement de tout ce qui n'est pas réservé par la loi à ses enfants. Qui peut demander le rapport? Nul autre que l'enfant héritier. Qui l'imputation? Quiconque est donataire ou légataire du disponible. Le rapport et l'imputation sont identifiés quant aux libéralités auxquelles ils s'appliquent, et non quant aux personnes qui peuvent les invoquer. Ecoutons Ricard lui-même[1] :

« Sur ce qu'il a été établi que cette règle qui veut qu'on ne puisse être en directe héritier et légataire ou donataire, qui produit l'obligation du rapport, n'a lieu qu'entre les héritiers de la même ligne et non pas à l'égard des étrangers, je tire cette conclusion que pour ce qui concerne les étrangers, les légataires et les donataires qui ne sont pas héritiers du père, il n'échet aucun rapport en leur faveur de la part des enfants qui poursuivent contre eux le retranchement de leur légitime et que les lois qui ordonnent l'imputation ne doivent être entendues qu'entre cohéritiers et colégitimaires, du moins quant à notre usage....

Mais encore que cette doctrine pût être véritable dans un raisonnement exact..., si nous considérons quels ont été l'origine et le motif de la querelle d'inofficiosité, nous trouverons qu'elle n'a été inventée que pour

[1] *Donations*, part. 3, nos 1153, 1155.

réprimer les libéralités immenses des pères, dans les rencontres auxquelles ayant méprisé leurs enfants ils s'étaient épuisés en faveur des étrangers : si bien que lorsque cet oubli ne se rencontre pas et que le père a employé une partie de ses libéralités envers ses enfants, il est bien raisonnable que l'action, que la loi leur a mise en main, diminue à proportion qu'ils ont été reconnus par leur père. Et si notre première proposition avait lieu, il s'ensuivrait qu'un fils comblé de bienfaits par son père ne laisserait pas de pouvoir contester les moindres et les plus légères donations qu'il aurait faites et d'en demander le retranchement. Si bien *que cette obligation d'imputer les avantages reçus à la légitime* étant si fort de sa substance *à l'égard de qui que ce soit*, il n'y a pas d'apparence de prétendre que nous en ayons tiré l'usage du droit romain sans cette circonstance qui lui est essentielle : aussi la pratiquons-nous de la sorte sans contredit. »

Lebrun [1] a reproduit les doutes et la résolution de Ricard dans les termes suivants :

« La première question qui se peut présenter sur ce sujet est de savoir si un étranger héritier institué ou légataire universel a droit d'obliger un fils légitimaire d'imputer ces sortes de donations (qu'il a reçues) sur sa légitime ? Et la raison de douter est qu'il y a un très-grand rapport entre le droit de collation ou rapport et l'imputation sur la légitime suivant cette loi 20, Code, *Collat.*, qui a été citée Or, l'enfant ne rapporte point à l'étranger, en sorte que si un père ayant trois enfants, institue avec eux un étranger, il faudra faire un double partage : l'un, sans rapport, au regard de l'étranger et pour trouver sa part, et l'autre, avec rapport entre les trois enfants, parce que le rapport est pour l'égalité entre les enfants seulement, et cesse quand l'égalité n'est point blessée, § 4 et 5 de la loi 1, ff. *de Collat. bon.* D'où il semble que l'on doive conclure que l'imputation des donations sur la légitime ne se doit faire qu'entre enfants pour égaler les légitimaires entre eux et pour faire qu'ils n'aient pas plus que les autres enfants héritiers ou légataires ; ce qui arriverait quelquefois, s'il n'étaient pas obligés de faire cette imputation, et ce qui n'a nul inconvénient quand ce sont des personnes étranges qui sont héritières et qui fournissent la légitime.

Il faut dire néanmoins que des héritiers étrangers ont droit, comme des enfants qui sont institués héritiers, de faire faire l'imputation sur la légi-

[1] *Successions*, liv. II, ch. III, sect. IX, n°s 4 et 5.

time, parce que la querelle d'inofficiosité et la demande de légitime est un droit extraordinaire, qui ne doit avoir lieu que lorsque le père ou n'a point du tout ou n'a point assez considéré son sang, et quand il faut que la loi vienne au secours de la nature et qu'elle supplée au défaut de l'affection paternelle, *quia judicium patris lex supplet*, dit Godefroy sur la loi *Si totas* 5, *C. de Inoff. donat.* Ainsi cette action n'a point lieu quand le père a rempli ses devoirs naturels; et il serait fort injuste qu'un fils comblé de bienfaits de son père vînt accuser son testament et donner atteinte à de légères libéralités dont le père aurait voulu reconnaître l'amitié de quelqu'un. »

Même décision dans Ferrière [1] et dans Pothier [2].

C'est ainsi que la grande similitude qui existe entre le rapport à succession et l'imputation sur la légitime faillit autrefois être fatale à celle-ci; elle était cependant sortie victorieuse de tous les faux raisonnements, et la jurisprudence coutumière, réconciliée avec les vrais principes, admettait sans difficulté que le droit de faire ou de faire faire l'imputation des avancements d'hoirie sur la légitime est ouvert à tous ceux qui y ont intérêt.

Les textes que j'ai cités sont dans le cas d'un légitimaire qui, étant donataire, vient à la succession.

Je ne trouve point d'autorité qui dise formellement qu'un enfant donataire qui renonce puisse et doive imputer sa donation sur la légitime. Mais cela va de soi. Le droit et le devoir pour cet enfant d'imputer sa donation sur sa légitime sont une conséquence nécessaire de la faculté qu'il a de la retenir. Affirmer et prouver le droit de rétention, c'est affirmer et prouver l'imputation.

Mais il existe une véritable lacune dans la théorie des anciens jurisconsultes sur un point capital. Il fallait noter que l'imputation due aux légataires par un enfant donataire qui

[1] Sur *Paris*, art. 298, Gl. 2, § 2, nos 15 et 16.

[2] *Donations entre-vifs*, sect. III, art. 5, § 4.

accepte la succession est forcément limitée à sa part de légitime et que pour l'excédant, s'il y en a un, elle porte sur le disponible, tandis que le rapport dû par ce même enfant à ses cohéritiers comprend la donation tout entière. Si l'on fait l'imputation aussi étendue que le rapport, on viole le principe qui refuse le bénéfice de ce dernier droit aux étrangers. L'analyse complète de cette difficulté manque partout.

On peut enfin se demander si, dans les coutumes de préciput, une donation dispensée de rapport devait s'imputer sur la légitime?

Une note de Dumoulin relative à cette question (c'est sur l'art. 11, chap. XXVII de la coutume de Nivernais) ne me semble pas exacte. La coutume de Nivernais permet au père de dispenser un enfant du *rapport et collation de la chose donnée*. Sur quoi Dumoulin observe avec raison que l'enfant peut alors cumuler son don avec sa légitime en venant à la succession : *Quia tunc succedendo non tenetur conferre*. Sauf pourtant la réduction de la libéralité pour la légitime des autres enfants, dans le cas où cette libéralité y porterait atteinte : *Fallit quatenus aliorum liberorum legitima læderetur*. Cela est encore très-juste. Mais Dumoulin ajoute que la dispense de rapport accordée par le père est également susceptible d'exception à cause de l'imputation que l'enfant devra faire sur sa légitime, si besoin est : *Item fallit ut semper teneatur imputare in legitimam, si opus sit*. Si cette note signifie que l'enfant dispensé de rapport envers ses cohéritiers serait tenu à l'imputation sur sa légitime envers un étranger légataire, elle est en contradiction avec le principe de Dumoulin qui identifie le rapport et l'imputation. Il ne se peut pas qu'une même donation s'impute à l'égard des cohéritiers du donataire sur le disponible, et à l'égard des légataires sur la légitime; il faut choisir. Je ne vois qu'une seule ouverture à l'imputation d'une telle donation sur la légitime; il faudrait supposer la donation faite à l'enfant primée par une donation considérable en faveur d'un étranger, et cet enfant voulant lui-même l'imputer sur sa légitime afin de la conserver. La dispense de rapport ou la clause de préciput se trouverait sans effet dans cette hypothèse, et la donation devrait être traitée comme un véritable avancement d'hoirie sujet au rapport envers les autres héritiers, à moins que le donataire ne l'appliquât à sa légitime par une imputation qui ne serait rien que ce que nous appelons aujourd'hui *rapport en moins prenant*. Mais Dumoulin avait-il ce cas en vue? Ce n'est pas probable.

Sous l'empire du Code Napoléon, muet, comme je l'ai dit, sur l'imputation, les auteurs et les arrêts l'ont confondue pendant longtemps avec le rapport, et par suite le droit de l'invoquer était absolument refusé aux légataires par respect pour l'article 857. Les raisons de décider ainsi étaient toutes les objections que se proposent Ricard et Lebrun par forme d'argument ; et malheureusement on ne savait pas les résoudre aussi bien que ces jurisconsultes pour arriver à la bonne solution. Mais l'imputation des avancements d'hoirie sur la légitime du donataire est tellement de l'essence du droit de légitime ou de réserve, qu'elle est rentrée dans la doctrine et la jurisprudence à la faveur d'une distinction telle quelle entre le rapport réel et le rapport fictif, distinction qu'on a appuyée sur l'article 922. Nous dirons comment il conviendrait de corriger cette théorie bizarre qui est loin de donner des résultats satisfaisants pour la science et pour l'équité.

114. La légitime de droit, le douaire propre et les réserves coutumières, offraient aux enfants trois moyens de revendiquer une part dans les biens de leur père, nonobstant les dispositions par lui faites : tous trois plus ou moins avantageux, selon les circonstances particulières de chaque succession. Les biens composant l'hoirie appartenaient-ils au père

dès l'époque de son mariage? étaient-ils des propres ou des meubles et des acquêts? les dispositions faites par le père étaient-elles des actes à titre onéreux, des donations entre-vifs ou des legs? quel était le droit des différentes coutumes dans le détroit desquelles les biens étaient situés? Voilà quelques-uns des points de fait que devait examiner l'enfant appelé à faire un choix entre le douaire, la légitime et la réserve. Cumuler ces droits divers n'était pas possible; mais on pouvait les combiner. Cette combinaison donnait lieu à des questions de droit très-épineuses, dans le détail desquelles nous ne voulons pas entrer. Aussi bien les anciens auteurs eux-mêmes ne sont pas longs sur ces inextricables difficultés. Ils citent des arrêts et n'exposent pas de théorie. Remarquons seulement que l'enfant qui se tenait au douaire ne pouvait pas demander un supplément de légitime; la raison en était que pour prendre le douaire, il fallait renoncer à la succession et qu'au contraire pour réclamer la légitime par voie d'action il fallait accepter cette même succession. Même incompatibilité du douaire avec les réserves coutumières et par la même raison. La réclamation du douaire était conciliable avec la rétention de la légitime sur des avantages reçus du père commun, ces deux droits compétant à l'enfant qui avait renoncé à la succession. Mais il y avait lieu à des imputations ou compensations qui ne lui permettaient toujours de retenir que le maximum de l'émolument auquel l'un ou l'autre droit pouvait monter. La réclamation de la légitime par voie d'action n'était pas incompatible avec celle de la réserve des quatre-quints, toutes deux se prenant en qualité d'héritier. On admettait un enfant à réclamer la réserve en une coutume et la légitime en une autre ou en pays de droit écrit; mais à condition d'imputer ce qu'il avait pris comme réserve sur la légitime qu'il pouvait prétendre. Chaque enfant pouvait prendre un parti différent, comme il arriva dans la succession de M. de Pomereu qui avait laissé quatre enfants, dont l'un prenait le titre de légataire universel en vertu d'un testament, tandis que le second demandait les réserves coutumières et les deux autres leur légitime (pour plus d'intérêt l'un de ces deux-là aurait bien dû réclamer le douaire). Le lecteur trouvera partout[1] l'arrêt, en date du 20 août 1733, qui statua sur cette succession. C'étaient là des liquidations fort difficiles, que le plus souvent venait encore compliquer tout le bagage des questions relatives au préciput du fils aîné. Grand merci au Code Napoléon qui nous en a débarrassés !

115. Chacune des institutions dont nous avons exposé le mécanisme avait son mérite relatif, dépendant de son appropriation plus ou moins heureuse à l'état social d'autrefois. Pour les juger à un point de vue absolu, il faudrait d'abord bien fixer son opinion sur l'origine du droit de propriété, du droit de succession et du droit de testament, comme aussi sur la meilleure organisation de la propriété. Or, les esprits les plus sages pensent aujourd'hui que la source du droit de propriété est dans le droit naturel et que sa constitution civile la plus parfaite est celle qui lui laisse le plus de liberté. Selon cette excellente philosophie sociale, la faculté pour chacun de transmettre sa propriété par donation, par succession ou par testament, est aussi une émanation du droit naturel, c'est-à-dire du droit qui convient essentiellement aux hommes en état de société. Le droit de donner et de tester ne doit pas avoir d'autres limites que celles qui résultent de la nécessité

[1] Denizart, v° *Légitime;* Rép. de Guyot, v[is] *Légitime* et *Réserves coutumières.* Voyez, sur la question générale, Ricard, *des Donations*, part. 3, n° 1117; Lebrun, *des Successions*, liv. II, ch. III, sect. 3, n° 19; Renusson, *des Propres*, ch. III, sect. 7, n° 4; Roussilhe, *de la Légitime*, T. I, n° 157; Bourjon, *Droit commun*, Successions, part. 2, ch. X, sect. I, n° 4; sect. II, n° 10; et enfin Delaurière, déjà cité par nous au n° 72.

imposée aux père et mère par la même loi naturelle de laisser une portion de leur patrimoine à leurs enfants. C'est ce que démontre avec une admirable logique M. Troplong [1] en réfutant l'erreur de ceux qui prétendent que la propriété et le droit de tester seraient de pures créations de la loi civile, erreur dont furent malheureusement imbus plusieurs des rédacteurs du Code Napoléon.

Montesquieu [2] a contribué plus qu'aucun autre à accréditer cette doctrine erronée. Il ne parvint pas, malgré son génie, à se soustraire à l'empire des faits qui l'entouraient. Le mélange d'institutions de toute sorte qui de son temps constituaient, modifiaient et entravaient la propriété, lui déroba l'origine véritable de ce droit. Et comment ne pas voir des institutions purement artificielles dans les droits d'aînesse et de masculinité, dans les retraits lignagers, dans les successions lignagères, dans les substitutions fidéicommissaires et dans cette multitude de droits féodaux par lesquels la propriété était si étrangement défigurée ?

Parmi toutes ces anciennes institutions restrictives du droit de disposer, la légitime seule nous apparaît comme solidement fondée sur les rapports naturels de la famille. Le douaire propre aux enfants se dégage, il est vrai, de toute tendance féodale et anti-naturelle; mais il a le tort d'être une entrave prématurée, et inutile peut-être, à la liberté des transactions.

Elles ont toutes chancelé, ces institutions, dans la grande révolution de 1789, et la plupart sont tombées. La légitime, sous le nom emprunté de réserve, a seule survécu, grâce au principe d'équité naturelle dont elle est l'expression.

[1] *Des Donations et Test.*, T. I, nos 9-31.

[2] *Esprit des lois*, liv. XXVI, ch. VI; liv. XXVII, ch. I; liv. V, ch. IX; *Lettres persanes*, la 80e. Comparez Montaigne, *Essais*, liv. II, ch. VIII; Pascal, *Disc. sur la condition des Grands.*

CHAPITRE III.

DU DROIT DE DISPOSITION A TITRE GRATUIT D'APRÈS LES LOIS RÉVOLUTIONNAIRES.

116. La loi des successions appelait plus que toute autre l'attention du législateur révolutionnaire.
117. Caractère des réformes qui furent tentées.
118. Abolition des droits d'aînesse et de masculinité par la loi du 15 mars 1790.
119. Abolition du retrait lignager par décret du 19 juillet 1790.
120. Projet de décret sur l'égalité des partages.
121. Loi du 8 avril 1791 établissant cette égalité dans les successions *ab intestat*.
122. Décret du 5 septembre 1791 sur certaines clauses des testaments et des donations.
123. Prohibition des substitutions par la loi du 14 novembre 1792, et interdiction des avantages en faveur des enfants par celle du 7 mars 1793.
124. Loi du 5 brumaire an II qui fixe une quotité disponible du dixième ou du sixième, suivant la qualité des héritiers.
125 Loi du 17 nivôse an II sur les successions.
126. L'indisponibilité créée par cette loi constituait-elle une légitime ou une réserve proprement dite ?
127. Jugement sur la loi de nivôse.
128. Loi réparatrice du 4 germinal an VIII.
129. *Quid* de l'indisponibilité créée par cette loi ?

116. Le Code civil n'a pas succédé immédiatement au droit écrit et au droit coutumier. Entre la loi qui a duré et la loi qui doit durer il y a eu place pour une multitude de lois éphémères destinées à régler la transition de l'ancien régime au régime nouveau. La Révolution ne pouvait ni ne devait oublier le sujet que nous étudions. Les successions et les dispositions à titre gratuit sont deux anses par lesquelles le législateur peut saisir la famille et la propriété pour les façonner au gré de sa politique. Aussi les réformes furent-elles

multipliées dans ces matières, réformes sollicitées depuis longtemps par un sentiment progressif de justice et d'équité, mais qu'on aurait attendues longtemps encore sans le bienfait de la Révolution. Ce grand ébranlement social était nécessaire pour que le progrès des lois suivît celui des mœurs.

117. Comme art et comme science, les lois qui consacrèrent ces réformes sont peu de chose ; comme fonds nouveau de principes, elles comptent pour beaucoup. C'est de la législation et non du droit : deux choses fort différentes. Le rôle de ces lois fut d'abolir des institutions surannées plutôt que de créer des théories juridiques. Elles sont loin, bien loin, sous le rapport de la science, d'avoir une importance égale à celle de notre ancien droit, associé si longtemps à la vie de nos pères, et perfectionné par la culture industrieuse et assidue de tant de grands jurisconsultes.

Ce droit est la véritable source, source purifiée, mais non tarie par les lois intermédiaires, où le législateur de 1803 a puisé ses principes et ses doctrines. Lorsqu'il fut question de légitime et de quotité disponible dans la discussion du Code civil, Tronchet déclara qu'il ne voulait pas s'occuper de la loi du 17 nivôse an II, loi importante à d'autres égards, mais trop révolutionnaire en ce point, et il s'étendit avec complaisance sur les principes du droit écrit et du droit coutumier. C'est donc à tort que M. Coin-Delisle a dit que lors de la rédaction du Code civil il s'agissait de modifier, non pas les coutumes, non pas le droit écrit sur les successions et les donations, mais la loi du 17 nivôse an II [1]. La vérité est qu'il fut tenu peu de compte de la législation intermédiaire quant au droit de disposer ; les anciennes institutions furent le thème principal et presque unique de la discussion.

[1] *Limite du droit de rétention*, nº 56.

Voici, d'ailleurs, de graves paroles qui nous livrent la pensée et le point de vue du législateur :

« Un bon Code, disait Portalis dans le *Discours préliminaire*, un bon Code civil pouvait-il naître au milieu des crises politiques qui agitaient la France ?

Toute révolution est une conquête. Fait-on des lois dans le passage de l'ancien gouvernement au nouveau ? Par la seule force des choses, ces lois sont nécessairement hostiles, partiales, éversives...

Si l'on fixe son attention sur les lois civiles, c'est moins pour les rendre plus sages ou plus justes, que pour les rendre plus favorables à ceux auxquels il importe de faire goûter le régime qu'il s'agit d'établir. On renverse le pouvoir des pères, parce que les enfants se prêtent davantage aux nouveautés... On a besoin de bouleverser tout le système des successions, parce qu'il est expédient de préparer un nouvel ordre de citoyens par un nouvel ordre de propriétaires[1] ».

Les choses étant ainsi, il suffira de signaler les principaux monuments de cette législation révolutionnaire qui est le trait d'union entre l'ancien droit et le Code civil.

118. L'abolition de la féodalité, décrétée dans la nuit du 4 août 1789 par l'Assemblée constituante, appelait comme conséquence la suppression de l'inégalité dans les partages de successions. Elle fut prononcée par la loi du 15 mars 1790, rendue sur le rapport de Merlin ; l'article 11 du titre 1er porte : « Tous priviléges, toute féodalité et nobilité de biens » étant détruite, les droits d'aînesse et de masculinité à » l'égard des fiefs, domaines et alleux nobles, et les par- » tages inégaux à raison de la qualité des personnes, sont » abolis. »

L'équité réclamait depuis longtemps cette abolition que repoussait la politique féodale. Il y a pourtant des gens qui demandent aujourd'hui la restauration du droit d'aînesse et

[1] Fenet, T. I, p. 464.

des substitutions, comme si la société ne pouvait vivre qu'au sein d'institutions artificielles.

N'étaient pas encore supprimées la distinction des propres et des acquêts, ni la règle *paterna paternis*, *materna maternis*, ni les réserves coutumières des quatre-quints.

119. Mais une première brèche fut faite au système des propres par l'abolition du retrait lignager, que prononça un décret du 19 juillet 1790.

120. Le principe de l'égalité des partages déposé dans la loi du 15 mars 1790 voulait être développé. Un projet de décrèt fut présenté par Merlin le 21 novembre 1790; il établissait une égalité absolue dans le partage des successions *ab intestat*, abolissait la distinction des biens paternels et maternels, des propres et des acquêts, et admettait la représentation à l'infini dans la ligne directe, et jusqu'au degré de neveu dans la ligne collatérale. Après la lecture de ce premier travail, Mirabeau, le cœur encore blessé d'une récente exhérédation, demanda un travail complémentaire sur les inégalités résultant de la volonté de l'homme, c'est-à-dire des substitutions et des dispositions testamentaires. De là un ajournement.

Le 11 mars 1791, Merlin apporta à l'assemblée un projet complété selon ces vues. On le discutait à la séance du 2 avril, lorsque le président Tronchet interrompit la délibération pour annoncer à l'assemblée la mort de Mirabeau. Quelques instants après, Talleyrand lut à la tribune, au milieu de l'émotion et du silence religieux de l'auditoire, le *Discours sur l'égalité des partages dans les familles*, que le grand orateur avait préparé pour cette délibération. Par une ironie cruelle de la fortune, cette œuvre admirable d'éloquence passionnée, qui demandait la presque entière abolition du droit de tester, n'était plus que le testament oratoire de son auteur [1], un testament *ab irato*, comme le qualifièrent les tribuns Favard et Curée dans la discussion de la loi du 4 germinal an VIII. La parole véhémente qui contestait aux morts le droit de signifier aux vivants l'acte de leurs dernières volontés n'était plus elle-même qu'une voix de l'autre monde :

« Eh quoi ! s'écriait Mirabeau, n'est-ce pas assez pour la société, des caprices ou des passions des vivants? Nous faut-il encore subir leurs caprices, leurs passions, quand ils ne sont plus ?... N'avons-nous pas vu une foule de ces testaments où respiraient tantôt l'orgueil, tantôt la vengeance, ici un injuste éloignement, là une prédilection aveugle ? La loi casse les testaments appelés *ab irato.* Mais pour les testaments qu'on pourrait appeler *a decepto, a moroso, ab imbecilli, a delirante, a superbo*, la loi ne les casse point et ne peut les casser. Combien de ces actes signifiés aux vivants par les morts, où la folie semble le disputer à la passion; où le testateur fait de telles dispositions de sa fortune, qu'il n'eût osé de son vivant en faire la confidence à personne; des dispositions telles, en un mot, qu'il a eu besoin, pour se les permettre, de se détacher entièrement de sa mémoire et de penser que le tombeau serait son abri contre le ridicule et les reproches. »

Dans la séance du 5 avril, Robespierre reprit cette thèse dans un discours qui fut une froide paraphrase des brûlantes apostrophes de Mirabeau.

Cependant ni l'un ni l'autre ne demandait l'anéantissement complet du droit de tester. Leur conclusion, peu conséquente avec les idées absolues qui la précédaient, était de fixer la quotité disponible au dixième de la fortune du testateur et de n'en permettre la disposition qu'en faveur des personnes étrangères à la ligne directe.

Mais, déjà à cette heure, Tronchet répondant à Robes-

[1] Mirabeau lui-même aurait dit à Talleyrand en lui remettant son manuscrit : *Il sera plaisant d'entendre parler contre les testaments un homme qui n'est plus et qui vient de faire le sien* (Voir M. Thiers, *Révolution française*, T. I, page 302.

pierre, proclamait des principes plus modérés, destinés à prévaloir dans le Code civil ; il disait que *l'homme social* doit avoir le droit de transmettre sa propriété après sa mort, mais que l'intérêt public réclame en même temps que le père puisse disposer d'une notable partie de sa fortune, aussi bien en faveur de ses enfants qu'en faveur d'un étranger. Et Tronchet proposait d'établir une *légitime* des trois quarts en faveur des héritiers en ligne directe descendante ou ascendante, et de la moitié en faveur des frères, du neveu et de l'oncle ; la quotité disponible aurait donc été du quart, de la moitié ou de la totalité, suivant la qualité des héritiers.

121. Rendue hésitante par ce conflit de sentiments contraires, l'assemblée ne statua rien sur le droit de tester. Elle se borna, en ne sanctionnant que la première partie du projet, à décréter par la loi du 8 avril 1791, l'égalité entre les membres de la même famille dans les successions *ab intestat.* C'est ce que porte l'article premier de la loi. Il semble qu'une donation ou un testament pouvait encore faire cesser cette égalité.

122. Le dernier vote de l'Assemblée constituante sur ces matières est son *Décret* du 5 septembre 1791, *relatif aux clauses impératives ou prohibitives, insérées dans les testaments, donations ou autres actes,* dont la disposition, reproduite par l'art. 1 de la loi du 5 brumaire an II et par l'art. 12 de celle du 17 nivôse de la même année, a définitivement passé dans l'art. 900 du Code civil.

De l'Assemblée législative qui succéda à la Constituante, rien ou presque rien à noter sur les successions et les dispositions gratuites.

123. Il était réservé à la Convention nationale d'accomplir

les derniers vœux de Mirabeau. Par la loi du 14 novembre 1792, elle prohiba les substitutions. Par celle du 7 mars 1793, elle abolit la faculté d'avantager un descendant au préjudice des autres, soit par disposition à cause de mort, soit par donation entre-vifs ou par institution contractuelle. Le droit de disposer au profit d'étrangers était maintenu. Mais on ne dit pas jusqu'à quelle quotité. C'était, je suppose, jusqu'à concurrence de la quotité laissée disponible par la légitime et peut-être par les réserves coutumières, qui n'étaient pas encore expressément abrogées.

124. Mais bientôt, la loi du 5 brumaire an II établit l'égalité des partages entre collatéraux comme entre enfants, nonobstant toute disposition contraire, et fixa la quotité disponible en faveur des étrangers au dixième des biens, si le défunt laissait des héritiers directs, et au sixième, s'il ne laissait que des collatéraux. C'est ce qu'on lit dans les art. 9 et 11 de cette loi qu'un rapport de Cambacérès avait précédée et qui réalisait toute la pensée de Mirabeau. Une disposition révolutionnaire très-inique la rendait applicable à toutes les successions ouvertes depuis le 14 juillet 1789 (même art. 9).

Je ne rechercherai pas s'il faut voir derrière la quotité disponible déterminée par la loi de brumaire an II une légitime proprement dite ou une réserve coutumière.

La question se présentera avec plus d'à-propos sur la loi du 17 nivôse, dans laquelle s'absorba celle de brumaire après deux mois et douze jours d'existence.

La loi de brumaire n'a rien à voir avec la science. Il y a longtemps que Bacon avait prévu et flétri cette odieuse loi qui avait comme Janus deux visages, l'un tourné vers le passé, et l'autre vers l'avenir : *Non placet Janus in legibus*, disait le célèbre chancelier [1].

[1] Aphorisme 47.

125. Vint enfin la loi du 17 nivôse an II, chapitre détaché du projet de Code civil que Cambacérès avait présenté à la Convention le 9 août 1793. Ses principes fondamentaux, dégagés des tendances excessives et des combinaisons compliquées qui les déformaient, constituent une certaine portion de l'un des meilleurs titres du Code Napoléon. Elle est digne d'attention. Berlier en fut le rapporteur; mais, de son rapport et de la discussion (s'il y eut discussion), il n'existe aucune trace au *Moniteur*.

La différence entre les biens nobles et les biens roturiers était déjà abolie, comme nous l'avons vu. La loi de nivôse supprima celle des propres et des acquêts et avec elle la vieille règle *paterna paternis*, *materna maternis*, ainsi que les réserves coutumières, en un mot, tout le système de la succession aux biens propres. Cette abolition fut écrite dans l'article 62 qui est textuellement reproduit par l'article 732 du Code Napoléon. La succession des propres, institution plus domestique que féodale, aurait mérité de trouver grâce devant l'esprit de réforme, si elle eût offert plus de simplicité dans sa marche et créé moins d'entraves à la circulation des biens. Elle eut le même sort que le retrait lignager qui concourait avec elle à conserver les biens patrimoniaux dans les familles.

La loi de nivôse instituait trois ordres d'héritiers: descendants, ascendants, collatéraux (article 63 à comparer avec l'article 731, Code civil). Les enfants et les descendants du défunt étaient appelés à sa succession à l'exclusion de tous les autres parents. C'était le premier ordre. Les ascendants formaient le second; mais il y avait plus d'apparence que de réalité dans leur vocation à la succession. Ils ne succédaient qu'autant qu'il ne se trouvait pas de collatéraux descendus d'eux ou d'autres ascendants du même ou d'un plus proche degré (art. 69-72). Ainsi, les père et mère du défunt étaient primés par les frères et sœurs et les descendants de ceux-ci; les aïeuls et les aïeules, par les frères et sœurs et leurs descendants et de plus par les cousins germains et leurs descendants; les bisaïeuls et les bisaïeules, par tous ces mêmes collatéraux, et en outre par les cousins issus de germain et leurs descendants, et ainsi de suite.

Ce système compliqué, mais savant, rappelait les parentèles, générations ou lignages des lois barbares et du droit coutumier. Le premier lignage est celui du défunt lui-même et comprend ses enfants et autres descendants. Viennent ensuite, par groupes superposés les uns aux autres, la parentèle ou lignage des père et mère du défunt, la parentèle ou lignage de ses aïeuls et aïeules, la parentèle ou lignage de ses bisaïeuls et bisaïeules. Un ascendant est écarté par tous les parents de son lignage ou du lignage d'un autre ascendant du même ou d'un plus proche degré que lui; il l'emporte sur les lignages qui procèdent d'ascendants d'un degré plus éloigné que le sien. L'ascendant, souche d'un lignage, était cependant plus rapproché que les collatéraux descendus de lui. Mais la faveur de la loi était pour les plus jeunes. Inspirée du même esprit que le droit coutumier, la loi de nivôse ne laissait pas remonter les biens.

La représentation était admise jusqu'à l'infini dans les lignes collatérales comme dans la ligne descendante; elle n'avait pas lieu pour les ascendants qui succédaient toujours par tête (art. 68, 73, 77).

On se plaint du morcellement de la propriété foncière opéré par le système de succession du Code civil. L'effet de la loi de nivôse aurait été cent fois pire. Avec la représentation à l'infini en faveur des collatéraux elle aurait réduit cette propriété en poussière.

Le Code a mis aussi les ascendants au second rang; mais c'est pour leur accorder une préférence réelle sur les collatéraux. Il n'admet d'exception qu'en faveur des frères et sœurs et des descendants des frères et sœurs, lesquels concourent avec les père et mère et excluent tous autres ascendants, à peu près comme dans la loi de nivôse. Autrement un ascendant est préféré à un collatéral. Ajoutez que d'après le Code la représentation en collatérale est bornée aux descendants de frères et sœurs.

En abolissant la succession des propres par côté et ligne, la loi de nivôse trouva un principe nouveau et fécond à mettre à la place. C'est la division égale des successions échues à des collatéraux entre ceux du côté paternel et ceux du côté maternel. Au lieu d'une recherche trop curieuse de l'origine des immeubles héréditaires, chaque ligne obtient la moitié de la masse totale des biens par une espèce de transaction que la loi fait elle-même. C'est donc seulement dans leurs lignes respectives que les lignages s'excluent en vertu de la proximité (art. 78-81). Ainsi, par exemple, les collatéraux issus des aïeuls paternels du défunt partagent avec les collatéraux issus des bisaïeuls maternels, s'il n'y a pas de lignage maternel plus rapproché (art. 82-88). A défaut de collatéraux dans une ligne, l'autre ligne succède pour le tout (art. 90). Mais la loi de nivôse n'établissait ce partage entre les parents paternels et maternels que pour les successions recueillies par des héritiers collatéraux. S'il existait un seul ascendant plus rapproché que tous les ascendants de qui descendaient les collatéraux de l'une et de l'autre ligne, il avait toute la succession. Et réciproquement, l'ascendant d'une ligne, vaincu par des collatéraux de l'autre ligne, ne pouvait prétendre à rien.

Cette ingénieuse invention de la loi de nivôse a passé dans le Code civil qui l'a généralisée et simplifiée. Il l'a généralisée en appliquant le principe de la division à toute succession échue à des ascendants ou à des collatéraux, c'est-à-dire échue à des ascendants paternels ou maternels, échue à des ascendants paternels et des collatéraux maternels *et vice versa*, ou échue à des collatéraux paternels et maternels (art. 733). Il l'a simplifiée en limitant beaucoup la représentation dans la ligne collatérale et proscrivant les subdivisions à l'infini que cette représentation occasionnait d'après la loi révolutionnaire.

Les réactions sont si injustes qu'il fallut presque du courage à M. Berlier pour défendre dans la discussion du Code Civil [1] l'excellent principe de la division égale des successions entre les deux lignes de parents. Le consul Cambacérès, dont l'esprit flexible n'était jamais gêné par le souvenir ou la responsabilité des lois qu'il avait dictées en d'autre temps [2], proposa le rétablissement de la règle *paterna paternis* jusqu'à un certain degré que le Code aurait déterminé. Bigot-Préameneu appuya cette idée d'un retour à l'ancien droit des propres. Mais par bonheur Berlier se souvint d'avoir été le rapporteur de la loi de l'an II; il rappela que la division des biens entre les deux lignes avait paru un terme moyen propre à concilier les usages opposés du Nord et du Midi; il fit observer que le maintien de ce système avait pour lui l'avantage d'une épreuve de neuf années, et l'assentiment de presque tous les tribunaux consultés; *ce qui*, disait-il, *n'est pas un faible argument en sa faveur, surtout quand on considère à quelle rigueur on est disposé aujourd'hui envers tout ce qui fut fait à cette époque.* Il fut soutenu par Portalis, naturellement hostile à une règle que le droit écrit n'avait pas connue et qui était d'ailleurs pleine d'inconvénients. *Les considérations qui ont fait supprimer les propres*, remarque judicieusement le jurisconsulte méridional, *doivent aussi faire écarter la règle PATERNA*

[1] Fenet, T. XII, p. 14 et suiv.

[2] Tout le système des successions de la loi de nivôse était textuellement extrait du projet de Code civil présenté par Cambacérès.

PATERNIS. En effet, les deux choses n'en faisaient qu'une. Et la règle fut rejetée.

La loi du 17 nivôse an II, à laquelle je reviens, prescrivait l'égalité absolue entre les divers héritiers qu'elle avait designés. Son art. 9, reproduction littérale de la loi du 5 brumaire [1], faisait injustement rétroagir la règle du partage égal jusqu'au 14 juillet 1789. Nous n'avons analysé que les dispositions plus saines qui organisaient cette règle pour l'avenir.

Comme celle de brumaire, la loi de nivôse admettait une quotité disponible du dixième ou du sixième des biens, mais seulement en faveur des étrangers. « Les dispositions géné- » rales de la présente loi, porte l'art. 16, ne font point » obstacle pour l'avenir à la faculté de disposer du dixième » de son bien, si on a des héritiers en ligne directe, ou du » sixième, si l'on n'a que des héritiers collatéraux, au profit » d'autres que des personnes appelées par la loi au partage » des successions. »

Cette servitude des pères de famille était le triomphe de la haineuse idée léguée à la Révolution par le discours posthume de Mirabeau. Il était logique dans le système de la loi de nivôse de réduire à presque rien le droit de disposition ; préférant à toute autre considération la division des propriétés elle avait dû proscrire la faculté de disposer qui aurait pu devenir un moyen de les accumuler dans une seule main.

L'abrogation du douaire des femmes et des enfants est implicitement comprise dans l'abrogation générale des anciennes lois et coutumes relatives à la transmission des biens par succession ou donation (art. 61 ; décret du 9 fructidor an II, 24me question).

126. Par cela seul qu'elle fixe une quotité disponible, la loi de nivôse créait virtuellement une quotité indisponible :

[1] La loi du 17 nivôse avait absorbé toute celle du 5 brumaire précédent.

mais comment définir cette dernière quotité? Était-ce une légitime, ou une réserve semblable aux anciennes réserves coutumières? C'était une réserve, selon M. Coin-Delisle qui écrit ceci :

« Parmi les divers modes législatifs de conserver les biens pour les héritiers présomptifs, la loi du 17 nivôse a préféré la voie des réserves à celle de la légitime; elle ordonne à chacun, par l'article 16, de réserver neuf dixièmes de son bien à ses enfants, cinq sixièmes seulement à ses collatéraux ; elle crée donc une portion disponible d'un dixième dans un cas, d'un sixième dans un autre, et une portion dont on ne peut disposer ou *réserve* [1]. »

Et une réserve, pour M. Coin-Delisle, est une quotité indisponible dont un héritier réservataire qui renonce ne peut retenir sa part, bien qu'il l'ait reçue par anticipation. Telle est, sans équivoque possible, la thèse de cet auteur qui prétend que depuis l'an II la légitime a disparu de nos lois pour faire place aux réserves coutumières.

M. Duverdy voit aussi l'établissement d'une réserve et non d'une légitime dans les lois du 5 brumaire et du 17 nivôse an II [2]. Suivant lui, il fallait dans la pratique appliquer à ces lois les principes relatifs à la réserve des quatre-quints des propres et non ceux de la légitime de droit.

C'est également l'avis de M. Labbé qui s'écrie qu'il ne s'agissait guère de légitime dans ce temps-là [3] !

Je crois cette manière de voir complétement inexacte, et si je me suis tant arrêté dans la considération de législations éteintes, c'est surtout pour parvenir à en démontrer l'inexactitude. Cette démonstration a son importance, puisqu'on en est venu à prétendre que nous n'avons plus aujourd'hui de légitime, mais seulement des réserves coutumières.

[1] *Limite du droit de Rétention*, n° 60.
[2] *Rev. historique de droit*, janv. 1856, p. 67.
[3] *Rev. pratique*, T. V, p. 317, n° 71.

Quant à la loi du 17 nivôse an II, l'argumentation de M. Coin-Delisle n'est rien moins que concluante. Il commence par paraphraser l'art. 16 de manière à y faire entrer le mot de *réserve*. Mais ce mot n'y est pas non plus d'ailleurs que le mot de *légitime*. Il s'y trouverait que la question ne serait point décidée, car les deux mots sont souvent pris l'un pour l'autre. Tout ce que dit l'art. 16, c'est qu'il y a une portion disponible d'un dixième ou d'un sixième, d'où l'on peut déduire l'existence d'une portion indisponible des neuf dixièmes ou des cinq sixièmes qui formera la succession *ab intestat*. Par la loi de nivôse comme par le droit coutumier la succession *ab intestat* l'emporte sur les dispositions de l'homme, cela est incontestable. Mais faut-il, dès qu'une loi établit une portion disponible, voir nécessairement une réserve coutumière dans la portion indisponible qu'elle sous-entend ? N'y avait-il dans notre ancien droit que les réserves coutumières qui eussent l'effet de rendre la succession indisponible ? Nullement. Selon Bourjon [1] et bien d'autres, la légitime tout comme les réserves, avait pour résultat de diviser le patrimoine d'un défunt en deux parties, l'une disponible, l'autre indisponible. La question revient dès lors à rechercher si dans l'application l'indisponibilité créée par la loi de nivôse se comporte comme les réserves coutumières ou comme la légitime.

Or, il existe un trait caractéristique auquel on distingue la légitime des réserves. Si un héritier renonçant qui a reçu un avancement d'hoirie peut le garder par imputation sur sa part dans l'indisponible, cet indisponible est une légitime; sinon, c'est une réserve coutumière : voilà le criterium d'après lequel il faut juger toute indisponibilité.

Eh bien ! on peut remarquer que la loi de nivôse, tout en

[1] *Droit commun de la France*, 2e part. des Successions, ch. X, sect. II, n° 10, texte déjà cité.

défendant d'avantager un héritier au préjudice des autres, permettait les avancements d'hoirie ; mais pour qu'ils ne devinssent pas une source d'inégalité, elle imposait à l'héritier donataire le rapport de la donation, même s'il renonçait à la succession. Les articles 8 et 9 sont formels à cet égard. Au premier aspect, ce rapport forcé de la part d'un renonçant favorise l'idée de réserve coutumière. Mais, si l'on réfléchit que cette loi n'avait d'autre but que l'égalité entre les héritiers, on se persuadera facilement qu'elle devait être entendue et appliquée comme l'étaient jadis les coutumes d'égalité parfaite, dont les textes tout semblables ne s'opposaient pas, selon la commune interprétation, à ce que le donataire renonçant soumis au rapport retînt du moins sa part héréditaire. Ce qui le prouve, c'est le soin que met l'article 8 à maintenir les coutumes qui assujettissaient les donataires renonçants au rapport. La loi de nivôse se reconnaît dans ces coutumes ; elle les imite. Elle ne veut donc le rapport des avancements d'hoirie que dans la mesure où les coutumes d'égalité le voulaient elles-mêmes. Telle est l'opinion de M. Grenier[1], un témoin de la pratique à laquelle la loi donna lieu, et de M. Mestadier, autre contemporain de la loi de nivôse, qui fut une des lumières de la Cour de cassation : « Même sous l'empire de la loi du 17 nivôse an II, disait » ce magistrat dans le rapport de l'affaire Castille[2], le père » pouvait donner par anticipation à l'un ou à plusieurs de » ses enfants la part de chacun dans la réserve. Irrévocable » de la part du père, cette donation était-elle donc subor- » donnée à l'acceptation de la succession par le donataire ? » Les autres enfants trouvant leurs réserves dans les biens » libres ne pouvaient à aucun titre réclamer contre une do- » nation qui ne blessait en rien le principe d'égalité consacré

[1] *Donations*, 1807, T. III, n° 475, p. 19.

[2] Sirey-Devilleneuve, 32, 2, 113.

» par la loi. » M. Mestadier nous donne la raison de décider avec la décision : c'est que la rétention bornée à la part héréditaire du renonçant ne viole point l'égalité.

M. Mestadier n'était d'ailleurs que l'organe des idées de la Cour de cassation sur les lois du 7 mars 1793 et du 17 nivôse an II. Par arrêt du 12 août 1823, au rapport de M. Tringuelague, cette Cour avait cassé un arrêt de Paris qui refusait à un donataire renonçant le droit de retenir sa part héréditaire par une fausse application des lois précitées :

« Attendu, y est-il dit avec un admirable sentiment du droit, attendu que le décret du 7 mars 1793 et la loi du 17 nivôse an II, n'interdisaient la faculté de disposer en ligne directe que dans la vue de maintenir l'égalité entre les successibles ; que les dons qui étaient faits sous l'empire de ces lois n'étaient donc pas nuls d'une nullité absolue, mais seulement réductibles en tant qu'ils excédaient la part égale que la loi réservait à chacun des héritiers. »

Donc, aux termes de ces lois, le rapport est dû par le renonçant, lorsque sans lui sa condition serait meilleure que celle de ses cohéritiers; il n'est pas dû, lorsqu'elle est seulement égale. C'est ainsi qu'il faut entendre toutes les lois d'égalité absolue.

Le but des réserves n'est pas l'égalité, mais la conservation des héritages. Aussi le renonçant n'y retient-il rien ; il prend le disponible, qui est justement ce que les coutumes d'égalité et la loi de nivôse, après elles, lui refusent. J'en conclus que la quotité indisponible de la loi de nivôse, qu'on l'appelle *légitime* ou *réserve*, peu importe le nom, n'est point de la nature de ces réserves coutumières dans lesquelles un héritier renonçant ne pouvait avoir part, tout légataire qu'il était. Cette quotité indisponible que la loi n'a point qualifiée suit le droit de la légitime. C'est tout ce que nous voulions prouver.

Aux reste, M. Coin-Delisle ne nie pas absolument que la

loi de nivôse accordât à l'enfant donataire renonçant le droit de retenir sa part héréditaire sur le don qu'il était tenu de rapporter. Il dit seulement que la question est ardue [1], et que beaucoup de jurisconsultes qu'il ne nomme pas doutaient que le renonçant eût ce droit. L'hésitation de M. Coin-Delisle m'étonne. Si, comme il le soutient, la loi de nivôse a préféré la voie des réserves à celle de la légitime, il ne faut pas douter que le renonçant ne puisse rien retenir dans les neuf dixièmes indisponibles. Il est, en effet, certain que l'héritier des propres qui renonçait à la succession pour se tenir à un legs retenait le quint disponible et rien dans les quatre-quints réservés. Cela est de l'essence des réserves coutumières. C'est déjà une inconséquence dans l'ordre d'idées où se place M. Coin-Delisle d'admettre la possibilité d'un doute sur la question.

Mais il y a plus, et il faut admirer combien la vérité a de force ! M. Coin-Delisle, après avoir hésité, en vient ailleurs à se prononcer formellement pour la rétention. La contradiction est complète. Il remarque d'abord, chose vraie, que la loi du 17 nivôse a été tirée du premier projet de Cambacérès et que le second et le troisième projet du même législateur ressemblaient à cette loi de nivôse. Il dit ensuite, chose douteuse, qu'aucun de ces projets n'établit une *légitime* de droit mais *une réserve*. Accordons-lui ce mot, et voyons la conclusion qu'il en tire. Suivant lui, *l'esprit des projets de Cambacérès était que l'enfant qui se serait abstenu de la succession pût retenir le don jusqu'à concurrence de sa portion héréditaire en se considérant suffisamment pourvu à l'avance* [2]. Il est évident, d'après cela, que M. Coin-Delisle n'attache aucun sens précis au mot *réserve* qu'il oppose incessamment à celui

[1] *Limite*, etc., n° 63.

[2] *Limite*, etc., n°s 61, 66, 67 et surtout 71.

de *légitime* et qu'il interpole dans toutes les lois muettes, décrétées ou projetées depuis la loi de nivôse jusqu'au Code civil. Par cela seul qu'il admet le droit pour un renonçant de retenir quelque chose de l'indisponible, il confesse l'existence de la légitime. Qu'il lui donne ensuite le nom qu'il voudra, c'est indifférent; son dessein est, après tout, de prouver que la réserve établie par le Code est exclusive de la rétention de sa part héréditaire par un enfant donataire renonçant. C'est à quoi tendent tous ses efforts. Mais il me semble qu'il en prend mal le chemin et que ses prémisses mènent droit à une conclusion contraire. Si en effet la quotité indisponible des lois révolutionnaires est de son propre aveu compatible avec le droit de rétention, pourquoi celle du Code serait-elle incompatible avec ce même droit? Si celle-là suit le droit de la légitime malgré le nom de *réserve* que M. Coin-Delisle lui impose, pourquoi celle-ci ne le suivrait-elle pas également malgré le même nom que le Code lui a imposé? Je ferai remarquer en terminant sur ce point que, si la loi de nivôse n'a pas donné de nom à la quotité indisponible qu'elle créait, une loi du 18 pluviôse an V, qui se réfère à celle de nivôse, a expressément qualifié cette quotité du nom de légitime dans son article 2. Nous avons donc le nom avec la chose.

127. Au demeurant, la loi de la Convention était une mauvaise loi. Par la rétroactivité de ses dispositions, elle était un monument de haine insensée envers les citoyens. Par la représentation collatérale poussée jusqu'à l'infini, c'est-à-dire jusqu'à l'absurde, elle frappait la propriété d'incertitude et la menaçait de dissolution. Le droit de disposition y était restreint à une portion ridicule par son exiguité, portion qu'il était même défendu de donner à un héritier. Quelques idées heureuses, auxquelles le Code civil a donné une forme savante, ne rachetaient pas assez ces vices nombreux de la loi

de nivôse, pour qu'elle pût seulement tenir jusqu'à la promulgation de ce Code.

Sur le fait de la rétroactivité, la Convention fut impitoyable pendant près de deux ans. Vaincue enfin par le spectacle des calamités infligées à la propriété, elle suspendit par un décret du 5 floréal an III l'exécution de la loi du 17 nivôse quant à son effet rétroactif. Puis elle abolit cette rétroactivité par des décrets du 9 fructidor an III et du 3 vendémiaire an IV. La législation directoriale compléta ces mesures réparatrices par une loi du 18 pluviôse an V qui règle les conséquences de l'abolition prononcée.

Quant aux restrictions qu'elle avait mises au droit de disposition, la loi de nivôse, au témoignage des contemporains, fut violée de mille manières différentes, surtout dans le midi de la France, où le droit des pères avait conservé une plus grande énergie.

128. Le Consulat succéda au Directoire comme celui-ci avait succédé à la Convention. A peine installé, le gouvernement consulaire porta sa sollicitude sur cette partie de la loi qui restreignait le droit de disposition et qui était particulièrement odieuse aux pères de famille. Pour satisfaire les impatiences de l'opinion publique, il fit rendre une loi modificative destinée à n'être en vigueur que jusqu'à la promulgation du Code civil qu'on allait enfin édicter. Présentée au Corps législatif par Boulay de la Meurthe et Regnaud de Saint-Jean-d'Angély dans la séance du 19 ventôse an VIII, et communiquée au Tribunat le 21 du même mois, elle fut décrétée le 4 germinal suivant. Cette loi provisoire fut extraite en substance du projet de Code qui était alors soumis au Conseil d'Etat et qui n'était autre que le projet présenté par Jacqueminot le 30 frimaire précédent à la commission législative du Conseil des Cinq-Cents. Ce projet dont nous reparlerons

bientôt était un legs du gouvernement directorial au gouvernement consulaire.

La loi de germinal éleva le taux du disponible et permit d'en gratifier un héritier aussi bien qu'un étranger ; au-delà d'un certain degré de parenté, elle supprima toute indisponibilité. Il est remarquable que, lorsque le défunt laissait des enfants, elle graduait la portion disponible sur leur nombre, comme faisait la Novelle 18 pour la légitime, mais dans une autre proportion. Ce système de graduation, proscrit par la coutume de Paris et restauré par la loi de germinal, a prévalu dans notre Code.

« A compter de la publication de la présente loi, porte l'article 1er de la loi de germinal, toutes libéralités qui seront faites, soit par actes entre-vifs, soit par actes de dernière volonté, dans les formes légales, seront valables lorsqu'elles n'excéderont pas le quart des biens du disposant, s'il laisse à son décès moins de quatre enfants; le cinquième, s'il laisse quatre enfants; le sixième, s'il en laisse cinq, et ainsi de suite en comptant toujours, pour déterminer la *portion disponible*, le nombre des enfants, plus un. »

La quotité disponible du quart, maximum admis par cette loi en cas d'enfants, sera le minimum fixé par le Code Napoléon, dont l'échelle progressive aura pour objet d'augmenter et non de diminuer le disponible. Je note que la loi de germinal, lorsque les enfants étaient au nombre de neuf, n'était pas plus libérale que celle de nivôse envers les pères de famille, et que, passé ce nombre, elle l'était moins.

Si au lieu de descendants le défunt laissait des ascendants, ou des frères ou sœurs, ou encore des enfants ou petits-enfants de frères ou sœurs, la quotité disponible était de la moitié des biens aux termes de l'article 3 ; elle était des trois-quarts d'après le même article, si les héritiers étaient des oncles, grands-oncles, tantes, grand'tantes, cousins ou cousines germains. Au delà, tout devenait disponible (art. 4).

Par l'article 5 était consacrée la faculté précieuse pour les disposants de donner la portion disponible même à des successibles. Voici le texte de cette importante innovation :

« Les libéralités autorisées par la présente loi pourront être faites au profit des enfants ou autres successibles du disposant, sans qu'elles soient sujettes à rapport [1]. »

129. Là-dessus M. Coin-Delisle ne manque pas de nous dire que « cette loi établit une portion disponible et par con» séquent, par opposition, une réserve [2]. »

Non, cela n'est pas certain. Car encore une fois, une légitime, telle qu'elle était conçue et instituée par les coutumes, peut être le corrélatif d'une portion disponible aussi bien qu'une réserve de l'espèce qu'entend cet auteur. La loi de germinal ne décide donc rien sur la nature de l'indisponibilité qu'elle établit. On pourrait la caractériser d'après ses effets, si la loi les eût déterminés. Mais elle est muette. Réduit aux conjectures, je ferai seulement remarquer ce qui milite pour la cause de la légitime dans cette loi.

D'abord, puisque son but n'est pas autre que celui qui a toujours été atteint par la légitime, il est à croire qu'elle n'y a pas appliqué d'autre moyen que la légitime. Une présomption bien forte en faveur de la légitime, c'est que la loi de germinal fait varier la portion indisponible selon le nombre des enfants. Or, on ne citera pas un seul exemple d'une réserve coutumière proportionnée au nombre des héritiers, tandis qu'il ne répugne pas à la nature de la légitime de se proportionner au nombre de ceux qui sont appelés à la recueillir. La raison en est simple. Les réserves coutumières sont déterminées par la considération des biens qui en sont

[1] La Cour de Cassation a jugé que la dispense de rapport devait être exprimée. *Req.*, 27 février 1849, Devill. 49, 1, 557.

[2] *Limite*, etc., n° 73.

l'objet; la légitime se fonde sur la considération des personnes auxquelles elle compète. Celles-là ont un caractère de réalité, celle-ci un caractère de personnalité. De là l'impossibilité de faire varier la quotité des premières, et au contraire la possibilité de faire varier celle de la seconde. Où je vois une quotité variable, je dis qu'il y a une légitime, et plutôt une légitime individuelle que collective.

S'il était décidé que sous la loi de germinal un enfant donataire renonçant aurait eu le droit de retenir sa part des biens indisponibles, la question serait résolue dans le sens de la légitime. Mais là est justement la difficulté. Pour la résoudre, on peut remarquer que la loi de l'an VIII ressemble aux coutumes de préciput, comme la loi de nivôse an II ressemblait aux coutumes d'égalité absolue. Puisque les coutumes de préciput et d'égalité simple admettaient unanimement le droit de rétention, il est juste de penser que la loi de l'an VIII l'admettait également. Son texte laconique s'explique par celui de ces coutumes. Le tribun Duveyrier, dont on cite le rapport au Corps législatif contre la rétention, s'est fait illusion sur les différences entre les deux législations. J'oppose à cette autorité celle d'un arrêt de Riom du 28 janvier 1820, rendu sous la présidence de M. Grenier, qui, lui aussi, concourut au vote de la loi de germinal en qualité de tribun. Cet arrêt décide que sous l'empire de cette loi un enfant donataire par avancement d'hoirie pouvait, en renonçant à la succession, cumuler sa part virile dans les biens indisponibles avec la quotité disponible. C'est reconnaître le droit de rétention et par conséquent l'existence du droit de légitime et non de réserve coutumière.

Un excellent moyen de lever tous les doutes serait de recourir, pour l'interprétation de cette loi si peu explicite, aux dispositions du projet de Code d'où elle fut tirée. Nous n'en userons pas, parce que le moment est venu d'examiner toute la série des projets qui se succédèrent devant les diverses législatures. Arrivé à celui de Jacqueminot, il nous sera facile de prouver qu'il admettait la légitime, quoiqu'il ne la nommât point. Et prouver qu'elle était dans ce projet, ce sera prouver qu'elle était aussi dans la loi de germinal.

CHAPITRE IV.

DE LA LÉGITIME DANS LES PROJETS ET DANS LE TEXTE DÉFINITIF DU CODE CIVIL.

130. Quelle était la quotité disponible des trois projets de Cambacérès.
131. Extraits du projet Jacqueminot.
132. Établissait-il une légitime ou une réserve proprement dite?
133. Extraits du projet de Code civil présenté en l'an VIII par le gouvernement consulaire.
134. C'est la légitime qui y était.
135. Les Observations des tribunaux l'y ont maintenue.
136. Résultats de la discussion du titre des *Successions* en ce qui concerne la légitime.
137. Discussion du titre des *Donations et Testaments*. — Proposition de la Section de législation relativement à la légitime.
138. Impossibilité de s'entendre sur la quotité de la légitime des enfants.
139. Contre-proposition de Cambacérès.
140. Nouvelle marche de la discussion. — Retour de cette question de quotité.
141. Adoption de la proposition de Cambacérès de graduer la légitime des enfants selon leur nombre.
142. Adoption d'une légitime de moitié pour les ascendants.
143. Discussions sur la réserve destinée aux frères et sœurs, et adoption de cette réserve par le conseil d'État.
144. Discussion d'où est sorti l'art. 919 du Code civil.
145. Questions relatives à la réduction. — Art. 920 et première moitié de l'art. 921.
146. Embarras du conseil d'État sur ce qui devait former la seconde moitié de cet art. 921.
147. Question incidente si la réduction devait avoir lieu contre les enfants donataires, soit à titre de préciput, soit en avancement d'hoirie.
148. Vote sur le principal et sur l'incident.
149. Vote précipité des derniers articles.

150. Nouvelle rédaction arrêtée par la Section de législation en conséquence des changements et amendements admis par le conseil.
151. Communication officieuse au Tribunat. — Ses observations.
152. Etat qu'en fit le Conseil, et appréciation de la rédaction définitive sortie de ces discussions et conférences.
153. Le Code admet la légitime sous le nom de réserve, et on la retrouve dans les Codes étrangers qui l'ont imité.
154. Insuffisance de la première partie de l'art. 921 pour traduire tous les votes du conseil d'État.
155. Sens traditionnel de la seconde partie du même article qui refuse aux créanciers héréditaires le bénéfice de la réduction.
156. Malheureux sort de l'art. 924.
157. Art. 926.
158. Vote du titre entier par le Corps législatif.
159. Conclusion.

130. Les trois projets élaborés par Cambacérès n'ont pas grande valeur pour ce qui est l'objet des présentes recherches. Le premier, comme on l'a vu plus haut, fut présenté à la Convention le 9 août 1793 et fournit le texte de la loi du 17 nivôse an II. Nous avons suffisamment décrit les dispositions de cette loi et discuté la nature de l'indisponibilité qu'elle établit pour être dispensé d'y revenir.

Le deuxième projet, présenté à la Convention le 23 fructidor an III, maintenait la quotité disponible au dixième des biens, quand on avait des parents en ligne directe, et au sixième, quand on n'avait que des parents collatéraux.

Une légère amélioration se rencontrait dans le troisième projet, qui fut présenté au conseil des Cinq-Cents dans le mois de messidor an IV. Toujours fixée au dixième en cas de parents en ligne directe, la quotité disponible s'élevait, lorsqu'il n'y avait que des collatéraux, jusqu'au tiers ou à la moitié, suivant que les dispositions étaient à cause de mort ou entre-vifs.

Je ne veux pas revenir sur la question de savoir si les projets de Cambacérès sous-entendaient une légitime ou une réserve corrélativement à la quotité disponible qu'ils avaient seule déterminée. J'ai essayé de prouver que c'était une légitime; M. Coin-Delisle dit que c'était une réserve, mais en lui attribuant les effets de la légitime. Nous sommes donc d'accord sur le fond des choses, ce qui est l'essentiel.

Cette chétive portion disponible, les trois projets de Cambacérès défendaient de la donner à un héritier; ils n'en permettaient la disposition qu'en faveur des étrangers et seulement des étrangers non riches.

Mais quels sont les riches ? Voici :

Art. 24, tit. 3, liv. 2 du premier projet : « Il n'est pas » permis de donner à celui dont le revenu excède la valeur » de mille quintaux de blé; il est dans l'opulence. »

Art. 100 du deuxième projet : « On ne peut donner à » celui qui possède un revenu de cinquante bards de blé. »

Art. 548 du troisième projet : « On ne peut donner à celui » qui possède en propriété la valeur de cent cinquante mille » myriagrammes de froment. »

Voilà un curieux exemple des combinaisons par lesquelles on se flattait de ramener les Français à l'état de nature ! Il semble en vérité que Cambacérès soit le législateur d'un peuple de sauvages qui ne connaît point l'usage de la monnaie [1]. Il pensait peut-être à ces quintaux, à ces bards, à ces myriagrammes de blé, lorsqu'il annonçait avec une emphase ridicule que « le grand édifice de la législation civile serait « d'autant plus solide que n'étant point bâti sur le sable mou- « vant des systèmes, il s'élèverait sur la terre ferme des « lois de la nature et sur le sol vierge de la république [2]. »

[1] Ce n'est pas le législateur romain qui aurait eu l'idée de supprimer la monnaie, lui qui disait : *non ut æstimatio rerum, quæ mercis numero habentur, in pecunia numerata fieri potest, ita pecunia quoque merce æstimanda est* (L. 42, D., de Fidejuss.).

[2] *Rapport* sur le premier projet.

C'était promettre beaucoup, mais la montagne conventionnelle n'accoucha de rien. Les trois projets avortèrent. Passons.

131. Après le 18 brumaire an VIII qui vit la chute du Directoire et le commencement du régime consulaire, le conseil des Anciens et celui des Cinq-Cents s'ajournèrent au 1er ventôse suivant. Mais avant de se séparer, chaque conseil créa une commission de vingt-cinq membres pour statuer sur les questions urgentes de gouvernement et proposer un Code civil. La commission qui représentait les Cinq-Cents confia la rédaction du Code à sa section de législation composée de Jacqueminot, Girot-Pouzol, Gaudin, Bara, Thiessé, Cholet, Ludot et Villetard. Ils y travaillèrent avec autant d'activité que de bonheur, aidés qu'ils furent par trois jurisconsultes, Tronchet, Crassous et Vermeil, que le ministre de la justice leur avait permis de s'adjoindre. Et le 30 frimaire an VIII, Jacqueminot présenta à la commission législative des Cinq-Cents la série des titres déjà prêts; parmi ces titres se trouvaient ceux des *Donations* et des *Successions*, les seuls qui nous intéressent.

Ce projet est bien supérieur à tous ceux de Cambacérès. Le plus grand éloge qu'on en puisse faire, c'est de dire qu'il passa presque tout entier dans le dernier projet qui servit de texte à la discussion du Code civil. La science du droit, éclipsée pendant dix ans, reprenait possession des lois.

J'ai dit que la loi provisoire du 4 germinal an VIII fut extraite du projet Jacqueminot. Ce ne fut cependant pas sans quelques modifications dont le lecteur jugera aisément par la comparaison de leurs textes respectifs. On peut revoir plus haut l'analyse de la loi de germinal; voici le texte du projet qui porte le nom de Jacqueminot.

Au titre des *Donations :*

« Art. 16. Les donations, soit entre-vifs, soit à cause de mort, ne peuvent excéder le quart des biens du donateur, s'il laisse à son décès des enfants ou descendants ; la moitié, s'il laisse des ascendants ou des frères et sœurs ; les trois quarts, s'il laisse des oncles ou grands oncles ou des cousins germains.

A défaut de parents dans les degrés ci-dessus exprimés, les donations peuvent épuiser la totalité des biens du donateur.

Art. 18. La donation de la quotité disponible peut être faite en tout ou en partie même en faveur des enfants et autres successibles du donateur.

Art. 19. Cette donation n'est pas rapportable par le donataire venant à la succession, pourvu qu'elle ait été faite expressément à titre de préciput et hors part.

Art. 22.... Au décès du donateur, la réduction de la donation, soit entre-vifs, soit à cause de mort, ne peut être demandée que par ceux des héritiers venant à la succession au profit desquels la loi a restreint la faculté de disposer.

Art. 25... Si la donation qui se trouve dans le cas d'être réduite a été faite à l'un des successibles, celui-ci est autorisé à retenir sur les biens donnés la valeur de la portion qui lui appartiendrait comme héritier dans les biens indisponibles. »

Au titre des *Successions* :

« Art. 151. Tout héritier venant à la succession doit rapporter tout ce qu'il a reçu du défunt par donation entre-vifs, directement ou indirectement, et ne peut réclamer le legs à lui fait par le défunt, à moins que ces dons ou legs ne lui aient été faits expressément par préciput et hors part ou avec dispense de rapport.

Art. 154. L'héritier présomptif qui renonce à la succession peut retenir le don entre-vifs ou réclamer le legs à lui fait, ainsi qu'un étranger pourrait le faire jusqu'à concurrence de la portion disponible.

Art. 175. Le rapport se fait en nature ou en moins prenant.

Art. 176. Il peut être exigé en nature, à l'égard des immeubles, toutes les fois qu'il n'y a pas dans la succession des immeubles de pareille nature, valeur et bonté, dont on puisse former des lots à peu près égaux pour les autres cohéritiers. »

Ce sont presque autant d'articles du Code Napoléon. Inutile de les citer.

132. Qu'y a-t-il dans ce projet, une légitime ou une réserve coutumière?

Une réserve, répond toujours M. Coin-Delisle, puisque le projet procède par l'établissement d'une portion disponible [1].

Mais, je ne me lasse pas de le répéter, cette raison toute seule ne prouve rien, parce qu'une portion disponible peut s'allier avec une légitime aussi bien qu'avec une réserve. Si le législateur avait déclaré établir une légitime, nous en conclurions qu'un enfant donataire en avancement d'hoirie pourrait, en renonçant à la succession, retenir sa part des biens indisponibles. Eh bien! par une nécessaire réciprocité, si le législateur a admis le droit de rétention, il est permis d'en conclure l'existence de la légitime, Or, je trouve ce droit expressément écrit dans l'art. 25 du projet au titre des *Donations*. Il y est dit qu'un successible donataire est autorisé à retenir sa portion *dans les biens indisponibles*. La loi suppose-t-elle l'acceptation ou la renonciation de ce successible? Evidemment elle suppose la renonciation puisqu'elle ne fait pas dépendre le droit de rétention de la condition qu'il y ait d'autres biens de même nature dans la succession. Dans le système du projet, l'exemption du rapport en nature pour un héritier acceptant était subordonnée à cette condition, ainsi qu'on peut s'en convaincre en recourant à l'art. 176 du titre des *Successions*. D'ailleurs l'origine de cette disposition n'est pas incertaine; c'est pour le texte et pour l'esprit l'art. 34 de l'ordonnance de 1731 *sur les Donations*, qui a toujours été entendu comme permettant à un enfant donataire de retenir sa portion légitime tout en s'abstenant de la succession du donateur. L'art. 25 du projet de Jacqueminot, qui a absolument le même sens, définit l'indisponibilité qu'on voulait établir aussi clairement et aussi rigoureusement que s'il lui imposait en toutes lettres le nom de LÉGITIME. Car tout l'ancien droit français a refusé à l'héritier des propres renon-

[1] *Limite*, etc., n° 71.

çant la faculté de retenir même une simple glèbe dans les quatre-quints indisponibles, et tout l'ancien droit français a permis au légitimaire renonçant, mais donataire, de retenir sa part de légitime, quelquefois même davantage.

Dans le projet de Jacqueminot, la rétention d'une part de l'indisponible épuise-t-elle le droit de l'enfant donataire qui renonce? Nullement. L'art. 154 du titre des *Successions* lui permet en outre de retenir son don ainsi qu'un étranger pourrait le faire, *jusqu'à concurrence de la portion disponible*. Et il n'y a point de doute que cela ne s'applique même à un simple don en avancement d'hoirie. C'est lorsque le donataire vient à la succession que la donation a besoin d'être par préciput pour qu'il ait le droit de prélever la quotité disponible, ainsi que le décide l'art. 19 du titre des *Donations* dont tout le sens est dans les mots : *venant à la succession*. Voilà donc deux droits qui compètent au successible renonçant, deux droits qui ne sont pas exclusifs l'un de l'autre; les deux rétentions se cumulent, s'il y a lieu. Quant à sa part dans les biens indisponibles, l'enfant la retient toujours et nécessairement; la portion disponible au contraire, il ne la retient que comme un donataire étranger pourrait le faire, c'est-à-dire si elle n'a pas été donnée à une autre personne. La double rétention que la Novelle 92, la coutume de Paris et l'Ordonnance de 1731, consacraient par une seule disposition complexe, le projet de Jacqueminot l'établit par deux dispositions distinctes. Au fond le droit est identique. Les art. 25 et 154 du projet sont l'équivalent exact de l'art. 307 de la coutume et de l'art. 34 de l'ordonnance. On dirait les deux articles du projet copiés dans Ricard, au lieu où il analyse et explique les deux retenues autorisées par la Novelle 92 et par la coutume de Paris [1]. Il me semble que la lumière se fait sur l'in-

[1] Voyez ce passage transcrit ci-dessus, p. 171, n° 106.

tention et la portée de ces textes qui contiennent déjà le germe de la loi définitive.

M. Coin-Delisle s'est posé la question de savoir si les textes que nous examinons *ont voulu permettre à l'enfant renonçant de retenir le don jusqu'à concurrence à la fois de sa portion héréditaire et de la portion disponible.* Mais suivant lui, *il est impossible que personne attribue ce sens au projet Jacqueminot.*

Il n'y a cependant pas d'autre sens à lui attribuer. La méprise de l'auteur vient de ce qu'il n'a tenu compte que de l'art. 154; il a bien rapporté l'art. 25, mais sans en faire aucun état. *Incivile est, nisi tota lege perspecta, una aliqua particula ejus proposita, judicare vel respondere* [1].

Si la loi du 4 germinal an VIII doit trouver son commentaire dans le projet contemporain, il n'est pas douteux qu'elle instituât une quotité indisponible de tout point semblable à la légitime et non aux réserves des propres.

Voyons maintenant si les dernières rédactions du Code ont changé le système du projet de Jacqueminot.

133. Le temps était venu où la pensée de l'Assemblée constituante de donner à la France des lois civiles uniformes devait se réaliser. La Constitution du 22 frimaire an VIII était en vigueur depuis le 4 nivôse, jour où les commissions législatives cessèrent leurs fonctions. Une heureuse activité, celle du génie, présidait aux actes du gouvernement. Le 24 thermidor an VIII, un arrêté des consuls, dû à la puissante initiative du premier d'entre eux, Napoléon Bonaparte, charge une commission de quatre jurisconsultes de comparer l'ordre suivi dans la rédaction des projets de Code civil et de déterminer le plan qu'il leur paraîtra le plus convenable d'adopter.

[1] Celsus, L. 24, D. *de Legibus.*

Elle se composait de Tronchet, président du tribunal de Cassation, Bigot-Préameneu, commissaire du gouvernement près ce tribunal, et Portalis, commissaire au conseil des Prises, avec Maleville, membre du tribunal de Cassation, comme secrétaire-rédacteur. Aux termes de l'arrêté, les trois premiers devaient être appelés aux séances du Conseil d'État, dans lesquelles la discussion du Code civil aurait lieu. Une décision postérieure ordonna que le quatrième y assisterait également. L'arrêté n'accordait que jusqu'à la dernière décade de brumaire an IX, c'est-à-dire trois mois, pour préparer ce grand travail, et ce délai ne fut guère dépassé [1]. Dès qu'il lui eût été présenté, le gouvernement soumit le projet de Code civil à l'examen du tribunal de cassation et des tribunaux d'appel; après quoi il devint le thème des discussions du Conseil d'État.

Le titre des *Successions* et celui des *Donations* étaient empruntés presque littéralement au projet *Jacqueminot*.

Voici les textes les plus importants pour l'objet de nos investigations.

Au titre des *Successions :*

« Art. 157. Tout héritier venant à la succession, doit rapporter tout ce qu'il a reçu du défunt par donation entre-vifs, directement ou indirectement, et ne peut réclamer le legs à lui fait par le défunt, à moins que les dons ou legs ne lui aient été faits expressément par préciput et hors part, et avec dispense de rapport.

Art. 160. L'héritier présomptif qui renonce à la succession peut retenir le don entre-vifs ou réclamer le legs à lui fait, ainsi qu'un étranger pourrait le faire, jusqu'à concurrence de la portion disponible.

Art. 179. Le rapport se fait en nature ou en moins prenant.

Art. 180. Il peut être exigé en nature, à l'égard des immeubles, toutes les fois qu'il n'y a pas dans la succession des immeubles de même nature,

[1] Ce projet est appelé et nous l'appellerons *Projet de l'an VIII* par relation à la date de l'arrêté qui en a prescrit la rédaction. Je n'ai trouvé nulle part la date exacte de sa présentation officielle.

valeur et bonté, dont on puisse former des lots à peu près égaux pour les autres cohéritiers.

Art. 181. Le rapport n'a lieu qu'en moins prenant toutes les fois que le donataire a aliéné l'immeuble avant l'ouverture de la succession. »

Au titre des *Donations :*

« Art. 16. Les donations, soit entre-vifs, soit à cause de mort, ne peuvent excéder le quart des biens du donateur, s'il laisse à son décès des enfants ou descendants ; la moitié, s'il laisse des ascendants ou des frères et sœurs ; les trois quarts, s'il laisse des neveux ou nièces, enfants au premier degré d'un frère ou d'une sœur.

A défaut de parents dans les degrés ci-dessus exprimés, les donations peuvent épuiser la totalité des biens du donateur.

Art. 18. Cette donation de la quotité disponible peut être faite en tout ou en partie même en faveur des enfants et autres successibles du donateur.

Art. 19. Cette donation n'est point rapportable par le donataire venant à la succession pourvu qu'elle ait été faite expressément à titre de préciput et hors part.

Art. 22. Au décès du donateur, la réduction de la donation, soit entre-vifs, soit à cause de mort, ne peut être demandée que par ceux des héritiers venant à la succession au profit desquels la loi a restreint la faculté de disposer et que proportionnellement à la part qu'ils recueillent dans la succession.

Ainsi, les créanciers, donataires et légataires du défunt, ne peuvent demander cette réduction...

Art. 25. Si la donation qui se trouve dans le cas d'être reduite a été faite à l'un des successibles, celui-ci est autorisé à retenir sur les biens donnés la valeur de la portion qui lui appartiendrait comme héritier dans les biens non disponibles. »

134. Tel le projet Jacqueminot, tel le projet de la Commission. Dans l'un comme dans l'autre, on ne peut voir autre chose que la légitime.

De la combinaison de l'art. 25 des *Donations* avec l'article 160 des *Successions* ressort avec évidence le droit pour un enfant donataire renonçant de retenir sa part dans les biens indisponibles avec la portion disponible. Or, permettre à un renonçant la rétention d'une part de ce qui est indisponible, c'est consacrer le droit de légitime. Si la question entre la légitime et les réserves coutumières n'était pas tranchée par cela seul, j'invoquerais encore pour la première cette disposition de l'article 22 des *Donations* qui refusait aux créanciers héréditaires l'exercice et sans doute aussi le profit de l'action en réduction. Ce droit était incontesté en matière de légitime, mais il souffrait beaucoup de difficulté dans les réserves des propres.

Il y a plus. Les dispositions du projet assignent à la légitime qu'il établit le caractère de légitime individuelle. Cela résulte du même article 22 des *Donations*, qui n'accorde l'action en réduction aux héritiers que *proportionnellement* aux parts qu'ils recueillent dans la succession. Ce qui prouve une fois de plus que le législateur n'entend pas repousser la légitime lorsque, comme dans ce projet, il règle la quotité disponible au lieu de régler la quotité indisponible qui lui est corrélative.

Nous trouvons la légitime au point de départ. Il faut montrer maintenant qu'elle n'a point disparu au milieu des hasards de la rédaction.

135. La plupart des tribunaux consultés sur le projet ne firent aucune objection contre la double retenue accordée à l'enfant donataire qui renoncerait à la succession par l'article 25 des *Donations* et l'article 160 des *Successions*. Ils admettaient donc la légitime. Quatre tribunaux seulement, Angers, Bruxelles, Rennes et Rouen, s'inspirant du souvenir des coutumes d'égalité absolue, demandèrent qu'il fût défendu à un père d'avantager l'un de ses enfants au préjudice des autres; l'égalité entre les enfants leur semblait une loi de la nature, de la justice et de la raison, et le meilleur moyen d'assurer la paix dans les familles [1]. Mais cette égalité n'eût pas

[1] Fenet, T. III, p. 151, et T. V, p. 363 et 526.

empêché le donataire renonçant de retenir sa part héréditaire, et c'en était assez pour maintenir à la portion indisponible son caractère de légitime. Au reste, ce système a été repoussé ; il n'est plus qu'une hypothèse sur laquelle il ne convient pas d'insister.

Le tribunal de Limoges porta une grande attention sur ces questions qu'il voulait faire résoudre conformément au droit écrit. Il se plaignit de l'exiguïté de la quotité disponible du quart ; démontra que le droit de disposer à cause de mort est une suite naturelle et nécessaire du droit de propriété ; vanta les avantages pratiques du système romain qui plaçait le titre d'héritier sur la tête des institués, c'est-à-dire le plus souvent sur la tête d'une seule personne, et conclut qu'il eût mieux valu faire de la légitime une *quotité des biens* qu'une *quotité de l'hérédité*, afin que l'exercice des actions ne regardât que l'héritier institué par le défunt. Il voulait qu'au lieu de déterminer la portion des biens disponibles on déterminât *la portion qui devrait être réservée, soit aux enfants, soit aux ascendants, soit aux frères et sœurs, pour leur légitime*, et il indiqua la moitié des biens comme une bonne et exacte proportion pour la légitime des descendants, le tiers pour celle des ascendants avec lesquels les frères et sœurs eussent concouru. « On reviendrait, disait le tribunal en terminant, on » reviendrait à l'ordre qui avait été observé dans les pays du » droit écrit et dont la sagesse est recommandée par une ex» périence de bien des siècles[1]. »

De ce que le tribunal de Limoges demanda le retour à la légitime du droit écrit qui se recueillait en qualité d'enfant plutôt que d'héritier, M. Coin-Delisle en infère[2] que ce tribunal reconnaissait dans le projet de Code les réserves coutu-

[1] Fenet, T. IV, p. 18 et suiv.

[2] *Limite*, etc., nº 74.

mières et non la légitime. C'est aller trop loin. Le tribunal de Limoges avait vu écrite dans le projet la légitime des coutumes, cette légitime qui emporte saisine en faveur de ceux à qui elle compète et qui ne peut se recueillir qu'à titre d'héritier, si on ne l'a pas reçue à l'avance par une donation ou par un legs; et il la repousse en lui préférant la légitime recueillie à titre d'enfant et comme quotité des biens. Il aurait voulu, en d'autres termes, qu'on adoptât le système de succession du droit romain au lieu du système de succession du droit coutumier. Toute la dissertation de M Coin-Delisle est travaillée d'un vice très-grave; c'est qu'il suppose constamment qu'il n'y avait dans le droit coutumier que les réserves des propres qui constituassent une succession, et ne voit pas que la légitime, différente à certains égards des réserves, y était aussi considérée comme formant la succession ab intestat. D'où il arrive qu'il met partout les réserves coutumières à la place de la légitime, en dépit des dispositions organiques qui accusent expressément l'adoption de cette dernière institution.

L'opinion du tribunal de Paris vaut la peine d'être remarquée, parce que ce tribunal qualifie avec exactitude la quotité indisponible de la loi du 4 germinal an VIII et celle du projet de Code.

« Le projet de Code, dit-il [1], supprime cette variation (il s'agit de la graduation établie par la loi de germinal), et accorde au père dans tous les cas la liberté de disposer du quart, d'où il suit que la *légitime* des enfants est constamment des trois quarts, jamais plus. »

Il remarque ensuite que le projet de Code ôte aux cousins germains la *légitime* que leur attribuait cette loi par les limitations qu'elle avait mises au pouvoir de disposer. Ce n'est pas qu'il improuve ces changements; tout au contraire, il applaudit à l'extension du droit de disposition, et propose de

[1] Fenet, T. v, p. 255 et suiv.

l'étendre encore davantage. Mais jusqu'à quel point et dans quelle forme? Les tribunaux de l'Anjou et de la Bretagne demandaient l'égalité absolue par un retour filial vers leurs anciennes coutumes; Limoges revendiquait le droit écrit; Paris veut que la légitime des enfants soit invariablement fixée à la moitié de leur portion héréditaire conformément à l'art. 298 de sa coutume. Le tribunal de Paris toutefois ne se montre pas aveuglément attaché aux principes coutumiers, il fait la part des changements survenus dans le système des successions. Aussi approuve-t-il qu'on donne une légitime aux ascendants, remarquant très-justement que si le droit coutumier les en avait privés, c'est que la concession d'une légitime aux ascendants, jointe aux quatre-quints des propres déjà réservés aux lignes collatérales aurait réduit presque à néant le droit de disposition. Mais les propres étant supprimés avec les réserves, rien ne s'opposait plus à ce que la loi accordât aux ascendants *le droit de légitime*. Et réciproquement, le tribunal s'appuie sur cette suppression pour refuser toute *légitime* aux collatéraux, même aux frères et sœurs. Cherchant la cause qui avait pu déterminer les rédacteurs du projet à leur en accorder une, il croit l'apercevoir dans l'intention de remplacer par quelque chose la réserve des propres appelée quelquefois légitime coutumière. Mais les propres abolis n'ont pas besoin de remplacement :

« Qu'étaient les propres dans le dernier état de notre législation coutumière? D'abord, à Paris et dans le plus grand nombre des coutumes, la réserve n'avait pas lieu pour les donations entre-vifs, elle était limitée aux testaments; ensuite, on était le maître de dénaturer son bien : celui qui avait des propres dont il ne pouvait tester pouvait les vendre et faire après cela, ou de leur prix ou des objets acquis en remploi, tout ce qu'il jugeait à propos. Est-ce une affectation de cette nature, aussi imparfaite, aussi peu sérieuse, qui mérite qu'on la regrette, et que, pour en trouver l'équivalent, on fasse violence aux principes?

Au moins faudrait-il qu'à l'exemple de la réserve des propres, la légitime ttribuée aux frères et sœurs ne pût préjudicier qu'aux dispositions testamentaires et non aux donations entre-vifs. »

Nous verrons le Conseil d'Etat adopter un moment l'idée le cette espèce de légitime mélangée de réserve pour les frères t sœurs ; quant au tribunal de Paris, il ne l'avait indiquée que par forme de critique, car il rejetait toute restriction nise à la faculté de disposer dans le seul intérêt des collatéraux.

Le fond de ces idées est excellent, et le langage qui les exprime ne l'est pas moins. C'est la légitime que le tribunal le Paris découvre dans le décret de germinal et dans le projet le Code, bien que l'un et l'autre ne fixent que la quotité disponible; il ne la nomme pas une fois, mais cent fois dans ses *Observations*. Et ce choix d'expressions n'est pas indifférent, puisque les réserves coutumières y sont aussi rappelées, mais pour être proscrites.

L'opinion unanime des tribunaux était que le Code devait créer une légitime. Mais fallait-il la régler comme dans les coutumes ou comme dans le droit écrit? il n'y avait pas d'autre question. Nul ne songeait à rétablir les réserves coutumières, non plus que le système des propres dont elles étaient la pièce principale.

De même, dans la discussion du Code, le nom de *légitime* est celui dont les rédacteurs se servent le plus volontiers. Si, pour varier le discours, ils remplacent ce nom par celui de *réserve* ou par la dénomination neutre de *portion indisponible*, il est toujours aisé de reconnaître que leur pensée s'applique uniquement à la légitime. Quelques exemples, pris entre mille, suffiront pour mettre en relief l'intention du législateur à l'égard de la légitime et des réserves coutumières, et pour fixer le sens des diverses expressions de son vocabulaire :

« Donner aux pères la faculté de récompenser ou de punir avec discrétion, celle de réparer entre leurs enfants les inégalités de la nature ou les injustices aveugles de la fortune ; leur accorder en outre la faculté d'exercer des actes de bienfaisance et de reconnaissance envers les étrangers : voilà les deux grands objets que la loi se propose lorsqu'elle entreprend de fixer *la légitime indisponible* qu'elle *réserve* aux enfants (Paroles de Tronchet dans la séance du 21 pluv. an XI). »

Et comparant le droit romain avec le droit coutumier, Tronchet ajoute :

« En droit romain, trois époques : 1° Liberté absolue. C'était l'abus de la puissance paternelle ; 2° *Réserve* du quart seulement. C'était encore un pouvoir excessif résultant de la même source et produit par la vanité de n'avoir qu'un héritier ; 3° *Réserve* calculée d'après le nombre des enfants. Echelle trop régulière [irrégulière], dont tout le monde a reconnu les inconvénients.

En droit coutumier, base différente du droit romain. Ce n'est plus le nombre des enfants : c'est une quotité du patrimoine, *la moitié rendue indisponible.* »

Autre législateur :

« La *réserve coutumière* s'étendait à tous ceux que la loi appelait pour succéder ; elle tenait au système de la division des biens en propres et acquêts, système qui lui-même était fondé sur celui de la conservation des mêmes immeubles dans les familles. La *légitime proprement dite* est celle qui est indépendante de cette ancienne distinction entre les propres et les acquêts.

La *légitime* a sa cause dans le droit naturel ; la *réserve* n'est qu'un droit positif (Bigot-Préameneu dans la séance du 30 nivôse an XI). »

On voit que c'est en parfaite connaissance de cause que les rédacteurs du Code repoussent les réserves coutumières pour leur préférer la légitime qu'ils considèrent comme une institution du droit naturel. S'ils l'appellent quelquefois *réserve*, cela ne peut tirer à conséquence, puisqu'ils donnent ce même nom à la légitime des Pandectes et des Novelles.

Légitime, réserve, portion indisponible, tous ces noms ne désignent qu'une seule et même chose dans la discussion du ode et dans le Code. Et cette chose, c'est en langage technique, la légitime.

Après ce coup-d'œil jeté sur le projet de Code civil, oyons les vicissitudes de sa discussion et les transformations u'il a dû subir avant de devenir loi.

136. Le titre des *Successions* fut soumis le premier au onseil d'État. Treilhard en présenta une nouvelle rédaction u nom de la section de législation dans la séance du 25 frinaire an XI. Cinq séances furent employées à la discussion.

La matière des *Rapports*, dont nous avons transcrit plus aut quelques articles, fut discutée dans celle du 23 nivôse. 'rès-peu de changements y furent faits. Treilhard arrêta une lernière rédaction du titre entier conformément aux amendelements votés, et il la présenta au Conseil d'État le 5 ventôse. Communiquée officieusement à la section de législation lu Tribunat le 8 ventôse, cette rédaction fut examinée par lle le 23 du même mois; la section ne fit que de légères bservations. Enfin, après la conférence qui eut lieu entre a section de législation du Conseil d'État et celle du Tribunat, Treilhard, au nom de la première, présenta au Conseil la rélaction définitive du titre des *Successions* dans la séance du 15 germinal an XI. C'est celle que vota le Corps législatif et qui forme le texte du Code Napoléon.

Voici en regard les uns des autres les articles du projet et eux du Code; on jugera mieux des changements adoptés et le leur degré d'importance.

PROJET.	CODE.
« Art. 157 [1]. Tout héritier venant à la succession doit rapporter	« Art. 843. Tout héritier, *même bénéficiaire* [2], venant à une succes-

[1] Le 131e dans le projet de la section de législation du conseil d'État.

[2] Expressions introduites par la section de législation conformément à une observation du tribunal de cassation.

tout ce qu'il a reçu du défunt par donation entre-vifs, directement ou indirectement, et ne peut réclamer le legs à lui fait par le défunt, à moins que ces dons ou legs ne lui aient été faits expressément par préciput et hors part et avec dispense de rapport.

sion, doit rapporter *à ses cohéritiers* [7] tout ce qu'il a reçu du défunt par donation entre-vifs, directement ou indirectement; *il ne peut retenir les dons* [8] ni réclamer les legs à lui faits par le défunt, à moins que les dons et legs ne lui aient été faits expressément par préciput et hors part *ou* [9] avec dispense de rapport.

Art. 160[1]. L'héritier *présomptif* [2] qui renonce à la succession peut retenir le don entre-vifs ou réclamer le legs à lui fait, *ainsi qu'un étranger pourrait le faire* [3], jusqu'à concurrence de la portion disponible.

Art. 845. L'héritier qui renonce à la succession peut *cependant* [10] retenir le don entre-vifs ou réclamer le legs à lui fait jusqu'à concurrence de la portion disponible.

Art. 179[4]. Le rapport se fait en nature ou en moins prenant.

Art. 858. Le rapport se fait en nature ou en moins prenant.

Art. 180[5]. Il peut être exigé en nature à l'égard des immeubles, toutes les fois qu'il n'y a pas dans la succession des immeubles de même nature, valeur et bonté, dont on puisse former des lots à peu près égaux pour les autres cohéritiers.

Art. 859. Il peut être exigé en nature à l'égard des immeubles toutes les fois que *l'immeuble donné n'a pas été aliéné par le donataire* [11] et qu'il n'y a pas dans la succession d'immeubles de même nature, valeur et bonté, dont on puisse former des lots à peu près égaux pour les autres cohéritiers.

Art. 181[6]. Le rapport n'a lieu

Art. 860. Le rapport n'a lieu

[1] Le 133e dans le projet de la section.
[2] Supprimé par la section avant discussion.
[3] Supprimé avant discussion.
[4] Le 146e dans le projet de la section.
[5] Le 147e dans le projet de la section.
[6] Le 148e dans le projet de la section.
[7] Introduit par la section avant discussion.
[8] Introduit sur la demande du Tribunat.
[9] Correction faite par la section avant discussion.
[10] Ajouté par la section avant discussion.
[11] Addition n'apparaissant que dans la rédaction définitive.

u'en moins prenant toutes les fois ue le donataire a aliéné l'immeu-le avant l'ouverture de la succes-ion. »	qu'en moins prenant, quand le donataire a aliéné l'immeuble avant l'ouverture de la succession ; *il est de la valeur à l'époque de l'ouverture*[1].

Parmi ces changements, il n'y a que la suppression des nots *ainsi qu'un étranger pourrait le faire*, de l'article 845, qui paraisse toucher à l'objet de nos recherches. Mais ils ont été retranchés avant toute discussion, et par simple convenance de rédaction. On ne peut rien en conclure pour ou contre le droit de l'héritier donataire, qui renonce à la succession, de retenir sa part de réserve avec ou sans la portion disponible. Quelques paroles de Treilhard ; dans l'Exposé des motifs qu'il présenta au Corps législatif le 19 germinal an XI, donnent à penser que le Conseil d'Etat ne regardait point cette question comme décidée par les dispositions relatives aux *Rapports* qu'il avait votées presque sans discussion. Mais en réalité, on était plus engagé qu'on ne le croyait. Il ne restait plus qu'à déterminer la quotité de la légitime ; car, au fond, la section des *Rapports*, en reproduisant littéralement les dispositions des coutumes de préciput et d'égalité simple sur le même sujet, menait droit au système de ces coutumes. L'article 845 particulièrement était la négation formelle des principes rigoureux des coutumes d'égalité absolue.

Le germe contenu dans ces textes va se développer. Toutes les questions de légitime et de portion disponible, à peine effleurées à l'occasion du titre des *Successions*, seront approfondies dans la discussion du titre des *Donations et Testaments*, auquel nous arrivons. S'il règne de l'embarras ou de l'obscurité dans quelques parties du débat, il en faut accuser l'extrême difficulté des questions à résoudre.

[1] Addition faite dans la rédaction communiquée au Tribunat, par suite d'un amendement du conseil d'État.

137. La section de législation du Conseil d'Etat regardait comme capitale la question des limites à assigner aux libéralités dans l'intérêt de certains parents. C'est pourquoi Bigot-Préameneu, qui fut chargé de présenter le titre des *Donations et Testaments* au Conseil, détacha de l'ensemble des dispositions celle qui était relative à la légitime et proposa une combinaison nouvelle, en l'accompagnant d'un très-remarquable Rapport dans la séance du 30 nivôse an XI.

L'article 16 du projet aurait été remplacé par une rédaction qui, au lieu de déterminer la portion disponible, aurait fixé la portion indisponible sous son vrai nom de *légitime*. Du reste, les proportions établies par le projet pour les descendants et les ascendants étaient conservées ; l'innovation consistait en ce que les frères et sœurs ou descendants d'eux auraient eu droit au retranchement d'un quart, sous le nom spécial de *réserve*, contre les libéralités testamentaires seulement. Cette combinaison, empruntée aux Observations critiques du tribunal d'appel de Paris, formait l'article 18 du projet de la section, ainsi conçu :

« S'il y a des enfants ou descendants des enfants au temps du décès, ils auront à titre de LÉGITIME, les trois quarts de ce qui leur reviendrait par succession, s'il n'y avait pas de donation entre-vifs ou testamentaire.

A défaut de descendants, s'il y a des ascendants, leur LÉGITIME sera de moitié.

A défaut de descendants et d'ascendants, s'il y a au temps du décès des frères ou sœurs ou des descendants d'eux, la loi leur *réserve le quart de ce qui leur reviendrait*, s'il n'y avait pas de donation entre-vifs ou testamentaire ; sans néanmoins qu'à raison de cette RÉSERVE *les donataires par actes entre-vifs autres que les successibles* puissent être, en tout ou en partie, évincés des biens à eux donnés.

A défaut de parents dans les degrés ci-dessus exprimés, les donations ou legs pourront épuiser la totalité des biens. »

Il n'en coûte rien à la thèse que je défends de reconnaître qu'il y a là quelque intention de reproduire l'intégrité du système des coutumes par l'établissement d'une légitime pour les descendants et les ascendants, et d'une réserve pour certains collatéraux. Le législateur qualifie de *légitime* la portion indisponible réservée aux enfants et ascendants ; cette qualification est en parfaite harmonie avec le détail des autres dispositions du titre. Il appelle *réserve* la quotité indisponible destinée aux frères et sœurs, neveux et nièces ; mais ce n'est pas à dire qu'il fasse revivre le droit des réserves coutumières. Car, d'après l'article 25 du projet primitif devenu l'article 29 du projet de la Section, cette réserve aurait pu être retenue par un donataire renonçant jusqu'à concurrence de sa part héréditaire dans le quart réservé, et elle s'analysait comme la légitime en un droit individuel aux termes de l'article 24 (ancien 22). Ajoutez que, malgré ce nom de *réserve*, le législateur avait fixé sa quotité au lieu de fixer celle du disponible, comme on prétend que cela doit être pour les réserves. C'était donc par ses effets une véritable légitime. Bigot-Préameneu ou tout autre rédacteur avait choisi le nom de réserve uniquement parce que, à l'exemple des réserves coutumières, elle n'affectait que les libéralités par testament et respectait les dons entre-vifs, au moins ceux faits à des étrangers. A cela se bornait l'imitation. Le nom de réserve écrit dans la loi projetée n'empêchait pas Bigot-Préameneu de désigner ce droit par l'appellation synonyme de *légitime* dans un passage de son rapport où se révèle la pensée qui avait présidé à la création dont il s'agit :

« La légitime en ligne directe, disait-il, est regardée comme tellement indispensable à l'ordre social que, pour la remplir, toutes donations entre-vifs sont résolubles ; toutes sont censées faites sous la condition que cette légitime ne pourra en être altérée.

Le droit des collatéraux à la réserve qui leur est faite, n'a pas paru assez impérieux pour qu'on dût lui sacrifier indéfiniment le principe suivant lequel les donations entre-vifs doivent être irrévocables.

Lorsque ces donations sont faites à l'un des successibles, il est juste qu'elles soient réduites pour remplir la *légitime* des cohéritiers. Le vœu de la loi est qu'il y ait entre eux au moins une égalité légitimaire [1]. »

Je sais que pour atténuer la portée de ce langage on peut dire que déjà autrefois la réserve des propres prenait le nom de légitime, et que par réciprocité la légitime de droit prenait celui de réserve. Cela est vrai, mais ne prouve rien, si ce n'est qu'il ne faut pas en cette matière s'attacher trop étroitement aux dénominations employées par la loi.

Au reste, la légitime anomale des frères et sœurs devait radicalement disparaître dans les discussions ultérieures.

138. Le Conseil d'État, après avoir entendu le Rapport de Bigot-Préameneu, discuta la quotité de la légitime des enfants. Le nom de légitime fut dans toutes les bouches et nul ne songea à critiquer l'emploi que la disposition projetée en faisait. Le système de graduation adopté par la Novelle 18 fut unanimement jugé défectueux et répudié. Les dispositions de la coutume de Paris fixant la légitime à la moitié avaient des partisans, entre autres Maleville, suivant lequel la Section avait trop resserré les limites du pouvoir paternel. Mais Berlier qui tenait à conserver quelque vestige de la loi du 17 nivôse an II, si restrictive du droit de disposer, approuva beaucoup la rédaction du projet, d'où résultait une quotité disponible du quart seulement; il évoqua en sa faveur le souvenir de l'opinion plus radicale de Mirabeau, applaudie par la *célèbre Assemblée constituante;* il rappela habilement que Tronchet avait en ce temps prononcé un excellent discours qui concluait à cette quotité disponible du quart et amena ainsi le doyen du conseil à le suivre dans la défense du projet.

139. C'est alors que le consul Cambacérès demanda si

[1] Fenet, T. XII, p. 253.

l'on ne pourrait pas, sans revenir aux dispositions du droit romain, graduer la légitime sur le nombre des enfants, fixer par exemple la *légitime* aux trois quarts, s'il y a plus de deux enfants, au tiers, s'il n'y en a que deux, à la moitié, s'il n'y en a qu'un.

A cette proposition était destiné le triomphe. Mais de prime abord Tronchet objecta les difficultés d'une graduation quelconque, et l'on renvoya à une autre séance la discussion de cette combinaison sur laquelle le Rapport n'avait point préparé les esprits.

140. Abandonnant même la pensée qu'on avait eue d'épuiser dans une discussion préliminaire ce qui regardait la légitime, le conseil s'occupa du titre *des Donations et Testaments* selon l'ordre des articles dans les séances des 7 et 14 pluviôse. Et ce fut en suivant cette marche nouvelle qu'il arriva, dans la séance du 21 du même mois, à l'examen du chap. II, intitulé : *De la portion de biens disponible et de la réduction.*

Bigot-Préameneu, organe de la section de législation, avait placé sous cette rubrique de la *Portion disponible*, l'art. 18 rapporté plus haut, article qui déterminait la quotité de la légitime et non la portion disponible. Cela nous montre surabondamment que la légitime aussi bien que la réserve proprement dite est corrélative à la portion disponible. Déterminer une légitime, c'est déterminer une portion disponible; déterminer une portion disponible, c'est déterminer réciproquement une légitime.

Le principe de la légitime était admis; il s'agissait seulement d'en déterminer la forme et la quotité. Le conseil n'eut pas à discuter d'autre question. Le consul Cambacérès se hâta de renouveler la proposition de graduer la quotité de la légitime suivant le nombre des enfants, et l'on peut dire que dès l'ouverture de la discussion, cette idée s'empara de la faveur et de l'attention du conseil, beaucoup plus que la proposition de la section de législation.

Toutefois Bigot-Préameneu, au nom de cette section, déclara qu'elle persistait dans sa proposition de fixer invariablement la portion disponible au quart des biens; elle repoussait le système de graduation de la loi du 4 germinal an VIII, comme ne laissant pas une quotité disponible assez large au père de famille.

Tronchet ne voulait point d'une légitime graduée; mais voyant la faveur qu'obtenait la proposition d'une légitime de cette espèce, il reprit pour son compte la graduation de la loi de germinal. Il jugeait l'échelle proportionnelle établie par cette loi suffisante à l'égard des étrangers, et suffisante aussi à l'égard des enfants, puisque *la portion d'enfant disponible* donnée à l'un d'eux pouvait être *retenue par lui en sus de sa part dans le surplus indisponible*. Passant en revue les dispositions du droit romain, celles des coutumes et la proposition de Cambacérès, pour les comparer avec la loi de germinal qui était l'*ouvrage du conseil*, il rejette l'ancienne *réserve* [1] romaine du quart, comme une exagération de la puissance paternelle, et la *réserve* [2] graduée de la Novelle 18, comme irrégulière et pleine d'inconvénients. La quotité disponible de la coutume de Paris (toujours moitié) lui paraît excessive et intolérable, quand on multiplie le nombre des enfants. Il voulut faire comprendre par une série d'exemples le sort, trop beau suivant lui, que la coutume de Paris faisait à un enfant avantagé respectivement à ses frères et sœurs. Mais il perdit de vue les principes de la coutume et ne sut indiquer que des résultats inexacts. Ce fut une erreur bien involontaire, car elle affaiblissait l'effet de sa démonstration.

[1] et [2] *Réserve* est pris pour *légitime*.

« A trois enfants, disait-il, l'enfant avantagé n'avait cependant encore que double part, six douzièmes contre trois douzièmes ; car il faut bien remarquer que l'enfant donataire ne pouvait conserver son don qu'en renonçant à la succession ; et dans le système de cette proportion on *ne pouvait pas permettre le cumul.* A huit (c'est neuf qu'il veut dire), un seul enfant a six douzièmes, tandis que ses frères n'ont chacun que trois quarante-huitièmes. »

L'article 307 de la coutume de Paris infirme tous ces calculs. A trois enfants, l'enfant avantagé renonçant avait quatre sixièmes (huit douzièmes), ses frères et sœurs chacun un sixième (deux douzièmes); à neuf enfants, il avait dix dix-huitièmes, et ses frères chacun un dix-huitième. Tout cela, parce que la coutume permettait le cumul. M. Coin-Delisle [1] a reproduit les calculs de Tronchet en les corrigeant; pour moi, j'ai cru qu'il importait de relever cette erreur initiale, pour mieux fixer le degré d'autorité qu'on peut accorder aux opinions émises par Tronchet dans le cours de la discussion.

Arrivant enfin au projet de la section (quotité disponible du quart), Tronchet le critique en ce que la permission accordée à l'enfant avantagé de recevoir hors part le disponible en partageant encore dans les trois quarts réservés crée une inégalité trop forte pour peu qu'on suppose un grand nombre d'enfants. En effet, dès qu'il y a quatre [six] enfants, celui qui est avantagé à quatre [trois] fois autant que chacun de ses frères, quatre douzièmes et demi contre un douzième et demi. Ainsi, dans ce système, il ne serait plus possible d'admettre le cumul de la portion disponible avec le partage du surplus. »

Ce qui, selon Tronchet, ramène naturellement au système de la loi de germinal.

141. Une discussion s'engagea, à laquelle prirent part

[1] *Limite*, etc., p. 101, n° 86.

Maleville, Portalis, Galli, Jollivet et le premier Consul [1], qui voulaient une grande latitude pour le père de famille; Berlier et Ségur, qui appuyèrent les graduations proposées par Cambacérès. Bigot-Préameneu finit par s'y rallier, et le conseil l'adopta comme amendement à la première partie de l'article 18 du projet de la section de législation.

Qu'est-ce, en définitive, qu'est-ce que l'on a voté ? Uniquement la proposition de fixer la LÉGITIME *aux trois quarts*, *s'il y a plus de deux enfants; au tiers s'il n'y en a que deux*; *à la moitié*, *s'il n'y en a qu'un*, et de modifier en ce sens l'article qui fixait cette LÉGITIME *aux trois quarts*, quel que fût le nombre des enfants.

Aucune protestation n'eut lieu contre le nom de légitime donné à la portion indisponible, ni contre cette forme de rédaction. L'article 913 sorti de ce vote est autrement rédigé, mais il ne signifie pas autre chose.

Tronchet, lorsqu'il vit imminente l'adoption de la proposition de Cambacérès qu'il avait combattue par amour de l'égalité coutumière, fit observer qu'elle laissait subsister la question de savoir si l'enfant pourrait prendre hors part les avantages que lui ferait son père. A quoi Bigot-Préameneu répondit que cette question se rattachait à l'art. 20 (futur 919), qui n'était pas encore soumis à la discussion. Mais Tronchet s'abusait sur ce point comme il s'était abusé sur l'exacte portée de la coutume de Paris; car le titre des *Successions* déjà voté impliquait le droit de cumul.

142. Dans la séance du 28 pluviôse fut adoptée sans dis-

[1] Le premier consul eut l'idée tout à fait nouvelle, mais peu praticable, de graduer la légitime sur la quotité de la succession plutôt que sur le nombre des enfants. Une simple observation de Tronchet la lui fit facilement abandonner.

cussion la seconde partie du même article 18 qui attribuait aux ascendants une légitime de moitié.

143. Puis l'on discuta la troisième partie relative à *la réserve* des frères et sœurs, neveux et nièces.

Bigot-Préameneu présenta cette réserve comme destinée à remplacer les anciennes réserves des propres.

Tronchet voulait une légitime modique pour les frères et sœurs, rien pour les neveux et nièces.

L'établissement d'une réserve ou d'une légitime en faveur de collatéraux quelconques fut vivement combattu par Muraire, Galli, Treilhard, Bérenger et Portalis, qui lui opposait cette réflexion : « Si le patrimoine vient d'un père commun, » c'est augmenter la légitime des enfants que de leur en ré- » server encore une partie dans la succession de leurs frères ; » si le patrimoine a été acquis par l'industrie du proprié- » taire, il est juste de ne le point forcer dans sa dispo- » sition. »

Mais la cause des collatéraux trouva un puissant appui dans le premier Consul qui goûtait beaucoup l'idée de remplacer le système des propres par la réserve proposée. Maleville, Thibeaudeau, Crétet, Emery se rangèrent sous son drapeau, et le conseil décida en principe qu'une réserve serait établie en faveur des frères et même des neveux, mais seulement lorsqu'ils concourraient avec des frères.

144. Après quelques observations sur la combinaison de cette réserve avec la légitime des ascendants, on soumit à la discussion l'article 20 du projet de la Section (art. 18 et 19 du projet primitif), qui est devenu l'article 919 du Code Napoléon.

Il était ainsi conçu :

« La quotité disponible pourra être donnée en tout ou en partie, soit par acte entre-vifs, soit par testament, aux enfants ou autres successibles du donateur, sans être sujette au rapport par le donataire ou le légataire venant à la succession, pourvu que la disposition ait été faite expressément à titre de préciput *et* hors part.

La déclaration que le don ou le legs est à titre de préciput *et* hors part, pourra être faite, soit par l'acte qui contiendra la disposition, soit postérieurement dans la forme des dispositions entre-vifs ou testamentaires. »

C'est textuellement l'article 919 du Code, sauf le remplacement par deux fois du mot *et* par le mot *ou*.

Le conseil apporta une grande attention à cette question qu'il jugeait encore entière, quoiqu'à vrai dire elle fût déjà tranchée dans le sens du cumul par le vote des articles 843 et 844 du titre des *Successions*. Mais les corps délibérants n'ont pas toujours la pleine conscience de leurs décisions; quelques membres savent à quoi s'en tenir, l'être collectif a tout oublié. On discuta donc, comme si de rien n'eût été. La discussion d'ailleurs s'arrêta aux termes de la rédaction du projet qui ne parlait que des dons *par préciput* faits à un successible *venant à la succession*. La plupart des coutumes et notamment celle de Paris rejetaient le cumul de la portion disponible avec la légitime sous cette forme et dans ce cas: fallait-il le permettre? Telle était la question. L'effet des dons en avancement d'hoirie faits à un successible *ne venant pas à la succession* fut complétement oublié dans la discussion comme il l'avait été dans le texte de l'article discuté.

Tronchet, franc zélateur de l'égalité absolue entre les enfants, revint à l'idée d'interdire au père de famille d'avantager aucun de ses enfants. Mais dès le début, il s'engage dans un raisonnement confus et inexact touchant l'ancien droit:

« La légitime, dit-il, doit demeurer entière; elle ne le serait plus cependant, si le donataire était admis à un partage égal des biens qui restent sans être obligé au rapport. On objecte que l'héritier institué (l'enfant légataire universel) faisait part dans la légitime. C'est une erreur: l'héritier institué faisait nombre pour déterminer la quotité de la légitime, mais il ne prenait aucune part dans la quotité réservée aux légitimaires. »

L'erreur est du côté de Tronchet. *Quandoque bonus dormitat*... Le respectable doyen du conseil imagine de faux principes à l'appui de la fausse opinion émise par lui, dans la séance du 21 pluviôse, sur les dispositions de la coutume de Paris relativement au cumul du disponible avec une part de légitime par l'enfant donataire qui s'abstenait. La vérité est que l'article 307 autorisait ce cumul. L'enfant donataire n'était donc pas seulement compté pour déterminer la quotité de la légitime, il y prenait réellement part. Est-ce à dire que la légitime ne fût plus entière pour les autres légitimaires? Nullement, car il prenait sa portion, à lui, et non leur portion, à eux. La légitime entière était la somme de toutes les portions recueillies à quelque titre que ce fût.

Sans relever l'erreur commise par Tronchet à propos de l'ancien droit, Bigot-Préameneu fit observer que les dispositions adoptées dans les séances précédentes impliquaient celle qu'on discutait :

« Si par l'effet d'une donation, répondait-il, l'un des enfants se trouve plus avantagé que ses frères qui d'ailleurs ont retiré leur légitime[1], c'est une suite inévitable de la faculté de disposer qu'on est convenu d'accorder au père. »

Treilhard, Muraire et Bérenger, qui trouvaient dur qu'un père pût donner la quotité disponible à un étranger et non à un enfant, démontrèrent que les légitimes n'étaient pas plus entamées par le cumul du disponible avec sa propre légitime de la part d'un enfant qu'elles ne le seraient si le disponible était pris par un étranger. Tronchet ne se rendit pas. Mais le consul Cambacérès ferma la discussion par ces remarquables paroles :

« On a pensé que, s'il est juste que les enfants aient un droit, même plus

[1] Pour Bigot-Préameneu, la légitime votée était individuelle, ni plus ni moins que celle de la coutume.

élevé qu'autrefois, dans la succession de leur père, il est juste aussi qu'en vertu de sa propriété, le père ait la libre disposition d'une partie de ses biens, surtout pour réparer les inégalités naturelles ou accidentelles qui existent entre ses enfants, et les contenir par la crainte des peines et l'espoir des récompenses. »

L'article fut adopté. Il en résulte qu'un enfant donataire *venant à la succession* peut cumuler la quotité disponible avec sa part dans la légitime, pourvu que le don lui ait été fait par préciput. Mais s'il ne vient pas à la succession, la clause de préciput est-elle nécessaire pour que le cumul soit possible? Le conseil ne traita point cette question.

145. Dans la séance du 5 ventôse an XI, fut présentée par Bigot-Préameneu l'importante matière de la *Réduction des donations et legs*, d'après la rédaction arrêtée par la section de législation.

Deux articles (20 et 21 du projet de l'an VIII, 22 et 23 du nouveau projet) furent réunis en un seul, sur la proposition de Treilhard, pour former l'art 920 du Code.

L'art. 24, c'est-à-dire le premier membre de l'art. 921 actuel, fut ensuite soumis à la discussion; sa rédaction était bien propre à trancher les disputes d'aujourd'hui sur la légitime individuelle ou collective : « Dans tous les cas, portait la » disposition finale, la réduction sera *dans les proportions* » *établies par l'art.* 18 *en raison de la légitime ou de la ré-* » *serve de* CHAQUE SUCCESSIBLE. » C'était le CHACUN ENFANT de l'art. 298 de la coutume de Paris en vertu duquel on ne douta jamais que la légitime ne fût individuelle.

Qu'advint-il? Le procès-verbal dit que le consul Lebrun demanda la suppression de cet article, l'*article 22* le rendant inutile. *Il suffisait*, à son avis, *d'avoir décidé que la réduction se ferait en proportion des droits de chacun.* Et l'article fut retranché comme inutile [1].

[1] Fenet, XII, p. 335.

« Rien de plus bizarre que cette décision, dit M. Coin-Delisle, l'art. 22 (ou 920) n'exprime rien, directement ou indirectement, sur la question de savoir si la réduction se fera en proportion des droits de chacun... Le conseil était préoccupé [1]. »

De quoi était-il préoccupé?

Je pense l'avoir découvert. L'art. 22 du *projet de la section*, article déjà voté, était muet sur le caractère de la légitime, cela est vrai; mais l'art. 22 du *projet de l'an VIII* était, lui, très-explicite sur ce point, il contenait textuellement la proposition alléguée par le consul Lebrun pour prouver l'inutilité de l'article en discussion : « La réduction... ne peut » être demandée que par ceux des héritiers venant à la suc» cession, au profit desquels la loi a restreint la faculté de » disposer, *et que proportionnellement à la part qu'ils recueil» lent dans la succession.* » Je devine, d'après cela, que le consul Lebrun (et tout le conseil avec lui) avait sous les yeux les deux projets; il s'est référé par distraction à l'art. 22 du projet et de l'an VIII, il l'a lu au conseil qui le tenant pour voté, s'est hâté de retrancher l'art. 24 comme n'étant plus qu'une superfétation.

N'est-ce pas là voter le principe, sinon la lettre d'une disposition? Le principe est jugé bon; sa répétition est seule jugée inutile.

Cette explication reçoit une confirmation éclatante d'un incident de la séance du 12 ventôse. Après qu'on eut voté tout ce qui était relatif à la réduction, Tronchet qui n'avait pas assisté à la séance du 5 où l'art. 24 avait été supprimé comme rendu inutile par on ne sait quel art. 22, demanda que la section de législation fit connaître les motifs qui avaient déterminé à retrancher l'art. 22 *du titre des donations du projet de Code civil.* Les rédacteurs avaient pensé, disait-il, que

[1] *Limite*, n° 90, p. 111.

pour exclure des prétentions contraires à l'esprit de la loi, il convenait d'expliquer que la réduction ne peut être exercée *que par celui et au profit de celui pour qui la réserve est établie, et seulement dans la proportion qu'il doit profiter de cette réserve* [1].

Sur cette observation fut adopté l'article 22 du titre des *Donations* du projet du Code civil, sauf rédaction. Et pour qu'il n'y eût plus de méprise, le très-long article 22 du projet de l'an VIII fut inséré au procès-verbal.

146. Revenons à la séance du 5 ventôse. Après le retranchement irréfléchi de l'article 24 du projet de la section de législation, le conseil s'occupa de l'article 25 du même projet, qui dans celui de l'an VIII n'était qu'une partie de l'article 22. Sa disposition qui devait, après de nombreuses vicissitudes, former le second membre de l'article 921, était ainsi conçu : « Les créanciers, les donataires et légataires du défunt ne « pourront demander la réduction. »

Cette décision, d'une valeur intrinsèque incontestable, mais d'un mécanisme difficile, embarrassa beaucoup le Conseil d'État, privé ce jour-là des lumières de Tronchet. Bien des questions furent agitées, aucune ne fut résolue. Dans la lutte qui s'engagea sur ce terrain, les hommes de science, qu'ils fussent du Nord ou du Midi, s'allièrent sans succès contre des adversaires que leur sens intime égarait à la poursuite d'une ombre de justice. La victoire resta momentanément à ces derniers, commandés qu'ils étaient par un habile général, par le premier Consul en personne. Mais plus tard, lorsque l'émotion de la lutte eut fait place à la réflexion, le Tribunat jeta le poids de son opinion dans la balance en se

[1] Le nom de *réserve* est celui sous lequel Tronchet désigne ordinairement la *légitime*. C'est peut-être lui qui a fait donner la préférence à cette dénomination dans le Code civil.

mettant du côté des vaincus, et avec l'aide puissante de Tronchet, en l'absence duquel on avait fait de si mauvaise besogne, le droit et la justice reprirent possession du texte légal, d'où un semblant d'équité les avait un moment exilés. S'il nous est permis de le dire, la majorité du Conseil d'État n'eut pas conscience de la difficulté de droit qu'elle avait à résoudre. On s'interrogea beaucoup pour comprendre, et l'on vota sans avoir compris. Cependant le procès-verbal de cette conversation de législateurs est comme un vaste arsenal où les sentiments les plus divergents sur la nature de la légitime ou de la réserve vont chercher des armes. Il faut une grande attention pour distinguer au milieu de la foule des raisons qu'on fit valoir pour l'opinion la meilleure et à la fin victorieuse, celles qui sont dignes de compléter, en l'expliquant, le texte de la loi, d'avec celles qui allaient au delà de la pensée du législateur et qui n'étaient que des instruments de combat. La loi, entrée dans sa vie pacifique, n'a plus besoin d'un tel appui.

La question était celle de savoir si la réduction des donations entre-vifs excédant la quotité disponible, demandée et opérée par les légitimaires, les astreignait à payer les créanciers de la succession avec les biens repris aux donataires.

Je rappelle que l'ancien droit était unanime pour reconnaître que les biens donnés ne sont plus le gage des créanciers du donateur, et que le droit accordé aux enfants de faire porter leur légitime jusque sur ces biens est un droit qui ne peut profiter qu'à eux seuls et de l'exercice duquel ils sont absolument arbitres. Il n'y avait qu'une difficulté pratique : c'était de permettre aux légitimaires de s'immiscer dans la liquidation de la succession sans prendre un titre qui les soumît aux dettes. Le droit écrit, en autorisant les légitimaires à réclamer leur légitime plutôt comme enfants que comme héritiers, plutôt comme une quote des biens que comme une quote héréditaire, échappait aisément aux embarras de cette position délicate. N'étant pas héritiers, les légitimaires n'avaient pas à redouter l'action des créanciers de la succession. Le droit coutumier, d'après les principes qui lui étaient propres, avait fait de la légitime l'hérédité même; il fallait prendre la qualité d'héritier pour pouvoir faire réduire les donations entre-vifs. Ainsi forcé de traverser l'hérédité pour atteindre les donations, le légitimaire voyait les dettes de la succession s'attacher à sa personne, et il semblait difficile qu'il ne les payât pas tant sur les biens de la succession que sur les biens recouvrés au moyen de la réduction et sur ses propres biens. Ricard, en maintenant le principe qu'il fallait être héritier pour prendre sa légitime, avait indiqué l'expédient d'une acceptation bénéficiaire qui ne soumettait l'héritier au payement des dettes de la succession que sur les biens de la succession, et dès lors en exonérait ses biens propres et même les biens recouvrés par lui sur les donataires, parce qu'ils n'étaient plus les biens du défunt et n'étaient repris que par un privilége particulier absolument étranger aux créanciers. Pothier avait formulé cette doctrine comme il suit, et cela, à propos des réserves coutumières pour lesquelles elle offrait des doutes assez sérieux : « On » peut dire que ces choses retranchées ne sont pas de la suc- » cession, puisque le donateur s'en était dessaisi de son » vivant; qu'encore bien que le droit qu'a l'héritier d'ob- » tenir ce retranchement fût attaché à sa qualité d'héritier, » néanmoins ce n'est pas un droit qu'il tienne du défunt et » auquel il ait succédé au défunt, puisque le défunt ne l'a » jamais eu; il ne le tient donc pas du défunt ni de la suc- » cession, mais de la loi. Ces choses retranchées ne font » donc pas partie de la succession [1]. » Toutefois quelques

[1] *Donations entre-vifs*, sect. III, art. 6, § 3, *in f.*

auteurs n'étaient pas contents de cet expédient d'une acceptation bénéficiaire, et ils pensaient que dans ce cas spécial la légitime pouvait être réclamée par les légitimaires sans se porter héritiers, même en pays de coutume [1].

Mais la théorie de Ricard et de Pothier avait obtenu le suffrage du tribunal de Cassation qui, dans ses Observations, proposait d'écrire l'article en question de la manière suivante : « Les créanciers, donataires et légataires du défunt, » ne peuvent demander la réduction ; *et si elle l'a été par un* » *héritier bénéficiaire, il n'est pas tenu de rendre compte de la* » *portion qu'il recueille à ce titre*, laquelle tourne à son profit » personnel sans charge de dettes, sauf les hypothèques sur » les biens recueillis [2]. »

Voyons la discussion.

Maleville ouvre d'abord cet avis que l'article 25 est inutile, puisqu'il résulte des articles précédents que la réduction n'a lieu qu'au profit et sur la demande des légitimaires.

On pouvait lui faire observer que l'article n'aurait été inutile qu'autant que le conseil aurait eu déjà voté l'article 22 du projet de l'an VIII, où se lisait la même disposition et d'où la section avait tiré son article 25. Mais ce vote de l'article 22 du projet de l'an VIII ne devait avoir lieu que dans la séance suivante sur la réclamation de Tronchet. Aussi Treilhard insista sur l'utilité de cette disposition qui ôtait aux créanciers tout prétexte de croire qu'ils pussent demander la réduction ou en profiter.

Maleville la rejetait comme inutile, mais non comme mauvaise. Car une fois l'article mis en discussion, il se joignit à la phalange des jurisconsultes-législateurs qui défendirent vainement la cause du droit dans cette journée. C'étaient, avec lui et Treilhard, Bigot-Préameneu, Portalis, Camba-

[1] Voir plus haut, n° 107, p. 175 et suiv.

[2] Fenet, T. II, p. 701.

cérès ; il faut joindre à ces noms ceux des conseillers Galli et Cretet qui firent deux observations dans le sens de la disposition attaquée.

Etaient d'avis, sinon de donner l'action en réduction aux créanciers, du moins de les faire profiter de la réduction opérée, les conseillers Réal, Boulay, Thibaudeau, Emery, Muraire, Berlier, Regnaud de Saint-Jean-d'Angély, et par-dessus tous le premier Consul qui prit jusqu'à sept fois la parole dans la discussion.

Contre les créanciers, on disait en substance : Les motifs qui ont fait exclure les créanciers du droit de demander le rapport des donations doivent leur faire refuser le droit de prétendre à la réduction. Le droit reçu décide en faveur du légitimaire contre le donataire. Mais entre le donataire et un créancier, le premier mérite la préférence. La légitime intéresse l'ordre social; il a fallu prendre des moyens de la conserver aux enfants. *Le légitimaire la prend à la vérité comme héritier ; mais lorsque pour s'en remplir, il est obligé de demander la réduction, il a sous ce rapport un caractère particulier et devient créancier lui-même* (Bigot-Préameneu). S'il est vrai que les biens du défunt ne consistent que dans ce qui reste, les dettes payées, il est vrai d'un autre côté que le bien aliéné par une donation entre-vifs n'est plus dans la succession ; la réductibilité de la donation n'est pas établie en faveur des créanciers ; elle n'existe que pour les enfants. Le défunt n'avait pas pris l'engagement envers ses créanciers de ne plus disposer de ses biens. Si la donation était frauduleuse à leur égard, ils devaient en demander la rescision. Au contraire la loi défendait au père de donner au delà d'une certaine portion au préjudice de ses enfants. Si l'enfant n'existait pas, ou s'il n'exerçait point son droit, le créancier n'aurait rien à prétendre. Faire profiter les créanciers de la réduction, c'est l'abroger de fait, toutes les fois qu'il existera des dettes dépassant la valeur des biens laissés au décès, car il faudrait que le légitimaire eût perdu la tête pour la demander. Ainsi, *sans examiner si le légitimaire est héritier ou créancier*, il est sage de décider que l'action en réduction ne profitera qu'à lui seul (Treilhard). L'exception faite en faveur des enfants au principe de l'irrévocabilité des donations ne change point l'état des créanciers. Les dispositions à titre gratuit que font un père ou une mère contiennent toujours cette condition tacite du retranchement pour la légitime des enfants. Le système qui livre aux créanciers les résultats de ce retranchement change sans utilité le droit existant, fondé sur l'autorité de la loi romaine, sur l'autorité des docteurs et sur les dispositions précises de l'Ord. de 1731, aux art. 34 et 35. *La qualité de légitimaire ne suppose pas nécessairement la qualité d'héritier* (consul Cambacérès). La crainte de voir établir une légitime frauduleuse est chimérique. Les créanciers ont l'action Paulienne (Galli, Portalis, Bigot-Préameneu). Le droit de demander la réduction est établi en faveur de l'enfant et non en faveur du créancier. *Mais*, dit-on, *la légitime est une portion de l'hérédité.* Ce principe est incontestable... Mais l'*action en réduction est un privilége personnel à l'enfant*, à la différence de l'action en légitime qui est une portion de la succession (Portalis). — Cela signifie sans doute que le bénéfice de la réduction des donations entre-vifs, quoiqu'il dépende de la qualité d'héritier, doit rester propre à l'enfant, tandis qu'à l'égard des biens existants au décès et qui composent la succession, la légitime n'est qu'une partie de ces mêmes biens, sur lesquels les créanciers passent avant le légitimaire. — Si le légitimaire agissait en qualité d'héritier pour demander la réduction, c'est-à-dire si l'action en réduction était une action héréditaire, le légitimaire serait obligé de maintenir la donation comme tous les autres contrats souscrits par le défunt, au lieu d'être reçu à la faire retrancher. Est-ce à dire que le successible qui renoncerait, pourrait, malgré sa renonciation, exercer son action en légitime? Ce n'est là qu'une équivoque. Sans doute, *le légitimaire qui aurait répudié l'hérédité de son père ne serait pas reçu à quereller les donations, parce que les donataires lui diraient que s'il ne l'avait pas répudiée, il aurait pu trouver dans la succession sa légitime;* mais il ne s'ensuit pas pour cela que ce soit comme héritier qu'il demande le retranchement de la donation : c'est comme enfant et non comme héritier; il se met *par l'autorité de la loi* à la place des donataires; et de même que les donataires ne pouvaient être inquiétés par des créanciers postérieurs, l'enfant qui remplace ces donataires ne peut pas l'être davantage. Pour soutenir la contraire, il faudrait supposer que c'est dans la succession de son père qu'il prend les biens retranchés, tandis qu'il est certain que ces biens étaient hors de la succession, et que c'est *par le bénéfice seul de la loi* que le légitimaire s'en saisit (Maleville).

Pour faire profiter les créanciers de la réduction, on raisonnait ainsi : A la vérité l'action en demande de légitime n'a été introduite qu'en faveur des enfants; mais l'enfant qui exerce cette action fait nécessairement acte d'héritier ; dès lors il est tenu de payer toutes les dettes. Si l'on dit que l'enfant pour exercer cette action se contentera de prendre la qualité d'héritier bénéficiaire, on ne fera que reculer la difficulté sans la résoudre.... Que l'on démontre donc que le légitimaire n'est pas nécessairement héritier... (Réal). On ouvre la porte aux fraudes, si l'on admet le principe que les créanciers n'ont aucun droit sur les biens *qui rentrent dans l'hérédité* par l'effet de la réduction des donations. L'irrévocabilité absolue n'est pas de la nature de la donation, et son existence est subordonnée à l'état où se trouve la succession (Boulay). L'autre système tend à établir une légitime frauduleuse. Où les dettes l'emportent sur l'actif, il n'y a ni succession ni légitime. La faveur due aux enfants ne peut aller jusque-là que, lorsqu'il n'y a pas de succession, on en crée une pour eux (Muraire). Oui, la réduction est un privilége réservé aux légitimaires exclusivement; mais ils ne peuvent en faire usage sans se porter héritiers, et ils ne peuvent revêtir cette qualité sans entrer dans tous les engagements du défunt qu'ils représentent. Le créancier n'a pas le droit de demander la réduction ; mais devenu créancier direct du légitimaire, il a droit à ce titre sur tout ce que le légitimaire recueille dans la succession. L'autre système est contraire au droit actuellement en usage. Toujours il a été permis aux créanciers de prendre ce qui leur est dû sur toute la succession et même sur la légitime. Or, point de doute que les biens recueillis par l'enfant ne soient *une fraction de sa portion héréditaire*. L'article 18 (futur article 913, voy. p. 256 et 262) dit, en effet, que *la légitime se composera des trois quarts de cette portion* [1]. Ainsi, si l'on veut que les biens qui rentrent ne soient pas passibles des dettes, il faut déclarer avant tout qu'ils seront considérés comme des aliments (Emery). Il n'est pas possible de voir seulement *l'enfant* dans l'individu qui exerce le droit de réduction, mais bien aussi *l'héritier* au moins légitimaire et dès là obligé envers les créanciers. L'enfant fera son calcul. Il faut ramener la législation à ce point, si elle y est contraire (Berlier). Si la loi civile autorisait les enfants à retenir une partie des biens du père sans payer ses dettes, elle serait en contradiction avec la loi politique qui dans le même cas les prive des droits de citoyen (Regnaud de Saint-Jean-d'Angély). Les créanciers exerceront leurs droits *sur les valeurs* que la réduction aura replacées dans *l'hérédité* (Thibaudeau).

« Il me reste des doutes sur la justice de cette exception » qui exclurait les créanciers du droit d'être payés par le

[1] Le Conseil croyait-il bien avoir voté l'établissement d'une légitime?

» moyen de la réduction. Il semble juste que ce que les en» fants retirent sur une donation antérieurement faite à l'un » de leurs frères soit passible des dettes du père, car la lé» gitime ne peut se prendre que sur les biens de la succes» sion ; or, il n'y a de biens qu'après le payement des dettes. » La loi semble autoriser la fraude en décidant que lorsqu'il » y a des dettes, les enfants conserveront une portion de la » succession, sans néanmoins payer les créanciers. Il est » contre les mœurs qu'un fils opulent ne paie point les dettes » de son père. »

Celui qui tenait ce langage était le premier Consul, dont l'opinion, puisée dans un vif sentiment d'apparente équité, avait le tort de négliger les principaux éléments de la difficulté. Il fut sur le point, dans cette consciencieuse recherche de la vérité, d'abandonner *l'intérêt des créanciers* ; mais voyant des conseillers réputés jurisconsultes résister à Treilhard, à Bigot-Préameneu, à Maleville, à Portalis, il tint bon jusqu'au bout. M. Coin-Delisle fait une remarque sevère, mais juste, sur le spectacle offert par le Conseil d'État dans cette mémorable séance : « On vit, dit-il, des jurisconsultes en Conseil » d'État faire leurs efforts pour augmenter les doutes du » premier Consul, et se joindre aux membres moins instruits » en droit civil pour pervertir la loi et donner raison au chef » du gouvernement [1]. » Il y a une belle parole du premier Consul qui peut trouver ici sa place : *J'ai pû dire dans la discussion* (généralement parlant) *des choses que j'ai trouvées mauvaises un quart d'heure après; mais je ne veux pas passer pour valoir mieux que je ne vaux* (Discours de M. Nicias Gaillard, dans le *Moniteur* du 4 novembre 1855).

147. Avant de rapporter la décision du Conseil, il faut

[1] *Limite*, p. 113.

signaler une question incidente introduite à l'improviste dans la discussion et tranchée par un vote spécial.

Il était bien entendu que la réduction pouvait s'exercer tant sur les donations faites à des enfants que sur celles faites à des étrangers. Le premier Consul, Treilhard et Bigot-Préameneu l'avaient toujours supposé, sans soupçonner que cela pût faire une difficulté. Bigot-Préameneu avait dit notamment, en opposant l'un à l'autre un légitimaire qui n'a rien reçu, un frère qui est donataire et un créancier du défunt : que le droit était pour le premier, mais que s'il était possible que la lutte se circonscrivît entre le donataire et le créancier, il faudrait donner la préférence au donataire, c'est-à-dire ne point le soumettre à la réduction. Bérenger prit au mot Bigot-Préameneu, et émit une opinion tout à fait singulière concernant les donations faites à des enfants. A son avis, la question de la réduction était celle dont il importait de s'occuper :

« Sous tous les rapports, dit-il, la réduction rend la donation révocable. On voudrait cependant qu'elle ne le fût point, afin que la propriété ne fût pas incertaine : mais la propriété est-elle certaine, lorsque le recours de l'enfant peut l'anéantir? Le cas le plus favorable au système de la réduction est celui où le donateur entre-vifs a excédé sa portion disponible. L'intérêt personnel rendra toujours ce cas fort rare...

Il est possible que depuis la donation le patrimoine du père ait beaucoup diminué. Alors les enfants ne doivent exercer leurs droits que sur les biens qui restent ; car si on remontait jusqu'à la donation, la légitime devrait être mesurée sur ce que le père possédait au moment où il a donné... Ce sera surtout par rapport aux donations à cause de mariage qu'on apercevra combien il est dangereux de ne laisser au donataire qu'une propriété incertaine. L'opinant ne s'oppose point à ce que l'art. 25 (921) soit adopté, mais il voudrait que l'article 22 (920) fût examiné de nouveau. »

Le premier Consul fit justice de cette opinion par un seul mot : « Si la donation n'était pas réductible même dans le » cas où le père a excédé sa portion disponible, la disposition

» qui donne une légitime aux enfants deviendrait illusoire. »

148. En conséquence, le conseil décida :

1° *Que l'action en réduction aurait lieu contre les enfants donataires* (ainsi était réprimée la tentative de Bérenger) ;

2° *Que les créanciers de la succession pourraient exercer leur action sur les biens que la réduction rend au légitimaire.*

Ce second vote, moins sage que le précédent, abrogeait l'ancien droit, et transportait la légitime des enfants aux créanciers de la succession. On abandonnait la réalité de la justice pour n'embrasser que son fantôme. Heureusement ce n'était pas le dernier mot du législateur.

149. Dans la séance du 12 ventôse an XI furent votés rapidement et presque sans discussion les derniers articles relatifs à la réduction.

Sur l'article 26 du projet de la section (art. 922), Tronchet réclama inutilement une distinction nécessaire entre les donations d'immeubles et celles de meubles quant à l'époque à considérer pour l'estimation des biens : « Si l'on veut que » le donataire rende exactement ce qu'il a reçu, il est indis- » pensable, disait-il, d'estimer les meubles d'après la valeur » qu'ils avaient à l'époque de la donation. Ce principe a déjà » été consacré par le conseil au titre des *Successions* par la » disposition relative au rapport du mobilier. »

Bigot-Préameneu, pour justifier la différence entre le rapport et la réduction, répondit que le donataire soumis au rapport a su dès le principe que sa donation y était sujette, tandis que le donataire soumis à la réduction ne devait pas s'attendre au retranchement qu'il souffre. Berlier ajouta dans le même sens une observation presque inintelligible.

Content de ces explications qui n'expliquaient rien, le conseil adopta l'article.

L'article 29 du projet de la section (futur 924) qui établissait le droit pour un légitimaire de retenir sa légitime sur les biens à lui donnés, appelait un commentaire qui lui a manqué. Le conseil le vota tel qu'il l'avait reçu de l'Ordonnance des *Donations* de 1731.

Il n'avait point apparemment la conscience de la portée véritable de cette disposition ; car il n'a pas su la défendre contre un amendement irréfléchi du Tribunat qui l'a profondément altérée au grand préjudice des vrais principes de la légitime.

150. Lorsque le conseil eut discuté et voté tout le titre des *Donations et Testaments*, une nouvelle rédaction dut tenir compte de tous les amendements. Il fallait, spécialement pour la matière qui nous occupe, donner une forme aux votes du conseil sur la quotité de la légitime, sur la proportionnalité de l'action en réduction aux droits de chacun de ceux qui l'exercent, sur la réductibilité des donations faites à des enfants et sur le droit des créanciers héréditaires de profiter de la réduction opérée.

Bigot-Préameneu présenta, dans la séance du 3 germinal an XI, la nouvelle rédaction, arrêtée par la section de législation dont il était l'organe.

Ainsi, le conseil avait décidé dans la séance du 21 pluviôse que la *légitime* des enfants serait de la moitié pour un seul enfant, des deux tiers pour deux enfants, des trois quarts pour trois enfants ou un plus grand nombre. Le rédacteur pensa que la loi gagnerait en clarté, si, revenant à la forme de rédaction du projet de l'an VIII, on fixait la portion disponible plutôt que la quotité de la légitime, et il écrivit sous le numéro 21 : « Les libéralités, soit par acte » entre-vifs, soit par testament, ne pourront excéder la » moitié des biens du disposant s'il ne laisse à son décès

» qu'un enfant [légitime[1]]; le tiers, s'il laisse deux enfants; le » quart, s'il en laisse trois ou un plus grand nombre. »

Le maintien de l'article 22 du projet de la section, attaqué d'une manière inconsidérée par Bérenger dans la séance du 5 ventôse, parut suffisant pour consacrer la résolution votée par le conseil, *que la réduction aurait lieu contre les enfants donataires*. En conséquence Bigot-Préameneu écrivit simplement et sans distinction sous le numéro 30 : « Les dispositions soit entre-vifs, soit à cause de mort, qui excéderont » la quotité disponible seront réduisibles à cette quotité, » lors de l'ouverture de la succession. Seront exceptées, dans » le cas de réserve faite par la loi au profit des frères et » sœurs, les donations entre-vifs, lesquelles ne seront pas » réductibles [2]. »

Par un juste retour sur une erreur de fait commise dans la séance du 5 ventôse, le conseil avait décidé dans celle du 12, en reprenant l'article 22 du projet de l'an VIII, que *l'action en réduction ne pourrait être exercée que par celui pour qui la réserve est établie et dans la proportion qu'il doit en profiter*. Mais il avait décidé aussi dans la séance du 5 ventôse, après une longue et confuse discussion, que *les créanciers de la succession pourraient exercer leur action sur les biens rendus au légitimaire par la réduction.*

Bigot-Préameneu satisfaisait à ce double vote par la rédaction suivante, inscrite sous le numéro 31 : « La réduction » pourra être demandée par ceux au profit desquels la loi » fait la réserve, par leurs héritiers ou ayant-cause : elle ne » pourra l'être par les donataires ou légataires ni par les

[1] Avec ce mot qui fut ajouté, quand le projet revint du Tribunat, on a l'art. 913 du Code Napoléon.

[2] Que ce paragraphe soit éliminé, et il restera textuellement l'art. 920. D'après la nouvelle rédaction, les donations entre-vifs faites à des frères ou sœurs n'auraient pas été réductibles pour la réserve des autres frères.

» créanciers du défunt, sauf à ces créanciers à exercer leurs » droits sur les biens recouvrés par l'effet de cette réduction. »

L'estimation des meubles donnés d'après leur valeur au temps du décès du donateur était maintenue par l'article placé sous le numéro 32 ; c'était identiquement l'article 26 voté par le conseil et l'article 922 du Code Napoléon.

Un article 34 reproduisait textuellement la disposition qui avait été votée sous le numéro 29 et qui devait, après une importante transformation, constituer l'article 924 du Code Napoléon.

Remarquons encore l'article 36 qui fut rédigé de manière à supprimer la retenue du quart permise au légataire universel par les dispositions correspondantes des précédents projets. C'était déjà l'esprit, sinon le texte, de l'article 926 du Code Napoléon.

Et enfin l'article 39 (futur art. 929) à cause du changement de rédaction, plus curieux qu'important, que lui feront subir les observations du Tribunat : « Les immeubles qui » *rentreront dans la succession* par l'effet de la réduction y reviendront sans charge de dettes ou hypothèques créées par » le donataire. »

151. Cette rédaction ayant été officieusement communiquée à la section de législation du Tribunat, ce corps fit quelques observations et proposa divers amendements, les uns excellents, d'autres médiocres, quelques-uns très mauvais, presque tous acceptés par le Conseil d'Etat. L'examen eut lieu dans les séances du 10 germinal an XI et jours suivants.

Sur l'article 21 (913), proposition d'un changement de rédaction insignifiant.

Sur l'article 23 (915), proposition de supprimer la réserve des frères et sœurs : « L'homme sans enfants, dit le Tribunat, » sera plus à l'abri de la froideur ou des mauvais procédés

» de ses collatéraux, lorsque ceux-ci sauront qu'il a le pou-
» voir de les en punir. »

C'est encore le Tribunat qui proposa la rédaction finale de cet article, en vertu de laquelle les ascendants ont seuls droit à la réserve qui leur compète dans tous les cas où un partage en concurrence avec des collatéraux ne leur donnerait pas la quotité des biens à laquelle elle est fixée. Un exemple expliquait la pensée du législateur : « Si dans une succession de
» 60,000 fr. [80,000], disait-il, le défunt a disposé de
» 30,000 fr. [50,000], il reste 30,000 fr. à partager, qui,
» par moitié, ne donneraient aux ascendants que 15,000 fr.
» (on suppose sans doute des aïeuls dans une seule ligne et
» des cousins dans l'autre) ; la réserve étant dans ce cas de
» 20,000 fr., les ascendants doivent être remplis de cette
» quotité, et il ne doit rester aux collatéraux que 10,000 fr. »

Sur l'article 31 (921), proposition de refuser aux créanciers du défunt le bénéfice de la réduction opérée par un légitimaire sur les biens donnés entre-vifs :

« L'action en réduction, dit le Tribunat, est un droit purement personnel. Il est réclamé par l'individu comme enfant, abstraction faite de la qualité d'héritier qu'il peut prendre ou non. S'il en était autrement, il arriverait souvent que l'action en réduction serait illusoire. »

Conséquent avec ce principe, le Tribunat proposa d'écrire dans l'art. 39 (929), *les immeubles recouvrés par la réduction*, au lieu de, *les immeubles qui rentreront dans la succession par l'effet de la réduction*, alléguant qu'il fallait éviter l'emploi de toute expression qui ferait présumer que le retranchement accordé par l'article 31 dût être pris comme héritier, et à la charge de payer en proportion les dettes du défunt.

Sur l'article 34 (924), proposition d'ajouter à la fin les termes suivants, *s'ils sont de la même nature :*

« Cette addition est nécessaire, dit le Tribunat, pour établir une concordance entre cet article et les articles 127 et 142 (844 et 859) du titre des *Successions*, qui veulent le rapport en nature afin qu'un des héritiers n'ait pas tous les immeubles, tandis que les autres seraient réduits à des meubles ou à une somme d'argent pour leur portion. »

Enfin, sur l'article 36 (926), proposition de le terminer par ces mots : *Sans aucune distinction entre les legs universels et les legs particuliers*. Le Tribunat jugeait cette addition utile pour marquer nettement l'intention de déroger à l'ancienne jurisprudence qui voulait que les legs particuliers fussent épuisés avant les legs universels. C'était entrer dans la pensée du Conseil d'Etat.

152. Bigot-Préameneu rendit compte au Conseil d'Etat, le 24 germinal an XI, de la conférence tenue avec le Tribunat au sujet du titre des *Donations et Testaments*. La plupart des propositions faites par le Tribunat furent aisément accueillies par le Conseil d'Etat qui semblait regretter quelques-unes de ses décisions et fut heureux qu'on lui ouvrît le moyen de les corriger.

Les observations échangées dans cette séance entre les conseillers d'État seraient le dernier mot du législateur sur son œuvre, s'il n'y avait encore à faire état des discours solennels prononcés au Tribunat et au Corps législatif pour le vote définitif de la loi. Nous aurons l'occasion d'en citer quelques passages, en constatant, article par article, la rédaction qui fut définitivement adoptée à la suite de ces discussions et conférences : chemin faisant, nous examinerons la valeur des solutions qu'elle donne aux principales questions de la matière.

153. Le Conseil d'État maintint pour l'art. 913 la rédaction de sa section de législation ; le lecteur peut en vérifier le texte dans le Code Napoléon.

Il accueillit avec empressement la proposition de supprimer la réserve des frères et sœurs et reçut avec faveur l'explication concernant le concours d'ascendants avec des collatéraux, ce qui fit rédiger l'art. 915, tel qu'il se lit aujourd'hui dans le Code.

Les auteurs qui enseignent que notre Code a reproduit le système des réserves coutumières de préférence aux principes de la légitime de droit [1], invoquent surtout et presque uniquement les art. 913 et 915. Ils remarquent que ces articles définissent et déterminent la portion des biens disponibles et non celle qui est réservée aux enfants ou aux ascendants ; qu'ils procèdent par la voie d'une restriction apportée à la faculté de disposer et non par celle d'une attribution spéciale en faveur des parents privilégiés. D'où ils concluent que la portion indisponible n'est pas autre chose que la succession *ab intestat*, diminuée seulement de ce dont la loi permet la disposition ; le titre des héritiers pour recueillir cette portion indisponible ou succession diminuée n'est point, suivant eux, dans l'art. 913 ou l'art. 915; il est tout entier dans les dispositions de droit commun sur la transmission des successions, c'est-à-dire dans les art. 745, 746, 748 et 749 du Code Napoléon. En vertu de ces textes, la quotité indisponible est collectivement déférée à ceux que la loi y appelle comme la succession entière leur eût été déférée, si le défunt n'avait pas usé de son droit de disposition. Aucune partie de la quotité disponible ne peut dès lors être recueillie qu'en qualité d'héritier; celui qui renonce à la succession perd tout droit à la quotité indisponible puisqu'elle est la succession elle-même. C'est ce que prouvent, toujours selon nos auteurs, les dispositions de la loi qui donnent aux héritiers du sang la saisine des biens indisponibles, et le soin qu'elle a pris de remplacer

[1] A MM. Valette et Coin-Delisle il faut joindre MM. Massé et Vergé sur Zachariæ, qui disent avec assurance que les rédacteurs ont étendu *à tout le patrimoine du testateur les principes que le droit coutumier n'avait établi que pour les propres de succession* (T. III, § 448, *in f.*, p. 128).

partout les noms de *légitime* et de *légitimaires* par ceux de *réserve* et d'*héritiers à réserve*.

Il y a du vrai et du faux dans cette théorie de la quotité indisponible. Mais le vrai et le faux sont tellement mêlés ensemble, que ce n'est point trop d'un ouvrage tout entier pour les séparer; c'est cet ouvrage que nous avons entrepris. Il suffira, quant à présent, de montrer que le législateur, malgré le tour donné à la rédaction de l'art. 913 et malgré l'omission du nom de la légitime, n'a pas pris parti contre elle pour les réserves coutumières.

Et d'abord, la manière dont l'article 913 est rédigé prouve-t-elle l'intention d'abolir l'institution de la légitime? Toutes les fois que nous avons rencontré un texte semblable à celui-ci, nous avons fait remarquer que la fixation d'une quotité disponible se concilie tout aussi bien avec la légitime de droit qu'avec les réserves coutumières. Pour connaître l'institution sous-entendue par le législateur corrélativement à la portion disponible, il faut consulter la discussion de la loi et les effets de l'indisponibilité créée par elle.

Or, que voit-on dans la discussion de la loi? Le projet de Code élaboré en l'an VIII procédait par fixation de la portion disponible comme toutes les lois antérieurement décrétées ou projetées en remontant jusqu'à la loi du 17 nivôse an II; mais le projet de la section de législation du Conseil d'État remplaça ce texte par un article qui fixait une légitime directement attribuée aux enfants et aux ascendants, et une réserve, aussi directement attribuée aux frères et sœurs. Ce fut cet article que vota le conseil, sauf à chercher une rédaction qui graduât la légitime selon le nombre des enfants. L'article lui revint avec une rédaction qui consacrait le système de graduation adopté, tout en fixant la quotité disponible au lieu de fixer la légitime. La section avait trouvé commode de reprendre la formule des premiers projets et d'écrire l'article tel qu'il se lit dans le Code. De ce changement purement grammatical le conseil ne prit aucun souci. Qu'il plût à la section de législation de fixer la quotité disponible plutôt que la légitime, ou bien celle-ci plutôt que celle-là, le conseil n'a jamais vu là qu'une question de mots ou de forme sans influence aucune sur le fond du droit. S'il a voté une forme de rédaction, c'est celle qui fixait la légitime. L'interprète de la loi ne doit pas attacher plus de prix que le législateur lui-même à ces accidents de rédaction.

Si, maintenant, nous considérons le but et les effets de l'indisponibilité établie par l'art. 913, nous nous convaincrons aisément qu'il est impossible qu'on ait voulu restaurer la vieille institution des réserves coutumières. Les réserves coutumières se proposaient la conservation de certains biens, sans égard aux personnes; l'indisponibilité du Code Napoléon se propose l'avantage de certaines personnes, abstraction faite de la nature des biens. La quotité des réserves était indépendante du nombre et du degré de parenté des réservataires; l'indisponibilité du Code Napoléon varie quant à sa quotité d'après le nombre des ayant-droit. Les libéralités excédant les quatre-quints réservés étaient nulles, et en conséquence il était généralement admis que les créanciers du défunt profitaient de ce qui était retranché même sur des donations entre-vifs; les libéralités excédant la quotité disponible fixée par l'art. 913, sont seulement réductibles, et en conséquence, depuis la sage rectification apportée à l'art. 921 par le Tribunat, les créanciers du défunt ne peuvent pas demander la réduction des donations entre-vifs ni en profiter. Il n'était pas permis à un lignager de prendre part dans les quatre-quints réservés autrement qu'en qualité d'héritier, parce que tout autre mode d'acquisition aurait dénaturé les propres et confisqué le droit des générations suivantes; l'art. 924 disait au contraire, avant l'altération déplorable que lui a fait subir le Tribunat, qu'un successible donataire a droit de retenir sa part dans les biens non disponibles, ce qui, d'après l'origine de l'article ne pouvait s'entendre que d'un successible renonçant. Voilà bien des différences entre les réserves coutumières et l'indisponibilité du Code Napoléon. Et comme je vois que cette indisponibilité s'accorde avec l'ancienne légitime par tous les côtés par lesquels elle diffère des réserves, j'en conclus que c'est le droit de légitime qui revit dans le Code.

Il est vrai que la quotité indisponible du Code Napoléon constitue la succession avec saisine en faveur de ceux qui y sont appelés. Cela résulte pleinement de l'art. 913. Mais ce n'est point une objection contre l'identité de cette quotité indisponible avec la légitime des pays coutumiers. Car la légitime des pays coutumiers constituait aussi la succession et emportait aussi la saisine en faveur des légitimaires. C'était la conséquence du peu de faveur des testaments dans le droit des coutumes, dont les principes à cet égard ont passé dans le Code. La quotité indisponible du Code est donc la légitime de droit, telle que l'avaient faite les principes coutumiers en matière de succession; elle est la succession *ab intestat* comme les réserves coutumières, mais avec des effets différents qu'elle emprunte à la légitime romaine, sa première origine. Voilà l'exacte vérité. Cette qualité d'être la succession n'empêche pas notre légitime d'être divisible par portions viriles: toute succession est divisible: dès lors la renonciation d'un successible ne doit pas le priver du droit de retenir, sur les biens à lui donnés, la part que la loi lui destinait dans la succession légitimaire. Si les réserves coutumières rejetaient cette faculté de rétention, c'était une dérogation au droit commun des successions. Du moins essayerons-nous de le prouver.

Mais si la quotité indisponible du Code est la même chose que la légitime du droit coutumier, pourquoi ne l'a-t-il pas appelée par son nom; pourquoi le nom de *réserve*?

Introduit dans la rédaction pour qualifier spécialement la quotité indisponible afférente aux frères et sœurs, le nom de *réserve* est resté seul pour désigner généralement la quotité indisponible même après que les frères et sœurs eurent été privés de ce droit. Mais cela ne peut pas tirer à conséquence, car les deux expressions étaient prises l'une pour l'autre par nos anciens auteurs et par les coutumes qui les mariaient quelquefois, en disant que la *légitime* était une portion des biens du père *réservée* à ses enfants. Si le nom de *légitime* n'est pas dans le Code, il a été constamment dans les discours des rédacteurs de la loi, au Conseil d'État, au Tribunat et au Corps législatif, aussi bien que le nom de légitimaire (*réservataire* est de fabrication moderne), et l'on parlait ainsi en présence de l'article 913 déjà voté. Les auteurs contemporains de la rédaction du Code n'emploient pas d'autres expressions. Elles sont justes, et il serait très-exact encore aujourd'hui d'appeler *légitime* la portion de biens non disponible et *légitimaire* l'héritier du sang auquel la loi la réserve; mais pour rester fidèle au texte légal, nous nous servirons désormais des noms de *réserve* et de *réservataire*, tout en étant convaincu que le système du Code n'a rien de commun avec celui des anciennes réserves coutumières. Les réserves coutumières ont été supprimées par la loi de nivôse an II avec la distinction des propres et des acquêts, et le Code ne les a point rétablies [1].

Veut-on une interprétation naïve et exacte de l'art. 913 du Code Napoléon? on la trouve dans les Codes étrangers qui l'ont imité. Ces Codes s'accordent tous à reproduire les termes de l'art 913, sauf qu'ils augmentent plus ou moins le taux du disponible; puis venant à qualifier la quotité indisponible sous-entendue par cette rédaction, ils l'appellent de son vrai

[1] Comp. M. Troplong, *Donations et Testaments*, T. II, nº 738.

nom de *légitime*. Notre législateur leur proposait une énigme à déchiffrer ; ils en ont deviné le mot.

C'est d'abord le Code civil des Deux-Siciles (année 1819) qui traduit notre article par un art. 829 ainsi conçu : « Les » libéralités, tant par acte entre-vifs que par testament, ne » pourront excéder la moitié des biens du disposant, s'il » laisse à son décès des enfants en quelque nombre que ce » soit ; l'autre moitié sera réservée aux enfants et formera » leur légitime, sur laquelle le disposant ne pourra mettre » aucun lien ni imposer aucune charge. »

D'autres articles répètent le nom de *légitime*. Voyez notamment l'article 836.

Le Code civil du canton de Vaud (1819-1821) contient la même disposition sous le numéro 573 dans les termes qui suivent : « Les libéralités, soit par acte entre-vifs, soit par » disposition à cause de mort, ne pourront excéder la moitié » des biens du disposant, s'il laisse des enfants ou descen- » dants légitimes, quel que soit le nombre de ces enfants.

» La portion non disponible des biens forme la légitime » des enfants. »

Et cet article 573 est sous la rubrique : *De la Portion disponible des biens et de la Légitime*.

Le Code de la Louisiane (1824) place aussi sous la rubrique : *De la Portion disponible et de la Légitime*, un article 1480 qui est l'équivalent de l'article 913 et dont le texte est celui-ci : « Les donations, soit entre-vifs, soit pour cause » de mort, ne pourront excéder les deux tiers des biens du » disposant, s'il laisse à son décès un enfant légitime ; la » moitié, s'il laisse deux enfants ; le tiers, s'il en laisse trois » ou un plus grand nombre. »

Puis, l'article 1485 qualifie de *légitime* la quotité indisponible qui résulte de l'article 1480.

Le Code sarde (1838) a mis la même rubrique : *De la*

Portion de biens disponible et de la Légitime, en tête d'un article 719 correspondant à notre article 913 et conçu comme il suit : « Les libéralités par testament ne pourront excéder » les deux tiers des biens du disposant, s'il laisse à son décès » un ou deux enfants légitimes ou légitimés ; et la moitié, » s'il en laisse un plus grand nombre. »

Il se sert ensuite indifféremment du nom de *légitime* ou de celui de *réserve* pour désigner la portion des biens dont il n'est pas permis de disposer. Voyez les articles 719-736.

Le Code civil du canton du Tessin (1837-1838) a un article 335 ainsi conçu : « La légitime assignée aux ascendants » et descendants est la moitié de la portion qui leur aurait » été dévolue dans la succession *ab intestat.* »

Le Code civil de la Hollande (1838) dit en son article 960 : « La légitime est une portion des biens réservée aux héritiers » appelés par la loi dans la ligne directe, et dont le défunt » n'a pu disposer ni par donation entre-vifs ni par testa- » ment. »

Le Code civil de la République de Bolivie (1843) nomme et définit avec exactitude la portion disponible et la portion indisponible dans son article 911, ainsi conçu : « La partie » de la succession dont il peut être librement disposé, soit » par donation entre-vifs ou par testament, se nomme portion » disponible, et la partie que la loi réserve aux ascendants » et descendants légitimes et naturels reconnus, s'appelle » légitime. »

Le Code civil des îles Ioniennes (1841) copie l'article 913 du Code Napoléon dans son article 808, en y ajoutant ceci pour que l'on ne s'y trompe pas : « L'autre moitié, ou les » deux tiers, ou les trois quarts, selon les différents cas, se- » ront réservés aux enfants et formeront leur légitime ; le » disposant ne pourra la grever en aucune façon. »

Le Code civil du canton du Valais (1853) dit de même, à

l'article 600 : « La portion des biens non disponible forme la » légitime ou la réserve. »

Enfin, le Code civil du canton de Fribourg (1834-50) dit aussi par son article 760 : « La portion non disponible con- » sistant dans les trois quarts des biens, forme la légitime des » enfants. »

Je sais bien que la plupart de ces Codes, à la différence de nos coutumes et du Code Napoléon, ont accordé la préférence à l'héritier testamentaire sur l'héritier du sang. Tout ce que je veux conclure de leurs textes, c'est qu'une rédaction telle que celle de l'article 913 n'est pas incompatible avec l'existence de la légitime. C'est partout la légitime qui est admise. Mais cette légitime est dans chaque Code ce que les principes particuliers des successions veulent qu'elle soit.

154. Poursuivons.

Le Conseil d'Etat ayant adopté pleinement les vues du Tribunat sur la nécessité de refuser aux créanciers de la succession l'exercice et le bénéfice de l'action en réduction, l'article 921 fut ainsi rédigé : « La réduction des dispositions » entre-vifs ne pourra être demandée que par ceux au profit » desquels la loi fait la réserve, par leurs héritiers ou ayant- » cause : les donataires, les légataires, ni les créanciers du » défunt, ne pourront demander cette réduction, ni en pro- » fiter. »

On a de la peine à retrouver dans la première partie de cette disposition ce qui fut voté dans la séance du 12 ventôse an XI sur la réclamation de Tronchet, savoir : *que la réduction ne pourrait être demandée que par ceux des héritiers venant à succession au profit desquels la loi restreignait la faculté de disposer et que proportionnellement à la part qu'ils recueilleraient dans la succession*. On voit très-bien pourquoi le Conseil d'État a substitué à l'expression trop significative d'*héritiers venant à succession* l'expression neutre de *ceux au profit desquels la loi fait la réserve ;* le vague de la rédaction traduit les incertitudes du conseil sur le titre auquel les réservataires peuvent demander la réduction des donations entre-vifs pour parfaire leur réserve. Est-ce comme héritiers? est-ce comme enfants? C'est un point sur lequel la lumière ne s'est point faite. Mais pourquoi n'avoir point dit au moins que l'action en réduction n'appartient à chacun que dans la proportion de son droit? Cela a été voté et n'a jamais été rétracté. Mais le rédacteur qui avait dit : *ceux au profit desquels la loi fait la réserve*, au lieu de : *héritiers venant à succession*, a craint de s'avancer trop, s'il ajoutait : *proportionnellement à la part qu'ils recueillent dans la succession.* Il a pensé et tout le conseil a pensé avec lui que la chose irait de soi. En quoi il s'est bien trompé, car la plupart des jurisconsultes modernes répètent comme axiome de droit, en vertu de l'article 913 et nonobstant l'article 921, que la réserve est attribuée collectivement à tous et à chacun de ceux au profit desquels elle est faite, tandis qu'en réalité le conseil a voulu ne la leur accorder que distributivement. Mais quoique les expressions de l'article 921 aient trahi la pensée du législateur, on trouve dans le commentaire qu'il y a joint lui-même, avant et après le vote, les éléments complets du système de la loi sur ce point important. Avant le vote, ce sont les paroles de Tronchet sur la nécessité de n'accorder l'action en réduction à chacun de ceux qui y ont droit que *dans la proportion qu'il doit en profiter*. Après le vote, ce sont les paroles de Bigot-Préameneu, rédacteur de l'article 921, disant au Corps législatif : « Il est » évident que ce retour sur les legs ou donations n'est ad- » missible que de la part de ceux au profit desquels la loi a » restreint la faculté de disposer *proportionnellement au droit* » *qu'ils auraient dans la succession.* »

Ces expressions remarquables restituent le vrai texte de

l'article 921. Bigot-Préameneu les a sans doute trouvées dans les notes qui rappelaient les décisions du conseil et avec lesquelles il composa son discours pour le Corps législatif.

Telle est l'histoire de la première partie de l'article 921. Elle prouve clairement que la légitime ou la réserve du Code Napoléon se résout en un droit individuel de demander la réduction des libéralités qui excèdent la quotité disponible. Cette légitime n'est pas plus collective que celle de l'art. 298 de la coutume de Paris. Si la rédaction de l'article 913 inspirait encore des scrupules à quelques-uns de mes lecteurs, je les renverrais à Pothier qui n'hésitait pas, en présence d'une rédaction toute semblable, à l'entendre en un sens distributif et non collectif, *distributive* et non *collective*. Pothier admet cela même en matière de réserves coutumières [1].

155. Quant à la seconde partie de l'article 921, Bigot-Préameneu exposa complaisamment au conseil que le Tribunat demandait le retranchement de la disposition qui autorisait les créanciers du défunt à exercer leurs droits sur les biens recouvrés par la réduction d'une donation entre-vifs.

Tronchet intervint bien vite pour dire qu'absent de la séance où la disposition attaquée fut adoptée, il s'était trouvé dans l'impossibilité de la combattre. Il appuya la critique du Tribunat, mais par des motifs un peu différents :

« Toutes les fois, dit-il, qu'il s'agit d'exécuter une disposition prohibitive, il faut considérer pour quelle fin elle existe : Si c'est par des motifs d'intérêt public, la prohibition est absolue ; mais si elle n'est relative qu'à un intérêt particulier, ce serait s'écarter du but de la loi que d'en donner le bénéfice à une autre personne qu'à celle en faveur de qui la loi l'a établie ; on a rendu... hommage à ce principe... dans le titre des *Successions*, où on a décidé que *le rapport profitait aux héritiers seulement et non aux créanciers*. Ce serait donc se contredire que d'obliger le

[1] *Donations entre-vifs*, sect. III, art. 6, § 3, n° 252.

légitimaire à donner aux créanciers la portion de biens que le donataire lui rend : la réduction alors serait établie au profit de ces créanciers. »

Et le Conseil d'État se réconcilia avec les vrais principes de la matière en adoptant la proposition du Tribunat. Il fit le même accueil à la proposition de corriger la rédaction de l'article 39 comme se lit aujourd'hui l'article 929.

Cette décision rend une autorité incontestable aux raisons qu'alléguèrent vainement pour la faire triompher, Bigot-Préameneu, Treilhard, Portalis et Maleville, dans la séance du 5 ventôse. C'est là qu'il faut chercher le sens de la disposition définitivement consacrée. Ajoutons cependant pour l'illustrer d'une manière complète les paraphrases qui en furent faites par les orateurs du Gouvernement et du Tribunat. Après avoir été tant disputée, elle était devenue pour eux un lieu commun législatif.

On lit dans le discours de Bigot-Préameneu au Corps législatif, 2 floréal an XI :

« Quant aux créanciers de celui dont la succession s'ouvre, ils n'ont de droit que sur les biens qu'ils y trouvent...

Il paraît contraire aux principes de morale que l'on puisse recueillir même à titre de réserve des biens provenant d'une personne dont toutes les dettes ne sont pas acquittées...

[Mais] l'action de l'héritier contre le donataire, et les biens donnés qui sont l'objet de ce recours, sont étrangers à la succession. Le titre auquel l'HÉRITIER exerce ce recours remonte au temps même de la donation. Elle est présumée n'avoir été faite que sous la condition de ce retour à l'héritier dans le cas où la réserve ne serait pas remplie...

Il faut donc considérer l'héritier qui évince un donataire entre-vifs comme s'il eut recueilli les biens au temps même de la donation...

En voulant perfectionner la morale sous un rapport, on en ferait naître la corruption sous plusieurs autres. »

Dans le Rapport de Jaubert au Tribunat, au nom de sa section de législation, 9 floréal an XI :

« Que dire des créanciers postérieurs du défunt? Seraient-ils admis à réclamer la réduction de leur chef? *Les biens donnés étaient hors du pa-*

trimoine de leur débiteur, lorsqu'ils ont contracté avec lui ; ils ne peuvent donc exercer aucune réclamation contre les détenteurs de ces mêmes biens.

Mais si la réduction est exercée par ceux au profit desquels la loi fait la réserve, ces derniers seront-ils tenus de payer les dettes postérieures à la donation ? Non : *ils ne viennent pas comme héritiers ;* on les considère uniquement comme des codonataires.

Les créanciers n'ont droit que sur la succession, ils ne peuvent exercer que les actions de la succession.

L'action directe en réduction est refusée aux créanciers ; mais elle ne leur est refusée que parce qu'elle n'est pas dans la succession ; car si elle était dans la succession, on ne pourrait la leur dénier.

Si les créanciers ne peuvent exercer de leur chef l'action en réduction, ils ne peuvent donc en profiter indirectement... »

Dans le discours de Favard, tribun, au Corps législatif, 13 floréal an XI :

« On a beaucoup agité la question de savoir si du moins les créanciers du défunt pourraient exercer leurs droits sur les biens recouvrés par cette réduction...

D'abord ce n'est pas comme *héritiers* que les enfants demandent le retranchement; cela est si vrai, que la portion donnée qui entamait la réserve légale était retranchée de la succession. Les enfants la conquièrent sur le donataire ; ils la prennent aussi libre qu'elle était dans ses mains : or, elle était dans ses mains franche des dettes que le donateur a contractées postérieurement à la donation...

Le scrupule produit par un sentiment très-libéral n'est pas fondé, lorsqu'il s'agit de biens que les créanciers n'ont jamais pu considérer comme un gage, puisqu'ils n'étaient plus la propriété de leur débiteur. »

L'immolation du droit des réservataires à l'intérêt des créanciers de la succession n'a donc servi qu'à faire consacrer ce droit d'une manière plus éclatante. Il faut s'en féliciter.

Mais chose étrange, la doctrine n'est pas plus affermie aujourd'hui sur la valeur théorique et le mécanisme pratique de la disposition finale de l'art. 921 que ne l'était la majorité du conseil, le 5 ventôse an XI.

Entre tous les commentaires qu'en a faits le législateur, lequel est exact?

D'après le Tribunat, l'exclusion des créanciers tient à ce que l'action en réduction des donations est un droit purement personnel à l'enfant, que la loi lui accorde en cette qualité toute seule, et qu'il peut exercer sans accepter la succession, même bénéficiairement. La vérité ne se trouve qu'à moitié dans cette apologie. Il est bien vrai que le droit de réduire les donations ne dépend que de la qualité d'enfant ou d'ascendant et qu'il ne constitue pas une action héréditaire; mais pour admettre l'enfant ou l'ascendant à l'exercer sans être et se porter héritier, il faudrait changer vingt articles du Code Napoléon et tout son système en matière de succession.

Tronchet est plus près de la vérité lorsqu'il soutient que ce serait s'écarter du but de la loi que de transporter le bénéfice de la réduction à d'autres que ceux en faveur de qui la loi l'a établie, ce qui donne à entendre que le réservataire se portera héritier pour exercer l'action en réduction. Cependant il ne fait guère que déplacer la difficulté par son argument tiré de ce qu'on avait déjà décidé au titre des *Successions* que le rapport des donations profitait aux héritiers seulement et non aux créanciers. C'est trancher une question par une autre question non moins difficile.

C'est à Maleville qu'il faut demander la conciliation des idées en apparence contradictoires qui sont en présence. Il a tout expliqué, dès le 5 ventôse an XI, par une combinaison savante des principes du Midi sur le droit de légitime avec les principes du Nord sur le droit de succession. Quoique j'aie déjà cité les paroles de Maleville, je les reproduis ici à cause de leur parfaite exactitude :

« Sans doute, disait-il, le légitimaire qui aurait répudié l'hérédité de son père ne serait pas reçu à quereller les donations, parce que les donataires lui diraient que s'il ne l'avait pas répudiée, il aurait pu trouver dans la succession sa légitime; mais il ne s'ensuit pas pour cela que ce soit comme héritier qu'il demande le retranchement de la donation. C'est comme enfant et non comme héritier; il se met, *par l'autorité de la loi*, à la place des donataires, et de même que les donataires ne pouvaient être inquiétés par des créanciers postérieurs, l'enfant qui remplace ces donataires ne peut pas l'être davantage. Pour soutenir le contraire, il faudrait supposer que c'est dans la succession de son père qu'il prend les biens retranchés, tandis qu'il est certain que ces biens étaient hors de la succession, et que c'est *par le bénéfice de la loi* que le légitimaire s'en saisit. »

Bigot-Préameneu disait aussi très-justement devant le Corps législatif ces paroles déjà citées : « L'action de l'héritier contre » le donataire, et les biens donnés qui sont l'objet de ce » recours, sont étrangers à la succession. »

Voilà l'entière vérité.

Il faut admettre que c'est en qualité d'enfant, par un droit propre et personnel, que le réservataire fait réduire les donations entre-vifs, et que par suite les biens retranchés ne deviennent pas biens héréditaires, sous peine de ne voir qu'une anomalie choquante et inexplicable dans la disposition qui affranchit ces biens de l'action des créanciers du défunt. Mais il faut aussi admettre que le réservataire n'a l'action en réduction contre les donataires qu'à la condition de se porter ou de s'être porté héritier, sous peine de méconnaître notre loi des successions au plus profond de son esprit. La qualité d'héritier est la condition et non la cause du droit d'agir en réduction des dispositions inofficieuses : c'est la qualité d'enfant ou d'ascendant qui est le fondement de ce droit, qui, du reste, ne s'ouvre qu'au décès du disposant, au profit de ceux qui sont en ordre de succéder et qui acceptent sa succession. Sans être à proprement parler de la succession, les biens obtenus par la réduction prennent la qualité de biens héréditaires pour les enfants ou ascendants, et ils subissent comme tels la loi de tous les contrats que les héritiers ont pu faire sur les biens qu'ils acquerraient par succession. Je n'y vois aucune difficulté.

L'immunité est d'ailleurs subordonnée à une condition : c'est que le légitimaire qui voudra jouir du bienfait de la disposition dont il s'agit, aura soin de n'accepter la succession que sous bénéfice d'inventaire; autrement, il serait tenu des dettes de la succession sur ses biens propres, et il ne lui servirait de rien que les biens retranchés ne fussent point considérés comme choses de la succession. L'article 911 trouve son complément dans les développements que proposait d'y ajouter le tribunal de Cassation en reproduisant la doctrine de Ricard et de Pothier. Il échappa pourtant au conseiller Réal de dire dans la discussion du 5 ventôse que le remède du bénéfice d'inventaire serait inutile, parce qu'à la fin des délais accordés à l'héritier bénéficiaire *il faudrait prendre le parti d'accepter ou de renoncer*. Cette observation accuse de la distraction chez son auteur, car dans cette séance même, au commencement sans doute, le conseil avait reçu communication d'une nouvelle rédaction du titre des *Successions*, où se lisait un article 85, adopté dans la séance du 16 nivôse sous le numéro 90, et qui est textuellement l'article 802 du Code Napoléon. Réal l'avait oublié.

De ce que les biens recouvrés par l'effet de la réduction ne rentrent pas dans la succession, concluons hardiment qu'ils ne seront point soumis au régime de l'administration bénéficiaire, et que le réservataire pourra en disposer à son gré sans avoir à redouter la déchéance de son titre d'héritier bénéficiaire.

156. Le Tribunat ne fut pas inspiré heureusement dans son observation sur l'article 924. Nous avons vu qu'il proposa de subordonner la rétention autorisée par cet article à la condition que les autres biens non disponibles seraient *de la même nature*, afin, disait-il, de faire concorder sa disposition avec celle des articles 844 et 859 du titre des *Successions*. Cette malencontreuse idée, trop légèrement accueillie par le Conseil d'État, a placé sur le chemin des interprètes du Code un écueil où presque tous ont échoué.

Jacqueminot avait emprunté à la célèbre Ordonnance des *Donations* son article 34, pour en former les articles 24 et 25 du titre des *Donations entre-vifs et à cause de mort*, dans le projet de Code qu'il présenta à la Commission législative du Conseil des Cinq-Cents. Nous avons déjà transcrit, de l'article 25, la disposition suivante :

«..... Si la donation qui se trouve dans le cas d'être ré-
» duite a été faite à l'un des successibles, celui-ci est auto-
» risé à retenir sur les biens donnés la valeur de la portion
» qui lui appartiendrait comme héritier dans les biens indis-
» ponibles. »

C'était pour le sens, sinon pour les mots, la reproduction exacte de cette proposition de l'art. 34 de l'Ordonnance : « Et
» en cas qu'un ou plusieurs des donataires soient du nombre
» des enfants du donateur, qui auraient eu droit de de-
» mander leur légitime sans la donation qui leur a été faite,
» ils retiendront les biens à eux donnés jusqu'à concurrence
» de la valeur de leur légitime.... »

Il n'y a pas de doute que cet art. 34 ne s'appliquât à un enfant donataire qui s'abstenait de la succession paternelle et se défendait contre l'action en réduction de ses frères. Ce qui le prouve, c'est que l'article ne permettait pas seulement aux enfants donataires de retenir leur légitime, il leur permettait encore de prendre la quotité disponible, ainsi qu'il résulte de ces mots qui le terminent : « Et ils ne seront tenus de
» la légitime des autres que pour l'excédant. »

Un enfant donataire qui serait venu à la succession aurait dû le rapport à ses cohéritiers et n'aurait pu retenir que sa part héréditaire, et encore seulement si les biens donnés eussent été de la même nature que les surplus de la succession. L'art. 34 ne pose point cette limite ni cette condition, parce qu'il ne concerne que les donataires renonçants. S'il pouvait exister la moindre incertitude à cet égard, elle serait facilement levée par la considération des textes antérieurs où Daguesseau puisa celui de l'art. 34. C'était, en remontant à un siècle et demi, l'art. 307 de la coutume de Paris, et en remontant à douze siècles, la Novelle 92 de Justinien ou plutôt l'Authentique : *Licet autem ei qui largitatem meruit abstinere ab hereditate, dummodo suppleat ex donatione, si opus sit, ceterorum portionem* [1]. Les commentateurs de l'Ordonnance sont tous d'accord sur l'origine de l'art. 34 aussi bien que sur le cas qu'il prévoit et sur la décision qu'il lui applique. Inutile d'insister plus longtemps sur une interprétation qui n'a jamais été contredite que par un seul auteur [2], bien à tort, selon moi.

L'article 25 du projet de Jacqueminot (titre des *Donations*), textuellement répété par l'article 25 du projet de l'an VIII (titre des *Donations* également), régissait tout comme l'article 34 de l'Ordonnance le cas d'un enfant donataire renonçant, défendeur à l'action en réduction de ses frères et sœurs. Une seule différence existe entre le texte des projets et celui de l'ordonnance : c'est que celui-ci, par les deux lignes qui le terminent, *et ils ne seront tenus de la légitime des autres que pour l'excédant*, permettait au légitimaire renonçant la retenue du disponible avec sa propre légitime, tandis que les nouveaux textes ne sembleraient autoriser que la retenue de la légitime. Mais cette différence n'est qu'apparente; car les deux projets contenaient, au titre des *Successions*, une disposition qui est devenue l'article 845 du Code Napoléon et qui autorisait spécialement la retenue de la portion disponible. Cet article avait paru nécessaire pour abroger les coutumes d'égalité absolue et la loi du 17 nivôse an II, qui refusaient aux enfants renonçants la rétention du dispo-

[1] Sous la l. 6, au Code, *de Inoff. test.*

[2] M. Ginoulhiac, dans la *Revue de dr. fr. et étrang.*, 1846, p. 456.

nible sans leur refuser celle de la légitime. Les projets de Code exprimaient par deux dispositions distinctes ce que l'Ordonnance, à l'exemple de la coutume de Paris et de la Novelle, exprimait par une seule proposition. Le résultat était absolument le même.

La section de législation du Conseil d'État modifia légèrement le style des premiers projets. Mais c'était toujours incontestablement le cas d'un successible renonçant qu'elle prévoyait par la rédaction suivante, placée tantôt sous le numéro 29, tantôt sous le numéro 34 : « Si la donation » entre-vifs réductible à été faite à l'un des successibles, il » pourra retenir sur les biens donnés la valeur de la portion » qui lui appartiendrait comme héritier dans les biens non » disponibles. » Telle est la disposition que le Conseil d'État adopta sans discussion dans la séance du 12 ventôse au XI.

Je m'arrête quelques instants à considérer toutes les vérités que ce texte précieux, s'il eût été conservé, aurait rendues évidentes même pour les moins clairvoyants.

Dire qu'un successible donataire peut retenir la valeur de la portion qui lui appartiendrait comme héritier (s'il se portait héritier) dans les biens non disponibles, c'était dire que la réserve du Code se comporte exactement comme l'ancienne légitime ou plutôt qu'elle n'est pas autre chose que l'ancienne légitime, car un pareil droit de rétention est caractéristique de la légitime ; c'était dire que les diverses parties de cette légitime ou réserve, peu importe le nom, n'ont entre elles que ce lien de solidarité qui existe dans toute succession dévolue à plusieurs héritiers ; enfin, c'était ruiner tout l'échafaudage de cavillations qu'on a dressé contre la théorie de la loi sur ce que l'article 913 du Code fixe la quotité disponible au lieu de fixer la quotité indisponible, car en lisant notre disposition après l'article 913, on eût été forcé de reconnaître qu'il n'est pas inconciliable avec l'idée de légitime ni avec le droit de rétention des successibles qui renoncent.

Voilà quelle eût été la valeur, *vis ac potestas*, de l'art. 924 du Code Napoléon, s'il avait conservé jusqu'au bout la pureté de sa première rédaction.

Mais le Tribunat, oubliant la filiation de la disposition qui lui était soumise, brouilla le cas où le successible accepte la succession et où il y a lieu au rapport comme à la réduction, avec le cas où le même successible renonce et où il ne peut y avoir lieu qu'à réduction. C'était de réduction qu'il s'agissait; le Tribunat crut qu'il était uniquement question de rapport, et pour mettre l'article 924 en harmonie avec l'article 859, il proposa d'ajouter à la fin du premier les mots : *s'ils sont de la même nature.* La section de législation du conseil d'État et le conseil lui-même consentirent à cette addition qui était effectivement nécessaire, du moment qu'il n'était plus question que du rapport auquel est tenu le successible donataire venant à la succession.

Dans l'Exposé des motifs du Corps législatif, Bigot-Préameneu témoigna bien que l'art. 924 était tiré de l'article 34 de l'Ordonnance, mais il le paraphrasa tel qu'il était depuis l'amendement du Tribunat :

« On a aussi conservé, dit-il, cette autre disposition de la même loi (l'art. 34) suivant laquelle, lorsque la donation entre-vifs réductible a été faite à l'un des héritiers ayant une réserve légale, il peut retenir sur les biens donnés la valeur de la portion qui lui appartiendrait comme héritier dans les biens non disponibles, s'ils sont de la même nature. Dans ce cas, il était possible de maintenir la propriété de l'héritier donataire sans causer de préjudice à ses cohéritiers. »

L'illustre conseiller se fait illusion; l'art. 924 a été, mais n'est plus le même que l'art. 34 de l'Ordonnance des *Donations.*

M. Laferrière, préférant le sens que l'art. 934 reçoit de son origine à celui que lui donne un accident de rédaction, applique formellement cet article à l'enfant donataire qui s'abstient de la succession [1].

Mais on ne peut se dissimuler que le Tribunat a vraiment tué l'art. 924 sous prétexte de le perfectionner. A la place d'un article correct aux yeux de la grammaire comme à ceux du droit, et résolvant avec opportunité une question de réduction sous la rubrique de la *Réduction*, nous n'avons plus qu'un article mal écrit, statuant hors de propos sur une question de rapport déjà résolue au siége de la matière, un pléonasme législatif très-embarrassant pour les interprètes qui n'admettent pas d'articles inutiles dans le Code.

Si le successible dont parle l'article est héritier acceptant, pourquoi dire, au conditionnel, *qui lui appartiendrait comme héritier*? Il faut *qui lui appartient* pour le français [2]. Le mode conditionnel se comprendrait au contraire parfaitement, s'il s'agissait comme dans le texte primitif d'un successible renonçant, puisqu'il y aurait alors une condition exprimée par les mots *comme héritier*. Il est des auteurs qui pensent affranchir l'article de tout reproche en faisant rapporter *appartiendrait* à la condition nouvelle qui est à la fin de l'article, s'*ils sont de la même nature*. C'est une mauvaise justification de ce malencontreux conditionnel. Pour admettre une relation grammaticale entre les deux parties de la phrase, il faudrait s'*ils étaient de la même nature*; et alors l'article, exact aux

[1] *Hist. du droit français*, T. I, p. 251, note 78.

[2] Jaubert faisait cette correction dans son Rapport au Tribunat, où il a le tort de supposer qu'il existe dans notre droit des héritiers nécessaires : « Si les objets donnés, dit ce tribun, sont dans les mains du donataire, » il remet en nature l'excédant de la quotité disponible, à moins qu'il ne » s'agisse d'un héritier nécessaire, et que la succession contienne des » biens de la même nature. Dans ce dernier cas, il retient sur les biens » donnés la valeur de la portion qui lui revient dans les biens non dis- » ponibles. » La croyance du Tribunat aux héritiers nécessaires serait-elle pour quelque chose dans le mauvais amendement de l'art. 924 ?

yeux de la grammaire, ne serait plus qu'un non-sens pour le droit. Qu'on retourne l'art. 924 comme l'on voudra, on ne peut pas ne pas y voir le vestige d'une condition dont la disparition rend sa rédaction très-incorrecte.

Ce n'est pas le lieu de passer en revue toutes les explications qui ont été tentées pour faire sortir de l'art. 924 une disposition utile qui ne soit pas déjà dans les art. 844, 859 et 866 combinés. Efforts stériles! le Tribunat a réussi à concilier l'art. 924 avec le chapitre des *Rapports* au point qu'il y est presque entièrement absorbé.

Est-ce à dire que toutes les vérités auxquelles l'art. 924, sans l'accident qui lui est arrivé, eût imprimé le caractère de l'évidence, aient péri avec lui?

Il n'en est rien.

D'abord on ne persuadera à personne que le Tribunat, par le changement dû à son inspiration, ait eu l'intention de refuser à un successible donataire, mais renonçant, la rétention de sa part dans les biens non disponibles. N'est-ce pas lui, le Tribunat, qui, pour faire admettre la disposition finale de l'art. 921, disait que le droit à la légitime ne dépend en aucune manière de la qualité d'héritier, et qu'un enfant non donataire pourrait, en sa seule qualité d'enfant et sans se porter héritier, faire réduire les donations entre-vifs pour sa légitime? Cette exagération est une preuve irrécusable que le Tribunat n'entendait pas dénier à l'enfant qui est donataire le droit de la retenir. Le Conseil d'État, lui aussi, lorsqu'il accueillit cet amendement inopportun ne fut mû par aucun sentiment d'hostilité contre le droit de l'enfant donataire renonçant.

Si la lettre de l'art. 924 fait désormais défaut à notre thèse, plusieurs autres articles la justifient et l'art. 924 lui-même peut encore servir à l'établir d'une manière indirecte, mais très-solide. Sa décision est, en effet, fondée sur ce qu'un enfant, donataire entre-vifs d'une valeur qu'il est possible d'imputer sur sa part dans la réserve, n'est tenu, s'il vient à la succession, qu'au rapport de cette valeur. C'est justement pourquoi il la retient par forme de rapport en moins prenant, si les autres biens sont de la même nature. L'article 844, *in f.* disait déjà qu'il n'y avait lieu qu'au rapport pour une telle donation, et l'article 859 aurait suffi à dispenser ce donataire du rapport en nature jusqu'à concurrence de sa part dans les biens non disponibles, moyennant qu'ils fussent de la même nature que les biens donnés. C'est ce que comprenait très-bien le Tribunat, lorsque, cédant à l'idée erronée qu'il s'agissait d'un successible acceptant, il proposa d'accommoder l'article 924 au texte des articles 844 et 859. L'art. 924 corrigé selon ces vues n'a pas d'autre mérite que celui de tirer une conséquence juste d'un principe déjà posé, et par là de rendre ce principe incontestable. Je sais que bon nombre d'auteurs, pour donner à l'article 924 une utilité particulière, affectent de croire qu'en principe strict la donation de sa part de réserve faite à un successible est sujette à réduction, et que c'est par exception à ce principe que l'article 924 admet que la réduction (la réduction et non le rapport) aura lieu en moins prenant; ils disent que cet article a été écrit exclusivement pour les donations avec clause de préciput qui ne trouvent pas à s'exécuter sur la quotité disponible, parce qu'elle est déjà absorbée par d'autres libéralités, en preuve de quoi ils apportent ces mots : *Si la donation entre-vifs réductible* [1]. Leur erreur procède de la fausse idée qu'ils se font de la réserve. Imbus du préjugé qu'elle serait collective et pour ainsi dire indivisible, ils sont incapables de comprendre un article uniquement fondé sur ce que le législateur l'a conçue et traitée comme étant individuelle ou du moins très-divisible.

[1] *Sic* Marcadé, art. 924, n° 1, T. III, p. 590 ; M. Mourlon, sur *la Réduction*, n° 5, T. II, p. 273 de ses *Répétitions écrites.*

Oui, si la réserve était indivisible, ce serait par une action en réduction que toutes les parties qui en ont été détachées, même celle qui l'a été au profit d'un réservataire, devraient être reconquises; mais si elle est divisible, c'est par le moyen du rapport que devra revenir dans la succession réservée la part de réserve donnée par avance à un successible qui accepte la succession, comme le décide l'art. 924. Il est d'ailleurs tout à fait arbitraire de restreindre l'application de cet article aux dispositions expressément faites par préciput qui ne peuvent s'exécuter sur le disponible déjà épuisé. Lorsque le disponible se trouve employé, les libéralités ne peuvent plus porter que sur la réserve; cela est clair et certain. Si elles sont faites à un réservataire et dans la limite de sa part de réserve, qu'elles soient par préciput ou en avancement d'hoirie ou sans aucune qualification, elles échappent à la réduction et ne sont soumises qu'au rapport de la part du donataire acceptant. C'est ce que signifie l'article 924. Ajoutons comme conséquence, que ce n'est pas seulement si les autres biens non disponibles sont homogènes que le rapport en nature ne peut pas être exigé, mais encore aux termes de l'article 860 du Code Napoléon, si le donataire a aliéné le bien donné avant l'ouverture de la succession. Cet article 860 est alors applicable à l'exclusion de l'article 930. Le moindre raisonnement mène à cette décision. Mais si la libéralité faite à un successible après épuisement du disponible va jusqu'à entamer la réserve de ses coréservataires, quels qu'en soient le titre et la qualification, cette libéralité est sujette à réduction pour tout ce qu'elle leur prend, encore que le successible donataire ait accepté la succession; alors on n'a pas égard à la nature des biens et l'on n'a pas d'autre considération pour les tiers-acquéreurs que celle que prescrit l'article 930 du Code. Voilà encore ce que fait entendre l'article 924, lorsqu'il parle d'une donation entre-vifs *réductible ;* il la suppose assez excessive pour comprendre avec la part individuelle de réserve du donataire qui se porte héritier les portions réservées à ses cohéritiers. Pour la partie de la donation qui s'applique à la part du successible, il y a lieu au rapport et rien qu'au rapport ; pour la partie qui entame les parts des autres, il y a lieu à la réduction. Sans leur faux système d'une réserve collective jusqu'à l'indivisibilité, les auteurs que nous critiquons n'auraient jamais eu l'idée contradictoire et illogique d'une réduction en moins prenant pour expliquer l'article 924 ; le droit de rapport qui s'y trouve écrit en toutes lettres ne les eût point choqués. A qui de céder ? Lorsque le droit est contraire à un système, c'est le cas de corriger le système selon le droit et non de corriger le droit selon le système. *Non ex regula jus sumatur*, dit excellemment le jurisconsulte Paul, *sed ex jure quod est regula fiat*[1].

L'article 924, ainsi expliqué, est en parfaite harmonie avec le sens partitif attaché par le Conseil d'État aux expressions de l'article 921 : *La réduction ne pourra être demandée que par ceux au profit desquels la loi fait la réserve.* C'est-à-dire, dans ce cas, que les coréservataires d'un successible donataire de sa part de réserve ne peuvent pas lui demander qu'il délaisse cette part en vertu du droit de réduction, parce que ce droit ne leur compète que pour leur propre réserve. Mais ils peuvent bien, en vertu des articles 843 et 844, lui demander le rapport de la part de réserve à lui donnée, s'il vient à la succession. L'indécision que le texte de l'article 921 laissait subsister sur les limites de l'action en réduction entre coréservataires, l'article 924 est venu la faire disparaître. Par lui est nettement marqué ce qui appartient au rapport et le point où commence la réduction.

Cela est de grande conséquence. Puisque le successible

[1] L. 1, D. *de Reg. juris.*

donataire qui vient à la succession ne doit que le rapport de la partie de donation qui correspond à sa part de réserve, il a incontestablement le droit de retenir cette part en renonçant à la succession. Car le rapport est dû seulement par l'héritier venant à partage. Tout ce qui était réductible en cas d'acceptation restera réductible en cas de renonciation; mais ce qui n'était que rapportable en cas d'acceptation ne devient pas réductible par la renonciation ; son effet est au contraire de libérer de l'obligation du rapport. Il y a dans l'article 924 deux dispositions, l'une expresse et l'autre tacite : décider explicitement que le réservataire qui *vient à la succession* a le droit de retenir sur les biens donnés sa part dans les biens non disponibles, s'ils sont de la même nature, c'est décider implicitement que ce réservataire, s'il ne vient pas à la succession, a le droit absolu de retenir cette même part sur ces mêmes biens sans égard à leur nature. On peut ainsi, par le raisonnement seul, retirer des ruines de l'article 924 la disposition de l'article 34 de l'Ordonnance des *Donations* qu'il était destiné à reproduire. En statuant expressément pour l'hypothèse de l'acceptation de la succession par le successible donataire, le Tribunat et le Conseil d'État ont virtuellement statué pour l'hypothèse de la renonciation, et le droit n'est pas plus incertain dans un cas que dans l'autre. L'article 924, tel qu'il est, et l'article 924, tel qu'il eût été sans la méprise du Tribunat, ne sont en définitive que les déductions logiques d'une seule et même idée; une disposition contient l'autre. Cet article est si important dans la théorie de la loi, que j'ai dû insister dès à présent sur la preuve indirecte qu'il fournit en faveur du droit de rétention des enfants donataires qui renoncent. Renvoyons à un lieu plus convenable l'exposition complète des preuves et la réfutation des objections.

157. Tout sera dit sur les changements dus au Tribunat,

lorsque nous aurons remarqué que l'on admit sans difficulté celui qu'il proposa d'apporter à la lettre de l'article 926, afin de rendre plus certaine l'assimilation de toutes les diverses espèces de legs quant à la réduction.

158. La rédaction du titre entier des *Donations et Testaments* fut arrêtée dans cette séance du Conseil d'État du 24 germinal an XI, dont nous avons dit les principaux incidents.

La loi était faite. Il n'y avait plus à accomplir que les formalités qui étaient l'ornement constitutionnel des lois rédigées par le Conseil d'État. Le projet définitif fut présenté au Corps législatif, le 2 floréal an XI, par Bigot-Préameneu, Thibaudeau et Duchâtel, avec un Exposé des motifs qui était l'œuvre de Bigot-Préameneu. Le tout fut communiqué officiellement le lendemain au Tribunat, auquel Jaubert en fit le rapport dans l'assemblée générale du 9 floréal. Le 13 floréal, les tribuns Jaubert, Favard et Sédillez portèrent au Corps législatif le vœu d'adoption du Tribunat exprimé par un discours de Favard; le Corps législatif rendit son décret d'adoption dans la même séance, et la promulgation eut lieu le 23 floréal an XI (13 mai 1803).

159. Quelle est donc, finalement, l'institution que les rédacteurs du Code ont entendu conserver?

« Les auteurs du Code Napoléon, répète M. Dalloz après plusieurs autres, n'ont adopté ni la légitime des Romains, ni les réserves coutumières. Aussi n'est-ce pas dans les analogies avec l'ancien droit, mais dans les textes mêmes du Code, et dans les débats qui en ont préparé la rédaction, qu'il faut rechercher l'esprit et le véritable sens des dispositions relatives à la quotité disponible et à la réserve [1]. »

Je réponds que le Code a adopté la légitime des Romains en la façonnant, comme les coutumes, selon les principes

[1] Rép. de lég. et de jurisp., v° *Dispositions entre-vifs et test.*, n° 733.

particuliers du droit français en matière de succession, et qu'il est juste, raisonnable et nécessaire d'expliquer la réserve du Code par la légitime de droit, telle que l'avaient faite les pays coutumiers. Les débats qui ont préparé la rédaction du Code nous commandent cette règle d'interprétation sans laquelle on n'a abouti jusqu'à présent qu'à des systèmes absurdes et chimériques sur l'effet des dons en avancement d'hoirie et à titre de préciput. C'est la conclusion qui découle de l'enquête à laquelle nous avons dû nous livrer sur les antécédents du Code Napoléon, avant d'aborder la discussion de son texte précis et définitif.

DEUXIÈME PARTIE.

160. Division de la deuxième partie.

160. Cette deuxième partie doit contenir l'exposition du droit actuellement en vigueur.

Nous réunirons dans un premier chapitre les notions générales qui intéressent toutes les successions.

Un second chapitre présentera les règles de la rétention et de l'imputation dans les successions où la loi ne fait pas de réserve. Nous y traiterons du rapport en moins prenant qui ressemble tant à l'imputation.

Un troisième chapitre, qui sera la pièce principale de notre travail, offrira séparément les règles de la rétention et celles de l'imputation dans les successions où la loi établit une réserve. L'exposition critique des monuments de la jurisprudence viendra dans la partie de ce chapitre spécialement affectée à l'imputation.

Un quatrième et dernier chapitre, commun à tout l'ouvrage, sera consacré à la réfutation de quelques opinions excentriques concernant les matières qui y sont traitées. Il contiendra en outre un résumé de la doctrine du Code, avec la conclusion de l'auteur.

CHAPITRE PREMIER.

DÉFINITIONS. NOTIONS GÉNÉRALES. QUESTIONS COMMUNES A TOUTES LES SUCCESSIONS.

161. Qu'est-ce qu'un avancement d'hoirie, un préciput?
162. Utilité de distinguer ces deux formes de libéralités.
163. Signes distinctifs des avancements d'hoirie et des préciputs.
164. Point de préciputs en vertu d'une volonté présumée.

165. Arrêts bons et mauvais sur ce point.
166. Opinions des auteurs.
167. Exemples de dispenses de rapport empruntés aux arrêts.
168. Argument tiré de l'art. 919. — Question sur cet article.
169. De la simple dispense du rapport en nature jointe à un avancement d'hoirie.
170. Digression à propos de la jurisprudence qui annule les partages d'ascendants pour inégalité des lots quant à la nature des biens qui les composent.
171. Des libéralités indirectes au point de vue du rapport et de l'imputation.
172. Analyse de ce qui entre dans la composition d'un avancement d'hoirie et d'un préciput.
173. Un legs universel est une disposition avantageuse, mais non un préciput.
174. Qu'il est parfois utile, même pour les successions où il n'y a pas de réserve, de vérifier ce que contiennent les avancements d'hoirie retenus par des successibles renonçants.

161. « On appelle avancement d'hoirie, selon Ferrière [1], » tout ce qu'un ascendant donne par avance à ses enfants » pour les établir, en déduction de leur portion héréditaire, » *in antecessum futuræ successionis.* »

Il faut dire aujourd'hui : un avancement d'hoirie est une donation que l'on fait à son futur héritier, sans exprimer qu'il l'aura hors part, c'est-à-dire en sus de sa part héréditaire, au cas qu'il vienne à la succession. Je tire ma définition des art. 843 et 919 du Code Napoléon, desquels il résulte que toute libéralité, qui n'est pas faite expressément par préciput ou hors part ou avec dispense de rapport, forme un simple avancement d'hoirie. C'est, comme le nom l'indique, une avance faite sur une succession, un don de présuccession, disent assez bien quelques auteurs anciens et modernes. La Cour de cassation en a donné dans l'arrêt St-Arroman du 8 juillet 1826 la définition suivante : « Les avancements » d'hoirie ne sont en réalité que des remises anticipées des » parts que les donataires successibles doivent un jour re-

[1] *Dictionnaire de droit et de pratique.*

» cueillir dans les successions. » De bons esprits trouvent cette définition hasardée, mais sans pouvoir dire ce qu'il y faut reprendre.

S'il n'en détermine pas le sens, le Code Napoléon autorise du moins l'expression d'*avancement d'hoirie* par son art. 511.

Je n'examine pas si les avancements d'hoirie, considérés comme des avances sur succession future, sont ou non conformes à l'esprit et au texte de nos lois qui proscrivent formellement les pactes et conventions sur la succession de personnes vivantes même du consentement de ceux de la succession desquels il s'agit ; il me suffit que le Code, par l'ensemble de ses dispositions les suppose et les permette. De quoi traite, par exemple, tout le chapitre des *Donations faites par contrat de mariage aux époux et aux enfants à naître du mariage*, si ce n'est des avancements d'hoirie? Ajoutez que, malgré la prohibition des pactes sur succession future, le Code ne laisse pas d'autoriser les partages faits par ascendants entre leurs enfants et descendants, espèce de dispositions ne différant guère des avancements d'hoirie, qu'en ce qu'elles ont un caractère collectif, tandis que l'avancement d'hoirie est individuel. Ce ne sont pas d'ailleurs les seules exceptions que le Code ait admises à la défense dont il s'agit.

Les avancements d'hoirie ont lieu pour l'établissement ou lors du mariage des futurs héritiers; ils sont très-fréquents de la part des père et mère envers leurs enfants, assez fréquents encore entre frères et sœurs et de la part d'oncles et tantes en faveur de neveux et nièces, très-rares de la part d'autres parents. C'est pour les père et mère le moyen accoutumé d'ajouter au bienfait de la vie naturelle qu'ils ont donnée celui d'une existence civile honorable. La nature leur fait un devoir de doter leurs enfants; mais la loi n'a pas traduit ce devoir en une obligation exigible par voie d'action (article 204).

Le nom d'avancement d'hoirie ne convient point aux legs.

Toutefois notre Code ne voit en principe dans les legs faits à un successible que la représentation ou la compensation de son droit de succession, et il les soumet aux mêmes règles que les avancements d'hoirie proprement dits. Il y a donc aussi des legs qui peuvent s'ajouter à la part héréditaire du successible légataire et des legs qui doivent se confondre avec elle, des legs hors part et des legs à titre de part.

Il résulte assez de ce qui précède que les dons par préciput sont toutes les libéralités expressément faites à un futur héritier *par préciput et hors part*, ou *avec dispense du rapport*. Par de pareilles clauses le disposant manifeste sa volonté de rompre l'égalité entre ses cohéritiers, et cette volonté est efficace dans la mesure du disponible que la loi permet. Notre Code a mis fin aux vives controverses élevées sur le droit d'avantager un héritier, en adoptant les principes du droit romain et des coutumes de préciput préférablement à ceux des coutumes d'égalité. Le père de famille peut donc dispenser du rapport à sa succession l'enfant auquel il fait une donation ou un legs; la libéralité est alors prélevée sur les biens avant partage, c'est un préciput, *præcipitur*. Il y a entre les dons par avancement d'hoirie et les dons par préciput la différence du genre à l'espèce; les premiers sont le genre, les seconds forment une espèce particulière. Une libéralité par préciput constitue un avantage positif en faveur de celui qui en est l'objet, au lieu qu'un avancement d'hoirie, contenu dans des limites proportionnées à l'importance de la succession, doit se résoudre à son ouverture dans la simple perception d'une part héréditaire ou de son équivalent. Le donataire accepte-t-il la succession, il y confond ce qui lui a été donné en le rapportant; et s'il y renonce, il retient le bien qu'il a reçu en payement de sa part héréditaire.

162. Mais, ce n'est pas seulement au point de vue du rapport entre cohéritiers qu'il importe de distinguer entre avance-

ment d'hoirie et préciput; cela importe encore, et beaucoup, pour régler l'imputation de la libéralité à l'égard de toute personne ayant part dans les biens. Le rapport ou le non rapport intéresse le donataire; l'imputation intéresse surtout le donateur. On voit où tend la différence. Donner avec dispense de rapport, c'est dire de la part du donateur, et suivant une expression de l'art. 918, que la donation sera *imputée sur la portion disponible;* et donner en avancement d'hoirie, c'est dire que la donation sera imputée sur la part de succession du donataire. Le Code n'a traité et résolu *in terminis* que les questions de rapport; mais on peut induire de plusieurs de ses dispositions qu'il adopte pleinement la règle ancienne suivant laquelle tout ce qui serait sujet à rapport par un donataire venant à la succession est sujet à imputation sur sa part héréditaire, soit qu'il vienne ou ne vienne pas à la succession. Il est impossible sans cette règle maîtresse d'exposer un système praticable et intelligible sur ces matières.

La distinction des dons par préciput et de ceux qui ne sont pas par préciput ne s'applique qu'aux libéralités faites à des successibles, mais sans acception des successibles qui ont droit à une réserve et de ceux qui n'y ont pas droit. L'art. 843 applique la distinction à *tout héritier*. Toute libéralité faite à un autre qu'un successible, quelque qualification qu'il plaise au disposant de lui imposer, ne peut jamais donner lieu au rapport; elle est nécessairement prise sur le disponible, et elle s'y impute. En un mot, elle se comporte de tout point comme le préciput d'un héritier.

163. Ayant établi une si grande différence entre les libéralités simples et les libéralités à titre de préciput faites à des successibles, le législateur devait déterminer rigoureusement les signes distinctifs de ces deux espèces de libéralités. Il n'y a point manqué. L'art. 843, qui est commun à toutes les

successions, et l'art. 919, qui est propre aux successions divisées en quotité disponible et réserve, n'admettent de libéralités par préciput que celles qui sont faites *expressément* à titre de préciput, ou hors part, ou avec dispense de rapport. Ce n'est pas que le disposant doive employer toutes ces clauses, ni même aucune d'elles, pour exprimer la volonté de donner par préciput. Elles n'ont rien de sacramentel, comme le prouve assez ce seul fait, que l'art. 919 en contient une de moins que l'art. 843. Le législateur les a choisies et accumulées comme exemples de ce qu'il y a de plus clair pour exprimer une pareille volonté, mais sans en prescrire impérieusement l'usage. Il est incontestable que le disposant peut signifier sa volonté par des termes équipollents. Tout ce que la loi exige, c'est que la volonté de donner *par préciput*, *hors part* ou *avec dispense de rapport*, soit exprimée dans l'acte qui contient la libéralité. Il n'est pas même besoin d'une proposition particulière ou d'une clause spéciale pour exprimer cette volonté; elle peut résulter de la combinaison de toutes les clauses écrites dans l'acte. La loi veut qu'elle soit expresse, c'est-à-dire exprimée, sans tenir à l'emploi d'une formule quelconque.

164. Mais les tribunaux doivent fermer l'oreille aux suggestions de ceux qui leur conseillent d'admettre des dispenses de rapport sur l'unique fondement de la volonté présumée du disposant. Si les faits et les circonstances d'une affaire suffisent, indépendamment de toute expression de volonté à cet égard, pour qu'un successible donataire soit dispensé du rapport, il n'y aura bientôt plus une seule donation faite par père ou mère à fils ou à fille qui ne donne lieu à un procès sur le fait du préciput, procès dont l'issue dépendra de l'inclination plus ou moins grande des juges pour le principe d'égalité entre héritiers. Les questions de préciput et d'avan-

cement d'hoirie, devenues de simples questions de fait, sortiront du domaine du jurisconsulte et échapperont totalement au pouvoir censorial de la Cour de cassation. Ce n'est point ce qu'a voulu le législateur. Par amour de l'égalité des partages et par respect de la volonté des donateurs, il exige que la dispense de rapporter soit expressément écrite. La volonté d'affranchir du rapport, disait Jaubert au Tribunat, *doit se lire dans la disposition elle-même*. Cette sage prescription sauve les juges du péril de substituer leur propre volonté à celle des donateurs. Rien n'est laissé aux présomptions.

S'il est, par exemple, une circonstance qui fasse supposer la volonté de dispenser du rapport, c'est assurément celle que le donataire n'aurait pas été héritier présomptif lors de la donation. Eh bien, le Code prend le soin, dans l'article 846, de dire que cette circonstance n'entraîne pas la dispense du rapport, si cette dispense n'est exprimée. Belle leçon pour les juges!

Il faudra cependant renfermer la disposition de l'art. 846 dans ses termes précis, et se garder de l'appliquer à des hypothèses pour lesquelles elle n'est pas faite. On ne l'appliquerait pas, par exemple, dans le cas d'une vente à charge de rente viagère faite à celui qui n'étant pas successible au moment du contrat le serait devenu par la suite. J'entends que cette aliénation ne serait pas présumée former une libéralité tombant sous le coup de l'art. 918 [1].

165. Revenons à la question de préciput. Selon notre doctrine, tous les arrêts fort nombreux qui ont décidé que la dispense du rapport, quoiqu'elle n'ait pas besoin d'être sacramentelle ou littérale, doit cependant résulter du contexte, de la teneur, des expressions des actes, sont dignes d'appro-

[1] Comp. M. Beautemps-Beaupré, *De la Portion disponible*, n° 832.

bation[1]. Il faut au contraire blâmer les arrêts qui, réduisant la question à une simple interprétation de volonté, disent qu'on peut chercher l'intention de donner par préciput non-seulement dans les termes de l'acte contenant la libéralité, mais encore dans les circonstances extérieures qui ont précédé, accompagné ou suivi cette libéralité. Parmi les rares arrêts qui ont été jusque-là, je note un arrêt de la chambre des Requêtes de la Cour de cassation du 10 juin 1846[2], qui est peu explicite, et un arrêt très-formel de la cour de Paris du 22 janvier 1856, relatif à un legs d'usufruit fait par un fils à son père. L'une des circonstances qui ont paru décisives à la cour, c'est que la disposition ne devant avoir d'effet que pour l'époque de la mort du disposant, son imputation sur la part héréditaire du légataire l'aurait rendue inutile :

« Attendu, est-il dit, que l'obligation du rapport est fondée sur la présomption que le défunt n'a voulu faire à son héritier qu'un avancement d'hoirie et que Lequoy fils, en ne disposant que pour l'époque de sa mort et en donnant un droit sur la généralité de ses biens, n'a pu avoir l'intention de faire un don à imputer sur la part revenant à son père. »

L'arrêt emprunte le motif de sa décision à une mauvaise critique de la loi, imaginée par des auteurs qui auraient voulu que tous les legs fussent considérés comme préciputs. Il n'y a pas un legs, pas un, auquel le raisonnement fait par la cour de Paris ne puisse s'appliquer et qui ne doive en conséquence être déclaré non imputable sur les droits de succession du légataire. L'art. 843 est rayé du Code en ce qui concerne les legs.

Il est vrai que la cour de Paris avait à juger une question d'imputation entre un successible légataire et un légataire étranger, et non une question de rapport entre des cosucces-

[1] Voyez surtout *Req.* 20 fév. 1817; *Req.* 17 mars 1825.

[2] S.-Dev. 46, 1, 451.

sibles. Cette circonstance a pu faire illusion aux magistrats, quoiqu'elle ne changeât absolument rien au droit qui était applicable. Nous démontrerons que le legs devait être imputé sur la réserve du légataire, en rapprochant cet arrêt d'autres décisions analogues qui, comme lui, sont en pleine contradiction avec l'excellent principe de l'arrêt Saint-Arroman sur l'imputation des libéralités faites à des réservataires venant à la succession [1].

166. La doctrine la plus récente encourage, au lieu de la combattre, la tendance fâcheuse des tribunaux à juger d'après les circonstances si une libéralité forme un avancement d'hoirie ou un préciput. On avait pourtant bien commencé. Levasseur expliquait parfaitement, dès l'année 1805, la sage théorie du Code [2]. Nombre d'auteurs ont admis comme lui qu'il faut pour constituer un préciput que la dispense de rapport soit exprimée, mais non par une formule sacramentelle. Marcadé a justifié à son tour cette doctrine avec force et précision [3], en la défendant contre ceux qui la méconnaissent, notamment contre M. Duranton. Mais sa voix s'est perdue dans le désert. Des auteurs modernes en sont venus à trouver ridicule et singulière l'opinion de ceux qui, tout en reconnaissant que les mots à *titre de préciput* ou *hors part* ou *avec dispense de rapport* n'ont rien d'obligatoire et de sacramentel pour le disposant, veulent que sa volonté de dispenser du rapport soit exprimée d'une manière quelconque [4]. Ainsi le respect de la loi est ridicule !

Faut-il compter M. Troplong parmi les défenseurs de la

[1] Voy. ci-après, T. II, n° 399.

[2] *De la Portion disponible*, nos 150-53.

[3] Sur l'art. 843, n° 1.

[4] M. Saintespès-Lescot, *Des Don. et des Test.*, T. II, n° 415.

bonne doctrine? Il n'a rien précisé. Il dit bien, et avec raison [1], que les expressions de l'art. 919 ne sont pas sacramentelles et qu'elles peuvent être remplacées par des équivalents. Mais il ajoute aussitôt [2] qu'il suffit que l'intention de dispenser du rapport soit claire et positive, et qu'on doit rechercher cette intention dans toutes les manifestations propres à la rendre éclatante et indubitable. J'en suis d'accord, pourvu que ces manifestations soient des *expressions* de volonté.

167. Voici, comme interprétation pratique, quelques formules sur lesquelles les tribunaux ont eu à statuer. Elles sont assez curieuses.

On a vu, par exemple, une dispense de rapport suffisamment exprimée dans le don ou le legs *de la quotité disponible*, ou *d'une chose à imputer sur la quotité disponible*, ou *de ce dont on peut disposer*, ou *des avantages permis par la loi* [3]; dans le don ou le legs d'une chose *à réunir à ce que le donataire recueillera dans la succession* [4]; dans le don ou le legs suivi de la déclaration que *le surplus des biens sera partagé également entre le donataire et les autres héritiers* [5].

Que dire du cas suivant : Un père donne à son fils en le dispensant du rapport, mais *à condition que les autres enfants seront indemnisés de la manière qu'il se propose de le faire*, et il ne fait rien pour eux? La cour d'Amiens a déclaré ce don un préciput sans être censurée par la Cour de cassation [6]. C'est

[1] et [2] *Des Don. et des Test.*, T. II, n° 822.

[3] Paris, 28 juillet 1825; Rej. civ. 7 juillet 1835, S.-Dev. 35, 1, 914 (cité par M. Troplong, T. II, n° 891); Caen, 16 décembre 1850, S.-Dev. 51, 2, 415 (M. Beautemps-Beaupré critique à tort cette décision, au n° 777 de son ouvrage sur la *Portion disponible*).

[4] Paris, 15 pluviôse an XIII.

[5] Req. 20 février 1817, déjà cité au n° 165.

[6] Req. 22 juillet 1828.

une interprétation périlleuse de volonté. La décision contraire m'eût semblé plus sûre.

On a jugé que la charge *de conserver et de rendre* mise à une donation conformément à l'art. 1048 du Code Napoléon est l'équivalent littéral de la dispense de rapporter [1]. C'est une décision hardie, mais qui trouve un puissant appui dans la considération qu'il n'y a que la quotité disponible qui puisse être donnée sous une pareille charge. Qui donne ainsi donne du disponible.

Il a été décidé qu'une donation faite à un fils à condition de renoncer à un compte d'administration tutélaire emporte attribution du disponible, le père ne pouvant payer ses dettes qu'avec des valeurs dont il a pleine disposition [2].

Le legs universel fait à l'un des enfants vaut-il donation de la quotité disponible en sa faveur? C'est assurément une disposition très-avantageuse pour celui qui en est l'objet, mais on aurait tort d'y voir un préciput. Nous dirons bientôt la qualification qu'il convient de lui donner et l'effet dont elle est susceptible.

168. Il y a dans le Code un article qui prouve surabondamment que, pour être efficace, l'intention de donner par préciput doit être exprimée, et qu'il ne suffit pas qu'elle résulte de circonstances telles quelles. C'est l'art. 919, aux termes duquel la déclaration que le don ou le legs est à titre de préciput ou hors part, lorsqu'elle n'a pas été insérée dans l'acte même de disposition, peut être faite postérieurement *dans la forme des dispositions entre-vifs ou testamentaires.* Ainsi, d'après une certaine jurisprudence, il est permis de

[1] Douai, 27 janvier 1819; Req. 16 juin 1830, sur Bastia, 16 juillet 1828; Req. 23 février 1831, S. Dev. 31, 1, 424. *Sic*, M. Duranton, VII, n° 221 *bis*; Marcadé, sur l'art. 843, n° 1; M. Troplong, *Donat. et Test.*, II, n° 881.

[2] Req. 5 avril, 1854, S. Dev. 54, 1, 541.

rechercher la volonté de donner par préciput dans tout ce qui peut la rendre certaine et positive, et d'après notre article on ne doit la chercher que dans un acte en forme de donation ou de testament.

Cette disposition, quoiqu'elle ait été spécialement édictée pour les successions dont il n'y a qu'une portion qui soit disponible, peut être appliquée avec autant de raison et plus d'effet aux successions qui sont entièrement disponibles. Il en résulte que le disposant reste maître toute sa vie de convertir, dans la forme légale, un avancement d'hoirie en préciput; sa volonté est ambulatoire jusqu'à son décès. Bien entendu que cette déclaration de préciput postérieure à la libéralité n'aura pas d'effet rétroactif; elle lui imprimera le caractère de préciput, mais pour avoir effet seulement à la date de l'acte qui la contient, si c'est un acte dans la forme des donations entre-vifs, et seulement à titre de legs, si c'est un testament. Nous ferons cependant une distinction sur ce point, au n° 325, où elle sera mieux comprise.

Le disposant pourrait-il, à l'inverse, transformer une libéralité par préciput en simple avancement d'hoirie? Il faut distinguer. Si le don par préciput est entre-vifs, sa conversion en avancement d'hoirie ne pourra également avoir lieu qu'entre-vifs, et devra être acceptée par le donataire, de même au surplus que devrait être acceptée par lui la conversion d'un avancement d'hoirie en préciput, si elle se faisait dans la forme des donations entre-vifs. Ainsi le veut l'art. 932 qui soumet toute donation entre-vifs à la condition de l'acceptation expresse du donataire. Faite par testament, une libéralité à titre de préciput peut être transformée en avancement d'hoirie par la seule volonté du disposant, régulièrement manifestée dans un nouveau testament ou un codicille. Il faut bien lui reconnaître le droit de modifier une libéralité qu'il pourrait révoquer entièrement. La révocation du préciput serait même valablement faite par un acte devant *notaires*, conforme à l'art. 1035 du Code Napoléon combiné avec l'art. 2 de la loi du 21 juin 1843 sur les actes notariés.

169. Lorsqu'un disposant donne par préciput, hors part, ou avec dispense de rapport, c'est la quotité disponible qui est l'objet de la libéralité. Et si un corps certain a été donné à ce titre, le donataire le retient en nature, sauf le cas prévu par l'art. 866 du Code Napoléon. Mais on se demande si celui qui dispose à titre d'avancement d'hoirie, c'est-à-dire qui donne à son successible la part héréditaire qui lui revient, peut le dispenser du rapport en nature. C'est une question très-intéressante pour les pères de famille et pour leurs donataires; il est à regretter que le Code ne l'ait pas résolue par une disposition expresse. Un père dote son fils sans autre intention que celle de lui faire l'avance de sa part de succession future; mais cet avancement d'hoirie porte sur un immeuble, et le père voudrait que le donataire pût le posséder et le cultiver en pleine sécurité, sans crainte d'éviction par l'effet du rapport en nature; c'est pourquoi il déclare dans l'acte de donation que ce fils précomptera l'immeuble sur sa part héréditaire, soit pour une somme qu'il fixe lui-même, soit pour une somme dont il laisse la fixation à ceux qui présideront au partage de sa succession. La question est de savoir si cette clause est valable et obligatoire pour les autres héritiers. La raison de douter qu'elle le soit est que les art. 858-860 du Code Napoléon n'admettent d'exception à la règle du rapport en nature que dans le cas où il existe d'autres immeubles dans la succession pour former des lots à peu près égaux aux autres héritiers, et dans le cas où le donataire a aliéné l'immeuble donné avant l'ouverture de la succession : deux exceptions qu'expliquent et justifient, soit le défaut d'intérêt des cohéritiers, soit la faveur due aux tiers acquéreurs. Dans le cas qui

nous occupe, toute la faveur serait pour le donataire qui a et qui veut garder l'immeuble donné, tandis que ses frères et sœurs n'auront que des valeurs mobilières pour leurs portions. Une autorité, à laquelle il n'est rien d'égal dans notre droit, s'est prononcée contre la dispense :

« L'enfant donataire sujet au rapport, dit Pothier[1], n'est donc pas débiteur du rapport de la valeur de l'héritage qui lui a été donné, il est débiteur de l'héritage même en essence et espèce, ce qui a été prescrit pour établir entre les enfants venant à la succession une égalité parfaite qui ne le serait pas si l'un pouvait conserver de bons héritages pendant que les autres n'auraient que de l'argent dont ils auraient souvent de la peine à faire un bon emploi[2].

Ce rapport *en essence et espèce* étant ordonné par la loi pour établir cette égalité, il s'ensuit qu'il ne doit pas plus être au pouvoir du donateur de permettre à l'enfant donataire de retenir l'héritage en rapportant seulement la valeur, que de le dispenser entièrement du rapport, car les conventions des particuliers ne peuvent donner atteinte à ce qui est ordonné par les lois : *Privatorum pactis juri publico nòn derogatur.*

Il est donc inutile d'agiter la question si l'estimation qu'un père met aux héritages qu'il donne à son fils ou à sa fille est censée mise *venditionis causa*; pour lui donner la faculté de retenir l'héritage en rapportant l'estimation qui y est mise, puisque quand même le père aurait eu cette intention, quand même il aurait voulu dispenser l'enfant du rapport *en essence et espèce*, il n'était pas en son pouvoir de l'en dispenser. Ces estimations qu'on met dans les contrats de mariage des enfants, n'empêchent donc point que les héritages donnés ne doivent être, nonobstant ces estimations, rapportés *en essence et espèce.* »

Pothier donnait cette décision d'après l'art. 306 de la coutume d'Orléans, qui devait, suivant lui, servir de droit commun en ce point. Cependant la dispense du rapport en nature était spécialement autorisée par l'art. 251 de la coutume d'Auxerre, par celle de Sens, art. 267, par celle de Bar, art. 135, et par quelques autres.

[1] *Des Successions*, ch. IV, art. 2, § 7, p. 484.

[2] C'est facile aujourd'hui.

Dans le droit actuel, Chabot rejette le sentiment de Pothier, comme n'étant inspiré que par la haine des coutumes pour toute espèce d'avantages de la part d'un père en faveur d'un enfant, et il dit fort bien [1] :

« Sous l'empire du Code civil, qui ne défend pas d'avantager un héritier, mais qui ne le permet qu'avec certaines conditions, il faut examiner si la dispense du rapport en nature ne contient pas un avantage réel, et si le donateur pouvait faire cet avantage... »

M. Troplong, au contraire [2], adhère purement et simplement à ce que dit Pothier, et il autorise sa décision de celle d'un arrêt de la cour de Rennes du 21 février 1834 [3]. Il dit ailleurs [4] dans le même sens :

« On n'a pas nécessairement égard pour calculer la quotité disponible aux estimations que le père de famille aurait faites lui-même ; souvent elles cachent des avantages déguisés. J'ai vu une foule de cas où le disposant exagérait la valeur des biens donnés aux filles, et où, par contre, il diminuait singulièrement la valeur des choses données aux fils afin de les avantager. Il est une règle donnée par Papinien, c'est que l'estimation du père de famille ne peut pas altérer la légitime : *Quarta, quæ per legem Falcidiam retinetur, æstimatione, quam testator fecit, non magis minui potest quam auferri* (L. 15, § 8, D. *Ad legem Falcid.*). »

Malgré cela, les grandes commodités que présentent ces clauses, au double point de vue de la sécurité des transactions et des intérêts de l'agriculture, me font incliner vers l'opinion qui les déclare bonnes et valables. Si le Code ne les autorise pas formellement, il n'a du moins aucune disposition qui les défende. On ne saurait argumenter contre elles de l'art. 832, disposition de pure convenance, qui n'a que la valeur d'un conseil à l'adresse de ceux qui président à un partage de succession, car la loi ne prononce de ce chef aucune nullité.

[1] *Comm. sur les Successions*, art. 859, n° 4.

[2] *Des Donat. et Test.*, T. II, n° 1008.

[3] S. Dev. 35, 2, 214 ; Dalloz, 34, 2, 161.

[4] *Loco cit.*, n° 977.

Quant à l'art 859, il n'est pas limitatif, puisque l'art. 866 ajoute pour les immeubles un troisième cas de rapport en moins prenant aux deux cas déjà prévus par cet art. 859. Celui où la volonté du disposant aurait été qu'il en fût ainsi formerait le quatrième. Quel est le principal argument de l'opinion opposée? Elle conteste la légalité de la dispense surtout par la raison qu'elle porterait préjudice au droit sacré de la réserve. Cela est grave assurément. Et cependant, si l'on n'a pas d'autre reproche à lui faire, il faudra au moins convenir que la dispense serait valable dans les successions où le droit de réserve n'existe point. C'est en effet ce qu'admettent implicitement les motifs d'un arrêt de la Cour suprême, du 14 janvier 1856, que nous citons un peu plus bas. Mais, quand même la succession comporterait une réserve, nous croyons la dispense valable en tant qu'elle ne portera aucune atteinte à cette réserve. Pas plus que Papinien, nous n'entendons admettre la validité d'estimations qui altéreraient la légitime. Voici, selon nous, comment devrait être ménagée l'application des diverses clauses qui peuvent se rencontrer.

S'il est dit dans la donation d'un immeuble faite à un réservataire *qu'il le précomptera sur sa part pour l'estimation qui en sera faite à l'ouverture de la succession, sans pouvoir être obligé à rapporter autre chose que cette estimation*, il y a donation de cette estimation plutôt que de l'immeuble lui-même, et la conséquence en est que les tiers auxquels le donataire aura transféré la propriété de cet immeuble, ne pourront être aucunement inquiétés. Qu'ils ne le soient pas sous prétexte de rapport, c'est ce qui va de soi ; mais ils ne devraient pas même être recherchés en vertu de l'art. 930 et pour cause de réduction, au cas que le don fût par trop excessif. Les autres réservataires n'auraient de recours à exercer que contre le donataire, comme s'il avait reçu une somme au lieu d'un immeuble. Pour lui-même, ce don n'aurait que l'effet d'un avancement d'hoirie plus ou moins avantageux, selon son importance relative, et selon qu'il accepterait ou répudierait la succession. Ajoutons que, dans ce cas, les risques de l'immeuble qui aurait péri par cas fortuit avant l'ouverture de la succession ne seraient pas pour le donataire, mais pour la succession, puisque le donataire ne doit que la valeur de l'immeuble lors de cette ouverture.

Si la clause est que *le réservataire précomptera l'immeuble sur sa part pour un certain prix* (fixé par le donateur lui-même) *et ne devra que le rapport de ce prix*, cette estimation vaudra vente et aliénation définitive de l'immeuble au profit du donataire qui pourra dès lors en transmettre la propriété incommutable à des tiers, sans crainte du recours autorisé par l'art. 930 du Code Napoléon. L'art. 868, relatif au rapport du mobilier, fournit un argument très-puissant en faveur de l'effet que j'attribue à l'estimation de l'immeuble. Les différences que les art. 1551 et 1552 établissent entre l'estimation des meubles et celle des immeubles en matière de constitution de dot ne sont pas de mise ici, car c'est le régime spécial auquel les immeubles dotaux sont soumis qui les a dictées. Dans ce cas, l'immeuble serait aux risques du donataire, définitivement débiteur du prix pour lequel il l'a accepté. Il y aurait lieu, à l'ouverture de la succession, de vérifier si l'estimation de l'immeuble contenait ou non un avantage au profit du donataire eu égard au temps de la donation. Si elle était trouvée plutôt trop forte que trop faible, le donataire ferait état du prix fixé par le donateur, comme si c'était ce prix qu'il eût reçu en avancement d'hoirie. Si l'estimation était jugée trop faible, la différence entre elle et le juste prix constituerait un avantage indirect fait par le disposant au donataire, et ce supplément serait nécessairement compté dans la masse des biens pour le calcul de la quotité disponible. Mais cet avantage indirect serait-il censé fait par préciput et imputable sur la portion disponible, ou bien ne ferait-il que grossir l'importance de l'avancement d'hoirie qui est l'objet direct de la donation ? La solution de cette question dépend du parti qu'on prendra sur le droit à appliquer aux dons indirects. Chabot estime que le bon marché fait au successible est virtuellement dispensé de tout rapport et par conséquent imputable sur le disponible. Je suis de cet avis, parce que je suis enclin à admettre que les donations indirectes et déguisées sont par leur seule qualité dispensées du rapport. Mais Chabot, lui, ne l'admettait point[1], en sorte qu'il y a une légère contradiction dans la théorie de cet estimable auteur. Une clause de ce genre, mais avec don exprès par préciput de la différence des estimations, s'est présentée dans une affaire d'enregistrement qui me semble bien jugée par la Cour de cassation. Je regarde seulement comme très-hasardé ce qui est dit dans les motifs de l'arrêt, que, si l'immeuble donné avec estimation fixée par le donateur lui-même avait péri par cas fortuit, le donataire n'aurait pas dû le rapport du prix[2].

Ce qui m'a porté à m'écarter du sentiment de Pothier sur la valeur de ces clauses, c'est que notre Code permet les avantages directs ou indirects au profit des successibles, tandis que le droit en vue duquel écrivait Pothier les prohibait. Les notaires ne font aucune difficulté de les insérer, soit dans les contrats de mariage, soit dans les testaments ; c'est apparemment qu'ils les jugent valables. Il serait à désirer pour les familles que la jurisprudence se prononçât dans le sens de leur validité. Mais ce n'est pas la voie dans laquelle elle s'engage ; car, à l'arrêt de Rennes, allégué par M. Troplong, est venu se joindre un arrêt de la chambre civile de la Cour de

[1] *Comm. des Successions*, art. 843, nos 14 et 16.

[2] Cass., 9 janvier 1856, S. Dev. 56, 1, 540.

cassation du 14 janvier 1856 [1], rejetant le pourvoi formé contre un arrêt de Colmar, qui avait autorisé le recours de l'art. 930 contre le tiers-acquéreur d'immeubles donnés à un fils pour un certain prix et avec dispense de rapport en nature. La clause à interpréter se rapprochait de celle que j'ai supposée en dernier lieu. La Cour de cassation n'y a vu que la donation pure et simple des immeubles.

Cependant, M. Dalloz indique en faveur de la bonne opinion qui est la sienne un arrêt de Bordeaux du 27 juillet 1854 [2] :

« Attendu, porte cet arrêt, que la constitution a été faite avec estimation desdits immeubles à la somme de 2,500 fr. et avec la faculté pour le donataire de rapporter ou précompter à son choix ; attendu que cette stipulation était parfaitement valable, même au cas où la quotité disponible aurait été épuisée par le défunt, parce qu'il ne s'agissait pas d'un avantage préciputaire, mais d'un simple avancement d'hoirie sujet à rapport, soit en nature, soit en moins prenant. »

Ces raisons sont dignes d'approbation.

J'ai découvert, dans le même sens, un arrêt de Besançon, du 8 mars 1828, perdu dans Sirey sous une rubrique et un sommaire inexacts, arrêt qui juge que le legs d'un immeuble à un enfant à la charge d'un rapport en argent n'a rien de contraire à la loi. Cet arrêt se trouve dans Sirey, au tome 31, 1, 339, en tête d'un arrêt de la Cour de cassation, du 9 février 1830, qui a rejeté le pourvoi dont il avait été l'objet.

170. Tout serait dit sur cette difficulté, s'il n'existait, sur une question voisine, une certaine jurisprudence dont on peut se faire une arme contre la solution que nous voudrions voir

[1] S. Dev. 56, 1, 289.
[2] *Répertoire*, v° *Successions*, n° 1249; et *Rec. périod.*, 55, 2, 187.

triompher. Des arrêts, dont le nombre s'accroît tous les jours [1], jugent presque unanimement que les partages d'ascendants sont soumis, pour leur validité, à la règle qui veut que les lots entre cohéritiers soient composés d'objets de même nature, en vertu de quoi et par application des art. 826 et 832 du Code Napoléon sont annulés les partages par lesquels des pères attribuent tous leurs immeubles à certains enfants et à d'autres seulement des meubles ou de l'argent. Or, un partage d'ascendant n'est pas autre chose que l'attribution à chaque successible de sa part héréditaire avec dispense de rapporter en nature les biens qui la composent. Cette dispense résulte du seul fait que l'acte est un partage. Cela étant, si l'on refuse à un père le droit d'attribuer définitivement à ses enfants les biens qu'il lui plaît, lorsqu'il procède à un partage général, à plus forte raison devra-t-on lui refuser ce même droit, lorsqu'il ne dispose qu'à l'égard d'un seul enfant par forme d'avancement d'hoirie. Cela est logique, et l'argument me paraît irrésistible, si l'on admet la légitimité de la jurisprudence qui lui sert de base. Mais cette jurisprudence, si j'en puis dire mon avis, est profondément illégale. Eh quoi ! le Code a vu dans les partages d'ascendants des actes de magistrature domestique dignes de toute faveur, et il n'a permis de les attaquer que pour cause de lésion de plus du quart ou pour violation des règles sur la quotité disponible ! et voilà que les tribunaux, au nom de l'égalité en nature, presque toujours impossible à observer, cassent ces partages avec une facilité sans pareille ; ils les brisent comme verre. Leurs décisions s'appuient sur deux articles relatifs aux partages faits en justice, sur les art. 826 et 832. Passe encore si ces textes

[1] Voyez, à ne considérer que les plus récents : Civ. Rej. 28 février 1855, S. Dev. 55, 1, 785; Cass. 18 décembre 1855, et Req. 25 février 1856, S. Dev. 56, 1, 305. Ajoutez les Observations de M. Devilleneuve placées sous d'autres arrêts au tome 53, 2, 129.

contenaient la formule irritante : *à peine de nullité*, ou la formule négative : *ne pourront*, sans lesquelles, d'après les docteurs, il ne faut pas admettre de nullité. Mais il ne s'y trouve rien de semblable. Par une déviation singulière, ces deux articles qui n'ont jamais fait prononcer la nullité d'aucun partage ordinaire, sont devenus une cause incessante d'annulation pour les partages d'ascendants. Quelle est en effet leur sanction relativement aux autres partages ? C'est le droit pour chaque copartageant de proposer ses réclamations contre la formation des lots (art. 835), c'est surtout le tirage des lots au sort (art. 834). Cette manière de procéder exclut la possibilité d'une annulation ultérieure, fondée sur ce que l'on n'aurait pas suivi la recommandation de l'art. 832, *de faire entrer dans chaque lot, s'il se peut, la même quantité de meubles, d'immeubles, de droits ou de créances de même nature et valeur*. Si l'on veut observer l'analogie dans l'application aux partages d'ascendants des règles du partage ordinaire, il ne faut pas prendre l'art. 832 isolément pour en faire sortir une nullité à laquelle ses termes répugnent, mais dire que l'ascendant s'entourera d'experts pour estimer et partager ses biens et que le sort décidera de l'attribution des lots. De cette manière, l'art 832 ne serait point séparé de la seule sanction dont il soit susceptible. Mais il est difficile d'imposer aux ascendants l'observation de tant de règles pour l'exercice de la magistrature domestique qui leur est confiée. Il faut, sous peine de rendre ces partages impossibles, laisser à ceux qui les font la liberté de distribuer leurs biens, non à la façon des partages judiciaires, mais à la façon des partages amiables, ne réservant le contrôle des tribunaux que pour les cas de lésion ou d'inofficiosité. On arrive ainsi à l'unité de doctrine pour les avancements d'hoirie individuels et pour les donations collectives quant au droit du donateur de dispenser de la remise en commun les successibles auxquels il a assigné certains biens à titre de portion héréditaire[1].

Si l'on admet qu'un donateur puisse efficacement dispenser du rapport en nature ce qu'il donne seulement en avancement d'hoirie, il faudra exiger la déclaration *expresse* de sa volonté à cet égard, comme on doit l'exiger pour une dispense de toute espèce de rapport, conformément aux art. 843 et 919 du Code Napoléon. C'est du moins l'interprétation que nous avons défendue pour les libéralités directement faites par acte entre-vifs ou par testament.

171. Nous n'avons encore rien dit des libéralités indirectes, pour lesquelles la question du rapport à succession se présente sous un aspect tout particulier.

Ces libéralités peuvent être faites de la main à la main, sous forme de contrat onéreux ou par interposition de personne.

Les dons manuels ne supposant point d'écrit ne peuvent jamais être accompagnés d'une dispense expresse. Les donations faites à des successibles sous le déguisement d'un con-

[1] Sur cette question, M. Troplong suit la jurisprudence (T. IV, n° 2304). Je préfère l'opinion exposée par un ancien notaire, M. Héau, dans une Dissertation qu'on trouvera dans la *Revue pratique*, T. V, p. 166 et suiv. Et j'approuve beaucoup ce sommaire d'un récent arrêt de la Cour de cassation : « S'il est de principe aux termes des art. 826 et 832 du Code » Napoléon, même en matière de présuccession, que chaque lot doit » comprendre, autant que faire se peut, une part égale des meubles, des » immeubles et des autres valeurs de la succession, il n'en faut pas conclure que la règle soit tellement inflexible et absolue qu'elle ne doive » céder devant l'utilité constatée des enfants et devant la presque impossi» bilité d'un partage en nature (*Req.* 9 juin 1857, Journal *le Droit* du 10 juin). » La jurisprudence va-t-elle donc s'amender? Ce n'est pas le vœu du barreau de Paris; car le même Journal, n° du 3 juillet 1861, rapporte que la Conférence des avocats stagiaires a résolu cette question dans le sens de l'application de l'art. 832 aux partages d'ascendants.

trat onéreux ou sous le nom de personnes interposées supposent des actes; mais comme le disposant veut avoir l'air de ne pas faire une donation ou de ne pas la faire à un successible, il n'y a pas apparence qu'il écrive dans l'acte une dispense expresse de rapport et il n'y aurait pas raison de l'exiger.

A quelles conditions et dans quels cas les dons manuels et les dons déguisés ou par personnes interposées seront-ils affranchis du rapport, ou en d'autres termes constitueront-ils des préciputs?

On pourrait élever une question préjudicielle qui serait de savoir si la législation actuelle admet la validité de ces sortes de libéralités.

De l'aveu de tous les auteurs, les dons manuels sont permis sous le Code, comme ils l'étaient dans l'ancien droit. Émanation directe du droit naturel ou des gens, il faudrait pour les proscrire une disposition formelle qui n'existe pas.

Quant aux libéralités sous forme de contrat onéreux ou sous le nom d'un tiers interposé, l'art. 911 frappe de nullité celles qui seraient faites au profit de personnes incapables de recevoir à titre gratuit; il n'a rien dit des libéralités s'adressant à des personnes capables. La jurisprudence a conclu de cet article et de quelques autres dispositions du Code que les libéralités indirectes sont valables, lorsque les parties jouissent respectivement de la capacité de donner et de recevoir. De discuter le mérite de cette jurisprudence nous mènerait trop loin. Elle a pour elle d'assez solides arguments historiques et juridiques [1]. Nous l'acceptons.

[1] Voyez cependant une bonne Dissertation où M. Gab. Demante combat la validité des donations déguisées, au tome IV du *Recueil de l'Académie de législation de Toulouse;* et une autre Dissertation non moins bonne, dans le même sens, de M. Lafontaine, conseiller à la cour d'Orléans, dans la *Revue critique de Législation*, T. X, p. 58.

Cela posé, ne doit-on voir dans tous ces dons rien autre chose que des avancements d'hoirie toujours sujets à rapport, ou au contraire rien autre chose que des préciputs toujours dispensés du rapport, ou bien faut-il laisser la question à l'appréciation des juges du fond qui interpréteront souverainement la volonté du donateur dans chaque cas particulier.

L'incohérence qui existe sur ce point dans les dispositions du Code [1] a réduit les tribunaux à s'emparer du pouvoir de décider, selon les cas et d'après l'intention présumée du disposant, si la dispense de rapport doit avoir lieu. Les arrêts de cours impériales qui jugent ainsi en matière de donations déguisées sont très-nombreux. De la Cour de cassation il n'y a naturellement que des arrêts de rejet, intervenus sur les pourvois de quelques plaideurs téméraires qui se révoltent inutilement contre la souveraine interprétation des cours impériales. Les plus récents sont un arrêt du 8 août 1841, rejetant le pourvoi formé contre un arrêt de Grenoble qui contient cela de bizarre qu'en reconnaissant le caractère de préciput à une donation déguisée, il la fait concourir au marc le franc sur la quotité disponible avec un legs de cette quotité écrit dans un testament (antérieur), ce qui signifie que les magistrats reculèrent devant les légitimes conséquences de leur opinion [2]; un arrêt du 20 mars 1843, au rapport de M. Troplong [3]; un arrêt de rejet de la chambre civile, du 10 novembre 1852, rendu à l'occasion d'un arrêt de la cour de la Martinique qui contre l'ordinaire n'avait pas admis la dispense de rapport [4]; un arrêt du 16 juillet 1855, statuant

[1] Voy. art. 843, 847, 849, 853, 854 et 918.

[2] S. Dev. 41, 1, 621.

[3] S. Dev. 43, 1, 451.

[4] S. Dev. 53, 1, 289. Un arrêt d'Amiens, du 24 janvier 1836, a également soumis au rapport une donation indirecte d'une mère à son fils (S. Dev. 56, 2, 520).

dans l'espèce toute favorable d'une donation sous forme de reconnaissance de dette à prélever avant partage [1] ; un arrêt de rejet du 6 novembre 1855, rendu par la chambre civile, sous la présidence de M. le premier président Troplong [2]; enfin un arrêt de la chambre des Requêtes, du 31 décembre 1855, confirmant un arrêt de Paris du 28 décembre 1854[3].

La plupart de ces arrêts protestent que le fait du déguisement de la donation ne suffit pas à lui seul pour créer de plein droit la dispense de rapport, qu'il faut en outre quelque circonstance indiquant que cette dispense a réellement été dans la volonté de l'auteur de la disposition. C'est une recommandation au juge du fond de ne prononcer les dispenses de rapport qu'à bon escient, mais qui ne saurait avoir une grande portée. Dans le fait, les décisions qui admettent la dispense sont incomparablement plus nombreuses que celles qui la repoussent, et elles ne sont guère fondées que sur le déguisement de la libéralité. En droit, ces décisions ne peuvent pas être cassées, parce qu'elles se gardent bien de dire qu'elles fassent résulter la dispense de rapport du fait du déguisement et uniquement de ce fait.

Ce résultat est en définitive assez conforme à l'esprit de la loi qui est loin d'être défavorable aux préciputs. J'aimerais encore mieux la doctrine plus radicale qui affranchirait tous les dons indirects du rapport. Elle offrirait plus d'avantage aux justiciables.

Je regarde comme chimérique la distinction que quelques auteurs [4] s'efforcent d'établir entre les dons indirects et les dons déguisés, pour arriver à dire que ceux-ci sont de plein droit affranchis du rapport et que ceux-là y restent soumis,

[1] S. Dev. 56, 1, 246.
[2] S. Dev. 56, 1, 248.
[3] S. Dev. 55, 2, 344, et 57, 1, 200.
[4] Notamment Marcadé, sur art. 851.

s'il n'y en a une dispense expresse. C'est une finesse que Pothier n'a pas connue et que repoussent les dispositions du Code, copiées dans Pothier [1].

On rencontre beaucoup plus de décisions relatives à des donations déguisées que de décisions relatives à des donations par personnes interposées, soit qu'en fait cette dernière sorte de libéralité se fasse plus rarement, soit qu'elle se découvre moins aisément. Dans l'affaire jugée par l'arrêt du 8 août 1841, déjà cité, l'interposition d'un tiers se combinait avec la forme du don manuel et les apparences du contrat onéreux; la dispense de rapport fut admise, et avec raison, les art. 847 et 849 combinés avec l'art. 911 fournissant un argument presque invincible à la thèse qui dispense du rapport toutes les libéralités en forme de fidéicommis. Comment soumettre au rapport une libéralité ostensiblement faite à une personne étrangère à la succession?

Il y a sur les dons manuels un mot précieux du tribun Jaubert: « Les dons manuels, a-t-il dit [2], ne sont susceptibles d'au- » cune forme. Il n'y a là d'autre règle que la tradition, sauf » néanmoins la réduction et le rapport dans les cas de droit. »

Quels sont ces cas de droit? L'orateur est muet. Mais les tribunaux, qui ne peuvent rester muets, ont rendu sur les dons manuels un assez grand nombre de décisions. Ils inclinent à ordonner le rapport des dons relativement énormes et non celui des dons moins importants. Un arrêt de Bordeaux, du 2 mai 1831 [3], fait jouir de la dispense de rapport un don manuel de 50,000 fr., prouvé seulement par l'aveu du donataire qui déclarait que son père, le donateur, l'en avait dispensé. Un arrêt d'Aix, du 18 janvier 1843, a déclaré non rapportable une somme de 4,000 fr. donnée manuellement

[1] *Traité des Successions*, ch. IV, art. 2, § 2.

[2] Rapport au Tribunat.

[3] S. Dev. 31, 2, 324.

par un père à son fils, en considérant qu'il s'agissait dans l'espèce *de dons manuels occultes, et par conséquent d'une libéralité faite à titre de préciput et hors part.* Frappé de pourvoi, cet arrêt a été maintenu par arrêt de rejet, du 12 août 1844, au rapport de M. Mestadier; la Cour de cassation s'est bornée à corriger comme trop absolue la proposition émise par la cour d'Aix :

« Attendu en droit, dit la Cour suprême, que si les dons manuels et occultes ne peuvent pas plus que les donations déguisées être de plein droit et nécessairement dispensés du rapport, ou imputables sur la quotité disponible, leur véritable caractère résulte de la volonté du donateur : c'est au juge du fait qu'il appartient de rechercher et déclarer quelle a été son intention [1]. »

Un don manuel de 25,007 fr. par un oncle à son neveu a été déclaré non sujet à rapport, dans la pensée du donateur, par arrêt de la deuxième chambre de la cour de Rouen, du 24 juillet 1845 [2]. Peu de temps auparavant, un arrêt de la première chambre de cette même cour avait soumis à la loi du rapport un don manuel de 20,000 fr., d'une mère à son fils, comme trop considérable eu égard aux forces de la succession pour penser que la donatrice eût voulu l'affranchir du rapport [3]. Un arrêt de Toulouse, du 13 mai 1846, et un arrêt de Montpellier, du 11 juin 1846, font rapporter des dons manuels, de père à fille et de mère à fils [4]. Enfin, même décision dans un arrêt de Bastia, du 26 décembre 1855 [5].

Le mauvais côté de cette jurisprudence, c'est qu'elle nécessite un recours aux tribunaux pour chaque libéralité indirecte d'un défunt à l'un de ses héritiers. Les difficultés auxquelles donnent lieu ces libéralités sont parfois inextricables.

[1] S. Dev. 45, 1, 42.
[2] S. Dev. 46, 2, 104.
[3] S. Dev. 45, 2, 464.
[4] S. Dev. 48, 2, 114.
[5] S. Dev. 56, 2, 13.

L'existence de dons indirects par préciput, antérieurs à des dons exprès aussi par préciput, sont particulièrement la cause de grands embarras pour les tribunaux, comme on peut le voir par l'arrêt de Grenoble, du 8 décembre 1835, mentionné un peu plus haut. Il s'agit de savoir quelle est l'intention ou l'espérance d'un disposant qui, après avoir fait des préciputs occultes à certains héritiers, donne expressément sa quotité disponible à d'autres successibles. Evidemment il espère que le don indirect et occulte ne sera point découvert; il pense que sa quotité disponible se calculera abstraction faite des choses données indirectement, et que cette quotité ainsi calculée servira à acquitter les préciputs exprès et ostensibles qu'il a faits. Mais la constatation des dons indirects vient renverser toute cette combinaison ourdie contre la loi. Le don indirect une fois reconnu avec son caractère de préciput, il faut le comprendre dans la masse pour le calcul de la quotité disponible, puis l'imputer sur cette quotité. Mais cette imputation fait tomber les préciputs subséquents. En présence de pareilles difficultés, la cour de Grenoble a osé dire que le titulaire d'un don indirect entre-vifs partagerait la quotité disponible avec un simple légataire. Cette transaction peut être équitable, mais elle ne peut pas servir d'exemple. Comme elle était tout au profit de ceux qui demandèrent la cassation de l'arrêt, elle ne fut point critiquée devant la Cour suprême. Mais je ne doute pas que la cassation n'eût eu lieu, si la décision avait été attaquée à ce point de vue.

La jurisprudence décide d'ailleurs que la dissimulation par un donataire, de la libéralité indirecte ou déguisée qu'il a reçue, ne constitue pas un recel susceptible, par application de l'article 792, de lui enlever ses droits dans les objets donnés. Cette décision, très-favorable aux détenteurs de libéralités occultes, est conforme aux principes étroits qui régissent l'interprétation des dispositions pénales. Déjà contenue dans un arrêt de Caen, du 6 novembre 1827, elle vient d'être consacrée plus explicitement par deux arrêts de rejet de la chambre civile de la Cour de cassation, l'un, du 6 novembre 1855, déjà cité plus haut, et l'autre, du 13 novembre 1855[1].

La doctrine a trop peu à voir dans la ténébreuse question des dons indirects et déguisés, pour que je m'arrête à discuter les textes du Code et les opinions des divers auteurs. C'est une matière qu'il faut forcément laisser à la dispute. Il n'appartient qu'au législateur, ou au juge presque aussi puissant que lui, de dissiper de pareilles obscurités. La punition des auteurs de libéralités indirectes, donations déguisées, donations par interposition de tiers ou dons manuels, c'est qu'ils livrent leurs dernières volontés à l'incertitude des décisions judiciaires. Ce sera un grand hasard si leur vraie volonté est exécutée.

172. Laissons les avantages indirects pour ne nous occuper que des libéralités qui présentent les caractères extérieurs de la gratuité.

On a vu que suivant le Code, malheureusement trop peu respecté par la jurisprudence, une clause expresse est nécessaire pour faire un préciput. Je veux montrer maintenant que, lors même que cette clause existe, elle n'a pas toujours l'effet voulu par le disposant. Les faits peuvent démentir ses paroles.

Il dépend sans doute de la volonté de celui qui gratifie son successible de lui donner sous le nom et à titre de préciput ou sous le nom et à titre d'avancement d'hoirie. S'il veut donner à titre de préciput, il faut qu'il l'exprime ; s'il veut donner en avancement d'hoirie, il peut l'exprimer ou ne rien exprimer du tout. Les distinctions de Dumoulin entre l'avancement d'hoirie exprès et l'avancement d'hoirie non exprès ont été

[1] S. Dev. 1856, 1, 425.

rejetées depuis longtemps, et le Code ne les a pas remises en honneur. Mais dépend-il de la volonté du donateur que le don qu'il a qualifié de préciput ou d'avancement d'hoirie ait tous les effets du préciput ou de l'avancement d'hoirie ? Non ; il faut encore que le donateur ait respecté les limites de fait et de droit dans lesquelles se trouve enfermée sa puissance de disposer. La libéralité qu'il a faite sous un nom ou sous un autre n'aura l'effet d'un préciput ou d'un avancement d'hoirie qu'à la condition de ne point dépasser, pour le préciput, la quotité dont la loi lui laisse la disposition, et pour l'avancement d'hoirie, la part héréditaire qui peut revenir au gratifié dans sa succession.

Tout préciput qui excède la quotité disponible dégénère en un simple avancement d'hoirie jusqu'à concurrence de la part du donataire dans la succession. C'est ce qui résulte de l'art. 844 qui dit que cet excédant est sujet à rapport de la part de l'héritier qui vient à partage, et de l'art. 924 qui lui permet de ne point rapporter les objets donnés eux-mêmes, si les autres biens sont de la même nature.

Mais si la libéralité qualifiée de préciput va jusqu'à excéder à la fois le disponible et la portion héréditaire du gratifié, alors la réserve de ses cohéritiers est atteinte, et il y a lieu à la réduction de ce qui a été donné à leur préjudice, sans distinguer si le donataire vient ou ne vient pas à la succession.

Supposez maintenant un don en avancement d'hoirie qui excède la part héréditaire du gratifié. C'est cette part héréditaire que comprend spécialement et avant tout la donation. Cela va tout seul. Mais sur quoi doit porter l'excédant qui y est ajouté? Evidemment le donateur a dû le prendre sur son disponible et non sur les parts réservées par la loi à ses autres héritiers. Jusque-là il n'y aura lieu qu'au rapport, et seulement si le donataire accepte la succession. C'est du moins notre avis.

Mais si cette libéralité, que son auteur n'a pas qualifiée ou qu'il a qualifiée d'avancement d'hoirie, est si considérable qu'elle excède et la part héréditaire du gratifié et la quotité disponible, elle tombera pour cet excès dans le cas de la réduction qui a lieu sans distinction de renonciation ou d'acceptation.

L'analyse exacte de ces libéralités nous montre qu'un don par préciput s'applique premièrement au disponible et subsidiairement à la part héréditaire du successible à qui il est fait, et qu'un avancement d'hoirie excessif s'applique premièrement à la part d'hérédité du donataire et subsidiairement à la quotité disponible. Le premier va du disponible à la part héréditaire ; le second à l'inverse va de cette part au disponible. L'un et l'autre sont réductibles, lorsqu'ils excèdent ces deux éléments cumulés. Même renfermé dans les limites de la quotité disponible, un don par préciput assure au donataire qui vient à la succession l'avantage de prélever cette quotité sans préjudice de sa part héréditaire. Un don en avancement d'hoirie ne permet au donataire (même dans l'opinion qui lui est le plus favorable et qui est la nôtre) de cumuler la quotité disponible avec sa part héréditaire, qu'autant que la libéralité est assez considérable pour les comprendre toutes deux et qu'il a soin de renoncer à la succession ; car son acceptation ferait évanouir l'avantage contenu dans le don, en l'obligeant au rapport de ce qu'il avait reçu. Mais, qu'on le remarque bien, de la part du donateur qui a disposé de sa quotité disponible dans la forme ou à titre d'avancement d'hoirie, cette disposition est définitive et irrévocable dans la mesure que comporte l'acte qui la constate. Si, en effet, le donataire, ne voulant pas profiter de cet avantage pour lui seul, accepte la succession et y rapporte le don, rien ne devra être changé à la manière de l'appliquer, ou pour nous servir du terme technique, de l'imputer. L'imputation se fera d'abord sur la part héréditaire de l'héritier donataire, et ensuite sur la portion disponible pour le profit commun de lui et de ses cohéritiers auxquels seuls il doit le rapport. C'est à ces termes qu'il faudra réduire la doctrine de l'arrêt Saint-Arroman.

Que l'on ne dise pas, pour rejeter ces résultats, que le donateur pourra de cette façon se trouver dépouillé de son disponible sans avoir voulu le donner et quoiqu'il ait même déclaré donner autre chose que du disponible. C'est la condition de toutes les dispositions à titre gratuit, de ne produire des effets conformes aux qualifications qu'elles ont reçues du disposant, que s'il a su les proportionner exactement à son état de fortune et de famille au jour de son décès. Donations par préciput et donations en avancement d'hoirie suivent toutes les vicissitudes de la situation domestique et pécuniaire du disposant; leur caractère véritable et leurs effets possibles ne se précisent qu'à sa mort. Ainsi, le père de trois enfants, riche de 200,000 fr., a beau dire qu'il donne à l'un d'eux 50,000 fr. par préciput, cette donation ne peut valoir comme préciput que pour 25,000 fr., si à son décès il ne laisse que 100,000 fr. La diminution de sa fortune fait qu'il a réellement donné à son fils la part d'hérédité qui lui revient avec la quotité disponible qui était l'objet principal de la donation. Et réciproquement, si c'est en avancement d'hoirie qu'il lui a fait le don de 50,000 fr., alors qu'il en avait 200,000, et qu'il meure n'en laissant plus que 100,000, il se trouve lui avoir donné toute la quotité disponible avec sa part héréditaire, objet principal et direct de la libéralité. Si, au lieu de diminuer, la fortune du donateur s'était accrue, un préciput ou un avancement d'hoirie, hors de proportion avec ses facultés au temps de la donation, pourrait produire son effet comme préciput ou comme avancement d'hoirie grâce à l'augmentation du patrimoine. La naissance ou la mort d'autres enfants entre le moment des donations et le jour où s'ouvre la succession du donateur exercent une influence analogue sur le sort des libéralités qu'il a faites, soit par préciput, soit par avancement d'hoirie. Si c'est le successible donataire en avancement d'hoirie qui prédécède sans laisser d'enfants qui le représentent, ce prédécès retire tout effet à la clause d'avancement d'hoirie, le nom ou le titre imposé à la liberté n'ayant de valeur, comme nous l'avons dit, que s'il est d'accord avec l'état des choses au jour du décès. Ne soyons donc pas surpris, si une donation qualifiée de préciput s'exécute sur la part héréditaire du gratifié, et une donation faite en avancement d'hoirie sur la quotité disponible. Ce résultat n'a rien de contraire à la volonté du donateur qui a été avant tout de donner. L'imputation se fait d'abord sur ce qu'il a affecté à sa libéralité; mais lorsque la matière manque, on dirige l'imputation sur les autres biens qu'il pouvait et qu'il voulait sans doute aussi donner, puisqu'il faisait un don si considérable.

Ces idées très-simples et très-fécondes, mais encore mal comprises [1], donnent la clef de tout le système du Code Napoléon sur la portion disponible et la réserve. Le présent ouvrage n'en sera que le développement, et nous espérons qu'il en prouvera la parfaite exactitude.

On pourrait appeler *dispositions avantageuses* les libéralités par lesquelles un donateur dispose de sa quotité disponible tout en ne paraissant faire au donataire que l'avance de sa part de succession. Ce ne sont pas des préciputs, puisque le don du disponible n'y vient qu'à la suite du don de la part d'hoirie à laquelle le donataire peut prétendre. Mais elles contiennent un avantage évident pour celui qui en est favorisé, elles sont quelque chose de plus et de meilleur qu'un simple

[1] M. Beautemps-Beaupré, *De la Portion dispon.*, II, n° 984. Voyez cependant n° 986, *in f.*

avancement d'hoirie; cela suffit pour justifier le nom que je propose de leur appliquer [1].

173. Nous voilà en mesure de résoudre la question posée plus haut [2], si l'institution d'héritier ou le legs universel, fait au profit d'un successible, emporte disposition par préciput et hors part en sa faveur. Nombre d'arrêts [3] l'ont résolue affirmativement. C'est à tort selon moi. Il est vrai qu'un legs universel emporte le don de la quotité disponible, mais accessoirement à la part héréditaire du légataire ; du moment qu'il ne contient pas la clause de préciput, hors part, dispense de rapport, ou quelque expression équivalente, il n'est pas un préciput et ne peut pas en avoir les effets, il est simplement ce que j'ai appelé une disposition avantageuse. Si le légataire accepte la succession, il doit le rapport à ses cohéritiers. Pour cumuler la quotité disponible avec sa part de réserve, le légataire devra renoncer à la succession et s'en tenir à son legs, et encore ne l'obtiendra-t-il bien évidemment que si les juges sont de ceux qui admettent ce cumul. La décision de plusieurs des arrêts cités à la note peut se défendre par l'excellente doctrine du cumul de la réserve et de la quotité disponible en faveur du donataire ou légataire qui renonce à la succession, attendu que la plupart des légataires universels qui ont profité de ces arrêts paraissent avoir agi en cette qualité de légataires sans prendre celle d'héritiers. Mais, au lieu de

[1] Lebrun et Pocquet de Livonière emploient en ce sens les expressions de *part avantageuse*, *condition avantageuse* (Lebrun, *Successions*, liv. III, ch. VI, sect. I ; Pocquet de Livonière, *Règles du droit français*, liv. III, ch. I, sect. II, n° 4).

[2] Au n° 167, *in f.*, p. 321.

[3] Turin, 7 prairial an XIII ; Rej. civ., 25 août 1812 ; Limoges, 26 juin 1822 ; Bastia, 25 mars 1833, S. Dev. 34, 2, 318 ; Montpellier, 9 juillet 1833, S. Dev. 34, 2, 30 ; Req. 14 mars 1853, S. Dev. 53, 1, 267. Voy. aussi Grenier, *Donat. et Test.*, T. II, p. 137.

se placer à ce point de vue, les arrêts se fondent uniquement sur la mauvaise théorie qui fait résulter les préciputs de l'intention présumée du défunt. Si par là on est venu au secours du bon droit, c'est par une fausse route et en confondant des choses essentiellement différentes. Aux légataires qui se portaient héritiers il fallait refuser le cumul, et l'accorder à ceux qui ne voulaient être que légataires. Est-ce qu'un legs de cent mille francs fait par celui qui n'a que ces cent mille francs emporte disposition par préciput ? Il ne l'emporte pas, quoiqu'il soit tout aussi plein et avantageux que le serait un legs universel.

174. Bien qu'elles soient particulièrement importantes dans les successions où la loi fait une réserve, ces notions et ces distinctions peuvent être appliquées aux successions où il n'y a point de réserve, en ayant égard aux modifications que commande la disponibilité absolue des biens. Ainsi, le préciput fait par un défunt qui ne laisse pas d'héritiers à réserve ne peut subir de limitation que par la défaillance de la succession. Il vaut comme préciput ou ne vaut pas du tout. Les libéralités avantageuses peuvent être conservées entièrement par le donataire qui ne vient pas à partage, parce que ces successions ne comportent pas l'application du droit de réduction, mais seulement celle du droit de rapport. Toutefois il n'est pas sans intérêt, pour la distribution du surplus de la succession, de distinguer dans les valeurs retenues par un successible renonçant ce qui représente sa part héréditaire et ce qui lui constitue un avantage comparativement aux autres héritiers. Le chapitre suivant, consacré à ce genre de successions, va le montrer tout à l'heure.

CHAPITRE II.

DE LA RÉTENTION ET DE L'IMPUTATION DES AVANCEMENTS D'HOIRIE ET DES PRÉCIPUTS DANS LES SUCCESSIONS OU LA LOI NE FAIT PAS DE RÉSERVE.

175. Droit de rapport seul applicable.
176. Refus d'une réserve aux collatéraux.
177. Unité que le Code Napoléon a mise à la place des variétés coutumières sur le rapport en succession collatérale.
178. Quelle part est faite au principe d'égalité.
179. L'intérêt se concentre particulièrement sur l'imputation des avancements d'hoirie.

175. Les libéralités faites par une personne qui ne laisse pas d'héritiers à réserve ne peuvent jamais être attaquées par la voie de la réduction. Si l'on suppose incapacité de donner chez le donateur ou incapacité de recevoir chez le donataire, l'action en nullité sera ouverte; mais nous ne nous occupons que de la disponibilité qui est autre chose que la capacité.

Tout étant disponible et rien n'étant réservé, les dispositions faites au profit d'étrangers sont absolument inattaquables; les dispositions faites à des successibles le sont aussi au point de vue de la réduction, mais elles ne le sont pas au point de vue du rapport, parce que l'égalité entre cohéritiers est dans le vœu de la loi, et que la loi présume chez le disposant la volonté de la conserver, tant qu'il n'est pas démontré par une clause expresse qu'il ait voulu y déroger. Si le don fait à un successible est par préciput, il peut le retenir, quelque considérable qu'il soit ; est-il par avancement d'hoirie, il peut encore le retenir tout entier, mais en renonçant à la succession. Et cela, parce que le rapport, seul moyen d'attaque contre lui, n'a pas lieu pour les dons que le défunt en a dispensés, ni de la part des successibles qui ne viennent pas à la succession.

176. Le Code Napoléon n'accorde de réserve qu'aux parents en ligne directe, c'est-à-dire aux descendants dans la succession de leurs ascendants, et réciproquement ; aucune réserve n'est établie en faveur des héritiers collatéraux (frères et sœurs, oncles et tantes, neveux et nièces, cousins et cousines). Si une succession se trouve dévolue pour une partie à des ascendants et pour l'autre à des collatéraux, elle comporte partiellement l'application du droit de réserve.

177. Mais, si le Code n'accorde pas aux collatéraux des droits de réserve et de réduction, qui assurent à ceux qui en jouissent une portion de la succession de leur auteur malgré toutes les dispositions gratuites qu'il a pu faire, il leur accorde pleinement le droit de rapport, destiné à maintenir l'égalité entre cohéritiers qui viennent à un partage de succession, lorsque le défunt n'a pas expressément manifesté une volonté contraire. L'art. 843 est formel : *Tout héritier qui vient à une succession doit le rapport de ce qu'il a reçu du défunt.* La loi nouvelle s'est éloignée des dispositions du droit romain, et elle s'est rapprochée des principes coutumiers, en les systématisant dans ce qu'ils avaient de plus pratique et de plus équitable. L'obligation du rapport ne fut imposée par le droit romain qu'aux seuls descendants. Les ascendants et les collatéraux n'y étaient pas soumis; toute libéralité avait l'effet d'un préciput en leur faveur. Le droit écrit adopta ces principes. Quant aux coutumes, elles eurent là-dessus des dispositions qui variaient beaucoup. C'est sous forme d'incompatibilité entre les qualités d'héritier et de donataire ou légataire de la même personne qu'elles établissaient la nécessité du rapport des dons ou des legs. Dans plusieurs cou-

tumes on pouvait être héritier et donataire en collatérale, mais non héritier et légataire, ce qui veut dire que les donations entre-vifs faites à des collatéraux n'étaient jamais sujettes à rapport, et que les legs y étaient assujettis de la part du légataire qui venait à la succession, quand même le testateur l'en aurait dispensé par quelque clause de préciput ou hors part. Certaines coutumes y soumettaient les donations elles-mêmes, nonobstant les dispenses écrites dans l'acte, quand le donataire voulait prendre part à la succession du donateur. L'efficacité des clauses de préciput ou dispense du rapport était cependant admise dans quelques pays. D'autres coutumes, passionnées pour l'égalité, obligeaient au rapport des dons et des legs même les collatéraux qui renonçaient à la succession [1]. Le Code a ramené toutes ces variétés à l'unité, en permettant aux disposants de dispenser du rapport par une clause de préciput, et aux donataires de s'en dispenser eux-mêmes par une renonciation à la succession. C'est la loi coutumière qui s'est faite une.

178. Par une bizarrerie qui n'a point choqué les fondateurs du droit coutumier ni les rédacteurs du Code, mais qui étonne beaucoup ses interprètes, l'égalité n'est exigée entre les héritiers donataires et les non donataires que lorsqu'ils viennent tous à la succession; les successibles qui renoncent ont droit de retenir tout leur don ou de réclamer tout leur legs, quelque avantageux qu'il soit. Tel fut notre droit coutumier; tel est notre Code. Il ne lui répugne pas qu'un successible fasse sa condition meilleure que celle de ses cosuccessibles par le moyen de la renonciation. Pourquoi? C'est que la renonciation ne fait, en définitive, qu'assurer l'exécution de la volonté du défunt, telle qu'elle résulte de la dona-

[1] Voir Klimrath, *Travaux sur l'hist. du droit français*, T. II, p. 334 et suiv.

tion ou du legs. Si, dans le cas d'acceptation de la succession par le successible avantagé, cette volonté ne reçoit pas son exécution, c'est qu'il se désiste du bénéfice de la libéralité pour lui préférer le titre légal d'héritier. Ou venir comme héritier avec un droit égal mais non supérieur à celui des autres héritiers, ou s'en tenir à la donation, quelque considérable ou modique qu'elle soit, voilà l'alternative que la loi pose au successible donataire. Qu'on y réfléchisse mûrement, et l'on ne sera peut-être pas réduit à répéter ici le mot du jurisconsulte Julien : *Non omnium quœ a majoribus constituta sunt ratio reddi potest* [1].

En somme, le droit de disposition est mieux respecté par le Code que par les coutumes d'égalité absolue; et l'égalité entre cohéritiers y est mieux garantie que dans le droit romain.

179. Les dons par préciput, faits à des successibles par une personne qui ne laisse pas d'héritiers à réserve, n'offrent presque aucune difficulté quant au droit de les retenir et quant à la manière de les imputer ; ceux qui ne sont pas par préciput donnent lieu à des questions d'imputation aussi difficiles qu'intéressantes. Nous allons traiter distinctement des uns et des autres.

L'étude du droit de rapport dans les successions collatérales a cet avantage qu'il s'y présente dégagé de tout alliage avec le droit de réserve et de réduction. Lorsqu'on en vient aux successions où les deux droits concourent, la science consiste à bien démêler ce qui appartient au rapport et ce qui appartient à la réduction.

[1] L. 20, D., *de Legibus.*

ARTICLE PREMIER.

DES DONS ET LEGS PAR PRÉCIPUT.

180. Droit résultant d'un préciput.
181. Réduction des legs par insuffisance du patrimoine.
182. *Quid juris*, si les quotités léguées excèdent l'unité ?
183. De la renonciation du préciputaire.
184. Imputation du préciput.

180. Il résulte de l'art. 843 du Code Napoléon que tout héritier, venant à une succession, peut retenir les dons et réclamer les legs à lui faits par le défunt, si ces dons et legs lui ont été faits expressément par préciput et hors part, ou avec dispense de rapport. L'art. 844 renferme, il est vrai, ce droit de rétention dans les limites de la quotité disponible; mais nous supposons tout le patrimoine disponible. C'est donc jusqu'à concurrence de la succession tout entière que les dons et les legs peuvent être retenus ou réclamés. On *retient* les dons, on *réclame* les legs [1]. La différence de position qui existe entre un donataire, saisi de l'objet de sa donation, et un légataire, tenu à demander la délivrance de la chose léguée, est bien rendue par les deux expressions *retenir* et *réclamer*. C'est de l'exactitude juridique autant que grammaticale. Toutefois le législateur lui-même s'est servi dans l'art. 844 du seul mot *retenir* pour les legs comme pour les donations ; nous demandons la permission de n'être pas plus scrupuleux que lui dans notre langage, et d'appliquer quelquefois cette expression unique aux deux espèces de libéralités.

181. Si le disposant avait excédé les forces de son patrimoine par des legs particuliers, ces legs subiraient une réduc-

[1] *Sic*, art. 843, 845.

tion nécessaire au marc le franc pour être ramenés dans la limite des biens : *Detrahendum est, quod extra bonorum quantitatem est* [1]. Quoique cette diminution proportionnelle ne soit pas la réduction organisée par le Code, on peut l'autoriser de l'art. 926 ; seulement les legs universels devant payer les legs particuliers jusqu'à concurrence de la succession ne pourront jamais rien amender de la réduction dont il s'agit. L'art. 927 serait aussi applicable entre les divers legs à titre particulier ; c'est-à-dire que, dans tous les cas où le testateur aurait *expressément* déclaré qu'il entend que tel legs soit acquitté de préférence aux autres, cette préférence aurait lieu jusqu'à épuisement, s'il le fallait, de tout le patrimoine La nécessité d'une déclaration expresse à cet égard est généralement entendue avec une sévérité que l'on ne porte point dans l'interprétation des art. 843 et 919. On a raison ici, et tort pour ces autres dispositions.

Devrait-on accorder le bénéfice d'une préférence implicite aux legs de corps certains à l'égard des legs de sommes ou

[1] § 3, Inst., *de Lege Falcidia*. Pothier dit pour ce cas, au Traité *des Successions*, ch. v, art. 2, § 3 : « A cet effet, tous les legs particuliers » doivent souffrir une diminution au sol la livre. » C'est ce que vient de juger tout récemment la Cour de cassation par un arrêt ainsi conçu : « Attendu qu'il y a lieu à la réduction des legs particuliers, non-seulement lorsque les dispositions du défunt excédant la quotité disponible, » il s'agit de compléter la réserve, mais encore dans le cas où, comme » dans l'espèce, les biens d'une succession acceptée sous bénéfice d'inventaire sont insuffisants pour acquitter les dettes héréditaires, qui » doivent passer avant les libéralités ; que, dans ce dernier cas comme » dans le premier, la réduction des legs se fait au marc le franc, suivant » la règle d'égalité proportionnelle à laquelle le vœu du testateur doit être » présumé conforme, *à moins qu'il n'y ait formellement dérogé par l'indication d'un ordre de préférence entre les légataires* (arrêt du 25 novembre 1861, cassant un arrêt de Toulouse du 24 février 1859, *Droit* » du 17 janvier 1862). »

de quantités? Non, semble-t-il, d'après plusieurs lois romaines. Mais Pothier est pour la préférence tacite [1], ainsi que Grenier [2] et Toullier [3], et la jurisprudence s'est prononcée dans ce sens [4]. J'enregistre, sans la discuter, cette solution d'une question dont l'examen appartient aux commentateurs du Code.

182. Pareillement, si le disposant, par oubli de l'arithmétique, avait légué à titre universel des quotes ou fractions dont le total excéderait un entier, ces legs seraient ramenés proportionnellement à l'unité : *Ut si, verbi gratia, quatuor ex tertiis partibus heredes scripti sint; perinde habeantur ac si unusquisque ex quarta parte scriptus fuisset* [5].

Ces réductions vont d'elles-mêmes, commandées qu'elles sont par la force des choses.

183. Nous avons supposé le successible, qui est donataire ou légataire par préciput, venant à la succession. S'il n'y venait pas, il aurait un double titre pour retenir les dons et réclamer les legs à lui faits : le préciput et sa renonciation. L'art. 843 n'a statué et ne devait statuer que sur le cas où ce successible accepte la succession et prétend cumuler ce qu'il a reçu du défunt avec la part de succession que la loi lui destine. En ne venant pas à la succession, il fait une belle grâce

[1] *Des Donations testament.*, ch. IV, art. 2, § 5.

[2] *Des Donat. et Testam.*, T. I, nº 309.

[3] T. V, nº 588.

[4] *Code civil annoté* par Gilbert, art. 926, nº 7. Mais la Cour de cassation vient de réformer cette jurisprudence, et avec raison, par son arrêt du 25 novembre 1861, cité dans la note de la page précédente ; elle ne distingue pas, pour la réduction qu'elle prescrit, entre les legs de corps certains et les legs de sommes d'argent. Voir *le Droit* du 26 novembre 1861.

[5] § 7, *in f.* Inst., *de Hered. instit.*

à ses cohéritiers, puisque leur part d'hérédité s'accroîtra de celle qu'il délaisse.

184. Comment fera-t-on l'imputation des dons ou legs que le défunt a dispensés de rapport, soit que le successible qui est gratifié vienne ou ne vienne pas à la succession? Au premier aspect la question semble oiseuse. La succession, en effet, n'est point divisée en portion disponible et portion indisponible. Et alors, que peut-il y avoir à faire, que d'imputer ces libéralités sur la masse entière de la succession et de partager ce qui restera conformément à la loi? Il est bien vrai qu'il en doit être ainsi, et personne n'y voit de difficulté.

Cependant il peut se faire que cette succession se divise en deux parts égales, aux termes de l'art. 733, l'une pour les parents de la ligne paternelle, l'autre pour les parents de la ligne maternelle. Dans ce cas, il n'est pas inutile de remarquer que la moitié afférente à la ligne à laquelle appartient le successible donataire ou légataire, ne supportera pas seule la déduction de la libéralité retenue ou prélevée par lui, et cela, parce que cette libéralité lui a été faite, non pour lui tenir lieu de sa part héréditaire, mais aux dépens de la succession tout entière.

Lorsque les libéralités n'épuisent pas tous les biens, on peut concevoir le départ que la loi fait ailleurs entre la portion disponible et la réserve, comme établi pour sa succession par le disposant lui-même. Les libéralités qu'il confère à des étrangers et les préciputs qu'il fait à quelques-uns de ses héritiers forment son disponible de par sa volonté, et non en vertu d'aucune nécessité légale; le surplus est sa succession. La modération du disposant produit le résultat qui dans les successions directes et réservées est dû aux injonctions de la loi. Le successible gratifié vient-il au partage, il a son préciput hors part et n'en partage pas moins dans la moitié de succession qui est dévolue à sa ligne, de sorte que le préciput est payé par les deux lignes d'héritiers, comme le serait une libéralité faite à un étranger. Renonce-t-il à la succession, il ne prend rien de plus que la libéralité à lui faite ; la part héréditaire qu'il délaisse dans la succession diminuée accroît uniquement aux héritiers de sa ligne, de sorte qu'ils recueillent la moitié intégrale de cette succession et ne souffrent pas plus du préciput que les héritiers de l'autre ligne ; ils ont tout le bénéfice de la renonciation de leur colignager, comme ils l'auraient eu, s'il avait renoncé sans avoir rien reçu du défunt.

En termes techniques, le successible renonçant ne fait pas part dans la succession, quoiqu'il ait et qu'il garde son préciput. Dans les deux cas, le préciput est imputé sur la masse de la succession et non sur la moitié revenant à la ligne du successible.

Tout cela est incontestable et incontesté. Mais on prétend qu'il en doit être encore de même au cas d'un successible qui a reçu et qui retient un avancement d'hoirie. C'est une belle question d'imputation que nous aurons bientôt à discuter.

ARTICLE II.

DES AVANCEMENTS D'HOIRIE ET DES LEGS SANS CLAUSE DE PRÉCIPUT.

185. Deux cas à examiner.

185. Deux cas sont à examiner, celui de l'acceptation de la succession par le donataire et celui de sa renonciation.

§ Ier. — *Du cas où le successible gratifié de l'avancement d'hoirie vient à la succession.*

186. Espèce de rétention qui lui compète.
187. Rétention ou rapport en moins prenant en cas d'existence d'autres immeubles de même nature que celui qui a été donné.

188. Rétention ou rapport en moins prenant en cas d'aliénation de l'immeuble donné.
189. Rétention ou rapport en moins prenant dans le cas où le partage en nature de l'immeuble donné serait incommode.
190. Rétention ou rapport en moins prenant si le donateur a expressément dispensé le donataire du rapport en nature.
191. Rapport en moins prenant si l'immeuble donné a péri par la faute du donataire.
192. Les dons indirects sont-ils assujettis au rapport, et à quel rapport?
193. Rétention ou rapport en moins prenant, si c'est du mobilier qui a été donné.
194. Rétention ou rapport en moins prenant, si c'est de l'argent.
195. Du rapport des meubles incorporels.
196. Le rapport en moins prenant est une véritable imputation.
197. Réunion réelle ou fictive des biens donnés à la masse à partager.
198. Du principe que le rapport n'est pas dû aux légataires ni aux créanciers de la succession.
199. Conséquences à l'égard des légataires.
200. Conséquences à l'égard des créanciers.
201. Règlement du concours de successibles qui sont légataires avec des légataires étrangers.
202. Des effets du rapport entre les héritiers et à l'égard de leurs ayant-cause.
203. Effets au cas de rapport en nature.
204. Effets au cas de rapport en moins prenant.
205. Transition aux difficultés principales du sujet.

186. L'héritier venant à la succession doit rapporter à ses cohéritiers tout ce qu'il a reçu du défunt par simple avancement d'hoirie, c'est-à-dire sans clause de préciput ou hors part; il ne peut pas le retenir. Telle est la disposition de l'art. 843, qui a pour principe et pour but l'égalité entre les copartageants. Si le défunt ne voulait pas l'égalité entre eux, il devait le dire. Puisqu'il a gardé le silence, la loi entend qu'il ne voulait faire au gratifié que l'avance de sa part héréditaire.

Nier le droit de rétention, c'est affirmer la nécessité du rapport, et réciproquement. N'ayant pas entrepris d'écrire un traité des rapports à succession, nous n'entrerons pas dans le détail des règles auxquelles cette matière est assujettie.

Notre titre nous commande seulement de noter l'espèce de rétention qui résulte de ce que, dans certains cas, le rapport se fait en moins prenant au lieu de se faire en nature (art. 858).

Cette rétention n'a pas pour objet de faire avoir au donataire plus que ses cohéritiers. Il s'agit simplement de lui permettre de conserver l'objet donné par compensation entre l'obligation où il est de le rapporter à ses cohéritiers et l'obligation où ils sont de lui délivrer un lot dans la masse de tous les biens composant la succession.

187. Premièrement, dans le cas d'une donation d'immeubles, le donataire pourra les retenir, s'il existe dans la succession d'autres immeubles de même nature, valeur et bonté, susceptibles de former des lots à peu près égaux pour les autres héritiers (art. 859). Le défaut d'intérêt justifie cette exception à la règle du rapport en nature. C'est d'ailleurs un droit créé uniquement en faveur du donataire et de l'exercice duquel il doit être seul arbitre; il pourrait donc y renoncer et rapporter en nature, s'il l'aimait mieux.

Il me paraît incontestable que le bénéfice de ce rapport en moins prenant pourrait être réclamé par un successible qui serait légataire d'un immeuble et qui tiendrait à l'avoir en nature. Quoique l'idée d'une *dispense de rapport* ne convienne pas exactement aux legs, la loi la leur applique souvent [1]; ce ne sera donc pas forcer les termes de l'article 859 ni la pensée du législateur que d'accorder un pareil avantage au légataire venant à la succession. Par là son legs produira l'effet que le testateur a sans doute voulu y attacher [2].

Le rapport en moins prenant déroge à la règle de l'art. 834

[1] Voy. art. 844, 847, 849.

[2] *Sic* M. Demante, *Revue critique*, T. III, p. 253. Voir T. II, n° 272 ci-après.

sur le tirage des lots au sort, puisqu'il est l'attribution directe d'un certain immeuble à un héritier pour une certaine estimation. Si l'immeuble ne fait pas tout le lot de cet héritier et qu'il ait quelque chose à prendre dans les autres biens, il faudra remplir d'abord ses cohéritiers d'une valeur égale et former ensuite avec le surplus des biens des lots qui seront tirés au sort entre tous les héritiers. Cependant, si les autres immeubles n'étaient qu'un peu plus considérables, l'inégalité se compenserait par une soulte. Il en serait de même, si c'était l'immeuble donné qui eût un peu plus de valeur.

188. Deuxièmement, le rapport n'a lieu qu'en moins prenant, si le donataire a aliéné l'immeuble avant l'ouverture de la succession; il est dû de la valeur de l'immeuble à l'époque de l'ouverture (art. 860). La loi fait passer l'intérêt des tiers-acquéreurs, c'est-à-dire la stabilité de la propriété, avant l'intérêt assez faible qu'auraient les autres héritiers à obtenir un rapport en nature plutôt que par équivalent.

189. On peut imaginer, même dans une succession qui n'est pas divisée par la loi en disponible et indisponible, une libéralité à laquelle l'art. 866 serait applicable par analogie : ce qui fera un troisième cas de rapport en moins prenant, indépendant de l'existence d'autres immeubles égaux dans la succession et de l'aliénation de l'immeuble donné avant l'ouverture de la succession. Supposez, par exemple, qu'un oncle ait donné à son neveu les trois quarts d'un immeuble par préciput et l'autre quart en avancement d'hoirie, et que cet immeuble ne soit pas commodément partageable en nature. Le neveu retiendra tout l'immeuble, parce que ce qui lui est donné par préciput et qu'il a le droit absolu de prélever excède la moitié de tout l'immeuble, ou en d'autres termes excède la partie de l'immeuble qu'il est tenu de rapporter; il

prendra d'autant moins dans les autres biens et récompensera ses cohéritiers en argent ou autrement.

190. J'ajoute, en quatrième lieu et d'après la doctrine que j'ai exposée plus haut [1], que le rapport ne serait dû qu'en moins prenant si le donateur avait exprimé la volonté que l'immeuble donné ne fût pas rapporté en nature. Quelque opinion qu'on ait de la valeur d'une pareille dispense, lorsqu'elle émane d'un donateur dont le droit de disposition est limité par l'existence d'une réserve, il faut bien en admettre l'efficacité pour les successions où le droit de réserve n'a pas lieu. Le disposant pouvait bien plus. Mais comment refuser ce pouvoir à un donateur quelconque, lorsqu'on voit le droit au rapport en nature s'effacer devant l'insignifiante circonstance de l'incommodité du partage matériel de l'immeuble donné ?

191. Enfin, il y a un cas de rapport en moins prenant qui n'implique aucune rétention par le donataire. Je veux parler du cas où l'immeuble donné à péri en totalité par sa faute. Le rapport se fait forcément en moins prenant. Il n'y aurait lieu à aucun rapport, si la perte était arrivée par cas fortuit (art. 855).

Que doit rapporter le donataire en faute? La valeur de l'immeuble au temps de la perte ou sa valeur à l'époque de la donation, suivant que l'une ou l'autre sera la plus élevée.

Si l'immeuble n'a subi que des dégradations, le rapport a lieu en nature, et il est tenu compte des dégradations conformément à l'art. 863.

192. Si l'on décide, en s'attachant strictement aux termes de l'art. 843, qu'une donation indirecte ou déguisée, faite

[1] Voy. n° 169, p. 323 et suiv.

à un successible par celui-là même qui n'a pas d'héritiers à réserve, soit rapportable lorsqu'elle n'est pas accompagnée d'une dispense expresse, est-ce le rapport en nature ou le rapport en moins prenant qu'on lui appliquera? Il semble difficile, au premier aspect, de ne pas être pour la nécessité du rapport en présence des termes si absolus de l'art. 843. Cependant les principes généraux posés par la loi n'ont de valeur que par les conséquences qu'elle en a elle-même tirées. Or, si de la formule générale appliquée par l'art. 843 aux dons indirects on descend aux dispositions particulières que le législateur en a déduites, on reste convaincu qu'il n'a pas eu d'autre pensée ni d'autre volonté que d'assujettir les libéralités indirectes à la réduction, lorsqu'elles portent atteinte, non pas à l'égalité entre les héritiers, mais au droit de réserve. Pourquoi ce désaccord entre les prémisses et les conséquences? C'est que l'art. 843 est la reproduction, au moins pour le style, d'anciens textes qui supposaient la prohibition absolue de faire le moindre avantage à un héritier, tandis que, dans les applications spéciales qu'il a faites, le législateur s'est inspiré de son principe propre qui est la permission de ces avantages, pourvu qu'ils ne préjudicient point à la réserve. Cette considération me porte à penser que des héritiers collatéraux n'ont pas droit d'exiger le rapport des libéralités indirectes ou déguisées faites par l'auteur commun à l'un d'entre eux, et je laisse à ceux qui seraient d'avis que le rapport ait lieu le soin de nous dire la manière dont il devra s'effectuer.

193. Quant aux donations mobilières, le rapport se fait en prenant moins dans le mobilier, et à défaut de mobilier, dans le numéraire et les immeubles de la succession (articles 868 et 869 combinés). L'estimation des meubles donnés en vaut vente et les mets aux risques et périls du donataire.

194. Le rapport de l'argent se fait en prenant moins dans le numéraire de la succession, et à défaut de numéraire, dans le mobilier ou les immeubles, si mieux n'aime le donataire rapporter de l'argent pour avoir sa part en nature des meubles et des immeubles (art. 869).

195. Malgré les termes généraux et absolus de l'art. 868, j'incline à penser que le rapport des meubles pour lesquels il n'est pas d'usage de faire une estimation lors de la donation (ce sont les meubles incorporels, tels que créances, rentes, actions, offices), devrait avoir lieu en nature; ce qui implique la charge des risques pour la succession. Que si par extraordinaire il y avait eu estimation, l'article recevrait son application. La disposition finale qui suppose une estimation rétroactive doit se restreindre, à mon avis, au cas de perte de l'état estimatif qui avait été dressé, ou au cas d'un don manuel de meubles, si on juge qu'un tel don soit sujet à rapport.

Dans le cas où le donataire d'un meuble incorporel, non estimé par l'acte de donation, en aurait reçu la valeur en argent par suite de payement, vente ou transaction, avant l'ouverture de la succession, il faudrait le considérer comme débiteur envers la succession seulement de la somme par lui touchée, pourvu qu'il n'y eût point de faute ni de négligence à lui reprocher (argument de l'art. 1567). On ne pourrait sans injustice lui appliquer la décision différente portée par l'art. 860 pour le cas d'aliénation d'un immeuble donné. Car cette décision a été dictée au législateur par le désir de porter les donataires d'immeubles à les conserver en nature. C'est sans inconvénient, quand il s'agit d'immeubles, propriétés douées d'une durée presque perpétuelle et faciles à conserver. Mais il y en aurait beaucoup à entraver les transactions relatives à des meubles incorporels d'une durée ordinairement transitoire et dont la réalisation immédiate est souvent commandée par les circonstances. Il est donc équitable que la succession prenne pour elle l'opération qui a eu pour résultat la conversion d'un meuble incorporel en argent.

Les donations d'offices appellent un tempérament particulier. Lorsqu'ils ont été donnés sans estimation et que le donataire en est encore investi lors de l'ouverture de la succession, l'intérêt public exige que le titulaire de l'office puisse, s'il le veut, en faire le rapport en moins prenant suivant l'estimation de ce que vaut l'office à cette époque.

La même décision pourrait être admise pour les donations d'un fonds de commerce, et cela par interprétation de la volonté du donateur.

Pothier assujettissait indistinctement les donations d'objets mobiliers (les rentes exceptées comme immeubles) à la règle du rapport en moins prenant [1]. C'est aussi l'avis de plusieurs excellents esprits [2] sous l'empire du Code Napoléon. Les distinctions que je propose sont cependant équitables et d'ailleurs conformes aux principes généraux du droit ; il n'y a qu'une interprétation judaïque de l'art. 868 qui puisse les faire rejeter.

196. Malgré tant de dérogations à la loi du rapport en nature, c'est pourtant ce mode de rapport qui reste la règle ; le rapport en moins prenant forme l'exception.

Le rapport en moins prenant par un donataire qui vient à la succession n'est pas autre chose que l'imputation de ce qu'il a reçu sur sa part héréditaire. Il ne fait que conserver sa part de succession en retenant l'objet de la libéralité. La volonté du défunt de lui donner cette part et non autre chose se trouve ainsi parfaitement remplie, et l'avancement d'hoirie

[1] *Des Successions*, ch. IV, art. 2, § 7.

[2] M. Valette entre autres, d'après M. Mourlon, *Répétitions écrites*, T. III, sur art. 869.

produit son effet régulier par le moyen de cette imputation qui fait tenir son rang au donataire dans la succession. C'est l'identité du rapport en moins prenant avec l'imputation qui justifie la place accordée à ce genre de rapport dans nos explications.

Si le rapport se fait en nature, ce n'est plus seulement par imputation ou compensation que le donataire perçoit sa part héréditaire, c'est bien réellement cette part qu'il obtient par le partage qu'il fait avec ses cohéritiers. L'avancement d'hoirie se résout en une participation effective à l'hérédité. Le donataire y occupe sa place au même titre et de la même manière que les autres successibles.

Il en est ainsi lors même que l'avancement d'hoirie serait assez considérable pour contenir le germe d'un avantage dont le donataire eût pu s'assurer la possession exclusive en renonçant à la succession. Par son acceptation il a consenti à communiquer cet avantage à ceux qui sont ses cohéritiers. Il en profitera encore un peu, mais à titre d'héritier, au moyen de l'accroissement qui en résultera pour toutes les parts héréditaires.

197. Lorsque le rapport des biens donnés entre-vifs se fait en nature, il y a réunion effective de ces biens à la masse de la succession ; lorsqu'il se fait en moins prenant, la réunion n'est que fictive, à peu près comme celle que prescrit l'art. 922 pour le calcul de la quotité disponible. » Les copartageants, dit Pothier [1], qui sont obligés à quelques rapports, doivent les faire en faisant ajouter *réellement* ou par » *fiction* les choses qu'ils sont tenus de rapporter. » Que la réunion soit réelle ou fictive, on peut se demander si les biens sujets à rapport deviennent des biens héréditaires au

[1] *Des Successions*, ch. IV, art. 2.

même titre que tout ce que le donateur a laissé à son décès ? Plusieurs distinctions sont nécessaires.

198. L'art. 857 prouve d'abord que les biens rapportés ou à rapporter ne font point partie de l'hérédité à l'égard des légataires et des créanciers de la succession : « Le rapport, » dit cet article, n'est dû que par le cohéritier à son cohé- » ritier ; il n'est pas dû aux légataires ni aux créanciers de la » succession. » Ce qui signifie, non seulement que légataires et créanciers ne peuvent pas demander le rapport, mais encore qu'ils ne peuvent pas en profiter, s'il est demandé par les cohéritiers ; il ne leur est point dû. L'article 857 s'éclaire et se développe sur ce point par l'art. 921 relatif à la réduction.

199. En ce qui concerne les légataires, cette décision est très-simple dans la pratique et dans la théorie. Il est évident, d'une part que, le disposant n'avait pas le droit de léguer les biens qu'il avait déjà donnés entre-vifs, la donation l'en ayant dépouillé *actuellement et irrévocablement*. Et d'autre part, on décide généralement et avec raison que les héritiers ne sont jamais tenus des legs au delà des forces de la succession. Il en résulte que, soit que les héritiers, entre lesquels il y a lieu à un rapport de biens donnés, acceptent la succession purement et simplement, soit qu'ils l'acceptent bénéficiairement, ils peuvent se partager les biens rapportés en toute sécurité du côté des légataires. Ils ne leur doivent rien de plus que les biens qui étaient dans la main du testateur à son décès.

Et comme les légataires n'ont pas droit au rapport, le légataire d'une quote-part ne serait pas reçu à exiger la réunion fictive des biens donnés aux biens existants pour déterminer l'étendue de son legs. Les legs universels ou à titre universel que fait une personne après s'être dépouillée d'une partie de son avoir par des dons entre-vifs ne portent et ne se mesurent que sur les biens existants. Le legs universel est de tout ce qui reste au décès ; le legs d'une moitié en comprend la moitié. C'est pour rester fidèle à la volonté du testateur qu'on doit ne calculer la partie léguée que sur les biens existants. De la part d'un testateur dont la succession se divise en portion disponible et portion réservée, la même disposition pourrait, selon les cas, recevoir une autre interprétation. Le légataire qu'on veut faire réduire a, en effet, le droit d'exiger la réunion fictive. Il ne s'agit d'ailleurs en tout ceci que d'interpréter la volonté du testateur. On doit s'appliquer à calculer l'importance et la quotité des legs qu'il fait comme il les calculait lui-même en écrivant son testament [1].

200. Le rapport n'est pas dû aux créanciers plus qu'aux légataires, et par les mêmes raisons. Le donateur n'avait plus aucun droit sur les choses qu'il avait données entre-vifs ; elles étaient sorties définitivement de son patrimoine et avaient cessé d'être le gage de ses créanciers. Le rapport opère bien la résolution de la donation, mais seulement au profit des cohéritiers du donataire. Les créanciers ne peuvent pas crier à l'injustice, puisque, s'ils sont antérieurs à la donation, ils ont à se reprocher de n'avoir pas exigé une affectation spéciale des choses données à leurs créances, et que, s'ils sont postérieurs, ils ont contracté avec le défunt abstraction faite de ce qu'il avait donné et n'ont jamais dû compter sur ces valeurs pour leur payement. Les héritiers ne se doivent pas le rapport comme continuateurs de la personne du défunt ; c'est une dette nouvelle que fait naître activement et passivement l'acceptation de la succession. Tel est, en droit, le principe qui a dicté l'art. 857.

[1] Voyez plus loin, au n° 316, T. II, quelques exemples de cette interprétation de volonté.

Mais, en fait, quoique les successibles ne jouissent pas du rapport comme héritiers, ils ne peuvent cependant l'exiger que s'ils se portent héritiers ; l'acceptation de la succession est la condition du rapport sans en être la cause. Or, une acceptation pure et simple de la succession oblige l'héritier qui la fait à payer sur ses propres biens les créanciers héréditaires, et à plus forte raison l'obligerait-elle à les payer sur les biens rapportés. Il faut, en conséquence, s'ils veulent soustraire les biens rapportables à l'action des créanciers, que les héritiers entre lesquels le rapport a lieu aient soin de n'accepter la succession que sous bénéfice d'inventaire. Le rapport ne sera pas moins dû, car il est dû par *tout héritier, même bénéficiaire*, selon l'art. 843, et l'on peut ajouter qu'il est réciproquement dû à *tout héritier, même bénéficiaire*. Grâce à ce bouclier du bénéfice d'inventaire, les biens rapportés entre les héritiers seront préservés de l'atteinte des créanciers héréditaires à l'égal de leurs biens propres, soit dans la main de celui qui fait le rapport, soit dans la main de celui à qui il est fait. Pothier l'explique et le décide dans des termes qui sont un excellent commentaire de l'art. 857 :

« On demande, dit-il [1], si l'enfant héritier bénéficiaire avec ses frères et sœurs est obligé de compter aux créanciers des sommes que son père lui a données entre-vifs? La raison de douter est qu'un héritier, quoique bénéficiaire, est vraiment héritier, et par conséquent sujet à la loi du rapport. La raison de décider, au contraire, qu'il n'est point sujet d'en compter aux créanciers, est qu'il est, à la vérité, sujet à la loi du rapport, mais envers ses cohéritiers seulement ; ce n'est qu'envers eux que les coutumes l'y obligent pour maintenir l'égalité entre les enfants ; mais il n'y est point obligé envers les créanciers qui n'ont de droit que sur les biens de la succession dont les choses données entre-vifs ne font point partie, puisque le donateur s'en est dessaisi de son vivant. On dira que par le rapport les choses données sont censées rentrer dans la succession : la réponse est que, si elles sont censées rentrer en la succession, ce ne peut

[1] *Des Successions*, ch. III, sect. III, art. 2, § 6.

être que par fiction, que dans la vérité elles n'en sont point, puisque le défunt avait cessé d'en être propriétaire, que les fictions ne doivent profiter qu'à ceux pour qui elles ont été établies; d'où il suit que le rapport n'étant établi qu'en faveur des enfants cohéritiers, et non en faveur des créanciers, les créanciers ne peuvent en profiter.

L'héritier bénéficiaire doit-il compter aux créanciers de la portion qu'il a dans le rapport des choses données à son cohéritier, que son cohéritier doit lui faire? On pourrait dire qu'il y a dans cette espèce une plus grande raison de douter, que cet héritier bénéficiaire à qui son cohéritier a rapporté une somme qui lui a été donnée, n'a part en cette somme rapportée qu'à cause de la succession, que parce qu'il est héritier. La raison de décider, au contraire, est que cette somme n'est point véritablement de la succession, puisque le défunt ne la lui a point laissée, ce qui suffit pour que les créanciers n'y puissent prétendre aucun droit, n'en ayant, au moyen du bénéfice d'inventaire, que sur les biens de la succession. »

Des arrêts ont jugé que les créanciers de la succession ne pourraient pas demander le rapport ni en profiter, même du chef d'un héritier qui aurait accepté purement et simplement [1]. C'est une grave hérésie. Les créanciers de la succession deviennent les créanciers personnels de l'héritier par son acceptation pure et simple, et peuvent exercer tous ses droits, *à l'exception de ceux qui sont exclusivement attachés à sa personne* (art. 1166). Si on leur dénie ce droit, il faudrait le refuser même à ceux qui n'ont jamais eu que l'héritier pour débiteur. Et cependant, le rapport est-il autre chose qu'un droit pécuniaire? Il est vrai que l'art. 857 accorde aux biens rapportés, à l'égard des créanciers héréditaires, la même immunité qu'aux biens propres des héritiers; mais cette immunité est subordonnée, pour les uns et les autres, à la condition d'une acceptation bénéficiaire [2]. Telle est la doc-

[1] Toulouse, 16 janvier 1835; S. Dev. 35, 2, 327; Req. 9 juin 1835, S. Dev. 36, 1, 63. Comparez une décision meilleure de Colmar statuant à l'égard des créanciers personnels de l'héritier, 19 janv. 1813, *Palais*, 11, 50.

[2] *Sic*, Pothier, *l. cit.* et tous les auteurs modernes. *Adde* Pothier, *Ibid.* Ch. IV, art. 2, § 6.

trine universellement admise. Si l'on osait encore porter cette question devant les tribunaux, les progrès de la science feraient infailliblement réformer la vicieuse jurisprudence de 1835. Les méprises de cette force sont heureusement assez rares.

Si le rapport ne doit pas profiter aux créanciers de la succession, il ne doit pas davantage leur nuire. On peut retourner un adage très-connu et dire : *Commodis qui carent, et incommodis carere debent.* C'est la plus stricte justice, et non pas seulement l'équité, qui veut cela. Ce principe, que je déduis de l'art. 857, est aussi certain, aussi légitime, aussi obligatoire que s'il y était écrit en toutes lettres.

Il peut servir à décider la question qui naît de l'espèce suivante : Une personne a donné, par avancement d'hoirie, à l'un de ses héritiers présomptifs, la somme de 20,000 fr.; elle meurt laissant 20,000 fr. de biens et 20,000 fr. de dettes. Les deux héritiers acceptent purement et simplement la succession, et celui qui a reçu l'avancement d'hoirie est insolvable.

Les créanciers de la succession peuvent-ils se faire payer intégralement ce qui leur est dû sur les 20,000 fr. qui existaient au décès ?

L'héritier qui n'a rien reçu leur opposera peut-être que par l'effet du rapport en moins prenant à lui dû par son cohéritier, les 20,000 fr. de biens trouvés au décès lui appartiennent en totalité, et que, par l'effet de la division légale des dettes entre eux deux, il n'est tenu d'en payer que la moitié, c'est-à-dire 10,000 fr. (art. 1220). Les créanciers répondront que le rapport en moins prenant ne doit pas leur nuire. L'obligation du rapport constitue le cohéritier à qui il est dû créancier particulier de celui par qui il est dû. Cette dette d'héritier à héritier s'acquitte souvent par le moyen d'une compensation qu'on appelle rapport en moins prenant et qui est l'une des opérations du partage de la succession (art. 829). Mais la compensation ne peut pas s'opérer, que tous les créanciers de la succession ne soient payés ou assurés de leur payement sur les biens qui la composent. La division intellectuelle des dettes entre les héritiers a pour condition nécessaire la division matérielle des biens entre eux tous pour les payer.

Ce langage des créanciers est excellent et triomphera, à condition qu'ils demanderont la séparation des patrimoines contre les créanciers de l'héritier insolvable, avec inscription sur les immeubles, s'il en existe dans la succession. La prudence veut en outre, pour éviter que le partage ne se fasse en fraude de leurs droits, qu'ils aient soin de s'opposer à ce qu'il soit procédé hors de leur présence. La séparation des patrimoines sera aussi efficace contre la créance engendrée par le rapport au profit d'un héritier sur l'autre, que contre les créances dont les héritiers peuvent être chargés envers des étrangers. L'héritier qui n'a rien reçu veut, dans notre espèce, se faire payer des 10,000 fr. que lui doit son cohéritier, pour raison de la donation, sur les 10,000 fr. qui reviennent à celui-ci dans les biens existants. La séparation des patrimoines empêchera ce payement ou cette compensation, comme elle empêcherait la compensation que le créancier de l'un des héritiers, qui serait en même temps débiteur de la succession, voudrait opérer entre sa dette et sa créance jusqu'à concurrence de la part de cet héritier, son débiteur. Les créanciers de la succession obtiendront par ce moyen l'intégralité de ce qui leur est dû en recevant 10,000 fr. de l'héritier solvable et se faisant attribuer ce qui revient à l'insolvable dans les biens existants ou les sommes qui en proviendront par préférence à ses créanciers personnels, au nombre desquels se trouve son cohéritier pour le rapport qui lui est dû. Bien entendu que cet héritier conservera sa créance contre l'insolvable.

C'est donc par une demande de séparation des patrimoines que les créanciers de la succession éviteront le préjudice que le rapport pourrait leur causer, comme c'est par une acceptation bénéficiaire que les héritiers peuvent empêcher qu'il ne profite à ces mêmes créanciers. Ce droit est compliqué, mais parfaitement sage et concordant.

Si les deux héritiers, ou même seulement l'insolvable qui doit le rapport, avaient accepté la succession sous bénéfice d'inventaire, les créanciers héréditaires n'auraient pas besoin de demander la séparation des patrimoines pour être payés sur les 10,000 fr. qui reviennent à cet insolvable dans les biens trouvés au décès. Il leur devrait compte de sa part entière, sans pouvoir l'employer à payer aucun de ses créanciers personnels, pas plus le cohéritier qui est son créancier par l'événement du rapport que tout autre créancier. Les créanciers personnels d'un héritier bénéficiaire n'ont de droits ainsi que lui-même, sur ce qui lui revient dans la succession, qu'après l'extinction du passif héréditaire tombé à sa charge.

Concluez de tout ceci que le rapport en moins prenant n'est pas praticable, lorsqu'il préjudicierait aux droits des créanciers, supposé qu'ils aient accompli les formalités propres à les sauvegarder.

Et remarquez que ces créanciers n'ont pas besoin de nier le principe de la division des dettes entre les héritiers; il leur suffit de s'opposer à ce que les biens existants, qui sont leur gage, soient répartis entre les héritiers de manière à soustraire ce gage à leur action.

Dumoulin, et après lui Pothier, ne sont parvenus à résoudre cette difficulté dans un sens équitable qu'en la réduisant à une question de fraude et de collusion de la part des héritiers, et en admettant, pour punir la fraude qu'ils présument, une dérogation au principe de la divisibilité des dettes héréditaires. M. Duranton s'est efforcé de donner un fondement plus légal à la cause des créanciers; mais il finit par adopter purement et simplement l'opinion des deux grands jurisconsultes [1]. Ai-je eu raison de tenter une autre voie? M. Lafontaine, conseiller à la cour d'Orléans, agite la même question dans une dissertation particulière [2], sans soupçonner les légitimes ressources que la science possède pour les résoudre.

Puisque les biens rapportés ne rentrent pas dans la succession au regard des créanciers, il est sans difficulté qu'en cas de séparation des patrimoines, ils figureront dans la masse des biens de l'héritier et non dans celle de la succession. Ajoutez hardiment qu'en cas d'acceptation bénéficiaire, ces mêmes biens rapportés ne seront pas soumis aux entraves de l'administration qui en est la suite; les héritiers bénéficiaires pourront les aliéner aussi librement et aussi impunément que leurs autres biens propres. Et ils ne les comprendraient pas dans l'abandon qu'ils sont autorisés à faire des biens de la succession aux créanciers et aux légataires, aux termes de l'art. 802, Code Napoléon [3].

La règle de l'art. 857, que le rapport n'est pas dû aux créanciers de la succession, n'a trait qu'aux biens donnés entre-vifs, les seuls pour lesquels il y ait lieu au rapport proprement dit. Quant aux choses léguées à des successibles (ou à d'autres), elles sont encore la propriété du testateur à son décès et le gage de ses créanciers. Les légataires ne peuvent pas les réclamer avant le payement des dettes. C'est le cas de dire : *Bona non intelliguntur, nisi deducto œre alieno.*

[1] Dumoulin, *Tract. de divid. et individ.*, p. 2, n° 93, *in f.*; Pothier, *Des Obligat.*, n° 310; M. Duranton, T. VII, n° 270.

[2] *Revue critique de Législation*, sept.-oct. 1859, p. 334 et suiv.

[3] Motifs d'un arrêt de Douai du 11 mars 1854, S. Dev. 56, 1, 426.

201. Comment doit-on régler le concours de successibles qui ont reçu des legs, et qui acceptent la succession, avec des légataires étrangers?

La non-réclamation de leurs legs par ceux-là ne doit apporter ni bénéfice ni perte à ceux-ci. Après que les dettes ont été soldées ou déduites, les legs faits aux étrangers leur sont payés intégralement, pourvu que ce payement laisse encore dans la succession une valeur égale à celle des legs qui compétaient aux successibles, et sur laquelle on puisse les imputer. Autrement, on réduit tous les legs au marc le franc, comme il a été dit plus haut [1], si ce ne sont que des legs particuliers, et les successibles légataires retirent leur part proportionnelle; si les legs des successibles sont à titre particulier et les legs des étrangers à titre universel, les successibles retiennent tout le montant de leurs legs. Dans tous les cas, les légataires étrangers n'ont pas plus et ils n'ont pas moins que si les successibles légataires eussent renoncé à la succession. Ce que ceux-ci obtiennent dans leur lutte avec les autres légataires, ils ne le gardent point pour eux seuls, puisqu'ils sont acceptants; ils le rapportent ou plutôt le communiquent à leurs cohéritiers, et n'y ont que leur part héréditaire [2]. Ces décisions sont rigoureusement déduites de deux principes également certains, savoir : que l'héritier qui vient à la succession ne peut profiter des legs à lui faits à l'égard de ses cohéritiers; et qu'il peut au contraire les réclamer à l'encontre des autres légataires. Ce sont articles de loi.

Je signale et je combats en son lieu [3] une évidente violation

[1] Voy. le n° 181, p. 350 et suiv.

[2] Le successible légataire qui a accepté la succession, et qui par suite est tenu de communiquer le bénéfice du legs à ses cohéritiers, ne pourrait pas renoncer à ce legs au préjudice du rapport qu'il leur doit. Comparez ce qui est dit au n° 395 ci-après, T. II.

[3] Au n° 325, T. II.

de notre premier principe commise par la Cour de cassation, dans une affaire *Fédas*, à propos d'avancements d'hoirie faits à des enfants.

202. Le rapport est dû par le cohéritier à son cohéritier; et rapporter, c'est réunir les biens donnés à la masse de la succession. J'en conclus qu'entre les héritiers il faut considérer les biens rapportés comme des biens héréditaires. Le bien aliéné par une donation entre-vifs n'était plus dans la succession[1]; mais il y rentre par le rapport qui en est fait, la donation est résolue dans l'intérêt des cohéritiers du donataire avec des effets précisés par les art. 860 et 865 en ce qui concerne les tiers qui ont acquis des droits sur le bien donné, si c'est un immeuble.

Quant aux biens légués à un successible et non réclamés par lui, ils ne sortent pas de la succession et n'ont pas besoin d'y rentrer pour être des biens héréditaires.

On sent, d'ailleurs, à l'égard des biens donnés entre-vifs que la qualité de choses héréditaires devra s'y imprimer avec plus ou moins de force, suivant que le rapport se fera en nature ou en moins prenant. Nous allons parcourir quelques hypothèses donnant lieu à des questions assez délicates.

203. Si le rapport de l'immeuble qui avait été donné se fait en nature, cet immeuble rentre dans la succession franc et quitte de toutes charges créées par le donataire (art. 865). Ces charges sont les droits d'usufruit, de servitude, d'hypothèque, d'antichrèse, que le donataire a pu concéder sur l'immeuble, pendant qu'il était en sa possession. Une aliénation complète de l'immeuble par le donataire aurait au con-

[1] Paroles de Treilhard dans la séance du 5 ventôse an XI, à propos de l'art. 922.

traire l'effet péremptoire d'empêcher le rapport en nature (art. 859 et 860). La loi s'est montrée favorable aux aliénations qu'elle suppose devoir être fort rares, et défavorable aux concessions de droits réels qui seront nécessairement plus fréquentes. Accorder à une hypothèque l'effet d'empêcher le rapport en nature, ç'eût été supprimer ce rapport dans presque tous les cas.

On réserve seulement aux créanciers ayant hypothèque (et sans doute à tous autres cessionnaires de droits réels) la faculté d'intervenir au partage, pour s'opposer à ce que le rapport se fasse en fraude de leurs droits, c'est-à-dire pour soutenir qu'il y a dans la succession d'autres immeubles susceptibles de former des lots égaux pour les autres cohéritiers, et que dès lors c'est le cas d'un rapport en moins prenant et non d'un rapport en nature qui mettrait leurs droits à néant (art. 859 et 865 combinés). Ils pourront porter cette question devant la justice, quand même les héritiers s'entendraient pour un partage amiable de la succession.

Mais, ce que ces tiers demandaient, ils ne l'ont pas obtenu ; le rapport en nature a eu lieu, et l'immeuble donné est tombé, je le suppose, dans le lot de l'un des cohéritiers du donataire. Dans ce cas, tout est consommé vis-à-vis d'eux, leurs droits sont perdus sans ressource. C'est ce que dit Pothier dans des termes dont l'art. 865 n'est que l'abrégé[1] :

« Lorsque l'héritage donné à l'un des enfants (ou à un autre successible) est par lui rapporté réellement, et tombe au lot de quelqu'un de ses cohéritiers, l'effet du rapport est que le droit que le donataire avait en l'héritage qu'il a rapporté, se résout, qu'il est censé être de la succession du donateur, comme s'il n'avait point été donné, que le cohéritier au lot duquel il tombe, est censé succéder à cet héritage au défunt, comme s'il n'avait jamais appartenu à son frère qui l'a rapporté et par conséquent sans aucune charge des hypothèques et droits réels que le donataire qui l'a rapporté y aurait pu imposer.

[1] *Des Successions*, ch. IV, art. 2, § 8.

Ces droits réels et hypothèques se résolvent en ce cas de la même manière que se résout le droit du donataire qui les a imposés, suivant la règle : *Soluto jure dantis, solvitur jus accipientis.* »

Cet héritier au lot duquel est mis l'immeuble rapporté a incontestablement droit à la garantie des troubles et évictions qui tendraient à le lui enlever, ainsi qu'au privilége accordé par la loi pour que cette garantie soit efficace (art. 884, 2103-3° et 2109) ; et réciproquement, l'immeuble sera grevé dans ses mains du même privilége envers ses cohéritiers. Cela ne peut souffrir de doute, puisqu'il possède l'immeuble à titre héréditaire.

L'immeuble qui avait été rapporté en nature revient-il par l'effet du partage au donataire lui-même, ce retour a lieu avec le bénéfice éventuel de la garantie que lui devront ses cohéritiers et sous la charge du privilége inhérent à celle qu'il leur devra par réciprocité. Le titre de sa possession est innové ; c'est désormais comme héritier qu'il possède l'immeuble après l'avoir possédé à titre de don.

On demande si, dans ce cas, les droits réels établis par le donataire, mais résolus par suite du rapport en nature, revivront en faveur de ceux à qui il les avait concédés. La raison de douter qu'ils puissent revivre est la résolution qui a eu lieu, avec l'innovation qui s'est opérée dans le titre de la possession du donataire. Mais la raison de décider qu'ils revivent est que cette résolution a lieu seulement dans l'intérêt des cohéritiers du donataire, et qu'ils se trouvent sans intérêt, si ce n'est quant à leur privilége de copartageants qui devra effectivement leur être réservé. Par ce privilége, ils primeront tous les créanciers et ayant-cause du donataire. A l'égard des cohéritiers du donataire, les biens qu'il avait rapportés et qui lui sont revenus sont censés biens héréditaires ; mais à l'égard des tiers qui ont contracté avec lui, sa nouvelle possession est tellement liée à sa possession antérieure qu'elles n'en font pour ainsi dire qu'une seule. Présents au partage pour la conservation de leurs droits, les ayant-cause du donataire pourront, après avoir inutilement soutenu qu'il n'y avait lieu qu'au rapport en moins prenant, demander que du moins, s'il se peut, les biens rapportés soient mis au lot de leur débiteur, afin que leurs droits revivent comme il vient d'être dit. A cet effet, ils ne s'appuieront plus sur l'art. 865, mais sur l'art. 882. Si la loi accorde ce droit d'intervention et d'insistance à un créancier auquel un héritier aurait concédé une hypothèque depuis l'ouverture de la succession, à plus forte raison doit-elle l'accorder à celui en faveur de qui un droit réel a été établi par cet héritier, lorsqu'il était unique propriétaire. La plupart des auteurs admettent ces solutions, mais par des raisons d'équité plutôt que de droit; je les tiens pour très-conformes au droit.

204. Occupons-nous maintenant du cas où le rapport a lieu en moins prenant. Les effets pourront varier suivant que ce sera telle ou telle cause qui s'opposera au rapport en nature.

Si le rapport d'un immeuble a lieu en moins prenant à cause de l'existence d'autres immeubles pouvant faire des lots à peu près égaux pour les autres héritiers, cet immeuble sera-t-il affecté par privilége à la garantie que le donataire leur devrait certainement en cas d'éviction? On objectera peut-être contre ce privilége que la donation n'est pas résolue et que les charges créées par le donataire subsistent, d'où l'on conclurait que le privilége des copartageants ne peut pas saisir l'immeuble au préjudice des ayant-cause du donataire. Je pense toutefois qu'il faut admettre ce privilége, parce qu'au fond la donation est résolue dans l'intérêt des cohéritiers; seulement il est permis au donataire de conserver l'immeuble, si cela ne nuit pas à ses cohéritiers; il y a là une convention équivalente à partage, c'est un échange, une compensation conventionnelle. L'éviction que souffriraient les autres héritiers serait une preuve qu'il n'y avait réellement pas lieu au rapport en moins prenant. Ils sont donc bien fondés à réclamer dès le principe un privilége qui ne leur servira plus tard que si la cause du rapport en moins prenant disparaît. Il y aurait contradiction véritable de la part du donataire et de ses ayant-cause à soutenir au moment du partage qu'il y a assez d'autres immeubles dans la succession et à refuser la garantie qu'ils sont de la succession.

Décidez pareillement que, si le rapport en moins prenant n'avait été consenti que moyennant une soulte à payer par le donataire à ses cohéritiers, ceux-ci auraient privilége pour la garantie de cette soulte. Les droits réels concédés par le donataire ne sont maintenus, que pour autant qu'ils ne préjudicient pas aux autres héritiers.

Réciproquement, l'héritier qui retient l'immeuble aura droit à la garantie dans le cas où il serait évincé, ainsi qu'au privilége qui accède à cette garantie. Que ce rapport en moins prenant soit librement consenti par les héritiers ou qu'il leur soit imposé par la justice, il a entre eux les effets d'un partage. Le titre de la possession du donataire se trouve rajeuni et renouvelé.

Toutes ces décisions devront pareillement être suivies, si le rapport se fait en moins prenant par suite de l'incommodité qu'offrirait le partage matériel de l'immeuble objet de la donation. Nous supposons le cas très-rare où il y aurait lieu d'appliquer, par analogie, l'art. 866 aux successions qui ne comportent point de réserve.

Si le rapport en moins prenant est motivé par l'aliénation que le donataire a faite de l'immeuble avant l'ouverture de la succession, il aura contre ses cohéritiers, en cas d'éviction de l'acquéreur, une action en répétition de la valeur rapportée par lui à la place de l'immeuble, avec affectation privilégiée sur les immeubles qui leur seront échus en partage. Le droit du donataire d'exercer cette répétition ne pourrait faire doute qu'au cas où l'aliénation dont il s'agit ne l'exposerait à aucun recours en garantie de la part du tiers-acquéreur. Mais dans ce cas-là même la répétition devrait être admise suivant moi, parce que le donataire n'en perdrait pas moins tout le fruit de la transmission qu'il avait faite. Si l'éviction eût précédé l'ouverture de la succession, le donataire n'aurait rien rapporté. De son côté, le donataire devra garantie à ses cohéritiers pour les biens mis dans leurs lots, mais sans qu'aucun privilége de copartageant puisse frapper l'immeuble passé dans les mains du tiers-acquéreur. L'aliénation a purgé ce privilége par anticipation, comme elle a purgé l'obligation du rapport en nature. Remarquons que l'acquéreur devra désormais, pour jouir de ces avantages, avoir soin de faire transcrire l'acte entre-vifs qui lui transfèrera la propriété à quelque titre ce soit (art. 1 et 3 de la loi du 23 mars 1855).

Que décider dans le cas où le rapport en moins prenant serait la suite d'une clause de l'acte n'astreignant le donataire qu'à remettre l'estimation de l'immeuble à la succession? Action en garantie des cohéritiers du donataire contre lui, mais sans privilége de copartageants sur l'immeuble qu'il a reçu comme par une vente. Et réciproquement, action du donataire en répétition de l'estimation par lui payée, s'il vient ou si l'acquéreur, à qui il aurait transmis l'immeuble, vient à souffrir éviction, avec privilége de copartageant à son profit sur les immeubles composant les autres lots.

En résumé, la convention plus ou moins volontaire, en vertu de laquelle le rapport se fait en moins prenant, a presque tous les effets du partage entre l'héritier qui doit le rapport et ceux auxquels il le doit. C'est un quasi-contrat, sinon un contrat. Il est à remarquer que l'obligation de garantie incombera au donateur lui-même, lorsque l'avancement d'hoirie sera en faveur de mariage, c'est-à-dire à titre de dot (art. 1440, 1547). Mais ses héritiers ne succèdent pas à cette obligation de garantie, puisque la donation est résolue vis-à-vis d'eux; ils ne peuvent être tenus envers le donataire qu'à la garantie qui naît du partage.

205. C'est ainsi que doit être traité le cas où le successible, donataire ou légataire sans clause de préciput, accepte la succession du donateur; nous passons maintenant au cas où il y renonce et nous entrons du même coup au cœur de notre sujet dont les explications précédentes n'étaient que la préparation. Nous avons laissé indécises plusieurs des questions qui sollicitaient notre examen, et nous avons appliqué à d'autres les solutions données par la jurisprudence sans trop en approfondir le mérite. Nous pouvions procéder ainsi, parce que là n'était point notre but. Mais nous en approchons, et désormais il faudra enlever aux difficultés et à la controverse tout ce qu'il sera possible de leur enlever.

§ II. — *Du cas où le successible gratifié de l'avancement d'hoirie renonce à la succession.*

206. Simplicité de la question quant à ce qu'il peut retenir; difficulté quant à la manière de l'imputer.
207. Sur quoi imputer l'avancement d'hoirie ?
208. Exemples pour l'intelligence de la question.
209. Solution des auteurs et de la jurisprudence.
210. Solution contraire à déduire des principes anciennement reçus en matière de succession.
211. Discussion des textes.
212. Résultats iniques de la solution vulgaire.
213. Qu'il faut imputer l'avancement d'hoirie sur la part de succession du donataire, et que cette imputation n'est pas la même chose que le rapport.
214. Moyen pratique de résoudre les difficultés. Nombreux exemples pris dans les successions qui se divisent par lignes.

215. Application du principe d'imputation aux successions divisées par souches.

216. Critique d'un arrêt notable de la cour de Grenoble, du 15 décembre 1855.

217. Délicatesse de la question dans ce genre de succession. Le Code l'a simplifiée.

218. Au cas de prédécès du donataire qui se trouve représenté dans la succession du donateur, c'est le rapport qui a lieu.

219. Ni rapport, ni imputation, au cas de dévolution à plusieurs héritiers non groupés par lignes ou par souches.

220. Les mêmes questions dans l'ancien droit. Critique d'une mauvaise solution proposée par le Tribunal de cassation.

221. Retour sur l'article 785 et contre la fausse interprétation qu'on lui donne.

222. Comparaison des successions divisées par lignes ou par souches avec la succession réservée. Généralité du principe d'imputation.

223. Equivoque faite par un auteur moderne à propos des renonciations non gratuites.

206. Que peut retenir l'héritier avantagé qui renonce, et sur quoi imputer ce qu'il retiendra? On a toujours ces deux points à examiner.

Donataire entre-vifs sans dispense de rapport, qu'est-ce que pourra retenir le successible qui renonce à la succession du donateur? Toute la donation.

Légataire sans clause de préciput, mais renonçant à la succession, qu'est-ce qu'il pourra réclamer? Tout le legs, jusqu'à concurrence des facultés du défunt.

Tel est le droit qui résulte implicitement de l'art. 843, explicitement de l'art. 845. Toute la succession étant disponible sans réserve aucune, il ne peut y avoir lieu à réduction. Le rapport seul serait possible; mais il n'est pas dû par qui ne vient pas à la succession.

Les amis de l'égalité quand même diront tant qu'ils voudront que le disposant n'avait pas dispensé du rapport, que c'est par sa seule volonté que le donataire s'en affranchit de manière à rendre sa condition meilleure que celle des autres héritiers, qu'il n'est pas moral que le successible qui rejette le fardeau des charges héréditaires par une répudiation injurieuse, soit mieux traité que ceux qui font au défunt l'honneur d'accepter sa succession ; qu'un pareil résultat est bizarre, inique, monstrueux, et bien d'autres choses encore. De ces doléances et de ces sophismes la loi n'a aucun souci. Le donateur, dites-vous, n'avait pas dispensé du rapport ! Mais il savait bien que le renonçant en est dispensé par la loi. Il voulait l'égalité entre ses héritiers ! S'il l'eût voulue, aurait-il fait un si grand avantage à l'un d'eux ? La renonciation à la succession est une injure à la mémoire du défunt ! Le donataire lui témoigne son respect et sa reconnaissance en acceptant et revendiquant la libéralité. Ne nous arrêtons pas davantage à ces objections dirigées contre le système de la loi. Nous les verrons se reproduire avec plus d'insistance, mais sans plus de fondement, à propos des successions qui admettent le droit de réserve et de réduction.

La rétention de l'avancement d'hoirie par le successible renonçant ne peut être l'objet d'un doute. C'est l'imputation qui souffre difficulté.

207. Comment donc imputer cet avancement d'hoirie retenu par le successible en vertu de sa renonciation à la succession ?

Cette question, d'un intérêt théorique immense, se présente particulièrement dans les successions qui sont à partager entre la ligne des parents paternels et celle des parents maternels (art. 733), ou entre plusieurs souches d'héritiers venant par représentation (art. 742 et 743). Faut-il imputer ce que retient le renonçant sur la part de succession afférente à la ligne ou la souche dont il faisait partie, par la raison que cette libéralité tiendrait lieu de part héréditaire au successible gratifié ; faut-il au contraire l'imputer sur la masse totale des biens, sous le prétexte qu'ayant renoncé à la succession, ce successible ne peut pas être censé y prendre quoi que ce soit ? Si on l'impute sur les droits qui compètent au groupe du renonçant, déduction sera faite sur ces droits de la part dont lui, renonçant, se trouve rempli par avance, et si par hasard il est dans sa ligne le seul parent du degré appelé à succéder, ceux du degré subséquent n'auront rien à prétendre, leur ligne ayant reçu tout son lot et épuisé tout son droit au moyen de la libéralité qu'il a retenue [1]. Que si l'on impute sur la masse des biens, les cohéritiers du renonçant ou les héritiers du degré subséquent prendront autant que ceux de la ligne opposée.

208. Deux exemples rendront sensible la différence des résultats auxquels on arrive en adoptant l'une ou l'autre manière d'imputer ; je les prends dans les successions divisées par lignes, afin de ne pas compliquer la difficulté par les principes spéciaux de la représentation.

Une personne est décédée, qui laisse pour héritiers trois cousins germains paternels et trois cousins germains maternels; la succession est de 36,000 fr. ; 6,000 ont été légués sans clause de préciput à l'un des cousins paternels qui renonce à la succession pour s'en tenir à son legs. Doit-on partager les 30,000 fr. qui restent également entre les deux lignes, ou bien en donner 18,000 aux trois cousins maternels et 12,000 aux deux cousins paternels?

Autrement : Il y a trois cousins maternels, et un seul cousin paternel légataire sans clause de préciput, non plus de 6,000 fr. seulement, mais de 18,000, et renonçant. Doit-on appeler les cousins paternels du degré subséquent à partager les 18,000 fr. qui restent, après le legs payé, avec les trois cousins maternels, ou bien les donner à ces derniers à l'exclusion de toute la ligne paternelle?

[1] Dans une succession divisée entre plusieurs souches héritières, la renonciation même gratuite (*nullo accepto*) de l'unique représentant de l'une des souches copartageantes exclurait le degré subséquent (art. 744, 787).

De cousin à cousin, j'ai supposé un legs ; mais le cas moins probable d'une donation suivrait exactement les mêmes principes.

209. Les auteurs enseignent unanimement [1] que ce qui est retenu par le successible renonçant doit s'imputer sur la masse entière des biens, exactement comme si le don lui avait été fait par préciput ou qu'il eût été fait à un étranger. Les raisons qu'ils en donnent (voyez surtout Chabot), c'est que le successible qui renonce à la succession est censé n'avoir jamais été héritier, et que sa part accroît à ses cohéritiers, ou, s'il est seul, est dévolue au degré subséquent (art. 785 et 786). Il est assimilé à un étranger ; or, bien certainement, si la donation eût été faite à un étranger, elle serait imputée sur la masse. Toute succession doit se partager en l'état où elle se trouve au moment de son ouverture, et les héritiers n'ont droit qu'aux biens qui existaient dans les mains du *de cujus* au moment de son décès ; or, les biens qu'il avait donnés entre-vifs n'existaient plus dans sa succession, et ceux qu'il a légués en sont virtuellement retranchés par sa volonté ; les biens non donnés ni légués forment seuls sa succession qui doit être partagée entre les héritiers acceptants conformément à la loi sans tenir aucun compte de ceux qui renoncent, qu'ils retiennent quelque chose ou rien, peu importe. Il est vrai que le successible gratifié aurait dû le rapport, s'il eût accepté ; mais les héritiers de sa ligne ne peuvent pas le devoir à sa place envers l'autre ligne, puisqu'ils ne sont pas les do-

[1] Voy. Levasseur, *De la Portion disponible*, n° 145 ; Chabot, sur art. 786, n° 10, et sur art. 845, n° 3 ; Grenier, *Des Donations*, 1re éd., T. III, n° 503 ; Toullier (éd. Duvergier), vol. 2, n° 462 ; Delvincourt, éd. 1819, T. II, p. 323 ; Vazeille, *Des Successions*, art. 786, n° 4 ; Poujol, *Des Successions*, art. 785, n° 5 ; Duranton, T. VI, n° 501 ; Aubry et Rau, sur *Zachariæ*, T. IV, § 597 *bis*, à la note ; Massé et Vergé, sur le même, T. II, p. 251, note 2.

nataires ; or, dit-on, l'imputation de la libéralité faite exclusivement sur la moitié afférente à leur ligne n'irait pas à moins qu'à leur imposer ce rapport qu'ils ne doivent pas.

Un arrêt de Paris, du 1er juillet 1811, unique monument de la jurisprudence sur la question [1], ajoute son autorité à celle des docteurs. Il y avait pourtant une circonstance bien favorable à l'imputation sur la part héréditaire dans l'espèce de cet arrêt : c'est que la libéralité, un legs valant les trois-quarts de la succession, n'avait été faite à une parente maternelle qu'à la condition de renoncer au surplus des biens. Cela n'empêcha point la Cour de déclarer que par la renonciation de cette légataire, seule de son degré, il y avait eu dévolution, au profit des parents maternels qui la suivaient, de sa moitié dans le surplus des biens [2].

[1] Il y a maintenant un second arrêt semblable cité au nº 216 ci-après. Je suis fâché de voir M. Demolombe donner son approbation à ces arrêts, au tome I, nº 369, de son *Traité des Successions*, ainsi qu'au tome III, nº 46. Par ce qu'il a écrit dans ce dernier endroit, le savant doyen de la faculté de Caen s'est fermé la possibilité de bien résoudre les questions de quotité disponible et de réserve qu'il promet de traiter complétement au titre *des Donations entre-vifs et des Testaments*. Ses solutions sur la succession réservée ne peuvent plus être exactes qu'à la condition de démentir ce qu'il a écrit sur la question que nous examinons en ce lieu.

[2] Je recueille dans le journal *le Droit*, du 4 janvier 1862, le sommaire d'un nouvel arrêt par lequel la Cour de cassation, chambre des Requêtes, donne son adhésion à la jurisprudence inaugurée en 1811 par la cour de Paris. Les circonstances étaient absolument semblables, c'est-à-dire qu'elles favorisaient beaucoup l'imputation du legs dont il s'agissait sur la moitié afférente à la ligne du légataire. Mais le lien qui rattache cette question d'imputation à la grande thèse du cumul de la réserve et de la portion disponible échappe tellement aux meilleurs esprits, que la chambre des Requêtes ne l'a pas même jugée digne d'examen devant la chambre civile ; elle a rejeté d'emblée, par son arrêt du 30 décembre 1861, le pourvoi formé contre un arrêt de Rennes du 10 décembre 1860, dont nous avions ignoré l'existence. Il semble, d'après le sommaire de l'arrêt, que la Cour

C'est naturellement cette solution que l'on trouve dans tous les Répertoires de jurisprudence; leurs auteurs traduisent en doctrine juridique la décision de l'arrêt de 1811 avec d'autant plus de sécurité, qu'étant isolé, il n'est contredit par aucun autre [1].

n'ait vu là qu'une question d'interprétation de volonté. Sans doute la volonté du défunt est à interpréter; mais l'interprétation consiste uniquement à vérifier si la libéralité est à titre de préciput ou d'avancement d'hoirie. Une fois cette vérification faite, le reste est de droit. Voici le sommaire qui nous est donné:

« La clause par laquelle un testateur, après avoir fait à son oncle maternel, héritier au plus proche degré dans cette ligne, un legs de toutes les terres, recueillies dans la succession de sa mère, a ajouté que *moyennant ce legs, son oncle n'aurait rien à prétendre à la succession, et ne pourrait y intervenir à aucun titre*, a pu être entendue en ce sens que le testateur a voulu exclure de sa succession son oncle légataire en lui enlevant tous ses droits d'héritier, et appeler en son lieu et place, dans cette ligne, les autres successibles du degré subséquent. Une semblable interprétation basée sur la volonté du défunt est souveraine.

» En conséquence, l'héritier légataire qui a accepté le legs à lui fait dans ces termes et à ces conditions est nécessairement exclu de la succession, dont la masse doit dès lors se partager par moitié, déduction faite du legs, entre les représentants de la branche paternelle et les successibles dans la branche maternelle autres que le légataire. Il importe peu que celui-ci ait déclaré prendre son legs comme héritier et pour sa part héréditaire. Son attitude ne saurait préjudicier au droit ouvert par le testament et par la loi combinés au profit de ceux qui viennent après lui dans sa ligne. »

C'est la dévolution au degré subséquent qu'admet cette décision. Notre argumentation prouvera, croyons-nous, qu'elle n'est pas fondée en droit, et l'origine des biens légués à cet oncle maternel indique assez que la volonté du défunt n'était pas celle qu'on lui attribue. Le legs fait à l'oncle était tout ce qu'il voulait accorder à la ligne de sa mère : *Materna maternis*:

[1] Voy. Rolland de Villargues, *Rép. du Notariat*, v° *Renonciation à succ.*, n° 73 et suiv.; Fouët de Conflans, *Esprit de la jurisp. sur les Successions*, art. 785, 2°; Sébire et Carteret, *Encyclopédie du droit*, v° *Accroissement*, § 1er, n° 5; Dalloz, *Rép. alphab.*, v° *Succession*, n° 172.

Ce n'est pas tout. Cette opinion peut encore revendiquer pour elle le suffrage du législateur de l'an II. On sait que la loi du 17 nivôse, tout en déclarant les successibles déchus des libéralités faites en leur faveur, leur permettait d'en retenir une partie, s'ils renonçaient à la succession. La question fut élevée de savoir si ces retenues devaient s'imputer sur la masse de la succession ou sur la part affectée à la ligne du renonçant, et la Convention la résolut dans le premier sens par son décret interprétatif du 9 fructidor an II (Réponse à la 31e question).

Enfin, dans les Observations du Tribunal de cassation sur le titre *des Successions*, on en trouve une en faveur de l'imputation sur la masse entière. Elle sera rapportée et corrigée au no 220 du présent ouvrage.

La thèse de l'imputation sur la moitié afférente à la ligne du renonçant est désertée par tout le monde; elle n'a guère eu d'autre champion sous le Code que le célèbre avocat Tripier, qui la défendit sans succès devant la cour de Paris dans l'affaire de 1811.

210. Je crois cependant que la solution rebutée par la doctrine et par la jurisprudence est seule conforme au droit, à la raison et à l'équité.

L'unanimité qui existe en faveur de l'autre opinion m'embarrasserait beaucoup, si je ne me souvenais de l'habitude où sont les jurisconsultes de se répéter les uns les autres. C'est plus commode. Trop souvent l'unanimité sur une question difficile prouve seulement qu'elle n'a pas encore été l'objet d'un sérieux examen.

Qu'il me soit d'abord permis de relever une contradiction choquante où tombent quelques-uns de nos auteurs. Grenier et Chabot, par exemple, n'admettent-ils pas qu'un héritier réservataire qui est donataire en avancement d'hoirie et qui renonce à la succession peut retenir sa part dans la réserve, c'est-à-dire dans la succession réservée, et que ce qu'il retient doit s'imputer sur cette part avant que de porter sur le disponible? J'applaudis à cette décision qui prévaut aujourd'hui dans les arrêts de la Cour de cassation. Mais ces auteurs devaient, pour être conséquents, admettre aussi que l'avancement d'hoirie retenu par un successible non réservataire au moyen de sa renonciation à la succession lui tient lieu de la part qu'il y avait et s'impute avant tout sur cette part. Comment ces graves jurisconsultes n'ont-ils pas vu qu'il faut, par une nécessité logique invincible, soumettre toutes les successions, la succession entière comme la succession réservée, à un seul et même principe d'imputation? En démontrant l'unité du principe et de son application, ils auraient prévenu l'abus prodigieux qu'on a fait de l'axiome tant répété et toujours mal compris, que la réserve n'est pas autre chose que la succession *ab intestat* diminuée. Ses prôneurs en concluent que le réservataire qui renonce, cessant d'être héritier, ne peut être censé prendre sa portion de la réserve, quoique cette portion lui ait été donnée ou léguée par le défunt. Ils disent pour la plupart qu'elle accroît à ses cohéritiers, comme fait toujours, suivant eux, la part de celui qui renonce à l'entière succession. Je ne les blâme pas d'assimiler la succession diminuée à la succession non diminuée. Mais s'il était prouvé que l'héritier ordinaire est censé, lui aussi, retenir sa part héréditaire, lorsqu'il renonce pour s'en tenir à un avancement d'hoirie que le défunt lui a fait, et qu'il faut alors le compter comme ayant rempli sa place ou son degré, ce qui exclut l'accroissement ou la dévolution, tandis qu'on ne le compte pas, s'il renonce sans rien retenir, ce qui donne ouverture, soit à l'accroissement, soit à la dévolution ; si tout cela était établi, les conséquences que ces auteurs ont tirées de l'assimilation d'une succession à l'autre devraient être retournées en un autre sens, et ce serait tout le contraire qu'il faudrait conclure de cette assimilation. Un seul auteur, M. Beautemps-Beaupré [1], a remarqué combien était générale autrefois, dans la matière des successions, l'application de la distinction entre les renonciations *aliquo accepto* et *nullo accepto*. Mais trompé par des exemples mal choisis, il a pensé qu'elle n'était plus admissible aujourd'hui dans la succession ordinaire, et qu'elle devait en conséquence être également rejetée en matière de réserve. J'essayerai de restituer toute sa valeur et toute sa portée à ce principe de notre ancien droit. Le prouver dans la succession ordinaire, c'est le prouver dans la succession réservée. Tout ce qui le justifie ou l'ébranle sur un point, le justifie ou l'ébranle aussi sur l'autre. Il y a échange de règles et d'exceptions, de principes et de conséquences, d'arguments et d'autorités, entre les deux successions. De là le prix extrême de la démonstration qui va suivre.

211. Jurisconsulte doué d'une rare sagacité, M. Chabot a bien vu le côté par où pèche le raisonnement qui fait accroître aux héritiers de la ligne du renonçant la part héréditaire de celui-ci, bien qu'il ne renonce que pour retenir une libéralité non dispensée de rapport.

« Il est vrai cependant, dit-il sur l'art. 845, n° 3, que sa renonciation ne profitant qu'aux héritiers de sa ligne, qui recueillent, à sa place, la portion héréditaire qu'il aurait eue, s'il avait accepté, il paraîtrait juste que ce qu'il prélève fût d'abord imputé sur cette portion qu'il abandonne, et ne fût pas pris sur la masse commune, au préjudice des héritiers de l'autre ligne, qui, n'ayant pas le bénéfice de sa renonciation, ne devraient pas en souffrir. »

Cette objection qui n'a pas eu le pouvoir de toucher M. Chabot est la vraie raison de décider.

Si, en effet, la part délaissée par l'héritier d'une ligne,

[1] *De la Portion disponible*, T. 1, n° 139 et suiv.

qui renonce sans rien retenir, profite uniquement à ceux de sa ligne par accroissement ou par dévolution, il faut, par une juste réciprocité, que dans le cas où cet héritier retient un don ou un legs non dispensé de rapport, cette libéralité soit précomptée sur la moitié de succession dans laquelle il aurait partagé. C'est une avance qui lui avait été faite sur la succession à laquelle la loi l'appelait. Cette avance, contenue dans les limites de sa part héréditaire, portait nécessairement sur cette part qui ne peut se trouver que dans la moitié afférente à sa ligne. Sa renonciation ne doit pas avoir pour effet de transporter la libéralité, par lui reçue et retenue, sur d'autres biens que ceux où l'auteur de la disposition en a puisé la substance.

On objecte que, d'après l'art. 785, l'héritier qui renonce est censé n'avoir jamais été héritier, et que, d'après l'article 786, sa part accroît à ses cohéritiers, ou, s'il est seul, est dévolue au degré subséquent. Donc, dit-on, la part de l'héritier dont il s'agit va par accroissement ou dévolution à ceux de sa ligne : comment pourrait-il être censé l'avoir retenue? L'objection revient à dire que le renonçant n'a pas pu retenir sa part héréditaire, parce qu'il y a accroissement ou dévolution. Ma réponse est qu'il n'y a ni accroissement ni dévolution, parce qu'il a vraiment retenu sa part. Pour savoir s'il l'a retenue, je me demande ce qu'il aurait eu en venant à la succession. Il n'aurait eu rien de plus que ce qu'il a conservé par le bénéfice de sa renonciation. Il aurait rapporté son don, et puis l'aurait repris au moyen du partage; peut-être même eût-il été dispensé de le rapporter en nature. De toute manière, il n'aurait eu ni plus ni moins. Si donc il ne laisse point sa part dans la succession, s'il l'a emportée tout entière, il n'y a pas d'accroissement, pas de dévolution possible. La matière de l'accroissement ou de la dévolution manque.

Est-ce à dire que nous violions les art. 785 et 786 ? Nullement. Nous les entendons comme fut toujours entendue la règle ancienne qu'ils ont consacrée. Lorsque l'art. 786 dit que la part du renonçant accroît à ses cohéritiers, c'est un fait qu'il énonce plutôt qu'un droit qu'il établit. L'accroissement est subordonné à la condition que le renonçant laissera sa part dans la succession. Si, l'ayant reçue par avance, il la retient, point d'accroissement. Et lorsque l'art. 785 dit que l'héritier qui renonce est censé n'avoir jamais été héritier, cela signifie seulement qu'il perd tout droit dans les biens laissés par le défunt à son décès. Mais si sa part a été par avance détachée de la succession par une donation qu'il a reçue, ou si elle en est actuellement détachée par un legs qu'il peut réclamer, alors, tout en cessant par sa renonciation d'être héritier dans ce qui est hors de son don ou de son legs, il a l'équivalent de sa part héréditaire au moyen de la libéralité qu'il retient ou qu'il réclame, et si l'on veut faire une liquidation équitable de la succession, il faut compter sa personne au nombre des héritiers, et réunir, fictivement au moins, les biens qu'il conserve, à la masse de ceux qui seront partagés entre les acceptants. A cela on dit que les biens donnés ne sont pas de la succession. Mais si le donataire avait accepté la succession, ils en auraient été par le rapport. Pourquoi n'en seraient-ils pas par l'imputation alors qu'il a renoncé? Ces simples explications résument toute la théorie des renonciations faites sans retenue ou avec retenue de la portion successive, *aliquo accepto* ou *nullo accepto*. Les articles 785 et 786 n'ont déduit que les conséquences des renonciations faites par des héritiers qui ne retiennent pas leur part héréditaire.

Veut-on se convaincre que l'art. 786 dispose en fait bien plus qu'en droit? Il faut supposer que parmi plusieurs frères appelés à la succession d'un frère germain, il en est un qui renonce pour retenir un don que le défunt lui a fait sans dispense de rapport et qui équivaut à sa part héréditaire. Dites, si vous voulez, avec l'art. 785, que ce renonçant est censé n'avoir jamais été héritier ; vous ne pourrez pas ajouter avec l'art. 786 que sa part accroît à ses cohéritiers. Car il est bien évident qu'ils n'ont pas plus qu'ils n'auraient eu, si leur frère donataire eût accepté la succession et rapporté. Qui dit accroissement dit augmentation. Pas d'augmentation, donc pas d'accroissement. Supposez maintenant que ce frère soit l'unique héritier de son frère décédé, et qu'il renonce à sa succession pour s'en tenir à un legs universel que le défunt lui a fait, ou, si l'on veut, à un legs particulier d'une valeur égale à toute la succession, la dévolution donnera-t elle quelque chose aux héritiers d'un degré inférieur ? Absolument rien ; l'art. 786 n'opérera pas, quoiqu'il y ait renonciation. Il n'a donc pas ce sens que toute renonciation doive légalement et nécessairement donner lieu à un accroissement ou à une dévolution. Voilà brisé le lien logique qui semblait unir l'art. 786 à l'article 785 comme la conséquence à son principe. A le bien prendre, c'est l'art. 786 qui domine l'art. 785, plutôt qu'il n'est dominé par lui. L'ordre des idées n'est pas : de ce que l'héritier qui renonce est censé n'avoir jamais été héritier, la part du renonçant accroît à ses cohéritiers.... mais bien : lorsque la part d'un renonçant accroît à ses cohéritiers, il est censé n'avoir jamais été héritier.

Le cas des deux articles se serait vérifié, si le frère en question eût renoncé sans retenir sa part en vertu d'un avancement d'hoirie.

Or, je dis que les résultats qui se manifestent dans la succession une des frères germains en cas de renonciation de l'un d'eux, doivent se produire identiquement dans chaque partie de la double succession déférée à des parents paternels et maternels, en cas de renonciation d'un successible de l'une ou de l'autre ligne. Ce sont deux successions juxtaposées[1] dans chacune desquelles s'accomplissent ou défaillent les faits d'accroissement et de dévolution, suivant que la renonciation des lignagers a lieu sans rétention ou avec rétention de leur part héréditaire[2]. Il se fait dans la ligne du renonçant un mouvement de droits auquel l'autre ligne reste étrangère, *res quasi inter alios agitur*. Si on y regarde de près, les deux lignes sont bien cohéritières l'une à l'égard de l'autre; mais les héritiers de chaque ligne ont pour cohéritiers propres ceux de la même ligne. Toute la différence qu'il y a entre les successions unes et les successions doubles, c'est que les résultats par nous signalés s'imposent dans les premières avec la brutale évidence d'un fait, tandis que dans les secondes ils ont besoin d'être démontrés. Là, c'est la force des choses qui pose des limites à l'accroissement et à la dévolution; ici, la force des principes. Pour des esprits réfléchis celle-ci ne devrait pas être moins puissante que celle-là.

212. L'iniquité des résultats auxquels conduit la doctrine que nous combattons devrait suffire pour la faire rejeter.

Par la division en deux parts égales des successions échues à des ascendants ou à des collatéraux, par la représentation admise en faveur de certains parents et par le rapport des dons et des legs, le législateur a voulu, il a énergiquement voulu faire régner l'égalité entre les deux lignes de parenté, entre les diverses branches d'héritiers et entre les héritiers pris individuellement. Cent articles du Code conspirent à la production de ce résultat. Eh bien! cette égalité si précieuse,

[1] *Videntur duæ quasi duorum hominum hereditates*, disait Dumoulin à propos de la succession des propres dans une note posthume sur l'art. 120 de la coutume de Paris.

[2] Voir un jugement du tribunal de la Seine, du 29 nov. 1855, d'où il résulte que l'accroissement est tout entier pour la ligne de celui qui a renoncé même tacitement, *nullo accepto* (*Gaz. des Trib.* du 15 déc. 55).

le mode d'imputation que nous repoussons l'anéantit complétement entre les lignes ou les branches de parenté; le vœu de la loi et la volonté du disposant sont tout à fait méconnus.

Ainsi, une donation a été faite à un collatéral en ordre de succéder par une personne qui n'a pour héritiers que des collatéraux, paternels et maternels. Cette donation n'excède point la part héréditaire du successible à qui elle est faite. Le donateur n'a pas exprimé que sa libéralité serait à titre de préciput. D'après cela, la loi présume que ce donateur n'a pas voulu avantager le donataire soit à l'égard des autres héritiers de sa ligne, s'il en existe, soit à l'égard des héritiers de l'autre ligne; elle ne voit là qu'un simple avancement d'hoirie que le donataire rapportera, s'il accepte la succession, ou qu'il retiendra, s'il la répudie. Dans un cas comme dans l'autre, l'égalité doit subsister entre les lignes comme entre les individus. Au cas d'acceptation, grâce au rapport que fait le donataire, le but est parfaitement atteint; tout le monde est d'accord. Mais au cas de renonciation, l'oubli de la règle que ce qui est rapportable est également imputable (imputable sur la part héréditaire du gratifié s'entend) a jeté dans les plus graves erreurs.

On enseigne, on écrit et on juge que les héritiers de la ligne du renonçant recueillent par accroissement *la part à laquelle il a renoncé*, et qu'en conséquence ils ont le droit de partager également avec les héritiers de l'autre ligne dans ce qui reste après le retranchement de la libéralité retenue, cette libéralité devant s'imputer sur la masse entière de la succession; ou bien, si cet héritier est seul de son degré, que le droit à la moitié de ce qui reste, distraction faite de la libéralité qu'il retient, passe à ceux qui le suivent dans sa ligne par dévolution *de la part qu'il a répudiée*.

Par là est transformé en un avantage au profit de la ligne du donataire contre l'autre ligne ce qui n'était qu'une simple avance de succession : et cela, par la seule volonté du renonçant. Mais, chose assez bizarre, l'avantage n'est pas pour lui, le donataire, il est pour ceux de sa ligne qui n'étaient point donataires. On peut aisément le vérifier par les exemples proposés au commencement de cette discussion. Selon l'opinion vulgaire, après que le cousin paternel, dans la première espèce, a renoncé et pris son legs de 6,000 fr., les 30,000 qui restent à partager entre les acceptants sont attribués par égales portions à chaque ligne : 15,000 pour les trois cousins maternels, 15,000 pour les deux cousins paternels. Sur un patrimoine de 36,000 fr., la ligne paternelle en obtient 6,000, plus 15,000 ; au total, 21,000. Les deux cousins paternels acceptants, qui ne pouvaient prétendre chacun que 6,000, soit que le donataire rapportât le don ou qu'il n'y en eût pas, ont 7,500 ! Et, dans la seconde espèce, après que, en renonçant, le cousin paternel, seul de son degré, a tiré 18,000 fr. de la succession à titre de legs, on dit que sa part héréditaire est dévolue au degré subséquent de sa ligne, qui peut réclamer moitié des 18,000 qui restent, c'est-à-dire 9,000. La ligne maternelle a 9,000 en tout et pour tout ; la ligne paternelle, 27,000, dont 9,000 pour des gens qui n'auraient rien eu, si un avancement d'hoirie n'avait pas été fait au parent qui les précédait dans l'ordre successoral. Le défunt n'avait pas songé à avantager une ligne aux dépens de l'autre ; mais la ligne du donataire y a pourvu par l'habile manœuvre de la renonciation. Il est certain que, pour peu que les parents de cette ligne s'entendent, on verra presque toujours ces résultats, magnifiques pour les uns, désastreux pour les autres, se réaliser. Pour savoir s'ils s'entendront, qu'on réfléchisse que l'héritier donataire sera souvent le frère de ses cohéritiers du même degré, le père des héritiers du degré subséquent. M. Duranton a vu une raison de douter de l'excellence de sa doctrine dans le danger que la renonciation ne soit l'effet d'un concert de ce genre entre le donataire et ceux de sa ligne au préjudice de l'autre ligne. Mais il se résigne croyant avec tous les autres auteurs que telle est la loi. Notez que, si telle est la loi, on ne pourra pas prétendre qu'il y ait là une fraude à réprimer; ce sera l'usage prudent et honnête des données légales, il n'y aura rien à dire.

Mais la loi, j'en suis convaincu, ne prête pas sa sanction à ces habiles combinaisons. Le vice de l'opinion vulgairement suivie est de faire deux parts héréditaires pour un seul héritiers, l'une qu'il retire de la succession pour lui-même, l'autre qu'il y laisse pour ceux de sa ligne. Et pourtant, il ne lui a été fait qu'un simple avancement d'hoirie qui n'excède pas sa part héréditaire! Dans les exemples sur lesquels nous avons raisonné, le cousin légataire avait-il personnellement le moyen d'obtenir une part héréditaire outre les 6,000 fr., ou les 18,000 fr. qui lui avaient été légués et qu'il a reçus? Aucun car ils étaient justement sa part héréditaire. Cela étant, il n'a pas pu communiquer par sa renonciation le droit de prendre une part qu'il n'a point laissée dans la succession. La réponse à cette question : *le renonçant a-t-il perdu quelque chose à ne pas venir à la succession*, est le criterium de l'accroissement ou de la dévolution qu'on devra faire résulter de la renonciation. L'illusion qui cache à tant d'honnêtes auteurs l'injustice de leur doctrine, se dissiperait peut-être, s'ils voulaient prendre garde que, dans la réalité, ce n'est point la part de l'héritier renonçant qu'ils font accroître ou échoir à ceux de sa ligne, mais qu'ils dérobent la matière de cet accroissement illégitime à la moitié des biens qui était le lot de l'autre ligne. Lorsqu'il y a unité de succession, comme entre frères, et que l'un d'eux, donataire ou légataire sans clause de préciput, renonce pour user de son droit héréditaire sous forme de don ou de legs, on voit très-clairement qu'il ne s'opère ni accroissement ni dévolution. Ses cohéritiers ou les héritiers qui le suivent ne sont pas plus riches après qu'avant sa renonciation. La force des choses, ainsi que je le disais, élève contre l'accroissement ou la dévolution une borne matérielle qui arrête et fait reculer les plus entêtés sectateurs du principe, absolu suivant eux, que celui qui renonce est censé n'avoir jamais été héritier et que sa part est acquise à ses cohéritiers ou aux héritiers du degré subséquent. Il faut bien qu'ils cèdent, mal gré qu'ils en aient. Mais lorsque la succession forme deux successions, la facilité qu'il y a de remplir le vide de l'accroissement ou de la dévolution, en en prenant la matière sur la succession voisine à laquelle pourtant le renonçant n'est pas appelé, a abusé tous les interprètes modernes. Ils ont mêlé les deux successions collatérales qu'il fallait séparer à tant d'égards. Quand ils croient ne faire descendre à ceux de la ligne du renonçant que la part de celui-ci, c'est réellement une partie de la légitime portion de l'autre ligne qu'ils leur attribuent, violant ainsi cette disposition de l'art. 733, qu'*il ne se fait aucune dévolution d'une ligne à l'autre que lorsqu'il ne se trouve aucun ascendant ni collatéral de l'une des deux lignes*. Pourquoi ce sacrifice du grand principe de l'égalité entre les deux lignes? Parce qu'on veut appliquer, bon gré mal gré, à l'héritier qui retient un avancement d'hoirie, les deux art. 785 et 786, uniquement écrits pour ceux qui ne retiennent pas leur part héréditaire.

213. Il n'y a que l'imputation de la libéralité retenue par le renonçant sur sa part héréditaire qui puisse conjurer ces flagrantes injustices. Il faut dire, comme l'a dit tout l'ancien droit par l'organe de Dumoulin, que celui qui renonce *aliquo recepto*, c'est-à-dire en retenant sa portion héréditaire, fait part dans la souche, nous ajoutons, ou dans la ligne, à laquelle il appartient. En cas d'acceptation de la succession par l'héritier qui a reçu un avancement d'hoirie, c'est le rap-

port qui vient protéger et rétablir l'égalité entre les lignes héritières; en cas de renonciation, l'imputation doit être la tutrice de cette même égalité. Elle remplace le rapport, mais sans se confondre avec lui; elle a ses principes et ses effets propres. La comparaison du rapport avec l'imputation sera une suffisante réfutation du sophisme qui prétend les identifier et qui reproche à notre doctrine de faire rapporter, par les lignagers qui acceptent, la libéralité retenue par leur colignager qui renonce. C'est la confusion de l'imputation avec le rapport qui a dicté la réponse de la Convention et l'observation du Tribunal de cassation, ainsi que les opinions de Levasseur, de M. Duranton et de plusieurs autres. Faute d'y avoir regardé d'assez près, on a eu peur d'infliger, sous couleur d'imputation, à des héritiers non donataires, le rapport de ce qu'un autre aurait reçu. Montrons que ce danger n'existe pas.

Le rapport des avancements d'hoirie n'est jamais demandé que par un héritier à son cohéritier, qui a été gratifié, ou à celui qui, en le représentant, devient un autre lui-même (art. 857 et 848). L'imputation des avancements d'hoirie sur la part héréditaire de celui qui les a reçus est d'un usage plus étendu. Quelquefois c'est le gratifié lui-même qui l'invoque contre ses cosuccessibles. Le plus souvent ce sont les personnes appelées par la loi ou par la volonté du défunt à recueillir une certaine portion des biens, qui demandent cette imputation contre le successible gratifié, afin qu'il ne prenne pas deux parts, ou contre ses cohéritiers afin qu'ils ne prennent pas une part qu'il a déjà prise : contre lui, s'il accepte la succession; contre ses cohéritiers, s'il y renonce. Au cas d'acceptation, elle peut concourir avec le rapport; au cas de renonciation, il n'y a de place que pour elle. Dans l'ordre des faits que nous discutons spécialement en ce lieu, l'imputation est réclamée par les héritiers de la ligne ou de la souche, opposée à celle du gratifié, pour défendre l'intégrité de la part afférente à leur ligne ou souche contre les cohéritiers de ce gratifié qui renonce. S'il eût accepté, ils auraient eu contre lui-même l'arme du rapport, bien plus avantageuse que celle de l'imputation.

Le rapport a été réglementé par le législateur. L'imputation, à peine nommée par lui (art. 760), prend sa raison d'être dans l'économie générale de la loi et dans les principes du droit commun ; elle se fonde sur ce que, dès qu'une dette a été payée ou qu'un droit a été satisfait, on peut opposer le payement, soit au titulaire du droit, soit à ceux qui prétendraient user encore du même droit. Il est toujours permis d'imputer sur un droit ou une dette le payement qui a éteint ce droit ou cette dette. Ici l'imputation repose sur ce fait absolu qu'un droit héréditaire ayant été satisfait et rempli de l'une des manières que la loi permet, personne ne peut plus exciper de ce droit, et tout le monde peut au contraire opposer son extinction. On ne se trompera pas en posant comme règle que l'imputation peut être demandée par tous ceux qui y ont intérêt, héritiers, donataires, légataires.

Uniquement imposé à celui qui a reçu la libéralité ou à ses représentants, le rapport comprend cette libéralité tout entière. Il constitue une dette véritable. Il opère résolution de la donation, et les biens donnés sont replacés dans la masse, sauf les exceptions du rapport en moins prenant. Fondée sur le fait d'un payement, l'imputation, quels que soient ceux entre qui elle a lieu, se mesure exactement à la part héréditaire du successible honoré de l'avancement d'hoirie. Par elle, la donation est plutôt confirmée que résolue. Aucune restitution n'est due par ceux contre qui on invoque l'imputation, le donataire fût-il parmi eux, et à plus forte raison si, comme dans le cas qui nous occupe, il n'y est point. Elle tend seulement à ce que l'on tienne compte de la part qui a été payée, et à ce que celui qui est payé fasse nombre parmi ceux qui demandent à l'être.

Le rapport donne lieu à des comptes d'améliorations et de dégradations entre celui qui le fait et ceux à qui il est fait. L'imputation ne fait naître ni créance ni dette à raison des changements survenus dans les biens donnés par le fait du donataire. Ces biens ne sont réunis que fictivement à la masse de ceux qui existent au décès, et l'on suit par analogie l'article 922 pour leur estimation, s'il est nécessaire.

Telles sont les différences entre le rapport et l'imputation.

Demander que les héritiers de la ligne du renonçant imputent sur sa part héréditaire l'avancement d'hoirie qu'il retient, ce n'est pas demander qu'ils rapportent cet avancement d'hoirie, c'est demander beaucoup moins. Si, comme dans les exemples proposés, l'avancement d'hoirie n'excède pas la part héréditaire du renonçant, s'il ne contient aucun avantage en sa faveur, si cet héritier n'a rien gagné à renoncer, l'imputation se fera uniquement sur la part héréditaire, en sorte que la moitié afférente à sa ligne se trouvera diminuée d'autant. Dans le cas contraire, c'est-à-dire si l'avancement d'hoirie excède la part héréditaire du renonçant, ce qu'il contient de plus que cette part constitue un avantage réel en sa faveur, et alors il faut diriger l'imputation de la libéralité sur la part héréditaire du renonçant jusqu'à due concurrence, et pour l'excédant, sur la masse entière de la succession. C'est le seul moyen de rendre à chacun ce qui lui appartient et d'observer la justice envers les deux lignes de parenté. Si vous imputiez toute la libéralité avantageuse, retenue par le renonçant, sur la moitié afférente à sa ligne, ce serait vraiment la faire rapporter par ses colignagers, ce serait faire supporter par eux seuls l'avantage contenu dans l'avancement d'hoirie excessif; et lorsque, à l'inverse, vous imputez un avancement d'hoirie qui n'excède pas la part héréditaire du renonçant sur toute la succession, vous faites contribuer les héritiers de l'autre ligne au payement de la moitié de cette part héréditaire, et vous augmentez d'autant les droits des colignagers de ce renonçant. La première imputation violerait l'égalité au préjudice de la ligne du renonçant; la seconde, la viole au préjudice de la ligne opposée. Pour faire une équitable imputation de la libéralité que retient le renonçant, il faut savoir analyser ce qu'elle contient, il faut admettre et comprendre qu'un don par avancement d'hoirie n'est tel que jusqu'à concurrence de la part du donataire dans la succession; l'excédant, s'il y en a un, forme un avantage aussi solide qu'un préciput en faveur du successible qui renonce à la succession. Imputez donc ce qui est part héréditaire avancée sur la moitié de succession où cette part a été puisée; imputez ensuite ce qui est avantage sur la masse entière, à l'exemple d'un don fait hors part à l'un des héritiers ou d'un don quelconque fait à un étranger. De cette manière vous ne donnerez pas à une ligne ce qui est à l'autre; tous ceux qui accepteront, de l'une ou de l'autre ligne, resteront dans la même situation relative.

214. Mais quel sera le moyen pratique de réaliser un équilibre si satisfaisant pour la justice? Il est peut-être excessivement compliqué.... Il le serait, que ce ne serait pas une raison de violer le droit. Mais il existe heureusement un moyen arithmétique bien simple de ménager tous les droits en conflit. Ce moyen consiste, quelque considérable que soit le don retenu par le renonçant, à ne compter celui-ci que pour un dans la succession partielle à laquelle il était appelé, et à ne faire figurer dans la masse les biens qu'il a reçus que pour sa part d'hérédité. Dans tous les cas où il est évident que le renonçant retient au moins sa part, on peut se dispenser de faire l'estimation des biens donnés. Par cela seul qu'on

fait état de sa personne, on impute sur la moitié afférente à sa ligne une valeur exactement égale à sa part héréditaire. Ce que l'avancement d'hoirie contient de plus est forcément imputé sur la masse entière et pris sur tous les héritiers; mais ils n'ont pas grand intérêt à savoir de combien est l'avantage représenté par cet excédant, puisque toute la succession est disponible. Notre guide est Dumoulin qui enseigne en toute occasion que le renonçant qui retient sa portion héréditaire doit faire part dans le groupe auquel il appartient. C'est du droit mathématique.

Si deux héritiers d'une ligne renoncent pour s'en tenir à des avancements d'hoirie, ils font deux parts dans cette ligne; s'ils ne sont pas de la même ligne, chacun fait part dans sa ligne.

Mais si un héritier renonce sans rien retenir, c'est alors que sa part accroît exclusivement à ceux de sa ligne; on ne le compte pas, il ne fait pas part. Si, en renonçant, il retient moins que sa part héréditaire, la différence de ce qu'il retient à cette part leur accroît pareillement.

Nous allons illustrer ces règles en donnant la solution catégorique de divers cas plus ou moins difficiles.

Et d'abord, reprenons les exemples qui ont servi de thème à notre argumentation, et faisons le parallèle des résultats respectivement fournis par les divers systèmes qui sont en présence.

Il s'agissait, on s'en souvient, d'une succession de 36,000 fr. échue à trois cousins paternels et trois cousins maternels; l'un des cousins paternels renonçait pour s'en tenir à un legs sans clause de préciput valant 6,000 fr.

Pour partager les 30,000 fr. qui restent, après le legs payé, je recherche quelle devait être la part héréditaire du renonçant dans la masse totale : c'était, dans l'espèce, un sixième. Ce sixième est ce que le renonçant a reçu et ce pour quoi il fait part. Il faut, en conséquence, diviser les 30,000 par six moins un, et donner à la ligne maternelle une part de plus qu'à la ligne paternelle. Je trouve deux fois 6,000 pour les deux cousins paternels qui ont accepté la succession, et trois fois cette même somme pour les trois cousins maternels.

Le chimérique système qui consisterait à imposer aux colignagers du renonçant le rapport de ce qu'il retient (quelques-uns pensent à tort que c'est le nôtre), donnerait en ce cas le même résultat que celui auquel on arrive par la seule imputation de la libéralité sur la portion héréditaire. En effet, les deux cousins paternels referaient une masse de 36,000 en y rapportant les 6,000 retenus par leur colignager; partageant ensuite également avec la ligne maternelle, ils obtiendraient 18,000 qui ne représenteraient qu'un émolument effectif de 12,000 à cause du rapport. Mais ce n'est là qu'une exactitude accidentelle, tenant à ce que le successible qui renonce n'a pas reçu plus que sa part héréditaire. Dès qu'on supposera un don avantageux retenu par le renonçant, l'iniquité et la fausseté du système apparaîtront. Fonctionnant à l'aventure, ce système serait tantôt absous, tantôt condamné par ses résultats. Le texte de la loi lui est absolument contraire.

L'opinion vulgaire, qui ne fait pas plus état du renonçant que s'il était un légataire étranger ou que le legs lui eût été fait par préciput, impute les 6,000 fr. par lui perçus sur la masse entière et partage par moitié les 30,000 qui restent entre les deux lignes: 5,000 pour chacun des cousins maternels, 7,500 pour chacun des cousins paternels. C'est très-simple, mais ce n'est point ce que le défunt voulait. Quand il léguait à l'un des cousins paternels sa part héréditaire, il n'entendait certes pas avantager les deux autres. L'erreur de ce système est de donner à un avancement d'hoirie, et à un avancement d'hoirie qui est tel de fait et de nom, tous les effets d'une libéralité à titre de préciput.

Supposez maintenant que le cousin paternel qui renonce ait reçu un legs ou un don de 12,000 fr.

Il a largement sa portion héréditaire, et plus que cette portion. Tant mieux pour lui, s'il a plus; il le gardera. Il suffit en tout cas qu'il ait sa portion héréditaire pour faire part dans sa ligne et au préjudice de ceux de sa ligne. Cette part étant le sixième de toute la succession, les 24,000 fr. qui restent, après son legs payé, n'ont plus à fournir que des cinquièmes, deux pour la ligne paternelle, trois pour la ligne maternelle. C'est 4,800 fr. pour chaque héritier. Par où l'on voit que les 12,000 retenus par le renonçant se composent de 4,800 qui lui tiennent lieu de sa part héréditaire et sont exclusivement imputés sur la moitié afférente à sa ligne, plus, d'un avantage de 7,200 pris sur les deux lignes. S'il eût accepté la succession, le rapport par lui dû, effaçant toute la libéralité, aurait maintenu l'égalité parfaite entre lui et ses cohéritiers de l'une et de l'autre ligne. Sa renonciation lui permet au contraire de conserver avec sa part de succession l'avantage qui y est joint; mais grâce à l'imputation de la libéralité sur cette part jusqu'à due concurrence, l'égalité subsiste entre les acceptants des deux lignes.

Si l'on infligeait aux colignagers du renonçant le rapport des 12,000 fr. qu'il a reçus, il se retrouverait une masse de 36,000 à partager. Chacun des cousins paternels y prendrait une part nominale de 9,000, réduite en réalité à un émolument de 3,000, à cause du rapport par eux effectué. Les cousins maternels auraient chacun 6,000, tout comme s'il n'y avait pas eu de libéralité avantageuse, la ligne paternelle leur remboursant tout ce qui avait été donné à leur préjudice.

Passant d'une extrémité à l'autre, le système de l'imputation indiscrète sur la masse entière partagerait les 24,000 fr. qui restent, après le legs payé, entre les deux lignes, comme s'ils étaient toute la succession. Chacun des cousins paternels acceptant aurait 6,000, et chacun des cousins maternels seulement 4,000, la succession partielle afférente à ceux-ci payant la moitié de la part héréditaire du renonçant à la décharge de ceux-là.

Ayant supposé le même nombre de cousins dans une ligne que dans l'autre, ils ont tous des parts égales dans la succession, tant celui qui renonce *aliquo recepto* que ceux qui acceptent. Mais il est bien entendu que ceux de la ligne opposée au renonçant, qu'il y en ait un ou qu'il y en ait vingt, doivent toujours avoir une part de plus que ceux de sa ligne, à lui. Voici un exemple que me fournit Levasseur [1] :

« Martin laisse une fortune de 140,000 fr. de bien net : il a pour héritiers Louis, cousin germain paternel, Philippe et Jacques, petits-cousins maternels ; Philippe est donataire entre-vifs sans dispense de rapport d'une donation de 100,000 fr.

Joignant la donation aux 140,000 fr. délaissés par le défunt, masse 240 000 fr., dont le quart pour Philippe serait 60,000 fr. ; il renonce à la succession pour s'en tenir à son avantage de 100,000 fr. Il s'agit maintenant de partager les 140,000 fr. entre Louis, cousin paternel, et Jacques, resté seul cousin maternel par la renonciation de Philippe.

Louis dit à Jacques : Rapportez les 100,000 fr. donnés à votre frère : masse, 240,000 fr. ; pour chaque branche 120,000 fr. Vous êtes déjà rempli de 100,000 fr., il ne vous revient que 20,000 fr. Je conserverai les 120,000 fr., afin que les deux lignes soient égales.

Jacques répondra à Louis, et avec raison : Pour être sujet au rapport, il faut réunir deux qualités, celle d'héritier et celle d'avantagé. Je suis à la vérité héritier ; mais je ne suis pas avantagé. Aucun article du Code ne m'oblige à rapporter à l'autre ligne l'avantage dont profite mon frère, ou autre parent de ma ligne, qui renonce à la succession. Ainsi je dois partager avec vous les 140,000 fr. délaissés par le défunt : c'est pour chacun de nous 70,000 fr. »

Mauvais principe, mauvaise décision. Levasseur a raison de repousser le rapport ; il a tort de ne rien imputer du don de 100,000 fr. sur la moitié afférente à la ligne de Philippe,

[1] *De la Portion disponible*, n° 145, p. 160.

le donataire renonçant. Il fallait dire : Philippe avait droit à un quart de la totalité ; or, il a ce quart et quelque chose de plus dans ce qu'il retient ; il fait donc une part dans sa ligne, c'est-à-dire un quart dans le tout, en sorte qu'il ne s'agit plus que de diviser par trois les 140,000 fr. de biens laissés au décès et de donner deux parts à Louis, cousin paternel, et l'autre part à Jacques, le colignager du renonçant. C'est 93,333 fr. 33 c. pour le premier, et 46,666 66 pour le second. Distribution aussi juste qu'équitable, qui nous fait voir que les 100,000 fr. retenus par Philippe se composent de sa part héréditaire, 46,666 66, et d'un avantage assez considérable, 53,333 33.

Revenons à l'exemple de trois cousins paternels et trois cousins maternels, et supposons qu'il en est deux parmi les premiers qui renoncent pour s'en tenir aux avantages qu'ils ont reçus. Chacun d'eux fait part comme rempli par avance de son sixième héréditaire, et les biens existants sont divisés par six moins deux, c'est-à-dire en quatre parts dont l'une pour leur colignager qui a accepté, et les trois autres pour la ligne maternelle. Telle est l'exacte formule des calculs à faire pour l'exacte répartition de la succession.

Il faut, en principe, procéder de la même manière, si les deux renonçants *aliquo recepto*, au lieu d'être de la même ligne, appartenaient, l'un à la ligne paternelle, l'autre à la ligne maternelle. Les deux lignes étant, dans notre espèce, représentées par un même nombre de parents, les renonçants auraient eu droit, l'un comme l'autre, à un sixième de la totalité. On peut donc diviser les biens existants par six moins deux, c'est-à-dire par quatre, et donner deux parts à la ligne paternelle, deux parts à la ligne maternelle. Mais ne peut-on pas arriver au même résultat par une voie plus courte, en partageant tout de suite les biens existants entre les deux lignes sans tenir aucun compte des successibles qui ont renoncé ? Sans doute, et j'en déduirai volontiers, à titre d'expédient, que, lorsque la déduction à faire sur une ligne est exactement compensée par celle que l'autre ligne devrait aussi supporter, il y a lieu tout simplement de partager les biens existants entre les héritiers des deux lignes qui ont accepté, comme si ces biens étaient toute la succession. On procède, pour abréger, à la façon de l'opinion vulgaire qui par hasard remontre juste dans de pareilles hypothèses.

Mais il est dangereux de faire de la justice et du droit sans s'en douter. Aussi devra-t-on procéder par l'imputation faite distinctement sur chaque ligne, s'il y a moins de parents dans une ligne que dans l'autre, en sorte que les parts héréditaires des renonçants soient inégales. Soient, par exemple, trois cousins paternels dont l'un renonce *aliquo recepto*, et deux cousins maternels dont l'un renonce aussi *aliquo recepto*. Chacun doit faire part dans sa ligne. Mais la part de l'un dans le tout était un sixième, tandis que celle de l'autre eût été un quart. Comment opérer ? Réduisez au même dénominateur les fractions qui expriment les parts inégales des deux renonçants, et ajoutez-les l'une à l'autre ; puis, les considérant comme retranchées de la succession, divisez les biens existants par un nombre égal à la différence qu'il y a entre le numérateur et le dénominateur de votre fraction ; cela fait, vous donnerez à chaque ligne le nombre de parts nécessaire pour former avec la fraction que les lignagers renonçants ont respectivement retenue la moitié de l'entier. Ainsi, la part du cousin paternel aurait été $\frac{1}{6}$, celle du cousin maternel $\frac{1}{4}$, ou avec le même dénominateur $\frac{2}{12}$ et $\frac{3}{12}$; c'est au total $\frac{5}{12}$ déjà fournis. Les biens existants divisés par 12 moins 5 feront 7 parts, dont quatre pour la ligne paternelle qui en a déjà reçu deux, et trois pour la ligne maternelle, déjà pourvue de trois.

Si un successible de l'une ou de l'autre ligne renonce en

retenant moins que sa part, il y a accroissement de ce qu'il laisse au profit des héritiers de sa ligne. On est averti que le renonçant n'a pas retenu toute sa part, lorsque, en le comptant pour un dans sa ligne et partageant les biens existants entre ceux qui acceptent, ses colignagers se trouvent avoir plus qu'il n'a lui-même retenu. Comment procéder, en ce cas, pour que ses colignagers profitent seuls de l'accroissement de ce qu'il abandonne, et qu'ils souffrent seuls aussi de ce qu'il prend? Si c'est un legs qui lui a été fait, on ne retranchera pas de la masse des biens l'objet ou la valeur du legs; si c'est une donation, on en réunira fictivement la valeur à celle des biens existants. On donnera ensuite la moitié du tout à ceux de la ligne dont le renonçant ne faisait pas partie, et l'autre moitié, diminuée de ce qu'il a retenu ou qu'il réclame, à ceux de sa ligne. Par ce procédé, l'avancement d'hoirie est imputé sur la part héréditaire du renonçant, et le supplément qu'il eût pu réclamer en venant à la succession accroît exclusivement à ses colignagers. Il n'y a ni profit ni perte pour les autres héritiers.

Le cas de deux renonçants de la même ligne, dont l'un retient plus et l'autre retient moins que sa part héréditaire, se règle par la combinaison des procédés qui viennent d'être indiqués. Ainsi, l'un des cousins paternels a renoncé en retenant 11,000 fr., et l'autre en retenant 3,000. Je ne fais état, comme ayant pris sa part, que du donataire de 11,000. Il y a dès lors 25,000 fr. à partager par cinq; la ligne maternelle prend trois parts, le cousin paternel qui a accepté en prend une et bonifie de plus 2,000 fr. sur la portion de son colignager qui a renoncé pour ne retenir que 3,000 fr.

Le successible qui renonce pour garder un don ou un legs non dispensé de rapport est-il seul de son degré, comme dans le second exemple de la page 738, ce n'est plus d'accroissement, mais de dévolution qu'il peut s'agir. La solution est très-simple: S'il a retenu la moitié ou plus, point de dévolution au profit du degré subséquent; sinon, dévolution de ce qui manque pour parfaire la moitié.

Il a toujours été supposé, dans les décisions qui précèdent, que le successible, donataire en avancement d'hoirie, avait survécu au *de cujus* et renonçait à la succession. S'il est décédé avant lui, l'imputation sur la part héréditaire cesse. Mort avant le donateur, le donataire n'a jamais été héritier; c'est donc le cas de traiter cette donation comme toute libéralité faite à un étranger, et par conséquent, de la faire peser sur toute la succession à moins que les lois du rapport ne fassent à quelques-uns des héritiers l'obligation de la rapporter au lieu et place du donataire[1] : circonstance qui ne peut se rencontrer que dans les successions divisées entre plusieurs souches. Occupons-nous donc de ce genre particulier de succession.

215. Dans beaucoup de cas, notre règle d'imputation s'appliquera avec autant de facilité aux successions divisées par souches qu'aux successions divisées par lignes. Ainsi, nulle difficulté dans cet exemple que propose Levasseur à la suite de celui qu'il nous a déjà fourni :

« Moreau laisse pour héritiers Philippe Moreau son frère, Jacques, Jean et Maurice Rondet, ses neveux, enfants de la dame Rondet sa sœur prédécédée. Il a donné entre-vifs à Maurice Rondet l'un d'eux, sans l'avoir dispensé du rapport, un domaine valant 48,000 fr.; il laisse de bien net 72,000 fr.: le donataire renonce à la succession pour s'en tenir à son avantage. Il s'agit de partager les 72,000 fr. entre le frère et les deux neveux restants.

Philippe dit à Jacques et Jean Rondet ses neveux : Votre branche est avantagée en la personne de Maurice, de 48,000 fr. : rapportez cette somme à la masse, elle sera de 120,000 fr.; moitié pour chaque branche,

[1] Voyez par analogie ce que nous disons pour le même cas de prédécès à propos des successions à réserve, n° 420 et suiv. Voyez aussi pour le cas d'indignité d'un héritier donataire, n° 305.

à chacune 60,000 fr. Ainsi, sur les 72,000 fr. restants, il me revient à moi 60,000 fr., et à vous 12,000 fr., lesquels avec les 48,000 fr. déjà reçus, complètent vos 60,000 fr.

Jacques et Jean Rondet répliqueront à leur oncle, et avec raison : Nous n'avons pas été avantagés personnellement par le défunt ; nous ne vous devons pas de rapport. La loi dit formellement que vous ne pourriez pas nous demander le rapport de l'avantage fait à notre père, à nos enfants, même à nos femmes, comment vous devrions-nous le rapport de celui fait à notre frère, quand aucun article du Code ne nous y oblige ? Sur les 72,000 fr. restants, il nous faut 36,000 fr., afin que notre branche recueille en biens héréditaires autant que la vôtre. »

C'est bien la solution que conseille la doctrine vulgairement suivie. Mais le droit et l'équité voulaient ceci : La part du neveu avantagé et renonçant eût été le tiers de la moitié, ou un sixième. Il a ce sixième, sa part héréditaire, dans le domaine de 48,000 fr. qui lui a été donné. Partageons donc les 72,000 fr. de biens existants au décès par cinquièmes, et donnons-en trois au frère du *de cujus*, et deux aux neveux qui ont accepté la succession. C'est 43,200 fr. pour celui-là, et 28,800 fr. pour ceux-ci. Ni rapport proprement dit, ni imputation exclusive sur la masse entière ; mais imputation sur la moitié afférente à la souche du renonçant jusqu'à concurrence de sa part héréditaire, et pour le surplus, sur toute la succession. La nécessité du rapport aurait pu se soutenir peut-être [1] dans l'ancien droit en vertu du principe qui obligeait le père à rapporter le don fait à son fils. On aurait dit aux deux neveux héritiers que, venant par représentation de leur père qui aurait dû le rapport du don fait à son fils, leur frère à eux, ils le devaient eux-mêmes comme leur père l'aurait dû. Mais l'art. 847 abroge tout cela et ne laisse plus de place qu'à l'imputation. La différence entre elle et le rapport est très-sensible dans ce cas. Le rapport aurait été de toute la donation ; l'imputation n'est que de 14,400 fr., c'est-à-dire

[1] Voyez ce qui est dit sur ce point, n° 220, p. 417 ci-après.

de ce qui représente la part héréditaire du neveu renonçant. Ce qu'il a de plus est un avantage qu'il obtient envers et contre tous les héritiers. Ceci est un argument à l'adresse de ceux qui s'imaginent que rapport et imputation sont même chose.

216. Depuis que ces lignes sont écrites, la cour de Grenoble a rendu, le 17 décembre 1855 [1], un arrêt confirmatif d'un jugement du tribunal de Vienne, qui condamne mon système. Car il impute sur la masse totale de la succession dont il s'agissait, et non sur la portion afférente à la souche du légataire, un legs sans clause de préciput fait à un neveu qui renonçait à la succession. Les magistrats expriment que, par combinaison des art. 785 et 845, le successible qui renonce, même pour garder un legs, est censé n'avoir jamais été héritier, de sorte que son legs doit être retranché de la masse à partager entre les successibles non *réservataires*, comme s'il avait été fait à un non successible..... Mais le soin qu'ils prennent d'énoncer que cela est ainsi entre non-réservataires est la réfutation du faux principe qui sert de base à leur décision. L'art. 845 n'empêche pas d'imputer l'avancement d'hoirie retenu par un réservataire renonçant sur sa part de réserve, c'est-à-dire sur sa part héréditaire (du moins, telle est l'opinion suivie, et à bon droit, à Grenoble [2]). Eh bien! il ne peut davantage empêcher l'imputation de l'avancement d'hoirie retenu par un non-réservataire renonçant sur sa part héréditaire qui se trouve nécessairement dans la portion afférente à la souche à laquelle il appartient. La succession réservée et les successions sans réserve doivent subir l'application d'un seul et même droit. Il faut admettre ou

[1] Devill. 56, 2, 689.

[2] Elle a été suivie à Grenoble, mais les derniers arrêts de la cour l'ont rejetée.

rejeter l'imputation des avancements d'hoirie sur la part héréditaire du renonçant, quel que soit le genre de succession; pas de milieu. La distinction que la cour de Grenoble cherche à introduire n'est pas admissible, et son arrêt n'est pas un exemple à imiter. Mon siége était fait avant que je le connusse, je n'y change rien après l'avoir vu.

217. Pour trouver l'application de notre principe d'imputation dans les successions divisées par souches, il faut supposer, comme dans l'exemple de Levasseur et dans l'espèce jugée par la cour de Grenoble, la renonciation de l'un des membres d'une souche copartageante avec rétention de sa part héréditaire. L'imputation empêche l'accroissement trop lucratif que les autres héritiers voudraient s'arroger par une interprétation abusive des art. 785 et 786.

Si le successible unique ou si tous les successibles d'une souche renoncent, la part délaissée ne va point aux parents du degré subséquent en ordre de venir par représentation, sans qu'on ait à distinguer si les renonçants ont ou non retenu leur part héréditaire, ou, en d'autres termes, si la renonciation a eu lieu *aliquo* ou *nullo recepto*. La raison légale en est que *l'on ne vient pas par représentation d'un héritier qui a renoncé* (art. 787), ou encore, que *l'on ne représente pas les personnes vivantes, mais seulement celles qui sont mortes* (article 744). Ces dispositions sont absolues. Elles ne font aucune distinction entre la renonciation gratuite et celle qui ne l'est pas. Il en va autrement lorsqu'il s'agit de la dévolution en faveur des parents du degré inférieur à celui du renonçant dans les successions divisées par lignes. Pourquoi cela? C'est que la représentation fait hériter des parents d'un degré inférieur avec ceux du degré supérieur, encore qu'ils soient tous d'une seule et même ligne; cette circonstance d'une lutte engagée entre parents de la même ligne ne permet d'admettre la représentation qu'autant que le parent du degré antérieur est prédécédé. S'il a survécu et qu'il ait renoncé, sa renonciation vaut pour lui et pour tous ceux qui le suivent. Pour succéder, les parents du degré inférieur devraient aller occuper le degré du renonçant; mais à quoi bon prendre la place d'un successible qui s'est dépouillé du droit dont la loi l'avait investi? Ils ont renoncé par la bouche de leur auteur. Au contraire, la dévolution qui s'opère dans les lignages respectivement investis de la succession pour une moitié s'appuie sur le droit propre qu'ont les parents qui suivent le lignager renonçant de succéder de leur chef jusqu'au douzième degré inclusivement. Il n'y a qu'une renonciation non gratuite de cet héritier qui puisse leur fermer la succession.

Telle était cependant, dans notre ancienne jurisprudence, la faveur dont jouissait la distinction des renonciations *aliquo recepto* et *nullo recepto*, que quelques auteurs prétendaient que la renonciation gratuite d'un frère ne devait pas empêcher ses enfants de venir avec les enfants d'autres frères prédécédés à la succession de leur oncle. Ils disaient que les enfants du frère renonçant viendraient de leur chef, sans faire attention qu'ils méconnaissaient par là l'efficacité de la représentation dans la personne des autres neveux, enfants des frères prédécédés. On trouvera les éléments de cette controverse assez confuse chez Delaurière [1], Ricard [2] et Lebrun [3]. Notre Code a ramené le droit à l'élégance des règles, en décidant que la distinction des renonciations gratuites et non gratuites ne serait pas de mise dans ce cas, mais que toute renonciation d'un héritier qui a survécu est un obstacle à ce que ses enfants viennent à la succession, lorsque pour y venir

[1] Sur Paris, art. 320.

[2] Sur Senlis, art. 139.

[3] *Des Successions*, liv. I, ch. IV, sect. VI. Ajoutez Répert. de Guyot, v° *Représentation*, 3e partie, 2e règle.

ils auraient besoin du secours de la représentation. Le Rapport de Chabot au Tribunat sur le titre *des Successions* ne laisse aucun doute sur la portée que le législateur a entendu donner au principe qu'on ne représente pas les personnes vivantes :

« On ne représente pas les personnes vivantes, dit Chabot, mais seulement celles qui sont mortes naturellement ou civilement,

Cette maxime est établie par Dumoulin : *Rursus nota*, dit-il, *quod repræsentatio nunquam est de persona vivente, sed tantum de parente mortuo naturaliter aut civiliter.*

C'était aussi la disposition du droit écrit.

Il est évident qu'on ne peut pas entrer dans la place de celui qui est vivant et qui remplit son degré.

Mais lorsqu'un individu, appelé à recueillir une succession, y a renoncé *gratuitement* [1], ne peut-on pas le représenter, puisqu'il ne remplit pas son degré ?

Cette question a été longtemps controversée parmi les jurisconsultes.

Le projet de loi la résout d'une manière conséquente au principe de la représentation, et conformément à la jurisprudence la plus suivie.

Les art. 69 et 70 [76 et 77] disposent qu'on ne vient jamais par représentation d'un héritier qui a renoncé, que sa part accroît à ses cohéritiers, et que, dans le cas seulement où il est seul, sa portion est dévolue au degré subséquent [2]. »

M. Beautemps-Beaupré qui cite ces paroles [3], en conclut que la distinction des renonciations gratuites et non gratuites est absolument rejetée par le Code en matière de succession. La conclusion ne me paraît pas exacte. Tout ce qu'il en résulte, c'est que la distinction est rejetée en matière de représentation et par les raisons que nous avons dites. L'argument aurait quelque force, si le texte invoqué disait qu'une renonciation *aliquo recepto* ne met pas obstacle à la vocation du

[1] C'est-à-dire sans avoir rien reçu du défunt, *nullo accepto*, comme on l'entendait autrefois.

[2] Fenet, T. XII, p. 174.

[3] *De la Portion disponible*, T. I, n° 143.

degré subséquent ; mais il dit au contraire qu'une renonciation même gratuite suffit dans ce cas spécial pour y mettre obstacle. Que faut-il en conclure pour les autres cas que celui de la représentation ? Qu'une renonciation gratuite n'empêcherait pas la dévolution, mais qu'une renonciation non gratuite pourrait très-bien l'empêcher. L'observation de Chabot est plutôt favorable que contraire au maintien de la distinction.

218. Nous avons vu, dans les successions divisées par lignes, que lorsque le lignager donataire est mort avant le donateur, il n'y a pas lieu pour ceux de sa ligne venant à la succession, soit de rapporter ce qui lui avait été donné, soit de l'imputer sur la moitié qui leur revient. L'imputation porte sur toute la masse héréditaire, comme d'une donation faite à celui qui n'a jamais été héritier. Au contraire, lorsque le prédécès d'un frère qui était donataire sans clause de préciput ouvre à ses enfants le droit de venir à la succession de leur oncle, le donateur, au moyen de la représentation, ils doivent à ceux avec lesquels ils concourent le rapport de tout ce qui avait été donné à leur père qu'ils représentent. Cela va bien plus loin qu'une simple imputation, puisque le rapport sera dû de toute la donation, quelque considérable qu'elle ait été. Telle est la disposition précise et assez logique de l'art. 848, qu'on a cependant critiquée. Et de fait, la simple imputation de la libéralité sur la part héréditaire des successibles venant par représentation de leur père prédécédé paraîtrait plus équitable. Mais l'art. 848 veut le rapport, et il faut lui obéir. L'ancien droit le voulait également [1].

219. Je suppose que le *de cujus* ait laissé pour héritiers plusieurs frères renonçant tous à la succession ; leurs enfants, s'ils en ont, recueillent alors la succession délaissée de leur

[1] Renvoi au nº 421 pour la complète appréciation de l'art. 848.

chef et par têtes, par dévolution et non par représentation (art. 787). Que décider, dans cette hypothèse, si parmi les frères renonçants les uns avaient reçu des libéralités qu'ils ont retenues et les autres rien ? Les enfants de ceux qui n'ont renoncé que *aliquo recepto* devront-ils souffrir qu'imputation soit faite de ces dons sur leurs parts héréditaires? En aucune façon. Venant à la succession de leur chef et individuellement, partageant par têtes et non par souches, ils ne peuvent pas voir les parts qui leur reviennent grevées d'une imputation quelconque du chef de tel ou tel renonçant. Pour que les enfants de celui qui a renoncé *aliquo recepto* fussent passibles de l'imputation envers les enfants de celui qui a renoncé *nullo recepto*, il faudrait que les droits de chaque renonçant fussent spécialement dévolus à ses enfants. Mais il n'en est rien. Les neveux succèdent par la renonciation des frères, sans que tels ou tels neveux prennent la place du frère qui était leur père, plutôt que la place du frère qui était leur oncle. Voilà pourquoi chacun a sa part virile dans la succession et n'y a que cette seule part. Il n'y aurait ni raison ni justice à imputer la donation d'un renonçant sur la part unique de son fils unique, quand la donation d'un autre renonçant trouverait peut-être à s'imputer sur les dix parts de ses dix enfants. La donation retenue par un renonçant quelconque s'imputera sur la masse entière, parce que les neveux appelés à la succession par l'effet des renonciations des frères viennent tous à la place de tous. L'imputation s'oppose d'une ligne à l'autre ou d'une souche d'héritiers à une autre souche. Mais ici il n'y a que des individus.

220. La doctrine de l'imputation que je viens d'exposer pour les successions recueillies par lignes ou par souches trouve un appui solide dans l'ancien droit. Je n'en ai pu cependant apporter aucun exemple direct pour les lignes,

par la bonne raison que cette division exacte de la succession entre les deux lignes de parenté est presque entièrement de droit nouveau ; elle n'existait qu'à l'état de germe dans quelques rares coutumes qui l'appliquaient seulement au partage des meubles et des acquêts. Mais les exemples abondent pour les successions recueillies par souches. Or, il y a encore plus de raison de l'appliquer aux lignes.

Toutes les fois que l'équité l'exige, l'ancien droit distingue entre les renonciations gratuites et les renonciations non gratuites. L'héritier qui renonce pour retenir un avancement d'hoirie est censé avoir reçu sa part héréditaire, il fait part, et le surplus des biens se partage comme s'il était réellement venu à la succession. Telle est la règle invariablement enseignée, démontrée et appliquée dans tous les livres.

Lebrun nous donne le principe avec son motif lorsqu'il dit que « la renonciation qui se fait *aliquo recepto* se considère » en beaucoup de cas comme une acceptation, et principale- » ment lorsqu'il s'agit de conserver l'ordre que la loi établit » pour les successions [1]. »

Et il est dit ailleurs [2] par un de ses annotateurs : « Quant à » la ligne collatérale, les héritiers d'un degré plus éloigné sont » exclus : 1° si la renonciation est faite *aliquo dato ;* 2° si » ceux qui sont d'un degré plus éloigné ont besoin de re- » présenter le renonçant (on ne représente pas un homme » vivant).... »

C'est ce que nous avons nous-même écrit plus haut, que le degré qui suit un lignager renonçant, n'ayant pas besoin de la représentation, doit venir de son chef à la succession, lorsque la renonciation a eu lieu gratuitement, mais que le

[1] *Des Successions*, liv. III, ch. III, section V, n° 16.

[2] *Ibid.*, liv. I, ch. IV, sect. VI, Distinction 1, Observation à la suite du n° 27.

degré qui suit un renonçant qu'il faudrait représenter, ne vient pas nécessairement à la succession, même lorsque la renonciation a eu lieu gratuitement.

Auzanet est de cet avis d'après Ferrière [1].

Par exemple, on tenait généralement autrefois que la succession dévolue à des neveux, enfants de plusieurs frères du défunt, qui étaient eux-mêmes morts avant lui, se partageait par têtes entre ces neveux; il n'y avait lieu au partage par souches, que si, l'un des frères ayant survécu, les neveux, enfants des autres frères prédécédés, venaient concourir avec lui au moyen de la représentation (aujourd'hui la représentation est admise sans distinction d'après l'art. 742 et conformément au sentiment particulier de Dumoulin). Mais que décider, si le seul frère qui eût survécu renonçait et laissait la place aux seuls neveux? On décidait presque unanimement [2] que, s'il renonçait *aliquo recepto*, le partage se ferait par souches entre les neveux, parce que le renonçant était alors censé avoir pris sa part héréditaire; et que le partage aurait lieu par têtes, si la renonciation était gratuite, de sorte qu'on pût dire avec vérité que son auteur n'avait pas été héritier.

C'était une application hardie de la distinction des renonciations gratuites et non gratuites.

Un autre cas où elle était appliquée sans beaucoup de difficulté se rapportait au droit de primogéniture. S'il y avait renonciation de l'aîné à la succession paternelle, le puîné pouvait-il réclamer les prérogatives d'aînesse à l'égard des autres enfants? Oui, si la renonciation était gratuite; non, si

[1] Sur Paris, art. 319, n° 32, où il est écrit : « Quand l'enfant (ou tout autre héritier) renonce *aliquo dato*, le legs ou la donation *vice portionis hereditariæ fungitur.* »

[2] *Sic*, Chopin, sur Paris, liv. XII, tit. V, n° 5; Henrys et Bretonnier, liv. V, quest. 53; Lebrun, *des Successions*, liv. I, ch. VI, sect. III, n° 4, et liv. III, ch. V, sect. III, n° 16 déjà cité; Ferrière, sur Paris, art. 320, n° 11; Boucheul, *des Convent. de succéder*, ch. XVIII, n° 85.

elle n'avait lieu que pour retenir un avantage, *aliquo dato :* « En ce cas il arriverait, dit Ricard, si on admettait encore » le droit d'aînesse, qu'il serait pris deux fois en une même » succession, parce que l'héritier ne renoncera pas, qu'il » n'ait plus, du moins autant qu'il lui en appartient par la » coutume, et ainsi cela irait à la foule et oppression des » autres enfants [1]. » Nous nous sommes servi de cet excellent argument pour montrer que si l'avancement d'hoirie, retenu par l'héritier d'une ligne en renonçant, n'est pas imputé sur sa part héréditaire, cette part sera prise deux fois dans la succession, une fois par lui qui la retient, et une autre fois par ses colignagers, en vertu d'un prétendu droit d'accroissement et au grand préjudice des parents de l'autre ligne.

Si ces applications de la distinction dont il s'agit paraissent surannées, il en est d'autres qui ont un trait direct à notre sujet et sont d'un intérêt plus actuel. J'emprunte à Chabot[2] l'exemple suivant qu'il avait lui-même emprunté, ou à peu près, à Lebrun et à Pothier : Un aïeul a eu deux enfants, Pierre et Paul, qui sont décédés avant lui en laissant, celui-là trois enfants, et celui-ci deux. Si l'un des enfants de Pierre, à qui son aïeul avait fait une libéralité, *renonce* à sa succession pour se tenir à cet avantage, les deux autres enfants de Pierre seront-ils tenus de rapporter aux enfants de Paul ce que leur frère avait reçu et qu'il a retenu?

On pouvait aller jusqu'à leur imposer le rapport, par une conséquence rigoureuse du principe de l'ancien droit qui voulait que le don fait à un petit-fils, non héritier, fût rapporté par son père à la succession de l'aïeul donateur. Si Pierre avait survécu, il aurait dû le rapport du don fait à l'un

[1] *De la Représentation*, ch. VII, n° 56. Ajoutez Lebrun, *des Successions*, liv. III, ch. VIII, sect. II, n° 75, et beaucoup d'autres auteurs.

[2] Sur l'art. 845, n° 3.

de ses enfants ; les deux autres enfants de Pierre ne venant à la succession de leur aïeul que par représentation de Pierre sont également tenus de le rapporter. Ce raisonnement et cette décision se trouvent en substance chez Lebrun, au livre III, ch. VI, sect. II, n° 54 de son *Traité des Successions.* Il y aurait bien à dire, contre le rapport, que la position n'est pas tout à fait la même ; car, si Pierre était venu à la succession, son fils, le donataire, n'aurait pas été héritier, au lieu qu'il l'a été, et il est inouï qu'on fasse rapporter par des héritiers ce que leur cohéritier a reçu, comme s'ils pouvaient le représenter, lui, qui est vivant et héritier. Mais je ne veux pas chicaner Lebrun. Un autre jurisconsulte, Pothier [1], se prononce aussi en faveur du rapport, mais dans le cas un peu différent du *prédécès* du petit-fils donataire ; alors il y avait de l'apparence à dire que les petits-fils, en représentant leur père, représentaient aussi leur frère prédécédé, et qu'ils devaient, comme leur père l'aurait dû, le rapport du don que leur frère avait reçu.

Le Code Napoléon a coupé la racine de ces argumentations captieuses en décidant, dans son art. 847, que le père venant à la succession de l'aïeul donateur, n'est pas tenu de rapporter les dons faits à son fils. Chabot en conclut avec raison que l'on ne pourra plus soutenir, comme Lebrun, que des frères doivent le rapport du don fait à leur frère qui renonce [2] ; mais il a tort d'en conclure que l'imputation du don sur la moitié afférente à la branche du renonçant doive être égale-

[1] C'est au *Traité des Successions*, ch. IV, art. 2, § 4. Je ne sais si j'ai bien rencontré les passages de Lebrun et de Pothier, auxquels Chabot a voulu faire allusion, cet auteur ne les ayant point indiqués.

[2] J'écarte l'hypothèse du prédécès prévue par Pothier. Sous le Code, le rapport cesserait également au cas de prédécès du petit-fils donataire, et l'imputation n'aurait pas lieu davantage, ainsi qu'il a été expliqué plus haut, à la fin du n° 214, p. 407.

ment rejetée : « Ainsi, dit-il, le don n'est pas imputable par-
» ticulièrement sur la moitié des biens qu'ils ont à prendre
» dans la succession de l'aïeul ; il est imputable sur la suc-
» cession entière. »

C'est toujours la même confusion entre le rapport et l'imputation. Dumoulin l'avait évitée dans une espèce toute semblable, qu'il formule ainsi : Une mère ayant plusieurs fils et trois petites-filles issues de son aîné prédécédé, donne la moitié de ses meubles et conquêts à deux de ces petites-filles, qui, après sa mort, renoncent à sa succession. Sur ce, Dumoulin décide[1] que la troisième petite-fille, qui veut représenter son père pour le tout, ne peut le faire que pour un tiers, parce que les autres petites-filles font deux parts dans cette branche : *Mater habens plures filios, et tres neptes ex primogenito, dat mediam* de ses meubles et conquests *duabus ex dictis neptibus, quæ post obitum aviæ abstinent a successione, sed tertia neptis vult in totum patrem primogenitum repræsentare. Respondi quod non potest nisi pro tertia: quia aliæ neptes quæ habent donationem faciunt partem.*

Voilà une décision topique. Il n'y a pas l'ombre d'une raison pour ne pas l'appliquer sous le Code Napoléon. Il est vrai que Dumoulin statue dans l'hypothèse d'une succession directe ; mais ce qu'il dit n'est pas moins applicable aux successions collatérales divisées par souches. Ainsi, un frère laisse pour héritiers plusieurs frères et trois nièces issues d'un autre frère prédécédé ; à deux de ses nièces il a donné la moitié de ses biens, et celles-ci renoncent à sa succession pour garder l'émolument de ses libéralités ; la troisième nièce qui accepte veut représenter son père pour le tout. Le peut-elle ? Non ; ce que les deux renonçantes ont reçu s'impute sur les parts héréditaires qu'elles pouvaient prétendre, ou,

[1] Sur l'anc. cout. de Paris, art. 124.

en d'autres termes, elles font part dans leur branche, si bien que la fraction de succession qui revient à cette branche est diminuée de deux parts, et qu'il n'en reste plus qu'une pour la nièce acceptante. Elle représentera son père pour un tiers de la portion à laquelle il eût pu prétendre. Les faits sont les mêmes, le droit est le même, la décision doit être la même.

Parmi les Observations du Tribunal de cassation sur le projet de Code civil, j'en ai signalé une qui est contraire à ces anciens principes. Elle se produisit sous la forme d'un exemple tout semblable à l'espèce résolue par Dumoulin. Après avoir critiqué une disposition trop naïve écrite dans un article 166 du projet, lequel aurait pris place à la suite de l'art. 848 du Code, le Tribunal de cassation disait [1] :

« *Quid juris* dans l'espèce que voici?

Trois frères sont morts, l'aîné laissant deux enfants, les autres en laissant chacun un.

Ces quatre petits-enfants viennent à la succession de l'aïeul par représentation.

Cette succession consiste en vingt-quatre mille livres.

S'il n'y avait point de donation, chaque branche recueillerait huit mille livres, et les deux enfants de l'aîné n'auraient chacun que quatre mille livres.

Mais l'aïeul a fait donation de six mille livres au profit d'un des enfants de l'aîné, sans dispense de rapport; et ce petit-fils donataire renonce à la succession pour s'en tenir à son don.

Voilà la succession réduite à dix-huit mille livres.

Chaque branche prendra-t-elle six mille livres? et le frère du renonçant prendra-t-il six mille livres pour lui seul, le renonçant devant être considéré comme n'ayant point été successible.

Si cette décision, déduite des principes, était adoptée, on pourrait insérer ici un article ainsi conçu :

L'héritier dans une branche qui avait un cosuccessible, lequel a renoncé pour s'en tenir à son don, n'est pas tenu de rapporter au profit de l'autre branche ce qu'a reçu son cosuccessible renonçant, quoique sa portion se trouve accrue par l'effet de la renonciation. »

[1] Fenet, T. II, p. 578.

Les principes dont le tribunal prétend déduire sa décision sont sans doute ceux qui nous disent que l'héritier qui renonce est censé n'avoir jamais été héritier, et que sa part accroît à ses cohéritiers ; car, le tribunal remarque que la portion du successible de la même branche que le renonçant se trouve accrue par l'effet de la renonciation. Mais l'ancien droit qui a parfaitement connu ces principes nous apprend qu'ils cessent d'être applicables, lorsque, comme au cas dont il s'agit, le renonçant retient une libéralité qui représente sa portion d'hérédité. Le tribunal l'oubliait. Egaré par la perpétuelle confusion du rapport et de l'imputation, il proposait d'édicter une disposition ambiguë qui les aurait proscrits tous deux, quoiqu'elle ne parlât expressément que du rapport. Les saines doctrines ont couru là un assez grand péril. Mais fort heureusement le Code n'a pas accueilli cette mauvaise décision ; il est resté muet, laissant à la science le soin de chercher dans l'esprit général du droit des successions l'exacte solution de l'espèce inventée par le Tribunal de cassation. Or, l'esprit de la loi en cette matière est que l'égalité soit maintenue, s'il n'y a volonté contraire du défunt, entre les divers héritiers et les diverses branches d'héritiers. Pour la maintenir entre les branches, il faut absolument admettre le droit d'imputation à côté du droit de rapport, et dire avec les anciens que ce qui aurait été sujet à rapport en cas d'acceptation de la succession par le donataire, est sujet à imputation sur sa part héréditaire dans le cas où il y a renoncé.

Je m'assure d'après ces vues que Dumoulin, cet oracle du droit qui vaut à lui seul un tribunal, aurait ainsi dicté la solution dont on se mettait en peine. Le petit-fils avantagé de 6,000 livres et renonçant avait droit à un sixième de la succession ; il fait part dans sa branche et au détriment de sa branche pour ce sixième. Il n'y a donc à faire que cinq parts des 18,000 livres dont l'aïeul n'a pas disposé : une pour le cohéritier de sa branche qui a accepté, deux pour chacun des autres petits-enfants. Le premier obtient 3,600 livres, et les autres 7,200 livres chacun.

Tel est le droit enseigné par Dumoulin pour les successions qui se recueillent par souches.

Il faut, sous l'empire du Code Napoléon, continuer à l'appliquer aux successions divisées entre plusieurs souches, et le transporter à celles qui se divisent par lignes.

221. La principale cause des erreurs de la doctrine moderne sur ces questions est dans l'art. 785 mal interprété. De ce qu'il dit que l'héritier qui renonce *est censé* n'avoir jamais été héritier, nos auteurs en concluent, par forme de raisonnement mécanique, que cet héritier n'est plus qu'un étranger pour la succession, et qu'il faut traiter la libéralité qui lui a été faite et qu'il retient, fût-elle en avancement d'hoirie, comme on traite la libéralité faite à un étranger. Là est l'erreur. Le droit vit de distinction, et il faut ici distinguer si la libéralité retenue était ou non par préciput, si elle était une donation de la part héréditaire ou hors part; il faut voir si le renonçant reçoit ou non sa part de succession à quelque autre titre que celui d'héritier. S'il l'a reçue, il est censé à certains égards et pour certains effets avoir été héritier; sa renonciation se considère, nous dit Lebrun, comme une acceptation lorsqu'il s'agit de conserver l'ordre que la loi établit pour les successions. Voilà ce que l'on comprenait merveilleusement autrefois. Pourquoi ne le comprend-on plus aujourd'hui? C'est que l'on attache un sens trop absolu à l'art. 785. L'interprétation abusive qu'on lui donne a sa source dans l'opinion si répandue que la succession des propres, où la règle posée par cet article recevait la plus stricte application, aurait représenté le droit commun des successions, tandis qu'elle était au contraire une exception parfai-

tement caractérisée. C'est cette erreur qu'il faudrait déraciner. La succession des propres se réalisait par les réserves coutumières, le réservataire n'y prenait part qu'en qualité d'héritier; s'il renonçait à la succession, il perdait tous ses droits dans les quatre-quints réservés, il ne pouvait rien réclamer de cette succession, malgré tous les legs dont il était peut-être honoré : tout cela est certain. Mais nous avons montré que l'esprit et le but de ce système rigoureux étaient de conserver le caractère originel des biens dont il s'agissait. C'était à la succession d'entretenir les propres que la succession avait formés. Il y a de l'art et de la logique dans ces combinaisons du droit coutumier. Mais elles sont une exception; le droit commun des successions, c'est qu'on peut prendre part en une succession comme héritier, comme donataire, comme légataire.

222. Témoin la légitime, qui, dans le droit des coutumes, constituait une succession tout autant que les réserves coutumières, et qui, malgré ce caractère, admettait pleinement pour sa computation et sa perception la distinction commune entre l'héritier qui renonce *aliquo dato* et l'héritier qui renonce *nullo dato*. C'était une vérité triviale que les libéralités reçues par un légitimaire renonçant devaient s'imputer sur sa part dans la légitime, ou en d'autres termes, qu'il faisait part dans la succession légitimaire.

Nous trouvons là un excellent exemple de l'imputation des avancements d'hoirie sur les droits de succession de ceux qui les ont reçus, exemple qu'il doit nous être permis d'invoquer pour la démonstration de notre thèse actuelle, l'imputation sur la légitime et l'imputation sur la part afférente à une certaine branche d'héritiers pouvant se servir de preuve l'une à l'autre. Si la légitime forme la succession, et si l'avancement d'hoirie retenu par un légitimaire renonçant s'impute sur sa part dans la légitime, je dois en conclure l'imputation de l'avancement d'hoirie retenu par celui qui fait partie d'un certain groupe d'héritiers sur la part afférente à ce groupe. Et par réciprocité, cette dernière imputation me fera facilement admettre la première. Tel était incontestablement le droit en matière de légitime et en matière de succession; c'est la même chose.

L'imputation des avancements d'hoirie sur la part héréditaire du renonçant qui les retient est si bien la loi générale des successions, que, même dans les successions qui ne forment qu'une seule masse dévolue à des héritiers individuellement égaux en droits, l'imputation a lieu de cette manière et non autrement. Mais les héritiers qui acceptent n'ont aucun intérêt à se rendre compte du mode et des effets de l'imputation des dons conservés par ceux qui renoncent, et les jurisconsultes n'ont pas songé à les expliquer. Lorsque trois frères acceptent une succession de 60,000 fr. laissée par un frère décédé, et qu'un quatrième frère y renonce pour retenir un don de 40,000 fr., il ne servirait de rien à ceux-là de savoir que celui-ci a retenu 20,000 fr., comme représentation de sa part d'hérédité, et 20,000 fr., à titre d'avantage. C'est pourtant ce qui a eu lieu.

Mais, lorsque la loi affecte une certaine partie de l'hérédité à certains héritiers et l'autre portion à d'autres, il devient intéressant pour les divers partis en présence de vérifier sur quoi portera la rétention faite par un renonçant de l'un ou de l'autre parti, et cela est parfaitement dans leur droit. Or, cet intérêt existe dans les successions divisées par souches ou par lignes. Si donc, au lieu de trois frères, ce sont trois cousins, deux paternels et un maternel, qui acceptent la succession de leur cousin s'élevant à 60,000 fr., et qu'un quatrième cousin du côté maternel ait renoncé pour retenir 40,000 fr. à lui donnés sans clause de préciput, il y a dans cette somme 20,000 fr. qui représentent sa part héréditaire et qui doivent s'y imputer, et 20,000 fr. qu'il reçoit par pure libéralité ; par où l'on voit que les deux cousins paternels ont droit à 40,000 fr. dans les biens laissés au décès, et le cousin maternel à 20,000 fr. seulement. Il en est de même de la réserve ou légitime. Succession *ab intestat*, bornée au quart, à la moitié ou aux trois quarts des biens et affectée à certains héritiers privilégiés, elle doit être comparée à beaucoup d'égards aux successions partielles qui résultent de la division par lignes ou par souches. Ceux qui sont appelés à la portion disponible de la succession ont droit d'exiger (tel est du moins notre sentiment) que l'avancement d'hoirie fait à un réservataire renonçant soit imputé avant tout sur la partie réservée de la succession, c'est-à-dire sur la part héréditaire du renonçant. La quotité disponible a contre la réserve un droit tout semblable à celui qui appartient à une ligne ou à une branche héritière contre l'autre. L'imputation est foncièrement la même dans toutes les successions [1].

Cette unité du principe d'imputation éclate dans l'espèce suivante, où l'on ne peut pas imputer l'avancement d'hoirie que retient un héritier renonçant sur la partie de la succession afférente à ceux de sa branche sans l'imputer aussi sur la réserve, ni réciproquement l'imputer sur la réserve sans l'imputer du même coup sur la partie de succession à laquelle le renonçant était appelé. Une nécessité logique irrésistible commande cette double imputation. Je suppose une succession de 48,000 fr. dévolue à deux petits-fils nés d'un fils prédécédé et deux autres petits-fils nés d'un autre fils également prédécédé. La quotité disponible qui est de 16,000 fr. a été donnée à un étranger ; et une valeur de 8,000 fr. a été donnée

[1] Je compare sous cet aspect la succession réservée avec la succession ordinaire, au nº 443 ci-après.

en avancement d'hoirie à l'un des quatre petits-fils. Ce dernier renonce à la succession pour s'en tenir aux 8,000 fr. qui égalent sa part dans la réserve. Or, même en supposant l'avancement d'hoirie fait au petit-fils antérieur à la donation conférée à l'étranger, quelques bons esprits admettent que cet étranger a le droit de demander l'imputation de l'avancement d'hoirie sur la réserve, afin d'assurer sur la quotité disponible l'exécution de la libéralité dont il a été l'objet. J'en suis pleinement d'avis. Mais il faut aussi que ces bons esprits m'accordent que les deux petits-fils de la branche opposée à celle du donataire auront le même droit de faire imputer l'avancement d'hoirie de 8,000 fr. sur la moitié de réserve afférente à la branche de ce donataire ; autrement ils n'auraient pas leur réserve entière. Les deux imputations sont corrélatives ; admettre l'une, c'est admettre l'autre, et c'est être dans la vérité du droit. Eh ! que parlons-nous de deux imputations et de double imputation ? Il ne se fait qu'une seule imputation sur la part héréditaire du renonçant, qui est à la fois une fraction de la réserve et une fraction de ce qui revient à sa branche.

223. Toute cette doctrine repose sur l'idée que l'héritier qui ne renonce que pour conserver un avancement d'hoirie est censé recueillir sa part d'hérédité ; ce qu'il retient *vice portionis hereditariæ fungitur*. C'est la restauration de la vieille et nécessaire distinction entre les renonciations gratuites et les renonciations non gratuites, suivant laquelle la renonciation non gratuite, ou *aliquo dato*, *aliquo recepto*, équivaut presque à une acceptation.

Il y a pourtant quelque différence entre l'ancien droit et le droit du Code Napoléon. L'ancien droit n'admettait pas, en général, les dons par préciput en faveur d'un successible, il n'admettait que des avancements d'hoirie. Voilà pourquoi on disait tout court *aliquo dato*, *aliquo accepto*. C'était toujours d'avancement d'hoirie qu'il s'agissait. Sous le Code qui admet les préciputs, la distinction n'a d'application que lorsque la libéralité retenue par le renonçant est une libéralité sans clause de préciput, c'est-à-dire un avancement d'hoirie. C'est le cas que nous avons toujours supposé. *Aliquo dato, aliquo recepto*, doit donc être entendu aujourd'hui dans le sens particulier de *parte hereditaria data*, *parte hereditaria recepta*.

Mais, avancement d'hoirie ou préciput, M. Beautemps-Beaupré nous arrête, en soutenant, au nom des art. 780 et 785 combinés, qu'il est impossible de considérer comme acceptation la renonciation de celui qui retient la libéralité que le défunt lui a faite [1]. Pour qu'une renonciation ne soit pas gratuite et qu'elle emporte acceptation, il faut, suivant cet auteur, que le renonçant ait reçu de ses cohéritiers le prix de sa renonciation, ainsi qu'il est dit à l'art. 780 ; autrement, et quoiqu'il ait reçu quelque chose du défunt, il est censé n'avoir jamais été héritier conformément à l'art. 785. « Le Code, dit-il, ne reconnaît d'autre position intermé- » diaire entre l'acceptation et la renonciation que l'accepta- » tion sous bénéfice d'inventaire. »

Ce n'est qu'une équivoque. Il suffit, pour la dissiper, de tenir compte de deux ordres de rapports très-différents, que M. Beautemps-Beaupré confond à plaisir, grâce à la ressemblance des noms qui servent à les exprimer. Sans doute la renonciation pour retenir un don du défunt n'est point la même chose que la renonciation dont le prix est payé par les cohéritiers du renonçant, quoiqu'elles soient l'une et l'autre intéressées, ou comme on le dit, non gratuites. Celle-ci emporte acceptation, elle est vraiment une acceptation qui oblige son auteur au payement des dettes envers les créan-

[1] *De la Portion disponible*, T. I, n° 144.

ciers de la succession et au rapport des dons envers ses cohéritiers, comme elle lui permet réciproquement de demander ce rapport. Celle-là n'emporte pas acceptation, elle est purement et simplement une renonciation, qui prive son auteur des avantages et le débarrasse des charges inhérentes à la qualité d'héritier; il est un donataire ou un légataire, et il en a les droits avec les obligations, rien de plus, rien de moins. On ne peut pas dire qu'il se soit fait une position intermédiaire entre l'acceptation ou la renonciation. C'est seulement pour la distribution du surplus des biens entre eux, que les cohéritiers de ce renonçant doivent faire état de sa personne, parce qu'il a réellement retiré sa part de la succession, quoique ce soit à un autre titre que celui d'héritier. Voilà dans quel sens, jusqu'à quel point et entre quelles personnes la renonciation pour s'en tenir à un avancement d'hoirie produit le même effet que si le renonçant se fût porté héritier. Du successible qui fait une pareille renonciation à ses cosuccessibles qui acceptent et aux créanciers de la succession, elle n'a pas d'autre effet et ne mérite pas d'autre nom que l'effet et le nom de renonciation. Cette renonciation non gratuite n'a donc rien de commun avec celle dont l'art. 780 définit le caractère et les effets, et c'est avec grande raison que le législateur ne l'a pas comprise dans cette disposition ; mais il n'en faut pas conclure qu'il ait rejeté l'effet propre que l'ancien droit y attachait.

Je suis, dans ces questions, du parti des anciens contre les modernes : il ne me déplaît pas d'être seul aujourd'hui à défendre une doctrine qui fut celle de tous nos grands jurisconsultes. On s'est trompé pendant un demi-siècle sur un point capital du droit des successions. Mais l'erreur ne prescrit pas contre la vérité. Que les jurisconsultes dignes de ce nom y réfléchissent, et ils verront aisément de quel côté sont la justice, l'art et la science.

Le droit et l'arithmétique sont souvent mêlés dans les nombreux exemples auxquels a été faite l'application des principes. Mais il va de soi que l'arithmétique n'est pas la chose importante. Chacun peut demander à la science des nombres des procédés plus simples et meilleurs que les nôtres, pourvu qu'il ne change rien aux résultats juridiques, qui sont ici la chose essentielle.

CHAPITRE III.

DE LA RÉTENTION ET DE L'IMPUTATION DES AVANCEMENTS D'HOIRIE ET DES PRÉCIPUTS DANS LES SUCCESSIONS OU LA LOI FAIT UNE RÉSERVE.

224. Division de ce chapitre en deux grandes sections, subdivisées elles-mêmes en articles et paragraphes.

224. Dans les successions où il n'existe pas de réserve, la rétention d'une libéralité quelconque par un héritier qui renonce, ne rencontre pas, en général, d'autres limites que l'insuffisance des biens laissés par le donateur. Il ne s'élève pas de question de savoir si le renonçant pourra ou non retenir la libéralité, mais seulement sur quoi on devra l'imputer. Mais dans les successions légitimaires, la division des biens en deux parts, l'une qui est réservée à certains héritiers, et l'autre qui reste disponible, met des bornes à ce que peuvent retenir les héritiers avantagés même en renonçant. De là l'intérêt qui s'attache aux questions de rétention comme aux questions d'imputation et la convenance de diviser ce chapitre en deux grandes sections qui traiteront distinctement, l'une de la rétention des dons, et l'autre de leur imputation.

Notre Code accorde le droit de réserve aux enfants et aux ascendants. Mais la réserve des enfants est de beaucoup la plus importante ; aussi sera-t-elle l'objet principal de nos explications. Ce que nous en dirons s'appliquera à celle des ascendants, sauf indication contraire.

SECTION PREMIÈRE.

DE LA RÉTENTION DES AVANCEMENTS D'HOIRIE ET DES PRÉCIPUTS, EN CAS DE RÉSERVE ÉTABLIE PAR LA LOI.

225. Distinction si le successible avantagé accepte ou répudie la succession.

225. Il faut toujours distinguer si le successible qui a reçu l'avantage vient à la succession ou s'il y renonce.

Ces deux cas seront traités, pour les donations, dans deux articles séparés par lesquels finira notre tome premier.

Les legs ne feront l'objet que d'un seul article, qui sera le troisième de la section et par lequel commencera notre tome second.

Le cas du successible qui renonce sans avoir rien reçu sera l'objet d'un quatrième article.

La question des successibles faisant nombre pour le calcul de la réserve viendra dans un cinquième et dernier article.

ARTICLE PREMIER.

DE LA RÉTENTION PERMISE A UN SUCCESSIBLE DONATAIRE QUI ACCEPTE LA SUCCESSION.

226. Pourquoi les donations en avancement d'hoirie et les donations par préciput sont réunies pour la question de rétention.

227 Rétention absolue du préciput jusqu'à concurrence de la portion disponible.

228. Que l'excédant du préciput sur la quotité disponible n'est que rapportable jusqu'à concurrence de la part du préciputaire dans la réserve.

229. Toutes les règles du rapport en moins prenant s'appliquent à cet excédant.

230. Difficultés pratiques et théoriques.

231. Solution des difficultés pratiques.

232. Explication de la difficulté théorique.

233. Du préciputaire sur lequel manque la quotité disponible.

226. Le lecteur s'étonnera peut-être que nous ne séparions pas, au point de vue de la rétention, les libéralités que le défunt a simplement faites en avancement d'hoirie de celles qu'il a faites sous le nom et à titre de préciput. La considération qui nous a porté à les réunir en un seul discours, c'est que la différence entre ces deux espèces de libéralités n'existe très-souvent que dans les mots. Si l'on pouvait prendre à la lettre les qualifications sous lesquelles se produisent les libéralités, un avancement d'hoirie ne porterait jamais que sur la réserve, et un préciput que sur le disponible. Mais, ainsi que nous l'avons dit plus haut [1], ces qualifications n'ont d'efficacité que si elles s'accordent avec les réalités de la succession. L'avancement d'hoirie qui excède la part du donataire dans la succession réservée implique en sa faveur un avantage qui frappe nécessairement la portion disponible; et le préciput qui excède la portion disponible ne peut valoir en faveur du donataire que comme donation de sa part dans la réserve. Quel que soit le nom donné à une libéralité faite à un réservataire, on ne sait sur quoi elle porte qu'après avoir vérifié les biens laissés par le donateur, le nombre et la qualité de ses héritiers, l'importance et le caractère des autres libéralités qu'il a faites.

Une autre raison de réunir les préciputs et les avancements

[1] Au n° 172, p. 339 et suiv.

d'hoirie pour la question de rétention, c'est qu'en définitive on peut retenir autant en vertu d'un avancement d'hoirie que d'un préciput. Toute la différence qu'il y a, c'est que le donataire en avancement d'hoirie n'exerce pas ses rétentions dans le même ordre que le donataire par préciput, et qu'il n'en garde pas toujours le profit pour lui seul. Elle vaut la peine d'être notée dès à présent; nous l'expliquerons plus loin.

227. Pour aller du facile au difficile, nous dirons d'abord que les dons par préciput peuvent être retenus jusqu'à concurrence de la portion disponible par celui qui les a reçus, même en venant à la succession. Qu'il les pût également retenir en y renonçant, il n'en faut point douter; mais nous ne nous occupons point ici du cas de renonciation. Par la clause de préciput apposée à la libéralité, le défunt a expressément manifesté la volonté d'avantager le donataire; et la loi donne effet à cette volonté par les articles 843, 844 et 919 qu'il est inutile de transcrire. Notez seulement que la rétention n'est possible que jusqu'à concurrence de la quotité disponible, ou jusqu'à concurrence de ce qu'il en reste, si elle a été entamée par des donations préférables à celle dont il s'agit.

228. Mais il se peut qu'après l'absorption de la quotité disponible par le préciput, il reste un excédant. Quel sera le sort de la libéralité pour cet excédant? Pourra-t-il être retenu par l'héritier donataire? Là commence la difficulté.

La plupart des auteurs répondent que la donation est réductible pour tout l'excédant, comme entamant la réserve. Et moi, je dis qu'elle n'est que rapportable jusqu'à concurrence de la part du donataire dans la réserve, et que par conséquent elle peut être retenue par lui, jusqu'à cette limite dans tous les cas où la loi dispense du rapport en nature.

Ceci est de grande conséquence. Car, s'il est une fois

prouvé que la donation ou la partie de donation qui porte sur la part de réserve d'un héritier venant à la succession est seulement sujette à rapport et non à réduction (deux choses très-différentes), il sera prouvé par là même que le donataire aurait pu retenir cette donation ou cette partie de donation en renonçant à la succession, d'après la règle que le rapport n'est dû que par celui qui vient à la succession. Et si cela est admis, le procès de la vérité contre l'erreur sera gagné ; on possédera un principe solide, source abondante de solutions exactes.

Il ne faut, pour établir ce principe, que citer l'art. 844, à la fin duquel il est écrit en toutes lettres que dans ce cas *l'excédant est sujet à rapport*.

Les art. 866 et 918 répètent à leur tour que cet excédant est simplement rapportable, et l'art. 924 le traite comme tel. Mais peu importe aux auteurs ; c'est, à leur avis, de réduction qu'il s'agit. Je ne sais qui le premier imagina de dire que le texte de l'art. 844 est inexact et qu'il faut y lire : *est sujet à réduction*, au lieu de : *est sujet à rapport*. Le mot a fait fortune, il a été répété avec un accord admirable. La lettre de l'article et sa place dans le Code étaient là pour protester ; mais pas un auteur n'en a tenu compte.

M. Duranton dit par deux fois[1] que l'excédant du disponible est sujet à réduction, en corrigeant les mots *rapport* et *rapportable* des art. 844 et 918.

Zachariæ[2] prétend qu'il ne s'agit pas d'autre chose que d'une *réduction*, quoique le Code l'ait appelée *rapport* à cause de son affinité avec le véritable rapport.

Dans mes notes recueillies au cours de M. Bugnet, je trouve celle-ci sur l'art. 918 : « *Rapporté* à la masse. Mauvaise ex- » pression ; c'est *réductible* qu'il fallait dire. Trop souvent les

[1] T. VII, 4e éd., p. 338 et 474.
[2] Aubry et Rau sur *Zachariæ*, T. IV, § 627, *in f.*, et note 12 sur le § 632.

» rédacteurs du Code ont confondu les questions de rapport » avec les questions de réduction. »

Demante l'ancien disait sur l'art. 844[1], en essayant de tout concilier : « La dispense de rapport écrite dans la donation » ne saurait donc empêcher la *réduction* à la quotité dispo» nible et le *rapport* de l'excédant. » — Même langage équivoque chez M. Troplong, *Donat.* II, n° 888. M. Gabriel Demante est plus net et plus formel lorsqu'il dit[2] : « Pour ce » qui est de la disposition finale de l'art. 844 : *l'excédant est* » *sujet à rapport*, il faut lire : *l'excédant est sujet à réduc-* » *tion*. Une correction semblable est incontestablement néces» saire dans l'art. 918. »

M. Mourlon ne manque pas de se faire l'écho de toutes ces critiques ; l'habile répétiteur nous dit[3] : « Ces expressions (de » l'art. 844) : *est sujet à rapport*, sont inexactes. Les libéra» lités préciputaires qui dépassent la quotité disponible sont, » en effet, sujettes, non pas *à rapport*, mais *à réduction ;* or, » le *rapport* et la *réduction* sont deux théories qu'il ne faut » pas confondre. »

Marcadé, qui faisait cependant profession de réfuter les faux principes, est venu se briser à son tour contre l'écueil commun et il affirme comme les autres[4] qu'il faut éliminer de la section des rapports l'art. 844 ; que ce n'est pas un cas de rapport mais de réduction et qu'il faut substituer le mot *réduction* au mot *rapport*.

Voilà des autorités nombreuses, quelques-unes très-imposantes. Après avoir longtemps acquiescé à cette banale critique des expressions de l'art. 844, de l'art. 866 et de l'art. 918, j'ai reconnu que le Code a raison contre ses censeurs. Il est vrai, absolument vrai, que l'excédant d'un préciput sur la quotité

[1] *Programme*, II, n° 178.
[2] *Rev. crit.* T. II, p. 96.
[3] *Répét. écrites*, T. II, p. 150.
[4] T. III, sur l'art. 844, p. 258.

disponible tombe sous la loi du rapport et non sous celle de la réduction, jusqu'à concurrence de la part du donataire dans la succession réservée qu'il accepte.

229. Le pouvoir de la vérité est si grand, que tous nos auteurs, quoiqu'ils érigent en principe que cette partie de donation est réductible et non rapportable, arrivent dans les détails de l'application à ne la soumettre qu'au droit des rapports; le simple bon sens leur fait éviter les conséquences d'une doctrine vicieuse.

Zachariæ, dans le passage que nous avons cité, trouve à cette prétendue réduction de l'affinité avec le rapport, en ce que le donataire qui la subira sera *lui-même appelé à en profiter jusqu'à concurrence de sa part héréditaire*. La remarque est juste; c'est bien là un trait caractéristique du rapport, et pour des esprits moins prévenus, ce serait une preuve suffisante qu'il ne s'agit nullement de réduction. Ils verraient clairement que les cohéritiers du donataire ne lui demandent pas de remettre sa part de réserve dans la masse parce que leur propre réserve serait entamée, mais seulement afin que chacun ait dans son lot des biens de la même qualité, ce qui est proprement l'objet du rapport à succession. Ce n'est donc pas assez de signaler l'affinité de la prétendue réduction avec le rapport; il faut reconnaître qu'elle n'est pas autre chose qu'un véritable rapport soumis à toutes les règles du rapport de l'aveu même de ceux qui lui contestent son nom pour l'appeler réduction.

Et d'abord, si vous supposez que cet excédant de la donation sur le disponible soit un immeuble et qu'il y ait dans les biens existants d'autres immeubles dont on puisse former des lots à peu près égaux pour les autres héritiers, l'enfant donataire qui vient à la succession sera certainement dispensé de rapporter cet excédant en nature conformément à la disposition de l'article 859, qui pose la règle générale, et à l'article 924, qui l'applique au préciput excédant la quotité disponible. Eh bien ! malgré cette application du droit des rapports à la partie de donation qui correspond à la part du donataire dans la réserve, les critiques de l'article 844 nous disent par l'organe de Marcadé [1] que ce n'en est pas moins une réduction, mais une réduction qui ne se fait pas en nature par exception au mode ordinaire suivant lequel elle s'opère. On peut, à la vérité, objecter à l'appui des idées de Marcadé, que l'article 924 qualifie de *réductible* la donation dont il s'agit. Ma réponse est qu'il suppose apparemment une donation excédant à la fois la quotité disponible et la part du donataire dans la réserve. S'il en est ainsi, elle est de ce chef vraiment sujette à réduction, parce qu'elle porte atteinte au droit de réserve des autres héritiers; mais c'est une dérision de prétendre qu'ils auraient l'action en réduction, protectrice de la réserve, précisément pour enlever sa propre réserve au donataire. L'article 924 décompose l'excédant de la donation sur le disponible en deux éléments, l'un qui est seulement rapportable (c'est ce qui correspond à la part du donataire dans les biens réservés), et l'autre qui est réductible (c'est ce qui empiète sur la réserve des autres héritiers). C'est pour faire concorder cet article avec les articles 844 et 859 que le Tribunat y fit ajouter ces derniers mots : *s'ils sont de la même nature* [2]. La contradiction n'aurait pas été possible, s'il ne se fût agi que de réduction dans l'art. 924.

Autre preuve que l'excédant du préciput sur le disponible n'est que rapportable. En fait, il n'y a pas d'autres immeubles

[1] T. III, p. 298, sur l'art. 866, no 1er.

[2] Par *biens de la même nature* il faut entendre *des immeubles de même nature, valeur ou bonté*, comme dans l'article 859, sans exiger pourtant qu'ils soient affectés à la même culture. Voir arrêt de Caen, du 16 mars 1839, Dev. 39, 2, 336.

dont on puisse former des lots à peu près égaux pour les autres héritiers ; mais le retranchement de l'excédant ne peut pas s'opérer commodément. Dans ce cas encore, le rapport en nature de l'excédant cesse, si la portion disponible qui est à prélever par le donataire fait plus de la moitié de la valeur de l'immeuble ; sinon, le rapport en nature a lieu. Telle est la disposition de l'art. 866, un article placé à la section *des rapports*, et qui ne parle que de rapport. Ainsi, le Code fait céder la nécessité du rapport à la circonstance la plus futile, à cette circonstance que l'immeuble donné ne peut pas se partager commodément. Est-ce que le droit de réduction disparaîtrait devant une pareille considération ? Marcadé [1] et les auteurs qui pensent comme lui n'en soutiennent pas moins que l'art. 866 ne traite que de réduction, ils se tirent d'affaire en disant qu'ici encore et toujours par exception la réduction suit les formes des rapports. C'est la coutume des auteurs, lorsqu'ils ont adopté un principe faux et qu'ils rencontrent une disposition qui résiste à ce mensonge, de dire qu'elle est une exception, au lieu d'y voir la conséquence logique du principe véritable qui est méconnu par eux.

Ce n'est pas tout. Qu'il y ait ou non dans la succession d'autres immeubles que l'immeuble donné, et que cet immeuble soit ou non commodément partageable, je dis avec assurance que le rapport de l'excédant qui correspond à la réserve du donataire ne se fera pas en nature, si le donataire a aliéné l'immeuble donné avant l'ouverture de la succession. Ce sont les art. 859 et 860 qu'on devra appliquer à l'exclusion de l'art. 930. En effet, les autres héritiers auront toujours leur réserve entière, soit que l'excédant se rapporte ou qu'il ne se rapporte pas ; le rapport en nature ne les intéresse qu'en ce qu'il leur ouvrirait la chance d'avoir l'immeuble pour

[1] A la même page 298, sur article 866.

leur portion au lieu d'autres biens ; mais cet intérêt-là n'est pas assez grand pour autoriser l'éviction d'un tiers-acquéreur, le législateur lui a préféré celui de la stabilité des propriétés. Pour qu'il y eût lieu à l'éviction du tiers-acquéreur, il faudrait que la réserve propre des autres héritiers ne fût point sauve ; il s'agirait alors de protéger le droit sacré de réserve, et la loi leur donnerait, non pas une action en rapport, mais une action en réduction. Ce n'est point l'hypothèse où nous nous plaçons ; nous supposons que la réserve des autres héritiers n'est pas entamée. Le fût-elle, les cohéritiers du donataire ne pourraient réduire le tiers-acquéreur que dans la stricte mesure de ce qui serait nécessaire pour la compléter, et discussion préalablement faite des biens du donataire. Le tiers-acquéreur aurait le droit absolu de retenir l'immeuble jusqu'à concurrence de la quotité disponible et de la part de réserve de son vendeur : jusqu'à concurrence de la quotité disponible, parce qu'elle est définitivement acquise à ce vendeur ; jusqu'à concurrence de sa part de réserve, parce qu'il n'en devait que le rapport, et que le rapport n'a lieu qu'en moins prenant, quand le donataire a aliéné l'immeuble donné avant l'ouverture de la succession [1]. Il n'y a pas d'article où cela soit dit littéralement, tandis que nous en avons trouvé où il est dit expressément que le rapport en nature d'une part de réserve cesse en cas d'existence d'autres immeubles ou d'incommodité de partage. Aussi Marcadé, qui ne se trouve pas gêné par un article spécial, repousse-t-il le rapport en moins prenant qui ne serait fondé que sur l'aliénation de l'immeuble. Il décide conséquemment à la fausse et malheureuse idée qu'on a eue de mettre la réduction à la place du rapport, que le tiers-acquéreur pourra être inquiété par les réservataires non gra-

[1] *Sic*, M. Beautemps-Beaupré, *De la Portion disponible*, T. II, n° 985, *in f.*

tifiés, par cela seul qu'il détient la part de réserve de leur cohéritier, et malgré l'aliénation qu'il en a faite. Voilà, il faut en convenir, une réduction qui est sujette à bien des disparates. Eh quoi! le seul intérêt de l'héritier donataire à conserver en nature ce qui lui a été donné suffit, s'il y a d'autres immeubles ou que le retranchement en nature soit incommode, pour que la prétendue réduction se fasse en moins prenant, et l'intérêt du tiers-détenteur, intérêt plus respectable aux yeux de la loi, ne pourrait pas amener le même résultat! Ce serait souverainement injuste et illogique.

S'il ne fallait que combattre, même au point de vue de la réduction, l'éviction qu'on prétend infliger au tiers-acquéreur, il ne serait pas malaisé de démontrer qu'elle ne peut pas l'atteindre. L'art. 930, en effet, subordonne l'action en réduction des réservataires contre les tiers-détenteurs à la discussion préalable des biens du donataire qui a aliéné. Or, il y a ici des biens qu'il faudrait à plus forte raison discuter avant d'attaquer le tiers-acquéreur, ce sont tous les autres biens de la succession que nous supposons suffisants pour l'acquittement de ce qui revient aux autres réservataires. Par cette argumentation on rentrerait dans la vérité du droit, tout en qualifiant de réduction le rapport qui est dû par notre donataire. Mais il est d'une doctrine plus sûre et plus profonde de reconnaître que ce donataire n'est tenu qu'au rapport pour sa part de réserve, et que dès lors c'est par une application toute simple et toute naturelle de l'art. 860 que le tiers-acquéreur doit s'abriter contre les poursuites des autres réservataires. Avec cette doctrine (c'en est une) on résoudra facilement bien des difficultés que je ne prévois pas, mais que les faits, toujours si variés, se chargeront de faire naître. Avec l'idée de réduction, on ne fera qu'hésiter en face de ces mêmes difficultés. Il est ainsi démontré une fois de plus que l'art. 844 a eu raison de dire que *l'excédant du préciput sur la quotité disponible est sujet à rapport*, pourvu, bien entendu, que cet excédant ne dépasse pas la part du donataire dans la réserve.

Nous n'avons pas besoin d'un article spécial pour affirmer que, si le préciput avait du mobilier pour objet, le rapport de l'excédant sur le disponible ne se ferait qu'en moins prenant jusqu'à concurrence de la part du donataire dans la réserve. La disposition générale de l'art. 868 serait incontestablement applicable. C'est encore une preuve que cet excédant, dans la limite indiquée, est seulement sujet à rapport. Ceci aurait une importance particulière dans l'opinion de ceux qui pensent que pour la réduction des donations de mobilier on doit, par application de l'art. 922, prendre la valeur du jour du décès du donateur, tandis que pour le rapport on prend la valeur du jour de la donation conformément à l'art. 868. Je ne suis point de cet avis. Il me paraît impossible de donner aux meubles pour le calcul de la quotité disponible une valeur autre que celle sur le pied de laquelle devra s'en faire le rapport à la succession [1].

Un intérêt plus général de la distinction entre le rapport et la réductien peut être signalé : c'est relativement aux fruits des choses soumises à l'un ou à l'autre droit. Aux termes de l'art. 928, ils peuvent n'être dus qu'à partir de la demande en cas de réduction ; mais d'après l'art. 856, ils sont toujours dus à compter de l'ouverture de la succession en cas de rapport. C'est incontestablement ce dernier article qu'il faut appliquer aux fruits produits par la portion des biens donnés dont le préciputaire doit le rapport.

On pourrait enfin se demander si le père de famille aurait

[1] Voir ci-dessus, n° 108, *in f.*, p. 182. Comp. Toullier, T. v, n° 139, et Troplong, II, n° 974. Le Code sarde dit très-bien à ce sujet : « S'il » s'agit d'effets mobiliers, la valeur devra en être fixée au moment de la » donation (art. 731). »

le droit, en donnant la quotité disponible à l'un de ses enfants, de le dispenser de rapporter l'excédant en nature jusqu'à concurrence de sa part dans la réserve, supposé qu'il acceptât la succession. C'est une question délicate pour la solution de laquelle je renvoie à ce que j'ai dit des clauses de ce genre, p. 323 et suivantes. J'incline à regarder la dispense comme licite ; mais la jurisprudence est contraire.

230. Nous avons soumis à l'épreuve des règles du rapport l'obligation imposée par l'art 844 au préciputaire qui vient à la succession d'y rapporter l'excédant de sa donation sur la quotité disponible, et nous avons vu toutes ces règles s'appliquer avec une merveilleuse exactitude à cette obligation comme à un rapport véritable. Ce résultat venge les art. 844, 866 et 918 des critiques qui en ont été faites. On peut s'étonner que, lorsque la loi ne nomme que le rapport et n'organise que le rapport, les auteurs aient mis la réduction à sa place, sauf à dire qu'elle a de l'affinité avec le rapport et qu'elle se comporte comme lui. Mais alors pourquoi changer le nom ?

Il y a pour expliquer cette violence faite au texte de la loi une raison pratique et une raison théorique dont la double influence a entraîné tout le monde dans le parti de l'erreur. Il faut les discuter l'une et l'autre.

231. Quelques-uns se sont surtout laissé impressionner par cette considération de fait, que la libéralité excessive pourra souvent aller jusqu'à blesser la réserve des cohéritiers du successible donataire, auquel cas elle devient incontestablement, pour une partie, sujette à réduction. Dans leur impuissance à faire, comme il convenait, une application distributive des règles du rapport et de celles de la réduction à cet énorme excédant, ils l'ont mis tout entier au compte de la réduction. Pour quel motif? Sans doute parce que ce droit

est plus sacré que le droit de rapport. Et puis, glissant sur cette pente, ils ont été conduits, pour n'avoir vu que réduction là où il y a lieu à rapport et à réduction, à ne voir encore que réduction là où il n'y a lieu qu'au seul rapport, c'est-à-dire dans les cas où l'excédant sur le disponible ne dépasse pas la part de réserve du donataire venant à la succession.

A cela nous opposons que ce dernier cas est textuellement prévu par l'art. 844, et qu'il en résulte avec certitude que l'excédant est alors seulement sujet au rapport. Voilà un premier point sur lequel il n'y a pas de transaction possible entre nous et ceux qui ont écrit sur ces matières.

Mais de plus, même lorsque l'excédant dépasse à la fois et la quotité disponible et la part réservée du donataire, nous ne disons pas grossièrement qu'elle est réductible; nous disons qu'elle est rapportable pour une partie et réductible pour l'autre, sans sacrifier le rapport à la réduction ou la réduction au rapport. A chacun de ces droits son influence et sa fonction particulières; ils ne doivent pas s'absorber l'un l'autre. Pour cette partie de la donation qui correspond à la part de réserve du donataire, le rapport avec tous ses tempéraments; pour la partie qui a été prise sur la réserve des autres héritiers, la réduction avec toutes ses rigueurs. Tel est le système de la loi, que nous allons mettre en action par quelques exemples qui offriront au lecteur l'application, soit du rapport seul, soit du rapport combiné avec la réduction.

Que l'on suppose 80,000 fr. de fortune, et trois enfants, à l'un desquels il ait été donné par préciput un immeuble valant 40,000 fr. L'enfant donataire venant à partage a d'abord le droit incontestable et incontesté de retenir l'immeuble jusqu'à concurrence de la quotité disponible qui est de 20,000 fr. Reste un excédant de 20,000 fr., justement égal à sa part dans la réserve; c'est cet excédant que l'art. 844 dit être sujet à rapport, et avec beaucoup de raison. La réduction n'a rien à voir dans cette espèce dont le réglement appartient tout entier à la section *des rapports*. Ce principe accepté, les solutions coulent de source.

Ainsi, les 40,000 fr. dont il n'a point été disposé sont-ils des immeubles dont on puisse former des lots à peu près égaux pour les deux autres enfants, le rapport de l'excédant n'aura lieu qu'en moins prenant en vertu de l'art. 859. Il n'est pas besoin d'invoquer l'art. 924 qui suppose une donation réductible ; celle dont il s'agit n'est que rapportable.

Les 40,000 fr. de biens existants, fussent-ils du mobilier, le rapport n'aura encore lieu qu'en moins prenant, si le retranchement de l'excédant offre trop de difficultés et d'inconvénients. Ainsi le veut l'art. 866 dont j'applique la disposition à cette donation, encore bien que la portion disponible que le donataire a le droit de retenir, ne soit pas plus forte que l'excédant qu'il devrait rapporter. Elle n'est ni plus forte ni plus faible que cet excédant, elle lui est exactement égale, et cela suffit pour la dispense, d'après la lettre de l'article qui dit que le donataire rapporte l'immeuble en totalité, lorsque l'excédant est de plus de moitié de la valeur de l'immeuble. Eh bien ! l'excédant n'est pas de plus de moitié, la lettre de la loi est satisfaite. Il est vrai que la proposition qui suit celle-là dans l'art. 866 est tournée de manière à faire décider la question dans le sens du rapport, ce qui ne laisse pas que d'être un peu embarrassant. La petite difficulté que nous rencontrons ici tient à ce que nous avons pris un exemple où la quotité disponible et l'excédant sujet à rapport sont parfaitement égaux. Si on suppose la donation de 38,000 fr. au lieu de 40,000, l'excédant ne sera que de 18,000 fr. et l'article 866 s'appliquera sans conteste. La rédaction négligée de l'article mène à ce résultat bizarre, que le jugement qui dans un cas d'égalité parfaite entre le disponible et l'excédant aurait dispensé du rapport en nature, ne pourrait pas être cassé pour violation de la loi, et que le jugement qui, dans le même cas, aurait ordonné ce rapport, ne pourrait pas l'être davantage. Les opinions sont donc tout à fait libres sur ce détail particulier. Quant à moi, je suis pour l'exemption du rapport, parce que l'esprit de cette disposition ambiguë lui est très-favorable.

Si le donataire de l'immeuble de 40,000 fr. l'a aliéné avant l'ouverture de la succession, le rapport de ce qui excède la quotité disponible aura lieu en moins prenant, sans qu'il puisse y avoir l'ombre d'une difficulté en présence de la disposition géminée des art. 859 et 860.

Enfin, le rapport se fera en moins prenant si la donation de 40,000 fr. ne comprend que des meubles, et il se fera incontestablement sur le pied de leur valeur lors de la donation, d'après l'état estimatif annexé à l'acte de donation (article 868).

Voilà le droit de rapport sans mélange de réduction ; voyons-le maintenant associé à la réduction.

Il suffit de supposer six enfants au lieu de trois, 80,000 fr. de fortune et un préciput en immeubles d'une valeur de 38,000 fr. en faveur de l'un des enfants [1].

Cette donation se compose :

1° De la quotité disponible qui est de 20,000 fr. et que le donataire a le droit absolu de retenir ;

2° De sa part de réserve montant à 10,000 fr. qui doit être rapportée en nature ou en moins prenant suivant les circonstances ;

3° D'une valeur de 8,000 fr. pour laquelle il y a lieu à réduction, parce qu'elle fait partie de la réserve de ses cohéritiers.

[1] M. Gab. Demante propose cet exemple en supposant le préciput de 35,000 fr., et il le regarde comme très-embarrassant (*Revue critique*, T. II, p. 97, note 3.

Différentes hypothèses peuvent se présenter :

Si les autres biens dont il n'a pas été disposé sont aussi des immeubles et qu'un retranchement en nature soit praticable, on retranchera des biens donnés une certaine portion valant 8,000 fr., pour former avec les biens existants les cinq lots des enfants non gratifiés. De cette façon le donataire rapportera sa part de réserve en moins prenant, et il subira la réduction pour ce qu'il détient au préjudice de la réserve de ses frères. C'est l'application littérale de l'art. 924 du Code Napoléon. Les art. 844 et 859, combinés avec l'art. 921, suffisaient assurément pour faire distinguer dans l'excédant de la donation sur le disponible la partie qui est seulement sujette à rapport de celle qui est sujette à réduction, et pour faire appliquer à la première les règles du rapport, et à la seconde celles de la réduction. Mais un article spécial a été fait tout exprès pour régir ce cas un peu compliqué. L'article 924, qui est cette disposition spéciale, n'est que la confirmation du droit qui appartient au donataire de faire en moins prenant dans la succession le rapport auquel il est tenu, par cela seul que les autres biens sont de même nature que celui qui lui a été donné. Malheureusement la place et le contexte de cet article ont trompé les interprètes et leur ont fait travestir le rapport dont il s'agit en une réduction qui aurait lieu en moins prenant, comme si la réduction pouvait jamais avoir lieu de cette manière. L'erreur a été fatale à la théorie des rapports et de la réserve. Ce qu'il faut considérer, ce n'est pas la place ni la rédaction de l'article, c'est le fond de sa disposition. Or, il est impossible de ne pas y voir la réglementation d'un rapport à succession.

Si un retranchement en nature n'est pas possible, le donataire retiendra l'immeuble en totalité, quand même les autres biens ne seraient que des meubles. C'est l'art. 866 qui s'applique. Il est vrai qu'il va ainsi retenir 8,000 fr. qui appartiennent à la réserve de ses frères. Mais notre article ne distingue pas dans l'excédant ce qui est seulement rapportable et ce qui est réductible; dès que la portion disponible est plus forte que l'excédant, il permet la rétention [1]. Est-ce à dire qu'il n'y ait que rapport en moins prenant pour ces 8,000 fr. ? Nullement; il faudra que le donataire les donne à ses cohéritiers de son propre argent. Il peut se rédimer de l'obligation du rapport quant à sa part dans la réserve, en abandonnant ses droits sur les autres biens de la succession; mais pour se rédimer de la réduction qui lui incombe à raison de la détention d'une partie de la réserve de ses frères, il faut qu'il comble le déficit avec ses deniers. Preuve que la réduction n'a pas lieu, n'a jamais lieu en moins prenant. Les cohéritiers du donataire ne peuvent pas se plaindre de ce résultat; car, il eût toujours été nécessaire de vendre cet immeuble, puisqu'il est impartageable, et ils n'auraient eu que de l'argent pour leur part.

Si le donataire a aliéné l'immeuble avant l'ouverture de la succession, le tiers-acquéreur n'a à craindre la réduction que jusqu'à concurrence des 8,000 fr. qui manquent pour compléter la réserve des cohéritiers de son vendeur, et cela, quelle que soit la nature des autres biens de la succession. Le donataire devra, pour conjurer l'éviction partielle à laquelle son acheteur se trouve exposé, payer cette somme de 8,000 fr. à ses cohéritiers; le tiers-acquéreur lui-même pourra en faire l'avance de ses deniers, sauf son recours contre le donataire. En cas d'insolvabilité de celui-ci, le tiers-acquéreur sera forcé de faire ce payement, s'il ne veut pas être évincé. Le droit, pour le tiers-acquéreur, de se racheter de la réduction avec de l'argent, résulte logiquement de la nécessité, im-

[1] Argument en ce sens d'un article dont le Tribunal de cassation proposait l'addition à la suite de l'art. 929 et qu'on ne repoussa que parce qu'il était peu utile (Fenet, T. II, p. 702).

posée par l'art. 930 aux réservataires, de discuter le donataire avant d'attaquer le tiers-acquéreur lui-même. La preuve que la donation n'est réductible que pour 8,000 fr. et non pour 18,000 fr., c'est que la première somme sera suffisante pour faire cesser toutes les plaintes des héritiers non gratifiés.

Si le préciput de 38,000 fr. se compose d'objets mobiliers, il est certain que le rapport se fera en moins prenant pour ce qui représente la part héréditaire du donataire, et sur le pied de la valeur portée dans l'état estimatif annexé à l'acte de donation. Mais je crois en outre, malgré l'importune disposition de l'art. 922, qu'il faudrait ne tenir compte que de cette valeur pour la réduction des 8,000 fr. dus aux autres héritiers pour leur réserve, et astreindre le donataire à leur payer cette somme avec ses propres deniers. Ne serait-on pas forcé de prendre ce parti en cas d'aliénation des meubles par le donataire? Si l'art. 922 doit être appliqué en fait de meubles, il ne peut l'être qu'à l'égard des donations de valeurs mobilières dont il n'existerait pas d'état estimatif [1]. Marcadé tient qu'un état estimatif est nécessaire pour les meubles incorporels comme pour les meubles corporels ; mais, d'un autre côté, il dit que les meubles immatériels doivent être rapportés en nature [2]. C'est assez peu concordant. A quoi sert donc l'estimation ?

C'est ainsi que nous résolvons les difficultés pratiques qui résultent de ce que la même donation peut être à la fois rapportable pour une partie et réductible pour une autre partie. Les textes eux-mêmes nous ont montré que, dans ce concours du droit plus énergique de réduction et du droit plus modéré de rapport, il ne faut pas transporter à l'un ce qui est le légitime domaine de l'autre.

[1] Voy. ci-dessus, p. 440.

[2] Sur art. 868, n° 2, et sur art. 948, n° 2, *in f.*

232. Il est temps d'examiner la raison théorique qui a fait admettre par tous les auteurs, comme une chose allant de soi et à peine discutable, que l'excédant d'un préciput sur la quotité disponible ne peut pas ne pas être sujet à réduction pour le tout.

La réserve, disent-ils, n'est pas autre chose que la succession *ab intestat* diminuée, succession collectivement attribuée par la loi à tous ceux en faveur desquels elle établit la réserve, et dont elle leur donne la saisine. Lorsque cette succession ne se trouve pas dans les biens laissés par le père de famille à son décès, les réservataires ont une action pour y faire rentrer ce qui en a été distrait par des libéralités excessives; cette action, qui est l'action en réduction, doit nécessairement atteindre tout l'excès de la donation, tout ce qui manque à la réserve pour être complète. Et l'on invoque en faveur de cette théorie l'art. 920 qui dit que « les dispositions » soit entre-vifs, soit à cause de mort, qui excéderont la » quotité disponible, seront réductibles à cette quotité lors » de l'ouverture de la succession »

Je tombe d'accord que la réserve constitue une véritable succession, et que les héritiers appelés à cette succession ont à eux tous une action en réduction pour faire retrancher des donations conférées à des étrangers tout ce qui excède la quotité disponible et se faire restituer la totalité de la réserve. Mais je soutiens qu'entre réservataires la réduction ne peut pas aller aussi loin. Il ne m'entrera jamais dans la tête que deux réservataires sur trois, ou trois réservataires sur quatre, aient droit de reprendre par voie de réduction la réserve tout entière à leur cohéritier qui est réservataire aussi bien qu'eux. Un pareil droit ne peut pas être le système de la loi. La raison ne permet pas que trois réservataires demandent de la réserve pour quatre. Qu'importe que la réserve soit une succession et qu'elle soit une succession collective comme le sont toutes les successions déférées à plusieurs héritiers? pour être collective, elle n'est pas indivisible. Une succession, considérée comme droit, ou, si l'on veut, comme chose incorporelle, *nomen juris*, c'est-à-dire abstraction faite des biens qui la composent, est essentiellement divisible; et elle se divise de plein droit entre tous ceux qui y sont appelés par la loi, en sorte que chacun y a sa part virile, un quart, un tiers, etc. Considérée dans les biens qui la constituent, elle est plus ou moins commodément partageable suivant la nature de ces mêmes biens. Lorsque l'un des héritiers a reçu entre-vifs sa part de succession, tantôt la loi oblige cet héritier à en faire le rapport à la masse, tantôt elle lui permet de la retenir, selon l'opportunité. Ces idées, que personne ne songe à nier pour les successions ordinaires, expliquent et déterminent les droits d'un réservataire qui a reçu sa part de la succession réservée et qui la détient vis-à-vis de ses coréservataires qui réclament la leur. Puisqu'il a accepté la succession, il doit rapporter à la masse ce que le défunt lui avait donné par anticipation pour sa part d'hérédité. Mais la loi n'exigeant ce rapport que pour rendre le partage plus égal, elle le remplace par un rapport en moins prenant, toutes les fois que l'égalité peut être obtenue sans lui ou que l'intérêt d'un tiers pourrait être compromis par lui. L'axiome que la réserve est une succession justifie très-bien le droit des cohéritiers du donataire de lui demander le rapport de la part qu'il a dans les mains; il ne justifie pas du tout la prétention qu'ils auraient de la lui enlever par l'arme de la réduction.

La réserve est la succession diminuée! Cela veut dire qu'après le retranchement matériel ou intellectuel de la quotité disponible, il existe une certaine masse qui doit suivre le droit des successions, comme s'il n'y avait jamais eu rien de plus dans les biens. Si l'un des héritiers à réserve a reçu par avance sa part héréditaire, il faut qu'il la rapporte comme fait tout héritier qui est dans le même cas. Mais il n'y a pas plus de raison de lui imposer la réduction, sous prétexte que la réserve est collective, qu'il n'y en aurait de l'imposer à un successible de la qualité de neveu ou de cousin, sous prétexte que les successions sont collectives.

Réduire une donation, c'est en retrancher quelque chose pour se l'approprier, pour le garder. Les deux ou trois réservataires qui demandent à leur frère qu'il leur livre sa part pour la réunir à la succession réservée, veulent-ils donc accaparer toute cette succession, sous couleur qu'elle est collective? Si telle n'est pas leur prétention, s'ils ne refusent pas à leur frère le droit de partager dans la masse qui en résultera, ce qu'ils demandent n'est pas la réduction, mais le rapport; et si leur prétention va à l'exclure du partage, l'injustice en est si grande qu'elle n'a pas besoin d'être démontrée. Que dire d'héritiers qui se mettent trois contre un pour le priver de son droit de succession? Quelle singulière action en réduction que celle par laquelle on prend à un réservataire sa réserve!

Le compte à faire est bien simple.

Si le donataire par préciput n'a pas reçu un excédant plus fort que sa part de réserve, ses cohéritiers trouvent leur réserve entière dans les biens existants: pourquoi demandent-ils ce qu'ils ont? S'il a reçu quelque chose de plus que la quotité disponible et sa part de réserve, il leur quitte tout ce qui est nécessaire pour compléter leur réserve: pourquoi demandent-ils plus qu'il ne leur faut?

On peut même supposer que les cohéritiers du préciputaire ont aussi reçu leur réserve par des donations anticipées. Mettons, pour simplifier, qu'il n'y ait que deux enfants dont l'un a reçu par une première libéralité à titre de préciput un immeuble de 40,000 fr. et l'autre par une seconde libéralité, quel qu'en soit le titre, un immeuble de 20,000 fr.; lesquels deux immeubles sont toute la succession. Ils auront donc l'un et l'autre le droit de s'attaquer en réduction, pour se prendre et se reprendre sans fin ni trève les immeubles qui leur ont été respectivement attribués. Ce serait d'un ridicule achevé. Il n'y a de dénoûment possible entre ces deux héritiers que par des demandes en rapport laissant à chacun la faculté de rapporter en moins prenant, à raison de l'identité de nature des biens donnés. Est-ce que le successible donataire qui vient à la succession n'aurait pas une action en réduction pour reconquérir sa part de réserve, s'il ne l'avait pas reçue par anticipation? Eh bien, celui qui aurait une action pour réclamer doit avoir une exception pour retenir, d'après la règle de droit posée par Ulpien dans la loi 156, § 1, Dig. *de Reg. juris: Cui damus actiones, eidem et exceptionem competere multo magis quis dixerit*. Est-ce que, s'il était évincé de sa part de réserve, ses cohéritiers ne lui devraient pas garantie (art. 884, 885, C. N.)? Eh bien, ils ne peuvent pas eux-mêmes l'en évincer, suivant la maxime : *Quem de evictione tenet actio, eumdem agentem repellit exceptio*. Remarquez que ces axiomes s'appliquent lors même que la demande formée contre un détenteur est puisée à une source autre que celle où il puise lui-même sa défense ; à plus forte raison doivent-ils s'appliquer, lorsque, comme dans le cas de notre donataire, demande et défense ont une seule et même cause, savoir, le respect dû au droit de réserve. Le droit du donataire qui défend sa réserve neutralise le droit rival de ses cohéritiers qui demandent la leur. Voilà ce que dit la sagesse juridique de tous les temps et de tous les lieux.

Mais notre thèse n'a pas pour elle que des adages de droit; elle peut aussi s'appuyer sur des textes précis.

Nous avons prouvé plus haut et par plus d'un article de loi qu'il n'y a lieu qu'au rapport pour la partie de la donation qui correspond à la part de réserve du successible venant à la succession ; c'est avoir prouvé déjà qu'il n'y a pas lieu de ce chef à la réduction. Mais si l'on veut une preuve directe qu'il n'y a pas lieu à réduction, on la trouvera dans l'art 921, expliqué par la discussion d'où il est sorti. Ce n'est pas, en effet, l'art. 920 qu'il faut consulter pour connaître l'étendue de l'action en réduction qui peut compéter aux réservataires ; cet article n'a pour objet que de dire que la réduction ne se fait pas avant l'ouverture de la succession. L'art. 921 est la seule disposition qui mette la réserve en action par le moyen de la réduction. Or, le lecteur a vu (p. 266 et suiv.) comment, à la séance du 5 ventôse an XI, le consul Lebrun, en embrouillant les articles du projet de la section de législation du Conseil d'État avec ceux du projet du gouvernement, fit écarter *comme inutile* une disposition qui disait que *la réduction* se fait *dans les proportions de la légitime ou de la réserve de chaque successible.* Mais il a vu aussi qu'à la huitaine suivante, le 12 ventôse, Tronchet demanda compte de cette suppression inopportune et qu'il insista sur la nécessité de bien expliquer que l'action en réduction ne peut être exercée par celui qui y a droit que *dans la proportion où il doit profiter de la réserve.* Cette observation fit reprendre et adopter, sauf rédaction, l'art. 22 du projet du gouvernement, où on lisait ceci : « Au décès du donateur, la réduction de la dona- » tion soit entre-vifs, soit à cause de mort, ne peut être de- » mandée que par ceux *des héritiers venant à succession*, » au profit desquels la loi a restreint la faculté de disposer » *et que proportionnellement à la part qu'ils recueillent dans* » *la succession.* »

L'art. 921 a traduit ainsi le vote du Conseil d'État : « La » réduction des dispositions entre-vifs ne pourra être de- » mandée *que par ceux au profit desquels la loi fait la réserve.* »

C'est moins explicite, mais tout aussi significatif. Si le rédacteur de l'article a retranché l'énonciation que l'action en réduction se proportionne pour chacun à sa part dans la succession réservée, c'est peut-être qu'un vote ultérieur ayant fait remplacer l'expression *héritiers venant à succession* par la désignation neutre de *ceux au profit desquels la loi fait la réserve*, les mots *dans la succession* qui terminent la proposition votée n'auraient pas cadré avec la nouvelle formule. Mais avant et après le vote, l'art. 921 a reçu du législateur lui-même, comme nous l'avons déjà fait observer, un commentaire qui en détermine parfaitement le sens et la portée. Avant le vote, ce sont les paroles de Tronchet que nous citions tout à l'heure. Après le vote, ce sont les paroles de Bigot-Préameneu, rédacteur de l'art. 921, disant au Corps législatif : « Il est évident que ce retour sur les legs ou donations n'est » admissible que de la part de ceux au profit desquels la loi » a restreint la faculté de disposer *proportionnellement au droit* » *qu'ils auraient dans la succession.* » Mot précieux qui nous restitue le texte entier de l'art. 921. La Cour de cassation est entrée dans le véritable esprit du Code, lorsqu'elle a dit (arrêt *Lecesne*, du 21 juillet 1846, Dev. 46, 1, 846) « que le droit de » demander la réduction des dispositions entre-vifs, consacré » par l'art. 921 en faveur de ceux au profit desquels la loi fait » la réserve, a pour but d'assurer à CHACUN de ceux-ci sa » part dans ladite réserve. »

La question est résolue par cette explication qu'on ne peut pas séparer de l'art. 921. Les cohéritiers de celui qui a reçu un préciput excessif auront beau se coaliser contre lui, ils n'ont l'action en réduction que pour leurs parts dans la succession; ils ne l'ont pas pour sa part à lui. Il me semble que c'est une preuve mathématique. L'intérêt personnel qu'ils ont dans la réserve est la mesure de leur action en réduction. C'est ce que veut dire notre texte.

L'art. 924 n'est qu'une conséquence nécessaire de l'article 921 ainsi expliqué. Il a cette signification que le successible venant au partage peut retenir sur les biens à lui donnés, sa part héréditaire dans les biens non disponibles, lorsqu'ils sont de même nature, non par exception aux règles de la réduction à laquelle il n'est pas soumis de ce chef, mais par application des règles du rapport qui est tout ce qu'il doit à ses cohéritiers à raison de la rétention de part de sa réserve.

Si on oppose à cette interprétation de l'art. 921 l'éternelle objection que la réserve est collective, et que par suite l'action en réduction doit s'exercer pour le tout, je répondrai en me répétant qn'il y a beaucoup de préjugé dans cette banalité ou du moins dans les conséquencee qu'on en veut tirer. La réserve est collective, dites-vous, parce qu'elle est la succession *ab intestat*. Qu'est-ce que cela fait? Est-ce que toute succession échue à plusieurs ne se divise pas en autant de pétitions d'hérédité partielles qu'il y a d'héritiers? Est-ce que, supposé qu'il y ait deux héritiers et que l'un d'eux possède toute la succession, celui qui ne possède rien peut évincer son cohéritier pour le tout? *Qui hereditatem, vel partem hereditatis petit, is non ex eo metitur quod possessor occupavit, sed ex jure suo,* nous dit Ulpien dans la loi 1, § 1, D. *Si pars hered pet.* L'action en réduction qui est une pétition d'hérédité à l'usage de ceux au profit desquels la loi fait la réserve, ne procède pas autrement. J'en conclus que la légitime ou réserve (peu importe le nom), que les art. 913 et 915 du Code attribuent *collectivement* à certains héritiers privilégiés, se résout en un droit *individuel* de demander la réduction des libéralités qui la blessent. Le vrai caractère de la réserve doit se définir par l'art. 921, qui la met en action au moyen de la réduction, autant que par les articles 913 et 915 qui en établissent le principe et en fixent indirectement la quotité. Si l'art. 921 contredit la théorie de la réserve collective avec les fausses conséquences qu'on y rattache, il faut corriger cette théorie, et non supprimer l'article.

Du principe que la réserve n'est pas autre chose que la succession il doit à la vérité résulter pour les réservataires une action par laquelle ils aient prise sur cette réserve tout entière, et par conséquent sur la part qui est aux mains de l'un d'eux. Mais cette action n'est pas l'action en réduction ou revendication (expression de l'art. 930); c'est l'action en partage, dont l'un des chefs consiste précisément à demander le rapport à la masse des parts héréditaires qu'ont pu recevoir à l'avance quelques-uns des héritiers venant à la succession. Tandis que l'action en réduction qu'exercent un ou plusieurs réservataires se mesure à sa part ou à leurs parts dans la réserve, l'action en partage, elle, s'attaque à toute la succession réservée. La demande en rapport de la part de réserve que détient un réservataire venant à partage est aussi juste et logique que la demande en réduction pour cette part serait injuste et absurde.

Sous quelque aspect que l'on envisage notre question, on arrive toujours à ce résultat, que l'excédant du préciput sur la quotité disponible est sujet au rapport, et non à la réduction, jusqu'à concurrence de la part qui revient au donataire dans la succession réservée. Les art. 844, 866, 918 et 924 prouvent qu'il n'y a lieu qu'au rapport; l'art. 921 prouve qu'il n'y pas lieu à réduction. Si l'on interroge les principes du droit applicables à la revendication et au partage des successions, ils confirment les déductions des textes. Si on consulte l'équité, elle répond que, le rapport de sa part de réserve par le successible qui l'a reçue donnant pleine satisfaction à l'intérêt des autres réservataires, la loi ne devait pas leur permettre d'exiger davantage. C'est donc une vérité certaine que le successible qui a reçu un préciput excessif pourra retenir sa réserve sur les biens donnés par forme de rapport en moins prenant dans tous les cas où ce mode de rapport est autorisé par le Code, savoir :

S'il y a d'autres immeubles susceptibles de former des lots à peu près égaux pour les autres réservataires (art. 859 et 924) ;

Si l'immeuble donné n'est pas commodément partageable, et que le préciput excède la moitié de cet immeuble (c'est un cas de rapport en moins prenant spécialement introduit par l'art. 866 en faveur des successibles préciputaires) ;

Si l'immeuble a été aliéné avant l'ouverture de la succession (art. 859 et 860) ;

Si les objets donnés sont du mobilier (art. 868).

Que la nécessité de combattre une erreur profondément enracinée excuse auprès du lecteur la longueur de cette démonstration. Elle sera féconde en conséquences.

233. Nous avons jusqu'à présent supposé que le don par préciput fait à l'héritier qui a accepté la succession vient en ordre utile sur la quotité disponible ; et nous avons établi que l'excédant, s'il y en a un, est sujet à rapport jusqu'à concurrence de la part du donataire dans la réserve, et réductible pour le surplus. Mais il est possible que la quotité disponible soit absorbée par d'autres libéralités, préférables par leur date à la donation que le disposant a pourtant faite à titre de préciput.

S'il en est ainsi, il faudra traiter cette donation tout entière exactement comme on traite l'excédant d'un préciput véritable sur la quotité disponible. Tous les articles que nous appliquions tout à l'heure à cet excédant, moins l'art. 866, sont parfaitement applicables à une pareille donation qui n'a du préciput que le nom. Rapport jusqu'à concurrence de la part du donataire dans la succession réservée, réduction au delà. La donation dont il s'agit excède la quotité disponible comme celle dont parle l'art. 844, avec cette seule différence que le préciputaire de l'art. 844 prélève la quotité disponible, tandis que, dans le cas que nous supposons, elle est prélevée par d'autres.

234. De l'hypothèse du préciput, nous passons à celle

de l'avancement d'hoirie, en supposant toujours que l'héritier donataire vient à partage. N'oublions pas que le don est censé fait à ce titre par cela seul qu'il ne contient pas de clause de préciput, hors part ou dispense de rapport, et demandons-nous si le successible qui a reçu une libéralité de cette espèce peut la retenir, dans quelle mesure et à quelles conditions, alors qu'il vient à la succession.

235. Il est des auteurs qui s'imaginent que les dons qualifiés d'avancement d'hoirie, quelque considérables qu'ils soient, ne sont jamais soumis qu'au rapport de la part du successible qui se porte héritier[1]. Cette opinion est le résultat d'une analyse inexacte de l'avancement d'hoirie; elle est la contre-partie de cette autre erreur (nous venons de la combattre) qui consiste à croire que l'excédant d'un préciput sur le disponible est nécessairement réductible pour le tout. Règle générale, le nom tout seul donné à une libéralité ne suffit pas pour décider entre le rapport et la réduction; il faut savoir ce qu'il y a réellement dans cette libéralité pour dire le point jusqu'auquel elle est sujette au rapport et à partir duquel elle devient réductible.

Voyons donc ce qu'il y a dans un avancement d'hoirie, et quel en doit être le sort, lorsque le successible qui l'a reçu accepte la succession du donateur.

236. Les avancements d'hoirie comprennent avant tout la part du donataire dans la réserve, ou en d'autres termes, dans la succession. Quand ils ne comprennent pas plus, ils ne sont que sujets à rapport en vertu de la disposition générale de l'art. 843 qu'on peut spécialiser de la manière sui-

[1] Marcadé, sur art. 924, n° 1, T. III; M. Coin-Delisle, n° 212, *Limite du droit de rétention;* M. Saintespès-Lescot, sur art. 924, n° 519; M. Beautemps-Beaupré, *de la Part disp.*, II, n° 984, 986; M. Vernet, *de la Quotité disponible*, p. 489, et beaucoup d'autres.

vante : *L'héritier, venant à la succession réservée, doit rapporter à ses cohéritiers ce qu'il a reçu du défunt sans clause de préciput.* Et il en doit être ainsi, soit que l'avancement d'hoirie fait au successible précède ou suive le don de la quotité disponible fait à un autre.

Dans le cas où il est antérieur, les auteurs les plus disposés à reconstituer la succession réservée par le moyen de la réduction, plutôt que par celui du rapport, avouent qu'il n'est dû que le rapport de l'avancement d'hoirie. Ils ont raison. Si, en effet, la quotité disponible n'avait pas été donnée postérieurement et que l'avancement d'hoirie qui attribue une part de réserve au donataire fût la seule libéralité faite par le défunt, on ne prétendrait certainement pas le soumettre à la réduction. Mais la quotité disponible a été donnée, il y a eu d'autres libéralités : qu'importe? cela ne change pas le droit. Les donations qui ont suivi l'avancement d'hoirie, si nombreuses qu'elles soient, doivent rester sans influence sur son exécution ; c'est absolument comme si elles n'existaient pas, l'effet d'une première libéralité étant tout à fait indépendant de celui des libéralités postérieures, en vertu du caractère d'irrévocabilité inhérent aux donations entre-vifs.

Dans le cas où cet avancement d'hoirie n'a été fait qu'après le don de la quotité disponible à quelque autre personne, il n'est encore que rapportable, puisqu'aux termes de l'art. 921, chacun des réservataires n'a l'action en réduction que pour retirer sa réserve des mains de ceux qui la détiennent et non pour enlever à un coréservataire sa propre part de la réserve. Il faut traiter cet avancement d'hoirie qui vient à la suite du don de la quotité disponible, comme est traité l'excédant d'un don par préciput sur cette quotité aux termes des art. 844 et 924. Or est-il certain que dans la limite de la part de réserve du successible donataire cet excédant n'est sujet qu'à rapport. Pourquoi ? Précisément parce que le préciput, qui ne peut pas s'exécuter sur la quotité disponible, dégénère jusqu'à concurrence de cette part de réserve en un simple avancement d'hoirie. Il y a donc encore plus de raison, s'il est possible, de ne soumettre qu'au rapport le don que le défunt a fait après l'épuisement de sa quotité disponible et qu'il n'a pas mal à propos qualifié de préciput. Comment un pareil don serait-il réductible, alors qu'il n'excède point la part du donataire dans la réserve? Il n'empiète pas sur la réserve des autres héritiers ; partant, point d'action en réduction ; le rapport, à la bonne heure, puisque le successible a accepté la succession.

237. Faisons un pas de plus : supposons que la donation faite au successible sans clause de préciput, c'est-à-dire en avancement d'hoirie, excède de beaucoup sa part dans la succession. C'est ce que j'ai appelé une libéralité *avantageuse*. Est-ce par la voie du rapport ou par celle de la réduction que l'excès de la donation sera corrigé et l'égalité rétablie entre le donataire et ses cohéritiers? Pour répondre, il faut savoir jusqu'où va cet excès, et si la quotité disponible se trouve ou non absorbée par des donations préférables à celle dont il s'agit.

Puisque cette donation constitue un simple avancement d'hoirie, elle porte premièrement sur la part du donataire dans la réserve. Jusqu'à concurrence de cette part, il doit en tous cas le rapport et rien que le rapport à ses cohéritiers. L'avancement d'hoirie déborde ensuite sur la quotité disponible, et il l'absorbe, si elle est libre, c'est-à-dire si elle n'a pas été donnée à d'autres antérieurement. Jusqu'à concurrence de cette quotité, la donation en question ne sera encore que rapportable. C'est ce qui résulte avec évidence de l'article 845 qui nous dit que cet héritier aurait pu la retenir jusqu'à cette mesure, s'il eût renoncé à la succession. On peut conclure avec sécurité que le don susceptible d'être retenu par le réservataire qui renonce à la succession n'est sujet qu'au rapport de la part de celui qui l'accepte, et réciproquement. Il est tout simple que la donation ne soit pas réductible en tant qu'elle porte sur la quotité disponible ; elle ne fait aucune atteinte à la réserve. On peut aussi déduire de l'article 919, par argument *a contrario*, que la quotité disponible donnée à un successible sans clause de préciput est simplement *sujette au rapport par le donataire ou le légataire venant à la succession.* Nous n'entendons régler ici que les droits respectifs de l'héritier donataire et de ses cohéritiers, quant au rapport de cette partie de la donation qui s'applique au disponible. Nous examinerons ailleurs si ceux à qui le défunt aurait fait des libéralités subséquentes seraient en droit de s'opposer à l'absorption de la quotité disponible par l'avancement d'hoirie excessif dont a été favorisé l'un des héritiers venant à partage ; et nous résoudrons négativement cette question, en rectifiant les idées erronées qui ont cours sur cette partie de la théorie de l'imputation.

Que si la donation sans clause de préciput excède la part virile du successible dans la réserve et la quotité disponible cumulées, elle tombe pour cet excédant sous le coup de la réduction, parce qu'elle porte atteinte à la réserve de ses cohéritiers. Le nom d'avancement d'hoirie aurait été donné à la libéralité, qu'il ne la sauverait pas de la réduction. L'art. 920 ne distingue pas entre les dispositions qui sont dispensées de rapport et les dispositions qui n'en sont pas dispensées ; les unes et les autres sont réductibles lorsqu'elles excèdent la quotité disponible, et cela, jusqu'à concurrence de ce qui est nécessaire pour remplir la réserve des héritiers qui sont demandeurs en réduction. La restriction indiquée par ces derniers mots est commandée par l'art. 921 qui ne confère l'action en réduction à chaque successible que dans la proportion de ses droits à la réserve.

Ce que nous venons de dire suppose que la quotité disponible n'a point été affectée à des donations antérieures, et par conséquent préférables à l'avancement d'hoirie. S'il en était autrement, si la quotité disponible était prise par d'autres, l'avancement d'hoirie serait réductible par cela seul qu'il excéderait la part de réserve du donataire et pour ce dont il l'excèderait. Que la quotité disponible soit absorbée par d'autres donations ou par la donation faite au successible, peu importe. Il n'y a en dehors de la quotité disponible que la part de ce successible dans la réserve pour laquelle il ne puisse pas être soumis à la réduction. Toutes ces solutions sont confirmées par l'art. 924 qui est aussi bien applicable aux donations sans clause de préciput qu'aux donations à titre de préciput. Toute donation faite à un successible est réductible, si elle entame la réserve de ses cohéritiers, quelle que soit sa qualification. Or, elle l'entame de tout ce qui excède la propre réserve du successible, si la quotité disponible est prise par d'autres donataires, ou de ce qui excède sa réserve et la quotité disponible, si c'est lui qui prend cette quotité. La réduction commence exactement au même point pour toute espèce de donations. La grande différence entre le préciput et l'avancement d'hoirie, c'est que le successible venant à partage qui est donataire à titre de préciput prélève la quotité disponible pour lui-même, lorsqu'elle est libre, tandis que le successible venant à partage, simple donataire en avancement d'hoirie, ne peut jamais prendre cette quotité que pour la rapporter à la masse commune. Il y a une autre différence, mais qui intéresse spécialement les donataires postérieurs, c'est que le préciput s'impute d'abord sur la quotité disponible et ensuite sur la part de réserve du donataire, tandis que l'avancement d'hoirie s'impute d'abord sur la part de réserve du donataire et ensuite sur la quotité disponible. Nous renvoyons cela à la section de l'imputation.

La plupart des auteurs sont tellement infatués de l'idée qu'un avancement d'hoirie fait à un réservataire qui vient à la succession ne peut être sujet qu'au rapport, et jamais à la réduction, qu'ils exigent comme condition de l'application de l'art. 924 que la donation dont il y est question soit à titre de préciput. Ils n'ont pas raisonné ou bien ils ont raisonné en l'air, sans se mettre en face des faits.

La preuve, selon eux, que l'art. 924 ne s'applique qu'à une donation par préciput, c'est qu'il parle d'une donation *réductible*; et, disent-ils, il n'y a de *réductible* que les dons par préciput, les dons en avancement d'hoirie se rapportent. L'exemple le plus simple leur montrera que la réduction frappe les avancements d'hoirie comme les préciputs. Ainsi, le père de trois fils a premièrement donné par préciput à son aîné un immeuble valant 20,000 fr.; il a ensuite donné au second, à titre d'avancement d'hoirie un autre immeuble en valant 60,000; rien au troisième. Il ne laisse pas une obole à son décès, et sa succession est acceptée sous bénéfice d'inventaire par les trois enfants. Ajoutez que le second fils, donataire en avancement d'hoirie de l'immeuble de 60,000 fr., est ruiné absolument et a aliéné cet immeuble ainsi que tous ses autres biens. Comment ne pas voir que le premier et le troisième fils ont droit de réclamer leur réserve, c'est-à-dire 40,000 fr. contre l'acquéreur de l'immeuble de 60,000 fr., et cela, par *l'action en réduction ou revendication* de l'art. 930 du Code Napoléon? Une simple action en rapport serait stérile, puisque cette action ne s'exerce point contre des tiers-acquéreurs. Et il ne faut pas croire que l'action en réduction que nous attribuons aux deux réclamants ne soit qu'un expédient imaginé pour les besoins de la situation. Elle est la seule action qui leur compéterait quand même leur frère serait encore nanti des biens donnés. La réductibilité de la donation ne dépend nullement des circonstances. Il y a lieu à réduction par cela seul que la réserve entière a été donnée à un seul. La donation postérieure de 60,000 fr. faite au second fils se compose de 20,000 fr. représentant sa part dans la réserve, et de 40,000 fr. représentant la réserve des deux autres enfants. Or, un enfant n'a pas d'autre moyen pour retirer sa réserve des mains de celui qui la détient que la réduction.

238. Ces principes ont été appliqués par le tribunal de Strasbourg, par la cour de Colmar et par la Cour de cassation, à l'occasion d'une affaire assez compliquée qui a trouvé son dénoûment dans un arrêt de rejet de la chambre civile du 14 janvier 1856[1]. Il y avait dans la donation, objet de ce procès, une clause qui dispensait le donataire de toute restitution en nature et à laquelle j'aurais peut-être donné un effet que les magistrats lui ont refusé. Aussi ai-je déjà cité cette affaire à la page 329 pour critiquer le peu de cas que l'on fit de la dispense accordée par le père de famille. A mon avis, cette clause emportait vente des immeubles donnés, et l'objet de la donation consistait uniquement dans le montant de l'estimation, ce qui eût dû mettre les tiers-acquéreurs des biens à l'abri du recours des cohéritiers du donataire. Mais une fois admise sur ce point l'interprétation contraire à la mienne, la décision qui en a été la conséquence est tout à fait digne d'approbation. Quoiqu'elle fût sans clause de préciput, la donation fut jugée réductible par la Cour de cassation, et avec beaucoup de raison. Il y a pourtant encore de la timidité et de l'équivoque dans la manière de reconnaître le principe de la réduction. Ainsi, la Cour de cassation dit que la réservataire, demanderesse à fin de réduction, avait *l'option entre l'action en rapport et l'action en réduction.* Ce n'est pas tout à fait cela. Il ne s'agit pas de faire indiscrètement

[1] Dev. 56, 1, 289.

l'application du rapport ou de la réduction à la totalité de l'avancement d'hoirie, mais d'appliquer le rapport à la partie de la donation qui ne porte pas sur la réserve des cohéritiers du donataire et la réduction à la partie de cette même donation qui porte sur leur réserve. C'est en définitive ce qu'ont jugé les magistrats sans avoir aucun égard aux affirmations, si peu réfléchies, qu'on trouve là-dessus dans tous les livres. Le seul besoin d'une solution pratique a suffi pour redresser les écarts d'une doctrine superficielle. La méprise des auteurs tient à ce qu'ils prennent pour argent comptant le titre sous lequel le défunt fait sa libéralité. L'a-t-il qualifiée de préciput, ils ne voient que réduction; et s'il l'a faite sous forme d'avancement d'hoirie, le rapport leur semble seul applicable. Il en va autrement. Pour décider si une donation est rapportable ou réductible, il faut moins regarder au nom qu'elle a reçu qu'à la brèche qu'elle fait dans la succession. Avancement d'hoirie ou préciput, elle est réductible si elle entame la réserve des cohéritiers du donataire, et seulement si elle l'entame.

239. Puisqu'un avancement d'hoirie est parfois réductible comme un préciput, l'art. 924 peut lui être appliqué. Il appartient à tout successible, donataire en avancement d'hoirie ou par préciput, qui vient à la succession et qui est soumis à la réduction, d'invoquer cet art. 924 pour ne rapporter qu'en moins prenant la partie de la donation qui correspond à sa part dans la réserve. On pourrait d'ailleurs retrancher cet article du Code, qu'il n'en serait ni plus ni moins; la disposition générale de l'art 859 est parfaitement applicable à l'un et à l'autre donataire et elle suffirait pour consacrer leur droit.

Les interprètes ont pris une peine incroyable, et à peu près inutile, pour concilier le premier de ces articles avec l'art. 866. Il est toutefois juste de dire que l'on trouve déjà un bon commencement d'explication chez Toullier [1], Vazeille [2] et Demante [3], comme aussi chez M. Troplong [4], qui qualifie de rêveries, *ægri somnia*, les conceptions bizarres et les interprétations forcées qu'a fait naître la chimérique incompatibilité des deux articles : l'expression n'est pas trop forte. L'exposition de ce point de droit fermera l'ordre de questions que nous agitons en ce moment et résumera les principales solutions qui nous semblent acquises.

L'antinomie que les auteurs se forgent est celle-ci : Il est de principe que la réduction doit se faire en nature, la réserve devant être fournie en corps héréditaires à ceux qui y ont droit. Aussi l'art. 866 dit-il que « lorsque le don d'un im- » meuble fait à un successible avec dispense du rapport » excède la portion disponible, le rapport de l'excédant se » fait en nature, si le retranchement de cet excédant peut » s'opérer commodément. » Il ne fait d'exception au retranchement en nature, que s'il est trop incommode et que la quotité disponible à prélever se trouve plus forte que l'excédant à retrancher. Mais l'art. 924, prévoyant la même hypothèse, dit absolument et sans distinction que le successible pourra retenir sur les biens donnés sa part dans la réserve, si les autres biens non-disponibles sont aussi des immeubles. D'où il suit que le rapport ou la réduction peut bien ne pas se faire en nature, encore que le retranchement de l'excédant soit sans aucune incommodité. Ce résultat n'est-il pas contraire à la première proposition de l'art. 866? Voilà bien,

[1] *Des Donat. et Test.*, T. v, nos 154, 155.

[2] *Des Don. et Test.*, sur l'art. 924, n° 1.

[3] *Programme*, T. II, n° 288. Voir aussi M. Bugnet sur *Pothier*, T. I, p. 376.

[4] *Des Don. et Test.*, sur l'art. 924, T. II, nos 1004-1007. Ajoutez M. Dalloz qui dans la nouvelle édition de son *Répertoire*, v° *Dispositions entre-vifs*, T. XVI, n° 1052, revient à l'interprétation exacte des deux articles, en reconnaissant sa précédente erreur.

si je ne me trompe, la contrariété qui a tant tourmenté les commentateurs.

Pour moi, la parfaite concordance de ces deux dispositions est ce qui m'a toujours frappé. Même en admettant provisoirement que le droit de rapport n'ait rien à voir dans ces articles et qu'il ne s'agisse que de réduction, je ne découvre pas entre eux la moindre incompatibilité. Quel est l'objet principal de l'art. 866 et que dit-il? Que dans le cas où la partie de la donation à rapporter ne peut pas se retrancher commodément, l'immeuble donné sera retenu en totalité par le donataire, pourvu que cette partie ne monte pas à la moitié de sa valeur. Cet art. 866 consacre donc le droit de rétention qui résulte de la double circonstance, qu'un partage en nature serait incommode et que le disponible serait la plus forte part; et, sur ce point particulier, résolu par son second alinéa, il n'est suppléé ni contredit par aucun autre article. Quant au premier alinéa, qui prévoit le cas où le retranchement matériel serait possible, sans distinguer d'ailleurs si la partie à retrancher est la plus grande ou la plus petite, ce qu'il dit, que le *rapport de l'excédant se fait en nature*, est purement énonciatif; ce n'est qu'une introduction au dispositif de l'article, qui est tout entier dans la dernière proposition. Le tort des auteurs a été de voir une disposition impérative et exclusive dans cette énonciation préliminaire. L'article n'ordonne rien pour le premier cas qu'il suppose; il se borne à rappeler ce qui *se fait*, s'il n'existe point quelque circonstance particulière de laquelle d'autres articles fassent résulter le droit de retenir l'excédant, en tout ou en partie; c'est une disposition neutre qui ne dit rien de plus que ces premiers mots de l'art. 859 : *Il peut être exigé en nature à l'égard des immeubles...* Ce qui est suivi de l'indication de deux cas où le rapport n'a pas lieu en nature. — Eh bien, de même qu'il n'y a pas de contradiction entre le principe que pose d'abord l'art. 859 et les exceptions motivées qu'il admet à ce principe, de même toute disposition qui attachera le droit de rétention à telle ou telle circonstance non prévue par l'art. 866, ne peut pas contredire le principe qu'il a énoncé en faisant abstraction de cette circonstance. Donc, l'art. 924, qui accorde au successible donataire le droit de retenir sa part dans la réserve, *si le surplus des biens est de la même nature*, ne contredit pas l'énonciation contenue dans l'art. 866. L'art. 866 n'a tenu aucun compte de la condition qui est déterminante dans l'art. 924; faut-il être surpris que les décisions diffèrent?

La sphère d'application de l'art. 924 est d'ailleurs beaucoup plus étendue que celle où se trouve forcément circonscrit l'art. 866 par la spécialité du cas qu'il résout. L'art. 866 s'applique uniquement à un successible donataire par préciput qui vient en ordre utile sur le disponible; l'art. 924 s'applique à tout successible qui est donataire par préciput, soit qu'il prenne beaucoup, peu ou rien dans le disponible, et il s'applique même au successible donataire en avancement d'hoirie, ainsi que nous l'avons démontré.

Marcadé qui a connu le fond de cette excellente explication par les ouvrages de Demante et de Vazeille y fait une objection singulière [1]. Il rappelle que l'art. 924 fut d'abord arrêté pour s'appliquer à toute espèce de biens et sans aucune condition de similitude de nature entre le bien donné et les autres; d'où il conclut que ce n'est pas pour régler le cas où cette similitude existerait que l'article a été fait. Pour prouver le mouvement aux sophistes qui le nient, il suffit de marcher devant eux; pour prouver que l'art. 924 règle le cas où le bien donné est de la même nature que les autres biens, il suffit de lire cet article. Si ce n'est point là une condition

[1] Sur l'article 924, n° 2, *in fine*. Ajoutez *Rev. critique*, T. I, p. 466, à propos d'un arrêt de Riom du 16 déc. 1850 (Dev. 51, 2, 90) dont la décision est exacte.

de l'application de l'art. 924, s'il ne règle point le cas où la similitude des biens existe, que règle-t-il et que décide-t-il? Il faudrait le dire. Sans doute l'article avait été rédigé et adopté sans la mention de cette condition, qui n'y fut insérée que sur une proposition irréfléchie du Tribunat; mais faut-il en conclure que cet article doive aujourd'hui se combiner avec l'art. 866, comme si la condition ne s'y trouvait nullement? S'il n'y avait rien de changé dans son texte et que par la pensée on l'appliquât à un successible acceptant, comme Marcadé suppose qu'on l'aurait fait, au lieu de l'appliquer à un successible renonçant, comme l'entendaient les auteurs de la première rédaction, il serait bien inutile de chercher une conciliation quelconque entre sa disposition et celle de l'article 866. Car, l'un permettrait de retenir ce que l'autre ferait rapporter, sans qu'il y eût la moindre différence dans les circonstances et les conditions prévues par les deux textes; l'un dirait blanc et l'autre noir. Le problème ainsi posé n'aurait pas de solution, à moins d'inventer, à l'exemple de Marcadé, une différence plus ou moins insignifiante dans les hypothèses des deux articles pour justifier tant bien que mal la différence de leurs décisions. Ressource, hélas! à laquelle est trop souvent condamné l'interprète des textes précieux, mais altérés ou mutilés du droit romain. Mais Marcadé s'abusait, et nous n'aurions pas été réduits à cette extrémité, si l'art. 924 nous était arrivé dans toute sa pureté, c'est-à-dire sans mettre aucune condition à la rétention d'une part de réserve par le successible qui en est donataire; on aurait bien vite compris l'impossibilité de l'appliquer à un successible autre qu'un renonçant, et l'idée d'une contradiction avec l'art. 866 ne serait venue à personne. L'objection de Marcadé se résout par cette alternative qui est inévitable : Prend-on l'art. 924 tel qu'il est, il s'applique à un successible acceptant tout comme l'art. 866, le cas des deux articles est le même, mais ils se concilient aisément, puisque l'art. 924 fait dépendre le droit de rétention de la condition que les autres biens non-disponibles soient de la même nature que le bien donné, condition omise par l'art. 866. Aime-t-on mieux prendre le même art. 924 tel qu'il était, il ne peut alors s'appliquer qu'à un successible renonçant, ce qui n'est point le cas de l'art. 866, et toute contradiction est impossible entre eux.

Maintenant, quel est celui de ces deux partis qu'il faut adopter? Maleville, Delvincourt et M. Taulier persistent à entendre l'article dans le dernier sens indiqué; ils l'appliquent à un successible renonçant. C'est bien là ce que voulait le Conseil d'Etat. Mais le changement que le Tribunat lui a fait subir ne permet plus de l'appliquer qu'à un successible acceptant. Il faut donc s'attacher à la première manière d'entendre l'art. 924 et de le concilier avec l'art. 866.

Au lieu de cette explication si simple, qui ne le satisfait point, qu'est-ce que propose Marcadé? Une interprétation [1] qui n'est pas meilleure que celles de Levasseur, de Grenier, de M. Duranton et de quelques autres, par lui réfutées avec raison. Cette interprétation, toute mauvaise qu'elle est, semble être aussi celle de M. Coin-Delisle [2], et l'autorité de Marcadé a séduit M. Saintespès-Lescot qui qualifie sa découverte *d'heureuse inspiration* [3], ainsi que M. Vernet qui lui trouve *une exactitude parfaite* [4] et M. Beautemps-Beaupré qui la développe avec complaisance [5]. Il vaut la peine d'en démontrer l'irremédiable inexactitude. M. Dalloz l'a combattue [6], mais

[1] Sur art. 924, n° 3.

[2] Sur art. 924.

[3] Sur art. 924, *Don. et Test.*, T. II, n° 527.

[4] *Quot. disp.*, p. 494.

[5] *Port. disp.*, T. II, nos 978, 986.

[6] *Loc. cit.*

comme un *système ingénieux* et en accordant que rien ne s'oppose à ce que la loi soit entendue dans le sens proposé par Marcadé. C'était la coutume de celui-ci d'infliger des réfutations plus vigoureuses aux opinions qu'il croyait être des erreurs. Convaincu que nous sommes qu'il a commis ici une grave erreur, nous la combattrons comme elle mérite d'être combattue.

Suivant Marcadé, les deux articles en question s'appliquent à des cas tout différents : L'art. 866 prévoit uniquement le cas où le successible, qui est donataire par préciput, vient en ordre utile sur le disponible qu'il cumule avec sa part de réserve, et l'art. 924, le cas où ce même successible ne peut rien prétendre dans le disponible déjà épuisé et n'a droit qu'à sa réserve. Ce qui revient à distinguer entre la réduction partielle de la donation et sa réduction pour le tout. Application de l'art. 866 au cas de réduction partielle, application de l'art. 924 à celui de réduction totale.

Pour l'art. 866, il est matériellement vrai qu'il n'a d'application possible que dans le cas où l'immeuble donné par préciput n'est sujet qu'à un retranchement partiel. Mais pourquoi cette application limitée? Aucune nécessité rationnelle ne la commandait. Cela est ainsi, parce qu'il n'en pouvait être autrement, la décision portée par l'article supposant invinciblement que le disponible sera prélevé par le préciputaire. C'est la matière même et non une condition de la décision.

Si maintenant on va de l'art. 866 à l'art. 924, on voit que celui-ci ne souffre, dans son application aux donations réductibles, aucune limitation de fait ou de droit; sa disposition est générale, absolue. Ne statuant que sur *la portion* de l'héritier donataire *dans les biens non disponibles*, peu lui importe ce qu'est devenue la portion disponible. Que ce soit cet héritier qui la recueille ou tout autre donataire, cela ne fait rien à ce qui doit être décidé quant à la part qui lui revient dans la réserve, et l'article décide que le successible peut la retenir par cela seul que les autres biens sont de la même nature. Il n'y a pas d'autre condition. Mais Marcadé en met une autre qu'il tire de l'art. 866. Puisque cet article règle le cas où le préciputaire obtient le disponible, l'art. 924 n'a plus qu'à régler le cas où il n'y peut rien prendre. Il s'agit moins, suivant lui, de savoir si les autres biens sont de même nature que de savoir si le donataire n'a pas droit à quelque partie du disponible. Et, quelle est la raison de cette étrange distinction? Marcadé ne le dit pas. Peut-être fut-il touché de l'idée et mû par le désir d'être plus favorable au préciputaire qui ne prélève pas le disponible qu'à celui qui le prélève. Mais avec cette manière de voir on commet une grande injustice envers ce dernier. Voici, en effet, à quoi l'on arrive: Aux termes de l'art. 866, un héritier dont le préciput vient utilement sur le disponible retiendra en outre sa réserve, lorsque l'immeuble à lui donné sera impartageable et que la portion disponible excédera la moitié de cet immeuble, encore que les autres biens ne soient que des meubles. Mais si le partage en nature est possible, y eût-il des biens de même qualité et valeur pour former les autres lots, ce même préciputaire ne pourra pas retenir sa réserve sur le bien à lui donné. C'est inique et absurde. Le bon sens dit que, si l'incommodité du partage en nature suffit pour autoriser la rétention de la réserve, la possibilité de former les lots des autres héritiers en biens de même nature que le bien donné doit, à bien plus forte raison, faire accorder le même avantage au préciputaire! L'égalité est moins blessée dans un cas que dans l'autre. Est-ce qu'il ne répugne pas à l'esprit qu'un droit de rétention, fondé sur ce que les autres biens sont de la même nature que le bien donné, dépende en outre de cette circonstance hétéroclite que le donataire ne recueillera rien dans le disponible? C'est pourtant ce que décide Marcadé sans faire attention qu'il n'y a aucun lien logique entre la condition posée par l'art. 924 et celle qu'il y ajoute de sa seule autorité. Cet auteur a donné pour l'application de sa distinction un exemple prudemment choisi que reproduisent avec fidélité ses trois prosélytes ; mais cet exemple passe à côté d'autres hypothèses très-embarrassantes qui montreraient aisément la vanité de leur système.

Ils supposent le cas d'un père qui a trois enfants et 160,000 fr. de biens, sur quoi il a fait à des étrangers des donations qui se montent à 40,000 fr. et donné ensuite en préciput à l'un des enfants un immeuble qui vaut aussi 40,000 fr., se croyant plus riche qu'il n'était. La quotité disponible étant absorbée par les libéralités faites aux étrangers, le préciput reste sans effet et tombe *pour le tout* sous la loi de la réduction, que nos auteurs mettent à la place du rapport. La réduction, puisque réduction il y a, étant totale, c'est le cas de l'art. 924, le successible retiendra l'immeuble, si les 80,000 fr. de biens existants sont aussi des immeubles.

A merveille! Mais je suppose que les donations faites aux étrangers n'ont emporté que 38,000 fr. et que par contre l'immeuble donné à titre de préciput en vaut 42,000. La réduction n'étant que partielle, il faudra appliquer l'art. 866 et défendre au donataire de retenir l'immeuble, encore qu'il y ait deux autres bons immeubles de 40,000 fr. chacun. Est-ce juste et raisonnable ? Si les auteurs que je combats trouvent que le donataire prend ici trop peu de disponible pour lui envier le droit de retenir sa réserve en nature, qu'ils nous disent la proportion dans laquelle il faut avoir part au disponible pour perdre ce droit.

Au lieu d'un don par préciput, supposez que l'immeuble de 42,000 fr. n'ait été donné qu'en simple avancement d'hoirie : n'étant plus offusqués par l'idée de réduction, ces jurisconsultes permettraient peut-être au donataire de le retenir, sauf à payer à chacun de ses cohéritiers un tiers de 2,000 fr. Pourquoi une différence? Est-ce que le législateur n'a pas voulu par l'article 924 assimiler les donations réductibles aux donations simplement rapportables quant au droit de retenir la part de réserve?

Autre supposition : Ce père de famille n'a donné que 2,000 fr. à des étrangers; puis il a donné par préciput à l'un de ses enfants, un immeuble qui vaut 78,000 fr. très-commodément partageable, ou, mieux encore, deux immeubles qui valent, l'un 38,000 fr., l'autre 40,000 fr. C'est encore le cas de la réduction partielle. Si à cause de cela on applique exclusivement l'art. 866, comme le veulent nos auteurs, le successible ne fera que prélever la quotité disponible, sans pouvoir retenir sa réserve, quoique les 80,000 fr. de biens existants soient des immeubles, ou bien distingueront-ils entre la donation qui n'a qu'un seul immeuble pour objet et celle qui en a deux? Quel serait le motif de la distinction? Voilà bien des questions que ne résout pas ou que résout mal le système de Marcadé. Ce système si ingénieux n'est en définitive qu'un expédient inventé par cet auteur pour sortir de l'impasse où l'avait placé le rejet de la condition sérieuse de différence, écrite à la fin de l'art. 924, comme moyen de le concilier avec l'art. 866. Il ne méritait pas le crédit qu'il a trouvé auprès de MM. Saintespès-Lescot, Vernet et Beautemps-Beaupré, et l'on doit espérer que la jurisprudence ne le consacrera jamais.

Elle l'a repoussé par l'arrêt de Riom, du 16 déc. 1850 déjà cité, p. 467, à la note. Je ne sais comment il se fait que Marcadé approuve cet arrêt qui est en opposition formelle avec tout ce qu'il a écrit sur la question. Il faut croire qu'il n'a pas persisté dans son erreur.

250. L'exacte conciliation des art. 866 et 924 est liée chez les auteurs qui en ont donné les premiers linéaments à la sup-

position que les donations par préciput faites à des successibles qui viennent à partage sont atteintes par la réduction pour tout ce dont elles excèdent la quotité disponible. Ce n'est point notre opinion; nous sommes convaincu et nous avons longuement expliqué que ces donations ne sont sujettes qu'au rapport jusqu'à concurrence de la part du donataire dans la succession réservée; au delà seulement elles sont réductibles. Si nous avons consenti à tenir un autre langage dans l'exposé de cette difficulté particulière, c'est que les deux articles se concilient presque aussi bien au point de vue de la réduction qu'à celui du rapport. Pour ceux qui ne voient là rien autre chose que la réduction, les art. 866 et 924 sont des dérogations au principe que la réduction se fait en nature, dérogations motivées par la considération que le donataire est lui-même cointéressé à la réduction. Cependant cet aperçu n'est pas exact, il ne s'agit point d'une réduction anomale, mais d'un rapport parfaitement régulier. Les art. 866 et 924 ne sont point des dispositions extraordinaires qui ne puissent trouver une place convenable dans aucune partie du Code; l'art. 866 a toujours été placé à bon droit dans la section des *Rapports* et l'art. 924 aurait dû y être transporté après le changement qu'y fit le Tribunat. Une doctrine plus profonde ne doit voir dans ces articles que la réglementation d'un rapport à succession. L'art. 924 qu'on ne modifia que pour le faire concorder avec les art. 844 et 859, accorde à l'héritier à réserve le bénéfice d'un droit qui résultait déjà de ces deux autres dispositions : c'est le droit de ne rapporter qu'en moins prenant sa part héréditaire reçue par avance, lorsqu'il y a dans la succession d'autres immeubles de même nature dont on peut former des lots à peu près égaux pour les autres héritiers. Quant à l'art. 866, il ne fait qu'ajouter aux divers cas de rapport en moins prenant, communs à toutes les successions, un cas nouveau qui est propre aux successions à réserve. Ce n'est qu'une exception de plus au principe du rapport en nature. D'après cela, l'art. 866 ne peut pas être incompatible avec l'art. 924; car, nous l'avons déjà dit, l'art. 924 n'existerait pas, que ce qu'il décide aurait également lieu en vertu du seul art. 859, avec lequel on n'a jamais pensé que son voisin, l'art. 866, fût inconciliable. Comme aussi on n'a jamais soupçonné qu'il y ait la moindre incompatibilité entre l'art. 866 et l'art. 869, quoiqu'il résulte de celui-ci qu'au cas de l'aliénation de l'immeuble donné par préciput, le rapport de l'excédant ne se fera pas en nature, sans distinguer si le retranchement est commode ou non, ni quelle est la plus forte part. M. Troplong constate avec raison que l'art. 924 n'a fait que formuler avec précision et netteté une conclusion qui ressortait déjà des art. 844 et 859[1]. Il montre ensuite très-bien que l'art. 866 ne contredit pas ces dispositions, son objet étant d'établir un cas spécial de rapport en moins prenant, sans en exclure aucun autre.

241. Le dernier mot de cette longue discussion est que le successible donataire qui vient à la succession, n'est assujetti qu'au rapport de sa part dans la réserve, de quelque manière et à quelque titre qu'il l'ait reçue. Il peut donc retenir la donation jusqu'à due concurrence, dans tous les cas où le rapport a lieu en moins prenant, ce qui revient à imputer cette donation sur sa réserve. C'est un principe qui doit triompher de toutes les contradictions qu'on lui oppose.

ARTICLE II.

DE LA RÉTENTION PERMISE A UN SUCCESSIBLE DONATAIRE QUI RENONCE A LA SUCCESSION.

242. De celui dont le préciput n'excède pas la quotité disponible. — Pas de question.
243. De celui dont le préciput excède la quotité disponible.—Question.

[1] *Don. et Test.*, T. II, nº 1004, déjà cité.

242. Le réservataire qui a reçu un préciput, seulement égal ou inférieur à la quotité disponible, a sans contredit le droit de le retenir en renonçant à la succession du donateur. Mais sa renonciation est le résultat d'un fort mauvais calcul, car elle le prive de sa part dans la réserve qu'il aurait recueillie, outre son préciput, s'il eût accepté la succession. Renonçant sans avoir dans les mains l'équivalent de sa réserve, il ne peut aucunement la réclamer. C'est à lui qu'il faut appliquer le principe coutumier : *Non habet legitimam, nisi qui heres est*. Que celui-là se garde donc bien de renoncer à la succession, puisqu'il renoncerait du même coup à sa réserve !

243. Le réservataire qui a reçu un préciput supérieur à la quotité disponible, fera bien, lui aussi, d'accepter la succession, s'il veut cumuler sa réserve avec la quotité disponible sans avoir à subir la plus légère contestation de la part de ses cohéritiers. Accepter est pour lui le parti qui vaut le mieux. Mais ce meilleur parti, il ne l'a point pris, il a renoncé : la question s'élève de savoir s'il a droit de retenir sur sa donation et la quotité disponible et sa portion dans la réserve. Tout renonçant qu'il est, peut-il conserver sa réserve avec la quotité disponible ?

Les auteurs qui refusent ce droit de cumul au donataire par avancement d'hoirie renonçant, affectent de croire qu'il n'y a aucune difficulté quant au préciputaire, en ce sens qu'il n'aurait pas droit au cumul. Cette manière de voir est inexacte. La cause du donataire par préciput ne doit pas être séparée de celle du donataire par avancement d'hoirie ; la question est à peu près lá même pour tous deux.

244. Le grand intérêt de la controverse se concentre cependant sur le donataire en avancement d'hoirie, parce qu'un donataire de cette espèce n'a pas d'autre moyen que la renonciation, de conserver l'avantage dont il a été l'objet. Un préciputaire cumule sûrement disponible et réserve en

acceptant la succession. Mais le donnataire en avancement d'hoirie, s'il accepte, rapporte toute la libéralité et ne retire de la masse que sa part héréditaire. Eh bien, ce donataire peut-il, en renonçant à la succession, retenir sur sa donation et sa part de réserve et la quotité disponible ? A-t-il droit à cette double rétention ? C'est avec intention que je demande pour le donataire en avancement d'hoirie s'il peut retenir *réserve* et *disponible*, tandis que j'ai demandé pour le préciputaire s'il pouvait retenir *disponible* et *réserve*. Cet ordre est celui dans lequel il faut disputer ou accorder à l'un et à l'autre le droit d'exercer les deux rétentions.

245. Enfin, l'héritier renonçant, donataire par avancement d'hoirie ou par préciput (peu importe), peut-il, si la quotité disponible est prélevée par un autre, retenir au moins sa réserve sur la donation dont il est nanti ? Deux héritiers renonçants, vingt héritiers renonçants, placés dans la même condition, peuvent-ils la retenir ?

246. Je suis d'avis que tout réservataire, qui renonce pour s'en tenir à un don, peut retenir sa réserve sur les biens qui lui ont été donnés, soit qu'il ne retienne qu'elle seule, soit qu'il la cumule avec la quotité disponible [1]. Cette opinion, repoussée par presque tous les auteurs et admise par quelques-uns seulement à titre d'expédient, est à mes yeux la seule qui soit conforme au texte et à l'esprit du Code Napoléon ; elle a pour elle le suffrage de l'ancien droit, et n'est point contraire à la volonté du disposant non plus qu'à l'équité.

[1] M. Troplong formule aussi la thèse du droit de rétention dans toute sa généralité en disant : « Soit que la donation soit tout simplement une do-
» nation faite en avancement d'hoirie, soit qu'elle soit conçue de manière
» à comprendre tout à la fois un avancement d'hoirie et la quotité dispo-
» nible, elle doit toujours être maintenue dans la limite légale, au profit
» de l'héritier renonçant à la succession ; et pour arriver à ce résultat, il
» ne faut pas hésiter à ajouter la réserve au disponible ou le disponible à la
» réserve (*Don. et Test.*, T. II, n° 789, *in med.*). »

247. Le droit pour un légitimaire qui renonce, de retenir la part que la loi lui réserve sur les libéralités dont il a été l'objet, est aussi vieux que l'institution de la légitime, aussi naturel que l'amour des pères pour leurs enfants. Cependant une nouvelle doctrine, prenant tout de travers les articles du Code Napoléon, a fait proscrire ce droit pendant vingt-cinq ans, et elle n'a point cessé de l'attaquer depuis qu'il triomphe dans les arrêts de la Cour de cassation. L'insistance des attaques excusera la longueur de notre démonstration. Quelques arguments sont propres au donataire par préciput, quelques autres au donataire en avancement d'hoirie, la plupart sont communs à tous les deux ; nous allons les présenter avec autant d'ordre que nous pourrons, sans négliger la réfutation des objections dirigées contre le principe général de la rétention.

248. Et d'abord, le réservataire qui renonce, pour s'en tenir à un préciput supérieur à la quotité disponible, peut-il retenir avec cette quotité sa part dans la réserve ?

La question n'offre pas un grand intérêt pratique, parce que cet héritier a dans l'acceptation de la succession un sûr moyen d'obtenir ce double émolument. Cependant si l'on admet qu'il ait le droit de cumul en renonçant, il trouvera dans cette seconde voie ouverte à son choix, l'avantage de retenir sa part de réserve en nature, même en l'absence des circonstances qui autorisent le rapport en moins prenant de la part d'un héritier qui viendrait à la succession, et celui d'être débarrassé de toute administration.

J'ai déjà noté que les auteurs qui refusent le cumul au successible donataire en avancement d'hoirie et renonçant, le refusent également au préciputaire dans des termes plus ou moins explicites[1]. Ceux au contraire qui accordent le cumul

[1] Voy. Marcadé sur art. 919, nº 2 ; M. Duranton, T. VII, nº 250 ; M. Coin-Delisle, *Limite du droit de rét.*, nº 220, et bien d'autres. *Sic* Grenoble, 20 juillet 1832 ; Sirey, 32, 2, 531.

au donataire en avancement d'hoirie l'accordent aussi au donataire par préciput [1]. Les uns et les autres se montrent logiques en ce point. Je m'attache à l'opinion des derniers, en m'efforçant de la justifier avec plus de soin qu'ils ne l'ont fait.

249. Une preuve invincible que le Code permet à un préciputaire renonçant de retenir sa part de réserve avec la quotité disponible, c'est que le Code ne lui aurait imposé de ce chef qu'un simple rapport à la succession, s'il y fût venu. Lorsque nous établissions [2] par la lettre de la loi et par les principes du droit que le préciputaire acceptant n'est sujet qu'au rapport pour ce qui correspond à sa part de réserve dans la donation qu'il a reçue, nous prouvions par là même son droit de la retenir en renonçant, car la renonciation affranchit du rapport. La démonstration que nous avons faite est parallèle à celle que nous avons à faire, ou plutôt c'est la même démonstration avec une déduction logique de plus.

Reprenons brièvement l'argument général.

L'art. 844, avec les art. 866 et 918, dit que l'*excédant* d'un préciput sur le disponible *est sujet à rapport* par le successible qui a accepté la succession. Cette proposition est vraie, mais pas assez explicite. Car l'excédant peut être si fort, qu'il y ait lieu à la réduction pour une certaine partie. Mais quel texte marquera le point précis où cette réduction doit commencer? L'art. 924, qui prévoit incontestablement la même hypothèse que l'art. 844; sa disposition est assez générale pour régir les préciputs et les avancements d'hoirie excessifs. Or, cet art. 924 permet au successible, dont il s'agit, de faire le rapport de sa part de réserve en moins prenant, si les autres biens sont de la même nature. C'est-à-dire que

[1] Voir Grenier, *Répertoire* de Merlin, v° *Réserve* et *Tr. des Donat.*; n° 566 *in f.*; Delvincourt, T. II; M. Gab. Demante, *Rev. crit.*, T. II, p. 95-96; M. Troplong, *des Don. et Test.*, T. II, n° 789, déjà cité.

[2] P. 432 et suiv. *supra*.

jusqu'à concurrence de cette part l'excédant du préciput n'est que rapportable, tandis que pour le surplus il est réductible. Voilà une détermination légale de la partie rapportable et de la partie réductible dans le préciput excessif, en cas d'acceptation de la succession par le successible gratifié. J'en conclus par une conséquence nécessaire qu'il a droit de retenir, en y renonçant, premièrement la quotité disponible qui lui a été expressément donnée, et secondement sa part de réserve qui cesse d'être rapportable par l'effet de sa renonciation. Ce qui était réductible reste réductible, la renonciation n'ayant d'influence que sur l'obligation du rapport.

250. Il n'eût pas fallu tant de raisonnements pour justifier la rétention de sa part de réserve par un préciputaire renonçant, si l'art. 924 était resté dans le Code tel qu'il était dans le projet et qu'il fut voté par le Conseil d'Etat. Le texte primitif consacrait expressément le droit des successibles renonçants à cette rétention. Si cette disposition se lisait encore dans le Code, que de clartés répandues sur la théorie de la réserve! que d'obscurités dissipées! que d'erreurs prévenues et que de dommages épargnés aux justiciables! Malheureusement le Tribunat, sans songer à mal [1], fit insérer à la fin de l'article six mots qui ont transporté aux successibles acceptants ce qui était écrit des successibles renonçants, et mis l'esprit de l'article à l'envers, si l'on peut ainsi parler. Mais en dépit du Tribunat, l'art. 924 reste une preuve excellente pour notre thèse. En autorisant celui qui accepte à retenir ou plutôt à ne pas rapporter sa réserve, si les autres biens sont de la même nature, il autorise virtuellement celui qui renonce à la retenir indépendamment de cette même condition, qui ne peut regarder que celui qui vient à partage. Le moins habile inter-

[1] Voyez le récit de cette triste histoire qui accuse l'infirmité des législateurs humains, p. 282, et surtout p. 298 et suiv.

prête peut encore lire sur l'envers de cet article ce qui se trouvait à l'endroit, et il doit le suppléer. Il y a même des jurisconsultes [1] qui persistent à entendre l'art. 924 d'un successible renonçant, malgré les mots qui le terminent, de sorte qu'à leurs yeux le droit d'un tel successible à retenir sa réserve sur les biens qui lui ont été donnés serait établi par un texte direct et positif, et qu'il n'y aurait plus de question. C'est aller trop loin et risquer de paraître avoir tort quand on a raison. En effet, qu'arrive-t il? C'est que les auteurs qui dénient aux successibles renonçants le droit de retenir leur réserve prouvent aisément que l'existence d'un pareil droit ne peut pas dépendre de la circonstance, relativement peu importante, que les autres biens seront ou non de la même nature que les biens donnés, d'où ils concluent que l'art. 924 doit s'appliquer à un successible qui accepte, et puis ils triomphent pensant avoir enlevé au droit des successibles qui renoncent l'appui de l'art. 924. M. Taulier, partisan du droit de rétention des renonçants et qui voit ce droit encore écrit dans le texte de l'art. 924, tel qu'il est aujourd'hui, M. Taulier s'est trouvé singulièrement embarrassé par l'objection tirée de ses derniers mots. Il admet, pour sortir d'affaire, que le réservataire renonçant retiendra sa réserve sur les biens donnés, si les autres sont de la même nature, et que dans le cas contraire il la rapportera pour en reprendre la valeur au moyen d'un partage avec ses cohéritiers acceptants [2]. Cette espèce de capitulation est de tout point inacceptable. Elle ne tient aucun compte de la renonciation, elle impose l'obligation du rapport à un renonçant, elle fait partager la succession entre un renonçant et ceux qui l'ont acceptée. Inutile d'insister. M. Taulier enseigne lui-même fort bien, mais un peu plus loin [3],

[1] Maleville, Delvincourt et quelques autres.

[2] *Théorie du Code civ.*, T. III, p. 334 et suiv.

[3] *Ibid.*, p. 337.

que le rapport ne peut pas être dû par le successible donataire qui renonce, et que ce successible n'a aucun droit de venir au partage. C'est ainsi qu'on s'expose à des réfutations faciles ou à de grands embarras, quand on demande à l'art. 924 plus qu'il ne peut donner.

L'art. 924, tel qu'il est, prouve encore par un solide argument le droit de rétention que nous revendiquons en faveur du successible qui renonce pour s'en tenir à un préciput considérable. L'art. 924, tel qu'il fut projeté et voté, consacrait même ce droit en termes exprès. Les termes ont été changés, mais l'intention subsiste. Voilà ce qui ne peut pas être contesté.

251. L'art. 921 du Code confirme l'argumentation qui précède ; au besoin, il prouverait à lui seul le droit du préciputaire renonçant de retenir sa part dans la réserve.

Par cet article, le législateur a entendu n'assigner l'action en réduction à chaque réservataire que proportionnellement à sa part dans la réserve. Il a fait la réserve divisible et individuelle, comme l'était la légitime de la coutume de Paris en vertu de son article 298. La discussion de laquelle est sorti l'art. 921, met ce point hors de doute [1]. Nous en avons tiré cette conséquence [2] qu'entre deux réservataires acceptants, dont l'un a reçu des libéralités excessives et l'autre rien du tout, celui-ci ne peut exercer l'action en réduction contre celui-là que pour sa part virile dans la réserve. Quelle action a-t-il quant à la part de réserve afférente à son coréservataire et détenue par lui en vertu de la donation qui lui en a été faite? Aucune, si ce n'est une action en rapport. On prouve ainsi par l'art. 921, comme par les art. 844, 866, 918 et 924, que le successible qui est donataire de sa part dans la réserve,

[1] P. 266-68, et 291-93, *supra*.

[2] P. 452 et suivantes.

au moyen d'un préciput considérable, par exemple, et qui accepte la succession, n'en doit que le rapport à son cohéritier, acceptant comme lui. S'il renonçait, ainsi que nous le supposons, il ne devrait plus le rapport, et aurait droit de retenir cette part de réserve que son acceptation l'obligeait à rapporter. C'est toujours le même argument, argument péremptoire que je ne me lasse pas de reproduire.

L'art. 921 fait plus, il justifie directement le droit de rétention qu'il s'agit d'établir. Il restreint, en effet, l'action en réduction de chaque réservataire à sa part virile dans la réserve, sans distinguer si le défendeur, au cas où il serait lui-même l'un des réservataires, accepte ou renonce. Rejetant dès lors toute distinction, puisque la loi n'en a pas fait, nous devons reconnaître au successible renonçant comme au successible acceptant le droit de ne subir la réduction que pour la portion qui compète aux demandeurs dans la réserve, d'où le droit absolu pour le premier de retenir sa propre part de réserve sur les biens donnés. L'art. 921 ne fait, en définitive, que poser un principe général, dont l'art. 924 du projet de Code avait spécialement appliqué la conséquence au réservataire renonçant, actionné en réduction par les réservataires acceptants. Le principe et la conséquence sont preuve l'un de l'autre. Les hasards de la rédaction ne les ont laissés entrer dans le Code que sous l'enveloppe de formules incomplètes ou inexactes; mais ils n'en sont pas moins certains.

252. A ces solutions, que nous déduisons du texte légal, on opposera sans doute l'axiome qu'il faut être héritier pour avoir droit à la réserve, en faisant remarquer que le préciputaire renonçant a cessé d'être héritier, ou la règle que la réserve du Code est collective, avec cet effet que la part du réservataire renonçant doit accroître à ses cohéritiers qui acceptent. Nous nous bornons à répondre quant à présent que ces

axiomes ne peuvent pas prévaloir contre des textes précis. Nous en avons d'ailleurs déjà touché quelque chose; mais nous y reviendrons et nous réfuterons complétement l'objection, après que nous aurons passé en revue tous les donataires renonçants qui ont droit de retenir leur réserve. Le désir de proportionner l'étendue de notre démonstration à l'importance de ce qui est à démontrer, nous fait renvoyer au même endroit l'argument qui se tire de l'ancienne jurisprudence, en faveur du droit de rétention, et l'appréciation de ce même droit au point de vue de l'équité.

253. Ce droit que nous accordons au préciputaire renonçant de retenir sa réserve sur les biens donnés, même lorsqu'il prend la quotité disponible, nous l'accordons aussi au préciputaire renonçant qui ne peut pas obtenir la quotité disponible, parce qu'elle est absorbée par des libéralités antérieures. Nous ne dirons pas que les raisons de décider soient plus fortes pour celui-ci que pour celui-là ; elles sont les mêmes exactement. Si le titulaire de ce préciput inutile avait accepté la succession, il aurait dû le rapport à ses cohéritiers dans la mesure de sa part de réserve, et la réduction pour le surplus. Ce qu'il eût dû rapporter en acceptant, il le retient en renonçant. Toullier est de ceux qui refusent le cumul du disponible et d'une part de réserve aux renonçants, et il accorde toutefois au préciputaire renonçant qui est dans le cas par nous supposé le droit de retenir sa légitime ou réserve [1]. Comment expliquer cette incroyable contradiction ? Un sentiment de pitié a disposé le cœur du grand jurisconsulte, dont l'esprit alors sommeillait, à plus de faveur envers l'enfant auquel le disponible échappe qu'envers celui qui le prélève. Mais il s'agissait de droit et de raison, et je ne vois ni droit

[1] *Don. et Test.*, T. v de l'anc. édit., ou Vol. III de l'édit. Duvergier, n° 123.

ni raison dans les contradictions où s'est perdu l'oracle de la Bretagne.

Cette rétention d'une part de réserve pourrait être exercée par deux et par trois et par autant d'enfants qu'on voudra en supposer, renonçant tous à la succession pour s'en tenir à des préciputs inutiles ; inutiles comme préciputs, s'entend.

254. Je réduis ce qui précède aux propositions suivantes qui valent des articles de loi : Le réservataire qui renonce à la succession pour s'en tenir à un préciput supérieur à la quotité disponible, retient sur les biens donnés, d'abord la quotité disponible elle-même et ensuite sa part dans la réserve.

Si la quotité disponible a été prélevée par un premier donataire, il retient seulement sa part dans la réserve.

255. Nous arrivons au point intéressant et difficile : qu'est-ce que peut retenir un enfant qui renonce à la succession de son père ou de sa mère pour s'en tenir à un avancement d'hoirie relativement excessif ?

Sous le droit écrit et sous le droit coutumier, la question ne fut jamais de savoir si le renonçant donataire aurait la faculté de retenir sa légitime, qu'elle fût ou ne fût pas considérée comme un droit de succession, mais s'il retiendrait en outre tout ce qui aurait pu être donné à un étranger, ou en d'autres termes, la quotité disponible. Dans aucun temps, dans aucun lieu, sous aucune législation, la rétention de la légitime n'avait souffert de difficulté avant le Code Napoléon ; c'est sur le droit de retenir la quotité disponible qu'il existait des variations dans la jurisprudence coutumière. Le Code est venu ériger en droit commun la rétention du disponible qui n'était pas admise partout ; mais il l'a fait dans des termes qui ont donné lieu de douter qu'il ait maintenu la rétention de la part légitimaire universellement admise autrefois.

Deux articles insérés dans des titres différents, circonstance fâcheuse qui ne laissa jamais voir aux rédacteurs que l'un des côtés de cette question complexe, étaient destinés à dire, l'un, que le successible qui renoncerait pour s'en tenir à un don ou un legs, pourrait retenir la portion disponible, l'autre, qu'il pourrait retenir sa part dans la réserve; c'étaient les art. 845 et 924. L'art. 845, qui consacrait au profit du renonçant le droit plus douteux de retenir le disponible, a eu l'heureuse chance d'être voté et promulgué sans modification notable. Mais l'art. 924, qui consacrait en faveur du même renonçant le droit non contesté de retenir sa part dans la réserve, a été corrompu, sous prétexte d'amélioration, par le Tribunat qui ne le comprenait pas; les six mots qu'il a fait ajouter à la fin de cet article ne permettent pas d'appliquer à un autre qu'un successible acceptant le bénéfice direct de la rétention dont il parle. Il n'y a donc plus de disposition qui donne expressément à l'enfant qui renonce pour s'en tenir à un avantage quelconque le droit de retenir sa part de réserve, et il y en a une qui lui donne le droit de retenir la portion disponible. De là les doutes conçus et les erreurs professées sur le premier de ces droits. La permission expresse de retenir le disponible a été traduite par une défense tacite de retenir la réserve. L'art. 845 resté par accident tout seul dans le Code a été entendu comme posant une limite absolue au droit de rétention du renonçant. Interprétation assurément fautive, car l'objet de cet article ne fut pas de restreindre mais d'étendre ce qu'un légitimaire avantagé qui renonce aurait droit de retenir.

Cependant la Cour de cassation l'a consacrée dans son fameux arrêt Laroque de Mons, du 8 février 1818, où se trouve formulée sur la légitime toute une théorie qui n'a pas d'autre but que de faire refuser aux enfants donataires renonçants le droit de retenir leur part de réserve, et cette décision malheureuse que décore un air de science, a été accueillie par les docteurs comme la révélation d'une vérité juridique nouvelle.

Mais tant d'injustices, tant d'impossibilités et d'absurdités sortirent de cette nouveauté qu'il fallut revenir, bon gré mal gré, à l'ancien système qu'on avait méconnu. La jurisprudence qui ne peut pas s'égarer longtemps sans dommage pour les particuliers, s'est réconciliée la première avec les principes vrais. La doctrine dont les aberrations sont, par bonheur, moins préjudiciables, tient encore généralement à l'arrêt de 1818.

La lumière est venue par un côté de la question qu'on n'avait pas vu d'abord, aveuglé qu'on était par le désir jaloux de faire la part des successibles renonçants aussi minime que possible. Suivant la nouvelle doctrine, l'enfant qui renonçait pour garder un avancement d'hoirie plus ou moins considérable, n'avait droit qu'à la rétention du disponible; il perdait tout droit à la réserve et ne pouvait en retenir sa part. Mais voici des conséquences fâcheuses: S'il ne peut retenir que la quotité disponible et si c'est elle seule qu'il retient, il faut qu'on impute exclusivement l'avancement d'hoirie sur cette quotité disponible. Il suffira donc qu'il existe un avancement d'hoirie égal à la quotité disponible, pour qu'elle soit épuisée. Le père de famille, qui croyait n'avoir fait à l'enfant doté que l'avance de sa part de réserve, se trouvera lui avoir donné la quotité disponible et n'aura plus rien dont il puisse disposer librement. Et tous les pères de famille seront dans ce cas, car quel est celui qui ne fait pas des avancements d'hoirie à ses enfants pour les établir? Ou, s'il tient à conserver la disposition de son disponible, quel est le père qui voudra désormais constituer des avancements d'hoirie? On s'était jeté dans un grand embarras. Le nouveau système fonctionnait mal.

La fortune du droit voulut que cette difficulté se présentât aussi au cas d'acceptation de la succession par l'enfant donataire en avancement d'hoirie. Acceptant, il devait à la vérité le rapport de l'avancement d'hoirie. Mais il pouvait objecter aux donataires postérieurs qu'il n'était tenu à ce rapport qu'envers ses cohéritiers, que vis-à-vis d'eux, donataires comme lui, sa donation avait tous les effets d'une donation, et que, puisqu'elle les primait, la quotité disponible devait se trouver absorbée d'autant. C'était dire en langage de droit que l'avancement d'hoirie s'imputerait sur le disponible, de manière à rendre inefficace toute disposition que le père de famille en aurait faite ultérieurement. Que l'imputation sur le disponible fût réclamée par le successible acceptant, ou qu'elle fût imposée au successible renonçant, le résultat aurait toujours été l'anéantissement du droit de disposition, résultat intolérable qui accusait une mauvaise interprétation de la loi.

Le 8 juillet 1826, la Cour de cassation rendit le célèbre arrêt Saint-Arroman, dont la décision embarrassée et laborieuse, réduite à des termes juridiques, revient à dire que l'avancement d'hoirie d'un réservataire qui accepte doit s'imputer jusqu'à due concurrence sur sa part dans la réserve. C'était restaurer le principe ancien que ce qui est rapportable à la succession est en même temps imputable sur la légitime. Le remède aux inconvénients de l'imputation des avancements d'hoirie sur la quotité disponible était trouvé, au moins pour le cas où les donataires accepteraient la succession.

Puis on comprit que, si le rapport de l'avancement d'hoirie dépend de l'acceptation de la succession par le successible donataire, l'imputation de ce même avancement d'hoirie sur la réserve de celui qui l'a reçu est quelque chose de tout différent, qui ne doit pas dépendre de la condition que le donataire vienne à la succession. D'où l'on fut porté à décider que tout avancement d'hoirie fait à un successible qui renonce s'impute principalement sur sa part dans la réserve et subsidiairement sur la quotité disponible, de manière à ménager cette quotité pour l'exécution des dispositions que le défunt en a pu faire, si les avancements d'hoirie ne sont pas excessifs. Mais l'imputation sur la part héréditaire du renonçant n'était possible et légitime que si on lui reconnaissait le droit de la retenir. C'est ainsi que la nécessité d'imputer sur la réserve l'avancement d'hoirie fait à un successible renonçant, pour sauvegarder le droit de disposition, ramena les esprits à rechercher s'il était vrai, comme on l'avait pensé en 1818, que le Code refusât au renonçant la rétention de sa réserve.

Ces indications sommaires suffisent à montrer l'enchaînement des principes et la filiation des idées. Elles rendent manifeste le lien étroit qui unit, pour l'erreur ou pour la vérité, l'obligation d'imputer sur la réserve et la faculté de retenir la réserve. L'admission de l'une mène logiquement à l'admission de l'autre. Prouver la nécessité de l'imputation, c'est prouver le droit à la rétention, et réciproquement. Nous remplirons cette double tâche.

Il ne serait peut-être pas impossible de séparer les arrêts qui ont eu à juger la question d'imputation de ceux qui ont eu à juger la question de rétention. Mais dans les affaires mêmes où la distinction se présentait avec netteté, la discussion a souvent mêlé ou confondu les deux questions. C'est pourquoi, afin de ne pas répéter ou morceler le texte des arrêts, nous joindrons l'indication et la critique des monuments de la jurisprudence à notre exposition de la théorie de l'imputation. Ils n'en seront que mieux compris et appréciés; le progrès et les oscillations de la jurisprudence en ressortiront avec plus d'évidence. Ajoutez que les articles du Code se prêtent mieux à la démonstration du droit de rétention qu'à celle du principe d'mputation, tandis que la jurisprudence est revenue au droit de rétention par le droit corrélatif d'imputation.

Cela dit, nous nous occupons du droit de rétention en lui-même, c'est-à-dire détaché de toute considération d'imputation. C'est le côté de la question qui intéresse spécialement l'enfant donataire. Il s'agit de rechercher s'il a droit, en renonçant, de retenir sa réserve sur les biens donnés, soit qu'il cumule ou ne cumule pas avec elle la rétention de la quotité disponible, selon l'importance de la libéralité.

Dans ma conviction bien arrêtée, le droit de retenir une part de réserve est le premier droit du successible qui renonce pour garder un avancement d'hoirie; celui d'y ajouter la rétention de la quotité disponible n'est que le second. Ni l'un ni l'autre n'est douteux. L'enfant peut les cumuler, s'il y échoit.

256. La meilleure preuve de ce droit est celle que j'ai tirée pour le préciputaire de la distinction existante entre le rapport et la réduction. Il faut le répéter.

Si l'enfant donataire en avancement d'hoirie était venu à la succession, au lieu d'y renoncer, il aurait dû à ses cohéritiers le rapport de cette partie de la donation qui eût frappé la quotité disponible, puisque la clause de préciput n'est nécessaire qu'à l'héritier qui vient à partage pour qu'il puisse la retenir; il leur aurait dû aussi le rapport, et rien que le rapport, de la partie de la donation correspondant à son droit dans l'héréditée réservée; mais pour la partie de cette donation qui eût atteint leur réserve, à eux, il aurait été soumis à l'étroite et inévitable obligation de la réduction. Tel eût été le sort de la libéralité au cas d'acceptation de la succession par le donataire, comme nous l'avons prouvé plus haut par les art. 921 et 924 et par les principes du partage des successions. Mais le donataire n'accepte pas, il renonce. Sa renonciation lui donne le droit de retenir tout ce qu'il aurait dû rapporter, s'il eût accepté, car l'héritier venant à la succession est seul soumis au rapport. L'art. 843 peut se retourner ainsi : L'héritier ne venant pas à une succession, ne doit pas rapporter ce qu'il a reçu du défunt.... Il reste donc seulement exposé à la réduction. La partie de la donation qui aurait été réductible en cas d'acceptation, reste toujours réductible. Mais la réduction n'a pas lieu pour ce qui n'était que rapportable. Elle est donnée à chaque enfant par l'article 921 pour demander sa réserve propre et non celle de son coréservataire. D'où encore et toujours cette conséquence que le renonçant peut retenir sa part dans la réserve. Je n'insiste que sur la preuve du droit de retenir la réserve, parce que l'art. 845 consacre surabondamment le droit de retenir la quotité disponible, si elle n'a pas été donnée à d'autres.

C'est sous cette forme théorique qu'il faut concevoir et admettre le droit pour les réservataires renonçants de retenir leur part de réserve sur les biens qu'ils ont reçus en avancement d'hoirie. Nous disons que *le donataire peut la retenir en renonçant*, par la raison péremptoire qu'il *n'en aurait dû que le rapport en acceptant*. Nos anciens jurisconsultes coutumiers disaient que l'héritier renonçant qui a reçu sa légitime peut la *retenir par voie d'exception*, en ajoutant qu'il ne pourrait pas la *réclamer par voie d'action*, *s'il ne l'avait point reçue*. Les deux formules expriment le même droit et la même doctrine. Mais il me semble que la mienne traduit plus fidèlement la lettre et l'esprit du Code Napoléon sur cette importante question.

Cette excellente démonstration du droit qu'il faut reconnaître à l'enfant donataire qui renonce, de retenir sa réserve sur les biens par lui reçus en avancement d'hoirie, se trouve déjà dans les motifs d'un arrêt de la cour de Toulouse, du 7 août 1820, préparé par les conclusions de M. Charlet, avocat-général.

« En règle générale et absolue, avait dit ce magistrat avec une perspicacité que j'admire, les enfants n'ont que deux voies pour toucher aux donations faites par le père · la voie du rapport et celle de la réduction. Celle du rapport ne peut avoir lieu dans notre espèce ; car, d'après les art. 843 et 857, le rapport n'est dû que par le cohéritier venant à la succession; et Joseph (le donataire) a renoncé à la succession. Il en est de même de la voie de la réduction, puisque, d'après les art. 921 et suivants bien entendus, les enfants ne peuvent faire réduire les donations qu'à concurrence de ce qui leur manque pour compléter leur réserve, et les enfants Chamayou, non donataires, ont leur réserve intacte. »

L'observation allait au fond de la difficulté ; aussi l'arrêt l'a-t-il reproduite presque littéralement.

Autant en a fait M. Taulier qui dit en terminant sa discussion sur cette question [1] :

« Au reste, je le demande, par quelle action les cohéritiers du renonçant pourraient-ils le forcer à se dessaisir d'une partie des biens qu'il a reçus, dès qu'en cumulant sa réserve et la quotité disponible, il n'entame cependant pas la part qui leur est aussi réservée ? Demanderont-ils la réduction de la donation ? Mais la réduction a pour but unique de compléter les réserves (art. 920, 921, Cod. civ.), et ici je suppose précisément que les réserves sont complètes. Demanderont-ils le rapport ? Mais le rapport n'est dû que par l'héritier *venant à la succession, venant à partage* (art. 843, 844, Cod. civ.), et il s'agit ici d'un successible donataire qui ne vient pas à la succession, puisqu'il renonce, et qui dès lors ne vient pas non plus à partage. La loi de la réserve est respectée ; la loi de l'égalité ne peut pas être invoquée ; ainsi, point d'intérêt légal, point d'action. »

Quelque importance que j'attache à cette preuve du droit de l'enfant à retenir sa réserve en renonçant, je l'ai tant de fois produite qu'il me paraît inutile de la développer davantage. C'est la forme sous laquelle ce droit était conçu avant le Code que nous allons maintenant expliquer et justifier. Cette ancienne formule, si on la comprend bien, n'a pas, en définitive, d'autre signification que celle que nous avons déduite des dispositions du Code Napoléon. C'est la même preuve qui se cache sous une expression différente.

257. Dans quel sens et par quel motif disait-on autrefois qu'un successible renonçant, nanti de sa légitime, a une exception pour la retenir, bien qu'il n'ait pas la voie d'action pour la demander, s'il ne l'a pas reçue ?

[1] *Théorie du Cod. civ.*, Paris et Grenoble, 1843, T. III, p. 337.

La théorie que cette formule exprime n'a pas vieilli, elle est encore en parfaite harmonie avec les principes et les dispositions du Code Napoléon.

Je ne me prévaudrai que de l'opinion des interprètes des coutumes ; on pourrait récuser celle des jurisconsultes du droit écrit, parce que, dans ce droit, la succession *ab intestat* étant subordonnée à la succession testamentaire, on n'avait pas mis expressément la légitime dans l'hérédité, et que, par suite, il n'était point nécessaire de venir à la succession paternelle pour réclamer sa légitime par voie d'action. A plus forte raison le légitimaire qui l'avait reçue par anticipation pouvait-il la retenir par voie d'exception. Mais les coutumes avaient ordonné les successions exactement comme le Code l'a fait après elles; elles préféraient la succession *ab intestat* à la succession testamentaire comme le Code; la légitime y constituait la succession *ab intestat* comme dans le Code. De cette économie générale il résultait bien qu'un renonçant non donataire ne pouvait pas demander par action sa part de légitime; mais il n'en résultait pas qu'un donataire renonçant n'eût pas le droit de la retenir par voie de défense à une demande en réduction des autres héritiers. « Il est trivial dans » le droit, dit à ce propos le jurisconsulte Lebrun [1], que tel » qui n'aurait pas d'action pour exiger, ne laisse pas d'avoir » l'exception et le droit de rétention. » On pourrait citer vingt autres jurisconsultes parlant tous comme Lebrun, et pas un seul qui le contredise.

La raison de ce droit si universellement accepté et si savamment conçu a échappé aux interprètes du Code Napoléon. Ils ne comprennent pas [2] que l'enfant qui renonce puisse re-

[1] *Successions*, liv. II, chap. III, sect. I, n° 28.

[2] Voir M. Bugnet sur Pothier, *Introd. au titre des donations* de la cout. d'Orléans, n° 74, et *Donat. entre-vifs*, n° 21 ; M. Labbé, *Rev. prat.*, T. V, p. 311, n° 62 ; et plusieurs autres.

tenir sa part de la légitime par voie d'exception, du moment qu'on admet que la légitime entière n'est que la succession diminuée ; il faut, disent-ils, avoir la qualité qui donne droit à la légitime, soit pour la demander, soit pour la retenir. Pothier le comprenait, et si je ne me fais pas illusion, je le comprends aussi. La légitime des coutumes (ou la réserve du Code), quoiqu'elle soit l'hérédité même, ne se trouve pas toujours dans les biens possédés par le défunt au jour de son décès, elle peut se trouver dans des biens donnés à un légitimaire ou à un étranger. Si c'est un légitimaire, on tenait et l'on doit tenir qu'il n'a pas besoin d'ajouter la qualité d'héritier acceptant à celle de donataire (le titre de donataire est un titre d'acquisition aussi bon que celui d'héritier), pour retenir sa part de succession réservée contre la demande en réduction ou pétition d'hérédité des autres légitimaires qui se sont portés héritiers. Possesseur de sa part héréditaire en vertu d'un juste titre d'acquisition, il n'a qu'à la défendre, et c'est ce qu'il fait. L'acceptation de la succession n'est nécessaire que pour recueillir les biens laissés au décès ou pour attaquer les libéralités faites à d'autres. Mais lui, il est déjà propriétaire de sa réserve ; un second titre d'acquisition lui est inutile [1] et il lui serait incommode, sinon dangereux, au regard des créanciers de la succession. Nous insisterons ailleurs sur cette considération. Ici nous ne cherchons que le droit. Quel est-il? C'est en résumé qu'un successible n'a pas besoin de prendre le titre d'héritier pour être admis à retenir sa réserve qu'il possède à un titre aussi légal que le titre de donation. Il ne faut pas se tenir trop étroitement attaché à cette expression de *rétention par voie d'exception*. Le droit qui peut engendrer une

[1] *Quod proprium est ipsius, amplius ejus fieri non potest* (§ 10, Inst. *de Legatis*). *Neque enim amplius quam semel res mea esse potest* (Paul. L. 14, § 2, D. *de Except. rei jud.*). *Non ex pluribus causis idem possit nostrum esse* (Paul. L. 159. D. *de R. J.*).

exception peut au besoin engendrer une action. Il est permis chez nous de retourner la règle de la loi 156, § 1, Dig. *de Reg. juris*, et de dire : *Cui damus exceptionem, eidem et actionem competere non immerito quis dixerit.* Aussi ne douté-je pas que le successible dont il s'agit ne puisse prendre la voie d'action pour demander sa réserve en vertu de la donation, si cette donation n'a pas été exécutée [1], ou même en vertu du legs dans lequel sa réserve peut se trouver contenue. Les anciens l'entendaient ainsi bien certainement, puisqu'ils admettaient un légataire à recueillir sa légitime en sa seule qualité de légataire. S'ils disent du donataire qu'il peut la retenir par voie d'exception, ce n'est pas pour lui en refuser la réclamation par voie d'action, en cas de besoin. Supposant le donataire déjà nanti, ils jugent l'action inutile et l'exception suffisante.

Cette explication va au-devant des objections que la règle coutumière soulève dans l'esprit des jurisconsultes d'aujourd'hui : Si on accorde, disent-ils, au renonçant qui est donataire le droit de retenir sa réserve par voie d'exception, il faut accorder au renonçant qui n'est pas donataire le droit de la réclamer par voie d'action. Car, chez nous, une exception ne va pas sans une action. La réponse est facile. C'est justement parce que l'exception et l'action vont ensemble, que le donataire qui ne serait pas nanti de l'objet de la donation doit avoir une action pour l'obtenir ; et aussi le légataire. La règle ne parle que de retenir et d'exception, parce qu'elle suppose le donataire en possession des biens et défendeur ; s'il n'est encore saisi de rien, sa donation ou son legs lui ouvriront une action pour se porter demandeur. Il aura, suivant les cas, une action ou une exception, mais parce qu'il est donataire et en cette qualité. Voilà ce que veut le principe

[1] *Sic*, M. Gab. Demante, *Rev. crit.*, 1857. p. 538.

de notre droit qui lie l'action et l'exception. Ce serait bien mal l'entendre que d'accorder au renonçant qui n'est pas donataire une action pour demander sa réserve, parce qu'on accorde au renonçant qui est donataire une exception pour la retenir. Le paralogisme est évident. Qu'est-ce en définitive que retenir par voie d'exception? C'est ne pas rapporter. *Ne pas rapporter* et *retenir* sont des expressions synonymes dans le vocabulaire de la loi. La règle coutumière revient donc à dire simplement que le légitimaire qui renonçait pour s'en tenir à un avantage n'était pas tenu de rapporter. Il y a loin, bien loin de là à dire qu'un renonçant qui n'a reçu aucun avantage pourra demander sa part dans la succession qu'il a répudiée.

On ne peut reprocher à la théorie qui vient d'être exposée qu'elle attache la légitime ou réserve au seul titre d'enfant ou d'ascendant. C'est bien à cette qualité que la loi en attribue le privilége, mais à condition qu'on l'acquerra par les différentes manières d'acquérir à titre gratuit qu'elle autorise, par succession, par donation ou par legs, *pro herede*, *pro donato*, *pro legato*.

C'est ainsi que sous les coutumes fut compris et pratiqué le droit des successions dans ses rapports avec la légitime. Le même droit peut se comprendre et doit s'appliquer sous le Code Napoléon[1].

258. Il est vrai que ce droit a contre lui ou paraît avoir contre lui les axiomes que la légitime d'autrefois et la réserve d'aujourd'hui ne sont que la succession *ab intestat* diminuée et qu'il faut être héritier pour y prendre part. Je ne veux pas m'en préoccuper quant à présent. Je dirai plus loin et avec plus d'à-propos dans quel sens il faut entendre ces axiomes

[1] Ce point de vue de la question est repris et développé avec étendue au nº 267, ci-après.

et tous ceux qu'on a coutume d'y joindre. Le lecteur se convaincra facilement alors qu'ils n'élèvent aucune objection sérieuse contre le principe essentiel de la rétention des avancements d'hoirie. Tous ces prétendus axiomes n'ont servi qu'à donner une certaine couleur juridique aux raisons véritables qui ont fait repousser le droit de rétention. Ce sont ces raisons qu'il faut examiner.

259. Pourquoi un droit si ancien et si nécessaire a-t-il été solennellement rejeté par la Cour de cassation en 1818; pourquoi est-il encore aujourd'hui très-vivement contesté par le plus grand nombre des auteurs, après que cette Cour a reconnu son erreur? Un zèle excessif pour l'égalité entre enfants, appuyé sur l'art. 845 qu'on interprète judaïquement, est la cause de cette persévérante résistance. On dit que si les successibles qui renoncent pour garder des avancements d'hoirie, ont, comme droit principal et absolu, la faculté de retenir leur réserve, et comme droit accessoire et éventuel, celle de retenir la quotité disponible, ils pourront s'assurer un avantage aussi grand que s'ils étaient donataires par préciput, et cela, par l'odieux moyen d'une renonciation à la succession du donateur. Ce cumul n'est tolérable, selon nos auteurs, que de la part d'un donataire par préciput, et seulement s'il vient à la succession. Le permettre à un donataire non dispensé de rapport, c'est méconnaître la volonté du père de famille qui n'était pas de faire un avantage, puisqu'il ne donnait qu'en avancement d'hoirie. En un mot, la thèse du cumul en faveur d'un renonçant est inique et immorale. Voilà le sentiment qui domine les adversaires du cumul, et voici la théorie qu'ils édifient sur l'art. 845 pour donner satisfaction à ce sentiment.

L'art. 845 permet à l'héritier qui renonce à la succession de retenir le don qui lui a été fait, fût-il un simple avancement d'hoirie, jusqu'à concurrence de la portion disponible. Pourquoi cela ? C'est parce que la loi considère que cet héritier s'est rendu étranger à la succession par sa renonciation. Il faut donc le traiter comme un donataire qui n'a jamais été héritier, comme un donataire étranger. C'est ce que fait l'article 845, suivant lequel la portion disponible est tout ce qu'il peut retenir. L'avancement d'hoirie est forcément transformé en un don de la quotité disponible. Comment pourrait-il porter sur la part du donataire dans l'hérédité réservée, alors que sa renonciation a fait accroître cette part à ses cohéritiers ? Et à l'appui de cette idée revient l'objection qui consiste à dire que la réserve est la succession *ab intestat*, qu'il faut être héritier pour y prétendre et que le successible qui renonce cessant d'être héritier ne peut y prendre aucune part. Quelques-uns, voyant que tout cet échafaudage s'écroule devant une simple comparaison du droit ancien sur la légitime avec le droit du Code, essayent de le soutenir en disant que la réserve ne doit point suivre les règles libérales de la légitime, mais les règles plus étroites des réserves coutumières, c'est-à-dire des successions aux anciens propres.

Je vais répondre à ce qui est de sentiment et à ce qui est de droit.

260. Un argument favori de ceux qui refusent à un enfant donataire en avancement d'hoirie le droit de retenir sa réserve, et s'il y a lieu, la quotité disponible avec elle, c'est que le législateur n'autoriserait ce cumul qu'en faveur d'un donataire à titre de préciput venant à la succession. On ne pourrait l'accorder à d'autres sans violer la loi et méconnaître les intentions du donateur. C'est un lieu commun. M. le conseiller Poriquet a ouvert le premier ce point de vue, dans le rapport qui précéda l'arrêt *Laroque de Mons :*

« J'observe que, si le législateur avait laissé à l'enfant donataire qui renonce la faculté de conserver sur les biens donnés non-seulement la quotité disponible, mais de plus la part qu'il aurait eue dans la succession comme héritier, il aurait manqué le but qu'il s'est principalement proposé dans le Code, celui de maintenir l'égalité entre les enfants, dans tous les cas autres que celui de donation faite à l'un d'eux avec clause de préciput. »

Les annotateurs de Zachariæ, MM. Aubry et Rau[1] :

« Si l'art. 919 donne au successible, donataire ou légataire, le droit de cumuler sa part dans la succession avec le don ou le legs dont il a été gratifié, ce n'est que dans le cas où la libéralité faite à son profit a eu lieu avec dispense de rapport. Vouloir admettre ce cumul en faveur d'un successible donataire ou légataire en avancement d'hoirie, qui renonce à la succession pour s'en tenir à son don ou à son legs, ce serait lui reconnaître la faculté de s'assurer, au moyen d'une renonciation faite uniquement dans ce but, tous les avantages que lui conférerait, en cas d'acceptation, une libéralité dispensée de rapport, et de se créer ainsi un véritable préciput, contrairement aux intentions du défunt, et au détriment des autres héritiers. »

M. Pont, *Revue de législation*, 1843, page 448 :

« Ainsi, le donataire en avancement d'hoirie obtiendrait le même avantage en renonçant que le donataire par préciput en acceptant ; disons mieux, la renonciation du donataire en avancement d'hoirie le constituerait donataire par préciput, ce qui serait manifestement contraire à la disposition de l'art. 919 qui n'admet pas de préciput sans une stipulation expresse de la part du donateur. »

M. Lagrange, *Revue de droit français et étranger*, 1844, p. 109 et suiv. :

« Cette distinction (entre la réclamation de la réserve par voie d'action et sa retenue par voie d'exception) n'a point été reproduite par le Code civil, et avec raison, car elle eût été en désharmonie avec l'ensemble de ses dispositions, notamment avec celles qui n'autorisent le cumul de la quotité disponible et d'une part dans la réserve que dans le cas où le père de famille a manifesté expressément l'intention de constituer un préciput. »

Enfin, M. Nicolas, *Manuel du partage des successions*, n° 106 :

« Et l'on voudrait que cet enfant que son père n'a pas voulu avantager

[1] T. v, p. 146, note sur le § 681.

en sus de sa part, pût se rendre donataire par préciput de la portion disponible en sus de sa réserve ! Mais une pareille conséquence serait révoltante et presque de la niaiserie. »

Cet argument répété avec tant de complaisance ne repose que sur une fausse interprétation de l'art. 919 du Code Napoléon. C'est encore à notre ancien droit coutumier qu'il faut revenir pour entendre la lettre et saisir l'esprit de la loi nouvelle. Il n'y a pas d'autre moyen de comprendre la langue qu'elle nous parle.

Il est certain que le droit coutumier était très-favorable à l'égalité entre les enfants, ayant jugé qu'elle était le meilleur moyen de prévenir les jalousies et les haines fraternelles. Les libéralités que le père de famille faisait à des étrangers n'empêchaient point cette égalité; aussi quelques coutumes permettaient-elles plus facilement les libéralités en faveur des étrangers qu'en faveur des enfants, ou, si elles permettaient de donner à un enfant, c'était à condition que la libéralité ne porterait aucun préjudice au principe d'égalité. Cependant il parut dur que le père fût privé de la faculté de donner à un enfant ce qu'il pouvait donner à un étranger, et un grand nombre de coutumes se relâchèrent plus ou moins du principe d'égalité absolue. Toutes les variétés du droit coutumier sur ce point se ramenaient à trois systèmes principaux que nous avons déjà retracés (p. 153 et suivantes).

Les plus sévères, parmi les coutumes, imposaient aux enfants donataires, même renonçants, le rapport des dons qu'ils avaient reçus, en leur laissant toutefois, d'après une interprétation favorable, la faculté de retenir leur part héréditaire, mais rien de plus. Ces coutumes, peu nombreuses, étaient dites *coutumes d'égalité parfaite*. Un enfant ne gagnait rien à être donataire plutôt qu'héritier.

La très-grande majorité des coutumes n'exigeant l'égalité qu'entre les enfants héritiers et copartageants, autorisait l'enfant donataire, s'il s'abstenait de la succession, à retenir le don, *la légitime réservée à chacun des autres.* C'était dire qu'il retiendrait tout ce qu'un étranger aurait pu obtenir et de plus sa part personnelle dans la légitime. Ces coutumes du nombre desquelles était celle de Paris, recevaient le nom de *coutumes d'égalité simple ou d'égalité en partage.*

D'autres coutumes, en très-petit nombre, admettaient de la part de l'enfant donataire renonçant cette rétention qui ne laisse aux autres que leur légitime sauve, et de plus, elles permettaient, même à l'enfant venant à la succession, de conserver son don jusqu'à concurrence du disponible, et de partager dans la légitime, si le don lui avait été fait par préciput et avec dispense de rapport. C'était là le trait caractéristique de cette famille de coutumes, et on les appelait *coutumes de préciput.*

Chaque espèce de coutumes avait ses raisons et ses avantages propres, que Coquille et Pothier ont parfaitement expliqués. Nous avons reproduit les réflexions de ces grands jurisconsultes et nous y renvoyons [1].

Ainsi, dans la coutume de Paris et les coutumes semblables, un enfant venant à la succession ne pouvait pas retenir l'avantage que son père lui avait fait, fût-il à titre de préciput ou avec dispense de rapport. S'abstenait-il de la succession, il cessait de devoir le rapport, il retenait toute la libéralité jusqu'à la limite des légitimes de ses frères et sœurs, encore qu'il n'y eût aucune clause de préciput ou hors part. L'égalité n'était exigée qu'entre les enfants héritiers. Et pour qu'il en fût ainsi, il n'était pas nécessaire que la coutume eût expressément autorisé la rétention; il suffisait que son texte n'imposât l'obligation de rapporter qu'*aux enfants venant à la succession*, c'est la formule qu'on retrouve dans la plupart

[1] Au n° 100, p. 157 et suiv.

des coutumes. De cette formule se déduisait le droit pour l'enfant *ne venant pas à la succession* de ne pas rapporter tout ce qui pouvait être retenu sans blesser la légitime des autres. Sous l'empire de ces coutumes, le seul moyen d'avantager un enfant était de lui faire un avancement d'hoirie considérable, et qu'il s'abstînt de la succession.

Dans les coutumes de préciput, les pères avaient ce même moyen d'avantager leurs enfants ; et ils pouvaient en outre dispenser du rapport l'enfant donataire qui venait à la succession. C'étaient deux moyens au lieu d'un. De ce que l'enfant donataire avec dispense de rapport avait droit, tout en venant à la succession de cumuler sa légitime avec ce qui aurait pu être donné à un étranger, ce n'était pas à dire que l'enfant donataire sans dispense de rapport n'eût pas le même droit en s'abstenant de la succession. S'il ne venait pas à la succession, une dispense textuelle de rapporter lui était inutile ; il puisait la dispense dans son abstention. M. Coin-Delisle n'a pas vu cela [1]. Il décerne de grands éloges aux coutumes de préciput, parce qu'il s'imagine qu'elles ne permettaient d'avantager que par la voie du préciput, et il blâme les coutumes d'égalité simple d'avoir permis les avantages par la voie des avancements d'hoirie combinés avec la renonciation des donataires. Mais il s'est trompé. Il faut qu'il retire ses éloges aux coutumes de préciput ou son blâme aux coutumes d'égalité simple. Car les premières autorisent la rétention d'un simple avancement d'hoirie, au moyen de la renonciation, aussi bien que les secondes. La méprise de cet auteur vient de la grande préoccupation où il est que le Code Napoléon ne permet à un enfant de cumuler le disponible avec sa réserve, qu'autant qu'il est donataire par préciput et qu'il vient à la succession. Il refait les coutumes de préciput sur la fausse in-

[1] *Limite*, etc., n° 21, p. 25.

terprétation qu'il a donnée au Code, tandis qu'il faut corriger cette interprétation erronée d'après le droit véritable qui ressortait de ces coutumes. Je citerai comme exemple, et avec une révérence filiale, la coutume de Nivernais, *patrias Nivernensium consuetudines*, au chap. XXVII, *des Donations* :

« Art. 7. Père et mère ne peuvent avantager par donation quelconque l'un de leurs enfants, au préjudice de la légitime des autres : et la donation autrement faite est réputée inofficieuse, et doit être révoquée jusques à ladite légitime, et pour le surplus vaudra.

Art. 10. Les enfants auxquels ont été donnés quelques biens par leurs pères et mères, *voulant venir à la succession*, sont tenus de rapporter... »

Cet art. 10 suffirait pour faire de la coutume de Nivernais une coutume de simple égalité, car il n'impose le rapport qu'aux enfants *voulant venir aux successions*. Le droit de rétention, avec toute l'extension que lui donne le droit coutumier est par là même admis au profit de l'enfant qui renonce à la succession. Mais la coutume de Nivernais avait eu soin de consacrer expressément ce droit de rétention de l'enfant renonçant par son art. 11, en même temps qu'elle permettait à l'enfant donataire de profiter d'un préciput même en venant à la succession :

« Art. 11. Et s'entend ce que dit est, sinon que ledit enfant donataire se voulût tenir à son don sans venir à la succession : Ou sinon que lesdits pères et mères eussent donné par préciput ou inhibé le rapport et collation de la chose donnée. »

Donc, d'après la coutume de Nivernais, qui est le type des coutumes de préciput, deux moyens pour le père de famille de conférer à un enfant le maximum des avantages permis en sa faveur : le moyen d'un don par préciput, avec ou sans renonciation du donataire, et le moyen d'un avancement d'hoirie considérable avec sa renonciation.

On sait que la loi du 17 nivôse an II exigea l'égalité absolue entre les enfants et fit très-petite la portion dont elle permettait la disposition en faveur des étrangers. Cette préférence accordée aux coutumes d'égalité parfaite était dans les idées du temps.

Une autre inspiration dicta le Code Napoléon. Il est écrit à chaque ligne de sa discussion qu'une plus grande liberté de disposer doit être laissée au père de famille, et qu'il faut lui permettre d'exercer cette liberté en faveur de ses enfants aussi bien qu'en faveur des étrangers. Cela est aussi écrit dans ses dispositions. Un seul mot devrait maintenant suffire pour trancher notre question : Le Code Napoléon est une coutume de préciput.

Les dispositions si nettes et si franches de la coutume de Nivernais sont le miroir fidèle du Code Napoléon en ce qui touche les donations de pères ou mères à leurs enfants. Mêmes formules, même droit.

Revoyons les articles du Code à la lumière de ce vieux droit, fidèle expression des mœurs et des sentiments de nos pères.

« Art. 843. Tout héritier, même bénéficiaire, *venant à une succession*, doit rapporter à ses cohéritiers ce qu'il a reçu du défunt, par donation entre-vifs, directement ou indirectement. Il (l'héritier venant à la succession) ne peut retenir les dons ni réclamer les legs à lui faits par le défunt, à moins que les dons et legs ne lui aient été faits expressément par préciput et hors part, ou avec dispense du rapport. »

La première partie de cet article, si elle se lisait dans une coutume, la classerait d'emblée parmi les coutumes d'égalité simple. Il en était ainsi de la coutume de Paris en vertu de son art. 304 que le nôtre a reproduit. Puisqu'il n'y a que l'héritier, venant à la succession, qui doive le rapport, celui qui n'y vient pas en est dispensé, il peut donc retenir ce qu'il a reçu, sauf les légitimes de ses frères et sœurs, ou en d'autres termes, il peut retenir sa propre légitime et ce qui aurait pu être donné à un étranger. L'inégalité qui en résultera ne doit pas choquer, puisqu'elle n'existera pas entre héritiers. L'un sera donataire, les autres seront héritiers.

La seconde partie de l'article va bien plus loin ; elle permet au père de famille de créer des inégalités même entre ceux qui viennent à un partage commun. Le Code autorise les avantages exprès, à l'exemple des coutumes de préciput.

« Art. 844. Dans le cas même où les dons et legs auraient été faits par préciput ou avec dispense de rapport, l'héritier *venant à partage* ne peut les retenir que jusqu'à concurrence de la quotité disponible*: l'excédant est sujet à rapport.* »

Du moment qu'il vient à partage, il n'a de droit absolu de rétention qu'à l'égard de la quotité disponible ; il doit rapporter l'excédant. Mais s'il ne vient pas à partage, il ne devra plus le rapport, il pourra retenir même l'excédant, sauf les légitimes de ses frères et sœurs, c'est-à-dire sauf la réduction autorisée par l'art. 921. Le droit de cumul est clairement établi par cet article au profit du successible qui renonce pour s'en tenir à un préciput excédant la quotité disponible.

« Art. 845. L'héritier qui renonce à la succession, peut cependant retenir le don entre-vifs ou réclamer le legs à lui fait, jusqu'à concurrence de la portion disponible. »

Article à peu près inutile après l'art. 843 qui ne soumet au rapport que l'héritier qui vient à la succession. Mais en présence des coutumes d'égalité parfaite et de la loi du 17 nivôse an II, qui ne permettaient au renonçant que la rétention de sa légitime ou réserve, le Code a cru nécessaire d'exprimer qu'il peut aussi retenir tout ce qui peut être donné à un étranger, c'est-à-dire la portion disponible. Cette rétention seule pouvait faire quelque doute. L'art. 845 va au-devant du faux raisonnement de ceux qui concluent de la faculté de donner la quotité disponible par préciput à l'impossibilité de la donner d'une autre manière. Il prouve qu'elle peut aussi être donnée sans clause de préciput, et qu'il suffit à l'enfant donataire de renoncer à la succession, pour profiter de la libéralité. La rétention d'une part de réserve par le même donataire n'avait pas besoin d'être expressément autorisée. Est-ce que la rétention d'une part de réserve par le renonçant rompt l'égalité entre lui et ses frères? C'est la rétention du disponible qui rompt cette égalité. Voilà pourquoi il a paru convenable de l'autoriser par une disposition spéciale. On a d'ailleurs la preuve matérielle que le législateur n'entendait pas interdire au renonçant la rétention de sa réserve par la disposition de l'art. 845. C'est que l'art. 845, tel à peu près qu'il est formulé, fut inséré dans tous les projets du Code, concurremment avec une autre disposition qui consacrait d'une manière expresse le droit des enfants donataires renonçants de retenir leur part des biens non disponibles, c'est-à-dire leur réserve, en défendant à l'action en réduction des autres enfants. Je veux parler de l'art. 924 dont la disposition a été changée par une inadvertance du Tribunat, et non parce qu'elle aurait contrarié l'art. 845. On va contre la pensée de la loi, lorsqu'on tire argument de la permission de retenir le disponible contre le droit de retenir la réserve. Hélas! que de périls et de difficultés dans la rédaction des lois! Le législateur de 1803 veut prévenir le doute sur l'existence d'un droit qui pouvait être un peu douteux, et il le fait naître sur celle d'un autre droit dont on n'avait jamais douté. En vérité, il faut regretter que l'inadvertance qui a effacé du Code la disposition qu'on devait lire sous le numéro 924, n'en ait pas aussi effacé celle qui se lit sous le numéro 845. La double rétention d'une part de réserve et de la quotité disponible se serait facilement déduite du seul art. 843 en faveur de l'héritier donataire qui ne vient pas à la succession. La loi aurait été aussi complète et bien plus claire sans cette disposition boiteuse de l'art. 845, cause de tant d'erreurs. Nous l'examinerons de plus près, en réfutant le nouveau système de légitime dont elle a été le prétexte.

« Art. 919. La quotité disponible pourra être donnée en tout ou en partie, soit par acte entre-vifs, soit par testament, aux enfants ou autres successibles du donateur, *sans être sujette au rapport par le donataire ou le légataire venant à la succession*, pourvu que la disposition ait été faite expressément à titre de préciput ou hors part. »

Ceci est la répétition de la seconde partie de l'art. 843, que confirme et explique l'art. 844. Le sens de l'art. 919 est tout entier dans les mots que j'y ai soulignés et que nos auteurs en ont retranchés. Il a pour objet unique d'autoriser le cumul d'une part héréditaire avec le disponible même par un réservataire *venant à la succession*, et d'abroger toutes les coutumes qui ne permettaient pas la réunion de la qualité d'héritier avec celle de donataire ou de légataire. Mais pour que l'héritier *venant à la succession* jouisse du cumul, il faut que la disposition ait été faite expressément, à titre de préciput ou hors part. C'est sur la circonstance de venir à la succession que tombe la condition qu'il y ait une dispense écrite de rapporter. Sans cette dispense, l'héritier *venant à la succession* devrait le rapport. Résulte-t-il de l'art. 919 que le préciputaire ne pourrait pas en renonçant cumuler la quotité disponible et sa part de réserve? Aucunement. En lui donnant ce droit de cumul, même lorsqu'il vient à la succession, l'article ne le lui dénie pas pour le cas où il renonce. Et l'art. 844 déjà transcrit rend le droit du préciputaire renonçant aussi certain que celui du préciputaire acceptant, pourvu bien entendu, que le don soit assez considérable pour contenir avec la quotité disponible la part du donataire dans la réserve.

Il résulte au contraire de l'art. 919, par un argument *à contrario* que légitiment les principes du droit français en matière de rapport, que, si le successible donataire ou légataire ne vient pas à la succession, il n'y a plus à exiger que le don ou le legs soit par préciput pour qu'il ait droit à la double rétention du disponible et de sa réserve.

Les auteurs que nous combattons affirment que la quotité

disponible ne peut être donnée à un successible que par une disposition à titre de préciput. Mais est-ce bien là ce que dit le Code ? Je ne vois cette clause exigée que dans le cas où le successible vient à la succession, et j'en conclus que la quotité disponible peut très-bien être donnée sans clause de préciput au successible qui ne vient pas à la succession. Pour trouver dans le Code la défense qu'on y cherche vainement, Marcadé travestit ainsi notre article : « L'art. 919 ne laisse cumulati- » vement la réserve et la quotité disponible qu'au *donataire* » *venant à la succession*, et pourvu *que la disposition ait été* » *faite expressément à titre de préciput* [1]. » Ce n'est pas cela ; il faut dire pour l'exactitude : L'art. 919 ne laisse cumulativement la réserve et la quotité disponible au donataire venant à la succession que si la disposition a été faite expressément à titre de préciput. — Même travestissement de l'art. 919 par M. Vernet [2] : « Cet article n'accorde au réservataire donataire » ou légataire le droit de cumuler sa part dans la réserve avec » la quotité disponible que *pourvu que la disposition ait été* » *faite à titre de préciput et hors part*. L'auteur a simplement retranché *venant à la succession*, de manière à présenter comme un principe absolu ce qui n'est vrai que du donataire ou légataire qui vient à la succession.

Il y a d'ailleurs une grande inconséquence dans le sentiment contraire au nôtre. Si la quotité disponible ne peut pas être donnée autrement que par préciput, la logique voudrait qu'on la refusât au successible qui n'est que donataire en avancement d'hoirie et qui renonce. Mais point du tout, c'est sa part de réserve qu'on lui refuse. La conclusion ne répond guère au principe. Pourquoi ? Parce que l'art. 845 arrête nos auteurs. Ne pouvant pas, en présence d'une disposition si précise, ôter la quotité disponible à celui qui renonce pour

[1] Sur l'art. 914, T. III, p. 486.
[2] *De la Quotité disponible*, p. 398.

retenir une libéralité quelconque, ils satisfont leur passion d'égalité en lui prenant sa réserve. La logique devient ce qu'elle peut.

Je dois répondre à une remarque juridico-grammaticale, par laquelle M. Coin-Delisle [1] a tenté d'infirmer ce que fournit la comparaison du droit coutumier avec le Code pour la solution de notre question. Il note que les coutumes parlent d'un successible qui *s'abstient* de la succession du donateur, et le Code d'un successible *qui renonce.* A son avis, il y a là deux situations bien différentes, *s'abstenir* et *renoncer* ne sont pas la même chose dans le droit français. *S'abstenir,* c'est seulement ne pas venir à la succession ; *renoncer* est quelque chose de plus. De là des conséquences importantes : on pouvait, sous l'empire des coutumes, permettre de retenir une part héréditaire à un successible qui s'abstenait ; mais on ne peut pas, sous le Code, accorder ce droit à un successible qui renonce.

C'est une cavillation toute pure. Le droit français ne fait d'autre différence entre *s'abstenir* et *renoncer* que celle qui existe entre les lettres dont ces deux mots sont composés. L'abstention du droit romain, remède ou bénéfice introduit par le préteur en faveur des héritiers siens et nécessaires, est devenue synonyme de *renonciation* dans notre droit qui ne connaît pas d'héritiers nécessaires, puisqu'il a pour règle que *nul n'est héritier qui ne veut.* Delaurière a vigoureusement combattu le sentiment de ceux qui pensaient que l'enfant qui s'était abstenu de la succession de son père ou de sa mère avait encore chez nous trois années pour y revenir [2]. Mais voici quelque chose de plus topique. Dargentré déclare *abstention*, *répudiation* et *renonciation*, expressions équivalentes dans notre usage : *Hic casus abstentionem*, *repudiationem et*

[1] *Limite du droit de rétention*, p. 253.

[2] Sur l'art. 307 de la coutume de Paris, T. III, p. 24 et suivantes.

renuntiationem respicit, qui omnes termini in pari sunt, recepto usu, etsi inter hæc spinoso jure Romano discrimen constituitur, ut sui abstinere dicantur, extranei repudiare, omnes vero ex æquo renuntiare [1].

Un autre jurisconsulte, l'avocat Auzanet, a également prévu et condamné les arguties de M. Coin-Delisle. Car il dit sur l'art 310 de la coutume de Paris qui emploie les deux expressions *s'abstient et renonce*, qu'il faudrait ôter le mot *s'abstient* pour empêcher les mauvaises conséquences qu'on en pourrait tirer. Ferrière rapporte l'observation d'Auzanet sans y attacher aucune importance, parce qu'il ne voit pas, dit-il, que jusqu'alors on ait tiré aucune mauvaise conséquence du mot *s'abstenir*. M. Coin-Delisle l'aurait fait changer de langage et forcé à reconnaître la justesse de l'avis d'Auzanet.

C'en est assez pour montrer la vanité de l'opinion qui prétend que la rétention cumulée d'une part héréditaire et de la quotité disponible, par le successible donataire qui ne vient pas à la succession, n'est point dans le vœu de loi.

Voyons si l'allégation, tout aussi banale, que cette rétention serait contraire à la volonté du donateur, est mieux fondée.

261. M. Poriquet nous dit, dans son rapport de l'affaire Laroque de Mons :

« L'égalité entre les enfants serait rompue, en attribuant au donataire la quotité disponible et une partie de la succession, tandis qu'il était dans l'intention bien prouvée du donateur que, si ce donataire venait à succession, il y fît le rapport de ce qui lui avait été donné. »

Et cela a été répété en termes encore moins exacts juridiquement par les annotateurs de Zachariæ dans le passage cité plus haut, page 500, par M. Lagrange dans une argumentation transcrite plus loin, page 519, et par une foule d'autres jurisconsultes [2].

[1] Sur *Bretagne*, art. 551, Gl. 2, n° 1.
[2] Notamment par M. Aubry, Dissertation sur les *Effets de la Renonciation du donataire en avancement d'hoirie*, p. 10 et p. 35.

Il se plaisent à dire que l'avancement d'hoirie est le don d'une succession future ; que l'auteur d'un pareil don n'a pas l'intention de briser l'égalité entre le donataire et ses autres héritiers ; qu'il donne avec la volonté que le donataire vienne à sa succession, et qu'en y venant, il rapporte la libéralité pour la reprendre à titre d'héritier.

Cette définition de l'avancement d'hoirie n'est exacte qu'à moitié. Elle est vraie des donations qui n'excèdent pas la part héréditaire de celui à qui elles sont faites ; elle est fausse de la donation qui excède cette part. Dans la donation d'un père à son fils, qui dépasse la part de celui-ci à la réserve, il y a le don de la portion disponible. Il ne faut pas se laisser abuser par les mots. Le nom d'avancement d'hoirie appliqué à une donation si peu proportionnée à la fortune du donateur et au nombre de ses autres héritiers, cache une partie de la vérité. Est-ce qu'un père de famille qui ayant 100,000 fr. et trois enfants, dote l'un d'eux de 50,000 fr., peut croire qu'il ne lui a donné que sa part héréditaire, et surtout rien que sa part héréditaire réservée ? Ne voit-il pas qu'il a mis la portion disponible dans la donation ? Demandez aux deux autres enfants ce qu'ils pensent du don fait à leur frère ; ils vous diront que c'est un avantage et s'en plaindront. Oui, c'est un avantage, quoiqu'il ne soit pas fait expressément par préciput.

Quand un père de famille a ainsi donné sa quotité disponible, même en qualifiant la donation du nom d'avancement d'hoirie, il aurait tort de compter que le donataire acceptera sa succession et y rapportera l'avantage dont il a été favorisé. Pour être faite à titre d'avancement d'hoirie, une donation ne cesse pas d'être une donation et une donation irrévocable. C'est une exagération de dire, comme les adversaires du cumul, que le disposant qui donne sans clause de préciput *stipule le rapport*. Non, le donateur ne stipule pas le rapport, il n'a pas le droit de le stipuler ; non, la donation n'est pas faite *avec obli-*

gation de rapport, comme le disent MM. Lagrange et Aubry, elle est faite *sans dispense de rapport*, ce qui est bien différent. Le donateur donne irrévocablement. C'est la loi qui impose au donataire l'obligation de rapporter, et elle ne la lui impose que s'il veut venir à la succession ; s'il y renonce, il en est dispensé. Les doléances de ces jurisconsultes partent de l'idée fausse que le donataire en avancement d'hoirie devrait rapporter quand même, tandis qu'il ne doit rapporter, d'après la loi, que s'il accepte la succession. Sa renonciation l'exonère du rapport et lui permet de retenir tout ce qui peut être retenu sans faire tort à la réserve de ses frères et sœurs. Par là ne sont point trompées les intentions du donateur, à moins qu'il n'ait pas su calculer. S'il avait sérieusement voulu que le donataire acceptât la succession, il ne lui aurait pas créé un intérêt à renoncer. Puisqu'il lui donnait plus que sa part de réserve, c'est apparemment qu'il voulait lui faire un avantage, avantage subordonné pour son effet à la condition de ne pas venir à la succession. Qu'importe que le disposant ne donne pas la quotité disponible verbalement, s'il la donne réellement, *non verbis*, *sed re?* Le fait vaut autant que les paroles.

Objectera-t-on que le père de famille ne peut pas savoir, lorsqu'il fait la donation, quelle sera la part héréditaire du gratifié afin d'y proportionner sa libéralité, d'où l'on conclurait qu'il faut en règler les effets d'après le nom qu'il lui a donné plutôt que d'après son importance relative? Je réponds que c'est la condition de toutes les libéralités, faites par une personne ayant des héritiers à réserve, de n'être définitives quant à leur consistance et à leurs effets, qu'au décès du disposant. La loi ne peut tenir compte que des intentions qui sont en rapport avec les possibilités de la succession. Il n'y a rien là de spécial aux donations en avancement d'hoirie. Donations en avancement ou par préciput, donations à des enfants ou à des étrangers, elles sont toutes soumises aux mêmes vicissitudes.

Un avancement d'hoirie a été fait qui n'excède point la part d'hérédité que pouvait espérer l'enfant donataire eu égard à l'état de fortune du donateur à l'époque de la donation. Survient la ruine du père de famille qui transforme ce don en une libéralité capable d'absorber avec la part de réserve du donataire et la quotité disponible et la réserve des autres enfants qui n'ont rien reçu. En un mot, les biens donnés sont devenus le seul actif utile de la succession. Dans ce cas, malheureusement assez fréquent, le principe d'irrévocabilité milite avec énergie pour le maintien de la donation, sauf l'unique retranchement de la réserve des enfants non dotés. Il est entendu, pratiquement parlant, que l'enfant donataire renonce à la succession et que les autres ne l'acceptent que sous bénéfice d'inventaire. Le droit de l'enfant donataire paraissait si sacré au conseiller d'État Bérenger, qu'il alla jusqu'à demander que les autres enfants n'eussent point alors de réserve à réclamer, surtout lorsque la donation aurait été faite à cause de mariage. Il invoquait l'irrévocabilité de la donation et la stabilité de la propriété. C'est contre cette proposition que le Conseil d'État décida, dans la séance du 5 ventôse an XI, *que l'action en réduction aurait lieu contre les enfants donataires*. Le conseil admet la réduction, protectrice du droit de réserve ; il a garde d'imposer le rapport. Cette décision si importante est impliquée dans le texte de l'art. 921, comme y est également sous-entendue cette autre décision, que la réduction n'est accordée à ceux qui l'exercent que *proportionnellement aux parts qu'ils peuvent prétendre dans la succession*. Par là nous est révélé le véritable esprit de la loi. L'intention du législateur est bien que l'enfant donataire et renonçant retienne sa réserve et la quotité disponible et ne paye à ses frères que leurs propres réserves. Il n'a pas voulu faire plus, il a même eu de la peine à faire autant, pour les enfants qui n'ont rien reçu. C'est justement notre thèse.

Il est vrai que le père de famille n'entendait faire à son fils que l'avance de sa part de succession. Mais ses espérances sont déçues bien plus par sa mauvaise fortune que par la renonciation du donataire. Ne fallait-il pas aussi respecter les légitimes espérances formées par celui-ci et par la famille à laquelle il s'est uni ? Au lieu de lui envier ce qu'il retient, les autres enfants devraient s'estimer heureux qu'une donation faite en un temps de prospérité leur ait conservé quelque chose de l'héritage paternel. C'était la pensée de Brodeau qui a dit quelque part [1] :

« Il n'y a rien de plus odieux et de plus injuste que de rendre les enfants qui ont renoncé à la succession de leurs pères et mères, garants de leur mauvaise fortune, ou de leur mauvais ménage, sous le prétexte frivole de l'égalité. »

Ecartons ces hypothèses où les coups du sort détruisent tous les effets de la prévoyance du père de famille. Pour juger sainement de la volonté qui préside à un avancement d'hoirie, il faut supposer la fortune du donateur restée au jour de son décès ce qu'elle était au jour de la donation. Eh bien ! je dirai toujours que celui qui donne à l'un de ses enfants deux fois sa part héréditaire a la volonté de l'avantager. Il n'établit pas l'inégalité entre ses enfants par volonté expresse; mais il la permet par volonté tacite. L'effet de cette volonté ne dépend plus que de la renonciation de l'enfant avantagé à la succession.

Ce résultat scandalise beaucoup nos auteurs qui ne voudraient pas qu'un enfant gratifié d'un don considérable sans dispense de rapport, pût avoir, en renonçant, autant qu'il revient à un enfant donataire par préciput de la quotité disponible, en acceptant. C'est pourtant la volonté du père qu'il en soit ainsi, puisqu'il a donné la quotité disponible au pre-

[1] Sur *Louet*, lettre D, ch. LVI.

mier aussi bien qu'au second. On insiste et l'on prétend que nous confondons les libéralités dispensées de rapport et les libéralités non dispensées de rapport. Nullement. Pour que l'enfant non dispensé de rapport jouisse du cumul, il faut que le don comprenne sa réserve et la quotité disponible et qu'il ne vienne pas à la succession, tandis qu'un préciputaire en jouit à la faveur d'un don simplement égal à la quotité disponible et en venant à la succession. J'ajoute, mais au point de vue de l'imputation, que le père de famille qui donne par préciput une valeur égale à la quotité disponible épuise cette quotité, tandis que celui qui donne la même valeur en avancement d'hoirie ne l'épuise pas. Il n'y a donc que déclamation vaine à dire que l'enfant, qui a reçu sans dispense de rapport une valeur égale à sa réserve et à la quotité disponible, se crée un préciput par sa seule volonté et contre la volonté du donateur, au moyen de la renonciation ; il ne fait que consolider l'avantage contenu dans l'avancement d'hoirie excessif dont il a été honoré.

Que si, préférant l'amitié de ses frères à son intérêt particulier, cet enfant accepte la succession paternelle et abandonne l'avantage auquel la loi et la volonté de son père lui permettaient de prétendre, il fait un acte de générosité digne d'éloges. Pouvant fermer sa main pleine de libéralités, il l'ouvre. Mais si le soin de ses intérêts lui conseille de ne pas l'ouvrir, ou en d'autres termes de renoncer, nul ne doit le blâmer d'un acte qui, tout avantageux qu'il est pour lui, n'est que juste. Voici pourtant un savant jurisconsulte, M. Valette, qui se plaint de ce que *le successible qui renonce à la succession, n'étant pas tenu au rapport, se trouvera mieux traité que celui qui l'accepte*[1]. Eh! qu'y a-t-il là de surprenant? Tout avancement d'hoirie, hors de proportion avec la

[1] *Revue de Droit français et étranger*, 1844, p. 630.

fortune du donateur, ne produit-il pas cet effet? L'usage des avancements d'hoirie n'est pas borné aux successions dans lesquelles la loi établit une réserve. Ainsi, un oncle fait, sans clause de préciput, une donation considérable à l'un de ses neveux ou nièces, par contrat de mariage ou autrement, il n'importe. C'est un avancement d'hoirie duquel on peut dire tout ce que l'on dit de l'avancement d'hoirie fait par un père à son fils : que le donateur n'a pas entendu avantager son neveu ; que son intention est que la donation soit rapportée et que le donataire partage également la succession avec ses cohéritiers. Et cette appréciation n'est certes pas plus fausse dans un cas que dans l'autre. Mais tous les raisonnements du monde n'empêcheront pas le neveu donataire, lorsque s'ouvrira la succession de son oncle, d'y renoncer, s'il le veut, et de garder toute la donation, quand même elle ferait à elle seule la moitié ou les trois quarts de la succession, bien plus, quand même elle serait toute la succession. Il aura beaucoup plus que s'il eût accepté. Mais ce sera très-légal, et personne ne le niera, parce qu'ici les distinctions de part héréditaire réservée et de quotité disponible ne viennent point obscurcir la réalité du droit.

Au fond, ce que ce neveu donataire retient se compose de sa part héréditaire et d'un avantage qui peut aller jusqu'à l'absorption de la succession, parce que la loi n'accorde pas de réserve aux neveux. Eh bien! ce qu'un fils donataire retient se compose également de sa part héréditaire et d'un avantage qui doit se renfermer dans la limite de la quotité disponible, parce que la loi accorde une réserve aux enfants. C'est là toute la différence; qu'on y réfléchisse, et l'on verra clairement que, sauf la nécessité de respecter la réserve des autres héritiers, toute donation d'un père à son fils peut comporter en sa faveur et moyennant renonciation, un avantage qui s'explique et se justifie exactement comme l'avantage que fait un oncle à son neveu, ou un cousin à son cousin, en lui donnant plus que sa part héréditaire. La renonciation du neveu donataire ne trompe pas la volonté de l'oncle donateur; si celui-ci eût voulu le rapport de la donation, il n'aurait fait qu'un avancement d'hoirie de fait et de nom, je veux dire qu'il n'aurait donné que l'équivalent d'une part héréditaire. La renonciation du fils donataire ne trompe pas davantage la volonté du père qui a donné.

Mais ce n'est pas ainsi que l'entendent nos jurisconsultes. Epousant les sentiments jaloux des frères non avantagés contre le frère qui leur a été préféré, ils retranchent de sa donation plus qu'il n'est nécessaire pour que la réserve des premiers soit sauve. Je discuterai bientôt l'artifice juridique au moyen duquel, ne pouvant pas ravir la quotité disponible au renonçant, ils lui prennent sa réserve pour en grossir celle de ses frères. Je voulais seulement montrer ici que la rétention cumulée que je revendique pour le successible renonçant n'est pas contraire à la volonté du père qui a fait à ce successible un avancement d'hoirie excessif.

La preuve est faite en ce qui regarde les cohéritiers du renonçant. Le cumul crée sans doute une inégalité entre eux et lui, mais une inégalité voulue par le père qui a donné. Il reste à prouver que l'intention du donateur n'est pas trompée non plus par la renonciation de l'enfant avantagé, en ce qui regarde l'exécution des libéralités qu'il a pu faire à d'autres enfants ou à des étrangers. Mais cet aspect de la question rentrant dans le domaine de l'imputation, nous ne ferons ici qu'une simple remarque. C'est que l'imputation de l'avancement d'hoirie excessif doit se faire en cas de renonciation du bénéficiaire à la succession, exactement comme dans le cas d'acceptation. Ce point de droit, encore généralement mal compris, sera rigoureusement démontré.

Si donc un père de famille qui a fait un avancement

d'hoirie égal à la réserve de l'enfant donataire et à la quotité disponible, n'a plus après cela aucun disponible, ce résultat ne tient pas à la renonciation du donataire, mais à ce fait invincible qu'ayant donné une fois son disponible il n'est plus en son pouvoir de le donner une seconde ou une troisième fois. C'est sa volonté, une volonté irrévocable, qui a mis le disponible dans l'avancemement d'hoirie; cette volonté fait obstacle à l'effet de la nouvelle volonté qu'il manifesterait de donner ce même disponible à d'autres personnes.

Bien loin d'être contraire au droit de disposition, la doctrine de la rétention de leur réserve par les enfants donataires renonçants est admirable pour laisser au père de famille son disponible, tout en lui facilitant la possibilité d'établir ses enfants par des avancements d'hoirie.

262. Le chapitre des considérations n'est pas épuisé.

La doctrine du cumul est accusée d'être contraire non-seulement au vœu de la loi et à l'intention du donateur, mais encore aux bonnes mœurs. Elle est odieuse et immorale, selon les auteurs que nous combattons, en ce que l'avantage obtenu par le renonçant ne serait dû qu'à sa renonciation à la succession, c'est-à-dire à un acte flétri par l'opinion publique. MM. Poriquet, Lagrange et Valette parleront pour tous.

« L'égalité entre les enfants serait rompue, dit le premier en son rapport de l'affaire *Laroque de Mons*, puisque les autres enfants restés seuls héritiers de la masse indisponible, seraient aussi seuls exposés, tant aux poursuites des créanciers de la succession qu'à l'obligation de leur rendre des comptes de bénéfice d'inventaire, et à courir les chances multipliées qui peuvent mettre l'héritier bénéficiaire dans le cas d'être regardé comme héritier pur et simple. »

Cela est dit du préciputaire renonçant, mais applicable à plus forte raison au renonçant simplement donataire en avancement d'hoirie.

« Il a échappé, dit le second en censurant l'arrêt *Leproust* du

17 mai 1843, il a échappé à la Cour de cassation que la doctrine qu'elle proclamait conduisait à des résultats contraires aux bonnes mœurs, et qu'elle jetait des germes de dissension dans la famille, en même temps qu'une étrange confusion dans les principes qui régissent les rapports du père avec ses enfants [1]. »

« Les renonciations, dit enfin M. Valette après les deux magistrats, se traduiront en avantages certains pour les enfants nantis de dons considérables; car ces enfants, par ce moyen, obtiendront le maximum de ce qui peut leur revenir, et cela sans faire honneur à la mémoire de leur père, et sans s'obliger personnellement et comme héritier au payement des dettes héréditaires. Résultat fort étrange, assurément, dans nos mœurs! [2] »

Il y a dans tous ces reproches beaucoup d'illusion. L'intérêt apparent des créanciers héréditaires n'est mis en avant que pour prêter appui aux prétentions des cohéritiers du donataire qui renonce. C'est un masque et rien de plus.

Sans doute, la renonciation de l'enfant donataire nuit à ses cohéritiers, en ce qu'elle le dispense de rapporter l'avantage qu'il a reçu. Que faire à cela? Le Code n'oblige pas au rapport l'héritier qui renonce. Mais leur nuit-elle, en ce sens qu'elle aggraverait leur position vis-à-vis des créanciers de la succession? En aucune façon. La renonciation de l'héritier donataire n'empire pas la condition des autres héritiers à l'égard des créanciers; car elle leur laisse toute faculté d'agir selon leur gré et au mieux de leurs intérêts, d'accepter purement, d'accepter bénéficiairement ou de répudier. Qu'ils acceptent sous bénéfice d'inventaire et ils n'engageront pas leurs biens propres, pas même ce qu'ils retrancheront de la donation faite au renonçant pour leurs réserves.

Je mets à présent le donataire renonçant en face des créan-

[1] *Revue de droit fr. et étr.*, 1844, p. 110.

[2] *Droit* du 17 décembre 1845. Je trouve la même chose dans un arrêt de Bastia, du 23 janv. 1855, Dev. 55, 2, 97: « La loi morale prescrit à » l'enfant, disent les magistrats, de ne point répudier l'héritage paternel, » pour n'en recueillir que les bénéfices. »

ciers héréditaires, et je me demande ce que sa renonciation a de si odieux à leur égard ? Si on prend à la lettre le langage indigné de nos auteurs, surtout celui de M. Valette, il ne faut pas seulement que l'enfant donataire accepte la succession, mais qu'il en paye les dettes avec les biens donnés. Je comprendrais alors l'intérêt des créanciers. Mais est-ce bien la pensée du savant professeur ? Je ne lui fais pas l'injure de le croire.

Supposez que l'actif laissé au décès soit inférieur au passif et que cet héritier donataire demande à M. Valette ou à tout autre jurisconsulte de la même opinion comment il doit accepter : il lui sera certainement répondu qu'il doit accepter bénéficiairement pour que les biens donnés ne servent pas à payer les dettes de la succession ; car, ils ne peuvent sans contradiction lui refuser la ressource qu'ils accordent aux héritiers non donataires. Mais si l'enfant donataire accepte ainsi (la loi le permet et la morale ne le défend pas), quel honneur son acceptation fera-t-elle à la mémoire de son père, quel profit à ses créanciers? Aucun honneur, aucun profit. Qu'on ne fasse donc pas étalage de l'intérêt blessé des créanciers pour forcer l'enfant donataire à accepter ; cet intérêt n'existe pas. Répudiation ou acceptation, les créanciers n'auront ni plus ni moins.

Le sophisme auquel je réponds a sa source dans ces sentiments d'apparente équité que révolte l'idée de voir des enfants retenir quelque chose de la fortune de leur père, quand ses créanciers ne sont pas payés. C'est au point qu'une partie du Conseil d'État n'admit qu'avec peine la disposition finale de l'art. 921 qui permet ce résultat, et que le Premier Consul persista jusqu'au bout à le regarder comme une iniquité. On conçoit qu'il soit aisé d'abuser d'une idée de justice si séduisante malgré sa fausseté, et l'on voit que les jurisconsultes qui comprennent et expliquent le mieux l'art. 921, se laissent aller à puiser dans les préjugés qu'il a proscrits de fausses considérations en faveur de leurs fausses théories.

Il y a quelque chose de ces idées sophistiques dans l'opinion émise par le conseiller Poriquet, opinion moins violente, mais bien plus singulière que celle de M. Valette.

Si M. Poriquet exige que l'enfant donataire accepte, ce n'est pas qu'il entende l'obliger directement envers les créanciers de la succession ; il acceptera, s'il veut, sous bénéfice d'inventaire, mais il n'en sera pas moins compromis, puisqu'il aura à rendre des comptes aux créanciers, et qu'il *courra les chances très-multipliées qui peuvent mettre l'héritier bénéficiaire dans le cas d'être regardé comme héritier pur et simple.* L'événement serait en effet très-avantageux pour les créanciers.

M. Coin-Delisle reproduit cette idée, lorsqu'il regrette les grands avantages acquis à notre donataire *sans qu'il supporte même les embarras et les soins d'une succession bénéficiaire*[1] !

Il reste là un levain des erreurs au nom desquelles le Conseil d'Etat répudia un moment le principe final de l'art. 921. Est-il juste, oui ou non, que les enfants payent les dettes paternelles sur les donations qu'ils ont reçues ? Si cela n'est pas juste, pourquoi leur dresser des embûches et les mettre gratuitement en péril de perdre leur droit par l'inobservation de quelque formalité de l'administration bénéficiaire, alors que le principe des successions est aujourd'hui comme autrefois que *nul n'est héritier qui ne veut.* Et si cela est juste, à quoi bon tant marchander, et pourquoi ne pas livrer directement les biens donnés aux créanciers héréditaires, sans examiner le parti que prend le donataire sur la succession paternelle ?

Pour moi, je crois, au contraire, que l'esprit de la loi est de favoriser la renonciation des enfants donataires à l'encontre

[1] *Limite*, etc., p. 170, à la fin de la note.

des créanciers de la succession. Lorsque fut discutée cette difficile question de savoir si les créanciers héréditaires devaient ou non profiter de la réduction, les conseillers d'Etat n'étaient pas embarrassés de la position de l'enfant donataire subissant la réduction; il était entendu par tous qu'une renonciation le mettrait à l'abri de l'action des créanciers. La question n'avait de gravité qu'à l'égard des enfants non donataires, obligés de se porter héritiers pour demander la réduction. Si le législateur avait trouvé une combinaison qui permît de donner l'action en réduction à ces enfants non donataires, sans qu'ils eussent à accepter la succession, il l'aurait certainement adoptée. Mais la chose était impossible; il leur fallait un titre d'acquisition pour prétendre aux biens donnés, et ce titre ne pouvait pas être autre que celui d'héritier. Cela compris, le législateur se borna à dire que *les créanciers ne pourraient demander cette réduction, ni en profiter*, en sous-entendant que les enfants demandeurs en réduction auraient soin de ne se porter héritiers que sous bénéfice d'inventaire, pour ne point s'obliger personnellement aux dettes de la succession. Quant à l'enfant donataire, défendeur à la réduction, il a un titre d'acquisition excellent dans la donation même; il doit s'y tenir, c'est-à-dire renoncer à la succession, pour conserver aux biens donnés leur immunité à l'égard des créanciers. Voilà la vraie pensée de la loi sur les rapports de l'enfant donataire avec ces créanciers. C'est bien loin, pour la forme, des combinaisons compliquées et insidieuses imaginées par M. Poriquet, et pour le fond, du sentiment outré de M. Valette. Il y a dans le système du Code autant d'art que de justice. Investis de leur réserve à des titres différents, les enfants ont des moyens différents de la préserver de l'action des créanciers: le donataire a la renonciation, ses cohéritiers ont l'acceptation bénéficiaire; deux expédients qui ne sont pas plus outrageants l'un que l'autre pour la mémoire du défunt.

A chacun une position spéciale, à chacun un droit propre.

Ce souvenir de la discussion du Code nous offre, sous un nouvel aspect, la doctrine coutumière qui permettait à un donataire renonçant de retenir sa légitime. C'est un point de vue étroit et incomplet de ne la considérer que relativement à l'enfant qui est en mesure d'ajouter à la rétention de sa réserve celle de la quotité disponible. Si on l'envisage par ce seul côté, il semble qu'elle n'ait été inventée que pour procurer un avantage à un enfant au détriment des autres. Mais que l'on examine ses effets par rapport au grand nombre d'enfants donataires qui par son bienfait et en renonçant prennent leur part de réserve sans rien de plus, et le rôle de cette doctrine dans l'économie du droit des successions et des donations apparaît sous son vrai jour. Elle introduit dans la pratique des affaires une incomparable simplicité. Grâce à elle, il est permis non-seulement à un enfant, mais à deux, à trois, à quatre enfants et plus encore, de renoncer à la succession pour retenir la part de réserve dont l'avance leur a été faite par une donation entre-vifs. Un seul d'entre eux y joint, s'il y a lieu, le disponible qui aurait pu être donné à un étranger. Le disponible ne peut être donné et retenu qu'une fois; mais il y a autant de parts de réserve que d'enfants. Chaque enfant doté retient la sienne en renonçant. Il est vrai que s'il acceptait, il ne la rapporterait que pour la reprendre par le moyen du partage. Mais la rétention est plus avantageuse. Par elle, il est sûr de garder le bien auquel une possession déjà longue a pu l'attacher, la rétention étant indépendante de la condition que les autres biens de la succession soient de la même nature. Par la renonciation et la rétention, l'enfant donataire se tire d'affaire avec les créanciers de la succession bien mieux que par l'expédient d'une acceptation bénéficiaire.

Supposez six enfants sur lesquels cinq ont reçu des dots et

le sixième rien. Si les dots paraissent à peu près égales à ce que ceux qui les ont reçues pourraient retirer d'un partage général, ils renonceront; l'enfant qui n'a rien reçu acceptera seul, et probablement sous bénéfice d'inventaire. Le plaindra-t-on d'être seul chargé de l'administration bénéficiaire? Mais il faut bien qu'il discute et liquide le patrimoine laissé pour savoir s'il a ou s'il n'a pas sa réserve. Tant mieux pour lui s'il trouve plus, il aura tout l'émolument auquel les autres ont renoncé; c'est une heureuse chance qui compense la peine qu'il a d'administrer.

S'il n'a pas sa réserve, il l'obtiendra au moyen de retranchements partiels [1] opérés sur les donations de ses frères et sœurs. L'inconvénient est moindre de ne lui donner qu'une réserve de pièces et de morceaux, que de retirer à tous les autres ce qu'ils possèdent depuis un long temps; cet enfant doit regarder comme un bonheur que sa réserve ait été sauvée de la ruine de la famille, grâce aux donations faites à ses frères et sœurs. N'oublions pas que l'on proposait en ce cas de supprimer l'action en réduction.

Les cours de Caen et de Dijon ont eu à statuer sur de pa-

[1] Le réservataire qui demande la réduction est copropriétaire avec le donataire qui y est soumis. Si le donataire a de l'argent comptant et que le réservataire veuille l'accepter, comme prix de cette copropriété, tout s'arrange facilement. Dans le cas contraire, je voudrais qu'il fût permis de convertir la copropriété du demandeur en réduction en une créance privilégiée par l'acte de liquidation. Il y a là matière à un privilége analogue à celui du vendeur et à celui du copartageant. Le principe que les priviléges sont de droit étroit ne permet guère au seul usage de faire admettre l'un ou l'autre de ces priviléges. Il faudrait une loi. Les tiers-acquéreurs des biens donnés ont le droit de forcer le demandeur en réduction à recevoir de l'argent pour sa réserve (art. 930). Le donataire qui détient encore les biens donnés ne l'a pas, car on n'a pas admis la disposition suivante proposée par le Tribunal de cassation pour venir après l'art. 929: *Si une demande en réduction n'autorisait la revendication que de moins de moitié d'un immeuble donné, le donataire aurait droit de retenir l'immeuble entier en payant la valeur de la portion indisponible.*

reilles espèces ; nous examinerons la valeur de leurs décisions[1].

Le droit, pour chaque enfant donataire qui renonce, de retenir sa réserve, est la pierre angulaire du système que la Cour de cassation a embrassé. C'est là le point essentiel, la clef de toutes les difficultés de la matière. On peut débattre, dans l'intérêt des autres héritiers, si la renonciation de celui qui a reçu plus que sa réserve lui permet de retenir cumulativement cette réserve et le disponible, mais il est mille fois démontré que les créanciers héréditaires n'ont pas le droit de s'en plaindre. Qu'on ne parle donc plus de la prétendue immoralité de cette doctrine à leur égard. Elle n'est immorale ni envers eux ni envers d'autres.

Si elle l'était, il y aurait bien longtemps que l'immoralité régnerait dans nos lois, dans notre jurisprudence, dans les écrits de nos jurisconsultes. Car Beaumanoir atteste que, de son temps déjà, la renonciation d'un enfant, combinée avec un avancement d'hoirie considérable, était le moyen employé pour l'avantager plus que ses frères et sœurs. C'était le seul moyen connu et suivi dans les coutumes de simple égalité, c'est-à-dire dans les quatre cinquièmes des coutumes. Pour comble d'immoralité, dans les coutumes de préciput, ce même moyen fonctionnait concurremment avec le préciput formel, exactement comme l'entend la Cour de cassation sous l'empire du Code Napoléon. Et la même chose avait lieu dans les pays de droit écrit. Je sais que la morale elle-même est progressive. Cependant j'ai peine à croire qu'une chose pratiquée si longtemps comme honnête et utile soit aussi indélicate que le disent les sévères censeurs de la Cour de cassation. Il me fâche particulièrement de penser que le pays de Nivernais, pays de préciput, aurait été si inférieur en moralité à

[1] Voyez ci-après, T. II, n°s 368, 369. Ajoutez-y l'espèce jugée par un arrêt de Toulouse, du 17 août 1821, au n° 335, et celle qu'a jugée la cour de Douai, le 4 juin 1861, n° 380. *in f.*

d'autres pays de France. Les lois auraient bien peu d'influence sur les mœurs, si ce long usage n'avait pas habitué l'opinion publique à voir ces renonciations lucratives sans aucune défaveur. Que dis-je, il ne s'agit pas ici de lois, il s'agit de coutumes, c'est-à-dire des mœurs elles-mêmes, puisque les mœurs sont la substance du droit coutumier. C'est donc la morale coutumière qui a fait notre doctrine. Il faut croire d'après cela qu'il y a peu de vérité et beaucoup de passion dans les reproches d'immoralité qui lui sont adressés. Le malentendu est évident : le Code fait revivre le droit des coutumes d'égalité simple et de préciput ; ses interprètes s'inspirent des idées étroites de la loi du 17 nivôse an II pour l'expliquer. De là tant d'erreurs et de déclamations.

Voilà ma réponse aux considérations morales qu'on oppose à la double rétention du successible renonçant. Il est temps d'apprécier les raisonnements plus ou moins juridiques qui sont produits contre elle.

263. J'ai déjà dit que l'art. 845 a fait naître l'idée d'un système tout nouveau, qui rompt complétement avec les traditions du droit écrit et du droit coutumier.

M. Poriquet, principal auteur de cette invention, commence par affirmer que l'art. 845 n'a pas seulement pour but de permettre au renonçant de retenir le disponible, mais encore de lui défendre de retenir autre chose. Il recherche ensuite pourquoi le Code ne permettrait au renonçant que la rétention du disponible et lui interdirait celle de sa part de réserve. C'est, dit-il, à cause du principe que pour avoir droit à la réserve, il faut être héritier. A l'objection que ce principe était déjà admis par le droit coutumier pour la légitime et que néanmoins ce droit permettait à l'héritier renonçant de retenir sa part légitimaire, l'inventif magistrat répond que cette rétention ne peut plus avoir lieu sous le Code, parce qu'il fait une attribution collective de la réserve à ceux en faveur desquels il l'établit, tandis que le droit coutumier et particulièrement la coutume de Paris faisait une attribution individuelle de la légitime à chaque enfant.

Cette grande innovation résulte de ce que l'article 913 s'est borné à déterminer la quotité disponible, de telle façon que ce qui reste après la déduction de cette quotité forme, sous le nom de réserve, une véritable succession *ab intestat* exclusivement dévolue à ceux qui, en se portant héritiers, acceptent la saisine que leur offre l'art. 724 du Code. Par là M. Poriquet se croit autorisé à appliquer au réservataire qui renonce pour garder une donation, comme à tout autre renonçant, l'art. 785 aux termes duquel l'héritier qui renonce est censé n'avoir jamais été heritier, et l'art. 786 qui dit que la part du renonçant accroît à ses cohéritiers. D'où l'on conclut contre nous qui ne soumettons le successible donataire qu'au rapport de sa part dans la réserve, s'il vient à la succession, et qui l'en dispensons, s'il n'y vient pas, que ce successible, lorsqu'il renonce, est assujetti à la réduction, même pour sa part réservée, laquelle reste confondue dans la réserve entière.

C'est cette construction juridique qu'il s'agit de renverser.

264. Il y a un article ou plutôt il y avait un article souvent cité par nous qui la ruine de fond en comble. C'est l'art. 924 avec son texte primitif qui ne fut changé que par une méprise du Tribunat. Les adversaires de la rétention de la réserve disent que l'art. 845 est restrictif et que l'art. 913 donne au principe : *Non habet legitimam, nisi qui heres est*, plus de portée et de rigueur qu'il n'en avait autrefois. Un système de légitime plus étroit serait né des dispositions du Code. Je suis convaincu qu'il n'en n'est rien par la raison brutale, que toutes les dispositions invoquées à l'appui de ce nouveau système se trouvaient déjà dans les projets du Code à côté de

cet art. 924, destiné à permettre à un successible renonçant de retenir sur la donation, à lui faite, sa part dans les biens non disponibles. L'art. 845 n'avait donc pas l'intention restrictive qu'on lui prête, et l'art. 913 ne changeait donc rien à la nature de la légitime, en déterminant directement la quotité disponible au lieu de déterminer la quotité indisponible. La disparition fortuite et non délibérée de la disposition législative qui devait former l'art. 924, n'a pas pu donner aux autres articles du Code une signification qu'ils n'eurent pas dès l'origine, d'autant plus que la disposition dont il s'agit n'était qu'une déduction logique des art. 843 et 921, qu'implique même encore la rédaction nouvelle de l'art. 924. J'aime cet argument et je m'en sers souvent ; il n'est pas susceptible de grands développements, mais il est fort. C'est un coin qu'on peut enfoncer dans presque tous les raisonnements des adversaires de la rétention de la réserve, une hache avec laquelle on peut mettre en pièces tous leurs discours.

Pour quiconque a le sentiment des traditions juridiques, c'en est assez pour démolir le nouvel édifice de la réserve ultra-collective. Il convient cependant d'examiner de plus près chacune des pièces de cette industrieuse machine.

265. L'art. 845 se présente d'abord comme base de tout le système. Pour nous, c'est une disposition qui a simplement pour objet de permettre à l'héritier renonçant de retenir l'avancement d'hoirie qu'il a reçu jusqu'à concurrence de la portion disponible, mais sans préjudicier à la rétention d'une part de réserve par le même héritier. Aussi son texte n'est-il pas conçu en termes limitatifs ou prohibitifs. Cet article est d'ailleurs très-peu utile, ainsi que nous l'avons déjà fait remarquer, parce que le droit qu'il consacre se serait facilement déduit des art. 843 et 919, suivant lesquels la clause de préciput n'est nécessaire pour retenir la portion disponible

qu'à l'héritier venant à la succession. Mais d'après M. Poriquet et d'après M. Coin-Delisle qui a tourmenté le texte de l'art. 845 plus qu'aucun autre auteur, cet article poserait une limite au droit de rétention du renonçant ; et pour le prouver, malgré l'absence de toute formule restrictive dans la rédaction de l'article, il nous dit en propre termes [1] :

« La locution prépositive *jusqu'à* présente une signification limitative de tout acte qui s'exerce sur le temps, le lieu ou la quantité, et précise le terme où l'acte doit cesser : aller jusqu'à Rome, donner délai jusqu'à Pâques, recevoir jusqu'à concurrence de telle somme, n'ont jamais signifié aller plus loin que Rome, avoir délai au delà de Pâques, recevoir plus que la somme fixée. Pour que jusqu'à, qui par lui-même marque un terme qu'on ne doit pas dépasser, ait un sens limitatif, il n'est donc pas besoin d'ajouter les locutions adverbiales *seulement* ou *ne... que...* Ce serait un pléonasme indigne du style sévère des lois. »

Cela serait très-fort contre nous, si nous soutenions que l'héritier renonçant, donataire en avancement d'hoirie, a droit de cumuler sa réserve et la portion disponible en vertu du seul article 845, et surtout si notre thèse était qu'il peut ajouter la rétention de cette réserve à la rétention du disponible, c'est-à-dire retenir d'abord la portion disponible et ensuite sa part de réserve. Mais nous soutenons que la réserve est retenue par un droit antérieur et supérieur à l'article 845, et nous réfutons la subtile argumentation de M. Coin-Delisle, comme il suit : La préposition *jusqu'à* marque bien le terme où s'arrêtera la rétention de l'héritier renonçant ; mais elle ne nous dit rien du point où elle a commencé ni du premier terme qu'elle a atteint avant de se porter vers cette dernière limite qu'elle ne peut pas dépasser. La part de réserve est déjà retenue par un droit indépendant de l'art. 845, lorsque s'effectue la rétention de la portion disponible. Il a pu dès lors dire que le don serait retenu *jusqu'à* concurrence de cette portion, sans apporter aucun obstacle à la rétention antérieure de ce même don jusqu'à concurrence

[1] *Limite*, n° 200, p. 236.

de la part du renonçant dans la réserve. Sans doute, aller jusqu'à Rome n'a jamais signifié aller plus loin que Rome. Mais aller de Paris à Rome peut très-bien se traduire par aller d'abord jusqu'à Marseille et ensuite jusqu'à Rome. Ainsi des autres exemples de l'auteur. Quant à ce qu'il ajoute, que l'insertion des mots restrictifs *seulement* ou *ne.... que....* pour exprimer la prohibition qu'il y cherche, aurait été un pléonasme indigne du style sévère des lois, je ne puis comprendre en quoi la sévérité de la loi aurait été blessée par l'addition d'un seul mot, très-honnête en soi, qui eût certifié clairement le sens de l'article et épargné de grands labeurs à ses interprètes, à M. Coin-Delisle tout le premier. A ce compte, l'article 844, qui n'a pas évité le prétendu pléonasme, est une disposition ridicule; et aussi l'art. 921.

Un autre écrivain, qui est du même avis que M. Coin-Delisle sur le fond de la question, ne pense pas comme lui qu'une locution restrictive insérée dans l'article 845 eût été aussi inutile pour le sens qu'ils lui prêtent, ni qu'elle eût été indigne de la majesté de la loi, car il nous dit [1] :

« Aux termes *formels* de l'art. 845 le donataire qui renonce à la succession *ne peut retenir que* dans la limite de la quotité disponible. »

Et ailleurs :

« Il *ne* peut retenir ce qui lui a été donné ou légué *que* dans la limite de la quotité disponible; l'art. 845 le dit *formellement.* »

Il faut rappeler ce savant annotateur au texte de la loi. L'art. 845 ne parle pas ainsi.

Revenons à M. Coin-Delisle et suivons-le dans l'examen grammatical auquel il soumet l'art. 845 :

« C'est bien (selon lui) du don tout entier que l'art. 845 dit que *l'héritier renonçant peut LE RETENIR jusqu'à concurrence du disponible*; donc, quand le donataire a retenu le disponible, il n'a plus rien à retenir sur le don [2]. »

[1] M. Mourlon, *Rép. écr.*, II, p. 251 et 273.
[2] *Ibid.*, p. 241, n° 204.

Voilà une critique qui, comme la précédente, n'aurait de la valeur que si la thèse opposée à celle de M. Coin-Delisle était que le donataire peut retenir quelque chose après avoir retenu le disponible. Son argumentation ne porte pas. Sans nul doute quand le donataire en avancement d'hoirie a retenu le disponible, il n'a plus rien à retenir; car c'est avant de retenir le disponible qu'il retient sa réserve.

Il y a dans l'art. 845, toujours suivant le même auteur, un mot qui confirme son interprétation; c'est le mot *cependant :*

« Il n'est pas placé, dit-il, au commencement de l'article et par conséquent ne forme pas liaison avec les art. 843 et 844. Il tombe sur les mots mêmes *peut retenir* et fait opposition aux mots *qui renonce à la succession.* Le lecteur n'a pas oublié qu'au temps de la rédaction du Code, on n'était plus sous l'empire du droit écrit ni des coutumes en fait de succession ou de rapport. La loi régnante était la loi du 17 nivôse an II, modifiée par la loi du 4 germinal an VII; or la législation de nivôse avait placé la réserve dans la succession d'une manière si absolue que l'héritier renonçant était sujet au rapport. Le mot *cependant* a pour objet d'indiquer l'abrogation de cette règle. Malgré sa renonciation à la succession et malgré les lois précédentes sur ce point, l'héritier renonçant pourra néanmoins retenir le don jusqu'à concurrence de la portion disponible. Tel est le sens évident de la loi, et je ne comprends pas que des esprits d'un ordre éminent y attachent un autre sens [1]. »

Il est au contraire très-certain que le rôle du mot *cependant* dans l'art. 845 est de lier cet article à ceux qui le précèdent. Ce vocable ne se trouvait pas dans le projet. Mais un article interposé entre l'art. 844 et l'art. 845 fut éliminé par la section de législation du Conseil d'Etat, et le rapprochement des deux articles lui fit sentir la nécessité de marquer par un mot, plus ou moins digne du style sévère des lois, l'opposition qui existe entre leurs dispositions. Le mot *cependant* signifie donc que, tandis qu'un héritier acceptant ne peut retenir le disponible qu'autant qu'il lui a été donné par préciput, un héritier renonçant peut le retenir, grâce à la renonciation, encore

[1] *Ibid.*, p. 242, n° 205. Comp. n° 78, p. 94.

que le don par lui reçu ait eu lieu sans dispense de rapport. Cette signification est plus naturelle que la signification indiquée par M. Coin-Delisle, qui veut que le mot *cependant* fasse opposition à la circonstance de la renonciation de l'héritier. Il est plus conforme à l'usage grammatical, qui a donné à ce mot la valeur d'une conjonction adversative, de lier par son moyen deux propositions différentes que de l'employer à marquer l'opposition entre deux termes d'une même proposition. Je paraphrase l'article ainsi qu'il suit : Quoiqu'une clause de préciput soit nécessaire à l'héritier qui vient à partage pour prélever la quotité disponible, l'héritier qui renonce à la succession peut retenir le don entre-vifs ou réclamer le legs à lui fait jusqu'à concurrence de cette quotité, quel que soit le titre de la disposition.

Ce n'est pas que l'art. 845 n'ait eu pour objet, comme le dit M. Coin-Delisle, d'abroger les dispositions haineuses de la loi du 17 nivôse an II qui, à l'exemple des coutumes d'égalité parfaite, assujettissait au rapport même l'héritier renonçant. L'auteur était là sur le chemin de la vérité. Mais ses préventions contre les enfants donataires l'en ont détourné. Oui, la loi de nivôse contraignait le renonçant au rapport. Mais, est-ce bien, comme l'insinue M. Coin-Delisle, parce qu'elle aurait placé la réserve d'une manière absolue dans la succession ? Nullement; car, ce qu'elle l'oblige à rapporter, ce n'est pas sa part de réserve, mais la portion disponible. La raison pour laquelle elle veut ce rapport est uniquement son amour de l'égalité entre les enfants. Or, la rétention que fait un héritier renonçant de sa part héréditaire ne détruit pas cette égalité; aussi la loi de nivôse l'admettait-elle, ainsi que M. Coin-Delisle est tout près de le reconnaître dans une autre partie de sa dissertation [1]. Mais pour accorder au renonçant la rétention d'une part de réserve, il faut bien que la loi de

[1] *Limite*, nos 63 et 71 combinés. Comp. ce que nous avons dit plus haut, no 126, p. 226-32.

nivôse n'ait pas placé la réserve exclusivement dans le seul titre d'héritier. Tout cela est très-bien lié ; il était logique dans le système d'une loi, qui voulait imiter les coutumes d'égalité, de permettre la rétention de la réserve et de défendre celle de la portion disponible. Qu'a fait le Code ? Il a permis la rétention de la portion disponible qui était défendue et n'a pas prohibé la rétention de la réserve qui était déjà permise. Le Code a voulu donner quelque chose de plus au renonçant, et non le forcer à un échange de sa part de réserve contre la portion disponible. L'art. 845 n'a pas cet esprit d'avarice que lui prête M. Coin-Delisle avec tous ceux de la même opinion.

La première rédaction de l'art. 845 contenait une phrase incidente qui ne se trouve plus dans la rédaction définitive : « L'héritier présomptif qui renonce à la succession, disait le » projet, peut retenir le don entre-vifs ou réclamer le legs » à lui fait, *ainsi qu'un étranger pourrait le faire*, jusqu'à » concurrence de la portion disponible. » Les mots soulignés ont disparu sans qu'on sache pourquoi. Là-dessus M. Coin-Delisle donne à entendre que si ces mots avaient été maintenus dans le contexte de l'art. 845, la question serait tranchée dans le sens d'une rétention expressément limitée à la portion disponible, et puis il s'efforce de prouver que leur suppression n'altère en rien la signification de l'article. S'ils n'ont pas été conservés, c'est, suivant lui, qu'il n'y a pas le moindre doute que le successible légataire ne peut pas réclamer plus que la portion disponible ; ce qui rendait inutile de dire qu'il était assimilé à un étranger pour la réclamation de cette quotité. Mais comme l'article met l'héritier donataire sur la même ligne que l'héritier légataire, ces expressions devenaient également inutiles à son égard, d'où M. Coin-Delisle conclut qu'elles devaient être retranchées comme parasites et indignes de la majesté des lois [1].

[1] *Limite*, etc., n°s 78, 202, 203, 222.

Premièrement, je n'accorde pas à M. Coin-Delisle que le successible qui renonce pour se tenir à un legs n'ait pas droit à la perception de sa part de réserve. Je crois au contraire qu'il y a droit comme le donataire renonçant, et je le prouverai.

Deuxièmement, je nie que le maintien des mots en question dans l'art. 845 eût eu pour résultat de faire rejeter péremptoirement la rétention de sa part réservée par un successible renonçant. Ils exprimeraient, suivant moi, que l'article n'entend parler (ce qui est encore vrai) que de la quotité disponible ordinaire, quotité devant laquelle un héritier donataire qui renonce est l'égal d'un donataire étranger; mais ils ne signifieraient pas que cet héritier renonçant ne peut pas avoir, en vertu d'autres dispositions, le droit de retenir sa part de réserve avant d'en venir à la quotité disponible. Est-ce que cette rédaction primitive de l'art. 845 ne se conciliait pas dans le projet de l'an VIII avec la rédaction primitive de l'article 924 permettant formellement la rétention de la réserve? Est-ce que le jurisconsulte Ricard, qui admettait parfaitement le cumul des deux rétentions, ne disait pas que le renonçant retient sa part de légitime *en qualité d'enfant* et la portion disponible, *comme étranger* [1]? Et notez que Ricard accorde au donataire testamentaire les mêmes avantages qu'au donataire entre-vifs. Là nous paraît être la source de l'art. 845 et de sa première rédaction. Pourquoi donc a-t-on retranché les mots : *ainsi qu'un étranger pourrait le faire?* Sans doute, pour prévenir les fausses interprétations. Je remarquerai cependant qu'ils n'auraient pas été tout à fait inutiles contre l'idée singulière qu'a eue Marcadé d'enseigner que notre renonçant ne retiendra le disponible qu'après tous les préciputaires et donataires étrangers, même postérieurs à lui. Heureusement il

[1] Voyez le passage tout entier, p. 171, *supra*.

reste dans le Code de quoi réfuter et confondre cette exagération incroyable de la haine qu'ont vouée les interprètes du Code aux enfants donataires renonçants.

Le résumé de la pensée de M. Coin-Delisle sur la question, c'est que si un article spécial n'avait pas permis une certaine rétention au donataire en avancement d'hoirie qui renonce, il ne pourrait rien retenir. L'art. 845 lui permet la rétention du disponible. On ne doit rien y ajouter[1]. Mais l'art. 843 fait justice de cette affirmation. Qu'on supprime l'art. 845, et par la vertu du seul art. 843 qui ne soumet au rapport que l'héritier *venant à la succession*, le renonçant sera encore autorisé à retenir toute la partie de la donation seulement rapportable, c'est-à dire sa réserve et la portion disponible. Quoi qu'en dise M. Coin-Delisle, c'est en vertu de textes coutumiers tout semblables à l'art. 843 que se faisait autrefois la double rétention.

266. Tandis que les adversaires du cumul de la réserve et de la portion disponible font dire à l'art. 845 autre chose que ce qu'il dit, certains jurisconsultes, partisans comme nous de ce cumul, font signifier au même article bien plus qu'il ne signifie réellement. A les en croire, l'art. 845 établirait à lui tout seul le droit pour l'enfant donataire qui renonce de retenir et la réserve et la portion disponible, la portion disponible à l'égard d'un enfant devant s'entendre de sa part de réserve avec ce qui aurait pu être donné à un étranger. De telle sorte qu'il y aurait dans le Code Napoléon deux espèces de portions disponibles, une portion disponible ordinaire à l'usage des étrangers et une portion disponible extraordinaire à l'usage des enfants. C'est de la portion disponible propre aux héritiers que l'art. 845 aurait voulu parler. On trouve la première idée de ces deux portions disponibles dans la con-

[1] *Limite*, etc., nos 198, 199.

sultation par laquelle Proudhon combattit le faux principe qui devait triompher dans l'arrêt Laroque de Mons. Elle a passé de là dans les conclusions de M. l'avocat-général Chalret-Durieu, lors de l'arrêt de Toulouse, du 7 août 1820, et dans l'arrêt lui-même, ainsi que dans un autre arrêt de Toulouse, du 16 juillet 1829, rendu sous la présidence du même magistrat, et dans la plupart des récentes décisions de la Cour de cassation, telles que l'arrêt *Lecesne* du 21 juillet 1846 et l'arrêt *Vien* du 21 juin 1848. M. Gab. Demante en a fait une théorie[1], théorie inexacte, qui ne peut que nuire à la bonne cause du cumul, tout en prétendant la servir. Comme elle est très-facile à réfuter, les auteurs opposés au cumul l'ont attaquée avec ardeur[2], heureux de paraître avoir raison sur le fond même de la question, quand ils n'ont raison que contre un argument perdu qu'il convient d'abandonner. Les mauvais motifs des arrêts ont fait tomber ces auteurs dans le sophisme de prouver autre chose que ce qu'il eût fallu prouver, et M. Demante les y rejette malheureusement.

Ainsi, pour les auteurs contraires au cumul, l'art. 845 prohibe la rétention de la réserve ; pour la plupart de ceux qui veulent le cumul, l'art. 845 consacre cette rétention ; pour nous qui voulons le cumul aussi, l'art. 845 ne défend ni ne permet la rétention de la réserve ; mais il est d'autres dispositions qui en consacrent le droit. Notre opinion a le suffrage de M. Troplong qui dit[3] :

« Il est évident que le don, en tant qu'il porte sur la portion disponible, ne saurait l'excéder. C'est là ce qu'a voulu dire l'art. 845. Mais il ne s'explique pas sur la question de savoir, si à la portion disponible l'enfant renonçant peut joindre, en la retenant, la légitime dont il est saisi. »

[1] *Revue critique de jurisprudence*, T. II, p. 93 et suiv.

[2] Marcadé, *sur art. 919*; M. Pont, *Rev. de lég.*, 1843, p. 446; M. Ginoulhiac, *Rev. de droit français et étr.*, 1846, p. 454; M. Coin-Delisle, *Limite*, n° 206 et suiv.

[3] *Des Don. et Testaments*, T. II, n° 793.

Voyons les raisons de ceux qui prétendent que l'art. 845 a compris la part réservée du renonçant sous le nom de portion disponible.

M. Chalret disait devant la Cour de Toulouse [1] :

« La quotité disponible d'un père envers un étranger est tout son patrimoine, moins la part réservée à ses enfants ; et celle d'un père en faveur d'un de ses enfants est tout le patrimoine, moins la réserve compétant à chacun des autres enfants, c'est-à-dire toute la quote qui était disponible envers un étranger, et de plus la part de réserve que la loi assignait à cet enfant donataire... Telle est l'explication que l'on doit donner de cet art. 845, explication vraie, naturelle et juste dans son principe et ses conséquences. »

D'autres raisons meilleures qu'on peut voir plus haut, p. 492, furent alléguées par ce magistrat.

M. Gab. Demante met en parallèle l'art. 307 de la coutume de Paris et l'art. 845 du Code Napoléon, et puis il déclare qu'il lui est impossible de voir entre les deux rédactions le principe d'aucune différence doctrinale. Après quoi il ajoute :

« J'accorde parfaitement que dans l'art. 845, comme dans l'art. 844, cette locution : *jusqu'à* concurrence de la portion disponible, doit s'entendre identiquement dans le même sens ; mais la question n'est pas encore tranchée par là. En effet, logiquement, les règles qui limitent la faculté de disposer ne se peuvent concevoir que des dispositions faites au préjudice des enfants ; d'autre part, en fait, il en était ainsi dans l'ancien droit, le disponible, c'était tout ce qui n'entamait pas la légitime des enfants, et là, nous l'avons vu, l'enfant donataire, en renonçant, pouvait avoir plus qu'un étranger, parce que la disposition qui l'avantageait n'avait, à l'égard des autres, rien d'inofficieux Cette interprétation peut donc encore être admise aujourd'hui aussi bien pour l'art. 844 que pour l'art. 845.

On peut conclure que les rédacteurs du Code, traitant par anticipation, dans la section du rapport, plusieurs points étrangers à leur sujet, n'ont pas parfaitement précisé le sens des mots *quotité disponible*, qu'ils les prennent dans le sens large de l'ancien droit, et se contentent, pour le moment, de proclamer que la quotité disponible ne pourra être dépassée ; en d'autres termes, que la réserve de chaque enfant ne pourra être entamée. »

Je goûte beaucoup l'autorité de l'ancien droit invoquée

[1] Sirey, nouv. coll., 6, 2, 305.

par M. Demante en faveur de la double rétention, ainsi que l'idée de ne point rétorquer contre un enfant la défense faite par la loi de disposer à son préjudice. Ce qui me plaît moins, c'est la manière dont il veut loger tout cela dans l'art. 845.

Croyons (ne pas croire serait injurieux) que les rédacteurs du Code, lorsqu'ils écrivaient le titre des *Successions*, étaient parfaitement fixés sur le sens qu'ils voulaient attacher aux mots *quotité disponible*. Pour l'art. 844, M. Demante ne parviendra jamais à prouver que la quotité disponible à concurrence de laquelle peut être retenu le don par préciput fait à un héritier qui vient à la succession, comprenne le disponible ordinaire et de plus, sa part de réserve. Car d'abord, un préciputaire acceptant n'a de droit absolu de rétention qu'à l'égard de la quotité disponible. L'art. 844 ne peut donc pas parler d'autre chose dans la partie de son texte qui permet une rétention sans condition. Ensuite ce préciputaire doit le rapport de sa réserve. L'art. 844 suppose donc qu'elle se trouve dans l'excédant qu'il dit être sujet à rapport. Voilà deux preuves pour une. La part de réserve du préciputaire acceptant n'est certainement pas dans la quotité disponible, et elle est certainement dans l'excédant du don sur cette quotité. Maintenant, si la quotité disponible de l'art. 844 n'est pas autre que les diverses quotités fixées par les art. 913 et 915, la portion disponible de l'art. 845 ne peut pas non plus être autre chose. L'art. 919 n'est pas conçu autrement que l'art. 844, quoiqu'alors le législateur fût assurément fixé sur la signification des noms de *quotité disponible* et de *portion disponible*. Il n'y a pas de différence à établir entre quotité disponible et portion disponible. Ces noms sont synonymes dans le vocabulaire du Code [1]. La portion disponible désignée par l'art. 845, c'est un tiers, s'il y a deux enfants; un quart,

[1] Voy. art. 844, 845, 917, 918, 919, 920, 922, 926, 928, et la rubrique placée en tête de l'art. 913 et suivants.

s'il y en a trois ou un plus grand nombre. Cet article autorise la rétention de la portion disponible par un héritier renonçant, exactement dans la limite de ce qui pourrait être retenu par un étranger donataire. C'est ce qu'on avait exprimé dans la rédaction primitive, par les mots, *ainsi qu'un étranger pourrait le faire*, dont il faut se souvenir pour mesurer l'étendue de la portion disponible dont parle l'article. Pourquoi les rédacteurs auraient-ils attaché un sens aussi forcé à ce terme technique de *portion disponible*, alors qu'une disposition expresse du projet, l'art. 924, avait la fonction spéciale d'autoriser le donataire renonçant à retenir sa part réservée? En présence de cette disposition, l'art. 845 pouvait sans inconvénient se borner à lui permettre la rétention de la portion disponible. C'est ce qu'il a fait en des termes parfaitement définis. Tenons donc pour certain que le Code n'a pas entendu parler au titre des *Successions* d'une quotité disponible autre que celle qu'il a réglée au titre des *Donations* et que la quotité disponible est une pour les enfants comme pour les étrangers.

L'art. 845 du Code civil ne peut pas dès lors être considéré comme la contre-partie pure et simple de l'art. 307 de la coutume de Paris. Celui-ci, en ne réservant aux cohéritiers de l'enfant donataire qui s'abstient que leurs légitimes personnelles, l'autorise implicitement à retenir et sa légitime et ce qui aurait pu être donné à un étranger. Celui-là attribue explicitement au renonçant le droit de retenir ce qui aurait pu être donné à un étranger, mais sans rien statuer quant à sa part de l'hérédité réservée ; il est moins large que l'autre. Ce n'est pas à dire qu'un enfant donataire, qui s'abstient ou qui renonce (c'est tout un), n'ait pas sous le Code le droit de retenir autant que sous la coutume de Paris. Il a ce droit ; les principes ne sont point changés, leur expression seule a été un peu modifiée. C'est ce que je vais essayer de démêler.

Les coutumes, en empruntant la légitime au droit écrit, déterminèrent comme lui la part réservée aux enfants et non la part laissée à la disposition du père de famille. Au fond, la légitime et le disponible étant les deux parties d'un même tout, cela équivalait bien à une fixation de la part disponible ; car, déterminer la portion réservée comme légitime, c'est virtuellement déterminer la portion disponible, et réciproquement. Cela avait cependant ses conséquences dans le style coutumier. Les libéralités avaient-elles été faites à un étranger, il allait de soi qu'il ne pouvait prétendre à aucune partie de la légitime, mais seulement à ce qui restait, déduction faite de la légitime entière. Les libéralités étaient-elles en faveur d'un enfant, leur effet dépendait du parti qu'il prenait sur la succession. S'il y venait, il devait le rapport en vertu du principe d'égalité entre héritiers : car, en ligne directe, aucun ne pouvait être héritier et légataire ou donataire d'un défunt ensemble. (art. 300 et 301 de la coutume de Paris combinés). S'il s'abstenait de la succession sous l'empire d'une coutume d'égalité simple, telle que celle de Paris, il s'affranchissait de l'obligation du rapport, jusqu'à concurrence de tout ce qui n'était pas nécessaire pour former les parts légitimaires de ses frères et sœurs, c'est-à-dire jusqu'à concurrence de ce qu'un étranger aurait obtenu avec sa propre légitime en plus. C'est ce qui s'exprimait brièvement en disant qu'il suffisait que la légitime fût réservée aux autres (art. 307, Paris). On ne distingue pas les deux éléments dont se compose la belle part que retient l'enfant renonçant, quoiqu'en réalité elle soit formée de deux éléments très-différents, qui sont, à Paris, par exemple, la moitié disponible en faveur d'un étranger et une part virile dans la légitime. Les dispositions des coutumes sont toutes conçues en vue de la légitime ; aucune ne parle du disponible, qui est seulement sous-entendu. C'est le langage que reproduisent les jurisconsultes dans leurs Traités et leurs commentaires.

Le Code Napoléon est rédigé autrement. Il a réglé directement la quotité disponible, et seulement par voie de conséquence la quotité indisponible, légitime ou réserve. Ses articles parlent autant de la quotité disponible que de la réserve; ils distinguent le disponible aussi nettement à l'égard des enfants qu'à l'égard des étrangers. Par là il devient possible, mais non indispensable, de spécifier distinctement chacun des éléments, dont l'esprit libéral de la loi et la volonté bienveillante du père de famille permettent la rétention au successible qui renonce. Le Code a essayé d'établir le droit du renonçant sous cette forme nouvelle plus analytique que celle dont se servaient les coutumes; mais il a en partie échoué. L'art. 845 dit bien que le renonçant peut retenir la portion disponible; mais l'article 924, destiné à dire que le même renonçant peut aussi et à meilleur titre retenir sa part des biens indisponibles, a été détourné de cette signification par une imprudente correction. Ce n'est pas une raison de prétendre que la part de réserve du renonçant soit contenue dans la portion disponible que l'art. 845 lui permet de retenir. L'équivoque n'est pas possible; lorsque le Code nomme la portion ou la quotité disponible, il entend parler de la quotité qu'il a fixée par les art. 913 et 915. L'art. 924 manque et l'art. 845 ne peut pas le suppléer. Mais il n'en faut rien conclure contre le droit de retenir la part de réserve, qui est un droit bien plus sacré que celui de retenir la portion disponible. D'autres articles existent. Le Code n'a pas tellement dépouillé les formes coutumières, qu'il ne contienne encore nombre de dispositions qui permettent d'établir le droit de retenir la réserve, à la façon des coutumes, c'est-à-dire conjointement avec le droit de retenir le disponible.

L'art. 843, dont la première partie se lit dans plus de vingt coutumes anciennes, en fournit une preuve que nous avons déjà développée. Il oblige au rapport l'héritier *venant à la succession*. Eh bien, cherchez ce que devrait rapporter un héritier à réserve, donataire par avancement d'hoirie, en venant à la succession ; vous connaîtrez par là même ce qu'il pourra ne pas rapporter, en n'y venant pas. Acceptant la succession, il devrait le rapport et seulement le rapport de sa donation dans la mesure de la quotité disponible et de sa réserve ; c'est ce qu'il peut retenir, s'il renonce.

L'art. 921 apporte une seconde preuve qui vérifie l'induction tirée de l'art. 843. Disposition organique de l'action en réduction pour la sanction du droit de réserve, l'art. 921 ne s'est pas mis en peine de séparer rigoureusement la portion disponible de la réserve, il ne s'occupe que des réserves à sauver. En un mot, il prend la question exactement par le même côté que les coutumes et il se sert de leur langage.

Or, il n'accorde l'action en réduction *qu'à ceux au profit desquels la loi fait la réserve*. Par quoi il faut entendre que chaque réservataire n'a l'action que pour sa part dans la réserve, comme cela fut expliqué dans la discussion, et conformément au principe que l'intérêt est la mesure des actions. Mais si chaque réservataire, agissant en réduction contre un coréservataire qui renonce à la succession pour s'en tenir à une libéralité, ne peut lui enlever que sa réserve propre, à lui demandeur, combien va-t-il rester à ce renonçant ? Il va lui rester un émolument relativement égal à celui qui restait au légitimaire de la coutume de Paris, s'abstenant de l'hérédité paternelle pour garder une donation,

L'art. 921 du Code ne distingue et ne détaille pas plus que l'art. 307 de la coutume les deux éléments dont se composera la valeur retenue par le renonçant ; mais il n'est pas malaisé de voir qu'elle comprendra sa part dans la réserve et tout ce qui aurait pu être donné à un étranger. L'art. 921 est la mise en action des derniers mots de l'art. 307 : *la lé-*

gitime réservée aux autres. C'est cet art. 921, et non l'art. 845, qui tient dans le Code Napoléon, la place de l'art. 307 de l'ancienne coutume. L'art. 845, réuni à l'art. 924, si celui-ci ne s'était pas perdu au Tribunat, aurait été l'équivalent, sous une forme nouvelle et plus explicite, de cet art. 307; mais à lui seul il n'en fait que la moitié. Effacez-le du Code, comme son auxiliaire, l'art. 924, le droit ne sera pas changé; l'art. 921 est une consécration implicite, mais suffisante de la rétention cumulative de la réserve et du disponible. L'article 845 et l'art. 924 projeté disaient ce que le renonçant pourrait retenir; l'art. 921 dit ce que les autres réservataires peuvent lui enlever, laissant à l'interprète le soin de calculer ce qui sera retenu.

Telles sont mes raisons de repousser la théorie des deux quotités disponibles. Il me répugne, d'ailleurs, de faire entrer la réserve des enfants dans le disponible du père de famille. Sans doute il peut la leur donner par anticipation, à peu près comme un débiteur peut payer avant l'échéance. Mais on ne peut voir là le libre exercice de la faculté de donner. Il n'y a de disponible que ce que le père de famille peut donner ou ne donner pas. Or, il ne peut pas donner la réserve d'un enfant à un autre qu'à lui, et s'il ne la lui a pas donnée, cet enfant a le droit de la réclamer. L'art. 845 manquerait d'exactitude juridique, s'il sous-entendait la réserve du renonçant dans la portion disponible.

Il y a plus d'un inconvénient à n'appuyer le droit de cumul que sur cet article, en confondant la réserve et le disponible sous la seule appellation de portion disponible.

D'abord, cette explication peut porter à penser qu'il ne serait pas permis à un renonçant de retenir sa réserve séparément du disponible. Et ce serait une grave erreur. Tout enfant qui renonce, pour s'en tenir à un avancement d'hoirie, a droit de retenir sa réserve, avec ou sans disponible. On admet facilement ce point essentiel, si l'on place le principe de la rétention de la réserve dans les art. 843 et 921. Mais si l'art. 845 est la base du droit de retenir la réserve sous le nom de portion disponible, on ne pourra permettre cette rétention à chaque enfant donataire renonçant, qu'en imaginant autant de portions disponibles qu'il y aura de ces enfants, et en imaginant pour l'un d'eux une portion disponible composée de sa réserve et de ce qui aurait pu être donné à un étranger, tandis que les portions disponibles des autres seront bornées à leurs réserves personnelles. Voilà bien des portions disponibles à faire entrer dans l'art. 845 qui n'a parlé que d'une seule. Il y aurait, tout compte fait, dans le Code, non pas deux, mais trois quotités disponibles pouvant être données ensemble ou séparément par le même père de famille : la quotité disponible ordinaire, la quotité disponible de l'enfant apte à recueillir cette quotité et sa part de réserve, et la quotité disponible de l'enfant réduit à sa réserve. C'est une confusion de mots et d'idées qui ne laisserait aucune place à la science.

L'interprétation que je critique amène un autre résultat fâcheux. En enveloppant la réserve du renonçant dans la portion disponible que l'art. 845 l'autorise à retenir, on prête des armes à l'absurde système de transaction qui consiste à dire que le renonçant ne peut pas retenir plus que la portion disponible, mais que sa réserve est contenue dans ce qu'il retient. L'art. 845, selon les partisans de cette idée, poserait la limite du droit de rétention, sans spécifier l'objet ou la matière de la rétention ; il se ferait une compensation de la part héréditaire du renonçant avec la portion disponible jusqu'à concurrence de celle-ci. M. Gab. Demante est très-éloigné de partager cette erreur, et je l'en félicite. Mais il a tort de s'enlever le meilleur moyen de la réfuter, en mettant la réserve du renonçant dans la portion disponible.

L'art. 845, avec les dispositions circonvoisines, est suffisamment expliqué. Apprécions maintenant le système tout neuf dont il a été l'occasion.

267. Pour justifier théoriquement le refus à l'enfant donataire du droit de retenir sa réserve en ne venant pas à la succession, on pose comme principe absolu que la réserve n'est que la succession *ab intestat* diminuée, et que les réservataires ne peuvent y prendre part qu'en qualité d'héritiers, c'est-à-dire en se portant héritiers, en acceptant la succession. Le renonçant y perd tout droit. Le mot de Dumoulin, *non habet legitimam nisi qui heres est* [1], est la devise de cette opinion.

Ses partisans remarquent que les art. 913 et 915 font de la réserve la succession *ab intestat*, parce qu'au lieu d'attribuer une certaine portion des biens du défunt à ceux qu'ils veulent investir de la réserve, ils se contentent de limiter la quotité laissée à sa libre disposition. Cette rédaction est commentée de la manière suivante : Si une personne n'ayant pas d'héritiers à réserve borne, par sa propre volonté, ses libéralités à une certaine partie de ses biens, elle laisse une succession pour ses héritiers légitimes, succession qu'ils ne peuvent recueillir sans l'accepter. Il en est de même de celui que la nécessité légale résultant de la réserve empêche de disposer de tous ses biens ; ce qu'il n'a pu donner forme sa succession *ab intestat*, offerte par la loi à certains héritiers, s'ils veulent l'accepter. Déchu de son droit de succession ou de réserve (c'est la même chose), l'héritier qui renonce pour s'en tenir à une donation, ne peut retenir que la portion disponible (art. 845). Il est censé n'avoir jamais été héritier, et la part de succession réservée que la loi lui destinait, accroît à ses cohéritiers qui ont accepté (art. 785, 786).

[1] Epigraphe du livre de M. Beautemps-Beaupré sur la *Portion disponible.*

Cette organisation de la réserve, ajoute-t-on, est en harmonie avec la prééminence accordée par la loi française aux héritiers du sang sur ceux qui ne tiennent leurs droits que de la volonté de l'homme. Partout le Code suppose l'identité de la réserve qu'il établit et de la succession *ab intestat ;* il ne sépare jamais le droit à la réserve du titre d'héritier. Ainsi, dans l'art. 914, *succession* est synonyme de réserve. L'article 915 ne permet aux ascendants de recueillir les *biens réservés* à leur profit que *dans l'ordre où la loi les appelle à succéder*. La réserve est désignée dans l'art. 1049 par l'expression significative *de biens réservés par la loi dans la succession.* Les art. 917, 1004, 1006, 1009 et 1011 donnent à ceux qu'on appelait autrefois *légitimaires* le nom d'*héritiers au profit desquels la loi fait la réserve*, ou d'*héritiers auxquels une quotité des biens est réservée par la loi.*

Lorsque cette périphrase n'est pas employée par le législateur, c'est toujours le nom d'*héritiers* qu'il leur applique, comme dans les art. 922, 930 et 1013. Parmi ces dispositions, il en est une, l'art. 1004, qui met la théorie en pleine lumière ; cet article confère aux héritiers qui ont droit de réserve la saisine des biens du défunt, même lorsqu'il a fait un legs universel. S'il leur offre cette saisine, c'est pour qu'ils l'acceptent. Ils peuvent sans doute user de la liberté de ne pas accepter, mais à condition de perdre leur droit dans la succession réservée.

Voilà par quels raisonnements et à l'aide de quels textes, la plupart des auteurs, qui ont écrit sur ce sujet[1], s'efforcent d'établir que hors de la succession il n'y a point de réserve

[1] Voir Marcadé, III, p. 485, 499, 555; MM. Lagrange, *Revue de Droit français*, 1844, p. 109-130; Ginouilhac, même *Revue*, 1846, p. 441 et suivantes; Coin-Delisle, *Limite*, p. 186 et suivantes; Bugnet sur *Pothier*, VIII, p. 420 et 421 ; Beautemps-Beaupré, *Portion disponible*, n° 122 à 126; Vernet, *Quotité disponible*, p. 337 et suivantes.

et qu'il faut être et se porter héritier pour y avoir droit.

J'arrête provisoirement à ces termes l'argument tiré, contre la doctrine qui est la mienne, de l'identité de la réserve avec la succession, quoique je sache bien qu'on y ajoute quelque chose de plus (la qualité d'être collective). La réfutation ne manquera pas aux autres raisons imaginées pour le fortifier; mais il faut d'abord le combattre dans ce qu'il a de plus plausible. Or, la partie un peu plausible de l'argument est ce qui précède.

Je ne nie pas que la réserve ne soit sous le Code Napoléon la même chose que la succession légitime. Ce que je conteste, c'est qu'il en faille conclure l'impossibilité pour un héritier renonçant de retenir sa part de cette succession à titre de donataire.

Est-ce que le droit coutumier, duquel procède le Code civil en cette matière, n'avait pas aussi pour principe que la légitime forme la succession et se prend en qualité d'héritier? Est-ce qu'il ne donnait pas la saisine de cette hérédité réservée aux légitimaires? Est-ce que par hasard il ignorait la règle qu'un héritier renonçant cesse d'être héritier et que sa part accroît à ses cohéritiers? Tout cela était de droit trivial pour nos pères. Et cependant ils admettaient le droit des enfants renonçants de retenir leur légitime. L'acceptation de la succession était imposée à celui qui voulait réclamer sa légitime par voie d'action, et non à celui qui était en mesure de la retenir par voie d'exception. Les anciens auteurs n'ont qu'une voix là-dessus. Que Pothier parle pour tous :

« La légitime étant une portion que les père et mère doivent dans leur succession à leurs enfants, et conséquemment la demande de la légitime étant une espèce de *petitio hereditatis*, plusieurs auteurs en ont tiré cette conséquence, que pour la demander par voie d'action, il faut être héritier, au moins sous bénéfice d'inventaire. Mais tous conviennent qu'on peut la retenir par voie d'exception, quoiqu'on ait renoncé à la succession [1]. »

[1] Passage déjà cité avec ceux de beaucoup d'autres auteurs, p. 171 ci-dessus.

Pourquoi en serait-il autrement sous le Code? A mêmes textes, même interprétation. A même principe, même limitation.

Cette réponse devrait suffire. Mais les auteurs modernes objectent qu'ils ne comprennent pas l'exception apportée au principe dont il s'agit, et ils la rejettent. Ne pas comprendre n'autorise pas à nier. Mais puisque le cas est si difficile, nous allons essayer encore une fois d'éclaircir ce mystère juridique.

Il est bien vrai que la légitime ou la réserve, en tant qu'elle se trouve dans les biens laissés par le *de cujus* à son décès, ne peut être recueillie qu'à titre d'héritier et à la condition de se porter héritier. La réserve ainsi composée est identique avec la succession *ab intestat*; il faut être et se porter héritier pour y prétendre comme pour prétendre à toute autre succession. C'est ce que prouvent les dispositions que l'on allègue. Les art. 1004, 1009, 1011 et 1013 ne font pas autre chose que régler les rapports des héritiers à réserve avec les légataires universels ou à titre universel quant aux biens et aux dettes de la succession. Il ne peut pas être question de biens autres que les biens existants lorsqu'il s'agit de délivrance de legs ou d'acquittement de dettes.

Si les biens laissés au décès ne suffisent pas pour remplir les réserves, ceux qui y ont droit les cherchent dans les biens donnés entre-vifs, au moyen de la réduction, et cela même contre un coresérvataire. Voilà un élément nouveau dont peut se composer la réserve et qu'on ne trouve pas dans les autres successions. Se recueille-t-il par voie de saisine héréditaire? Les réservataires qui ont accepté la succession et qui réclament leur réserve sur des biens possédés à titre de donation par un autre réservataire qui a renoncé, ont-ils le droit d'enlever à celui-ci sa part dans la succession réservée? Peut-on lui opposer, à lui donataire de sa réserve, qu'il aurait dû se porter héritier pour la conserver? Telle est la question.

La disposition finale de l'art. 921, qui refuse aux créanciers héréditaires le profit de la réduction, a forcé les auteurs à approfondir la nature intime du droit en vertu duquel elle s'exerce. Qu'ont-ils découvert? Que le droit d'agir en réduction ne résulte que *médiatement* du titre d'héritier, et que son principe se trouve *dans une attribution directe de la loi*; que le fait de l'acceptation de la succession est bien *la condition de ce droit*, mais que *la loi en est la cause efficiente* [1]. C'est dire, comme Maleville dans la discussion de l'art. 921, que l'action en réduction est attachée à la qualité d'enfant (ou d'ascendant), quoiqu'elle ne puisse être exercée que par celui qui s'est porté héritier. Elle est un don spécial que la loi fait à certains héritiers et non à tous; elle n'est pas une action héréditaire, et les biens retranchés par son moyen ne deviennent pas des biens héréditaires. C'est Pothier qui le proclame en maint endroit : le droit d'obtenir le retranchement, dit-il en substance, dépend de l'acceptation de la succession, mais ce n'est pas un droit transmis par le défunt, le défunt ne l'a jamais eu; l'héritier le tient de la loi; les choses retranchées ne font pas partie de la succession.... Pothier a raison, car si les biens retranchés sur les donations entre-vifs étaient de la succession, les créanciers de la succession auraient prise sur eux.

M. Coin-Delisle nous dit au contraire [2] que les biens retranchés *doivent être considérés comme biens du défunt*, parce que la donation réductible serait affectée d'une condition résolutoire dont l'accomplissement avec effet rétroactif *replacerait les biens aux mains du donateur au jour même du contrat*, et il en conclut que les réservataires qui agissent en réduction ont la saisine de ces biens, en vertu de l'art. 724 du Code

[1] Marcadé, sur art. 921, nos 3 et 4, et *Revue critique de jurisp.*, T. I, p. 268 et suiv.

[2] *Limite*, etc., n° 148, p. 193, et encore ailleurs.

Napoléon. Cette doctrine que repoussent les traditions de la science, est profondément illogique. Car, si la résolution de la donation qui s'opère par l'effet de la réduction a lieu au profit du donateur, de telle sorte que les légitimaires soient censés recevoir de lui les biens retranchés, ils ne peuvent les obtenir que grevés de la charge de ses dettes. Cette conséquence est invincible. Et si les légitimaires sont saisis de ces mêmes biens, ce ne peut être que sous l'obligation d'acquitter avec eux toutes les charges de la succession. Ainsi le voudrait l'art. 724, suivant lequel l'obligation de payer les dettes est corrélative à la saisine. Cependant il n'en est rien ; l'art. 921 déclare que les créanciers du défunt ne peuvent pas demander la réduction, ni en profiter. Aussi l'art. 724 ne donne-t-il aux héritiers en général que la saisine des *biens*, *droits et actions du défunt*, et l'art. 1004 suppose-t-il que les héritiers à réserve ont seulement la saisine *des biens de la succession*, expression synonyme de la première. Je ne sache pas qu'aucun réservataire ait jamais eu sous le Code la téméraire idée de réclamer les biens retranchables par voie de complainte, et je crois fermement que si une pareille action était intentée, elle devrait être rejetée comme destituée de tout fondement légal. La loi trace une autre voie aux réservataires, celle de *l'action en réduction ou revendication*, comme l'appelle l'article 930. C'est, suivant Pothier, une espèce de *petitio hereditatis*. Comment les réservataires demandeurs en réduction pourraient-ils être saisis de ce dont un autre est déjà saisi par l'effet de la donation qui lui a été faite? Ils sont demandeurs, et lui, défendeur; demandeurs au pétitoire. Ils ne sont donc pas saisis. La saisine sera pour eux la conséquence du jugement qui déclarera que tels biens, parmi ceux qui ont été donnés, doivent entrer dans la composition de leur réserve et qui les mettra pour la possession de ces biens au lieu et place des donataires. Toute différente est la position des réservataires à l'égard de légataires ; ils sont alors bien réellement saisis de la succession et n'ont qu'à défendre leur réserve contre la demande en délivrance des légataires.

L'idée d'une résolution de la donation entre-vifs par l'effet de la réduction fut émise dans la discussion du Code ; mais il fut entendu que cette résolution s'opère par la toute-puissance de la loi, non en faveur du donateur, mais en faveur des légitimaires qui deviennent presque *codonataires* avec celui qu'ils soumettent à la réduction. Ce sont les propres expressions de Jaubert dans son rapport au Tribunat. Le Code lui-même nous fournit la preuve qu'il adopte la théorie de Pothier sur la forme et sur le fond de l'action en réduction ou en supplément de légitime. Car, si l'art. 930 donne cette action aux *héritiers* et montre par là qu'il faut se porter héritier pour l'exercer, l'art. 921, par une rédaction étudiée, qui contraste avec celle des articles relatifs aux biens existant encore dans la main du *de cujus* lors de son décès, déclare attribuer le droit de réduction *à ceux au profit desquels la loi fait la réserve*. Il ne dit pas *aux héritiers*.

C'est à dessein que l'expression neutre dont il se sert à remplacé le texte du projet de l'an VIII qui portait que la réduction ne pourrait être demandée que par *ceux des héritiers venant à la succession*, au profit desquels la loi restreignait la faculté de disposer. C'est encore à dessein que les rédacteurs ont mis dans l'art. 929 *les immeubles à recouvrer par l'effet de la réduction*, au lieu de *les immeubles qui rentrent dans la succession par l'effet de la réduction*, comme on lisait dans ce même projet de l'an VIII.

Pourquoi ces changements? C'est qu'il parut contradictoire d'affecter exclusivement le droit de réduction à la qualité d'héritiers venant à la succession et de dénier aux créanciers le bénéfice de la réduction opérée.

Je ne veux pas en conclure qu'un réservataire qui renonce

à la succession ait le droit de demander la réduction ou d'en profiter. Saisi de la succession, sinon de sa réserve, il faut qu'il constate l'insuffisance ou l'inanité de cette succession avant de se retourner contre les donataires ou les détenteurs des biens donnés entre-vifs afin d'obtenir sa réserve ou le complément de sa réserve. Il a besoin contre eux d'un titre légal d'acquisition et de revendication, et quelque embarras que le titre d'héritier doive lui susciter vis-à-vis des créanciers de la succession, c'est celui que la loi lui ordonne de prendre, ne voulant pas faire de la seule qualité d'enfant ou d'ascendant un moyen d'acquérir la propriété. La source du droit de réduction est dans la loi ; l'acceptation de la succession ne sert qu'à colorer l'action qui le met en mouvement. Si celui au profit de qui la loi fait la réserve avait un autre titre légitime d'acquisition, elle ne lui imposerait pas le titre incommode d'héritier. Aussi fut-il entendu dans la discussion de l'art. 921 que, pour se prémunir contre les créanciers héréditaires, le réservataire n'accepterait la succession que sous bénéfice d'inventaire, c'est-à-dire aussi peu que possible.

Donc, cette partie de la réserve qui se reconquiert sur les biens donnés entre-vifs par le moyen de la réduction, est à beaucoup d'égards hors de la succession. Le législateur évite de dire que la réduction l'y fasse rentrer. Si le titre d'héritier acceptant est exigé de celui qui veut demander cette réduction, ce n'est pas en vertu d'un texte exprès (l'art. 921 dirait plutôt le contraire), mais seulement par une déduction logique du système général admis par le Code en matière de succession. C'est parce qu'il faut un titre d'acquisition pour agir que les réservataires ont à se porter héritiers.

Mais leur frère qui a renoncé à la succession pour se tenir à un avancement d'hoirie et qu'ils attaquent en réduction, a-t-il besoin du titre d'héritier pour retenir sa réserve ? Il a la qualité d'enfant qui donne le droit de réserve, et la donation qui lui a été faite est son titre d'acquisition. Le titre d'héritier ne pourrait lui servir que pour l'exercice de cette espèce de pétition d'hérédité ou de revendication qu'on appelle aussi action en réduction. Mais contre qui l'exercerait-il ? Contre lui-même qui possède les réserves en vertu de la donation. Puisqu'il est en possession, il n'a point à se préoccuper d'un moyen d'action, l'exception qu'on ne refuse jamais au possesseur qui a un droit égal à celui de l'agresseur lui suffit. Voilà ce qu'avaient compris nos anciens jurisconsultes ; ils faisaient au donataire renonçant l'application de ctte règle, puisée par Ulpien dans les entrailles de la science : *Actio nunquam ultro possessori datur, quippe sufficit ei quod possideat*[1]. Qu'est-ce que veut le législateur, lorsqu'il donne l'action en réduction aux réservataires qui n'ont rien reçu contre celui qui a été gratifié ? Il veut les associer au bénéfice de la donation, les rendre *codonataires* avec leur frère. Ne serait-il pas absurde de forcer celui-ci, qui est réellement donataire, à déposer ce titre, pour en revêtir fictivement les demandeurs en réduction, qui ne le sont pas ? La position de l'enfant donataire est simple vis-à-vis de ses frères et des créanciers de la succession : pourquoi la compliquer par une acceptation inutile ? C'est la doctrine qui a dégagé du texte des coutumes et de celui du Code le principe qu'il faut être héritier pour avoir part dans la légitime ou réserve : puisqu'elle a fait la règle, elle a le pouvoir de la limiter.

Je sais ce qui choque nos auteurs. C'est que le donataire renonçant pourra ainsi avoir et sa part de réserve et la quotité disponible. Sans doute cela arrivera quelquefois ; mais cela n'arrivera que lorsque le père de famille aura donné l'une et l'autre. Quand il n'aura donné que la part de réserve, le renonçant ne retiendra pas davantage. S'il a donné plus,

[1] L. 1, § 6, D. *Uti possidetis.*

c'est apparemment qu'il avait la volonté secrète d'établir l'inégalité entre ses enfants, volonté à laquelle notre Code ne refuse point sa ratification.

La démonstration qui précède ne fait que comparer ce que le successible renonçant doit conserver par voie de rétention avec ce que les successibles acceptants lui reprennent par voie de réduction. La réserve se trouve alors tout entière dans les biens donnés; elle ne forme pas plus et elle forme autant une succession pour ceux-ci que pour celui-là. C'est du moins ce que nous avons essayé de prouver. Mais quand même la réserve se trouverait pour les acceptants dans les biens laissés au décès, c'est-à-dire en pleine succession, je dis qu'elle devra se trouver pour le renonçant dans l'avancement d'hoirie auquel il se tient. Il retiendra sa réserve et ce qu'il retiendra à ce titre sera partie intégrante de la succession réservée. C'est ce qu'il faut expliquer.

Pour que le réservataire renonçant n'ait pas le droit de retenir sur les biens donnés sa part héréditaire, il faudrait que la réserve eût un caractère successoral plus prononcé et plus exclusif que la succession ordinaire, son modèle. Car dans la succession ordinaire, si l'on y regarde de près, le successible qui renonce pour garder un avancement d'hoirie retient certainement sa part héréditaire. C'est ce que je me suis efforcé de démontrer particulièrement pour les successions divisées par lignes ou par souches. La nécessité d'imputer l'avancement d'hoirie sur la part héréditaire du renonçant me servit alors à prouver le fait plutôt que le droit de la rétention. Mais on peut l'établir indépendamment de toute nécessité d'imputation, et je le fais.

Un frère qui a reçu, sans clause de préciput, 20,000 fr. d'un frère décédé, renonce à sa succession content de cette libéralité; la succession composée de 40,000 fr. de biens existants est appréhendée par deux autres frères qui se les partagent. Quel nom donner à la valeur retenue par le renonçant? D'autres diront qu'il la conserve comme un étranger donataire, parce qu'il est censé n'avoir jamais été héritier et que sa part héréditaire est accrue à ses cohéritiers. Moi, je dis que c'est sa part héréditaire qu'il retient. Je vois clairement qu'il n'a renoncé qu'aux biens existants, sans entendre aucunement abandonner sa part héréditaire reçue par avance sous forme de donation. Il est censé n'avoir jamais été héritier, mais seulement quant aux biens laissés par le défunt. La vérité est que, sans être héritier, il a sa part héréditaire. Il est aisé de prouver qu'elle n'est pas accrue à ses cohéritiers, comme on le prétend. Supposez qu'au lieu de renoncer à la succession, il l'ait acceptée; il aurait rapporté les 20,000 fr. et partagé par tiers dans 60,000 fr. Il ne serait donc resté pour ses cohéritiers ni plus ni moins que dans le cas de sa renonciation. Cependant il est mathématiquement nécessaire que ceux-ci aient moins, lorsque leur frère accepte, et plus, lorsqu'il renonce, pour qu'on puisse parler d'un accroissement produit par la renonciation. Car, accroissement est synonyme d'augmentation.

Dira-t-on qu'il a retenu les 20,000 fr. tout simplement parce qu'ils étaient disponibles, que c'est une espèce de quotité disponible prélevée sur la succession, et qu'il abandonne sa part des 40,000 fr. de biens existants? Non, il n'abandonne rien de ces 40,000 fr. en renonçant, car il n'y aurait rien eu en acceptant. Puisqu'il n'a rien perdu et que ses cohéritiers n'ont rien gagné à sa renonciation, il n'y a pas eu accroissement de sa part héréditaire à la leur. Ainsi est brisé le dernier anneau de cette chaîne de déductions que l'on fonde sur les art. 785 et 786, et avec lui la chaîne entière. S'il n'y a pas accroissement, c'est que le renonçant retient sa part héréditaire; s'il retient sa part héréditaire, il ne cesse d'être héritier par sa renonciation que relativement aux biens qui sont en dehors de la donation. Il y a donc sous le Code des renonciations *portione hereditaria retenta;* ce sont celles des héritiers qui ont reçu leur part de succession par forme d'avancement d'hoirie. Alors manque la règle de l'art. 786 qui n'est vraie que de certaines renonciations.

L'accroissement existerait, si le frère renonçant avait reçu les 20,000 fr. par préciput, ou s'il n'avait rien reçu du tout, ou s'il avait reçu un avancement d'hoirie moindre que sa part. En venant à la succession, il aurait perçu sa part héréditaire outre le préciput dans la première hypothèse, il aurait également eu cette part dans la seconde, et son complément dans la troisième. Voilà ce qu'il laisserait accroître aux autres par sa renonciation.

Maintenant supposons l'avancement d'hoirie, fait au frère qui renonce, de 40,000 fr., et toujours 40,000 fr. de biens existants. A-t-il sa part héréditaire, ou bien est-elle accrue à ses cohéritiers? Evidemment il a sa part, et l'accroissement fait défaut, quoiqu'il y ait une renonciation. Loin de gagner à cette renonciation, les cohéritiers y perdent, parce que le renonçant retient avec sa part héréditaire un avantage qui y est joint: 20,000 fr. pour sa part de succession, et 20,000 fr. comme avantage.

Les choses se passent à peu près de la même manière dans une succession dévolue à trois enfants. Si l'un d'eux, qui a reçu 20,000 fr. du père commun sans clause de préciput, renonce à sa succession pour se tenir à la donation, et qu'il reste 40,000 fr. pour les deux autres qui acceptent, est-ce que les 20,000 fr. que retient le renonçant lui appartiennent à titre de portion disponible? Ceux qui exagèrent le principe que l'héritier renonçant cesse d'être héritier, peuvent le penser. Pour moi comme pour nos anciens jurisconsultes, il est avéré qu'il les retient à titre de part héréditaire. Le père de famille n'a fait aucune disposition de sa quotité disponible.

Le fils donataire retient en renonçant exactement ce qu'il aurait eu en acceptant. Chaque enfant a plus que sa réserve. Mais les acceptants ne gagnent rien à la renonciation. Il n'y a donc point d'accroissement en leur faveur.

Si le renonçant a reçu un avancement de 40,000 fr., et qu'il reste pareille somme dans les mains du père de famille à son décès, je suis convaincu qu'il peut les retenir à l'exemple du successible de tout à l'heure qui avait également reçu 40,000 fr. de son frère et qui renonçait à la succession. Une étude attentive du fait juridique, en ce qui concerne celui-ci, nous a montré qu'il est censé recueillir sa part héréditaire dans les 40,000 fr. par lui retenus, plus, un certain avantage, de sorte qu'il n'y a pas accroissement de cette part en faveur des acceptants, malgré les art. 785 et 786. Il faut reconnaître le même droit à celui-là. Reçue par avance, sa part héréditaire ne peut pas accroître à ses cohéritiers; il a droit de la retenir avec l'avantage de la quotité disponible que le donateur y a ajouté. C'est la division de la succession en réserve et quotité disponible qui aveugle nos auteurs sur l'étendue du droit de rétention que peut revendiquer l'enfant donataire renonçant. Il ne leur répugne pas qu'un frère qui renonce à la succession de son frère retienne sa part héréditaire confondue avec un avantage plus ou moins considérable; il leur répugne qu'un fils renonçant à la succession de son père retienne sa part héréditaire avec l'avantage de la portion disponible. Le prétexte de la réserve leur sert à rétablir l'égalité, en favorisant cette équivoque qui consiste à donner le nom d'action en réduction à ce qui n'est qu'une action en rapport. Voulant imposer le rapport à l'héritier qui renonce, il faut qu'ils le décorent du nom de réduction. Mais le droit est essentiellement le même, soit qu'il y ait une réserve ou qu'il n'y en ait pas.

Où est la différence? En ceci que, dans la succession

d'un frère telle que nous l'avons supposée, l'avantage pourrait s'élever au-dessus de 20,000 fr. et les parts héréditaires descendre plus bas, tandis que dans la succession du père, 20,000 fr. sont le maximum de l'avantage permis par la loi et le minimum de la part héréditaire réservée par elle à chaque enfant.

Tel est le droit commun des successions. Dans toutes il peut se rencontrer, à côté des héritiers venant à partage, d'autres héritiers qui n'y viennent pas et qui n'en conservent pas moins leur part d'hérédité en vertu de la donation qui leur en a été faite. Ce que ceux-ci retiennent dans la limite de leur part virile fait partie de la succession en un sens large et doit être compté dans la liquidation, aussi bien que ce qui est obtenu par ceux-là. On recueille sa part comme héritier, comme donataire ou même comme légataire : comme héritier, en acceptant la succession pour avoir le droit de demander; comme donataire ou comme légataire, en y renonçant, pour être dispensé de rapporter et avoir droit de retenir. Cette manière de concevoir les successions, réservées ou non réservées, intéresse au plus haut point l'art du droit.

Quiconque n'est pas bien pénétré des effets propres que le droit attache aux renonciations qui sont faites *aliquo dato* ne peut tirer que des conséquences excessives et absurdes du principe qu'il faut être héritier pour avoir droit à une succession, soit que l'hérédité comporte ou ne comporte pas de réserve.

Ce principe, d'où vient-il ? Il n'est écrit nulle part dans le Code ; c'est une règle établie par la doctrine, au moyen de plusieurs textes combinés et d'arguments tirés de l'esprit de notre droit. Mais si la doctrine est le seul fondement de la règle, pourquoi ne la tempérerait-elle pas comme autrefois par la très-juste exception que nous réclamons en faveur du successible déjà saisi de sa réserve au moyen d'une libéralité antérieure ?

268. M. le conseiller Poriquet et ceux qui pensent comme lui ont bien vite senti que la ressemblance de la réserve avec la succession ne suffit pas pour qu'on en refuse la rétention à l'héritier donataire qui ne vient pas au partage. Ils sont bien forcés de reconnaître que le droit coutumier, tout en proclamant la nécessité de se porter héritier pour réclamer la légitime par voie d'action, admettait unanimement le droit pour un donataire renonçant de la retenir par voie d'exception. Un principe n'allait pas sans l'autre. Il fallait donc trouver dans la réserve du Code un caractère de succession encore plus prononcé que celui de la légitime des coutumes, pour rejeter le tempérament qu'elles apportaient à la règle : *Non habet legitimam, nisi qui heres est.*

M. Poriquet inventa en 1818 une théorie qui lui parut propre à amener ce résultat; il déduisit de l'art. 913 et de quelques autres dispositions que la réserve est attribuée *collectivement* à tous les enfants, à la différence de la légitime qui était *individuellement* assignée à chaque enfant. La succession réservée forme, selon lui, une masse compacte et indivisible invariablement fixée pour sa quotité sur le nombre des enfants laissés par le père de famille à son décès. N'y eût-il qu'un enfant acceptant, il l'aura toute entière. Car il résulte de cette nature de la réserve que l'accroissement de la part du réservataire qui renonce à la succession est inévitable, nécessaire, absolu. L'art. 786 ne souffre aucune distinction ; c'est un droit qu'il établit et non un fait qu'il constate. Comment le successible renonçant retiendrait-il sa part, alors qu'elle est inséparablement unie à la masse héréditaire de la réserve? Ce système n'est formulé nulle part avec autant de logique que dans l'arrêt Laroque de Mons.

Cependant M. Coin-Delisle a cherché à le fortifier et à le perfectionner. D'après lui, [1] ce n'est pas l'art. 913 avec ceux qui

[1] *Limite*, etc., p. 209 et suiv., nos 170, 171, 173, 174.

le suivent qui imprime à la réserve le caractère de droit universel et collectif : ces articles n'ont qu'un objet, celui d'arrêter et d'empêcher les effets de la transmission que le défunt a voulu faire par donation ou par legs; c'est le titre des *Successions* qui défère et transmet la réserve, comme vraie succession qu'elle est, aux enfants ou aux ascendants. Il est donc impossible de traiter la succession réservée autrement que la succession ordinaire; c'est une seule et même chose. Et puis le trop savant écrivain voyant que par fortune historique les réserves coutumières ou successions aux propres suivaient le droit qu'il prétend imposer à la réserve du Code, il nous dit qu'elle est purement et simplement la reproduction de cette antique institution. M. Valette l'avait insinué avant lui, et je l'ai entendu enseigner par d'autres maîtres dans la faculté de droit de Paris. Cette idée s'est même tellement emparée de l'esprit de M. Valette, qu'il ne veut tenir aucun compte du système propre à la légitime dans le droit coutumier, système qui faisait de la légitime la succession et n'en accordait pas moins la rétention d'une part au légitimaire renonçant; suivant lui, l'arrêt Leproust (17 mai 1843), par lequel la Cour de cassation admet ce droit de rétention, nous ramènerait au droit écrit. MM. Pont et Lagrange tombent dans les mêmes exagérations; et Marcadé n'a pas vu plus clair dans les diverses théories de l'ancien droit. En 1847, il croyait apparemment qu'il n'y avait que le droit écrit qui permît la rétention de la légitime; car, après avoir cherché à établir que le Code civil repousse cette rétention, il couronnait sa démonstration par ces mots [1] : « Il est donc certain, et parfaitement certain, que le législateur de 1804 a » rejeté le système bâtard du droit romain, pour consacrer » le système si simple de nos coutumes nationales. » On lui fit voir que nos coutumes nationales permettaient cette réten-

[1] Sur articles 913 et 914, n° 4, 3e édit., T. III, p. 497.

tion dont il ne voulait en aucune façon. Aussi, examinant de nouveau la question dans la *Revue critique*, proclame-t-il bien haut que « le système mitoyen et incohérent des coutumes » (elles ne sont plus nationales) est aujourd'hui manifeste- » ment inadmissible[1]. » Pourquoi donc inadmissible? « Cette » théorie, dit au même lieu l'estimable jurisconsulte, n'est » plus possible aujourd'hui que d'après un principe admis » sans contexte par tous les auteurs et tous les arrêts, la ré- » serve est une masse *calculée collectivement pour tous les* » *enfants.* » Cependant Marcadé a très-bien démontré, dans son explication des art. 913 et 914[2], que la réserve ne se calcule que sur le nombre des enfants qui y prennent part. C'est bien un peu contradictoire avec l'idée de la réserve collective et formant masse, mais c'est exact. M. Valette, M. Lagrange et plusieurs autres auteurs disent aussi que la réserve est collective, mais qu'on la doit calculer comme si elle ne l'était pas. La doctrine exposée par M. Poriquet dans l'arrêt Laroque de Mons est plus constante avec elle-même; en admettant le principe, elle ne rejette pas la conséquence.

Pour moi, je repousse principe et conséquence, étant bien convaincu que la réserve du Code n'est pas plus collective que la légitime des coutumes, qui revit en elle.

Quelle raison les zélateurs de cette opinion ont-ils de penser que la réserve du Code soit collective et non distributive? Leur grande raison, c'est qu'elle forme une succession. Mais les successions elles-mêmes ne sont pas des masses compactes et indissolubles, comme ils l'entendent. Est-ce que la légitime des coutumes, qui était la même chose que la succession, n'était pas distributive? Les successions sont déférées aux héritiers indivisément, mais non indivisiblement; elles sont partageables et destinées à être partagées par les héritiers

[1] *Revue critique*, T. I, p. 264.

[2] Au n° 5, T. III, p. 500 et suiv.

eux-mêmes, par des experts ou par des juges. Celui de qui dépend la succession, quelle qu'elle soit, peut prévenir la nécessité de ce partage en la divisant lui-même entre ses héritiers présomptifs par des donations entre-vifs ou testamentaires; il peut aussi n'en détacher qu'une part et la donner à un héritier. Cette attribution anticipée permet à l'héritier donataire de retenir sa part par la voie du rapport en moins prenant, quoiqu'il se soit porté acceptant; c'est un droit qu'il n'aurait pas, si la succession était collective de la manière qu'on le prétend. Et nous soutenons que cette même saisine anticipée lui donne le droit, s'il renonce, de retenir sa part absolument et sans distinction, parce que la succession n'est pas collective jusqu'à l'indivisibilité. Certains auteurs anciens, qui n'avaient pas suffisamment approfondi ces idées, ont induit les modernes à croire que la légitime n'était distributive que par dérogation au droit commun des successions; c'est une erreur. La légitime était distributive, parce que la nature des successions est d'être telles. Or, si la légitime des coutumes, dont la quotité était généralement invariable, se divisait de plein droit et par portions viriles entre les enfants, à combien plus forte raison la réserve du Code, dont la quotité varie selon le nombre des enfants, doit-elle se distribuer entre eux de la même manière! Il semble, en vérité, qu'elle n'ait été fixée ainsi par le législateur qu'en vue de cette division.

La réserve est, en quelque sorte, plus distributive que la succession ordinaire. Ce n'est pas à dire qu'elle ne soit pas susceptible d'accroissement, lorsque l'un des réservataires y a renoncé. Nous verrons que l'accroissement a lieu dans la réserve, mais avec certaines modifications commandées par cette propriété qu'elle a d'être une succession proportionnée au nombre des héritiers. Et il ne faut l'admettre en tout cas que si le renonçant ne retient pas sa portion, c'est-à-dire, s'il renonce *nullo recepto*; restriction applicable, suivant nous, à toutes les successions. Opposer la nécessité de l'accroissement à l'existence du droit de rétention, c'est faire une pétition de principe. Si l'on dit que la rétention d'une part de réserve n'est pas possible, parce que la part du renonçant accroît, nous répondons que la part du renonçant n'accroît pas, parce qu'il la retient. La question est toujours de savoir s'il a le droit de la retenir. Ce point-là prouvé, tout le reste s'ensuit.

Les adversaires du droit de rétention veulent qu'il y ait de la différence entre la réserve du Code et la légitime des coutumes, à cause des rédactions différentes employées pour les édicter l'une et l'autre. Le Code détermine la quotité disponible ; les coutumes fixaient la légitime ! On fait grand bruit de cette variante, on en conclut que la réserve est dans le Code la succession elle-même. Mais la légitime, la légitime ! était aussi la succession dans les coutumes, malgré le tour différent de leur rédaction. Il faut donc que l'identité de la légitime et de la réserve avec la succession ne soit pas une simple question de style législatif. Et en effet, elle a sa cause unique dans la préférence accordée par les deux législations aux héritiers du sang sur les successeurs appelés par la volonté de l'homme ; elle tient au fond du droit et non à des formes accidentelles de rédaction. L'article 913 du Code n'était pas rédigé dans la plupart des projets, tel que nous le lisons aujourd'hui. Il est même à remarquer que la proposition votée par le Conseil d'Etat, dans la séance du 21 pluviôse an XI [1], portait fixation de la quotité de la légitime, à l'exemple des coutumes. Ce fut Bigot-Préameneu qui mit la quotité disponible à la place de la légitime. Le Conseil laissa faire, parce qu'il n'attachait aucune importance, et avec raison, à cette variante de rédaction. Croit-on, par hasard, que, si l'art. 913 eût fixé le taux de la légitime, au lieu de fixer celui de la quotité disponible,

[1] Voy. ci-dessus, p. 256 et suiv.

cette légitime ne constituerait pas la succession ? Il n'en serait ni plus ni moins. Tel conseiller d'Etat dirigeait son langage sur la quotité réservée, tel autre sur la quotité disponible ; c'est une question de goût dont il ne faut pas disputer.

J'accorde que l'art. 913 ne distribue pas la réserve entre ceux pour lesquels il l'établit. Pour distribuer, il faut attribuer, et l'article ne fait aucune attribution. Mais on peut et on doit caractériser la réserve par la manière dont le législateur l'a mise en action dans l'art. 921. Or, cet article, expliqué par les votes du Conseil d'État et par le discours de l'orateur du gouvernement, n'accorde à chaque réservataire le droit de demander la réduction des donations qui excèdent la réserve que proportionnellement à sa part dans la succession. Distribuer l'action en réduction qui sert de sanction à la réserve vaut autant que distribuer la réserve elle-même. Voilà donc une disposition légale qui rend la réserve distributive et individuelle comme la légitime du droit coutumier. En cela légitime et réserve ne font que suivre le droit commun des successions déférées à plusieurs héritiers. Leur vocation solidaire n'empêche pas la division de s'opérer entre eux par la concurrence qu'ils se font en venant à la succession ou en retenant la portion qu'ils ont reçue par anticipation : *concursu partes fiunt.*

269. L'assimilation de la réserve du Code à la succession ordinaire ne suffisant pas pour dénier à celui qui est donataire de sa part réservée le droit de la retenir en renonçant, quelques auteurs prétendent, comme on l'a vu, identifier cette réserve avec les anciennes réserves coutumières qui avaient pour but d'assurer la transmission et la conservation des biens propres dans les familles : ressource désespérée d'une doctrine qui ne sait plus où se prendre. Il est bien vrai que les quatre-quints réservés ne pouvaient être recueillis qu'à

titre d'héritier *ab intestat*, tellement que le successible qui renonçait à la succession pour s'en tenir à un legs [1] n'avait droit qu'au quint disponible, quelles que fussent l'importance et la valeur du legs. Eusèbe Delaurière [2] a fait de ce droit rigoureux une critique qui n'est peut-être pas assez réfléchie. Il aurait voulu qu'on admît la rétention cumulée, par le successible légataire, de sa part virile dans les quatre-quints réservés et de la quotité disponible. Mais c'était impossible, et l'usage était contraire.

Delaurière semble oublier la raison de cet usage qu'il blâme. Si un héritier renonçant ne peut pas retenir sa part des quatre-quints réservés à titre de légataire, est-ce, comme il l'insinue, parce que les quatre-quints sont une succession? Non, c'est encore et surtout, comme je l'ai dit en faisant l'historique de ce droit [3], c'est parce que le legs appliqué à un bien propre comme mode d'acquisition aurait anéanti ou affaibli son caractère de bien patrimonial. Il fallait l'acquérir par succession, et rien que par succession, pour qu'il restât un héritage. C'est là ce qui faisait obstacle aux hardiesses peu réfléchies de Delaurière. La logique voulait impérieusement que les héritiers acceptants eussent seuls droit aux quatre-quints réservés, et que le renonçant, s'il était légataire, n'eût droit qu'au quint disponible.

Tel fut le droit des réserves coutumières. Elles constituaient un système de succession plus étroit qu'aucun autre. La rétention de sa part héréditaire en vertu d'une donation ou d'un legs, par l'héritier qui renonce, est le droit commun des successions; la non-rétention était une exception motivée

[1] Les réserves coutumières n'atteignaient généralement que les legs; les propres pouvaient être absorbés par les dons entre-vifs.

[2] Sur *cout. de Paris*, art. 303, T. III, p. 14. Le texte de Delaurière est rapporté au nº 74 du présent ouvrage, p. 101.

[3] Voir ci-dessus, p. 100 et suiv.

par le désir de conserver leur qualité aux biens propres.

C'en est assez pour penser que le Code n'a pas entendu donner à la réserve qu'il établit le caractère de la succession extraordinaire par laquelle se transmettaient les biens patrimoniaux. Pourquoi restaurer des anomalies dont la cause est abrogée? Une réserve semblable aux réserves coutumières aurait été un contre-sens législatif. Le Code, en effet, n'a pas d'autre but que d'assurer aux parents, pour qui il crée la réserve, une certaine quotité de la succession de leur parent décédé, sans rechercher aucunement la nature ou l'origine des biens qui la composent. Pour atteindre ce but, il suffisait de régler la réserve sur le modèle de la succession ordinaire, comme fut réglée la légitime des coutumes qui avait le même objet. Le grand nombre de dispositions qui militent en faveur du droit de rétention des renonçants, prouve que le Code n'a pas fait autre chose. Le nom de réserve qu'il a affecté d'employer plutôt que celui de légitime est le seul argument qu'il y ait en faveur de la restauration des réserves coutumières, et cet argument n'est pas fort [1]. L'ancien droit n'a jamais dit que *réserves coutumières* au pluriel, le Code dit constamment *réserve* au singulier. Les vieux jurisconsultes se servaient de légitime et réserve comme de mots synonymes, et au Conseil d'État on en usa de la même manière. Les coutumes n'offrent pas un seul exemple de réserves coutumières variant pour leur quotité selon le nombre des héritiers, tandis que la réserve du Code varie suivant le nombre des enfants. Cela seul creuse un abîme entre les deux institutions. Je me persuade que si l'ancienne jurisprudence avait eu affaire à des réserves mesurées sur le nombre des ayant-droit, elle les aurait déclarées distributives et aurait admis le droit pour un héritier légataire de retenir sa part réservée en

[1] Voir ce qui est dit p. 287 et suiv., *supra*.

renonçant à la succession. Le sentiment de Delaurière l'eût emporté.

Ce soin qu'a eu le Code de régler le taux de la réserve sur le nombre des enfants, accuse son intention d'y donner une part virile à chaque réservataire. Y a-t-il quelque raison d'exiger que l'enfant qui est donataire de sa part la recueille plutôt à titre d'héritier qu'en vertu de la donation ? C'est la question. Les auteurs qui veulent que cet enfant se porte héritier comme ceux qui n'ont rien reçu, diront que grâce au rapport, qui sera la conséquence de son acceptation, la réserve sera partagée plus également entre tous. Mais l'inconvénient de déposséder l'enfant donataire du bien que le père de famille lui a assigné pour sa réserve fait plus que balancer ce mince avantage. Il est au contraire dans l'intention et le vœu de la loi que la possession résultant de la donation ne soit pas troublée; intention qui s'est manifestée par l'extrême facilité avec laquelle elle dispense du rapport en nature le donataire même qui vient à la succession.

Dans le fait, c'est une autre égalité que l'on a en vue. L'acceptation de la succession n'est imposée à l'enfant donataire que pour le contraindre à l'abandon de l'avantage qui peut être contenu dans la donation. Mais cela est aussi contre l'esprit et la lettre du Code. La loi nouvelle est une loi libérale comme les coutumes d'égalité simple et de préciput dont elle reproduit toutes les dispositions concernant la légitime. Si l'on veut une doctrine claire et concordante sur la réserve, il faut la puiser dans ces coutumes. Il est injuste et illogique d'adapter à cette réserve le droit spécial, étroit et suranné des réserves coutumières, en s'inspirant des sentiments jaloux qui dictèrent les coutumes d'égalité absolue et les lois révolutionnaires. On oublie trop que le Code fut une réaction contre la loi de l'an II.

270. Voici nos conclusions :

L'enfant, donataire en avancement d'hoirie d'une valeur égale à sa part dans la réserve et à la quotité disponible, peut les retenir l'une et l'autre en renonçant, si la quotité disponible n'est pas déjà prélevée en vertu d'une donation préférable à la sienne. Si elle est déjà prise, il n'a que la rétention de sa réserve. S'il n'est donataire que d'une valeur égale à sa réserve, c'est elle qu'il retient. Tout cela, parce que la rétention de sa réserve est son premier et son plus incontestable droit. Deux renonçants ou un plus grand nombre peuvent toujours retenir leurs parts individuelles dans la réserve sur les avancements d'hoirie qu'ils ont reçus. A chaque enfant une part de réserve. Pour tous une seule quotité disponible, qui peut même leur être disputée par des donataires étrangers.

Et pour la rétention d'une part de réserve, peu importe la date et le rang de l'avancement d'hoirie. L'antériorité n'est nécessaire que pour l'obtention de la quotité disponible.

FIN DU TOME PREMIER.

TABLE DES MATIÈRES

CONTENUES DANS LE TOME PREMIER.

FIN DE LA TABLE.

POITIERS. — IMPRIMERIE DE HENRI OUDIN.

www.ingramcontent.com/pod-product-compliance
Lightning Source LLC
Chambersburg PA
CBHW031737210326
41599CB00018B/2608